KB033649

블랙스완

위험 가득한 세상에서
안전하게 살아남기

블랙 스완 최신 개정증보판

위험 가득한 세상에서 안전하게 살아남기

초판 1쇄 펴낸날 2008년 10월 20일
초판 22쇄 펴낸날 2018년 1월 15일
개정판 1쇄 펴낸날 2018년 4월 30일
개정판 13쇄 펴낸날 2024년 12월 20일

지은이 나심 니콜라스 탈레브
옮긴이 차익종, 김현구
펴낸이 이건복
펴낸곳 동녘사이언스

편집 이정신 이지원 김혜윤 홍주은
디자인 김태호
마케팅 임세현
관리 서숙희 이주원

인쇄·제본 새한문화사 **라미네이팅** 북웨어 **종이** 한서지업사

등록 제406-2004-000024호 2004년 10월 21일
주소 (10881) 경기도 파주시 회동길 77-26
전화 영업 031-955-3000 편집 031-955-3005 **팩스** 031-955-3009
홈페이지 www.dongnyok.com **전자우편** editor@dongnyok.com
페이스북·인스타그램 @dongnyokpub

ISBN 978-89-90247-67-4 (03320)

- 잘못 만들어진 책은 구입처에서 바꿔 드립니다.
- 책값은 뒤표지에 쓰여 있습니다.
- 이 도서의 국립중앙도서관 출판도서목록(CIP)은 e-CIP 홈페이지(http://www.nl.go.kr/ecip)에서 이용하실 수 있습니다. (CIP 제어번호: CIP2018011895)

검은 백조의 폭발성. 거대한 비대칭. 평범의 왕국에서 극단의 왕국으로. 무작위성의 미학. 예스냐 또는 노우냐. 누구나 대통령이 될 수 있다. 몇 명의 비트겐슈타인이 바늘귀 위에서 춤출 수 있는가? 최신 개정증보판

블랙스완 위험 가득한 세상에서 안전하게 살아남기

기대 영역 바깥의 극단값 특정 사상과 종교가 발흥한 이유, 역사적 사건들 사이의 역동적 관계, 인간의 삶을 관통하는 원리. 극단의 왕국과 지식. 무엇이 사건을 지배하는가? 극단의 왕국. 월가의 새로운 현자. 위기는 검은 백조처럼 출현. 파국의 1000일째를 견디고 1001일째 날에 위험 가득한 세상을 안전하게 건너는 법 살아 있기. 상상할 수 있는 최악의 파국. 과학은 공정한가? 정밀하고 세세한 분석이 만능인가? 뇌를 믿지 기대라는 달콤한 함정. 카사노바의 기막힌 행운. 인류의 거리, 최후에 웃는 자는 누구인가?

THE BLACK SWAN

나심 니콜라스 탈레브 지음
차익종 · 김현구 옮김

동녘사이언스

베누아 만델브로에게,

그리고 로마의 그리스인들에게

일러두기

1. 이 책은 《블랙 스완》(2008, 동녘사이언스)과 《블랙 스완에 대비하라》(2011, 동녘사이언스)의 합본이다.
2. 〈1부〉~〈4부〉는 차익종이, 〈후기〉는 김현구가 우리말로 옮겼다.
3. 국내에서 번역 출간된 단행본은 번역서의 제목을 따랐다.
4. 단행본, 일간지, 잡지, 영화 등은 《 》로 표기했고, 단편, 동화 등은 〈 〉로 표기했다.
5. 저자 주는 각주로, 옮긴이 주는 본문에 '옮긴이'라고 표기했다.

| 이 책에 쏟아진 찬사 |

탈레브는 많은 사람들이 불확실성, 특히 금융 시장의 불확실성에 대한 생각을 바꾸게 했다. 《블랙 스완》은 독창적이고 대담한 방식으로 예기치 못한 사건의 의미가 무엇인지 알려준다.

– 대니얼 카너먼, 《생각에 관한 생각》의 저자, 노벨 경제학상 수상자

열 개의 도서관에 꽂힌 책들보다 이 한 권의 책 속에 현실세계에 대한 더 많은 내용이 담겨 있다. **– 톰 피터스, 《미래를 경영하라》의 저자**

우리의 생각을 변화시킨 책. **– 〈타임스〉**

저자는 금융위기가 일어난 이유를 설명했을 뿐 아니라, 금융위기가 오고 있음을 이미 목격했다. **– 〈뉴욕타임스〉**

탈레브는 진짜다. 세계 금융 시스템을 위기에 처하도록 한 것은 우리의 탐욕과 부정이 아니라 지적 자만심이라는 것을 정확히 짚어냈다.

– 존 그레이, 《하찮은 인간, 호모 라피엔스》의 저자

이제는 예언자로 불리는 위험 모델 전문가! **– 〈이코노미스트〉**

탈레브는 우리가 세상을 보는 관점을 바꾸는 정말 중요한 철학자다. **– 〈GQ〉**

변덕스러운 이 시대에 아주 적절한 조언이다. **– 말콤 글래드웰, 《아웃라이어》의 저자**

세계에서 가장 유명한 사상가. **– 〈선데이타임스〉**

걸작이다! **– 크리스 앤더슨, 《롱테일 경제학》의 저자**

눈을 뗄 수 없다. 쉽게 빠져든다. **– 〈파이낸셜타임스〉**

'블랙 스완'은 불확실한 이 시대에 가장 매력적인 이론이다. **– 〈옵저버〉**

성찰적이면서 강렬한 주장을 담은 아름다운 책이다. 칼비노의 우화처럼 현실세계의 복잡성을 축소하여 흑백 논리로 만드는 인간의 숙명적 오류를 꼬집는다.
– 이매뉴얼 더만, 《퀀트: 물리와 금융에 관한 회고》의 저자

박학다식한 조언과 중요한 메시지가 풍부해 읽는 재미가 있다. **– 〈비즈니스 위크〉**

아직 알려지지 것을 파헤치는 생생하고 대담한 연구물이다.
– 〈필라델피아 인콰이어러〉

현대 사회에 관한 철저한 명상록이다. **– 〈데일리 텔레그래프〉**

생각을 자극하는 지적인 책! **– 〈월스트리트저널〉**

색다르다. 훌륭하다. **– 〈로스앤젤레스 타임스〉**

세상이 가진 불확실성에 대한 우리의 생각과 태도를 통찰하는 책! **– 〈동아일보〉**

검은 백조는 없다고 가정하는 오만한 현실에 일침을 날린다. **– 〈매일경제〉**

| 옮긴이의 글 |

월가의 이단자, 월가의 새로운 현자가 되다

1960년에 레바논에서 태어난 탈레브는 미국 펜실베이니아대학교 와튼스쿨에서 경영학 석사 과정을 마치고 프랑스 파리 제9대학에서 금융공학으로 박사 학위를 받았다. 이후 월가와 시카고 증시에서 20여 년간 증권 분석가이자 투자 전문가로 일했는데, 주 분야는 파생금융상품이었다.

성장 과정에서 레바논 전쟁을 겪으며 거대 이론을 혐오하고 회의주의 철학에 심취하게 된 탈레브는 퍼스트보스턴 투자은행에서 일하던 1987년 10월 19일 다우존스 주식의 대폭락이 일어난 '블랙 먼데이'를 경험하면서 '검은 백조' 아이디어를 떠올리게 되었다. 이때부터 탈레브는 한편으로는 효과적인 투자 전략을 수행하고, 한편으로는 '검은 백조' 아이디어를 발전시키기 위해 연구와 집필에 힘을 쏟았다. 그 결실로 나온 책이 《블랙 스완》이다.

이 책을 통해 탈레브는 '월가의 새로운 현자'라 불리기 시작했고, 《블랙 스완》은 출간 즉시 아마존 논픽션 부분에서 1위를 차지했다. 《뉴욕타임스》와 《비즈니스위크》의 베스트셀러에 각각 17주, 15주간 올랐으며, 전 세계 27개 언어로 번역되었다. 경제학과 철학, 통계학, 프랙털 이론을 결합한 쉽지 않은 책이 이처럼 대중과 전문가들 모두를 주목하게 만든 '엄청난 성공작'이 된 것은 미국식 금융자본주의의 위기를 예언한 '검은 백조'라는 그의 독특한 패러다임이 큰 반향을 불러일으켰기 때문이다.

극단의 왕국, 위기는 검은 백조처럼 나타난다

책 제목 '블랙 스완'은 서구인들이 18세기에 오스트레일리아 대륙에 진출했을 때 '검은 백조'를 처음 발견한 사건에서 가져온 은유적 표현이다. 검은 백조의 발견은 백조는 곧 흰색이라는 경험 법칙을 완전히 무너뜨렸다. 과거의 경험에 의존한 판단이 행동의 준거가 되어서는 안 된다는 것, 이것이 검은 백조 출현의 경고다.

탈레브에 따르면 세계는 두 가지 종류가 있다. 첫 번째 세계, 즉 '평범의 왕국'은 일상적이고 작은 사건이 지배할 뿐 충격적인 큰 사건은 결코 일어나지 않는 곳으로, 여기에서는 과거의 경험에 의존한 판단이 곧 법칙을 구성한다. 반면에 두 번째 세계, 즉 극단의 왕국은 희귀하고 비일상적인 사건이 검은 백조처럼 느닷없이 발생함으로써 전체를 바꿔버리는 곳이다. 극단의 왕국은 개별 사건의 종합만으로 전체를 설명할 수 없는 '복잡계'로서 정규분포에 입각한 통계학적 예측이 통하지 않는다. 여기에서는 고도의 카오스와 프랙털 원리가 지배하므로 극히 작은 변수 하나의 변화가 엄청난 폭풍을 몰고 오는 나비

효과가 발휘된다. 이곳에서는 현재 '알고 있다고 생각하는 것'에 의존하지 말며, 미지의 지식, 반지식의 중요성을 항상 염두에 두어야 한다.

탈레브는 레바논 내전을 겪은 자신의 경험을 비롯하여 전쟁, 미국 금융시장의 붕괴 등 역사적 사건을 살피면서 우리가 사는 세계가 '극단의 왕국'에 속한다고 지적한다. 공황, 전쟁, 테러 등 몇십 년 만에 한 번 일어나는 사건이 모든 것을 뒤바꾸거나 지배하고 있지 않은가. 우리가 살고 있는 현실의 세계는 우리 머릿속에 들어 있는 세계의 모습과 전혀 다르다. 그러나 우리는 관념 속의 세계를 현실로 착각하는 '플라톤주의적' 오류에 빠져 행동한다. 마치 일 년 내내 먹이를 주는 손길에 길들여진 칠면조가 추수감사절 날 '안심하고' 목을 맡기듯, 전쟁, 공황, 테러 등의 위험이 닥쳐오는데도 전혀 이를 감지하지 못하는 비극이 여기서 생겨나는 것이다. 기독교 경전에는 세상의 종말이 도둑처럼 온다고 했지만, 탈레브식으로 표현하면 위기는 '검은 백조'처럼 들이닥친다. 그러나 그것이 언제 어떤 방식으로 올 것인지 예견하기는 불가능하다. 그러므로 예측하려 애쓰지 말고, 다만 최악의 경우를 대비하라.

탈레브의 논지는 마치 거대한 지식의 계보학을 짜듯, 철학, 역사, 경제학, 경영학, 통계학, 물리학, 수학, 심리학의 영역을 종횡한다. 스스로 투자 전문가에서 철학의 세계에 들어섰다고 하는 저자의 필치는 결코 만만하지 않다. 그런데도 이 책이 일반 독자와 전문가를 가리지 않고 많은 사람들을 사로잡은 것은 그의 비판이 우리 시대 금융 위기의 진원지인 월가의 허상을 통렬히 파헤치고 있기 때문이다.

상상할 수 있는 최악의 파국이 월가를 덮칠 것이다

이 책에 따르면 오늘날 가장 경계해야 할 존재는 '넥타이 차림의 신사들' 즉, 은행가와 금융기관, 강단 학자들이다. "이들은 지금까지 단 한 번도 검은 백조의 출현을 예견한 바가 없으며, 예견의 실패에 대한 책임을 짊어지지도 않는 존재"다. 게다가 20세기 이후 몇 차례에 걸친 금융 대폭락 사태의 결과는 금융기관을 더 거대하게 만드는 결과를 낳았고, 투자 기법과 이론은 일반인의 언어로는 결코 이해할 수 없을 만큼 난해하게 포장되었다.

그 '신사'들을 향해 박식하고 철두철미한 필치로 통렬한 독설을 날린 탈레브는 《블랙 스완》이 출간될 무렵 "상상할 수 있는 최악의 파국이 앞으로 월가를 덮칠 것"이라 경고했다. 학계와 금융계의 반응은 적대적이었다. 《뉴욕타임스》는 《블랙 스완》을 혹평했고, 미국통계학회는 학회가 발행하는 학술지를 통해 불편한 심경을 드러냈다. 탈레브는 이런 혹평을 조목조목 비판하는 반박문을 자신의 홈페이지에 올려 화제를 불러일으키기도 했다.

그러나 상황은 달라졌다. 《블랙 스완》이 출간된 지 불과 얼마 후에 2008년 서브프라임 모기지 사태가 터졌고, 파국의 그림자가 서서히 드리워지기 시작했다. 미국의 대형 금융사, 증권회사의 파산이 이어졌고, 이것이 세계적인 신용경색을 가져왔다. 실물경제에 악영향을 주었고, 이는 세계 경제시장에까지 타격을 주어 2008년 이후, 세계 금융위기로까지 이어졌다.

이제 '티핑 포인트(tipping point)', '롱 테일(long tail)'과 함께 '검은 백조'는 경

제경영 분야의 중요한 신개념이 되었다. 불과 10년 전, 아무도 주목하지 않았던 '블랙 스완'은 이제 경영학, 경제학, 통계학은 물론 정치학, 심리학, 법학 등의 연구논문에서 빠지지 않는 제목이나 주제어로 등장하고 있다.

차례

옮긴이의 글

프롤로그

1부 움베르토 에코의 반서재

1장 한 경험론적 회의주의자의 도제 시절

8장 자코모 카사노바의 기막힌 행운: 말 없는 증거의 문제

9장 루딕 오류, 혹은 네로의 불확실성

2부 우리는 결코 예견할 수 없다

10장 예견의 스캔들

11장 새 '똥꼬' 찾는 법

16장 무작위성의 미학

17장 로크의 미치광이, 혹은 엉뚱하게 사용되는 정규분포곡선

18장 짝퉁의 불확실성

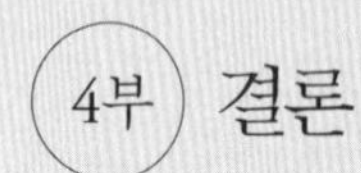

4부 결론

19장 절반 더하기 절반, 혹은 검은 백조와 맞붙어 지지 않는 방법

에필로그

강인성과 허약성에 대한, 더 심오한 철학적이고 경험주의적인 성찰

1장 대자연에서 배우기, 가장 오래된 것과 가장 지혜로운 것

2장 내가 이 모든 산책을 하는 이유 또는 시스템이 허약해지는 과정

3장 돼지 목에 진주목걸이

4장 아스퍼거 증후군과 존재론적 검은 백조

5장 현대 철학사에서 (아마도) 가장 유용한 문제

프롤로그

새의 깃털이 주는 교훈

서구인이 오스트레일리아 대륙을 발견하기 전까지 구세계 사람들은 모든 백조는 흰 새임을 믿어 의심치 않았다. 이것은 경험적 증거에 의해 뒷받침된 난공불락의 신념이었다. 그런데 검은 백조 한 마리가 두어 명의 조류학자(그것도 새의 깃털 색깔에 특별한 관심을 갖고 있던 조류학자) 앞에 홀연히 나타났으니 얼마나 흥미롭고 놀라웠을까. 이 사건에는 조류학 이상의 의미가 담겨 있다. 이것은 관찰과 경험에 근거한 학습이 얼마나 제한적인 것인지, 우리의 지식이 얼마나 허약한 것인지를 극명하게 보여 준다. 수천 년 동안 수백만 마리가 넘는 흰 백조를 보고 또 보면서 견고히 다져진 일반론이 검은 백조 한 마리 앞에서 무너져 버린 것이다. (못생기기 짝이 없었다는) 검은 백조 딱 한 마리로 충분했다.[†]

이야기가 철학적 논리적 질문으로 빠져 들기 전에 경험적 세계로 한 발짝

물러서 보자. 덧붙여 내가 어린 시절부터 끊임없이 되물어 온 문제도 생각해 보자.[††] 내가 특별히 대문자로 표기한 '검은 백조(Black Swan)'는 다음 세 가지 속성을 지니는 사건이다.

첫째, 검은 백조는 '극단값'이다. 극단값은 과거의 경험으로는 그 존재 가능성을 확인할 수 없기 때문에 일반적인 기대 영역 바깥에 놓여 있는 관측값을 가리키는 통계학 용어다. 극단값이라 부르는 이유는 이것이 존재할 가능성을 과거의 경험으로는 확신할 수 없기 때문이다. 둘째, 검은 백조는 극심한 충격을 안겨 준다. 셋째, 검은 백조가 극단값의 위치에 있다고 해도 그 존재가 사실로 드러나면, 인간은 적절한 설명을 시도하여 이 검은 백조를 설명과 예견이 가능한 것으로 만든다.

요컨대 희귀성, 극도의 충격, (선견지명은 아니지만) 예견의 소급 적용, 이 세 가지가 검은 백조의 속성이다.[†††] 우리는 몇 마리 되지 않는 검은 백조로써 세계의 거의 모든 것을 설명할 수 있다. 특정 사상과 종교가 발흥하는 이유,

---

† 휴대폰이 보급된 덕에 나는 세계 곳곳의 여행객이 보내온 검은 백조 사진을 잔뜩 얻게 되었다. 심지어 지난 성탄절 때에는 검은 백조의 그림이 인쇄된 와인(그렇지만 내 취향의 와인은 아니었다), 비디오테이프(나는 비디오를 보지 않는다), 책 두 권을 보내 주신 분들도 있었다. 그렇지만 차라리 사진을 보내주셨으면 한다.

†† 나는 대문자로 표기한 '검은 백조 현상(Black Swan Events)'을 설명하기 위해 문자 그대로의 '검은 백조(black swan)'를 논리적으로 빗대었다. 하지만 내가 다루는 문제를 많은 철학자들이 제기한 논리학의 문제와 혼동해서는 안 된다. 이 문제는 예외에 관한 것이 아니라 삶의 영역에서 비대한 역할을 하는 극단적인 현상에 관한 이야기다. 더욱이 논리학의 문제는 예외의 가능성에 관한 것(black swan)이지만, 내가 말하고자 하는 문제는 예외적인 현상의 '역할'(Black Swan)이다. 예외적인 현상은 예측 가능성을 낮추며, 부정적 검은 백조에 단단히 대비해 긍정적 검은 백조를 맞이할 필요성을 알게 한다.

††† '발생하지 않을' 확률이 높으면 검은 백조가 될 수 있다. 이와 대칭적인 의미에서, 개연성이 거의 없는 사건이 발생할 확률은 '개연성이 매우 높은 사건'이 '발생하지 않을' 확률과 대등하다는 점에 유의하자.

역사적 사건들 사이의 역동적 관계, 인간 각자의 삶에 중요한 요소 등등. 1만 년 전 우리가 홍적세를 벗어나던 때부터 이러한 검은 백조 효과는 위력을 발휘해 왔다. 산업혁명으로 세계의 복잡성이 증대하기 시작하면서 이 효과에는 더욱 가속도가 붙었다. 반대로 일상의 사건들, 즉 우리가 신문 따위를 통해 배우고 토론하고 예상하려 하는 보통 사건들은 점점 영향력이 미미해지게 되었다.

우리가 1914년 세계대전 발발 전날에 세계 정세를 잘 알고 있었다고 해도 다음에 일어날 일은 거의 예측하기가 어려웠으리라는 점을 생각해보자(따분한 역사 시간에 주입된 지식을 지금 말해 보라는 뜻은 아니다). 히틀러의 등장과 그에 이은 또 한 차례의 세계대전을 누가 예상할 수 있었는가? 소련을 비롯한 사회주의권의 급속한 붕괴는 또 어떤가? 이슬람 근본주의의 발생과 인터넷의 확산, 1987년의 주식시장 붕괴(그보다 더 예상하지 못했던 급속한 시장 회복)도 누가 예상했는가? 갖가지 유행 풍조, 전염병, 사상, 새로운 예술 장르와 유파의 등장 따위도 마찬가지다. 이 모든 것들이 검은 백조의 역학과 관계가 있다. 그야말로 우리가 의미를 부여할 수 있는 모든 사건과 사물들이 그러하다.

낮은 예견 가능성과 큰 충격은 검은 백조 효과를 거대한 수수께끼로 비치게 만든다. 그러나 이 수수께끼를 파헤치는 것이 이 책의 주된 목적은 아니다. 그보다 더 내 관심을 끄는 현상은 우리가 검은 백조란 없다고 가정하고 행동한다는 사실이다! 여러분이나 나 같은 평범한 사람들만이 아니라 대부분의 '사회과학자'들도 마찬가지다. 벌써 한 세기가 넘도록 사회과학자들은 자신들이 불확실성을 측정하는 도구를 갖고 있다고 착각해 왔다. 불확실성의 과학을 현실의 세계에 적용하다 보니 종종 웃지 못할 결과가 벌어진다. 내가 종사하는 금융과 경제 분야에서도 마찬가지다. 예컨대, 지금 당신의 포트폴리오를 관리하는 재무설계사를 찾아가서 '리스크(risk)'의 정의를 내려 달라고 해보라. 틀림없이 그 재무설계사는 검은 백조가 나타날 가능성을 완전히 **무시한 기준**

을 제시할 것이다. 이런 기준을 내놓는 그의 예견 능력은 점성술사의 예견력보다 그리 높지 않다(이른바 금융 전문가들이 어떻게 숫자를 주물러서 사기를 치는지 앞으로 이 책에서 보게 될 것이다). 사회적 문제에서 이런 일은 그야말로 풍토병이다.

이 책의 중심 주제는 무작위성에 대해 우리 인간이 가지고 있는 맹목성을 살펴보는 것이다. 따라서 나는 특별히 맹목성과 무작위성이 크게 발휘되는 문제들을 살펴보려 한다. 즉 과학도이건 비과학도이건, 전문가를 자처하는 사람들이건 개미군단이건 어째서 한결같이 1달러는 못 보고 1페니에 목을 매는 것일까? 도대체 심대한 결과를 낳을 증거가 명명백백한 굵직한 사건들은 도외시하고 어째서 사소한 일들에만 매달리는 것일까? 덧붙여 내식대로 말한다면, 어째서 신문을 읽으면 오히려 세상에 대한 지식이 **줄어드는** 것일까?

인생이란 한 줌에 불과한 의미심장한 사건들이 몰고 온 파장이 쌓인 결과라는 데 반대할 사람은 그리 많지 않을 것이다. 검은 백조의 역할을 따져 보는 것은 그저 안락의자에 앉아서, 혹은 바에 앉아 술잔을 기울이면서도 할 수 있을 만큼 그리 어려운 일이 아니다. 이제 각자의 경우를 생각해 보자. 우리 각자가 태어난 이래 발생한 숱한 사건들 가운데 의미심장한 것들, 신기술, 새로운 발명품 등을 떠올려 본 뒤 그것들이 처음 일어났던 당시의 환경에서 우리가 예상했던 것과 실제 결과를 비교해 보라. 예상대로 된 경우가 얼마나 되는가? 직업을 선택하고, 배우자를 만나고, 고향을 떠나 새로운 곳에 뿌리를 내리고, 배신을 당하고, 갑자기 일확천금이 들어오거나 혹은 빈털터리로 전락하거나 하는 인생의 갈림길에서 내린 선택들 가운데 사전에 계획했던 대로 된 일이 과연 얼마나 되는가?

우리가 모르는 것

검은 백조 원리에서는 우리가 아는 것보다 **우리가 모르는 것**이 더욱 중요해진다.[†] 많은 경우, 검은 백조 현상은 **예상 밖의 일이기 때문에** 발생하며 또 그래서 그 효과가 증폭되는 것임에 유의하자.

2001년의 9·11 테러를 생각해 보자. 만일 9월 10일에 테러 가능성을 어느 정도 **생각할 수만 있었다면** 사태는 일어나지 않았을 것이다. 가능성을 인정했다면 전투기가 쌍둥이 빌딩 주변을 선회하고 여객기 조종실 출입문에 방탄장치를 설치할 수 있었을 것이고, 따라서 테러리스트의 공격은 발생할 수 없었을 것이다! 물론 그 대신 다른 일이 발생할 수는 있었을 것이다. 그것이 무엇이냐고? 아쉽지만 나도 거기까지는 알 수가 없다.

어떤 사건이 발생하는 이유가 바로 그 사건이 일어날 리가 없다고 생각했기 때문이라니, 이보다 기이한 일이 있을 수 있을까? 그렇다면 사건 발생을 막기 위해 도대체 어떤 방책이 필요할까? 우리가 어떤 것을 파악해 내든(예컨대 뉴욕은 테러리스트의 손쉬운 공격 대상이 되는 도시다 등등), 우리가 그것을 파악했다는 사실을 상대가 알게 될 경우 우리가 알아낸 것은 곧 현실에서는 별 의미가 없는 일이 되고 만다. 얼핏 기이하게 보일지 모르겠지만, 이런 전략 게임에서는 이미 '알고 있는 것'이 오히려 진정 일어나지 않을 일이 될 수 있다.[††]

---

† 검은 백조는 집단과 개인의 인식적 한계(혹은 왜곡)에 따른 결과다. 특히 지식에 대한 자신감 때문에 일어난다. 검은 백조는 객관적인 현상이 아니다. 검은 백조를 해석하면서 범하는 가장 심각한 실수가 있다. 검은 백조를 모든 사람들의 눈에 변함없이 '객관적인' 것으로 정의하려고 하는 것이다. 2001년 9월 11일에 발생한 사건은 희생자들에게는 검은 백조이지만, 가해자들에게는 명백히 아니다. 〈후기 – 강인성과 허약성에 대한, 더 심오한 철학적이고 경험주의적인 성찰〉에서 이 부분에 대해 더 이야기한다.

†† 강인성에 대한 생각: 왜 우리는 오류가 초래할 결과나 이론의 강인성에 관심을 두지 않고 추정과 예측에 중점을 둔 이론을 만들려고 하는 걸까? 예측을 더 잘하려고 하기보다 오류의 강

이러한 원리는 비즈니스의 어느 영역에서나 적용된다. 예를 들어 보자. 외식 산업에서는 '대박'을 터뜨릴 수 있는 요리의 '비법'을 대단히 중요하게 여긴다. 그런데 이 조리법이 알려지게 되면 옆 식당도 같은 메뉴를 내걸 터이므로 그것은 뻔한 요리가 되고 만다. 따라서 다른 식당들에서는 좀체 생각해 내기 어려운 아이디어를 찾아야 한다. 요컨대 예상을 뛰어넘는 아이디어가 필요한 것이다. 예상을 크게 뛰어넘을수록 경쟁자가 더 적어지고, 따라서 식당 주인은 더 큰 성공을 거두게 된다. 똑같은 원리가 제화업이나 출판업, 아니 거의 모든 사업 분야에 작용한다. 이런 원리는 과학 이론에도 똑같이 적용된다. 구체적인 예를 일일이 들 필요가 있을까? 인간의 투기 활동에서 수익은 대체로 처음 기대 수준에 반비례한다.

2004년 12월 태평양에서 일어난 쓰나미도 마찬가지다. 이 쓰나미를 예보할 수 있었다면 막대한 피해를 피할 수 있었을 것이다. 인구밀도가 높은 곳은 미리 대비를 하고 조기경보 제도도 실시되었을 터이니 말이다. '알고 있는 것'에서는 어떤 위험도 나오지 않는 법이다.

빈껍데기 전문가

극단값을 예견하지 못하는 것은 곧 역사의 진행 방향을 예견하지 못하는 무능력을 의미한다. 역사에서는 특이한 사건들이 큰 몫을 차지하기 때문이다.

그런데 우리는 마치 역사적 사건들을 예견할 수 있는 것처럼 행동한다. 한술 더 떠서, 역사의 진행 방향을 바꿀 수 있다는 듯이 행동하는 탓에 사태를 더욱 심각하게 만든다. 예컨대 향후 30년간의 사회복지 적자나 석유 가격 예상치가 발표되곤 하지만, 실상 예측자들은 돌아오는 여름 때의 추이도 예상하

인성에 초점을 맞춘다면 검은 백조 문제를 다루기 훨씬 쉬울 것이다.

지 못한다. 정치나 경제 부문의 예측 오류가 누적되면 최악의 결과를 빚게 되므로 나는 지난 기록들을 들춰 볼 때마다 혹시 내가 꿈을 꾸는 것이 아닌지 꼬집어 보기까지 한다. 오류가 크다는 것이 문제가 아니다. 예측에 오류가 있을 수 있음을 깨닫지 못한다는 것이 정말로 심각한 문제다. 이런 오류는 치명적인 분쟁에서 한층 심각해진다. 도대체 전쟁만큼 근본적으로 예측 불가능한(그러나 대개는 결말이 손바닥에 있다고 착각하는) 상황이 있겠는가. 정책과 현장 사이의 인과 고리를 이처럼 오해하고 있기 때문에, 우리는 공격적 무지 덕분에 검은 백조 효과에 손쉽게 발동을 건다. 마치 어린아이가 화학실험 도구로 장난을 치는 꼴이다.

검은 백조에 지배되는 환경에서 우리는 예측 능력이 없는데다가 예측 능력이 없다는 사실도 대체로 모르고 있다. 그리하여 스스로 전문가라고 자부하는 사람들도 실상은 전혀 그렇지 않다. 실제 드러난 예측 능력을 보면 그들은 경험적 기록에 의존하기 때문에 소위 전문 분야에서도 결코 일반 대중보다 더 많이, 더 깊이 알고 있다고 할 수 없다. 그들이 일반인보다 나은 점은 그럴싸한 이야기를 지어내는 능력, 더 심각하게는 복잡한 수학 모델로 보통 사람들을 주눅 들게 만드는 능력, 한 가지 더 덧붙이자면 정장 차림을 좋아한다는 것뿐이다.

검은 백조 현상은 예측 불가능성이 특징이므로 우리는 (순진하게도 그것을 예측하겠다고 노력하기보다) 그 미지의 가능성에 고분고분 순응하는 편이 옳다. 반(反)지식, 즉 우리가 모르는 것에 초점을 맞추면 우리는 많은 것을 얻을 수 있다. 검은 백조 현상에 노출될 기회를 최대한 늘리면 기대 밖의 (유리한) 결과를 뜻밖에 얻는 행운도 늘어날 수 있다. 예컨대 과학적 발견이나 벤처 투자에서는 미지의 가능성이 엉뚱한 보상을 베풀어 주는 경우가 있는데, 그것은 어떤 희귀한 사건에서는 대체로 잃을 것은 거의 없지만 얻을 것은 많기 때문이다. '사회과학'의 상식과는 정반대로 대부분의 발견이나 발명은 의식적으로 계획하거나 설계하지 않은 상태에서 얻어진다. 이것들이 바로 검은 백조다. 따라서 탐사나 경영은 하향식 계획에 의존하는 대신 기회가 스스로 모습을 드러낼 때까지 최대한 이것 저것 시도해볼 필요가 있다. 그래서 나는 마르크스나 애덤 스미스의 후예들과 견해가 다르다. 자유시장이 작동하는 것은 기술이 뛰어난 자에게 주어지는 보상 혹은 인센티브 때문이 아니라 누구든 공격적인 시행착오 끝에 행운아가 될 수 있기 때문이다. 따라서 성공의 전략은 간단하다. 최대한 집적거리라. 그리하여 검은 백조가 출몰할 기회를 최대한 늘리라.

배우는 법을 배워라

인간에게는 이와 관련된 또 한 가지 장애가 있다. 그것은 아는 것에만 지나치게 집착한다는 것이다. 말하자면 나무는 보지만 숲은 보지 못하는 격이랄까.

우리는 9·11 테러에서 어떤 교훈을 얻었을까? 예측 가능한 범위에서 멀찌감치 떨어져 있던 사건도 일단 발동하기 시작하면 우리 눈앞에서 현실로 벌어질 수 있다는 사실을 배웠을까? 천만에. 우리의 상식에 결함이 있다는 사실을 깨달았을까? 역시 천만에. 지금 9·11의 교훈으로 어떤 것들이 거론되고 있는지 한번 보라. 이슬람 테러리스트들이 고층 빌딩에서 일을 벌이지 못하게 할 세밀한 규칙을 얻어 냈다는 것, 이것이 그들이 말하는 교훈이다. 아는 것을 '이론화'하는 것보다 실제적이며 손에 잡히는 조치를 시행하는 것이 더 중요하다고 말하는 사람이 한둘이 아니다. 마지노선의 경험은 인간이 어떻게 숲보다 나무에 집착하는지를 잘 보여 준다. 마지노선이란 제1차 세계대전이 끝난 뒤 프랑스가 독일의 재침공에 대비하기 위해 구축한 방어선이다. 그러나 제2차 세계대전을 일으킨 히틀러의 대응은 간단했다. 이 마지노선을 슬쩍 우회해서 침입한 것이다. 프랑스인들은 역사학에서는 우등생이었다. 그들은 너무 세세한 것들에서 교훈을 얻었다. 그들은 실제적인 것에 집착했고, 자신들의 안전에 지나치게 골몰하였다.

우리가 쉽사리 깨닫지 못하는 것이 한 가지 있다. **우리는 우리가 모른다는 사실을 모른다.** 그것은 우리 인간의 마음의 구조에서 기인한다. 인간은 원리를 깨닫지 못하고 사실, 오직 사실만을 머리에 우겨 넣는다. 이 '메타 원리'(인간은 원리를 습득하지 못하는 경향이 있다는 원리)를 쉽게 습득하지 못하는 것이 인간의 속성이다. 우리는 추상적인 것을 얕잡아 본다. 그것도 아주 심하게.

왜 이런 일이 되풀이되는 것일까? 이 의문을 풀려면 상투적인 지식을 전복시켜서, 이런 지식이 복잡다기하며 **회귀적인**† 속성이 갈수록 강해지는 현대 사회의 상황에 들어맞지 않음을 보여 줄 필요가 있다. 이것이 이 책의 중심 주제다.

하지만 이보다 더 어려운 문제가 있다. 인간의 마음은 무엇을 하기에 적합하게 만들어진 것일까? 마치 뇌 사용설명서 자체에 결함이 있는 것처럼 보인다. 다시 말해서 인간의 마음 자체는 사고하고 성찰하는 데 부적합한 것으로 보인다. 만일 그렇지 않다면 우리의 삶이 지금보다는 나았을지 모르겠으나, 내가 이런 이야기를 하고 있지도 못할 것이다. 즉 현상의 이면을 읽을 줄 알고

---

† 회귀적(recursive)이란 우리가 사는 세계에서 피드백의 순환 고리가 점점 많아지고 있음을 뜻한다. 이 피드백 순환 고리는 어떤 사건이 더 많은 사건을 일으키는 원인이 되게 하고(예를 들면, 사람들이 어떤 책을 사는 이유는 그 책을 남들이 사기 때문이다), 이것이 눈덩이처럼 커지게 해서 마침내 종잡을 수 없는 전 지구적인 '승자 독식'의 효과를 낳는다. 우리가 사는 시대는 정보가 엄청난 속도로 유포됨으로서 예측하지 못한 사태가 마치 전염병처럼 퍼져 나간다. 어떤 사건이 그 사건이 일어날 법하지 않다고 여겼기 때문에 발생하는 경우도 마찬가지 효과로 이해할 수 있다(우리 인간의 직관은 인과관계가 단순하고 정보가 느리게 유포되는 환경에 적응된 것이다). 이와 같은 것을 일종의 무작위라고 할 수 있는데, 인간의 사회경제적 삶이 지금보다 훨씬 단순했던 홍적세에는 이러한 유형의 무작위가 힘을 발휘하기 어려웠다.

성찰할 줄 알고 깊이 사고할 줄 알았던 조상들은 모두 사자에게 잡아먹히고, 머리는 잘 돌아가지 않지만 달아나는 데는 재빨랐던 사촌들만 살아남았던 것은 아닐까? 사고란 엄청난 시간과 에너지를 소모하는 행위라는 것을 상기하기 바란다. 인간의 장구한 역사에서 수억 년의 시간 동안 인간의 조상들은 다른 포유류들과 다를 바 없이 '생각하지 않는' 상태에 있었다. 그러므로 인간이 뇌를 제대로 사용할 줄 알게 된 시기는 극히 짧은 순간이라고 할 수밖에 없는데, 이 시기에조차도 우리는 지나치게 지엽적인 주제에만 뇌를 사용하고 있는 것이다. 통념과 달리 많은 증거에 따르면 우리 인간은 '적게 생각한다.' 유일한 예외가 있다면, '우리가 얼마나 생각하고 있나'를 생각하는 순간일 것이다.

또 다른 배은망덕

슬프게도, 역사의 푸대접을 받은 사람들이 있다. **저주받은 시인**으로 일컬어지는 에드거 앨런 포나 랭보의 경우를 살펴보자. 이들은 당대에는 외면당하다가 사후에야 숭배된 시인이다. 학생들은 그런 사정도 모르고 이들의 이름을 달달 외워야 한다. (어떤 학교는 자기들이 퇴학시킨 사람의 이름을 학교명으로 삼고 있는 경우도 있으니) 슬프다! 이렇게 때늦은 인정이 이 시인들로 하여금 지금 세로토닌 분비를 느끼게 할 수도 없고, 이 시인들의 낭만적 삶을 지상에 다시 꽃피게 해주지도 않는다. 게다가 이들보다 더 지독하게 외면당한 영웅들, 우리의 생명을 구해 주고 우리를 재난에서 벗어나게 한 슬픈 영웅들이 어디 한둘이겠는가. 이 숨은 영웅들은 아무런 자취도 남기지 않았기 때문에 어떤 공헌을 했는지조차 알려지지 않는다. 순교자들을 기리는 것은 그들이 귀에 익은 대의명분에 삶을 바친 경우에 한해서다. 그러나 우리가 알지 못하는 대의명분에 헌신한 순교자들도 있다. 그들의 공헌은 누구에게도 뒤지지 않지만, 우리는 그들의 대의에 대해 알지 못한다. 바로 그들의 대의가 성공했기 때문이다. 저주받은 시인들을 몰라본 것도 배은망덕이지만, 이 잊혀진 영웅들에 대해 전혀 감사할 필요를 느끼지 못하는 배은망덕 앞에서는 완전히 빛이 바랜다. 다음 이야기는 내가 펼치는 사고실험이다.

용기, 영향력, 지략, 이상, 인내심을 갖춘 의원이 한 사람 있다고 하자. 그가 어떤 법을 발의해서 2001년 9월 10일부터 발효하게 만들었다. 그것은 모든 항공기의 조종실 출입문에 방탄장치와 자동 잠금장치를 의무적으로 설치하게 하는 법안으로, 뉴욕 세계무역센터 공격과 같은 항공기를 이용한 테러 행위를 미연에 방지하기 위한 것이다. 물론 이 법안은 나의 상상에서 나온 허구일 뿐이다.(물론 용기, 영향력, 지략, 시야, 인내심을 갖춘 의원이 있을 리도 없겠다. 이것도 내 가상실험의 주제이기도 하지만.) 항공사 직원들은 성가신 일거리를 던져 준 이 법안을 달가워하지 않았지만, 이 법안 덕택에 9·11 테러는 사전에 방지되었다.

그런데도 조종실 문의 잠금장치를 의무적으로 설치하게 만든 법안을 발의한 이 장본인에 대해서는 그 흔한 동상 하나 세워지지 않는다. 그가 사망했을 때에는 다음과 같은 부고 기사조차 없었다. “조 스미스. 9·11 사태를 예방하는 데 기여했음. 간 질환 합병증으로 별세.” 그가 도입한 조치가 귀찮고 돈만 낭비한다며 유권자들은 항공사 직원들과 한편이 되어 그를 의원 선거에서 떨어뜨려 버렸다. 광야에서 홀로 외치는 소리. 그는 엄청난 절망감 속에서 세상을 등졌다. 그가 죽었을 때 세상은 그가 쓸모 있는 일이라곤 하나도 해내지 못한 사람이라고 생각했다. 나는 조문을 가고 싶었으나, 아아, 장례식 장소가 어딘지도 알아낼 수 없었다. 분명 세간의 인정을 받는다는 것은 큰 힘이 된다. 남들의 인정을 받는 데는 전혀 관심이 없고 노동의 산물과 노동의 과정을 구분할 줄 안다고 자부하는 사람들도 물론 있다. 그러나 이들 역시 세간의 인정을 받으면 왕성한 세로토닌 분비를 경험한다. 자, 우리의 말 없는 영웅은 어떤 보답을 받았을까? 아마 그의 호르몬 시스템조차 작동하지 않았을 것이다.

다시 9·11로 돌아가 보자. 9·11 사태 이후 누가 세상의 인정을 받았는가? 우리는 미디어 보도를 기억한다. 텔레비전에서는 영웅담을 쏟아 냈다. 스스로 영웅 노릇을 했다고 자부하는 사람들의 이야기도 방영되었다. 뉴욕증권거래소 회장 리처드 그라소도 그들 가운데 한 명이었다. 그는 '뉴욕 증시를 보호했다'는 명분으로 (미국 샐러리맨 평균 급여의 **수천** 배에 해당하는) 엄청난 보너스를 받았다. 그가 한 일이라고는 텔레비전으로 생중계되는 가운데 뉴욕 증시의 개장을 알리는 벨을 누른 것뿐이었다. 앞으로 보게 되겠지만, 텔레비전은 '공정한 매체'가 아니라 검은 백조에 눈을 감게 만드는 주요 원인이다.

공황을 피할 수 있게 한 중앙은행장과 전임자의 과오를 어쩌다 '바로잡고' 우연히 경제 회복기에 그 자리에 있던 중앙은행장, 이 두 사람 중 누구에게 보상이 돌아가는가? 전쟁을 피할 수 있게 한 정치가와 새로운 전쟁을 벌인 (그리고 요행히 승리를 거둔) 정치가, 이 두 사람 중 누가 더 값진 일을 했는가?

이러한 예는 앞에서 '우리가 알지 못하는 것들의 가치'를 살펴보면서 알게 된 '거꾸로 된 논리'이기도 하다. 수습보다 예방에 힘을 쏟아야 한다는 것을 모르는 사람은 없지만 예방 행위에 보상이 돌아가는 경우는 드물다. 우리는 역사책에 이름을 남긴 사람들을 기리지만, 이 역사책은 이름을 남기지 않은 공헌자들 덕택에 씌어진 것이다. 게다가 역사책은 이름 없는 공헌자에 대해서는 침묵한다. 우리 인간은 얼마나 껍데기에만 집착하는 족속인가(이 표피성은 어느 정도 치유가 가능하지만, 더 심각한 문제는 이것이다). 우리 인간은 얼마나 불공평한 존재인가.

인생 자체가 매우 이례적인 사건

이 책은 불확실성을 다룬다. 나는 희귀한 사건을 불확실성과 동일한 것으로 파악한다. 지나치게 강한 주장으로 느껴질지 모르겠으나, 보편적인 사건을 파악하기 위해서는 희귀하고 극단적인 사건들의 원리를 연구해야 한다. 나의 입장을 거듭 밝히자면 이렇다. 현상에 접근하는 길에는 두 가지가 있다. 첫째는 특이한 것을 배제하고 '정상적인 것'에 주목하는 방법이다. 이때 조사자는 극단값을 제외한 일반적 사례를 연구하게 된다. 두 번째는 극단적인 사례, 특히 검은 백조처럼 누적적인 효과를 발휘하는 것에 먼저 주목하는 방법이다.

나는 정상적인 것에는 특별한 주의를 기울이지 않는다. 친구의 성격이 어떤지, 예의 바른지 품격이 있는지 등을 알려면 장밋빛 **일상생활**이 아니라 극단적인 상황에서 그를 시험해 보아야 한다. 어떤 사람이 범죄자인지 아닌지를 일상생활만 관찰해서 알 수 있을까? 질병과 전염병에 대한 고려 없이 건강한지 건강하지 않은지 알 수 있겠는가? 때로는 정상이라는 개념 자체가 무의미할 때가 있다.

사회생활에서 벌어지는 대부분의 일들은 희귀하지만 인과관계가 분명한 충격과 비약에 의해 일어난다. '정상적인 것,' 특히 '정규분포'를 나타내는 종 모양의 곡선을 전제로 추론을 전개하는 대부분의 사회 연구는 거의 아무것도 말해 주지 않는다. 어째서 그런가? 정규분포란 큰 편차를 무시하거나 다룰 수 없는데도 마치 우리가 불확실성을 길들이고 있다는 확신을 줄 뿐이기 때문이다. 이 책에서 나는 이런 따위를 GIF, 즉 '거대한 지적 사기(Great Intellectual Fraud)'라 부른다.

플라톤과 헛똑똑이

서기 1세기에 유대인들이 봉기를 일으켰다. 로마인들이 로마의 사원에 야훼 상을 세우는 대신 예루살렘에 칼리굴라 황제 상을 세우겠다고 밀어붙여 유대인들의 분노를 자아냈기 때문이다. 로마인들은 유대인들(그리고 일신교를 믿는 레반트인들)에게 야훼란 모든 **신** 개념을 포괄하는 '추상적인' 존재임을 알지 못했다. 로마인들의 마음속에 떠오르는 신은 인간의 형상을 닮았기 때문에 유대인들의 반감을 살 수밖에 없었다. 근본적으로 유대인의 신은 상징적 표현물로 나타낼 수 없는 존재였다. 마찬가지로 사람들은 '알지 못하는 것,' '개연성 없는 것,' '불확실한 것'을 같은 의미로 혼용하고 있지만, 나에게는 서로 다르다. 위의 개념들은 앎이라는 의미의 모호한 영역을 구체적으로 또는 세밀하게 구분한 '엉터리' 범주가 아니라 오히려 그 반대, 즉 '앎의 결핍(한계)'을 나타낸다. 이것들은 '앎의 정반대'다. 우리는 앎 혹은 지식을 나타내기 위한 용어를 그 반대로 사용하지 말아야 한다.

어떤 목적지와 거기에 도달하기 위한 지도를 혼동하는 경향, 즉 순수하고 정교한 형식에만 초점을 맞추는 태도를 나는 그의 사상(성격)에 따라 플라톤적 태도라고 부른다. **플라톤적 태도**는 수학의 삼각형, 사회적 개념, 유토피아('원리에 따른' 청사진으로 세워진 사회), 민족성 등등 대상을 가리지 않는다. 플라톤적 태도가 우리 마음속에 똬리를 틀고 있으면 우리는 잘 맞아떨어지지 않는 대상이나 뭔가 깔끔하지 않고 설명하기 어려운 것들은 도외시해 버리게 된다(이 책 전반부에서 나는 이 문제를 여러 측면에서 설명할 것이다).

플라톤적 태도가 우리의 이해 능력을 높여 주기는 하지만, 그것이 어디나 적용되는 것은 아니다. 물론 플라톤적 형상이 존재하지 않는다는 것은 아니다. 이론틀이나 구조물처럼 현실을 지적으로 도식화한 것들이 언제나 틀린 것도 아니다. 그러나 이것들을 어떤 특정한 상황에 적용하게 되면 오류로 나타난다. 문제는 1) 플라톤적 도식이 **어디서** 오류를 빚을지 사전에 알 수 없고(오류가 사실로 발생한 후에야 알게 된다), 2) 이로 인한 실수가 심각한 결과를 초래한다는 것이다. 요컨대 플라톤적 모델은 독극물 성분이 포함되어 있어서 매우 심각한 부작용을 일으킬 수 있는 명약이다.

나는 플라톤적 태도가 복잡한 현실과 만나는 폭발성 있는 경계지대를 **플라톤 주름지대**(Platonic fold)라고 부른다. 아는 것과 모르는 것 사이의 간극이 넓어서 위험한 지점, 바로 그곳이 플라톤 주름지대다. 검은 백조는 바로 이곳에서 잉태된다.

공허한 이론은 피할 것

영화감독 루키노 비스콘티는 배우가 뚜껑 닫힌 보석상자를 응시하는 연기를 할 때에는 반드시 그 상자 안에 실제로 보석을 넣어 두었다고 한다. 배우의 생생한 연기를 유도하기 위해서였다. 이것은 비스콘티의 미의식과 생생한 연기에 대한 욕심에서 나온 것이라고 생각한다. 어쨌든 관객을 우롱하는 것이 옳지 않다고 생각했을 것이다.

이 책은 나의 본래 생각을 기술한 에세이로, 다른 사람의 생각을 소개하거나 다르게 포장한 것이 아니다. 무릇 에세이란 과학 연구 보고서와 달리 저자의 자유로운 성찰을 기록한 것이다. 이 책에서 나는 당연하지만 진부하기만 한 논점이라고 생각되는 것은 간혹 건너뛸 것이다. 이는 독자 역시 진부한 이야기를 원치 않으리라는 생각에서이니 너그러운 양해를 구한다(진부한 것을 피하게 되면 지엽적인 것을 걸러 내는 효과도 있을 것이다).

말처럼 쉬운 일은 없다. 대학에서 철학 강의를 너무 많이 들은 (아니면 제대로 듣지 못한) 사람들 가운데는 검은 백조 한 마리가 출현했다고 해서 **모든 백조는 희다**는 이론이 실효성을 잃지는 않는다고 주장하는 분이 있을지도 모르겠다. 그 근거인즉 흰색은 백조의 본질적 속성이므로 그 '까만 새'를 백조로 인정하지 않으면 된다는 것이다. 실제로 비트겐슈타인(혹은 비트겐슈타인을 주제로 다룬 글에 관한 논평)을 너무 많이 읽은 사람들은 언어 문제를 중요시한다. 언어에 집착하는 것은 철학자들 사이에서 유명세를 유지하는 데는 도움이 될 수 있겠지만, 현실 세계에서 현업에 종사하며 의사 결정을 내리는 우리 같은 사람들에게는 **한가한 주말의 소일거리**일 뿐이다. 제19장 '짝퉁의 불확실성'에서 설명하겠지만, 이 우아한 논제(언어 문제, 즉 객관적 실재를 배제한 개념적 논증—옮긴이)는 매우 지적인 문제라는 인상을 주지만, 우리가 일하는 월요일에서 금요일까지는 이보다 더 실질적인 (그리고 간과되기 쉬운) 문제들보다 결코 더 중요한 의미를 갖지 못한다. 강단 사람들은 불확실한 상황에서 결정을 내려 본 경험이 없기 때문에 무엇이 중요하고 무엇이 중요하지 않은지를 판별하지 못한다. 심지어 불확실성을 연구의 주제로 삼는 학자들조차 그러한 경향을 보인다(불확실성을 연구하는 학자들이 **오히려** 더 하다). 내가 불확실한 행위라고 부르는 것에는 저작권 도용, 상품 투기, 직업적 도박 행위 등이 포함되는데, 이것들은 마피아 조직은 물론 일반 기업 활동에서도 노상 벌어지는 일이다. 따라서 나는 '공허한 회의주의'를 비판하며 일절 고려하지 않기로 하고, 현대 철학을 (경멸의 뜻으로 사용되는) 이른바 '일반 대중'과 유리시켜 버리는 과도하게 이론적인 언어 문제에 반대한다. (좋건 나쁘건, 과거 소수의 철학자들 혹은 사상가들은 고립된 존재가 아니었으며 그들을 후견하는 사람들의 입장에 섰다. 반면에 오늘날 추상적인 연구 주제에 매달리는 강단 학자들은 외부의 견제 없이 자기들 내부끼리의 견해에만 의거함으로써 현란하지만 편협하기 짝이 없는 논쟁에 병적으로 골몰하기까지 한다. 구시대의 철학은 분명히 단점이 있긴 했지만 최소한 현실과의 관련성은 고수했다.)

철학자 에드너 울만-마갤리트는 원고에서 일관성이 약한 부분이 있는지 감수해 주었다. 원고를 읽은 울만-마갤리트는 이 책에서 미지의 것, 추상적인 것, 모호한 불확실성을 기술하기 위해 사용한 '검은 백조'라는 비유를 좀 더 정밀하게 다듬어 보자고 조언했다. 예컨대 흰 갈까마귀, 분홍 코끼리, 혹은 타우 세티(지구에서 12광년 떨어진 고래자리의 별. 태양과 질량이 비슷해 생명체가 사는 행성을 거느릴 수 있다는 주장도 있으며, 공상과학소설의 소재로 많이 등장했다—옮긴이)의 외딴 행성에서 소멸의 길을 걷고 있는 생명체 따위를 비유로 제시하면 어떻겠냐는 것이었다. 에드너의 조언은 정곡을 찔렀다. 사실 이 책에는 한 가지 모순이 있다. 첫째, 이 책 자체도 하나의 이야기다. 둘째, 나는 인간이 이야기에 취해 속아 넘어가는 속성을 갖고 있으며 심하게 압축된 이야기를 선호하는 존재임을 보여 주기 위해 크고 작은 이야기를 이 책에서 활용하고 있다.†

요컨대 나는 하나의 이야기를 다른 하나의 이야기로 대체하고 있는 것이다. (안타깝지만) 비유나 이야기는 관념보다 훨씬 더 강력한 힘을 발휘한다. 이야기와 비유는 또한 기억하기 쉽고 읽기에도 즐겁다. 내가 '이야기의 사도들'이라 칭한 사람들을 제압하기 위해 나 역시 이야기를 보검으로 휘두를 수밖에 없다.

관념은 잠시 왔다 잊혀지지만 이야기는 오래 남는 법이다.

---

† 검은 백조 비유는 새로운 것이 전혀 아니다. 비록 칼 포퍼, 존 스튜어트 밀, 데이비드 흄 등과 큰 관련이 있지만 말이다. 나는 '희귀한 새'라는 아주 오래된 사고에 들어맞기 때문에 이 이야기를 선택했다. 고대 로마의 시인 유베나리우스는 "검은 백조만큼 희귀한 새(rara avis in terris nigroque simillima cygno)"라고 표현한 바 있다.

출발점

이 책에서 다루는 인간의 동물성은 정규분포곡선, 제 꾀에 넘어가는 통계학자, 혹은 이론으로 스스로를 기만하는 플라톤적 철학자들에게만 해당되지 않는다. 우리가 이해할 수 있는 쪽에만 '초점'을 맞추도록 만드는 힘 역시 인간의 동물성의 한 단면이다. 오늘날 지구에서 살아간다는 것은 우리의 능력을 훌쩍 뛰어넘는 강력한 상상력을 발휘해야 하는 과업이다. 그러나 우리는 상상력이 결핍되어 있을 뿐 아니라 남들에게까지 그것을 강요하고 있다.

내가 지금 '유리한 증거'만 선별적으로 채택하는 야만적 방법에 의지하는 것이 아님에 유의하자. 제5장에서 나는 몇 가지 증거를 살펴보면서 지나치게 유리한 증거만 축적시켜 가는 태도를 '소박한 경험주의'라 지칭하였다. 그럴듯한 이야기를 이리저리 꿰맞춘 것이 증거가 될 수는 없기 때문이다. 자신의 주장에 부합되는 증거만 찾는 사람은 어느새 그 증거들로 인해 스스로를 기만하게 된다. 그의 동료들 또한 그의 희생자가 된다.† 이와 달리 검은 백조에 관한 생각은 무작위적인 경험적 세계 그 자체에 기반하고 있다.

지금까지 살펴본 바를 요약하면 다음과 같다. (개인적) 에세이인 이 책에서 나는 우리 인간의 관습적 사고와 반대로 우리가 사는 세계가 극단적인 것, 미지의 것, 개연성이 극히 희박한 것(이때의 개연성이란 우리의 현재 지식에 의거한 판단일 따름이다)에 의해 지배되고 있으며, 우리는 익히 알려진 것, 반복되는 것에 초점을 맞춘 사소한 이야기에 대부분의 시간을 소비하고 있다고 주장한

---

† 죽은 대가들의 말 중 유리한 것만 인용함으로써 자신의 주장을 입증하려는 행위 역시 소박한 경험주의의 소산이다. 어떤 주제에 대한 어떤 견해라도 이를 뒷받침하는 또 다른 죽은 대가의 명언도 검색을 하면 나오게 되어 있다. 이 책에서 앞으로 내가 언급할 요기 베라의 말과 반대되는 견해는 나와 반대되는 주장에서 얻은 것이다.

다. 우리는 극단적인 사건을 예외로 치부하여 양탄자로 덮어 버려서는 안 되며 오히려 출발점으로 삼아야 한다. 덧붙여 나는 인간 지식의 진보와 성장에도 불구하고, 어쩌면 바로 그 진보와 성장 **탓에** 미래는 갈수록 예측이 어려워질 것이며, 인간의 본성과 사회'과학'은 이것을 감추는 데 진력하고 있다고 과감하게 (어떤 이들에게는 불편하게) 주장한다.

이 책의 구성에 대해

이 책의 구성 순서는 단순하다. 나는 (주제 및 서술에서) 순수하게 인문적인 것에서 시작하여 (서술은 그렇지 않아도 주제가) 전적으로 과학적인 것으로 물 흐르듯 나아가도록 했다. 심리학은 제1부 전체와 제2부 초반에서 다룰 것이다. 경영과 자연과학은 주로 제2부 후반과 제3부에서 다뤄진다. 제1부 '움베르토 에코의 반서재(反書齋)'에서는 우리가 역사와 현재의 사건들을 어떻게 인식하는지, 그리고 그 인식에서 어떤 왜곡이 일어나는지를 주로 살펴본다. 제2부 '우리는 결코 예견할 수 없다'에서는 미래를 논할 때 우리가 범하는 오류나 일부 '과학'의 알려지지 않은 한계점에 대해, 그리고 이들 한계에 어떻게 대처해야 하는지를 다룬다. 제3부 '극단의 왕국의 회색 백조'에서는 극단적 사건이라는 주제를 좀 더 깊이 살피면서 (거대한 지적 사기극인) 정규분포곡선이 어떻게 탄생했는지를 살펴보고, 자연과학과 사회과학이 '복잡성'이라는 이름으로 이런 것들을 어떻게 뭉뚱그리는지를 다루려고 한다. 제4부 '결말'은 매우 짧다.

이 책을 쓰는 동안 나는 뜻하지 않은 즐거움을 맛보았다. 이 책은 실상 저절로 씌어진 것이나 다름없다. 독자 여러분 역시 이런 즐거움을 경험하기 바란다. 고백하건대 나는 그동안 활동하고 소통하는 삶과 단절하고 나서야 생각하고 쓰는 일에 빠질 수 있었다. 이제 책은 나왔지만 나는 여전히 공적 활동의 소란스러움을 피해 철저한 고요 속에서 철학적 과학적 사고를 하는 데 시간을 바치고자 한다.

1부 움베르트 에코의 반서재

움베르토 에코는 박학다식하고 재기 발랄하면서 통찰력을 갖춘 몇 안 되는 학자의 반열에 든다. (3만 권의 장서를 자랑하는) 큰 서재를 갖고 있는 그는 방문자를 두 부류로 나눈다고 한다. 첫째 부류는 다음과 같이 반응한다. "와, 시뇨레 에코 박사님! 정말 대단한 서재군요. 그런데 이 중에서 몇 권이나 읽으셨나요?" 두 번째 부류는 매우 적은데, 개인 서재란 혼자 우쭐하는 장식물이 아니라 연구를 위한 도구임을 정확히 이해하는 사람들이다. 맞다. 이미 읽은 책은 아직 읽지 않은 책보다 한참 가치가 떨어지는 법이다. 재력이 있든 없든, 장기 대출 이자율이 오르든 말든, 최근 부동산 시장이 어려워지든 말든, 서재에는 **우리가 모르고 있는 것**과 관련된 책을 채워야 한다. 나이를 먹으면 지식이 쌓이고 읽은 책도 높이 쌓이지만, 서가의 아직 읽지 않은 책들도 점점 늘어나 겁을 먹게 한다. 진정 알면 알수록 읽지 않은 책이 줄줄이 늘어나는 법이다. 읽지 않은 책이 늘어선 대열, 이것을 **반서재**라 부르기로 하자.

우리는 자신이 가진 지식을 개인 자산으로 취급하여 지키고 보호하려는 경향이 있다. 이때 지식은 사회적 서열을 표시하는 장식물이다. 이런 지식관은 이미 알려진 것에만 집착하기 때문에 서재에 대한 에코의 관점과 상반되며, 우리의 정신에까지 영향을 미치는 편견이기도 하다. 생각해 보라. 자신이 배우지 않은 것, 경험하지 않은 것을 적은 '반(反)이력서'를 들고 돌아다니는 사람은 없다(이것은 그의 경쟁자들이나 할 일이다). 그러나 반이력서를 제출해 보는 것도 재미있는 일이 될 것이다. 서재에 대한 생각을 거꾸로 뒤집어 본 것처럼, 우리는 현존 지식도 거꾸로 뒤집어 보려 한다. 우리가 돌발 사태의 가능성과 읽지 않은 책의 중요성을 이해하지 못할 때 검은 백조가 나타난다. 이것은 이미 알고 있는 것을 대단한 것으로 취급하기 때문에 나타난다.

여기, 아직 읽지 않은 책에 주목하고 자신의 지식을 대단한 자산이나 소유물 혹은 자존심 향상을 위한 도구로 여기지 않으려고 노력하는 사람이 있다고 하자. 이 사람은 반(反)학자다. 이 반학자를 회의적 경험주의자라고 부르기로 한다.

제1부의 각 장들은 인간이 지식을 어떻게 대하는지, 그리고 경험적인 것보다는 이야기 구조를 갖춘 것을 왜 선호하는지를 다룬다. 제1장에서는 검은 백조를 내식대로의 이야기에 따라 풀어 간다. 제3장에서는 무작위성의 두 가지 변이 양상과 그 둘 사이의 핵심적 차이를 살펴본다. 제4장에서는 다시 검은 백조에 관한 근본적 문제, 즉 눈에 보이는 것을 일반화하는 경향이 어떻게 나타나는지에 대해 다룬다. 나는 또 동일한 검은 백조 효과 내에 존재하는 세 가지 속성에 대해 서술할 것이다. 첫 번째는 **확인 편향의 오류**다. 우리 인간이 가지고 있는, 서재의 아직 읽지 않은 책을 부당하게 경멸하는 경향(우리의 지식을 뒷받침해 주는 증거만 쳐다볼 뿐 우리의 무지를 뒷받침하는 증거는 도외시해 버리는 경향)을 일컫는 것으로, 이것이 제5장의 내용이다. 두 번째는 제6장에서 다루게 될 **이야기 짓기의 오류**다. 이것은 이야기나 일화에 취해 스스로를 기만하는 경

향을 말한다. 세 번째는 우리의 '추론 과정에 개입하는 감정의 문제'로, 제7장에서 다룬다. 네 번째는 **말 없는 증거의 문제**로 제8장에서 다루게 되는데, 여기서는 검은 백조를 보지 못하는 데에 역사의 장난이 어떻게 개입하는지를 보여준다. 마지막으로 제9장은 게임의 세계에서 통용되는 것을 지식으로 삼는 데에서 비롯되는 치명적 오류를 다룬다.

1장_ 한 경험론적 회의주의자의 도제 시절

이 책이 자서전은 아니므로 전투 장면은 생략한다. 아니, 이 책이 자서전이라 해도 나는 전투 장면을 생략했을 것이다. 멋진 영화나 무용담을 뛰어넘을 재주는 없으므로 나는 내 전공 분야인 우연성과 불확실성 문제를 중심으로 풀어 나가려 한다.

검은 백조의 해부

시리아 리바넨시스, 혹은 마운트 레바논이라 불리는 지중해 동부 해안은 천년이 넘도록 열두 개 이상의 종파와 인종과 신조의 온실 노릇을 해왔다. 마치 마법이 지배하는 듯한 완벽한 온상이었다. 이 지역은 근동 내륙보다는 (레반트라고도 부르는) 지중해 동부의 도시들을 더 닮았다(교통 면에서도 이 지역은 산악 지대의 육로보다 배로 이동하는 쪽이 편리했다). 레반트의 도시들은 기본적으로 상업에 중심을 두고 있었다. 거래는 명료한 계약서에 기초하여 이루어졌고, 상업을 가능하게 해주는 평화를 숭상했다. 서로 다른 사회집단들 사이에도 긴밀한 소통이 유지되었다. 천 년의 평화로운 시기에도 이따금 분쟁이 발생하기는 했지만, 그러한 분쟁들은 모슬렘 사회들 간에 혹은 기독교 사회들 간에 일어난 것이지, 모슬렘과 기독교인들 사이에 충돌이 빚어진 적은 거의 없었다. 이처럼 상업적 분위기와 헬레니즘이 도시를 지배하고 있었다. 한편 산악 지대에는 온갖 색채의 소수 종교 집단들이 거주하고 있었다. 산악 지대의 거주자들은 스스로 비잔틴과 모슬렘 정통주의로부터 벗어나 있음을 자랑으로 여겼다. 유민 집단들끼리 서로 적이 되어 경쟁한 경우를 제외한다면, 산악 지대야말로 주류 사회에서 벗어나 살기에 안성맞춤이었다. 이 지방의 특색인 문화와 종교의 모자이크야말로 공존의 모범이라고 할 만했다. 온갖 종파의 기독교도들(마론파교도, 아르메니아 교회파 신도, 그리스-시리아 비잔틴 정교회파, 비잔틴 가톨릭파, 그리고 십자군전쟁 이후 현지에 남은 로마 가톨릭파 등), 모슬렘(시아파, 수니파), 드루즈교도, 소수의 유대교도 등이 이 지방이 품고 있는 종파들이다. 이곳에서는 서로 관용적 태도를 베푸는 것이 극히 당연하게 여겨졌다. 발칸 지방 사람들은 목욕하길 꺼리며 툭하면 싸움질이니 우리(레반트 지방 사람들)는 얼마나 개명한 사람들이냐고 나도 학창 시절에 교실에서 배운 기억이 있다. 이 평형상태는 언제까지나 계속될 듯했고, 역사는 개선과 관용의 세계로 나아가는 듯이 여겨졌다. **균형**과 **평형**이란 말이 즐겨 입에 오르곤 했다.

나의 부모님은 모두 그리스-시리아 혈통으로, 비잔틴 문화의 최일선인 북부 시리아 지방 출신이다. 이 북부 시리아 지방은 오늘날 레바논 영토에 포함되어 있다. 비잔틴 사람들이 현지어로 스스로를 '루미(Roumi)' 즉 로마인들이라 칭하고 있다는 데 주목하기 바란다. 우리 집안은 유명한 아미운(레바논 북부의 고도. 서기 694년에 비잔틴 세력과 현지 일신교도 사이에 종교 전쟁이 벌어졌다—옮긴이) 전투 때 마론파 기독교인들을 따라 산악 지대인 레바논 산기슭까지 왔다. 그때부터 이곳은 내 선조들의 거주지가 되었다. 서기 7세기에 모슬렘이 이곳을 침입했지만, 그 이후 우리 선조들과 모슬렘들은 서로 교역하며 평화를 유지해 왔다. 레바논의 마론파 기독교도들만이 이따금 소동을 일으켰을 뿐이었다. 비잔틴 제국과 아랍의 통치자들 사이에 (문서로) 협정이 맺어짐에 따라 우리 선조들은 양 진영 모두에 세금을 바치면서 양쪽 모두로부터 보호를 받아 왔다. 이렇게 해서 거의 천 년 동안이나 피비린내 없는 평화 속에서 살 수 있었던 것이다. 당시 우리 선조들의 골칫거리는 아랍의 모슬렘이 아니라 말썽 많은 십자군 세력이었다. 아랍인들은 오직 전쟁(그리고 시)에만 관심이 있었고, 그 뒤를 이은 오스만튀르크 제국 역시 오직 전쟁(그리고 유흥)에만 관심을 둔 터라 우리 선조들은 무미건조한 상업 활동과 덜 위험한 학술 활동(예컨대 아람어와 그리스어 문헌을 번역하는 일)에 전념할 수 있었다.

오스만튀르크 제국이 붕괴된 후 우리 선조들이 살던 지역도 레바논에 편입되어 버렸지만, 어쨌든 이 레바논 지방은 20세기 초반까지만 해도 어떤 기준을 따르더라도 변함없는 낙원으로 여겨졌다. 그러다가 돌연 이 지방이 기독교 우세 지역이 되어 버렸다. 사람들의 생각도 민족-국가가 어떤 실체를 가진 것처럼[†] 갑자기 바뀌어 버렸다. 기독교인들은 그들이 사는 지역이 (거칠게 말해서) 서구 문화의 뿌리이자 중심지이며 동방의 창이라고 확신하게 되었다. 전형적인 교조적 사고에 빠진 것이다. 말하자면 누구도 이 지역의 여러 지파들 사이의

---

† 하나의 국기와 몇 개의 방언, 그리고 하나의 국가(國歌)로 어떻게 그토록 빠르고 효과적으로 국민적 감정을 만들어 낼 수 있는지 놀라울 따름이다. 나는 요즘 나를 규정할 때 '레바논인(Lebanese)'보다는 덜 제한적인 의미를 갖는 '레반트인(Levantine)'을 선호한다.

출생률을 전혀 고려하지 않고, 근소하게 인구의 다수를 차지하는 기독교인의 비율이 영구히 유지될 것이라고 여겼다. 그때까지 로마 제국은 레반트 지방 사람들에게 로마 시민의 지위를 부여했다. 시리아인이었던 베드로가 고대 세계를 자유롭게 여행할 수 있었던 것도 그 덕분이었다. 이 시기에 사람들은 원하는 곳이면 어디든 갈 수 있는 것을 당연히 여겼다. 이 지역은 세계 모든 곳을 향해 열려 있었고, 극히 세련된 생활양식과 활발한 경제, 오늘날의 캘리포니아처럼 온화한 기후를 자랑했으며, 지중해 저 멀리 높은 곳의 눈 쌓인 풍경도 볼 만했다. (소비에트와 서방 양쪽의) 스파이, (금발) 창부, 작가, 시인, 마약상, 모험가, 도박 중독자, 테니스 선수, 아프레 스키(스키촌의 밤에 이뤄지는 여흥 프로그램. 온천욕, 음악, 술 등등—옮긴이) 애호가, 상인 등등 온갖 인간들이 모여들어 이곳의 문화를 형성했다. 많은 사람들이 제임스 본드 영화의 등장인물처럼 행동했고, 체육관에서 몸을 단련하는 대신 술과 담배를 즐기고 멋진 옷을 차려입은 바람둥이 놀음에 골몰했다.

그곳에도 낙원의 한 가지 중요한 속성이 적용되었다. 말하자면, 택시 기사들까지 손님들에게 공손했다는 것이다(물론 내 기억으로는 나한테만은 그렇지 않았지만). 지나고 난 뒤에 보면 사람들의 머릿속에는 어디든 실제보다 훨씬 더 낙원에 가까운 곳으로 기억되기 마련인 것이다.

나는 너무 어려서인지 이 지방의 즐거움을 맛보지 못했다. 게다가 일찌감치 불순한 이상주의자가 되어 금욕주의 기질을 키웠으므로 번쩍번쩍 부를 과시하고 극도의 쾌락을 추구하며 돈 되는 것이면 무엇이든 집착하는 레반트 문화에 반감을 가졌다.

십대가 되자 나는 당장이라도 제임스 본드 흉내나 내는 얼뜨기들이 없는 대도시로 나가고 싶어 몸이 달았다. 그래도 이 시절 내가 지적 향취를 맛본 특별한 경험이 있긴 했다. 그곳의 프랑스 중학교에 입학하게 된 것이다. 이 학교는 프랑스 대학입학자격시험 합격률이 높았는데, 정확한 프랑스어로 학생을 가르쳤다. 혁명 전의 러시아인들이 그러했듯이, 당시 레반트 지방의 기독교도나 (이스탄불에서부터 알렉산드리아 지방에 이르는 지역에 거주하던) 유대인 상류계급은 스스로를 다른 계층과 구별 짓기 위해 프랑스어를 사용했다. 이 지역의 특권계급은 자녀들을 프랑스로 유학 보냈다. 나의 아버지와 어머니도 각각 할아버지와 외할아버지의 뜻에 따라 1912년과 1929년에 프랑스로 유학을 가게 되었다. 2000년 전에도 레반트의 속물적인 상류계급은 언어로 계급을 구분 지으려는 똑같은 취향에 따라 현지어인 아람어 대신 그리스어를 썼다.(신약성서는 이 지역의 수도였던 안티오크의 상류층이 구사한 방언색이 심한 그리스어로 씌어졌다. 니체는 이를 두고 "신이 고약한 그리스어로 말한다"고 일갈했다.) 그 뒤 헬레니즘이 쇠퇴하자 이들 상류층은 이번에는 아랍어를 사용했다. 이러니 이 지역은 '낙원'일 뿐 아니라 흔히 하는 말로 '동양'과 '서양'이 만나는 기적의 교차점이기도 했다.

말보다 행동

내가 열다섯 살 때 내 정신세계를 형성하게 되는 사건이 일어났다. 학생 소요 때 경찰을 향해 콘크리트 조각을 던진 혐의로 투옥된 것이다. 그것은 참으로 기이한 인연의 결과물이기도 했다. 당시 내 할아버지가 내무장관이었고 우리 학생들의 봉기를 진압하라고 명령한 장본인이었으니 말이다. 학생이 던진 돌에 머리를 맞아 흥분한 경찰 하나가 총을 난사하면서 시위대 한 사람이 총에 맞아 사망했다. 그 시위대 한가운데 서 있던 기억이 지금도 생생하다. 내 친구들은 감옥에 가거나 부모님에게 붙들릴까 봐 두려워했지만 나는 체포되었을 때 오히려 큰 만족감을 느꼈다. 우리의 저항에 몹시 당황한 정부는 사면 조치를 내렸다.

남을 '공격'하거나 충돌을 빚는 일을 조금도 꺼리지 않고 나의 의견을 행동으로 보여 주는 것은 이처럼 뚜렷한 이득이 있다. 당시 나는 분노에 휩싸여 부모님(그리고 조부모님)이 어떻게 생각하실지 따위는 전혀 안중에도 없었다. 이 일로 부모님과 조부모님은 **나를** 두려워하셨고, 나는 더욱더 물러서지 않았으며 눈 하나 깜짝하지 않았다. 내가 시위대에 공공연히 가담하는 대신 (다른 친구들처럼) 몰래 숨어 있다가 들켰다면 분명히 나는 말썽꾼 취급을 받았을 것이다. 눈에 띄는 복장으로 겉으로만 권위에 도전하기는 쉽지만(사회과학자나 경제학자들은 이를 '값싼 신호'라 부른다), 신념을 기꺼이 행동으로 보이기는 어려운 법이다.

내 삼촌은 내게 몹시 화를 냈는데, 내 정치적 견해 때문이 아니라(사상은 변하기 마련이므로) 내가 정치적 신념을 핑계로 단정치 못한 복장을 하고 다닌다는 것이 이유였다. 삼촌은 천박한 행동거지로 일족을 욕되게 하는 것은 죽어 마땅한 일이라고 여길 정도였다.

내가 체포당했던 사건이 사람들에게 알려지면서 내게 일어난 가장 좋은 일은 십대의 반항심에 빠지지 않게 된 것이었다. 자신의 의지를 말로 하는 것 이상으로 보여 주려면 '합리적인' 호인처럼 행동하는 것이 훨씬 효과가 있음을 나는 깨달았다. 우리가 남들의 예상을 완전히 깨고—동시에 정당성을 인정받으면서—어떤 사람을 고소하거나 적에게 한 방 먹이거나, 최소한 말이 아니라 행동으로 입증할 수 있음을 과시할 수 있다면, 그때 우리는 여유롭게 주변에 마음을 열어 두고 느긋하면서도 용기 있는 상태를 유지할 수 있는 것이다.

실낙원

레바논의 '낙원'은 총탄과 박격포탄 몇 발이 날아다닌 뒤 돌연 사라져 버렸다. 내가 투옥된 사건이 있은 지 몇 달 되지 않았을 때였다. 근원을 알 수 없는 검은 백조 한 마리가 출현하면서 1300년 가깝게 유지되어 온 다인종 사회가 천국에서 지옥으로 바뀌어 버렸다. 기독교인과 모슬렘 사이에 격렬한 내전이 벌어진 것이다. 모슬렘 지역 안에 있던 팔레스타인 난민촌도 내전에 휩싸였다. 마을 한복판의 주거지역을 중심으로 교전이 벌어지면서 내전은 잔혹한 양상을 띠었다(교전지에서 불과 100미터 내외에 내가 다니던 고등학교가 있었다). 이 분쟁은 17년 동안이나 계속되었다. 나는 더 이상의 상세한 설명은 피하고자 한다. 칼을 쓰던 시대에는 이런 분쟁이 팽팽한 긴장 상태로 나타났겠지만, 총포와 중화기가 개발된 시대인 탓에 걷잡을 수 없는 '눈에는 눈, 이에는 이' 식의 전쟁이 빚어졌다고만 해두자.

전쟁은 물리적인 파괴만 몰고 온 것이 아니었다. 물리적인 파괴는 의욕에 불타는 업자나 뇌물을 받은 정치인, 혹은 순진한 주식투자자들 덕택에 손쉽게 복구되었다. 문제는 전쟁이 3000년의 세월 동안 레반트 도시들이 자랑해 온 높은 교양 수준을 앗아가 버렸다는 것이다. 기독교인들은 오스만 제국 시절부터 이 지방을 떠나 서방으로 이동하여 이름도 서방식으로 짓고는 동화되었다. 전쟁은 이들의 이주를 재촉했다. 레반트 지역은 돌연 텅 빈 진공상태로 변모했다. 지성의 고갈은 복구하기 어려운 법이다. 구시대의 교양을 자랑하던 모든 것들이 완전히 사라져 버렸다.

별이 총총한 밤

암흑이 도래하면 유일한 위안은 하늘을 쳐다보는 일뿐이다. 상상이 되는가. 전쟁을 겪는 동안 베이루트는 수시로 정전이 되었다. 사람들은 자가발전기를 구입해서 변통했는데, 그래도 한동안은 빛 공해가 없다 보니 밤에는 전투 지역 반대편 하늘이 맑게 보였다. 사람들은 텔레비전 대신 야간전투의 번쩍이는 불꽃을 구경했다. 지루한 저녁을 보내느니 전투를 구경하다가 박격포탄에 맞아 몸뚱이가 날아가는 위험을 무릅쓰는 것 같았다.

어쨌거나 별을 또렷하게 볼 수 있었다. 고등학교 교실에서 내가 배운 바로는 천체는 **평형**을 이루고 있기 때문에 별들이 느닷없이 지구에 부딪힐 염려는 없다. 나는 이 천체의 평형을 레바논이 누리던 '유례없는 역사적 안정'과 같은 것으로 이해했다. 바로 그때 평형에 관한 단상이 나를 사로잡았다. 나는 밤하늘의 별자리를 바라보며 어느 쪽을 믿어야 할지 궁금했다.

역사와 삼중의 불투명성

역사는 불투명하다. 우리 눈앞에는 역사의 결과물만 나타날 뿐 사건을 빚어내는 설계도도 역사의 동력도 드러나지 않는다. 역사라는 상자 속에 무엇이 들어있는지, 역사가 어떻게 작동하는지 알 수 없으므로 역사적 사건에 대한 우리의 이해는 근본적으로 불완전하다. 내가 여기서 말하는 '역사적 사건의 발동기'는 역사적 사건 자체와는 다른 것이다. 마치 신들의 행위에서 신들의 마음을 읽어내기 어려운 것과 유사하다. 우리는 신들의 의도가 무엇인지 헛된 판단을 하지 않는가.

비유하자면 이런 단절은 주문으로 나온 음식과 주방 안으로 보이는 조리 공정 사이의 차이와 유사하다(예컨대 나는 지난번에 맨해튼 시내 커널 스트리트의 한 중국 식당에서 아침 겸 점심을 먹다가 주방에서 쥐 한 마리가 나오는 것을 목격했다).

역사와 만나게 될 때 인간의 마음은 세 가지 증상을 겪는다. 이 세 가지 증상을 나는 **삼중의 불투명성**이라고 부른다.

1) 이해의 망상. 세상이 어떻게 돌아가는지 잘 꿰고 있다고 저마다 생각

하지만, 세상은 사람들이 생각하는 것 이상으로 복잡하다(아니 무작위적이다).

2) 사후 왜곡. 마치 자동차의 후면경을 들여다보듯이, 우리는 사태가 발생한 이후에야 관련 사건들을 돌아보게 된다(역사책에 기술된 역사는 우리가 경험하는 세계보다 명료하고 체계적으로 보인다).

3) 사실 및 정보에 대한 과대평가와 권위 있고 학식 있는 사람들이 겪는 장애로 인한 것들. 특히 그들이 '범주'를 만들어 낼 때, 즉 '플라톤적 사고를 펼칠 때' 일어난다.

지금 무슨 일이 진행되고 있는지 아무도 모른다

첫 번째 불투명성은 사고의 병리 현상이라고 할 수 있다. 즉 우리가 사는 세상이 실제보다 이해하기 쉽고 설명하기 쉬우며 결국 예견하기도 쉽다는 병리적 사고를 말한다.

앞에서 나는 17년을 끈 전쟁 이야기를 했는데, 내 주변의 어른들은 입만 열면 이 전쟁이 "불과 며칠이면" 끝날 것이라고 말하곤 했다. 이런 얘기를 할 때마다 그들은 자신만만했다. 키프로스, 그리스, 프랑스, 그 밖의 여러 나라들의 호텔 객실이나 임시 거주지에 죽치고 앉아 종전을 기다리던 수많은 사람들도 똑같았다. 내 삼촌 중 한 분은 부유한 팔레스타인 사람들이 레바논으로 피난을 왔을 때, 그들은 문제가 아주 금방 해결될 거라고 생각했다고 말하곤 했다(그런데 그때로부터 30년이 더 흐른 지금까지도 그들 중 대부분은 여전히 피난을 갔던 곳에 살고 있다). 하지만 이곳의 분쟁도 그렇게 길어질 수 있지 않느냐고 묻자 삼촌은 이렇게 대답했다. "아니다. 절대 그렇지 않아. 이 동네는 다르거든. 예전부터 그랬잖아." 자기 자신의 처지를 객관적으로 바라보지 못하기는 삼촌도 마찬가지였다.

사건의 지속 시간을 이처럼 제대로 오판하는 병은 중년의 망명자들에게 특히 만연한 법이다. 그 후에 나는 망명자들의 뿌리강박증(뿌리의식은 망명자들의 성품 깊숙한 곳까지 관통해 있다)에서 벗어나야겠다고 마음먹었다. 나는 힘겹고 지긋지긋한 향수병의 함정에서 빠져나오기 위해 망명자들의 글을 꼼꼼히 읽어보았다. 망명자들은 목가적 기억의 포로가 되었으며, 또 다른 과거의 포로들과 무릎을 맞대고 앉아 고향의 음악을 들으며 옛 고향 이야기를 나누고 전통 음식을 먹었다. 그들은 끊임없이 마음속에서 반사실(反事實), 즉 그때 그랬어야 파탄을 막을 수 있었는데 하는 가상의 시나리오를 지어냈다. "그때 샤께서 그 무능한 놈을 수상으로 임명하지만 않았어도 우리는 여전히 그 땅에 살고 있을 텐데 말이야." 그들은 한 가지 문제가 전체 사태의 특정한 원인인 듯이 여기기 일쑤였다. 그래서 바로 그 특정한 원인만 제거했더라면 파국을 피할 수 있었다는 것이다. 나는 내가 아는 망명자들을 만날 때마다 그들의 견해를 물어보았다. 반응은 거의 한결같았다.

1960년대에 쿠바에 카스트로 정권이 들어서자 "며칠 있으면 돌아가겠지" 하며 트렁크를 반도 채우지 않고 마이애미로 피난 왔던 사람들이 한둘이 아니라고 한다. 1978년 이란에서 이슬람혁명이 터졌을 때 파리와 런던으로 피난 온 이란인들은 '짧은 휴가'라고 생각했다고 한다. 30년 가까운 세월이 흐른 오늘날에도 이란 망명자들의 일부는 아직도 돌아갈 날을 꼽고 있다고 한다. 마찬가지로 1917년 볼셰비키혁명이 터졌을 때 베를린으로 망명한 러시아인들도 머지않아 귀국하게 될 것이라고 철석같이 믿었다. 블라디미르 나보코프도 그런 사람들 가운데 한 명이었다. 그는 평생을 임시 거처에서 방탕과 사치의 나날을 보내다가 제네바 호숫가에 있는 몽트뢰 팰리스 호텔에서 숨을 거뒀다.

이런 오류는 자신의 희망을 사고의 근거로 삼는 오류, 즉 희망에 눈먼 것임을 쉽게 알 수 있지만, 여기에는 지식의 문제도 개재되어 있다. 말하자면 레바논 분쟁은 워낙 역동적이어서 쉽게 앞으로의 전개를 예측할 수 없었는데도 사람들이 사태를 바라보는 방식이 항상 고정되었다는 데 문제가 있었던 것이다. 게다가 대부분의 사람들은 자신들이 상황을 제대로 파악하고 있다고 확신하고 있었다. 예상을 완전히 벗어나는 사건들이 매일 일어나는데도 그들은 그 사건들이 예상 밖의 사건이라는 사실을 깨닫지 못했다. 과거의 추세에 비춰 보면 새로 일어난 사건들이 전혀 뜻밖의 것임을 알 수 있는데도 말이다. 그런데 일단 사건이 발생하고 **나면** 그 뒤에는 그것이 뜻밖의 것이 아닌 듯이 보이게 된다. '소급적 개연성'이라는 것이 작용해서 그것을 희귀한 사건이 아니라 있을 법했던 사건으로 이해하게 만들어 버리기 때문이다. 뒷날 나는 비즈니스에서의 성공이나 금융시장에 대한 이해와 관련해서도 이와 똑같은 망상이 작용하는 것을 목격했다.

역사는 기어가지 않는다, 비약한다

레바논 분쟁을 겪으면서 나는 사건의 발생에서 보이는 무작위성을 어떻게 이해해야 하는지에 대한 견해를 정립하게 되었다. 그리고 훗날 이 분쟁을 돌이켜 보면서 인간의 마음은 그야말로 탁월한 '설명 기계'라는 생각을 강하게 굳히게 되었다. 인간의 마음은 거의 모든 일을 설명할 수 있고 갖가지 현상을 풀이해 낼 수 있는 반면에 '예견 불가능성'은 일절 용납하지 못한다. 설명할 수 없는 사건들이 발생하는데도 똑똑하다는 사람들은—이미 발생한 사실들을 놓고서—자신들이 그것들을 설명할 수 있다고 믿는다. 그들이 나설수록 설명은 더욱 그럴듯하게 들린다. 더욱 심각한 것은 이렇게 제기된 신념이며 설명들은 논리적으로 조리 있어 보이며, 모순이 없어 보인다는 점이다.

내가 십대에 레바논이라 불리는 지역을 떠난 뒤에도 수많은 친척과 친구들은 거기 계속 남아 살았다. 나는 그들을 계속 방문했는데, 특히 교전이 격렬할 때 오히려 그곳을 더 자주 찾았다. 전쟁이 항상 지속된 것은 아니었다. 전투가 벌어지다가 소위 '영구적인' 해결책에 합의하면 중단되곤 했다. 시련의 시기일수록 나는 고향을 가까이서 느끼고 돌아가고 싶은 충동을 느꼈으며, 고향 사람들을 돕고자 했다. 고향 사람들은 희망을 잃고 쇠락해 가고 있었다. 그들은 경제적 안정과 일신의 안위를 찾아 떠났다가 분쟁이 잠잠해질 때면 휴가차 들르는 잘나가는 친구들을 질시하고 있었다. 레바논 밖에 있을 때면 나는 그곳에서 사람들이 죽어 가고 있다는 생각에 일도 책도 손에 잡히지 않았다. 그런데 역설적이게도 **안에** 있을 때는 사태에 대한 관심이 줄어들면서 별다른 죄의식 없이 지적 호기심을 해소하는 데만 몰두했다. 흥미로운 사실이 있다. 사람들은 한창 전쟁이 벌어지고 있을 때 오히려 더 요란한 파티를 벌이고 더욱 극성스럽게 사치에 빠진다는 것이다. 레바논 지역은 전투에도 아랑곳없이 사람들을 빨아들이는 곳이 된 것이다.

바로 여기에 몇 가지 어려운 문제가 있다. 관용적 삶의 귀감으로 여겨졌던 사람들이 하룻밤 사이에 야만의 전형으로 돌변하리라는 것을 어떻게 예견할 수 있는가? 게다가 변화는 또 왜 그리 급박하게 일어났는가? 처음에 내 생각은 레바논 전쟁이 워낙 예측하기 어려운 데다 레반트 주민들이 몹시 복잡한 족속이기 때문이라는 것이었다. 그런데 그 후 역사적 대사건들을 살펴보면서 내 생각은 조금씩 바뀌었다. 예상 밖의 행동은 결코 레반트 지방 사람들만의 문제가 아니었던 것이다.

레반트 지방에서는 아무도 예상하지 못한 사건들이 숱하게 일어났다. 이곳에서 시작된 기독교가 지중해 연안을 거쳐 서구 세계 전체를 지배하리라고 누가 예상할 수 있었겠는가? 당시의 로마 역사가들이 이 지방에 대한 기록을 한 줄도 남기지 않은 탓에 오늘날 기독교 사가들은 곤욕을 치르고 있다. 그 시절의 어떤 유력자도 (예수라는 이름의—옮긴이) 한 유대인 이단자가 후대에 이토록 큰 영향을 미치리라고 눈여겨보지 않았다. 나사렛 예수를 언급한 역사서는 요세푸스의 《유대전쟁사*The Jewish Wars*》 하나뿐이다. 그나마 예수를 기록한 대목은 후대의 신앙심 깊은 필경사가 끼워 넣은 것일 가능성이 있다. 또 그로부터 700년 뒤 기독교와 경쟁할 새로운 종교가 나타나리라고 누가 예상했겠는가? 불과 수백 년 만에 기병 군단이 제국의 영토와 이슬람 율법을 인도 대륙과 스페인에까지 퍼뜨리리라고 누가 예상했겠는가? 이슬람교의 확산은 기독교의 발생보다 훨씬 더 예측 불가능한 사건이었다. 사료를 들여다보는 많은 역사가들은 급속한 변화 속도에 충격을 받는다. 예컨대 역사가 조르주 뒤비는 10세기경 레반트 헬레니즘이 "단 한 칼에" 사라져 버렸다며 놀라워했다. 뒤비의 뒤를 이어 콜레주 드 프랑스의 역사학 교수 자리에 오른 폴 베인은 (이 지역의) 종교들은 "베스트셀러가 팔리듯" 확산되었다고 재치 있게 지적하기도 했다. '베스트셀러 같다'는 표현은 예측 불가능성을 가리키는 비유에 다름 아니다. 역사적 사건들은 이렇듯 불연속적으로 발생하기 때문에 역사가라는 직업은 그만큼 어렵다. 과거의 사건들을 아무리 꼼꼼하게 파고들어도 역사의 속마음은 들여다보이지 않는다. 기껏해야 역사를 이해한다는 착각을 허용할 뿐이다.

역사는 기어가지 않는다. 사회도 기어가지 않는다. 역사와 사회는 비약한다. 파열구에서 파열구로 이동한다. 다만 그 사이에 작은 진동을 일으킬 뿐이다. 그런데도 (역사학자를 포함하여) 우리 인간은 예견 가능하도록 한 발 한 발 전진하는 세계를 믿고 싶어한다.

이것을 깨달은 후 내게는 신조가 하나 생겼다. 우리는 '뒤돌아보는 쪽으로 발달된 거대한 기계'라는 것, 인간은 자기기만에 탁월한 존재라는 것이다. 나의 일그러진 인간상은 해가 갈수록 강화된다.

친애하는 베를린 일지: 뒤로 가는 역사에 대하여

사건은 왜곡된 모습으로 우리 앞에 나타난다. 예컨대 정보라는 것이 어떤 속성을 갖는지 생각해 보자. 하나의 사건이 발생하기 전에 그와 관계있는 수백만 개, 심지어 수십 억 개의 사실들이 쏟아진다. 그렇지만 일이 터지고 나면 우리는 그 가운데 단 몇 개의 사실들만을 가지고 사건을 이해해 버린다. 우리의 기억은 용량이 제한되어 있고 여과 작용을 거치기 때문에 사실과 들어맞는 데이터만 기억하려는 경향이 있다. 보르헤스의 단편 〈기억의 천재 푸네스〉는 이와 정반대의 경우를 보여 준다. 아무것도 잊어버리지 않는 푸네스는 처리되지 않은 엄청난 정보 더미에 짓눌려 사는 고통을 당한다(결국 그는 오래 살지 못한다).

나 역시 과거를 왜곡해서 회고하는 오류를 경험한 바 있다. 어린 시절 나는 제멋대로지만 닥치는 대로 책을 읽는 아이였다. 전쟁이 터진 초기에 나는 지하실에서 지내면서 온갖 종류의 책에 몸과 마음을 내맡기다시피 했다. 학교는 문을 닫고 박격포탄이 비 오듯 쏟아졌다. 이런 상황에서 나의 가장 큰 골칫거리는 지루한 시간을 어떻게 때울까, 다음에는 무슨 책을 읽을까 하는 것이었다.† 물론 다른 할 일이 없어서 억지로라도 책을 읽어야 하는 상황이었으니, 읽고 싶어 책을 읽을 때의 즐거움만은 못했으리라. 그때 나는 (지금도 그렇지만) 철학자가 되고 싶었기 때문에 다른 사람들의 사상을 억지로라도 공부해야 한다고 느꼈다. 이런 환경 탓에 나는 전쟁과 분쟁에 관한 이론적이고 일반론적인 글을 열심히 읽었으며, 역사적 사건이 어떤 커다란 기계의 힘을 빌려 일어나는지 속내를 들여다보려 했다.

---

† 나보다 거의 40년 전, 나와 거의 같은 나이에 비슷한 경험을 한 베누아 만델브로는 자신이 겪은 전쟁을 짧지만 극단적인 공포의 순간들이 툭툭 튀어나오지만 전체적으로는 고통스러운 지리함이 지배하는 시간으로 기억했다.

흥미롭게도 당시 내게 가장 큰 영향을 미친 책은 사상가의 글이 아니라 저널리스트가 쓴 글이었다. 윌리엄 샤이러의 《베를린 일지: 해외 주재 특파원의 기사*Berlin Diary: The Journal of a Foreign Correspondent, 1934-1941*》가 그것이다. 샤이러는 《제3제국의 흥망*The Rise and Fall of the Third Reich*》으로 유명해진 라디오 특파원이다. 샤이러의 책을 통해서 나는 세계의 또 다른 면을 들여다볼 수 있었다. 그 이전까지 나는 헤겔, 마르크스, 토인비, 아롱, 피히테 등의 역사 원저와 그들의 역사관을 다룬 책을 독파했고, 이런 이론들을 웬만큼 소화할 만큼 변증법을 어느 정도 알고 있다고 생각했다. 적어도 역사에 어떤 법칙이 있어서, 모순(혹은 대립)의 방식을 통하여 인류를 고도의 사회로 상향 발전시킨다는 정도는 이해하고 있었다. 이런 사고는 레바논 전쟁 당시 내 주변 사람들의 사고방식과 똑같은 것이었다. 요즘도 어떤 책이 "당신의 사고를 형성했느냐"는 어리석은 질문을 던지는 사람들을 만나곤 하는데, 그때마다 나는 샤이러의 책을 통해서 (뜻밖이었지만) 철학과 역사 이론의 대부분을 배웠다고 대답해서 그들을 놀라게 만든다. 덧붙여 나는 이 책이 앞으로 전개될 상황과 지나간 과정의 차이를 가르쳐 주기 때문에 과학에 대해서도 가르쳐 준다고 말해 준다.

어떻게 가르쳐 준다는 것인가? 간단하다. 이 책은 사건을 사후에 정리한 것이 아니라, **사건의 발생 자체**를 서술한 일지이기 때문이다. 지하실에서 나는 역사를 귀로 들으며 살았다(밤마다 박격포 소리에 잠을 이루지 못했다). 그리고 십대의 나이에 친구들의 장례식에 다녀야 했다. 이처럼 이론이 아니라 현실에서 전개되는 역사 속에 살던 가운데 똑같이 역사의 전개를 경험하던 사람의 책을 읽게 된 것이다. 책을 읽으며 다음에 일어날 사건을 영화 장면처럼 떠올려 보려고 애썼지만 (막상 다음 장으로 넘어가면) 그렇게 단순 명료한 결과가 나오지 않았다. 나는 이 전쟁이 끝난 뒤에 내가 책을 쓰게 되면 좀 더… **역사에 가깝게** 될 것이라고 생각했다. **사전**과 **사후** 사이에는 차이가 있는 법이다.

샤이러의 일지는 다음에 어떤 일이 일어날지 알지 못하는 상태에서 쓴 것이다. 즉 어떤 정보를 입수해도 다음 상황을 짐작할 수 없는 시점에 기록된 일지였다. 책 곳곳에 눈에 번쩍 뜨이는 부분들이 있다. 프랑스가 히틀러의 등장을 과도기적인 현상에 불과한 것으로 여겼다는 대목은 특히 눈길을 끈다. 프랑스가 어째서 아무런 대비 없이 전쟁을 맞고 곧바로 항복했는지 짐작하게 한다. 히틀러가 순식간에 유럽을 유린할 수 있었던 이유이기도 하다.

몹시 불안정하기만 한 우리의 기억과 달리 샤이러의 일지는 사건의 발생과 거의 동일한 시점에 씌어졌기 때문에 당시 상황을 있는 그대로 보존하고 있으며 후대 사람들로 하여금 사건을 당시의 정황 속에서 이해할 수 있게 해준다. 다시 한 번 강조하거니와 중요한 것은 사건의 실행이 아니라 사건의 기술이다. 실제로 이 책이 1941년 출판될 때 저자 샤이러와 편집자들은 어느 정도 왜곡을 가미한 것으로 보인다. 또 내가 듣기로 출판사는 사건을 사후의 시각으로 왜곡하지 않고 저자의 당시 심경을 충실히 제공하려 하기보다는 일반 독자에게 책을 판매하는 데만 신경을 썼다고 한다.(여기서 내가 '왜곡'이라 지칭한 것은 사태의 추이와 관련 없는 것으로 드러난 요소들을 삭제함으로써 대중의 흥미를 끌려는 행위를 말한다. 편집은 흔히 왜곡의 과정이 될 수 있는데, 특히 '유능한 편집자'가 원고를 맡을 때 더 심각해진다.) 이런 왜곡에도 불구하고 샤이러의 책은 역사의 작용에 관한 직관을 보여 주었다. 제2차 세계대전 초기에 자신들이 역사의 분기점을 맞고 있다는 직감을 느꼈다고 생각하는 이들이 있을지 모르겠다. 그러나 천만의 말씀이다.†

---

† 표준적인 역사 기록들은 세계대전이 "긴장이 점증하고" "위기가 고조되는" 과정을 거치며 발발했다고 보지만, 역사가 나이얼 퍼거슨은 오히려 전쟁이 벼락같이 찾아왔음을 보여 준다. 역사를 불가피한 것으로 보이게 만드는 것은 회고적 태도에 젖은 역사가들의 기술이다. 퍼거슨은 다른

샤이러의 일지는 불확실성의 역동성을 감지하는 연습장이 된 셈이다. 내 꿈은 철학자였지만, 직업 철학자들이 어떻게 먹고사는지도 알지 못했다. 이 꿈이 나를 모험(말하자면 불확실성을 실행에 옮기는 모험)으로 이끌었으며, 또한 철학 대신 수학과 과학 쪽으로 이끌었다.

택시 기사에게 배운 것

세 가지 불투명성 중 세 번째 요소, 즉 학습의 저주를 살펴볼 차례다. 나는 할아버지를 면밀히 관찰했다. 할아버지는 국방장관을 지내다가 전쟁 초기에 내무장관 겸 부총리를 맡은 후 정치 일선에서 물러났다. 그런데 이런 지위에도 불구하고 할아버지는 그의 자동차 기사인 미하일보다 사태를 조금도 더 잘 파악하고 있는 것 같지 않았다. 할아버지와 달리 미하일은 사건이 벌어질 때마다 "신만이 아시지"를 반복하며 사태에 대한 이해의 열쇠를 저 높은 곳으로 돌렸다.

나는 학식이 높고 정보도 훨씬 더 많이 접하는 사람들이 택시 기사보다 예견력이 뛰어나기는커녕 오히려 크게 뒤처진다는 사실을 깨달았다. 그러나 그 둘 사이에는 중요한 차이점이 있었다. 택시 기사들은 자신들이 배운 사람들만큼 사태를 이해하고 있다고 여기지 않았다. 실제로 그들은 전문가가 아니었고, 스스로도 그 점을 알고 있었다. 뭔가를 아는 사람은 아무도 없었다. 그러나 엘리트들은 자신들이 엘리트이기 때문에 남들보다 더 많이 안다고 생각했다. 만

역사가들과 달리 멋진 방법을 택했는데, 바로 제국 채권 가격의 변동에 주목한 것이다. 채권 가격은 정부의 재정 상태에 대한 투자자들의 예상에 따라 변동한다. 전쟁이 나면 재정적자가 심각하게 늘어나게 되므로 사람들이 전쟁이 임박했다고 믿게 되면 채권 가격이 떨어지게 된다. 그런데 조사 결과 채권 가격 변동에 전쟁에 대한 예상이 반영되지 않고 있었다. 가격 분석이 역사를 더 깊이 이해하는 데 도움을 준다는 것을 기억해 두기로 하자.

약 여러분이 엘리트의 일원이라면 여러분은 자동적으로 엘리트가 아닌 사람들보다 더 많이 안다고 여길 것이다.

가치가 의심스러운 것은 지식만이 아니라 정보도 마찬가지다. 현재 벌어지고 있는 사건들에 대해서는 거의 모든 사람들이 가장 세세한 것들까지 알고 있었다. 신문들 사이에 중복되는 부분이 워낙 많아서 신문을 읽으면 읽을수록 거기서 얻을 수 있는 정보의 양은 점점 줄어든다. 그런데도 사람들은 모든 사실 하나하나를 외우기라도 하려는 것처럼 모든 새로운 인쇄 자료를 읽고 모든 방송에 귀를 기울였다. 마치 다음 사태가 어떻게 전개될지에 대한 명쾌한 답이 그 안에 담겨 있기라도 하다는 듯이 말이다. 사람들은 누가 누구를 만났는지, 어떤 정치인이 또 다른 어떤 정치인을 만나 무슨 이야기를 나눴는지(심지어 말투가 어땠는지까지. 예컨대 "다른 때보다 유난히 친근하게 말하지 않던가?") 따위에 대해 거의 백과사전이 된 것 같았다. 그러나 이 모든 정보도 아무 소용이 없었다.

끼리끼리

레바논 전쟁 당시 내가 눈여겨본 또 한 가지 사실은, 언론인들이 반드시 동일한 견해를 중심으로 편이 갈리는 것이 아니라 동일한 분석틀을 중심으로 편이 갈리는 경우가 빈번하다는 점이었다. 언론인들은 상황을 범주화하고, 현실을 그 범주에 맞춰 재단해 버린다. 현실을 앙상한 형상에 끼워 맞추는 플라톤적 태도가 여기서도 발휘되는 것이다. 여기에 로버트 피스크가 말한 '호텔 저널리즘'이 더해지면 정신적 병리 현상은 더 심각해진다. 초기의 언론 보도에서 레바논은 레반트 지방의 일부, 다시 말해 동지중해 지역이었지만, 마치 누군가가 이 땅을 사우디의 사막 쪽으로 옮겨 놓기라도 했는지 이제 갑자기 중동의 일부가 되어 버렸다. 반면에 레바논 북부의 내 고향 마을에서 불과 100킬로미터밖에 떨어져 있지 않고, 음식과 종교와 풍습이 똑같은 키프로스는 순식간에 유럽의 일원이 되어 버렸다(그에 따라 양 지방의 주민들도 거기에 맞춰 재단되었다). 예전에는 구분의 기준이 지중해 대 비지중해(다시 말해 올리브유 대 버터)였던 것이 1970년대에 들어서면서 갑자기 유럽 대 비유럽으로 바뀌었다. 이슬람은 이 둘 사이에 끼어 있는 형상인데, 그렇다면 아랍어를 사용하는 토착 기독교인(또는 유대인)은 어느 진영에 포함시켜야 하는가? 범주 나누기는 인간의 편의에 따라 이루어진다. 그런데 범주 나누기는 모호한 경계선에 대한 고려나 그 구분선의 재조정을 차단시키면서 범주 자체를 고정시켜 버리는 병리적 결과를 낳는다. 접촉도 죄가 된다. 서로 차단된 상태에서 요소들을 볼 줄 아는 독립적인 시각을 가진 100명의 언론인이 있다면 우리는 100가지의 견해를 입수할 수 있을 것이다. 그러나 이들에게 판에 박힌 방식으로 기사를 쓰도록 만드는 과정이 작동하면서 이런 다양성이 급격히 위축되고 만다. 그리하여 견해도 하나로 수렴되고, 사태의 원인으로 지목하는 항목도 동일해진다. 잠깐 레바논 밖으로 눈을 돌리면, 이 시기에 모든 기자들이 '격동의 80년대'를 거론하면서 80년대에는 특별히 구분되는 뭔가가 있다고 추정한다. 또 1990년대 후반의 인터넷 버블 동안에는 모든 기자들이 치솟던 경제 수치들이 훗날 쓰레기로 판명된 기업들의 진정한 가치를 보여 준다는 데 입을 모았고, 사람들은 열광했다.†

내가 말하는 범주 나누기의 자의성이 무엇을 의미하는지 알고 싶다면, 정치에서 편 가르기가 어떻게 이루어지는지 한번 보기 바란다. 지구를 방문한 화성

---

† 제10장에서 나는 이와 같은 편 가르기 현상을 살펴보기 위해 몇 가지 재미있는 정량적 테스트를 시도한다. 이 테스트들은 많은 주제에서 사람들의 평균적인 견해와 진실 사이의 거리에 비해 사람들의 견해들 사이의 거리가 훨씬 가깝다는 것을 보여 준다.

인에게 왜 임신중절을 허용하자는 정치인들이 사형 제도에는 반대하는지, 또 왜 낙태를 허용하자는 쪽에서는 세금 인상에는 찬동하면서 군비 확장에는 반대하는지, 또 왜 성적 자유를 옹호하는 사람이 개인의 경제적 자유에는 반대하는지 설명할 수 있을까?

나는 꽤 어린 시절에 편 가르기의 부조리를 깨달았다. 레바논 내전 때 사태가 이래저래 뒤바뀌더니 기독교도들은 자유시장과 자본주의 체제의 옹호자가 되었다. 어떤 언론인의 표현대로 '우파'가 된 것이다. 한편 이슬람교도들은 공산주의 국가의 지원을 받으면서 사회주의자가 되었다.(공산 체제 기관지 《프라우다*Pravda*》는 이들을 피억압 투사라고 불렀다. 그러나 훗날 러시아가 아프가니스탄을 침공하자 오사마 빈 라덴이나 그의 모슬렘 동료들과 손을 잡은 나라는 미국이었다.)

편 가르기의 자의성, 편 가르기가 만들어 내는 전염 효과를 증명하는 가장 좋은 방법은 역사상 이러한 편 가르기가 얼마나 빈번하게 뒤집혔는지를 살펴보는 것이다. 기독교 근본주의와 이스라엘 사이의 지금의 동맹은 19세기 지식인들의 눈에는 참으로 당황스럽게 보일 것이다. 19세기까지만 해도 기독교는 반유대적이었다. 반대로 모슬렘들은 기독교도보다는 유대인들과 가까웠기 때문에 유대인의 보호자 역할을 했다. 또 자유주의자들은 좌파였다. '어떤 일도 일어날 수 있다'주의자인 나의 흥미를 끄는 것은 어떤 임의의 사건이 애초에 하나의 이슈를 지지하는 그룹을 다른 이슈를 지지하는 다른 그룹과 동맹하게 만들어 하나로 녹아들게 하다가 또 다른 돌발 사태로 다시 분열하게 만든다는 것이다.

범주 나누기는 현실의 복잡성을 단순화시켜 버린다. 그것은 검은 백조 발생장치의 한 형태, 내가 프롤로그에서 지적한 저 요지부동의 플라톤주의의 발현이다. 우리를 둘러싼 세계의 단순화는 불확실성의 원천들을 배제해 버림으로써 파국을 초래할 수 있다. 그것은 세계라는 직물을 오해하게 만든다. 예를 들면, 급진 이슬람교도(및 이슬람주의)를 공산주의의 위협에 맞선 여러분의 동맹이라고 판단하게 만들고, 그리하여 비행기 두 대가 맨해튼 도심을 향해 돌진하기 전까지 그들의 성장을 돕게 만들 수 있다는 것이다.

레바논 전쟁이 발발한 지 몇 년 되지 않았을 때 나는 와튼스쿨에 다니고 있었다. 당시 스물두 살이었던 나는 '효율적 시장'이라는 아이디어에 충격을 받았다. 효율적 시장 이론에 따르면, 시장 가격은 모든 가용 정보를 자동적으로 반영하기 때문에 유가증권 거래에서 수익을 거둘 길이 없다. 공표된 정보는 특히 사업가에게 아무런 쓸모가 없다. 가격은 그러한 모든 정보를 이미 '포함하고' 있기 때문이다. 따라서 수백만 명이 공유하는 뉴스는 당신에게 아무런 이점도 주지 않는다. 정보를 입수한 수천 수억 명의 사람들이 이미 해당 유가증권을 매입했을 것이며 따라서 가격을 올려놓았을 것이 분명하기 때문이다. 그때부터 나는 신문과 텔레비전을 완전히 끊어 버렸고, 그 덕택에 막대한 시간을 얻었다.(예컨대 하루에 한 시간을 번다고 하면 1년이면 100권 이상의 책을 더 읽을 수 있다. 20년이면 정말 엄청난 시간이 된다.) 물론 신문 읽기가 쓸모없다는 근거가 이것만은 아니다. 정보의 독을 피하는 것이 주는 또 다른 이점들에 대해서는 차차 알게 될 것이다. 그것은 내가 비즈니스 세계의 온갖 자질구레한 것들을 무시해 버리는 데 대한 훌륭한 변명, 완벽한 알리바이가 되어 주었다. 나는 비즈니스 세계의 세세한 것들에서 어떤 흥미로운 것도 발견하지 못했다. 그것들은 천박하고 따분하고 거만하고 탐욕스럽고 무지하고 이기적이고 지겨울 뿐이었다.

쇼는 어디에서 벌어지는가?

한때 '철학자' 혹은 '과학적인 역사철학자'가 되겠다는 계획을 가졌던 사람이 어쩌다 비즈니스스쿨, 그것도 와튼스쿨에 휩쓸려 들어가게 되었는지는 나로서도 설명할 길이 없다. 그러니 사태가 어떻게 돌아가는지 알지 못하는 사람이 그 작고 오래된 나라의 어설픈 정치가(그리고 철학자 같은 그의 운전기사 미하일)만은 아니었나 보다. 아무튼 작은 나라 사람들은 세상이 어떻게 돌아가는지 **알지 못하는** 것이 정상이다. 그런데 내가 세계 역사상 최강 국가의 손꼽히는 비즈니스스쿨에서 본 바에 따르면, 세계 최강 기업의 경영진들이 그곳에 와서 자신들이 돈벌이한 이야기를 떠들어대는데, 그 사람들 역시 세상이 어떻게 돌아가는지 알지 못할 가능성이 짙어 보였다. 솔직히 말하면, 내 마음속에서 그것은 가능성 이상이었다. 인류의 인식론적 오만의 무게에 등골이 묵직해질 정도였다.†

나는 강박에 쫓기기 시작했다. 내 연구 주제였던 **고도로 개연성이 낮지만 필연적으로 발생하는 사건**을 의식하기 시작한 것도 그때였다. 요행이 쌓여 얻은 결과에 도취되는 것은 꼭 명품 의상을 걸치고 남성호르몬을 잔뜩 발산하는 대기업 경영진들만이 아니었다. 이름 있는 학자들도 마찬가지였다. 이러한 생각은 나의 검은 백조를 비즈니스에서의 행운과 불운의 문제에서 지식과 과학의 문제로 돌려놓았다. 어떤 과학적 결과물들은 고도로 개연성이 희박한 사건들의 충격을 평가절하함으로써(또는 그것들을 무시하도록 유도함으로써) 실생활에서 무용지물이 될 뿐 아니라 그중 상당수는 검은 백조를 만들어 낼 수도 있다는 것이 내 아이디어였다. 이러한 과오는 조류학 강의에서 낙제하는 것 이상의 심각한 해독을 품고 있다. 나는 이 아이디어의 귀결들을 보기 시작했다.

---

† 그때 나는 회사의 경영자라는 사람들이 세상이 어떻게 돌아가는지 알 필요가 없다는 것이 자유시장 체제의 힘이라는 것을 깨달았다.

3.3kg 살찐 이후

와튼스쿨을 졸업한 지 4년 반이 지난(그리고 몸무게가 3.3kg 늘어났던 무렵인) 1987년 10월 19일('검은 월요일'이라 불리는 이날 뉴욕 증시와 홍콩 증시가 각각 22퍼센트, 45퍼센트 폭락함으로써 1929년의 금융공황과 비견된다—옮긴이), 나는 맨해튼의 미드타운에 있는 투자은행인 크레디트 스위스 퍼스트 보스턴의 사무실에서 빠져나와 어퍼 이스트 사이드 쪽으로 귀갓길을 잡았다. 황망한 마음 탓에 발걸음은 마냥 느렸다.

그날은 심각한 금융 재난이 터진 날이었다. (현대) 역사상 최악의 주가 폭락이었다. 정신적 외상이 더욱 심했던 까닭은 우리가 똑똑하기 이를 데 없는 플라톤주의 경제학자들과 손잡고 (그들의 유치한 정규분포 방정식을 이용하여) 거대 규모의 충격을 방지할 수 있게 되었다고, 최소한 예견하거나 제어할 수 있게 되었다고 생각한 바로 그 시점에 재난이 일어났기 때문이다. 뉴스에 자극받아 일어난 폭락도 아니었다. 바로 전날까지도 사건의 발생은 상상할 수 있는 영역의 바깥에 있었다. 만에 하나 내가 그럴 가능성을 지적했더라면 나는 아마 미치광이 취급을 받았을 것이다. 그것은 단연코 검은 백조였다. 물론 그때 나는 그러한 표현을 몰랐다.

파크 애비뉴에서 나는 동료였던 드미트리우스와 마주쳤다. 그와 이야기를 막 시작하는데 공포에 휩싸인 어떤 여인이 예의도 잊은 채 대화에 끼어들었다. "이봐요, 지금 사태가 어떻게 돌아가는 건가요?" 인도를 걷는 사람들은 망연자실해 있었다. 그전에 나는 퍼스트 보스턴의 객장에서 숨죽여 흐느끼는 사람들을 본 터였다. 나는 사건의 진원지에서 하루를 보냈다. 충격에 빠진 사람들은 자동차 전조등에 쫓기는 토끼처럼 이리저리 허둥거렸다. 집으로 돌아온 나는 사촌 알렉시스의 전화를 받았는데, 위층에 사는 이웃이 투신자살했다는 소식이었다. 나는 오싹한 느낌조차 들지 않았다. 마치 약간 뒤틀린 형태의 레바논 같았다. 두 사태를 모두 겪은 나는 재정적 좌절이 전쟁보다 더 인간을 갉아먹는다는 사실을 퍼뜩 깨달았다.(재정적 파탄과 그에 따른 열패감은 자살로 이어질 수 있다. 그러나 전쟁은 직접적으로 그런 행동을 유발하지는 않는다.)

피로스의 승리(AD 3세기에 로마를 침공한 피로스 왕의 일화. 얻은 것보다 잃은 것이 더 많은 승리를 가리킨다—옮긴이)에 나는 전율했다. 지적으로 나는 승리했다. 그러나 나는 내가 너무나 옳아서, 그리하여 내 발밑에서 금융 시스템이 무너지고 있는 것을 본다는 것이 두려웠다. 나는 내 예상이 **그토록** 적중하기를 원하지 않았다. 나는 죽은 지미 P. 씨를 평생 잊지 못할 것이다. 그는 자신의 자산이 녹아내리는 과정을 지켜보면서 마치 농담을 하듯 "주가여, 제발 멈추어다오!" 하며 빌고 또 빌었다.

그러나 그때 그곳에서 나는 깨달았다. 나는 돈에 대해 야유를 보낸 것이 아니었다. 나는 내 생애에서 가장 기이한 느낌을 경험하고 있었다. **'내가 옳았다'**는 신호를 보내는 귀가 먹먹한 트럼펫 소리. 그 소리가 어찌나 크던지 나는 온몸의 뼈가 진동하는 것 같았다. 그 후로는 한 번도 그런 경험을 한 적이 없으며, 경험해 본 적이 없는 사람에게 결코 설명할 수도 없었다. 그것은 몸의 감각이었다. 기쁨과 자부심과 공포가 뒤죽박죽된 그런 감각.

내가 옳았음이 확인되었다고? 어떻게?

와튼스쿨에 들어가고 한두 해 동안 나는 정밀하고 특이한 전공에 매달렸다. 나는 희귀하고 예기치 못한 사건들, 즉 **플라톤 주름지대**에 존재하며 플라톤주의 '전문가들'은 '있을 법하지 않다'고 여기는 사건들에 베팅했다. 플라톤 주름지대란 현실에 대한 우리의 표상이 더 이상 적용되지 않는, 그러나 우리가 그 사실을 모르고 있는 곳임을 상기하기 바란다.

나는 일찌감치 '계량 금융'을 낮 동안의 직업으로 삼았기 때문에 '금융분석가'와 금융거래자를 겸하고 있었다. 금융분석가는 불확실성에 관한 수학적 모델을 금융(혹은 사회경제적) 데이터와 복잡한 금융 도구들에 적용하는 산업과학자다. 다만 내가 맡은 금융분석가의 역할은 정반대였다. 나는 수학적 모델들의 허점과 한계를 파고들어 이 모델들이 실패하는 **플라톤 주름지대**를 찾아내고자 했다. 한편 나는 투기거래에도 참여했는데, 그저 '입으로' 한 것이 아니라 실행을 했다. 이것은 금융분석가로서는 드문 경우였다. 보통 금융분석가들은 '위험 감수'에서 차단되어 있고, 분석만 할 뿐 의사 결정에 참여하지 않는다. 나는 내가 시장가격을 예측하는 데 완전히 무능하다고 확신하고 있었다. 사실 다른 사람들도 무능하긴 마찬가지인데, 다만 그들은 그 사실을 몰랐고 또 자신들이 거대한 위험을 감수하고 있다는 사실도 몰랐다. 대부분의 거래자들은 "달려오는 증기기관차 앞에서 동전을 줍고" 있었다. 그들은 엄청난 충격을 몰고 올 희귀한 사건 앞에 스스로를 노출시킨 채 까맣게 모르고 아이처럼 잠들어 있었다. 만약 여러분이 자신을 위험을 싫어하고 경계하지만 그러나 대단히 무지한 사람이라고 생각한다면 여러분이 취할 수 있는 최선의 방식은 내가 했던 방식이다.

금융분석가들의 기술 보따리(응용수학, 금융공학, 통계학 등)와 실물거래 경험은 철학자가 되고자 하는 사람에게 대단히 큰 도움이 되었다.† 첫째, 경험주

---

† 내 전문 분야는 금융상품 중에서도 파생상품이었다. 파생상품 분야에서는 고등수학이 요구되는데, 잘못된 수학적 모델을 채택할 경우 최악의 재난을 낳는다. 나는 새로 등장한 이 분야에 흥미를 느껴 이를 주제로 박사학위를 취득했다.

그런데 검은 백조에 베팅하는 것만으로 내 경력을 쌓을 수는 없었다는 것을 기억해 주기 바란다. 왜냐하면 그것만으로는 거래의 기회가 불충분했기 때문이다. 그러나 한편으로 나는 내 포트폴리오를 대규모 손실로부터 보호함으로써 검은 백조에 노출되는 것을 피할 수 있었다. 무작위성(우연성)에 대한 의존을 제거하기 위해 나는 나의 경쟁자들이 뭔가를 깨달아 그러한 기회들이 사라져 버리기 전에 희귀한 사건에 노출되지 않으면서 복잡한 금융상품들 사이의 비효율성과

의적인 대규모 자료 작업과 그러한 연구에 입각한 위험 감수에 한 20년 정도를 바치고 나니 플라톤적 사고에 빠진 '사색가'들이 세뇌되거나 겁이 나서 보지 못하는 현실 세계의 맥점을 쉽게 짚어 낼 수 있었다. 둘째, 이런저런 일화들 속에서 헤매지 않고 정연하고 체계적인 사고를 할 수 있게 해주었다. 마지막으로, 역사철학과 인식론(지식에 관한 철학) 모두 시계열 데이터에 대한 경험주의적 연구와 불가분의 관계가 있는 것 같다. 시계열 데이터란 시간에 따라 연속되는 숫자들로 단어 대신 숫자가 들어 있는 일종의 역사 문헌이다. 숫자는 컴퓨터로 처리하기 쉽다. 역사적 자료에 대한 연구는 역사가 뒤가 아니라 앞으로 나아간다는 사실을 의식하게 해주며, 또 역사가 몇 개의 단어로 설명되는 것보다 실은 훨씬 더 난삽하다는 것을 보여 준다. 인식론, 역사철학, 통계학 등은 모두 진실을 이해하고, 그 진실을 낳은 메커니즘을 탐구하고, 역사적 사건에서 우연적인 것을 제거하고 규칙을 분리해 내는 것을 목표로 한다. 그것들은 모두 '우리가 무엇을 알고 있는가?'라는 문제에 몰두한다. 다른 점을 말하자면 서로 다른 빌딩에 산다는 것뿐이다.

퍽 유어 머니

1987년 10월 19일 그날 밤, 나는 열두 시간 동안 잠에 빠졌다.

제각기 공황의 충격에 상처받은 친구들에게 내 승리의 느낌을 말하기는 어려웠다. 당시의 보너스는 오늘날에 비하면 새 발의 피에 불과했다. 그러나 만약 나의 고용주인 퍼스트 보스턴 은행과 금융 시스템이 그해 말까지 살아남았다면 나는 장학금에 해당하는 보너스를 손에 넣었을 것이다. '퍽 유어 머니(Fuck

---

기회들을 활용하려고 노력했다. 경력이 어느 정도 쌓인 후 나는 좀 더 쉽게 검은 백조로부터 대규모 포트폴리오를 보호할 수 있는 방법, 말하자면 일종의 보험 같은 것을 찾아냈다.

you money)'라는 말이 있다. 표현은 좀 거칠지만, 노예 계약에서 벗어나서 빅토리아시대 신사처럼 살 수 있게 해줄 수 있는 돈을 의미한다. 그것은 일종의 심리적 완충장치다. 그것은 멋대로 펑펑 쓰고 살 만큼은 안 되지만, 월급에 목을 매지 않고 새로운 직업을 선택할 자유를 줄 만큼은 되는 돈이다. 그것은 돈에 영혼을 파는 것을 막아 주며, 외부의 권위—어떤 외부의 권위든 간에—로부터 당신을 자유롭게 해준다.(독립의 의미는 개인마다 다르다. 나는 많은 사람들이 엄청난 수입을 올리면서도 더 많은 돈을 버는 데 중독되어 고객과 고용주에게 더욱더 아첨하는 모습을 보며 깜짝깜짝 놀라곤 했다.) 보기에 따라 대수롭지 않은 것일 수도 있지만, 하여간 1987년의 경험은 나로 하여금 돈에 대한 일체의 야심에서 말 그대로 벗어나게 했다. 물질적 부를 추구하느라 연구를 등한시할 때마다 나는 부끄러움을 느끼게 되었다. 'fuck you'라는 육두문자는 곧 유혹의 전화를 단호히 끊어 버리기 **전에** 이 함축적인 말을 내뱉을 수 있는 유쾌한 능력을 상징한다.

당시는 거래자들이 돈을 잃을 때마다 전화를 박살내는 것이 당연시되던 시절이었다. 의자든 탁자든 하여간 요란한 소음을 내는 것이면 무엇이든 닥치는 대로 부숴 버리는 이들도 있었다. 시카고의 한 객장에서 한번은 다른 거래자가 내 목을 조르는 바람에 경비원 네 명이 쫓아 나와 그 사람을 끌고 나가기도 했다. 내가 자신의 '영역'을 침범했다는 것이 그가 분개한 이유였다. 누가 이런 환경에서 벗어나고 싶겠는가? 점잖은 대학교수들이 대학 내의 단조로운 카페테리아에서 점심을 먹으며 최근에 있었던 학과 내 음모에 대해 논의하는 광경과 이 모습을 비교해 보라. 그래서 나는 금융 분석과 거래를 겸하는 이 일에 남았다(나는 여전히 그곳에 남아 있다). 대신 최소한의 시간을 들여 강도가 높은(그리고 흥미진진한) 작업을 하기로 했다. 나는 가장 기술적인 측면에만 집중했고, 소위 말하는 비즈니스 '미팅'에는 절대 참석하지 않았으며, 명품 의상은 걸쳐도 책 한 권 읽지 않는 '성공한 사람들'과 어울리는 것은 피했다. 또 평균 3년에 한 번씩 주어지는 안식년은 과학과 철학에서 부족한 소양을 보충하는 시간으로 활용했다. 나는 천천히 오직 한 가지 아이디어를 정제하면서 베짱이, 혹은 직업적 명상가가 되어 책상이나 조직에 얽매이지 않고 카페나 라운지에 느긋하게 앉아, 누구에게 구태여 설명할 필요 없이 원하는 만큼 자고, 닥치는 대로 읽고 싶었다. 나는 한 발 한 발 검은 백조에 대한 내 아이디어에 입각한 종합적인 사고 체계를 세우기 위해 혼자 있고 싶었다.

리무진을 모는 철학자

레바논 전쟁과 1987년의 주가 폭락은 동일한 현상으로 보였다. 이런 사건들의 역할을 인지하는 데에서는 거의 모든 사람이 일종의 정신적 시각장애를 가지고 있다는 것이 분명해졌다. 마치 눈앞의 거대한 매머드를 보지 못하거나, 또는 순식간에 그것에 대한 기억을 망각해 버리는 것 같았다. 정답이 나를 똑바로 쳐다보고 있었다. 그것은 심리적 **맹목**, 나아가 생물학적 **맹목**이었다. 문제는 사건들 자체의 성질이 아니라 우리가 그 사건들을 지각하는 방식에 있었다.

이제 다음 일화를 마지막으로 나의 자전적 이야기를 담은 서두를 끝맺기로 하자. (낮 동안의 직업을 제외하면) 나는 딱 꼬집어 말할 만한 전문 분야가 없었으며, 원하지도 않았다. 칵테일파티에서 만나는 사람들이 무슨 일을 하느냐고 물어 올 때마다 나는 이렇게 대답하고 싶은 유혹을 느낀다. "저는 **회의적 경험주의자**이고 게으른 독서가이며, 한 가지 아이디어를 깊이 파고드느라 여념이 없는 사람이랍니다." 그러나 나는 리무진 운전기사라고 간단히 대답한다.

언젠가 대서양 횡단 비행기를 탔을 때 항공사 측의 배려로 일등석에 앉게 되었다. 옆 좌석에는 값비싼 옷차림에 금과 보석 장신구를 잔뜩 걸친 꽤 지체 높아 보이는 여성이 앉았다. 그녀는 스튜어디스에게 물은 에비앙 생수로만 달라면서 연신 (저칼로리 제품으로 보이는) 땅콩을 입에 넣으며 유럽판《월스트리트저널*Wall Street Journal*》을 읽고 있었다. 그녀는 여러 차례 서툰 프랑스어로 내게 말을 걸어 보려고 애썼는데, 아마도 내가 사회철학자 부르디외의 (프랑스어로 쓰인) 저작을 읽고 있었기 때문인 듯했다. 묘하게도 그것은 사회적 구별 짓기의 표지를 다룬 책이었다. 나는 그녀에게 (영어로) 내 직업은 리무진 기사라고 넌지시 알려 주면서 이래 봬도 '최고급' 차만 운전한다고 짐짓 으스댔다. 그때부터 비행기에서 내릴 때까지 차가운 침묵이 계속되었다. 약간의 긴장감을 느끼긴 했지만, 덕분에 나는 조용히 책 읽기에 전념할 수 있었다.

2장_ 예브게니아의 검은 백조

5년 전까지만 해도 예브게니아 니콜라이예브나 크라스노바는 약간 특이한 배경을 가진 무명의 소설가로, 아직 작품을 출판한 적도 없었다. 예브게니아는 철학에 관심이 많은 신경과학자(그녀의 전 남편 셋이 모두 철학자였다)였으며, 프랑스인과 러시아인의 피를 물려받은 사람답게 뚝심 있게 자신의 연구 결과와 아이디어를 문학적 형식으로 담아내기 위해 분투했다. 그녀는 자신의 이론에 이야기의 옷을 입히고, 그것을 자신의 자전적인 이야기와 이리저리 버무렸다. 자신은 쏙 빠져 버리는 오늘날의 무책임한 보도식 논픽션 서술 방식(예컨대 "어느 화창한 4월 아침, 존 스미스는 집을 나섰다…")은 피했다. 또 외국어로 이루어지는 대화는 원어를 그대로 표기했으며, 대신 마치 영화 자막처럼 번역을 달았다. 그렇다고 조악한 이탈리아어로 이루어진 대화를 조악한 영어로 옮겨 놓지는 않았다.†

어떤 출판사도 그녀에게 시간을 할애해 주려 하지 않았다. 그나마 좀 말이

되는 글을 쓸 줄 아는 극소수의 과학자들이 관심을 보인 것이 전부였다. 몇몇 출판사가 그녀와 마주 앉긴 했지만, 그들은 하나같이 세상 물정을 조금이라도 안다면 '의식에 관한 대중과학서'나 써보라고 권했다. 거절의 편지나 모욕적인 평을 받는 것조차 그녀로서는 과분한 관심으로 받아들일 정도였다. 더 심하고 불쾌한 모욕은 침묵이었다.

예브게니아의 원고를 본 출판사들은 혼란스러워했다. 그들이 처음 묻는 질문은 "이게 픽션인가요, 논픽션인가요?"였다. 이 질문에 그녀 역시 똑 부러진 대답을 하지 못했다. 출판사들의 출판제안서 양식에 들어 있는 '대상 독자' 항목도 채우지 못했다. 그녀는 "먼저 대상 독자가 누구인지부터 생각해 보시기 바랍니다," 또는 "아마추어는 자신을 위해 쓰지만 프로는 남을 위해 쓰는 겁니다" 따위의 말을 들어야 했다. 장르를 정확히 해달라는 말도 들었다. "서점 사람들은 어느 서가에 꽂을지 헷갈리는 책은 질색한답니다." 어떤 편집자는 이런 문구를 첨가하기도 했다. "선생님의 원고는 선생님의 전 남편들과 가족들이 살 부수를 포함해서 잘해야 10부 정도 팔릴 듯합니다."

예브게니아는 5년 전에 어떤 유명한 글쓰기 워크숍에 참여하기도 했지만 역겨워서 그만둬 버렸다. '글을 잘 쓴다는 것'은 다분히 자의적인 규칙을 성경 문구처럼 받들어 모시며 우리가 '경험'이라고 부르는 것을 확인 또 확인하는 일이었다. 그녀가 만난 작가들은 성공했다고 인정받는 작품의 겉포장만 바꾸는 훈련을 하고 있었다. 《뉴요커*The New Yorker*》의 지난 호에 실린 글을 모방하는 것이 그들이 하는 글쓰기의 전부였다. 그들은 《뉴요커》 지난 호를 모델로 새로운 것이 나올 수는 없다는 것을 깨닫지 못했다. 워크숍의 강사는 부드럽지

---

† 그녀의 세 번째 남편은 이탈리아 철학자였다.

만 단호한 말투로 그녀의 원고를 구제 불능이라고 말했다.

예브게니아는 마침내 자신의 작품 《회귀*A Story of Recursion*》의 원고 전체를 인터넷에 올렸다. 원고는 거기서 소수의 독자를 만났는데, 그 가운데 한 명이 분홍테 안경을 끼고 (본인은 유창하다고 생각하지만) 형편없는 러시아어를 구사하는 구멍가게 출판사 사장이었다. 이 발 빠른 출판사 사장이 출간을 제의했고, 그녀는 원고에 손을 대지 않는다는 조건으로 동의했다. 사장은 편집의 여지를 포기하는 대신 통상의 인세에 비해 손톱만큼밖에 안 되는 저작권료를 지불하겠다고 했다. 그로서는 잃을 것이 없었다. 선택의 여지가 없었으므로 그녀는 이 조건을 받아들였다.

예브게니아가 "고집불통에 까탈스럽고 구제 불능인 자기중심병자"에서 벗어나 "끈기 있고 단호하고 꿋꿋하고 독립심 강한" 사람이 되는 데 5년이 걸렸다. 서서히 판매에 불이 붙기 시작한 그녀의 책은 문학사에서도 보기 드문 엄청나고도 기묘한 성공을 거두었다. 책은 평론계의 찬사를 한 몸에 받으며 수백만 부의 판매고를 올렸다. 구멍가게였던 신생 출판사는 회사 입구에서 (공손한) 안내원이 들어오는 손님을 맞는 대기업으로 발돋움했다. 그녀의 책은 (프랑스어를 포함하여) 40개 언어로 번역되었으며, 어딜 가든 그녀의 사진이 눈에 띄었다. 오늘날 예브게니아는 소위 통섭학파의 선구자로 인정받고 있다. 이제 출판사들은 "트럭 운전사들이 트럭 운전사를 위한 책만 읽지는 않는다"거나 "독자는 자신에게 아부하는 작가를 경멸한다"는 따위의 이론을 편다. 과학논문들이 방정식과 전문 용어로 시시하고 앞뒤가 맞지 않는 것들을 가려 버린다는 것을 요즘은 다 알고 있다. 통섭적인 글은 날것 그대로의 아이디어를 드러냄으로써 대중이 판단할 수 있도록 한다.

예브게니아는 더 이상 철학자와 결혼하지 않는다(철학자들은 너무 말이 많다). 언론도 피한다. 대학에서는 문학 교수들이 새로운 양식이 불가피함을 보여 주는 갖가지 단서들을 거론한다. 픽션과 논픽션의 구별은 현대사회의 도전을 견디기에는 너무 케케묵은 것으로 여겨진다. 예술과 과학 사이의 단절을 치유할 필요가 있다는 사실도 너무나 명백해졌다. 출간 후에는 그녀의 재능이 너무나 자명한 것이 되어 버렸다.

예브게니아가 그 뒤에 만난 여러 편집자들은 한결같이 왜 진작 자기를 찾아오지 않았느냐며 그녀를 탓했다. 자신이라면 한눈에 원고의 장점을 알아보았을 것이라는 얘기였다. 몇 년 안에 〈쿤데라에서 크라스노바까지〉라는 에세이가 나올 것이다. 이 글은 에세이와 메타비평을 결합한 선구자인 밀란 쿤데라에게서 예브게니아의 작품의 단초를 찾을 수 있다는 주장을 담게 될 것이다.(예브게니아는 쿤데라의 작품을 읽은 적이 없고 쿤데라의 작품을 원작으로 한 영화를 보았을 뿐이다. 물론 영화에는 비평 따윈 나오지 않는다.) 학술논문에 자전적 장면을 삽입해 넣은 그레고리 베이트슨의 영향이 매 쪽마다 나타난다는 저명한 학자의 논문도 발표될 예정이다(그러나 예브게니아는 베이트슨의 이름조차 들어 본 적이 없다).

예브게니아의 책이 바로 검은 백조다.

3장_투기꾼과 창녀

예브게니아가 지하 2층에서 슈퍼스타로 발돋움할 수 있었던 것은 딱 한 가지 환경, 내가 '극단의 왕국'이라고 부르는 환경 덕분이다.† 이 장에서 나는 검은 백조를 낳는 극단의 왕국의 환경과 길들여지고 조용하고 돌발 사건이 일어나지 않는 '평범의 왕국'의 중요한 차이를 소개하려 한다.

최선(혹은 최악)의 충고

지금까지 사람들이 내게 해준 '충고'들을 마음속으로 되짚어 보면, 그 가운데

---

† 구글에서 '예브게니아 크라스노바'를 검색하신 분들께 사과의 말씀을 드린다. 예브게니아는 허구의 인물이다.

평생 잊혀지지 않는 것은 겨우 두어 개뿐이다. 나머지는 그저 말에 불과했으니, 나는 그 말들에 귀를 기울이지 않은 것을 다행으로 생각한다. 그 충고라는 것에는 대개 "좀 더 균형 있게 합리적으로 생각하라"는 주문이 꼭 들어가 있었는데, 그것은 검은 백조 아이디어와 모순된다. 그러나 경험적 현실은 결코 '균형 잡혀' 있지 않으며, 현실의 '합리성'은 결코 합리성에 대한 얼치기 식자들의 정의에 부합하지 않는다. 진정한 경험주의는 현실을 최대한 충실히 반영해야 한다. 또 진실에 충실하려면 다른 사람들의 눈에 띄거나 그 결과 따돌림을 당하는 것을 겁내지 말아야 한다. 다음에 혹시 누군가가 충고를 한답시고 여러분을 들볶으면 점잖게 폭군 이반 대제의 일화를 들려주기 바란다. 그는 청하지 않은 (도덕군자 같은) 충고를 던진 사람은 사형에 처해 버렸다. 아마도 잠깐 동안이나마 효험이 있을 것이다.

돌이켜 보면 가장 귀중한 충고는 사실 나쁜 충고였지만, 역설적이게도 가장 분명한 결과를 낳은 충고가 되었다. 이 충고는 내가 검은 백조의 역학에 대해 깊이 생각하게 되는 계기가 되었기 때문이다. 내가 스물두 살이던 해 2월의 어느 날 오후, 내가 살던 필라델피아 월너트 스트리트 3400번지의 건물 복도에서였다. 와튼스쿨 2년차 학생 하나가 내게 '규모가변적인' 직업, 다시 말해서 노동시간에 따라 급여를 받지 않는, 따라서 노동의 총량의 한계에 종속되지 않는 직업을 택하라고 충고해 주었다. 그것은 여러 가지 직업을 구분하는 아주 간단명료한 기준이었으며, 거기서부터 불확실성의 여러 유형들 사이의 구분을 일반화할 수 있었다. 그것은 나를 중요한 철학적 문제, 즉 검은 백조의 학문적 명칭인 귀납적 진리의 문제로 이끌어 주었다. 이리하여 나는 그때까지 논리적 차원의 난관으로만 생각했던 검은 백조 현상을 수월하게 활용할 수 있는 문제 해결 수단으로 전환시킬 수 있게 되었으며, 또 다음 장들에서 살펴보겠지만, 경험적 현실의 맥락 속에 놓을 수 있게 되었다.

직업 선택에 대한 충고가 어떻게 불확실성의 성질에 관한 아이디어들로 이어졌단 말인가? 직업의 세계를 생각해 보자. 치과 의사, 컨설턴트, 마사지사 같은 직업은 규모가변적이지 않은 직업이다. 일정한 시간에 받을 수 있는 환자나 고객의 수에 상한선이 있기 때문이다. 창녀를 예로 들어 보자. 이들은 (일반적으로) 시간당 얼마 하는 식으로 화대를 받는다. 더구나 (내 생각에는) 반드시 서비스를 제공하는 현장에 있어야 한다. 요식업도 마찬가지다. 아무리 멋진 레스토랑을 열어도 최고의 목표는 (프랜차이즈 사업을 한다면 모를까) 좌석을 가득 채우는 것 이상이 될 수 없다. 이런 직업들에서는 연수입의 절대 액수가 얼마든간에 증가율에 한계가 있을 수밖에 없다. 요컨대 이런 직업에서는 의사 결정의 질이 아니라 줄기찬 노동의 양이 수입을 결정한다. 게다가 이런 직업에서는 충분히 예상할 수 있는 일들만 일어난다. 약간의 변화는 있겠지만, 다른 수많은 날들의 수입을 합친 것보다 단 하루의 수입이 훨씬 더 많은 일은 일어나지 않는 것이다. 한마디로 이러한 직업들에서는 검은 백조가 출현하지 않는다. 만약 예브게니아가 세무사나 탈장 전문의였다면 하룻밤 사이에 밑바닥 인생과 슈퍼스타 사이의 드넓은 간격을 뛰어넘을 수는 없었을 것이다(실제로 예브게니아가 밑바닥 인생을 살았을 것 같진 않지만).

반면에 어떤 직업들은 약간의 노력만 더하거나 혹은 전혀 그런 것 없이도 잘하면 수입 뒷자리에 0이 몇 개씩 더 붙을 수 있다. 게으르고, 그 게으름을 오히려 자산으로 여기며, 깨어 있는 시간을 최대한 해방시켜 독서와 사색에 쏟고 싶었던 나는 즉각 결론을 내렸다. 나는 노동을 파는 '노동' 인간과 거래나 약간의 노동의 형태로 지적 산물을 파는 '아이디어' 인간을 구분했다.

아이디어 인간은 뼈 빠지게 일을 할 필요는 없고 대신 치열하게 생각을 하면 된다. 100개를 만들거나 1000개를 만들거나 일하는 양은 똑같다. 주식거래를 할 때 100주를 사든 10만 주를 사든 100만 주를 사든 거기에 투입되는 노동의 양은 똑같다. 똑같은 양의 전화 통화, 똑같은 양의 계산, 똑같은 양의 법적 서류, 똑같은 양의 뇌세포 소모, 거래의 성립을 인증받기 위한 똑같은 양의 노력. 게다가 집안의 욕실이든 로마의 술집이든 장소에 구애받지 않는다. 직접 일을 하는 대신 남의 손을 빌릴 수도 있다. 욕실에서 어떻게 거래를 하느냐고? 아, 그건 그렇군. 아무튼 제대로만 하면 이 직업이 상당한 자유 시간을 허락해 주는 것만은 분명하다.

레코드 가수나 연주자, 영화배우라는 직업도 똑같은 속성을 가지고 있다. 음향 기사나 영사기 기사가 음반이나 영사기를 돌리게 하기만 하면 된다. 그때마다 노래를 부르거나 연기를 하기 위해 현장에 나타날 필요가 없다. 작가도 마찬가지다. 한 부가 팔리든 수백만 부가 팔리든 글쓰기에 들어가는 노동은 동일하다. 해리포터 시리즈의 작가 J. K. 롤링이 독자 한 사람 한 사람을 위해 똑같은 책을 써서 바칠 필요는 없기 때문이다. 그러나 제빵사는 다르다. 그는 고객이 한 명 늘어날 때마다 빵 한 개씩을 더 구워 내야 한다.

작가와 제빵사의 차이, 투기꾼과 의사의 차이, 사기꾼과 창녀의 차이를 알면 세상이 어떻게 돌아가는지를 조금 더 잘 볼 수 있게 된다. 그것이 추가적인 노동이 전혀 없이도 수입을 열 배, 백 배 늘릴 수 있는 직업과 하나를 더 얻을 때마다 그만큼의 (유한한 자원인) 시간과 노력을 또 투입해야 하는 직업—다시 말해서 중력에 종속된 직업—의 차이다.

규모가변성에 주목하라

그렇다면 그 학생의 충고가 나쁜 충고였다고 한 것은 무슨 까닭인가?

그의 충고는 불확실성과 지식에 등급을 매기기 위한 기준을 세우는 데는 도움이 될 수 있었고 실제로 도움이 되었지만, 직업의 선택이라는 측면에 한정하면 그것은 실수였다. 물론 내게는 도움이 되었을 수도 있는데, 그것은 시쳇말로 내가 운이 좋아서 "적절한 시점에 적절한 자리에 있었기" 때문이다. 만일 내가 충고를 하는 입장이라면, 나는 규모불변적인 직업을 선택하라고 조언해 줄 것이다. 규모가변적인 직업은 성공하는 경우에만 좋다. 그러한 직업은 경쟁이 극심하고, 괴물 같은 불평등을 낳고, 너무나 우연적이며, 노력과 보상 사이의 불일치가 너무 크다. 몇몇이 파이의 대부분을 차지해 버리고, 나머지 대다수는 아무런 잘못도 없이 빈털터리 신세를 면치 못한다.

직업에는 두 가지 범주가 있다. 첫 번째 범주는 평범한 것, 평균적인 것, 중도적인 것에 의해 추동된다. 여기서는 평범한 것이 집단적으로 과실을 얻는다. 다른 한 가지 범주에서는 거인이 되거나 난쟁이가 되거나 둘 중 하나다. 조금 더 정확히 말하면, 극소수는 거인이 되고, 절대 다수는 난쟁이가 된다.

이제 예기치 않은 거인의 탄생 뒤에 무엇이 있는지, 다시 말해서 검은 백조의 출몰 뒤에 무엇이 있는지 들여다보기로 하자.

규모가변성의 출현

녹음 기술이 발명되기 이전인 19세기 말의 오페라 가수였던 자코모의 운명을 생각해 보자. 그는 이탈리아 중부의 작고 외딴 도시에서 노래를 했다. 밀라노의 라 스칼라를 비롯한 대형 오페라 하우스의 유명 가수들은 자코모가 사는 도시까지는 들어오지 않았다. 따라서 그는 그 지역 어디에선가는 늘 자신의 목소리를 필요로 할 것이라는 생각에 안심할 수 있었다. 자코모가 자신의 목소리를 그 지역 바깥으로 내보낼 방법이 없듯이, 유명 가수들도 자신들의 구역 바깥으로 목소리를 내보냄으로써 지방의 토착 가수들을 위협할 수 없었다. 아직 노래를 저장할 방법이 없었으므로 자코모는 자신의 노래를 필요로 할 때마다 마치 이

발사가 직접 손님의 머리를 손질하듯이 언제나 현장에 가서 직접 노래를 불러야 했다. 따라서 자코모의 시절에도 파이가 불평등하게 분배되긴 했지만, 참을 만한 정도였다. 사람들의 체구 차이 정도의 불평등이라고나 할까. 파이는 조각조각 나뉘어져서 모든 사람들의 손에 쥐어졌다. 유명 가수들은 청중이 많은 만큼 조금 더 큰 조각을 차지할 수 있었지만, 그렇게 위협적이지는 않았다. 불평등이 존재하기는 했지만 **참을 만했다**. 아직 규모가변성이 없던 시절이어서 청중을 두 배로 늘리기 위해서는 두 번 노래를 부르는 수밖에 없었다.

이제 녹음의 효과에 대해 생각해 보자. 그것은 엄청난 불평등을 초래한 발명이었다. 공연을 재생하고 반복할 수 있는 우리의 능력은 이제 내가 (살아 있는) 러시아의 시골 망명 피아니스트의 연주 대신 (죽은) 호로비츠가 연주하는 라흐마니노프의 〈서곡Preludes〉을 컴퓨터 배경음악으로 몇 시간이고 들을 수 있게 해준다. 이제 시골 피아니스트들은 최저 임금에 허덕이며 별 재능도 없는 어린아이들에게 피아노 레슨이나 하는 신세로 전락했다. 죽은 호로비츠가 살아 있는 피아니스트들의 밥줄을 빼앗은 셈이다. 나 역시 분명히 뛰어난 재능을 지녔지만 아직 무명인 줄리아드 음악학교나 프라하 음악원 출신 피아니스트들의 연주를 담은 9.99달러 CD가 아니라 호로비츠나 루빈슈타인의 연주를 담은 10.99달러짜리 CD를 구입한다. 왜 호로비츠를 구입하느냐고 누가 물으면 나는 그의 정연함, 리듬감, 열정 때문이라고 대답하겠지만, 사실 아마도 아직 내가 모르고 앞으로도 모를 사람들 가운데 호로비츠 정도로 연주할 수 있는 사람들은 얼마든지 있을 것이다.

이 대목에 이르면, 어떤 독자는 불평등의 심화가 축음기의 발명과 더불어 시작되었다고 생각할지 모르겠다. 그러나 그렇지 않다. 나는 그것이 훨씬 이전, 그러니까 인간의 DNA와 더불어 시작되었다고 생각한다. DNA는 우리의 유전자 정보를 저장하고 그것들을 대대손손 퍼뜨림으로써 우리가 없는 곳에서도 얼마든지 그 유전자가 '재상영'될 수 있게 만드는 장치이기 때문이다. 진화는 **규모가변성이 있는** 것이다. (행운에 의해서든 생존경쟁에 의해서든) 승자의 자리를 차지한 DNA는 베스트셀러나 대박 음반처럼 자기 자신을 복제하여 사방으로 퍼져 나간다. 다른 DNA는 소멸하게 된다. 우리 인간(금융경제학자와 사업가는 빼고)과 지구상의 여타 생명체들과의 차이를 상기해 보라.

게다가 나는 인간의 사회생활에 획기적인 변화를 가져온 것은 축음기가 아니라 문자의 발명이라고 생각한다. 정보를 저장하고 재생산할 수 있게 해주었다는 점에서 문자는 위대하지만 불평등한 도구다. 그것은 한층 더 위험하고 고약한 인쇄기의 발명으로 인하여 더욱 증폭되었다. 인쇄기의 힘 덕분에 책이 국경을 넘어 전파되면서 승자 독식 사회가 급속히 형성되었다. 책의 확산이 불평등하다니, 무슨 소리인가? 문자의 발명은 창작자가 에너지를 추가로 지출하지 않고도 이야기와 사상을 정확하면서도 무한히 복제할 수 있게 해주었다. 이야기와 사상의 전파를 위해 창작가가 살아 있을 필요도 없어졌다. 아니, 작가의 죽음이 오히려 작가를 띄워 주는 경우도 허다하다. 어떤 이유로든 일단 독자의 주목을 받기 시작한 작가는 순식간에 다른 작가들보다 더 많은 세인의 주목을 끌게 되고, 그리하여 경쟁자들의 책을 서가에서 쫓아내 버리게 되는 것이다. 떠돌이 음유시인들의 시대에는 누구나 청중을 가질 수 있었다. 이야기꾼들은 제빵사나 구리세공사와 다를 바 없이 제 몫의 시장을 가지고 있었다. 멀리 떨어진 경쟁자가 자신의 영역에서 자신을 위협할 일은 없다고 확신할 수 있었다. 그러나 오늘날은 어떤가. 극소수의 사람이 거의 모든 것을 차지한다. 나머지 대다수는 한푼도 얻지 못한다.

이와 똑같은 메커니즘에 의해 영화의 등장은 동네 배우들을 대체하며 그들의 사업을 문 닫게 만들었다. 그러나 차이가 있다. 피아니스트나 뇌신경외과 의사처럼 전문성이 중요한 분야에서는 재능을 확인하기가 쉬우며, 따라서 주관적인 견해는 상대적으로 덜 작용한다. 불평등은 약간 나아 보이는 자가 파이 전부를 차지할 때 발생한다.

영화 같은 예술 분야에서는 이런 상황이 대단히 심각하다. 이 분야에서는 '재능'이 성공을 낳는 것이 아니라 성공이 '재능'을 낳는다. 이 문제에 대한 경험적 연구는 주로 날카롭고 독창적인 사상가로서 영화계를 지배하는 불확실성에 대해 탐구했던 아트 드 배니에 의해 이루어졌는데, 그는 우리가 흔히 '재주'라고 말하는 것이 실은 '사후에 부여된 속성'이라는 씁쓸한 사실을 보여 준다. 그는 영화가 배우를 만들며, 또 영화의 성공을 만드는 것도 비선형적 행운의 법칙이라고 주장한다.

영화의 성공을 결정적으로 좌우하는 것은 일종의 감염 현상이다. 비단 영화만이 아니라 폭넓은 문화 상품들이 그렇다. 인정하기 어렵지만, 사람들이 특정한 예술 작품을 사랑하는 것은 예술 그 자체에 매료되어서만이 아니라 특정 집단에의 소속감을 느끼기 위해서이기도 하다. 우리는 모방을 통해 또 다른 모방자들과 가까워진다. 모방은 곧 고독과의 싸움이다.

대성공을 일으키는 요인을 예견하기가 쉽지 않은 것도 이런 맥락에서 이해할 수 있다. 지금까지 살펴본 직업들 간의 차이에 대한 논의가 무작위 변수들의 유형을 구분하는 데에도 적용될 수 있다는 점을 기억해 두기로 하자. 이제 지식의 문제로 좀 더 깊이 들어가서 미지의 것에 대한 추론과 기지의 것의 특성들에 대해 살펴보자.

규모가변성과 세계화

유럽의 속물적인 얼치기 지식인들의 미국인들에 대한 상투적인 평가를 들어 보면, 미국인들은 자기네 유럽 사람들과 달리 방정식이나 도형 따위를 제대로 배우지 못해서 "천박하고," "무식하고," "수학을 잘 못한다"는 것이다. 그들은 그것들을 괴테의 영감 넘치는 이탈리아 여행이나 네덜란드 델프트 화풍의 그림에 대한 지식과 나란히 '고급 교양'이라고 부른다. 재미있는 것은 이런 말을 늘어놓는 사람일수록 청바지를 즐기고, 애플 사의 아이팟에 열광하며, 자신들의 '교양 넘치는' 글을 쓰는 데 마이크로소프트의 워드프로그램을 이용하고, 틈만 나면 구글을 통해 인터넷 세상을 들락거린다는 사실이다. 그러고 보면 미국이라는 나라는 박물관 탐방이나 수학 문제 풀기를 즐기는 사람들이 사는 나라들보다 훨씬 더 창의적이지 않은가. 거리낌 없이 고정관념을 뒤집어 보거나 마음껏 시행착오를 되풀이하는 것에 대해 미국은 그들보다 훨씬 너그럽다. 오늘날 세계화 덕분에 미국은 창의적인 일들, 말하자면 컨셉트나 아이디어의 생산에 더욱 몰두할 수 있게 되었다. 이런 일들이야말로 생산에서 규모가변성이 큰 부분들이다. 규모가변성이 낮은 직업들은 분리하여 해외로 수출해 버린다. 외국의 노동자들은 시간 단위로 급여를 받는 직업을 기꺼이 받아들인다. 예컨대 신발 디자인은 신발 제조보다 더 많은 금전적 가치를 얻는다. 나이키, 델, 보잉 같은 회사들은 노하우와 아이디어를 생각해 내고 조직하고 지렛대로 활용하는 것만으로 엄청난 수입을 거둔다. 반면에 개발도상국의 하청 공장들은 힘겨운 일을 맡고, 교양 있고 수학 잘하는 나라 사람들은 별로 창의적이지는 않지만 기술이 필요한 일을 맡는다. 미국 경제는 아이디어 세대를 지렛대 삼아 몇 배 뻥튀기 되었다. 미국 내에서 제조업 일자리가 줄어드는데도 오히려 미국인들의 전체적인 생활수준이 올라가는 것은 그 때문이다. 아이디어 세대들 사이의 불평등이 심화되고 기회와 행운이 점점 더 크게 작용하게 되는 것은 아이디어에 큰 보상이 주어지는 세계경제의 어두운 측면이다. 그러나 사회경제적 논의는 제3부로 미루기로 하고 여기서는 일단 지식의 문제에 집중하기로 한다.

평범의 왕국으로의 여행

규모가변적인 것과 규모불변적인 것 사이의 구분은 불확실성의 두 가지 범주, 즉 두 가지 유형의 무작위성을 명확히 구분할 수 있게 해준다.

다음과 같은 사고실험을 해보자. 먼저 전체 인구 중에서 1000명을 무작위로 뽑아서 운동장에 나란히 세워 놓는다고 하자. 여기에는 프랑스인(집단 내의 다른 사람들을 감안해서 너무 많이 뽑지는 말자), 마피아 조직원, 비마피아 조직원, 채식주의자 등도 포함시킬 수 있다.

우리가 생각할 수 있는 가장 뚱뚱한 사람을 상상해 보고, 그 사람도 이 표본에 집어넣는다. 그러나 이 사람의 몸무게가 평균 체중의 세 배 정도인 180~230킬로그램쯤 된다고 하더라도 이 사람의 몸무게가 전체 인구의 총 몸무게에 기여하는 바는 대단히 미미하다(여기에서는 0.5퍼센트 정도).

좀 더 극단적인 경우도 생각해 볼 수 있다. 예컨대 지구상에서 (인간으로 인정될 수 있는) 생물학적으로 있을 수 있는 가장 무거운 체중의 소유자를 상상해 보라. 그렇게 하더라도 이 사람의 몸무게가 전체 인구의 총 몸무게에서 차지하는 비중은 극히 미미하다. 전체의 0.6퍼센트쯤 될까. 증가분은 거의 무시해도 좋을 만큼밖에 안 된다. 만일 표본 집단의 수가 1만 명이라면 이 사람이 총 몸무게에 기여하는 부분은 거의 제로에 가깝다.

평범의 왕국이라는 이상향에서는 개별 사건 하나하나는 특별한 의미를 지니기 어렵고 집단적으로만 의미를 지닌다. 나는 이 왕국을 지배하는 최고의 법칙을 다음과 같이 기술할 수 있다. **만약 표본이 크다면, 어떤 단일한 사례가 전체에 의미심장한 변화를 일으킬 수 없다.** 큰 관측값 하나가 인상적일 수는 있지만 그것이 전체에서 차지하는 비중은 미미하다.

내 친구 브루스 골드버그가 칼로리 소비에 관해 들려준 이야기가 있다. 한

해 동안 우리가 섭취하는 칼로리는 얼마나 될까? 사람은 1년에 대체로 80만 칼로리를 섭취한다고 한다. 365일 중 어느 하루에 섭취하는 양이 이 총 섭취량의 상당 부분을 차지하는 경우는 없다. 친척 집에서 보내는 추수감사절의 칼로리 섭취도 마찬가지다. 심지어 '먹어서 죽겠다'고 작정하는 경우에도 그날 하루의 칼로리 섭취량 때문에 연간 섭취량이 대폭 늘어나지는 않는다.

만약 내가 몸무게가 7000톤이나 되고 키가 수백 킬로미터가 되는 사람을 봤다고 주장한다면, 아마도 여러분들은 내 전두엽을 검사해 봐야겠다고 생각하거나 차라리 공상과학소설을 쓰라고 할 것이다. 그러나 이런저런 방면에서 아주 극단적인 별종이 존재할 가능성을 배제할 수 없는 경우가 있다. 다음 이야기가 바로 그렇다.

참으로 이상한 극단의 왕국

운동장 안에 다시 1000명을 세워놓아 보자. 이번에는 여기에 딱 한 사람을 더 추가하는데, 그는 지구상에서 가장 부유한 사람이다. 마이크로소프트 사의 설립자인 빌 게이츠 정도가 좋겠다. 그의 재산은 800억 달러에 가깝다. 그런데 나머지 1000명의 총 재산을 합한 금액은 수백만 달러에 지나지 않는다. 그렇다면 빌 게이츠의 재산은 전체 재산의 몇 퍼센트를 대표할까? 99.9퍼센트? 나머지 1000명의 재산을 다 합쳐도 아마 빌 게이츠의 재산을 반올림할 때의 오차에 불과할 것이다. 그의 재산이 수시로 변한다는 점을 감안하면 이 오차는 빌 게이츠의 재산이 1초 동안 오르내린 양과 큰 차이가 없을 것이다. 여기서 빌 게이츠의 재산이 전체에서 차지하는 비중을 앞의 몸무게 사례로 환산하면 230만 킬로그램에 해당된다!

이번에는 책 판매 집계로 살펴보자. 작가 1000명을 뽑아서 일렬로 죽 세워놓고 그들의 책 판매량을 집계해 보라. 그런 다음 여기에 현재 활동 중인 최고의 베스트셀러 작가를 추가해 보라. 해리포터 시리즈의 작가인 J. K. 롤링은 수억 권을 팔았다. 앞의 1000명의 작가들의 판매량은 다 합쳐도 몇 십만 부에 불과한 형편이니, 그야말로 한 명의 거인과 1000명의 난쟁이다.

이러한 양상은 학술논문 인용 빈도(논문이 공식적인 학술지에 실린 다른 논문에서 인용되는 횟수), 미디어 노출 정도, 수입, 기업의 규모 등등에도 적용할 수 있다. 지금부터 이러한 문제들을 **사회적인** 문제라고 부르기로 한다. 왜냐하면 이것들은 (허리치수 같은) 물리적인 문제가 아니라 인간이 만들어 낸 문제들이기 때문이다.

극단의 왕국에서는 불평등이 극심해서 하나의 관측값이 불균형한 비율로 전체에 충격을 가한다.

몸무게, 키, 칼로리 섭취 등은 평범의 왕국에 속하는 것들인 반면에 부는 그렇지 않다. 사회적 사건들은 대부분 극단의 왕국에 속한다. 다시 말해서, 사회적 양은 정보적인 것이지 물리적인 것이 아니다. 우리는 그것을 만질 수가 없다. 은행 계좌에 들어 있는 돈은 중요한 무엇이긴 한데, 분명한 것은 그것이 **물리적인 것은 아니라는** 점이다. 그런 까닭에 에너지 소비를 동반하지 않고도 일체의 가치를 취할 수 있다. 돈은 그저 숫자다!

주목할 점은, 현대 기술이 등장하기 전까지는 전쟁도 평범의 왕국에 속했다는 사실이다. 적을 한 사람 한 사람 처치할 수밖에 없는 시대에는 전사자 수는 많지 않았다. 오늘날에는 대량살상무기로 인하여 단추 하나, 미치광이 한 명, 단 한 번의 작은 실수로도 지구상의 인간을 다 쓸어버릴 수도 있다.

이제 검은 백조의 함의에 대해 생각해 보자. 극단의 왕국은 검은 백조를 낳을 수 있으며, 실제로 낳는다. 몇 안 되는 사건들이 역사에 엄청난 영향을 미치지 않았는가. 바로 그것이 이 책의 중심을 이루는 아이디어다.

극단의 왕국과 지식

이처럼 이러한 차이(극단의 왕국과 평범의 왕국 사이의 차이)는 사회적 공평성과 사건들의 역학 모두에 심각한 파장을 불러온다. 이번에는 이 차이가 인간의 지식에 미치는 영향을 살펴보기로 하자. 이러한 차이가 가장 큰 영향을 미치는 부분이 바로 여기다. 화성인이 지구에 와서 지구 거주민들의 키를 측정하는 일을 한다고 하자. 아마 그는 인간 100명의 키를 측정하기만 하면 인간의 평균 신장에 대해 틀림없는 결론을 얻을 수 있을 것이다. 만약 여러분이 평범의 왕국의 주민이고, 여러분이 측정하는 대상이 평범의 왕국에 속한 것임을 확신한다면, 여러분이 지금껏 측정해 온 바에 안심할 수 있다. 또한 자료에서 **알아낸 바**에 안심할 수 있다. 여기서 내릴 수 있는 인식론적 결론은, 평범의 왕국 스타일의 무작위성으로는 하나의 사건이 하나의 현상을 지배해 버리는 검은 백조의 출현이 **불가능하다**†는 것이다. 첫째, 지구에서 100일 정도면 자료에 관해 알아야 할 것들은 다 드러날 것이다. 둘째, (앞에서 살펴본 세계에서 가장 뚱뚱한 사람의 경우 같은) 돌발 사건이 발생해도 그것이 결과에 미치는 영향은 미미하다.

그러나 여러분이 극단의 왕국에 속하는 양을 다루고 있다면 어떤 표본으로부터 평균값을 산정해 내기가 녹록지 않을 것이다. 왜냐하면 단 하나의 관측값이 평균값을 좌우해 버리기 때문이다. 극단의 왕국에서는 하나가 전체에 터무니없이 큰 영향을 쉽게 미칠 수 있다. 이러한 세계에서는 자료에서 이끌어 낸 지식은 의심해야 한다. 이것은 두 종류의 무작위성을 구분할 수 있는 아주 간단한 불확실성 시험법이다. 그렇지 않은가?

평범의 왕국에서 자료를 바탕으로 알 수 있는 지식은 정보가 주어짐에 따라

---

† 나는 '불가능'이란 말을 특별히 강조했다. 이는 확률이 1조 곱하기 1조 분의 몇쯤 될 것이므로 불가능에 가깝기 때문이다.

빠르게 증가한다. 그러나 극단의 왕국에서 지식은 느리게 증가하며 축적된 자료와 어긋나기 일쑤다. 그 가운데 어떤 것은 상상을 넘어설 정도로 극단적이다.

극단적인 것과 평범한 것

규모가변적인 것과 규모불변적인 것이라는 나의 구분법을 따른다면, 우리는 평범의 왕국이냐 극단의 왕국이냐를 결정짓는 명확한 차이를 볼 수 있다. 몇 가지 예를 들어 보자.

평범의 왕국에 속하는 것으로 보이는 것들: 키, 몸무게, 칼로리 섭취, 빵집 주인 · 작은 식당의 주인 · 창녀 · 치과 의사 등의 수입, 도박으로 딸 수 있는 돈(카지노에서 끈질기게 똑같은 금액을 베팅하는 특별한 경우), 자동차 사고, 사망률, 아이큐 등등.

극단의 왕국에 속하는 것으로 보이는 것들: 부, 소득, 작가당 책 판매 부수, 논문 저자당 인용 빈도, '유명 인사'로서의 인지도, 구글에서의 검색 횟수, 도시의 인구수, 어휘의 사용 빈도, 특정 언어 사용자 수, 지진 사상자 수, 전쟁 사망자 수, 테러로 인한 사망자 수, 행성의 크기, 회사의 규모, 주주의 수, 생물 종들 간의 신장 차이(코끼리와 생쥐의 차이를 생각해 보라), 금융시장(그러나 여러분의 투자 관리자는 이 사실을 모른다), 상품의 가격, 물가 상승률, 경제 데이터 등등. 보다시피 극단의 왕국에 속하는 것들의 목록이 훨씬 길다.

무엇이 사건을 지배하는가

두 왕국의 차이는 다음과 같이 말할 수도 있다. 평범의 왕국은 우리가 집단적인 것, 진부한 것, 명백한 것, 예상되는 것의 지배를 견뎌야 하는 곳이다. 반면에 극단의 왕국은 우리가 단 하나의 것, 우발적인 것, 보이지 않는 것, 예상치 못한 것의 난폭한 지배에 내맡겨져 있는 곳이다. 우리는 아무리 노력해도 하루 저녁에 목표 체중에 도달할 수는 없다. 여러 날, 여러 주, 여러 달 누적된 효과가 필요하다. 마찬가지로 치과 의사가 단 하루 만에 부자가 될 수는 없다. 근면하고 엄격하고 꾸준하게 환자의 치아를 드릴로 가는 수고를 30년쯤 해야 한다. 그러나 여러분이 극단의 왕국에 기반을 둔 투기꾼이라면 여러분은 딱 1분 만에 막대한 재산을 손에 넣을 수도 있고 그것을 날려 버릴 수도 있다.

표 1은 두 왕국에서 작용하는 역학의 차이를 정리한 것이다. 더 자세한 내용은 이 책에서 앞으로 하나씩 살펴볼 것이다. 사람들이 비참한(혹은 기가 막히게 운이 좋은) 결과를 겪는 것은 이 표의 왼쪽 칸과 오른쪽 칸을 혼동하기 때문이다.

이 표는 대부분의 검은 백조가 극단의 왕국에서 출현한다는 것을 보여 준다. 그러나 부디 플라톤식으로 절대화하지는 말기 바란다. 필요 이상으로 단순화하지 말라는 뜻이다.

극단의 왕국이 곧바로 검은 백조를 뜻하지는 않는다. 희귀하고 심대한 결과를 초래하지만 예측 가능한, 특히 (통계학자, 경제학자, 정규분포곡선 찬양론자들의 말에 귀 기울이는 대신에) 그런 사건들에 늘 대비하고 있는 사람들, 그것들을 파악할 수 있는 도구들을 갖춘 사람들에게는 예측 가능한 사건들도 있다. 그것들은 유사 검은 백조다. 과학적으로 웬만큼 추론해 낼 수도 있다. 이들의 출현을 알면 돌발 사건으로 인한 경악을 완화시킬 수 있다. 이러한 사건들은 희귀하지만 예상할 수 있는 사건들이다. 그런 점에서 나는 '회색' 백조라고 할 만한 이런 사건들을 특별히 만델브로 무작위라고 부른다. 이것은 흔히 **규모가변성**, **지수 법칙**, **척도 불변**, **레비 안정성**, **파레토-지프 법칙**, **율의 법칙**, **파레토 안정 과정**, **프랙털 법칙** 등으로 불리는 현상을 생성시키는 무작위성을 포괄하는 범주다. 이에 대한 더 자세한 설명은 제3부로 넘긴다. 아무튼 이 장에서 전개한 논리에 따르면, 그것들은 규모가변적이다. 그러나 그것들은 상당 부분 자연의

표 1

평범의 왕국	극단의 왕국
규모불변적이다.	규모가변적이다.
견딜 만하다. 제1유형의 무작위성.	(때로는 상상을 초월할 정도로) 극심하다. 제2유형의 무작위성.
가장 전형적인 성원은 평범한 성원이다.	가장 '전형적인' 성원은 거인이거나 난쟁이다. 즉, 전형적인 성원 따윈 존재하지 않는다.
승자들은 전체 파이의 작은 조각들을 갖는다.	승자가 파이 전부를 차지한다.
전형적 사례: 축음기가 발명되기 이전에 오페라 가수가 접할 수 있는 청중의 수.	오늘날 예술가들의 팬의 수.
우리 선조들의 환경에서 주로 발견된다.	현대적 환경에서 주로 발견된다.
검은 백조가 날아들지 못한다.	검은 백조에 취약하다.
중력의 법칙에 지배된다.	수치에 물리적 제약이 없다.
(대체로) 물질적 양에 대응한다(예컨대 키).	숫자에 대응한다(이를테면, 부의 크기).
현실이 자연 발생적으로 제공하는 유토피아적 평등에 가깝다.	극단적인 승자 독식의 불평등에 지배된다.
하나의 예, 하나의 관측값이 전체를 좌지우지할 수 없다.	극단적인 몇 개의 사건이 전체를 결정해 버린다.
짧은 시간의 관찰로 상황 파악이 가능하다.	파악하는 데 오랜 시간이 걸린다.
집단이 지배한다.	돌발 사건이 지배한다.
눈에 보이는 것으로부터 쉽게 예측할 수 있고, 그것을 눈에 보이지 않는 것으로까지 확대할 수 있다.	과거의 정보로 예측하기가 어렵다.
역사는 기어간다.	역사는 비약한다.
정규분포곡선을 따라 사건들이 분포되어 있다.	사건의 분포는 (과학적으로 추론할 수 있는) 만델브로적인 '회색' 백조이거나 또는 완전히 추론 불가능한 검은 백조다

여기서 말하는 '확률 분포'는 서로 다른 사건이 일어날 확률을 계산하는 데 쓰이는 모델이다. 어떤 사건이 '종형' 곡선에 따라 분포한다는 말은 가우스 정규분포곡선이 다양한 사건의 발생 확률을 제시하는 데 도움이 될 수 있다는 뜻이다.

법칙을 따르기 때문에 우리는 그것들의 규모가 어느 정도 변동하는지를 대략 파악할 수 있다.

평범의 왕국에서도 흔치는 않지만 심각한 검은 백조를 경험할 수 있다. 어떻게? 뭔가가 무작위적이라는 사실을 망각하고 결정론적으로 생각할 때 느닷없이 돌발 사건이 발생한다. 또 상상력이 결핍된 탓에 땅굴 파기에 매달려 불확실성의 원천을 보지 못하기도 한다. 대개의 검은 백조는 바로 이 '땅굴 파기' 병에서 비롯된다. 이에 대해서는 제9장에서 다룬다.

이제까지 평범의 왕국과 극단의 왕국 사이의 핵심적 차이를 그야말로 훑어보면서 무엇이 극단의 왕국에 속하고 무엇이 평범의 왕국에 속하는지를 구분할 수 있는 요령까지 알아보았다. 앞에서 말했듯이 상세한 논의는 제3부로 미루고 여기서는 인식론에 초점을 맞추어서 그러한 차이가 우리의 지식에 어떻게 영향을 미치는지를 살펴보기로 하자.

4장_ 천하루째 날에 살아 있기

무엇이 우리를 원형의 검은 백조 문제에 데려다 줄까?

지위가 먹히는 곳, 이를테면 정부 기관이나 대기업 같은 곳에서 일하는 권위적이고 지위가 높은 사람을 떠올려 보라. 헬스클럽에서 고정 화면으로 틀어 놓는 (그래서 피할 방법이 없는) 폭스뉴스의 정치평론가나, '밝은 미래'를 들먹이는 어떤 단체의 회장이나, (자신은 아직 모유에서 어떤 특별한 물질도 발견하지 못했다며) 모유의 효능을 단정적으로 부정하는 플라톤주의 의사나, 농담에 웃어 줄 줄도 모르는 하버드 비즈니스스쿨의 교수라고 해도 좋다. 이런 사람들은 대개 자신의 지식을 대단한 것인 양 여긴다.

그런데 잠깐 휴식을 취하고 있는 이 사람의 콧구멍 속으로 어떤 장난꾸러기 하나가 가느다란 깃털 한 가닥을 살그머니 밀어 넣었다고 하자. 이 돌발적 상황이 있은 뒤 그의 근엄한 체통은 어떻게 될까? 그의 권위적인 평소의 행동거지와 그로선 도무지 이해할 수 없는 전혀 뜻밖의 돌발 사건에 의해 충격을 받은 뒤의 모습을 한번 비교해 보라. 다시 자신을 수습하기까지의 짧은 시간 동안 아마 여러분은 그의 얼굴에서 완전히 헝클어진 표정을 볼 수 있을 것이다.

고백하건대 나 역시 첫 여름 캠핑 때 이런 고약한 장난을 주체할 수 없었다. 콧구멍에 깃털을 밀어 넣는 장난을 당한 캠프 대장들은 순간적으로 패닉 상태에 빠지곤 했다. 어린 시절에 나는 이 짓궂은 장난의 여러 가지 변형 형태들을 구상하는 데 많은 시간을 소비했다. 깃털 대신 휴지를 길게 말아서 사용할 수도 있다. 나는 시험 삼아 동생에게 이런 장난을 해보기도 했다. 공식적인 만찬 자리에서 뒷덜미에 얼음 조각을 집어넣는 장난도 비슷한 효과를 거둘 수 있다. 철이 들면서 이런 장난을 그만두게 되었지만, 말끝마다 '왜냐하면'을 남발하며 무작위적인 사건들에 대해 제 나름의 이론을 늘어놓거나, 설명하려 들거나, 잡담을 늘어놓는 (검은 양복에 판에 박힌 사고방식을 가진) 근엄한 표정의 사업가들과의 미팅 자리가 지겨워지기 시작하면 나도 모르게 그런 장난을 하는 상상을 해본다. 앞에 앉아 있는 사람들 가운데 한 사람을 정해서 그의 뒷덜미에 얼음을 집어넣는 장난을 상상해 보는 것이다. 살아 있는 생쥐를 집어넣으면 보기엔 좀 그럴지 모르지만 큰 구경거리가 되리라. 더구나 만약 그 사람이 간지럼을 많이 타는 체질인 데다 넥타이를 매고 있어서 생쥐가 얼른 빠져나올 수 없는 상황이라면…[†]

당하는 사람을 즐겁게 만드는 장난도 있다. 금융거래인의 세계에 뛰어든 지 얼마 되지 않은 스물대여섯 살 무렵, 돈이 만만해 보이기 시작할 때였다. 당시 나는 택시를 자주 이용했는데, 기사가 영어도 서툴고 표정이 힘들어 보이면 나는 오로지 그에게서 돌발 사태로 인한 약간의 충격과 흥분을 유도해 내기 위해

† (장례식장에 갈 때만 빼고) 넥타이를 매지 않기 때문에 나는 안전하다.

100달러짜리를 팁으로 내밀곤 했다. 나는 택시 기사가 지폐를 펼쳐 보며 입이 딱 벌어지는 모습을 지켜보았다(100만 달러를 주면 더 좋았겠지만 그 정도 능력은 내게 없었다). 그것은 아주 간단한 쾌락의 경험이었다. 겨우 100달러로 누군가의 하루를 즐겁게 만든다는 것은 정말 기분 좋은 일이었다. 물론 이런 장난은 이내 그만두었다. 조금씩 부자가 되어 가면서 누구나 구두쇠가 되고 돈을 신중하게 다루기 시작하는 법이니까.

더 큰 규모의 인생의 즐거움을 만끽하는 데 운명의 도움 따윈 필요하지 않다. 현실이 너무도 자주 신념을 재고하게 만든다. 그중 상당수는 꽤 거창하다. 사실, 지식을 추구하는 모든 시도는 우리의 직관에 위배되는 새로운 증거를 찾아내 관습적인 지혜와 기존의 과학적 믿음들을 무너뜨리는 과정이다. 작은 발견이든(모든 과학적 발견은 작은 검은 백조를 만들어 내기 위한 시도다) 큰 발견이든(푸앵카레의 발견이나 아인슈타인의 상대성이론 같은) 마찬가지다. 과학자들이 하는 일은 앞선 과학자들이 해놓은 일들을 조롱하는 것인지도 모른다. 그러나 인간의 정신적 결함 탓에 정작 자기 자신들도 (안됐지만 가까운) 미래에 조롱의 대상이 될 수 있다는 사실을 깨닫는 과학자들은 거의 없다. 같은 맥락에서, 여러분과 나는 지금 사회적 지식의 **현재의** 상태를 조롱하고 있다. 거물들은 자신들의 작업이 다가올 미래에 샅샅이 해부당할 수밖에 없다는 사실을 보지 못한다. 그래서 이들은 늘 충격적 미래에 노출될 수밖에 없다.

칠면조의 교훈

탁월한 철학자였던 버트런드 러셀은 철학에서 귀납법의 문제, 혹은 귀납적 지식의 문제(이 문제야말로 삶에서 발생하는 모든 문제들의 어머니임이 틀림없다)라고 부르는 것의 예증으로서 내가 말하는 돌발적 충격의 특히 유해한 한 가지 변형된 형태를 제시한다. 우리는 특정한 사례들에서 보편적인 결론을 어떻게 **논리적으로** 이끌어 내는가? 우리는 우리가 아는 바를 어떻게 아는가? 우리는 주어진 대상들이나 사건들에서 관찰한 바가 그것들의 다른 속성들을 파악할 수 있게 해주기에 충분하다는 것을 어떻게 아는가? 관찰을 통해 얻어진 일체의 지식에는 함정이 숨어 있다.

칠면조가 한 마리 있다. 주인이 매일 먹이를 가져다준다. 먹이를 줄 때마다 '친구'인 인간이라는 종이 순전히 '나를 위해서' 먹이를 가져다주는 것이 인생의 보편적 규칙이라는 칠면조의 믿음은 확고해진다. 그런데 추수감사절을 앞둔 어느 수요일 오후, **예기치 않은** 일이 이 칠면조에게 닥친다. 칠면조는 믿음의 수정을 강요받는다.†

이 장의 나머지 부분에서 나는 시원적 형태의 검은 백조 문제의 윤곽을 그려 보일 것이다. 그것은 바로 과거에 대한 지식을 바탕으로 어떻게 미래를 알 수 있는가, 좀 더 일반화해서 이미 알고 있는 (유한한) 것에 근거하여 미지의 (무한한) 것의 속성들을 어떻게 파악할 수 있는가, 하는 것이다. 다시 칠면조 먹이주기에 대해 생각해 보자. 칠면조는 어제까지의 사건들에서 내일 있을 사건을 알아낼 수 있는가? 아마도 상당히 많은 것들을 알아낼 수 있을 테지만, 아무튼 그것은 칠면조가 생각하는 것보다는 적다. 그리고 이 '적은' 것이 모든 것을 바꿔 놓는다.

칠면조 문제는 **밥줄을 책임져 주는 이의 손이 목줄을 조이는** 모든 상황에 보편적으로 적용될 수 있다. 1930년대의 독일 유대인들을 생각해 보라. 당시에 그들은 독일 사회에 급속히 통합되어 가고 있었다. 또 제1장에서 썼던, 상호간

---

† 버트런드 러셀은 닭을 들어 이런 비유를 펼쳤지만, 나는 미국식으로 칠면조를 등장시켰다.

그림 1: 천하루 동안의 역사

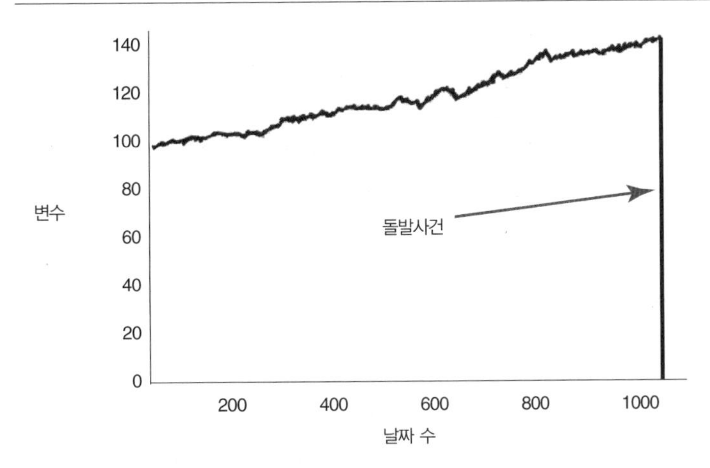

추수감사절을 전후해 칠면조가 겪는 역사. 1000일 동안 일어난 일은 바로 다음 하루에 일어나는 일에 대해 아무것도 알려 주지 않는다. 이처럼 과거로부터 미래를 투시하려는 순진한 시도는 매우 폭넓게 이루어지고 있다.

의 선의와 관용이라는 겉모습을 그대로 믿고 안심하고 있다가 큰 낭패를 당한 레바논 사람들도 마찬가지다.

한 발 더 나아가 귀납적 지식의 가장 **우려스러운** 측면인 소급 학습에 대해 생각해 보자. 칠면조의 경험의 가치는 0이 아니라 마이너스다. 칠면조는 관찰을 통해 배웠다. 바로 우리가 그렇게 해야 한다고 귀에 못이 박히도록 들었던 그 방법이다(하여간 흔히 과학적 방법이라고 믿는 것이 이것 아닌가?). 친절한 먹이 주기의 횟수가 늘어 갈수록 칠면조의 믿음은 견고해지며, 그리하여 도살의 순간이 성큼성큼 다가오고 있는 데도 칠면조는 점점 더 안심한다. 칠면조의 안심이 최고점에 도달한 그 순간이 생명의 위험이 최고조에 달한 순간임을 생각해 보라. 그런데 이 문제는 좀 더 폭넓게 일반화될 수 있다. 이 문제는 경험적 지식 자체의 성질을 겨냥하고 있다. 과거에 내내 통했던 것이 어느 순간 예기치 않게 더 이상 통하지 않게 되며, 우리가 과거로부터 배운 것은 최선의 경우에 쓸모없거나 최악의 경우에는 치명적인 파국을 낳는다.

그림 1은 현실 생활에서 우리가 겪는 귀납적 지식의 문제를 전형적으로 보여 준다. 세로축의 변수는 (약간만 변형하면) 얼마든지 다른 것으로 대체할 수 있다. 책 판매고, 혈압, 범죄 발생 건수, 소득, 특정 주식의 주가, 차입금에 대한 이자, 특정한 그리스정교 교회의 일요일 예배 참석자 수 등등. 여러분은 순리에 따라 **과거의 자료만으로** 그다음 1000일, 심지어 그다음 5000일 동안에 투사하여 어떤 패턴의 속성들에 대해 몇 가지 결론을 이끌어 낸다. 그러나 천하루가 되는 날, 펑! 그 과거 때문에 아무런 준비 없이 거대한 변화가 일어나고 만다.

세계대전의 발발도 그렇다. 나폴레옹 시대의 갈등이 끝난 뒤 세계는 한동안 평화기를 누렸으며, 누구나 심각한 파괴를 불러올 갈등은 사라졌다고 믿었다. 그러나 전쟁이 터졌다! 그리고 그 전쟁은 그때까지 인류가 겪은 최악의 갈등이었다.

그런데 주목할 것은 사건이 발생하고 나면 사람들은 자신들을 깜짝 놀라게 만든 돌발 사건이 발생한 것과 똑같은 방식으로 또 다른 돌발 사건이 발생할 가능성을 예견하려고 한다. **다른 방식으로 일어날 가능성은 보지 못한다**. 1987년의 주식시장 대폭락 이후 미국의 주식 거래자들은 매년 10월만 되면 또 다른 시장 붕괴 가능성을 열심히 예측하려 하지만, 첫 번째 사건에 전례가 없었다는 사실을 고려하지 못한다. 우리는 늘 너무 늦게 걱정한다. 그야말로 사후약방문이다. 우리가 검은 백조를 이해하지 못하는 유일무이한 이유는 과거의 관찰을 미래를 결정짓는 것, 혹은 미래를 표상하는 것으로 오해하기 때문이다.

죽은 대가들에게서 따온 구절로 자신의 글을 채우는 인용 애호가들의 눈에 이것은 홉스가 말한 "앞의 것들에서 뒤의 것들이 흘러나오는" 것으로 보일 것이다. 과거의 경험을 맹종하는 사람이 있다면 한 유명한 배의 선장이 말한 다음과 같은 금쪽같은 지혜를 귀담아들어야 할 것이다.

> 나는 이전까지 한 번도 사고라 할 만한 것을… 본 적이 없었다. 바다 위를 표류하는 배라고는 단 한 척도 본 적이 없었다. 다른 배의 조난을 목격한 일도 없었을뿐더러, 내가 재난의 주인공이 되는 사고를 겪은 적도 없었다.
>
> E. J. 스미스(타이타닉 호 선장), 1907년.

1912년 스미스 선장이 몰던 배가 침몰하였고, 이는 역사상 가장 유명한 해상 사고로 기록되었다.†

바보 되기 훈련

오랫동안 꾸준한 수익을 올리던 은행가가 단 한 번 운명의 장난으로 모든 것을 잃는 경우도 같은 이치다. 갖가지 대출 상품을 갖춘 은행가들은 전통적으로 복

---

† 스미스 선장과 같은 경우는 너무 흔해서 우스울 것도 없다. 2006년 9월 아마란스라는 이름의 펀드는 불과 며칠 사이에 70억 달러의 손실을 입어 폐쇄되었다. 이것은 금융거래 역사에서 가장 인상적인 사건으로 기록되었다.(공교롭게도 이 펀드의 이름인 아마란스는 '절대로 시들지 않는다'는 꽃 이름을 딴 것이다. 재미있는 점은, 내가 이 펀드 거래자들과 같은 사무실을 쓰고 있었다는 사실이다.) 사태가 터지기 며칠 전 펀드회사는 투자자들을 안심시키기 위한 성명을 발표했는데, 12명의 위험 관리자들이 과거의 사고를 분석하여 새로운 위기 가능성을 예견하는 모델을 사용하고 있다고 큰소리쳤다. 설사 이 회사의 위험 관리자들이 112명이었다고 해도 폭락 사태는 똑같이 일어났을 것이다. 과거의 사건들이 제공하는 정보보다 더 많은 정보를 만들어 낼 수는 없기 때문이다. 《뉴욕타임스》를 100부씩 읽는다고 미래에 대한 지식이 증가하지는 않는다. 아니, 우리는 과거의 사건 속에 얼마나 많은 정보가 담겨 있는지도 알지 못한다.

부 비만에 면도를 깨끗이 하고, 가장 무던하지만 따분한 복장을 하고 있다. 검은 정장, 흰 셔츠, 그리고 빨간 넥타이. 은행들은 대출 사업을 위해 한결같이 답답한 사람들을 뽑아서 더 답답한 사람으로 훈련시킨다. 그러나 이것은 쇼일 뿐이다. 그들이 보수적으로 보이는 진짜 이유는 이들의 대출금이 날아가 버리는 일이 드물게, 극히 드물게 일어나기 때문이다. 그래서 하루, 한 주일, 한 달… 심지어 100년 이상 관찰하고 또 관찰해도 이들이 벌이는 대출 사업의 수익성을 측정할 길이 없다! 그런데 1982년 여름, 미국의 대형 은행들은 그때까지 벌어들인 (누적) 수익에 거의 근접하는 금액, 그러니까 미국 금융업 역사에 기록된 거의 모든 수익금을 잃어버렸다. 이 은행들에서 차관을 빌린 중남미 국가들이 동시에 채무불이행 사태에 빠져 버리는 '극히 예외적인 성질의 사건'이 발생한 것이다. 대출 사업이란 것이 풋내기들이 벌이는 사업이라는 것을, 그들의 모든 수익이 매우 위험천만한 게임에서 얻어지는 것임을 깨닫는 데는 그해 여름의 그 짧은 기간으로 충분했다. 그때까지 은행들은 모든 사람들, 특히 자기 자신들에게 자신들은 '보수적'이라는 믿음을 갖게 만들어 왔다. 그러나 은행업은 보수적이지 않다. 파국적인 큰 손실의 가능성을 양탄자로 덮어 버림으로써 현상적으로는 훌륭하게 스스로를 기만해 왔다. 이로부터 10년 후 또 한 번의 코미디가 되풀이되었다. 1990년 초 부동산 경기가 붕괴되면서 '위험관리에 뛰어난' 대형 은행들이 또다시 자금 위기에 빠졌으며, 그중 상당수는 거의 파산 직전까지 몰렸다. 이제는 존재하지도 않는 저축 및 대부 은행들에게 5000억 달러가 넘는 납세자 펀드의 자금이 구제금융으로 투입되었다. 연방준비은행은 납세자들의 돈으로 이들을 보호해 주었다. 이른바 '보수적인' 은행들은 이윤이 생길 때는 자신들이 이익을 챙긴다. 그러나 위기에 빠지면 그 비용을 우리 납세자가 낸다.

와튼스쿨을 졸업한 후 내가 맨 처음 몸담은 곳은 뱅커 스트러스트 은행이었다(지금은 파산하고 없다). 당시 최고경영진은 1982년의 교훈을 금방 까맣게 잊고는 매 분기마다 수익을 발표하며 자신들이 얼마나 현명하고 신중하게 수익을 올렸는지 (그리고 그럴듯하게 사업을 했는지) 자랑스레 설명했다. 분명한 것은 그들이 거둬들였다는 그 수익이 언젠가 불시에 되갚아야 할 운명과 맞바꾼 현금 봉투였다는 것이다. 위험관리라는 말에 시비를 걸 생각은 없다. 단지 제발 부탁하는 바이니, 스스로 보수적 투자 운운하지 말라는 것이다. 또 검은 백조에 덜 취약한 다른 사업들 앞에서 우월한 척하지 말라는 것이다.

최근에 발생한 또 하나의 사건은 1988년에 있었던 롱텀캐피털매니지먼트(LTCM)라는 (헤지펀드) 금융투자사의 파산이다. 당시 이 회사에서는 '천재'라는 소리를 듣던 두 명의 '노벨 경제학상 수상자들'이 개발한 위험관리 기법을 사용하고 있었다. 그러나 이 기법은 정규분포곡선 식의 엉터리 수학에 기초한 것이었다. 어찌된 영문인지 그들은 스스로 이를 무슨 대단한 과학이라도 되는 듯이 확신했으며, 그리하여 거대한 금융회사를 희생양으로 만들어 버렸다. 역사상 최악의 거래 손실이 발생한 것은 거의 눈 깜짝할 사이였다. 아무런 경고신호도 없었다(더 자세한 내막은 제17장에서 다룬다).[†]

---

† 큰 충격과 낮은 확률을 특징으로 하는 사건의 비극은 손실의 보상이 이루어지는 시간과 희귀 사건에 반해서 도박을 걸지 않았다고 안도하는 시간이 맞아떨어지지 않는 데서 생긴다. 금융거래에서는 검은 백조에 도전하는 패를 택하거나 시스템을 담보로 승부를 걸 때에 보상을 주는 속성이 있다. 이것은 과거의 실적에 따라 급여가 책정되기 때문이다. 그러나 이들은 단 하루에 날아가 버릴 수도 있는 헛된 수익을 좇고 있을 뿐이다. 과거의 자료를 바탕으로 해서는 수익의 수준을 알 수 없다. 따라서 경영자들은 위험을 은폐하고 수익과 수익률을 조작함으로써 회사의 주인인 주주들을 속인다. 이것이 자본주의의 비극이다.

검은 백조는 지식에 상대적이다

칠면조의 입장에서, 천하루째 되는 날 먹이를 얻어먹지 못한 것이 검은 백조다. 그러나 도살자의 입장에서 그것은 검은 백조가 아니다. 그에게는 이 사건이 예견 불가능하지 않았기 때문이다. 여기서 우리는 검은 백조가 뭘 모르는 '젖먹이'들의 문제임을 알 수 있다. 다시 말해서, 검은 백조의 출현은 여러분의 예상에 상대적이다. 우리는 (능력이 된다면) 과학을 이용하여, 혹은 열린 마음을 견지함으로써 검은 백조를 제거할 수 있다는 것을 깨닫게 된다. 물론 LTCM 사람들처럼 사람들에게 검은 백조는 출현할 수 없다는 확신을 심어 줌으로써 과학으로 오히려 검은 백조를 만들어 낼 수도 있다. 과학이 보통 시민을 '젖먹이'로 만든 것이다.

이런 사건들이 반드시 **순간적으로** 발발하지는 않는다는 점을 기억해 두기 바란다. 제1장에서 언급했던 역사의 균열들은 수십 년에 걸쳐 진행되었다. 마치 컴퓨터가 우리가 눈치 채지 못하는 사이에 우리 생활을 조금씩 바꿔 놓은 것과 비슷하다. 어떤 검은 백조들은 동일한 방향으로의 작은 변화들을 느릿느릿 축적시켜 감으로써 나타날 수도 있다. 베스트셀러 목록에 오르지 않으면서 오랜 세월에 걸쳐 막대한 판매고를 올리는 책이나, 우리 생활을 조금씩 잠식해 들어오는 신기술의 위력이 그런 예다. 마찬가지로 1990년대 나스닥의 주가 상승도 몇 년에 걸쳐 이루어진 것이어서, 그 긴 시간을 압축해서 살펴보아야 성장세가 눈에 들어오게 된다. 우리는 절대적인 시간의 척도가 아니라 상대적인 척도로 사태를 관찰해야 한다. 지진은 불과 몇 분 동안 지속되고, 9·11은 몇 시간 동안 지속되었지만, 역사의 변화나 기술 발전은 수십 년이 걸릴 수도 있는 검은 백조다. 일반적으로 긍정적인 검은 백조는 효과를 발휘하는 데 오랜 시간이 걸리는 반면에, 부정적인 검은 백조는 순식간에 일어난다. 건설보다 파괴가 훨씬 쉽고 빠르기 때문이다.(레바논 전쟁 때 아미온에 있던 내 부모님 집과, 그 인근의

할아버지 집이 그 지역을 장악한 할아버지의 정적들에 의해 다이너마이트로 폭파되었다. 거기에 걸린 시간은 불과 몇 시간이었다. 훗날 그 집들을 다시 짓는 데는 이보다 7000배에 달하는 시간, 즉 2년이 걸렸다. 이러한 시간의 비대칭성은 시간을 거스르기가 어려운 이유를 설명해 준다.)

검은 백조 문제의 간략한 역사

칠면조 문제(귀납법의 문제)는 사실 매우 오래된 문제인데, 무슨 까닭인지 철학자들은 흔히 이를 '흄의 문제'라고 부른다.

사람들은 흔히 나 같은 회의주의자, 경험주의자들이 일상생활에서도 꼬장꼬장하고 편집증적이고 배배 꼬여 있으리라고 생각한다. 그러나 역사는 오히려 그 반대임을 보여 준다(내 개인적 경험으로도 그렇다). 내가 어울리는 여느 회의주의자들과 마찬가지로, 흄은 명랑한 식도락가였고 문명을 떨치고 싶어했으며 살롱 문화나 유쾌한 수다를 즐겼다. 그의 일생에는 재미있는 일화가 여럿 있다. 한번은 에든버러에 짓고 있던 자신의 집 부근 늪에 빠진 일이 있다. 그는 지나가는 어떤 여인에게 도움을 청했는데, 그 지역민들 사이에 무신론자로 평판이 나 있던 터라 그녀는 흄이 주기도문과 사도신경을 외우기 전에는 늪에서 꺼내 주지 않겠다고 했다. 현실적인 정신을 가진 흄은 그녀의 요구에 따랐다. 그러나 기독교인이라면 원수를 도와줄 의무가 있지 않느냐며 그녀와 설전을 벌이기 전까지, 흄의 표정은 결코 비호감이 아니었다. 한 전기 작가는 "흄의 표정은 흔히 분별없는 멍청이들을 사로잡는 깊은 사색에 빠진 학자의 전형적인 눈빛, 딱 그것이었다"고 썼다.

기이하게도 흄은 생전에는 오늘날 그를 유명하게 만든 저작들로는 별 명성을 얻지 못했다. 그가 돈도 벌고 유명해진 것은 영국 역사를 다룬 책을 써서 베스트셀러가 되었기 때문이다. 오늘날 높이 평가받는 철학 저작들은 당시에는 '언론의 관심 밖'이었고, 거꾸로 그를 유명하게 만든 그 베스트셀러는 지금은 구해 볼 수도 없다. 흄의 저작들은 오늘날의 모든 사상가들이나 독일의 대학원 커리큘럼을 무색하게 할 만큼 명료한 것이 특징이다. 칸트, 피히테, 쇼펜하우어, 헤겔 등과 달리 흄의 저작을 인용하는 사람들은 이따금이나마 원전을 실제로 읽기도 한다.

귀납법의 문제와 관련하여 '흄의 문제'라는 표현을 자주 듣게 되는데, 사실 이 문제는 오래된 문제, 이 재미있는 스코틀랜드인보다 훨씬 더 오래된 문제다. 아마도 철학 그 자체만큼, 어쩌면 올리브나무 아래에서 인류가 나누었던 철학적 대화만큼 오래된 문제다. 이제 과거로 거슬러 올라가, 이 문제가 우리 선조들에 의해 현대인 뺨치도록 정교하게 정립되는 과정을 살펴보기로 하자.

경험주의자 섹스투스 엠피리쿠스

흄이 등장하기 1500년 전에 이미 칠면조 문제를 정립한 사람이 있다. 완강한 반(反)강단 저술가이자 반교조주의 행동가였던 섹스투스 엠피리쿠스가 바로 그 사람이다. 섹스투스에 대해 우리가 아는 바는 극히 적다. 그가 철학자였는지, 오늘날의 우리가 모르는 어떤 철학자의 단순한 필경사 정도였는지도 분명하지 않다. 우리는 그가 서기 2세기경 알렉산드리아에 살았던 것으로 추정하고 있다. 그는 '경험주의적'이라는 평가를 받는 의술 유파에 속했는데, 이 유파를 '경험주의적'이라고 하는 까닭은 이 유파에 속하는 의료 행위자들이 이론이나 인과관계를 의심하면서 과거의 경험을 의술의 지침으로 삼았기 때문이다. 물론 경험을 맹신한 것은 아니었다. 더군다나 그들은 해부학이 장기의 기능을 명명백백히 드러내 보여 준다고 믿지도 않았다. 경험주의와 철학적 회의주의를 결합한 니코메디아의 메노도투스는 이 경험주의 유파의 가장 유명한 지지자로, 그는 의술은 '기술'이지 '과학'이 아니라는 입장을 견지했으며 의술을 시행함에 있어서 교조적인 과학과 거리를 두었다고 한다. 섹스투스의 이름에 '엠피리쿠스(the Empiricus)'라는 단어가 덧붙여진 것도 그가 시행한 의술의 특성을 잘 설명해 준다.

섹스투스는 피론으로 대표되는 회의주의 학파의 사상을 대변하고 저술로 옮겼다. 회의주의 학파 사람들은 당대의 믿음을 의심함으로써 얻어지는 지적인 치료법을 추구했다. 역효과가 날 가능성은 없는가? 걱정하지 말라. 여러분에게는 효험이 있을지 모르지 않는가? 결과의 귀추를 의심하는 것은 냉정을 유지할 수 있게 한다. 회의주의 학파들은 가능한 한 관습과 전통을 존중하는 선량한 시민들이었지만, 모든 것을 철저히 의심하는 습관이 몸에 배어 있었다. 그 덕분에 그들은 늘 높은 수준의 평정심을 유지했다. 그러나 그들은 의술에서는 보수적이었지만, 도그마와 싸울 때에는 격렬했다.

현존하는 섹스투스의 저작 가운데 《수학자들에 반대함*Adversos Mathematicos*》이라는 멋진 제목의 통렬한 저작이 있는데, 때로는 《교수들에 반대함 *Against the Professors*》으로 번역되기도 한다. 이 저작의 상당 부분은 지난 수요일 밤에 썼다고 해도 곧이들을 정도로 생생하기 짝이 없다!

나의 아이디어와 관련해서 섹스투스가 특히 흥미로운 지점은 그가 자신의 현업인 의술에서의 의사 결정과 철학을 결합하는 보기 드문 시도를 했다는 데 있다. 그는 현업 종사자였으며, 따라서 고전적인 학자들은 그에 대해 그다지 좋게 평하지 않는다. 그러나 얼핏 보기에는 목적 없어 보이는 시행착오에 의존하는 경험주의적 의학 방법론은 계획과 예측에 관한 나의 아이디어들, 즉 검은 백조에서 어떻게 이익을 얻을 수 있는가, 하는 문제의 핵심이다.

1998년 독립할 때 나는 내 연구소 겸 주식거래회사에 '엠피리카'라는 이름을 붙였다. 반(反)교조주의를 표방하기 위해서가 아니었다. 의학이 변하고, 반교조적이 되고, 이론을 의심하고, 철저히 회의하고, 증거에 입각하게 되는 데 경험주의 의학 유파의 활동으로부터 1500년의 세월이 더 소요되었다는 뼈저린 사실을 되새기기 위해서였다! 교훈이 뭐냐고? 어떤 문제를 안다는 것만으로는 별 의미가 없다는 것이다. 특별한 이해관계나 자기 이익이 걸려 있을 때는 더욱 그렇다.

알 가젤

이 문제를 다룬 세 번째 중요한 사상가는 라틴 세계에서는 알 가젤로 알려진 아랍의 회의주의자 알 가잘리다. 교조적인 학자들이 진행하는 강의에서는 흔히 그를 '가비(ghabi)'라고 부르는데, '백치'보다는 좀 재미있고 '무식쟁이'보다는 좀 더 많은 의미를 담고 있는 단어다. 알 가젤도 《교수들에 반대함》에 필적할 만한 비판서인 《철학의 무능*Tahafut al falasifa*》이라는 저작을 남겼는데, '팔라시파(falasifa)'라는 아랍 학파를 겨냥한 것이었다. 이 학파는 고전철학파의 직접적인 계승자로, 합리적인 논증을 통하여 고전철학과 이슬람을 조화시키려 했다.

'과학적' 지식에 대한 알 가젤의 공격으로 아베로에스와의 논쟁이 시작된다. 아베로에스는 중세 철학자로 모든 중세 철학자들(모슬렘을 제외한 유대인과 기독교도들)에게 가장 큰 영향을 미치게 되는 인물이다. 두 사람 사이의 논쟁은 애석하게도 두 사람 모두의 승리로 끝난다. 이 논쟁이 있은 뒤 아랍의 신학자들은 과학적 방법론에 대한 알 가젤의 비판을 수용하고 확대해석하여 인과적 사고를 신에게 맡겨 버리는 쪽을 선호하게 된다(이것은 알 가젤 사상의 연장선이다). 한편 서구 사회는 아리스토텔레스 위에 건설된 아베로에스의 합리주의를 받아들이는데, 이것은 토마스 아퀴나스나 스스로를 아베로에스주의자로 불렀던 유대 사상가들을 거치며 오랫동안 살아남았다. 많은 사상가들이 훗날 아랍 세계가 과학적 방법론을 방기한 것을 두고 알 가젤의 지대한 영향을 탓하는 것은 그 때문이다. 알 가젤의 사상은 수피 신비주의에도 연료를 공급해 주게 되는데, 이 교파의 숭배자들은 신과의 영적 교감을 시도하며 세속과의 일체의 관계를 단절한다. 이 모든 것이 검은 백조 문제에서 비롯되었다.

회의주의자들, 종교의 벗

고대 회의주의자들은 '학습된 무지'를 정직한 진리 추구의 출발점으로 삼았던 반면에, 후대의 중세 회의주의자들은 모슬렘이든 기독교도든 간에 오늘날 우리가 과학이라 부르는 것을 회피하기 위한 수단으로 회의주의를 채택했다. 검은 백조 문제의 중요성에 대한 믿음과 귀납적 지식에 대한 우려, 그리고 회의주의는 종교적 주장의 호소력을 강화시킬 수 있다. 이처럼 이성 대신 신앙에 의존하는 사상을 신앙주의라고 한다. 따라서 검은 백조를 믿는 회의주의자들은 전통적으로 종교에서 평온을 얻었는데, 17세기의 프랑스 철학자 피에르 벨이 대표적이다. 개신교 학자, 철학사상가, 신학자로 네덜란드에서 망명 생활을 했던 그는 피론의 회의주의 학파와 연결되는 광범한 철학적 업적을 남겼다. 흄은 벨의 저작을 통해 고대 회의주의를 접하면서 큰 영향을 받았다. 흄의 사상은 대부분 벨에게서 얻어 온 것이다. 벨의 《역사비평 사전*Dictionnaire historique et critique*》은 18세기 학자들이 가장 많이 탐독한 책이었다. 그렇지만 다른 프랑스 사상가들(예컨대 프레데릭 바스티아)과 마찬가지로, 오늘날 프랑스에서 벨의 저작은 거의 읽히지 않으며 접하기도 힘들다. 14세기의 알 가젤주의자인 니콜라스 도트르쿠르도 마찬가지다.

회의주의 사상을 가장 철저히 집대성한 사람이 강력한 권력을 지닌 가톨릭 주교이면서 아카데미 프랑세즈의 영향력 있는 회원이었던 피에르-다니엘 위에였다는 사실은 오늘날까지도 제대로 알려져 있지 않다. 그가 1690년에 쓴 《인간 정신의 유약함에 대한 철학적 논설*Philosophical Treatise on the Weakness of the Human Mind*》은 인간의 지각 능력에 대해 교조를 무너뜨리고 의문을 던진 주목할 만한 책이다. 위에는 인과성에 맞서 대단히 설득력 있는 논증을 제시하는데, 예컨대 그는 어떠한 사건도 무한한 수의 가능한 원인들을 가질 수 있다고 쓰고 있다.

위에와 벨 모두 박식한 학자로 평생을 독서로 보냈다. 90세가 넘도록 살았던 위에는 식사 시간과 휴식 시간도 아까워서 하인에게 큰 소리로 책을 읽도록 시켰다. 위에는 당대 최고의 독서가라는 평을 들을 만했다. 감히 말하건대, 나 역시 박식함을 중요하게 여긴다. 박식함은 진정한 지적 호기심의 징표다. 자연히 열린 마음과 타인의 사상을 탐구하고자 하는 욕망이 딸려 나온다. 무엇보다도 박식한 사람은 자신의 지식에 만족하지 못하며, 그러한 불만족은 플라톤적 태도, '5분 경영학'의 단순화, 또는 과도하게 축소된 특정 분야 학자의 속물성을 차단해 주는 방패 구실을 해준다. 단언하건대, 소양 없는 학위는 재앙을 낳는다.

칠면조가 되긴 싫어!

이 책의 목적은 회의주의를 선전하는 데 있지 않다. 만에 하나 검은 백조 문제를 알게 됨으로써 자칫 우리가 위축되거나 극단적인 회의주의에 빠지게 된다면, 나는 차라리 정반대의 태도를 취하겠다. 나는 행동과 진정한 경험주의에 관심이 있다. 이 책의 저자는 신비주의 수피교도도 아니며, 고대 혹은 중세적 의미의 회의주의자도 아니며, 그렇다고 (뒤에서 살펴볼) 철학적 의미의 회의주의자는 더더욱 아니다. 분명히 밝히건대 이 책의 저자는 인생의 중요한 문제에서 젖먹이가 되지 않는 것을 일차적 목표로 삼는 현업 종사자다!

흄은 철학자들 사이에서는 급진적인 회의주의자였지만 일상생활에서는 그런 태도를 벗어던졌다. 그렇지 않으면 일상생활을 영위해 나갈 수 없기 때문이었다. 내 입장은 반대다. 나는 일상생활과 관련된 문제들에서 회의주의자다. 말하자면 내가 온 신경을 곤두세우는 것은 어떻게 하면 칠면조 꼴이 되지 않도록 의사 결정을 할 것인가 하는 것이다.

지난 20년 동안 주변 사람들은 내게 "탈레브 씨, 도로를 건너는 것처럼 위험천만한 게 없는데 어떻게 길을 건너십니까?" 하는 농담을 던지곤 했다. 더 바보 같은 질문도 들었다. "그러니까 어떤 위험도 감수하지 **말라는** 말입니까?" 당연하지만, 나는 위험 공포증을 퍼뜨리고자 하는 것이 아니다(앞으로 보겠지만, 나는 오히려 공격적인 위험 감수를 선호한다). 내가 이 책에서 말하고자 하는 바는 **눈을 감은 채** 길을 건너지는 말라는 것이다.

그들은 평범의 왕국에서 살기를 바란다

지금까지 나는 검은 백조 문제의 역사를 간단히 살펴보았다. 가용 정보로 일반화하기, 또는 과거의 것, 알고 있는 것, 보이는 것으로부터 배우기가 어려운 핵심적인 이유도 살펴보았다. 또 이 문제와 관련해 중요한 역사적 인물들도 살펴보았다.

이제 여러분들도 알겠지만, 사실 우리가 평범의 왕국에 살고 있다면 문제는 매우 간단하다. 왜냐고? 그곳에서는 검은 백조라는 돌발 사건의 가능성을 배제해 버려도 되니까! 평범의 왕국에 산다면 검은 백조 문제는 존재할 수 없으며, 설령 있다고 해도 그 영향이 미미하다.

평범의 왕국에 산다는 가정은 귀납법의 문제도 깨끗이 없애 버린다. 섹스투스 엠피리쿠스 이후 이러한 가정이 사상사를 지배해 왔다. 통계학자가 인식론을 문 닫게 만들 수 있었다.

얼마나 멋진 생각인가? 그러나 우리가 살고 있는 세상은 평범의 왕국이 아니며, 따라서 검은 백조에 대한 생각을 바꾸어야 한다. 어차피 덮어 버릴 수 있는 문제가 아니므로 우리는 이 문제를 더 깊이 파고들어야 한다. 검은 백조는 출구 없는 터널이 아니다. 그리고 오히려 거기서 이익을 얻을 수도 있다.

다음은 검은 백조를 도외시함으로써 발생하는 부수적인 문제점들이다.

1. 보이는 것들 중에서 보고 싶은 부분에만 집중하며, 그것으로부터 보이지 않는 것들까지 일반화시킨다. → 확인 편향의 오류.
2. 인간은 명확한 패턴을 좇는 플라톤주의적 갈증에 부합되는 이야기로 스스로를 속인다. → 이야기 짓기의 오류.
3. 검은 백조가 존재하지 않는 듯이 행동한다. → 인간은 검은 백조에 대비해 프로그램되지 않았다.
4. 우리가 보는 것이 거기에 있는 전부는 아니다. 역사는 검은 백조들을 우리 눈에서 가려 버리며, 그리하여 이러한 사건들의 확률에 대해 잘못된 생각을 갖게 만든다. → 이것은 말 없는 증거에 의한 왜곡이다.
5. '땅굴 파기'에 몰입한다. → (얼른 머리에 떠오르지 않는 검은 백조들은 포기한 채) 잘 정의된 몇몇 불확실성의 원천들, 즉 지나치게 명확한 검은 백조 리스트에만 집중한다.

다음 다섯 장에서는 이 다섯 가지 문제점들을 하나하나 살펴볼 것이다. 그런 다음, 1부의 결론 부분에서는 이것들이 동일한 논제의 갈래들임을 밝힐 것이다.

5장_ 확인 편향의 오류

확인 편향의 오류는 우리 습관과 관습적 지혜에 깊이 새겨져 있는 만큼 대단히 위험할 수 있는 오류다.

가령, 내가 여러분에게 미식축구 스타였던 O. J. 심슨(1990년대에 부인 살해 혐의로 기소되었다)이 범인이 아니라는 증거를 가지고 있다고 말했다고 하자. "이봐, 전에 심슨하고 아침을 먹은 적이 있는데, **자기는 아무도 안 죽였다고 하던걸**. 정말이야. 난 그 사람이 누굴 죽이는 걸 한 번도 본 적이 없어." 이 말이 심슨의 결백을 **확증해** 줄 수 있을까? 내가 정말 이런 식으로 말을 했다면 아마 여러분은 트레이딩 룸이나 카페에 처박혀 검은 백조만 생각하더니 머리가 어떻게 된 모양이라며 정신과 의사나 구급차를 부르거나, 심하면 저런 생각은 사회에 곧바로 독이 되므로 사회와 격리시켜야 한다며 경찰에 신고할지도 모르겠다.

또 이런 이야기는 어떨까? "저번에 뉴욕 뉴로셸 부근 철로 위에서 낮잠을 잤는데 아무 탈이 없었어. 봐, 지금 이렇게 멀쩡하잖아. 이거야말로 철로 위에 누워 잠을 자도 위험하지 않다는 증거가 아니고 뭐겠어." 여기서 칠면조가 등장했던 제4장의 표 1을 상기해 보기 바란다. 1000일 동안 칠면조를 관찰한 사람은 (천하루째 날은 관찰하지 못한 채) 여러분에게 별다른 일이 일어날 가능성, 다시 말해서 검은 백조가 **출현할 가능성이 있다는 증거가 없다**고 말할 것이며, 그 말은 옳다. 그런데 세심한 주의를 기울이지 않으면 여러분은 이 말을 '검은 백조가 **출현할 가능성이 없다는 증거가 있다**'는 말로 혼동하기 십상이다. '출현할 가능성이 있다는 증거가 없다'는 명제와 '출현할 가능성이 없다는 증거가 있다'는 명제 사이에는 엄청난 논리적 거리가 있지만, 우리 인간의 마음에서는 그 거리가 매우 좁아지며, 그 때문에 사람들은 둘을 쉽게 혼동한다. 열흘쯤 지나서 기억을 떠올리려고 하면 첫 번째 명제가 부정확한 두 번째 명제로 슬그머니 바뀌어져 있기 쉽다. 나는 이것을 '왕복 여행의 오류'라고 부르는데, 왜냐하면 이 두 가지 명제는 **상호 대체**될 수 없기 때문이다.

이 두 가지 명제의 혼동은 극히 사소한, 정말 사소한 (그러나 치명적인) 논리적 오류다. 그러나 우리는 이 사소한 논리적 오류에 면역이 되어 있지 않다. 교수들이나 사상가들은 더더군다나 면역이 되어 있지 않다(본래 복잡한 방정식은 명쾌함과 행복하게 동거하지 못하는 법이다). 우리는 웬만큼 집중하지 않으면 자신도 모르게 이 문제를 단순화시켜 버리는 경향이 있다. 그것은 우리 인간의 마음이 우리가 의식하지 못한 채 그렇게 하도록 생겨 먹었기 때문이다.

이 문제를 좀 더 깊이 파고 들어가 보자.

많은 사람들이 '거의 모든 테러리스트들은 모슬렘이다'라는 명제와 '거의 모든 모슬렘은 테러리스트다'라는 명제를 혼동한다. 앞의 명제가 사실이며, 그래서 테러리스트의 99퍼센트가 모슬렘이라고 하자. 그런데 전 세계에는 10억 명의 모슬렘이 있으며 테러리스트는 얼추 계산해서 1만 명 정도 되므로, 10만

명의 모슬렘 당 1명이 테러리스트라고 할 수 있다. 즉 모슬렘이 테러리스트일 확률은 0.001퍼센트에 불과하다. 따라서 만일 우리가 앞서 지적한 논리적 오류를 범하는 경우에, 우리는 (예컨대 15세에서 50세 사이에서) 임의로 선택한 모슬렘 한 사람이 테러리스트일 가능성을 무려 5만 배 가까이 (무의식적으로) 과대 계산하게 된다!

고정관념의 불공정함 역시 왕복 여행의 오류와 관련되어 있다. 예컨대 미국 도시 지역의 소수 인종 주민들은 바로 이러한 오류 때문에 고통을 받아 왔다. 범죄자의 대부분이 소수 인종 출신이라고 해서 소수 인종 주민 대부분이 범죄자인 것은 아니다. 그런데도 뭘 알 만한 사람들조차 이들을 차별하고 있다.

"나는 보수주의자들이 모두 멍청하다고 말한 적이 없다. 나는 멍청한 사람들이 대부분 보수주의자라고 말했을 뿐이다." 존 스튜어트 밀이 항변하며 했던 말이다. 이 문제는 고질적인 것이다. 여러분이 사람들에게 노력이 언제나 성공의 열쇠인 것은 아니라고 말했다고 하자. 그러면 대부분의 사람들은 여러분이 성공의 비결은 언제나 노력이 아니라 행운이라고 말한 것으로 받아들인다.

우리가 일상생활에서 사용하는 인간의 추론 장치는 사소한 자구의 변화에 의해 명제가 뚜렷하게 달라지는 복잡한 환경에 맞춰 만들어진 것이 아니다. 원시적 환경을 생각해 보라. 거기서는 **대부분의 식인 동물은 야생동물이다**라는 명제와 **대부분의 야생동물은 식인 동물이다**라는 명제 사이에 결과론적인 차이가 없었다. 오류는 있지만, 결과의 차이는 거의 없었던 것이다. 우리의 통계적 직관은 미묘한 변화가 커다란 차이를 낳는 환경에 맞춰 진화해 온 것이 아니다.

모든 주글이 부글인 것은 아니다

모든 주글(Zoogle)은 부글(boogle)이다. 여기 부글 하나가 있다. 이 부글은 주글인가? 답은 '반드시 그렇지는 않다'이다. **왜냐하면 모든 부글이 주글인 것은**

아니기 때문이다. SAT에서 이런 문제에 정답을 대지 못하면 대학에 가기 어려울 것이다. 그런데 SAT 고득점자들도 엘리베이터에 우범 지역 사람이 타면 두려움을 느낀다. 한 상황에서 배운 지식과 추론을 다른 상황에 자동적으로 응용하는 능력의 부재, 이론을 현실에 응용하는 능력의 부재는 참으로 안타깝지만 우리 인간의 선천적 속성이다.

이러한 속성을 반응의 **영역 특정성**이라고 부르기로 하자. 여기서 '영역 특정성'이란 말은 어떤 문제에 대한 인간의 반응, 사고방식, 직관 따위가 그 문제가 제기된 맥락에 종속된다는 뜻으로, 진화심리학에서는 이것을 대상 혹은 사건의 '영역'이라고 부른다. 예컨대 강의실과 실생활은 서로 다른 영역이다. 어떤 정보에 대한 우리의 반응은 그 정보의 타당성이 아니라 그것을 둘러싸고 있는 틀에 따라, 우리의 사회적 · 감성적 시스템과의 관계에 따라 달라진다. 강의실에서는 논리적으로 접근했던 문제가 일상생활에서는 전혀 다르게 취급될 수 있는 것이다. 실제로 우리 일상생활 속에서 그들(소수 인종들)이 그렇게 취급되고 있지 않은가?

지식은 설령 그것이 정확한 것일지라도 적절한 행동을 이끌어 내지 못할 때가 많다. 그 까닭은 우리는 자신이 아는 것을 망각해 버리거나, 자칫하면 그 지식을 적절히 처리하는 방법을 망각해 버리는 경향이 있기 때문이다. 앞에서 보았듯이, 통계학자들은 강의실을 떠날 때 뇌를 두고 나오는 경향이 있어서 거리에서는 너무나 사소한 추론 오류에 빠지곤 한다. 1971년에 심리학자 대니얼 카너먼과 아모스 트버스키는 통계학 교수들에게 통계학적으로 진술되지 않은 통계학적 질문들을 던지는 실험을 실시해 보았다. 그중 하나는 다음과 유사한 질문이었다(명료함을 위해 보기를 바꾸었다). 당신이 살고 있는 마을에 병원이 두 개 있는데, 하나는 큰 병원, 다른 하나는 작은 병원이라고 하자. 어느 날 하루 동안 둘 중 한 병원에서 태어난 신생아의 60퍼센트가 사내아이였다. 이 병원은 큰 병원인가 작은 병원인가? (자연스러운 분위기에서 이런 질문을 던졌을 때) 상당수의 통계학자들이 큰 병원이라고 대답했다. 물론 이 대답은 틀렸다. 사실 표본 수가 클수록 안정적인 값을 보이며 장기적인 평균값—여기서는 일대일로 수렴하는 성비—으로부터의 변동이 적어진다는 것은 통계학의 기본에 속한다. 이 통계학 교수들은 전공 영역에서도 낙제를 한 꼴이다. 금융시장 분석가로 일하던 시절에 나는 통계학자들이—자신들이 통계학자라는 사실조차 망각해 버린 통계학자들이—심각한 추론 오류를 범하는 경우를 수도 없이 목격했다.

우리가 일상생활에서 얼마나 우스꽝스러울 정도로 영역 특정적인지를 보여 주는 또 다른 사례를 보려면 뉴욕의 고급 스포츠센터인 리복 스포츠 클럽에 가서 겨우 2층밖에 안 되는 곳을 에스컬레이터를 타고 올라가서 곧장 운동기구로 향하는 사람들이 얼마나 되는지 한번 세어 보라.

이와 같은 우리 인간의 추론과 반응의 영역 특정성은 양 방향으로 모두 일어난다. 그래서 어떤 문제들은 실생활에서는 이해되지만 교과서에서는 이해되지 않는다. 반면에 어떤 문제들은 교과서에서는 쉽게 파악하는데 실생활에서는 그렇게 되지 않는다. 사람들은 사회적 상황에서는 아무런 노력 없이 풀 수 있는 문제인데도 그것이 추상적이고 논리적인 형태로 제시되면 진땀을 흘린다. 이처럼 우리는 서로 다른 상황에서 서로 다른 종류의 두뇌 장치(이것을 모듈이라고 한다)를 사용하는 경향이 있다. 논리적 규칙들에서 출발하여 그것들을 가능한 모든 상황에 똑같이 적용하는 만능 중앙처리장치가 우리 뇌에는 없다.

앞에서 말했듯이 우리는 **교실에서 범하지 않는 논리적 오류를 실생활에서는** 범하곤 한다. 이러한 비대칭은 암 진단에서 가장 잘 드러난다. 환자의 암 징후를 검사하는 의사들을 예로 들어 보자. 보통 이러한 검사는 자신이 치료가 되었는지, '재발'(엄밀히 말해 '재발'은 잘못된 용어다. 정확히 말하면, 치료 과정에서 모든 암세포가 죽지 않아 진단되지 않은 악성 세포들이 통제되지 않고 증식하기 시작한 것을 뜻한다)했는지를 알고 싶어하는 환자들을 대상으로 실시된다. 현재의 기술로는 환자의 모든 세포 하나하나의 악성 여부를 검사할 수 없기 때문에 의사들은 최대한 정밀하게 환자의 몸을 스캐닝해서 샘플을 채취하며, 그런 다음 그 샘플을 가지고 자신이 보지 못한 것들에 대해 가정을 세운다. 나는 정기적인 암 검사를 받은 뒤 의사가 "걱정 마세요. 치료가 끝났다는 증거를 찾았어요"라고 말해서 충격을 받은 적이 있다. 내가 "왜요?" 하고 되묻자 "암이 **없다**는 증거를 찾았다니까요"라는 대답이 돌아왔다. 나는 다시 "그걸 어떻게 아십니까?"라고 물었고, 의사는 다시 "정밀 검사 결과가 음성이에요"라고 대답했다. 그러면서도 의사를 자칭하고 돌아다니다니!

의학과 관련된 글에서 흔히 사용되는 NED라는 단어는 '질병의 증거 없음(No Evidence of Disease)'의 약어다. END, 즉 '질병 없음의 증거(Evidence of No Disease)'라는 용어는 존재하지도 않는다. 나는 이 문제를 놓고 여러 의사들과 얘기를 나눠 보았는데, 상당수의 의사들이 이 같은 왕복 여행의 오류에 빠졌다. 그들 가운데는 자신의 연구 결과를 논문으로 발표한 의사들도 있었는데도 말이다.

과학이 오만을 떨던 1960년대에 의사들은 모유를 실험실에서 간단히 복제할 수 있는 원시적인 어떤 것으로 얕보았다. 그들은 모유 속에 당대의 과학적 이해를 벗어나는 유용한 성분들이 포함되어 있을 가능성을 깨닫지 못했다. 이것 역시 모유의 이점에 대한 **증거 없음**과 이점 **없음의 증거**를 혼동한 간단한 오류였다(분유를 먹이면 되지 굳이 왜 모유를 먹어야 하는지 '이해가 안 되는' 플라톤주의의 또 다른 사례다). 많은 사람들이 이러한 순진한 추론의 오류 때문에 대가를 치렀다. 유아기에 모유를 먹지 않은 사람들은 특정 암의 발병률을 비롯해 여러 가지 질병에 걸릴 위험성이 높다는 사실이 밝혀진 것이다. 모유에는 아직도 우리가 밝혀내지 못한 유용한 성분들이 더 들어 있을 것이다. 게다가 예컨대 유방암 발병률이 낮아지는 것과 같은, 모유 수유가 어머니에게 주는 이점도 무시되었다.

편도선의 경우도 비슷하다. 편도선을 절제하면 후두암 발생률이 높아질 수 있다. 그러나 수십 년 동안 의사들은 이 '쓸모없는' 기관이 자신들이 알아차리지 못한 쓸모를 가지고 있을 가능성을 염두에 두지 않았다. 과일과 야채에 함유된 식이섬유도 마찬가지다. 1960년대의 의사들은 이것을 쓸모없는 것으로 치부했다. 그것의 유용성에 대한 어떤 눈앞의 증거도 보지 못했기 때문이다. 그러나 그 때문에 그들은 식이섬유 결핍 세대를 만들어 냈다. 오늘날 식이섬유는 혈액 속으로의 당 흡수를 늦추고, 장내의 전암 세포 증식을 억제하는 것으로 밝혀졌다. 이 초보적인 추론 오류 때문에 의학이 위험을 초래한 사례는 인류사에 수두룩하다.

나는 의사들이 신념을 가져서는 안 된다고 말하는 것이 아니다. 다만, 단언적인 신념, 폐쇄적인 신념은 피해야 한다는 뜻이다. 메노도투스와 그의 학파가 이론화를 피한 회의론적 경험주의 의학의 기치 아래 주창한 바도 바로 이것이었다. 의학은 분명히 발전해 왔다. 그러나 그 지식의 많은 부분들은 그렇지 못했다.

증거

내가 소박한 경험주의라고 부르는 정신 작용 때문에 우리 인간은 자신이 말하는 세계, 자신이 그리는 세계를 확인해 주는 사례들만 찾는 선천적인 경향을 가지고 있다. 그리고 이런 사례들은 언제나 쉽게 찾을 수 있다. 아무렴, 도구가 있고 바보도 많으니 뭐든 쉽게 찾을 수 있을 테지! 자신의 이론에 부합하는 과거의 사례들을 찾아내 그것들을 **증거**로 삼는다. 예를 들면, 외교관은 실패에 대해서는 입을 다물고 '업적'만 떠벌린다. 수학자는 수학이 사회에 도움을 준 사례들만을 손가락으로 가리키며 수학의 유용성을 확신시키려고 애쓴다. 그러나 수학이 시간 낭비였을 뿐인 사례들, 나아가 너무나 비(非)경험주의적인 우아한 수학 이론들로 인해 사회에 엄청난 비용을 치르게 만든 숱한 수학의 응용 사례들은 뒷전에 감추어 버린다.

어떤 가설을 시험할 때조차 우리는 그 가설이 옳음을 뒷받침해 주는 사례들만을 찾는 경향이 있다. 그런 사례들은 손쉽게 찾을 수 있다. 찾아보기만 하면 된다. 아니 찾아 줄 연구자를 고용하기만 해도 된다. 나는 무엇이든 그것을 뒷받침해 줄 **증거를 찾아낼 수** 있다. 런던의 노회한 택시 기사들이 휴일에도 택시 요금을 올리기 위해 얼마든지 정체 구간을 찾아내듯이.

물론 몇몇 사람들은 여기서 한 걸음 더 나아가 우리가 성공적으로 예견할 수 있었던 사건들의 예를 보여 준다. 이 소수의 사람들 덕분에 우리는 달에 착륙할 수 있었고, 21세기의 경제 발전을 성취할 수 있었다. 이 책의 주장에 대한 수많은 '반증'도 얼마든지 찾아낼 수 있다. 최고의 반증은 영화나 연극 상영시간표를 훌륭히 예측하고 있는 신문이겠다. 보라, 어제 나는 오늘 해가 뜨리라고 예측했다. 그리고 오늘 해가 뜨지 않았는가!

부정적 경험주의

한 가지 좋은 소식은 이러한 소박한 경험주의를 피할 방법이 있다는 것이다. 나는 지금 일련의 우호적인 사실들이 **반드시** 증거가 되지는 않는다고 말하고 있다. 흰 백조를 보았다는 사실이 검은 백조가 없음을 확증해 주지는 않는다. 그렇지만 한 가지 예외가 있다. 그것은 바로 나는 어떤 명제가 거짓인지는 알지만, 어떤 명제가 참인지를 반드시 알지는 못한다는 것이다. 만약 내가 검은 백조 한 마리를 목격한다면, **모든 백조가 흰색은 아니라고** 단언할 수 있다! 만약 누군가가 살인하는 장면을 목격한다면 나는 그가 범인임을 실제로 확신할 수 있다. 그러나 설령 내가 어떤 사람이 살인하는 장면을 목격하지 못했다고 해서 그가 무죄라고 확신할 수는 없다. 이와 같은 원리가 암 진단에도 적용된다. 단 하나의 악성종양만 발견되어도 암이 있음을 확증할 수 있다. 그러나 악성종양이 발견되지 않았다고 해서 암이 없다고 확신할 수는 없는 것이다.

우리는 입증이 아니라 부정적인 사례들을 통해 진실에 더 가까이 다가갈 수 있다! 관찰된 사실들로부터 보편적 규칙을 확립하려는 시도는 틀렸다. 관습적 지혜와는 달리 우리의 지식은 칠면조가 했던 것과 같은 일련의 확증 관찰에 의해서 증가하지 않는다. 아무리 관찰을 해도 내가 계속 의심할 수 있는 것들이 있는가 하면, 반대로 단 한 번의 관찰만으로도 안심하고 확신할 수 있는 것들도 있다. 바로 그 때문에 관찰의 결과는 일방적이다. 이것이 저것보다 크게 더 어렵지 않다.

이러한 비대칭성은 폭넓게 써먹을 수 있다. 그 덕분에 우리는 철저한 회의주의자가 될 필요는 없고 준회의주의자만 되어도 족하다. 현실 세계는 책 속의 세상보다 미묘하기 때문에 우리는 어떤 의사 결정을 내릴 때 이야기의 한 쪽 측면에만 관심을 기울일 필요가 있다. 예컨대 여러분이 지금 환자가 건강한지에 대한 확증이 아니라 암에 걸렸는지에 대한 확증을 찾고 있는 것이라면 부정적 추론만으로도 충분하다. 그것만으로도 암 발병 여부에 대한 확증을 얻을 수 있기 때문이다. 이처럼 우리는 기대하는 만큼은 아니지만 자료로부터 많은 것을 알아낼 수 있다. 엄청난 양의 자료가 전혀 쓸모없는 경우도 있고, 단 하나의 정보가 엄청난 의미를 지니는 경우도 있다. 1000일의 시간이 당신이 옳다는 것을 증명해 주지 못하지만, 단 하루의 시간이 당신이 틀렸음을 증명할 수 있다.

일방적인 준회의주의에 대한 이러한 아이디어를 처음 개진한 사람은 칼 포퍼다. 아마도 포퍼는 현실 세계의 배우들에 의해 실제로 읽히고 논의되는 유일한 과학철학자일 것이다(그에 비하면 강단 철학자들은 좀 심드렁하게 여긴다). 이 원고를 쓰고 있는 지금 내 서재의 벽에는 포퍼의 흑백사진이 걸려 있다. 이 사진은 뮌헨에서 만난 에세이스트 요헨 베그너가 선물로 준 것이다. 그 역시 나처럼 포퍼를 현대 사상가들 가운데 '우리와 통하는' 거의 유일한 인물이라고 여기는 사람이다. 포퍼는 다른 철학자들이 아니라 우리를 향해 쓴다. 여기서 말하는 '우리'는 불확실성이야말로 자신의 전공과목임을, 그리고 불완전한 정보라는 조건 아래에서 어떻게 행동해야 하는지를 이해하는 것이 가장 지고하며 가장 긴급한 우리 인간의 목표임을 명심하고 있는 경험주의적 의사결정자들이다.

포퍼는 이 비대칭성과 관련하여 과학과 비과학을 구분할 수 있도록 고안된 '반증(反證)'이라는 기법을 토대로 방대한 이론을 제기했다. 반증 기법은 포퍼의 사상에서 가장 흥미롭거나 가장 독창적인 부분이 아니었음에도, 사람들은 즉각 그 절차들을 꼼꼼하게 뜯어보기 시작했다. 지식의 비대칭성에 대한 이러한 아이디어는 현업 종사자들에 의해 열렬히 받아들여졌다. 왜냐하면 그들에게는 그것이 자명했기 때문이다. 그것은 자신들이 일을 해나가는 바로 그 방식이었다. 칼 포퍼가 기저귀를 차던 시대에 활약했던 찰스 샌더스 피어스라는 철학자(그는 마치 예술가처럼 사후에야 인정을 받게 된다)도 검은 백조 문제에 대한 나름의 해법을 제시했다. 어떤 사람들은 이 둘을 하나로 묶어 피어스-포퍼 접근법이라고 부르기도 한다. 사실 포퍼의 '열린' 사회 개념은 이보다 훨씬 더 강력하고 독창적인 사상인데, 이 개념도 규정적 진리를 거부하고 배격하는 절차로 회의주의를 채택하고 있다. 그는 내가 프롤로그에서 기술했던 논증에 따라 인간의 정신을 폐쇄적으로 만든 장본인으로 플라톤을 지목하고 있다. 그렇지만 포퍼의 가장 위대한 아이디어는 세계의 근본적이고 철저하고 치유 불가능

한 예측 불가능성에 대한 통찰이다. 이에 대해서는 '예측'을 다룬 장을 위해 보류해 두겠다.†

물론 '반증하기,' 즉 완전한 확실성을 가지고 뭔가가 틀렸다고 진술하기는 그리 쉽지 않다. 검증 방법의 불완전성이 잘못된 '부정'을 내놓을 수도 있다. 암세포를 수색하는 의사가 시각적 착각을 야기하는 결함 있는 장비를 가지고 있을 수도 있다. 아니면 그가 의사의 외피를 쓰고 있지만, 정규분포곡선에 도취된 경제학자의 사고에 젖은 사람일 수도 있다. 범죄 현장의 목격자가 주정뱅이일 수도 있다. 그럼에도 불구하고 여전히 우리는 뭔가가 참이라는 것보다 더 확실하게 뭔가가 오류라는 것을 안다. 모든 정보가 똑같은 중요성을 갖는 것은 아니다. 포퍼는 추측과 반박의 메커니즘을 도입했는데, 그 작동 방식은 다음과 같다. 먼저 (대담한) 추측을 세우고, 그다음에 그 추측이 오류임을 입증해 줄 사례를 찾아내기 위해 관찰을 행한다. 이것은 그 추측을 확증해 주는 사례들을 찾는 것의 대안이다. 혹시 이 일이 쉬워 보인다고? 그렇다면 아마 당신은 실망하게 될 것이다. 그렇게 할 수 있는 능력을 선천적으로 가지고 있는 사람은 거의 없다. 고백하건대, 나 역시 마찬가지다. 나 역시 선천적으로 그런 능력을 가지고 태어나지는 못했다.

수열 실험

인지과학자들도 확증해 주는 증거만 찾는 인간의 자연스러운 경향을 연구해

---

† 이 비대칭성을 처음 들고 나온 사람은 피어스도 아니고 포퍼도 아니다. 철학자 빅토르 브로샤르가 1878년에 부정적 경험주의의 중요성을 언급하면서, 경험주의자들이 그것을 훌륭한 일 처리 방식으로 처음 주장한 것처럼 말하고 있다. 그러나 사실 옛 사람들은 그것을 암묵적으로 잘 이해하고 있었다. 지금은 절판된 책들을 보면 정말 깜짝 놀랄 만한 내용들을 담고 있다.

왔다. 그들은 이러한 약점을 **확인 편향**이라고 불렀다. 사람들은 에코의 서재에 있는 이미 읽은 책들에만 집중한다는 것을 보여 주는 실험들이 있다. 어떤 규칙을 검증하는 방법에는 두 가지가 있다. 하나는 직접적으로 규칙이 통하는 사례들을 찾는 방법이고, 다른 하나는 간접적으로 이 규칙이 통하지 않는 사례들을 찾는 방법이다. 앞에서 누누이 말했다시피 진리 여부를 확인하는 데는 반증 사례를 찾아보는 것이 훨씬 더 강력하다. 그런데 우리는 이 점을 망각하는 경향이 있다.

내가 알기로 이 현상과 관련된 실험을 처음 한 사람은 심리학자 P. C. 웨이슨이다. 그는 실험 참여자들에게 '2, 4, 6' 이라는 세 개의 숫자로 된 수열을 제시한 후 이 수열을 만들어 낸 규칙을 맞춰 보라고 했다. 실험 참여자들이 세 개의 숫자로 구성된 또 다른 수열을 제시하면 그 수열이 규칙에 부합되는지 여부에 따라 '예' 혹은 '아니오'로 대답해 줌으로써 정답을 좁혀 갈 수 있도록 했다. 그러다 확신이 들면 규칙을 말하도록 했다.(이 실험이 제1장에서 살펴보았던, 역사의 전개 방식과 유사하다는 데 주목하기 바란다. 예컨대, 역사가 모종의 논리에 따라 전개된다고 하자. 그렇다고 하더라도 우리는 규칙은 보지 못한 채 사건들만 보게 된다. 그런데도 우리는 규칙을 짐작해 내야 한다.) 정답은 그냥 '숫자의 크기가 커진다'였다. 답을 맞힌 사람은 거의 없었다. 숫자의 크기가 작아지는 수열을 제시하여 '아니오' 라는 대답을 얻으면 되는데도 말이다. 웨이슨은 실험 참여자들이 마음속에 하나의 규칙을 가지고 있었지만 자신의 가설에 부합되지 않는 일련의 수열을 제시하려고 노력하는 대신 그것을 확증해 줄 사례들을 찾는 데만 몰두했다는 데 주목했다. 자신들이 처음 세운 가설을 확증해 주는 증거를 찾는 데만 고집스레 매달렸던 것이다.

이 실험에 자극을 받아 유사한 실험들이 이어졌다. 그 가운데는 실험 참여자들에게 어떤 사람이 외향적인지 아닌지 판단하려면 어떤 질문을 던져야 하는지를 묻는 실험도 있었는데, 알려진 대로라면 또 다른 유형의 실험을 위한 것이었다. 이 실험에서도 대부분의 실험 참여자들은 '예'라는 대답으로 자신의 가설을 **뒷받침해 줄** 것 같은 질문들을 주로 던졌다.

그러나 예외도 있다. 체스 고수들은 실제로 자신의 수의 약점에 집중한다. 이에 반해 하수들은 자신의 수를 부정하는 사례들보다 긍정하는 사례들을 찾는다. 그렇다고 회의주의를 연습하기 위해 체스를 두라는 말은 아니다. 과학자들의 생각에 따르면, 자신의 약점 찾기가 체스 고수를 만드는 것이지 체스 훈련이 회의주의자를 만드는 것은 아니다. 비슷한 예로, 조지 소로스는 투자를 할 때 끊임없이 자신이 세운 최초의 가설이 틀렸음을 입증하는 사례들을 찾아내기 위해 노력한다. 이것이야말로 진정한 자기 확신이며, 구태여 자신의 에고를 북돋는 신호를 찾으려는 욕구에서 벗어나서 세상을 바라볼 줄 아는 능력이다.†

슬프게도 확인 편향은 우리의 지적 습관과 담론에 깊이 뿌리박혀 있다. 작가이자 비평가였던 존 업다이크의 다음과 같은 말을 생각해 보라. "줄리언 제인스가 기원전 2000년대까지 인간은 어떤 의식도 가지고 있지 않았으며 자동적으로 신들의 목소리에 복종했다고 주장할 때, 우리는 소스라치게 놀라면서도 엄청난 확증 증거들을 통해 이 놀라운 주장을 인정할 수밖에 없게 된다." 이봐요, 업다이크 선생님. 제인스의 주장이 옳을 수도 있지요. 하지만 지식의 문

† 확인 편향의 문제는 현대인의 삶에 널리 퍼져 있다. 거의 모든 갈등의 뿌리에는 다음과 같은 정신적 편향이 자리 잡고 있다. 예컨대, 아랍인과 이스라엘인은 동일한 사건에 대한 뉴스를 보면서 서로 다른 이야기를 이끌어 낸다. 마찬가지로 미국의 공화당과 민주당은 동일한 자료가 주어지더라도 서로 다른 쪽에만 주목할 뿐 결코 동일한 견해에 도달하는 경우가 없다. 일단 우리의 마음에 하나의 세계관이 자리 잡으면 그 세계관을 확증해 주는 사례만 중요하게 취급하는 경향이 생긴다. 정보가 많아질수록 자신의 견해를 더욱 정당화하는 역설이 생겨나는 것이다.

제의 핵심(이 장의 핵심 요점이기도 한데)은 '확증 증거' 따위는 없다는 겁니다.

저 빨간 미니쿠퍼를 좀 봐!

다음은 확증의 황당함을 잘 보여 준다. 당신이 흰 백조를 더 많이 목격하는 것이 검은 백조가 없다는 확증을 가져다줄 것이라고 믿는다고 하자. 그렇다면 당신은 순전히 논리적인 차원에서는 빨간색 미니쿠퍼(BMW의 고급 소형차—옮긴이)를 보는 것이 **검은 백조가 없다**는 것을 확증해 준다는 진술도 인정해야만 한다.

왜냐고? '모든 백조는 흰색이다'라는 명제에는 **'흰색이 아닌 물체는 백조가 아니다'**라는 의미가 내포되어 있다는 것을 생각해 보라. 뒤의 명제를 뒷받침해 주는 것은 앞의 명제도 뒷받침해 준다. 따라서 백조가 아니면서 흰색이 아닌 물체를 목격하는 것도 그러한 확증을 가져와야 한다. 나는 헴플의 갈까마귀 역설로 불리는 이 논증을 내 친구인 수학자 브루노 뒤피어 덕분에 새삼 다시 떠올리게 되었다. 우리는 런던에서 산책을 하며 토론에 열중하고 있었다. 어찌나 열중했던지 억수같이 쏟아지는 비를 미처 깨닫지도 못했을 정도였다. 그때 그는 갑자기 길가에 서 있는 빨간색 미니쿠퍼를 손가락으로 가리키며 이렇게 소리를 질렀다. "저것 봐, 나심, 저것 좀 봐! 검은 백조는 없잖아!"

모두가 그런 건 아니다

우리는 어떤 사람이 죽는 것을 본 적이 없다고 해서 그 사람이 영생할 것이라고 믿거나, 혹은 어떤 사람이 살인하는 것을 본 적이 없다고 해서 그가 무죄라고 믿을 만큼 멍청하지는 않다. '소박한 일반화'의 문제가 모든 방면에서 우리를 성가시게 만들지는 않는다. 그러나 귀납적 회의주의의 멋진 주머니 안에는 자연적 환경에서 우리 인간이 봉착해 온 사건들, 우리에게 어리석은 일반화를 피하도록 가르쳐 준 것들이 들어 있다.

예컨대 아이들에게 어떤 집단의 어떤 성원의 사진을 보여 준 뒤 보지 않은 다른 성원들의 속성들을 맞춰 보라고 하면, 아이들은 일반화할 수 있는 속성들을 골라낼 줄 안다. 예컨대, 아이에게 과체중인 사람의 사진을 보여 주면서 이 사람이 어떤 부족의 성원이라고 말한 다음 그 종족의 다른 성원들에 대해 설명해 보라고 해보라. 대부분의 아이들은 그 종족들은 모두 과체중이라는 결론으로 비약해 버리지 않는다. 그런데 이런 아이들도 피부색과 관련된 일반화에는 다르게 반응한다. 예컨대 피부가 검은 사람의 사진을 보여 주면 아이들은 나머지 사람들도 검은 피부를 가지고 있다고 추론하는 것이다.

이로 미루어 볼 때, 우리 인간은 구체적이고 정교한 추론 능력을 선천적으로 부여받은 듯하다. 위대한 철학자 데이비드 흄과 영국의 경험주의자들은 오로지 경험과 경험적 관찰들로부터만 일반화를 배운다고 생각했다. 그러나 **믿음은 관습에서 생긴다**는 이들의 견해와 달리, 유아 행동 연구를 통해 경험으로부터 선택적으로 일반화를 하게 만드는(즉, 일정 영역에서는 선택적으로 귀납적 지식을 획득하지만 다른 영역에서는 의심하는 태도를 유지하는) 두뇌 장치가 인간에게 내장되어 있다는 사실이 밝혀졌다. 그렇게 함으로써 우리는 단지 1000일로부터만 배우는 것이 아니라, 진화 덕분에 우리 선조들이 배운 것들—우리 유전자 속에 똬리를 튼 것들—로부터 혜택을 얻기도 한다.

다시 평범의 왕국으로

그런데 우리는 선조들로부터 틀린 것들까지 배웠을 가능성이 크다. 나는 우리가 아마도 인류를 탄생시킨 동아프리카 대호수 지대에서의 생존에 적합한 본능을 물려받았을 것이라고 생각한다. 그러나 이 본능은 오늘날과 같은 문자 발명 이후의 시대, 즉 정보 집약적이고 통계적으로 복잡한 환경에는 필시 부적합하다.

정말이지 우리가 사는 시대는 우리(그리고 우리의 인식 체계)가 생각하는 것보다도 더 복잡하다. 얼마나? 현대사회는 한마디로 극단의 왕국이다. 그곳은 희귀한, 아주 희귀한 사건들이 지배하는 세계다. 수천, 아니 수백만 일 동안 흰 백조만 보이다가 다음 날 느닷없이 검은 백조가 출현할 수 있다. 그렇기 때문에 우리는 이만하면 충분하다고 생각되는 기간보다 훨씬 더 긴 시간이 지날 때까지 판단을 유보해야 한다. 제3장에서 말했듯이 신장이 수백 킬로미터나 되는 사람이 출현하는 일은 (생물학적으로) 불가능하며, 따라서 우리의 직관은 이러한 사건들은 배제시켜 버린다. 그러나 책의 판매 부수나 사회적 사건의 규모와 같은 것에는 이러한 제한이 따르지 않는다. 어떤 작가가 재능이 없다거나, 시장이 붕괴하지 않을 거라거나, 전쟁이 발발하지 않을 거라거나, 어떤 프로젝트가 가망이 없다거나, 어떤 나라가 우리의 '동맹'이라거나, 어떤 회사가 파산하지 않을 거라거나, 어떤 애널리스트가 사기꾼이 아니라거나, 우리 이웃이 우리를 공격하지 않을 거라는 것 따위를 인정하기 위해서는 1000일보다 훨씬 더 긴 시간이 필요하다. 그러나 우리가 살았던 먼 과거에는 인간은 이보다 훨씬 더 정확하고 신속하게 추론을 할 수 있었다.

오늘날 검은 백조가 출현하는 영역은 이루 헤아릴 수 없을 만큼 급속도로 확대되고 있다.† 원시의 환경에서는 처음 보는 야생동물, 새로운 적, 기상이변

---

† 태풍이나 지진같이 기후나 지각변동과 관련된 사태의 양상이야 수천 년 동안 변함이 없지만, 그 사회경제적 피해 규모는 엄청나게 변하고 있다. 오늘날 지진이나 태풍이 경제에 미치는 영향은 점점 극심해지고 있다. 이는 경제와 '네트워크 효과'(이에 대해서는 제3부에서 다룬다) 사이의 관계가 밀접해지고 있기 때문이다. 이전에는 미미한 영향만 미쳤던 것들이 이제는 큰 충격을 몰고 온다. 1923년의 도쿄 대지진은 그해 일본의 국민총생산을 3분의 1 감소시켰다. 1994년에 있었던 고

정도에 그쳤다. 이런 사건들은 우리 인간이 그것들에 대한 선천적인 두려움을 확립할 만큼 충분히 반복적이었다. 그래서 재빠른 추론을 하게 만드는 본능, '땅굴 파기'(소수의 불확실성의 원천, 또는 이미 알려진 검은 백조의 원인에만 몰두하는 것)를 하게 만드는 본능이 여전히 우리 안에 뿌리내리고 있다. 한마디로 이 본능이 우리의 질곡이다.

베 지진의 피해로 미루어 볼 때, 도쿄에 또 한 번 지진이 발생할 경우 이번에는 예전보다 몇 배 이상의 피해를 몰고 올 것임을 쉽게 추론할 수 있다.

6장_ 이야기 짓기의 오류

내가 원인 찾기를 거부하는 원인에 대하여

2004년 가을 나는 로마에서 열린 미학 및 과학에 관한 학회에 참석했다. 아마도 로마는 이런 주제의 학회를 열기에는 최적의 장소일 것이다. 한 사람 한 사람의 행동거지나 목소리 톤에 이르기까지 모든 곳에 미학이 스며들어 있는 도시가 로마다. 점심 시간이 되자 이탈리아 남부의 한 대학에서 온 꽤 유명한 교수가 다가오더니 지나칠 정도로 나를 환대해 주었다. 그날 오전의 행사에서 나는 이미 그의 따분한 발표를 들은 터였다. 어찌나 카리스마가 넘치고, 확신에 차 있고, 확신을 심어 주던지 발표 내용도 제대로 이해하지 못하면서 나도 모르게 그의 주장이 모두 옳다는 생각이 들 정도였다. 나는 여기저기 기웃거리며 겨우 한두 마디 끼어드는 처지였는데, 내 이탈리아어 실력이 그와 같은 학술적이고 지적인 곳보다는 칵테일파티에나 더 어울리는 수준밖에 안 되었기 때문이다. 그는 발표를 하다가 어떤 대목에서 분노로 얼굴이 벌겋게 달아올랐는데, 그걸 보고서 나는 그의 주장이 명백히 옳다는 확신을 갖지 않을 수 없었다(다른 청중들도 그렇지 않았을까).

점심을 먹는 동안 그는 현실 세계보다 우리 인간의 마음을 장악하고 있는 인과관계 고리의 효과를 내가 보여 주었다며 입에 침을 튀겼다. 우리가 뷔페 음식 테이블에 바짝 붙은 채 대화에 열을 올리는 바람에 다른 참석자들이 음식에 접근을 하지 못할 정도였다. 그는 (손짓을 섞어서) 사투리 억양의 프랑스어로 말을 하고 나는 (역시 손짓을 섞어서) 서툰 이탈리아어로 대답하는 데다가 우리가 워낙 열을 내서인지 다른 참석자들은 감히 그 중요하고 활기찬 대화를 깨뜨릴 엄두를 내지 못했다. 그는 무작위성을 다룬 내 책 《능력과 운의 절묘한 조화》에 큰 감명을 받았노라고 했다. 그 책은 인생의 행운과 시장의 운을 포착하지 못하는 인간의 속성을 금융거래자 입장에서 분연히 서술한 것이었는데, 이탈리아에서는 'Giocati dal caso'라는 음악적인 제목으로 번역 출간되었다. 이탈리아어 번역자는 다행스럽게도 나보다도 더 이 주제에 정통한 사람이었기 때문에 얼마 안 되지만 이탈리아의 지식인들 사이에 이 책의 지지자가 생겨난 터였다. "나는 당신 아이디어의 열혈 팬입니다. 그런데 조금 아쉽더군요. 정말 나도 똑같은 아이디어를 가지고 있었는데, 하필 당신이 내가 쓰려고 하던 책을 먼저 써버렸으니 말이오." 그는 말을 이었다. "당신은 정말 운이 좋은 사람이오. 우연이 사회에 미치는 효과와 인과관계에 대한 과대평가를 너무나 설득력 있게 제시했어요. 당신은 기술을 **설명하려는** 우리 인간의 체계적인 시도가 실은 얼마나 어리석은 짓인지를 보여 줍니다."

그는 잠시 말을 끊더니 목소리를 낮춰 이렇게 덧붙였다. "그런데, 이 양반아. 〔엄지로 검지와 중지를 톡톡 가볍게 건드리며 아주 느린 말투로〕 모든 노력에는 보상이 따르고, 개인의 책임을 강조하는 말을 귀가 따갑도록 듣게 되는 프로

테스탄트 사회에서 태어났더라면 아마 당신은 그런 방식으로 세계를 바라볼 수는 없었을 거요. 행운의 의미를 재검토하고 '원인'과 결과를 분리해서 바라볼 수 있었던 것은 당신이 동방의 정통 지중해 문화 속에서 자란 덕분일 거요." 그는 원인(cause)이라는 단어를 프랑스어로 발음했다. 어찌나 확신에 차서 말을 하는지 순간적으로 나도 그의 해설에 귀가 솔깃할 정도였다.

인간은 이야기를 좋아하고, 요약하기를 좋아하고, 단순화하기를 좋아한다. 한마디로 인간은 환원시키기를 좋아한다. 우리가 이 장에서 검토하게 될 인간 본성의 첫 번째 문제점—앞의 이야기가 잘 보여 준 것—을 나는 **이야기 짓기의 오류**라고 부른다(사실 오류가 아니라 사기에 가까운 것이지만, 점잖게 오류라 부르기로 하자). 이 오류는 인간의 확대해석, 날것의 진실보다 압축된 이야기를 편애하는 경향과 연관이 있다. 이 오류는 세계에 대한 표상을 심하게 왜곡시키는데, 희귀한 사건과 관련해서 특히 심각해진다.

앞서 말한 이탈리아인 교수는 확대해석에 단호히 반대하고 원인을 지나치게 단순화하는 것을 경계하는 나의 입장에 동의했다. 그러나 그는 어떤 이유 또는 원인에서 벗어나서 나의 인생과 내가 쓴 책을 이야기의 일부가 아닌 어떤 것으로 보지 못했다. 그는 원인을 **발명**해 내야 했다. 게다가 그는 자신이 인과관계의 함정에 빠져 있다는 것을 깨닫지 못했으며, 사실 나 역시 순간적으로 그것을 깨닫지 못했다.

이야기 짓기의 오류는 연쇄적 사실들을 억지 설명이나 논리적 연결고리, 즉 **화살표**에서 벗어나서 바라보지 못하는 인간 능력의 한계를 가리킨다. 설명은 사실들을 엮는 작업이다. 그렇게 함으로써 무엇보다 기억하기가 용이해지며, **납득하기**가 용이해진다. 그리하여 우리가 이해했다는 느낌이 증폭되는 그 순간, 이러한 습성은 과녁을 빗나간다.

앞 장과 마찬가지로 이 장에서도 한 가지 문제만 다룰 예정인데, 얼핏 보면 여러 학문 분과들에 걸쳐 있는 문제처럼 보일지도 모르겠다. 주로 심리학자들이 이 문제를 집중적으로 다루긴 했지만, 이것은 '심리학적인' 문제가 아니다. 여러 학문 분과들이 디자인된 방식 때문에 헷갈리겠지만, 사실 이 문제는 일반적으로 **정보**의 문제로 보는 것이 타당하다. 이야기 짓기 자체는 차원 축소(환원)라는 인간의 뿌리 깊은 생물학적 요구에서 비롯된 것인데, 로봇은 이와 똑같은 환원 처리에 능숙하다. 정보 자체가 환원되기를 **원하는** 것이다.

독자 여러분의 현 위치를 다시 한 번 점검해 보자. 앞 장에서 귀납의 문제를 살펴보면서 우리는 보이지 않는 것, 즉 우리의 정보 집합 **바깥에 존재하는 것**에 대해 무엇을 추론할 수 있는지 검토해 보았다. 그러나 이 장에서는 우리는 보이는 것, 즉 우리의 정보 집합 **안에 존재하는 것**에 주목하면서 그 정보를 처리하는 과정에서 일어나는 왜곡들을 검토해 볼 것이다. 이 주제와 관련해서 할 말이 많지만, 나는 우리를 둘러싼 세계의 단순화와 그것이 검은 백조와 광폭한 불확실성에 대한 인간의 지각 능력에 미치는 영향에 초점을 맞추려고 한다.

좌우 반구 분리증이 말해 주는 것들

반(反)논리를 찾아내는 것은 정말 흥분되는 일이다. 몇 달 동안 새로운 세계를 발견한 듯한 흥분된 감정을 느끼기도 한다. 그런 다음 새로운 느낌은 점점 약해지고 우리는 다시 일상의 쳇바퀴로 돌아간다. 삶은 다시 따분해지고, 우리는 또 다시 흥분을 느낄 만한 대상을 찾는다.

이러한 반논리 하나가 문득 나를 찾아왔다. 인지 작용에 관한 글 덕분이었는데, 갑자기 흔히 사람들이 생각하는 것과는 달리 **이론화하지 않기**야말로 적극적인 행동이며 이론화하기는 의지를 가진 행동의 결핍, 즉 옵션 자체의 결함에 따른 결과임을 깨닫게 된 것이다. 판단을 유보하고 설명 욕구를 억제하면서 있는 그대로 사실들을 바라보기 위해서는(그리고 그것들을 기억하기 위해서는) 상당한 노력을 쏟아야 한다. 게다가 '이론화'하기라는 병은 참으로 제어하기가 어렵다. 그것은 대체로 우리의 해부학적 · 생물학적 속성이어서 그것을 이겨 내기 위해서는 자신의 자아를 이겨 내야 한다. 그래서 판단을 유보하라는 고대 회의주의자들의 가르침은 인간의 본성을 거스르라는 명령이다. 말처럼 쉬운 일이 어디 있겠는가. '충고만 늘어놓는 철학'에 대해서는 제13장에서 별도로 살펴볼 예정이다.

자신의 해석을 존중하면서 진정한 회의주의자가 되려고 하다가는 곧바로 기진맥진하게 될 것이다. 이론화에 맞서는 것은 또한 체면 손상을 초래할 수 있다(진정한 회의주의에 도달하는 몇 가지 요령이 있기는 한데, 자기 자신에 대한 정면 공격에 가담하지 않고 슬그머니 뒷문으로 나가야 한다는 것이 문제다). 해부학적 관점에서 인간의 뇌는 대상을 해석 없이 원형 그대로 볼 수가 없다. 그런데 우리는 대개 그것을 의식조차 하지 못한다.

사후 합리화(사건들의 단순한 선후 관계를 인과관계로 혼동하는 오류—옮긴이). 어떤 실험에서 심리학자들이 실험에 참여한 여성들에게 나일론 스타킹 열두 켤레를 보여 주면서 마음에 드는 것을 고르도록 한 다음 그 이유를 설명하도록 했다. 실험 참여자들은 주로 원단, 느낌, 색상 등을 이유로 꼽았다. 그런데 실은 그 실험에서 제공된 스타킹은 모두 똑같은 제품이었다. 실험 참여자들은 먼저 선택을 한 다음에 이유를 만들어 냈던 것이다. 이것은 우리 인간이 이해보다 설명에 더 능한 존재임을 보여 주는 것이 아닐까?

좌우 반구 분리증(뇌의 좌반구와 우반구가 별개로 작용하는 증상—옮긴이) 환자들을 대상으로 실시된 일련의 유명한 실험은 해석 활동의 자동성에 대한 설득력 있는 물리적 증거, 즉 생물학적 증거를 제공해 준다. 우리 안에는 정확히 어딘지는 몰라도 마치 '설명 기관'이 있는 듯하다. 이 기관의 존재가 어떻게 탐지되었는지 한번 보기로 하자.

좌우 반구 분리증 환자들은 뇌의 좌우 반구 사이에 아무런 연결 조직도 없기 때문에 서로간에 정보 교류가 일어나지 않는다. 학자들에게 이런 환자들은 희귀하고 값비싼 보석이나 다름없다. 우리는 마치 서로 다른 두 사람이 있는 것처럼 좌우 반구와 따로따로 의사소통을 할 수 있다. 좌우 반구 분리증은 주로 심각한 간질처럼 그보다 더 위중한 병을 치료하기 위한 외과 수술의 부작용으로 나타난다. 지금은 서구 세계에서는 지식이나 지혜를 얻기 위한 것이라고 해도 인간의 뇌를 반으로 절단하는 행위는 금지되고 있다.

이제 그런 좌우 반구 분리증 환자에게 어떤 행동—손가락 들기, 웃기, 삽자루 쥐기 따위—을 하도록 시켰다고 하자. 그런 다음 그가 자신의 행동에 어떤 이유를 대는지 한번 들어 보라. 오른손잡이 환자의 좌반구와 분리된 우반구에게 어떤 행동을 하게 한 다음 좌반구에게 그 행동에 대해 설명을 해보라고 하면 그 환자는 (사실 당신이 그렇게 하도록 시켰다는 것 말고 다른 이유가 없는 것이 분명할 때에도) 변함없이 어떤 해석을 내놓을 것이다. "나는 천장을 가리켰는데, 왜냐하면…" "벽에 뭔가 재미있는 게 붙어 있었기 때문에…" 등등. 내가 좌우 반구 분리증 환자라면 아마 이렇게 대답하지 않을까? "나는 그리스정교를 믿는 레바논 북부 아미온 출신이기 때문에…."

이와 반대로, 즉 좌반구에게 어떤 행동을 하게 한 다음 우반구에게 그 이유를 물어보면 돌아오는 반응은 그저 "모르겠는데요"라는 밋밋한 대답뿐일 것이다. 좌뇌가 언어와 추론 능력을 관장하는 부위임을 상기하기 바란다. 여기서 나는 '과학'에 허기진 독자들에게 신경 지도를 그려 보려는 시도는 그만두라고 말씀드리고 싶다. 나의 목적은 인과관계를 관장하는 곳이 정확히 어디인지를 찾는 데 있는 것이 아니라 인과관계를 찾으려는 경향의 생물학적 토대를 보여 주는 데 있다. 우리는 '우뇌/좌뇌'의 구분이나, 그것을 추종하여 인간의 성격을 일반화시키는 대중과학서들의 논리를 의심할 만한 충분한 근거를 가지고 있다. 좌뇌가 언어를 관장한다는 생각도 그다지 정확하지 않을지도 모른다. 정확히 말하면 좌뇌는 패턴 인식을 수행하는 부위가 존재하는 곳으로, 언어가 패턴 인식적 속성을 갖고 있는 한에서만 좌뇌가 언어를 관장한다. 좌뇌와 우뇌의 또 다른 차이는 우뇌가 새로운 것을 다루는 곳이라는 점이다. 우뇌는 일련의 사실들(개별적인 것, 즉 나무들)을 보는 반면에 좌뇌는 패턴(일반적인 것, 즉 숲)을 지각한다.

다음 실험은 인간의 생물학적인 이야기 의존성을 잘 보여 준다. 먼저 다음 문장을 읽어 보라.

A BIRD IN THE
THE HAND IS WORTH
TWO IN THE BUSH

뭔가 특이한 점이 보이는가? 없다면 다시 읽어 보라![†]

시드니에서 활동하는 뇌과학자 앨런 스나이더는 오른손잡이의 좌반구 활동을 억제하면 위 문장을 읽을 때의 오류 비율이 낮아진다는 사실을 발견했다. 의미와 개념을 집어넣으려는 인간의 성향은 개념을 구성하는 세부사항들에 대한 지각을 차단한다. 그래서 좌뇌 활동을 억제하면 좀 더 '사실적'이 되는 것이

† 정관사 The가 이중으로 쓰였다.

다. 다시 말해서 사물의 그림을 극히 세밀할 정도로 그려 내게 되고, 대상을 그 자체로 보는 데는 능해지는 대신에 이론 · 이야기 · 선입견 따위는 제거해 버린다는 것이다.

해석 작용을 피하기가 어려운 까닭은 무엇일까? 이탈리아인 교수 일화에서 보았듯이 인간의 뇌 기능이 종종 지각의 바깥에서 작동한다는 것이 그 열쇠다. 마치 호흡처럼, 해석 작용은 자동화된 통제력 바깥의 다른 활동들을 수행하면서 동시적으로 행해진다.

그렇다면 이론화하지 않기가 이론화하기에 비해 훨씬 더 많은 에너지를 지출하게 만드는 까닭은 무엇일까? 첫 번째는 그러한 작용의 불가입성(개입하기 어려운 성질—옮긴이)이다. 앞에서 나는 그러한 활동의 대부분이 우리의 의식 바깥에서 일어난다고 말했다. 자신이 추론을 행하고 있다는 사실 자체를 모르는 상태라면 지속적인 경계 태세를 취하고 있지 않는 한 그것을 중단할 수 있겠는가? 또 지속적으로 경계 태세를 취한다면 피곤하지 않겠는가? 못 믿겠다면 반나절 정도만 직접 시도해 보라.

도파민 공급이 늘어날수록

좌뇌-해석자 가설 말고도 우리는 인간의 선천적인 패턴 추구 성향에 대한 생리적 증거들을 가지고 있다. 이는 신경전달물질들, 즉 뇌 부위들 간에 신호를 전달하는 화학물질들에 대한 지식이 늘어나는 데 힘입은 것이다. 연구에 따르면 인간의 패턴 인식 능력은 뇌에 도파민이 집중될 때 증가한다고 한다. 도파민은 또한 기분을 조절하고, 뇌 내부의 보상 체계를 유지해 준다(오른손잡이의 경우 우뇌보다 좌뇌에 근소하게나마 도파민이 더 집중된다는 사실이 발견되었는데, 어쩌면 당연한 일이다.) 도파민 공급이 늘어날수록 회의주의적 태도는 감소하고 패턴의 변화에 민감하게 반응한다. 예컨대 파킨슨병 환자들에게 주로 사용되는 L-도파를 주사하면 그러한 활동이 활성화되는 대신 의심하는 태도는 약해진다. 그렇기 때문에 점성술, 미신, 경제학, 타로 카드 점 등에 쉽게 빠진다.

이 원고를 쓰는 동안 나는 어떤 환자가 의사를 상대로 20만 달러짜리 소송을 제기했다는 소식을 들었다. 도박에서 잃은 20만 달러의 손실을 보상하라는 소송으로, 파킨슨병을 앓고 있는 원고가 의사의 처방 때문에 카지노에서 무리한 베팅을 했다는 것이었다. 어쨌든 L-도파 처방이 적지만 무시할 수는 없는 수의 환자들에게서 도박 중독을 일으키는 부작용이 있다는 것이 이 소송으로 드러났다. 도박벽은 무작위 수에서 일정한 패턴을 읽어 낼 수 있다는 믿음으로부터 생기는 것으로, **지식과 무작위성 사이의 관계**를 잘 보여 준다. 이것은 또한 우리가 '지식'이라 부르는 것(그리고 내가 이야기라고 부르는 것)의 몇몇 측면에는 일종의 병적 요소가 있다는 것도 보여 준다.

다시 한 번 경고해 두지만, 나는 인간의 확대해석의 **이유**로서 도파민에 초점을 맞추고 있는 것이 아니다. 내 말의 핵심은 그러한 작용에는 생리적 · 신경학적 상관관계가 있다는 것, 인간의 마음은 대체로 인간 신체의 희생자라는 것이다. 인간의 마음은 생물학의 포로로 수감된 처지여서 정교한 탈출 계획 없이는 거기서 벗어날 수가 없다. 내가 강조하고자 하는 것은 그러한 추론을 통제할 능력이 우리에게 없다는 사실이다. 어쩌면 내일 누군가가 인간의 패턴 인식을 가능하게 해주는 또 다른 화학적 혹은 생물학적 근거를 찾아낼지도 모른다. 또는 좀 더 복잡한 어떤 체계의 역할을 밝힘으로써 좌뇌-해석자 가설을 반박할지도 모른다. 그러나 그렇다고 해도 인과관계 인식이 생물학적 토대를 가지고 있다는 주장이 부정되지는 않는다.

안드레이 니콜라예비치의 법칙

인간의 이야기 짓기 성향에 대해 더 심오한 또 다른 근거가 있는데, 그것은 심리학과는 무관한 것이다. 그것은 시스템 내에서 정보의 저장과 검색에 미치는 질서의 효과와 관련이 있다. 이것은 여기서 설명하고 넘어갈 가치가 있는데, 그것은 내가 확률과 정보 이론의 핵심 문제라고 여기는 것 때문이다.

첫 번째 문제는 정보는 **얻는 데 비용이 든다**는 것이다.

두 번째 문제는 정보는 뉴욕의 부동산처럼 **저장하는 데에도 비용이 든다**는 것이다. 더 질서 있고, 덜 무작위적이고, 패턴이 있고, 이야기 구조를 갖추고 있을수록 일련의 사실들을 마음속에 저장하거나 하다못해 먼 훗날 손자손녀들이 읽을 수 있도록 책의 형태로 긁적거려 놓기가 쉽다.

마지막으로, 정보는 조작하고 검색하는 데에도 비용이 든다.

뇌세포는 1000억 개가 넘기 때문에 저장 능력 자체에는 어려움이 없다. 문제는 정보 색인 작업이다. 의식기억 또는 작업기억, 즉 여러분이 지금 이 문장들을 읽고 그 의미를 이해하기 위해 사용하는 기억은 전체 기억 공간의 극히 일부에 지나지 않는다. 가령, 여러분의 작업기억이 일곱 자리 이상의 전화번호를 기억하기에도 벅차다고 하자. 아니, 비유를 약간 바꿔서 여러분의 의식이 의회도서관의 책상 하나에 불과하다고 생각해 보자. 의회도서관 장서가 얼마나 되든, 대출할 수 있는 책이 몇 권이나 되든, 그 책상의 크기로 인해 작업의 한계가 설정된다. 따라서 의식적인 작업을 수행하는 데에는 압축이 절대적으로 필요하다.

가령, 단단하게 결합된 단어 덩어리로 500쪽짜리 책 한 권을 구성한다고 해 보자. 만일 이 단어들이 사전에서 전혀 예측할 수 없는 방식으로 뽑아낸 순수하게 무작위적인 것들이라면 우리가 의미 있는 뭔가를 놓치지 않으면서 이 책을 요약하거나, 전달하거나, 혹은 환원한다는 것은 불가능하다. 계획 중인 시베리아 여행에 무작위적인 10만 개의 단어들의 정확한 의미를 가져가기 위해서는 10만 개의 단어를 그대로 가져가야 한다. 이번에는 정반대의 경우를 생각해 보

자. "우리 회사 사장은 우연히 적시에 적소에서 활동한 행운아인데, 그 행운은 전혀 감안하지 않은 채 회사에 성공에 대한 보상을 요구하고 있다"라는 문장만 반복적으로 씌어진 책이 있다고 하자. 매 쪽당 이 문장이 열 번씩 반복되며, 똑같은 페이지가 500번 반복되는 책이다. 이 책 전체는 21개의 단어로 구성된 이 문장 하나로 압축될 수 있다. 이 압축된 핵으로부터 완전히 똑같이 전체를 재생할 수도 있다. 이처럼 패턴, 즉 연쇄의 규칙을 발견하면 더 이상 전체를 다 기억할 필요가 없다. 패턴만 저장하면 된다. 여기서 알 수 있듯이 패턴은 날 정보에 비해 명백히 훨씬 더 압축적이다. 우리가 할 일은 이 책을 들여다보며 규칙을 찾아내는 것이다. 위대한 확률론자인 안드레이 니콜라예비치 콜모고로프는 이런 맥락으로 '무작위 정도'의 개념을 정립했다. 이 개념은 그의 이름을 따서 '콜모고로프의 복잡성'이라 불린다.

우리는 영장류 가운데 인간 종의 성원으로 규칙에 대한 허기를 가지고 있다. 그것은 주어진 문제의 차원을 축소시켜 그것들을 우리 머릿속에 집어넣기 위한 것이다. 아니, 안타깝지만 **우겨 넣는다**는 표현이 더 정확하다. 정보가 무작위적일수록 차원이 더 커지며, 따라서 요약하기가 더 어려워진다. 거꾸로, 요약할수록 더 질서 정연해지고 무작위성은 감소한다. 말하자면, **단순화를 강요하는 바로 그 조건이 세계를 실제보다 덜 무작위적인 것으로 여기게끔 만드는 것이다**.

검은 백조는 단순화 작업에서 버려지는 부분이다.

예술적 작업과 과학적 작업도 차원을 줄이고 사물에 질서를 부여하려는 인간 욕구의 산물이다. 우리를 둘러싼 세계, 수조 개의 세부요소로 가득 찬 세계를 생각해 보라. 그 세계를 기술해 보라. 아마 여러분은 한 가닥의 실로 세계를 직조하고 싶은 유혹을 느끼는 자신을 발견하게 될 것이다. 소설, 이야기, 신화, 민담 등은 모두 똑같은 구실을 한다. 그것들은 세계의 복잡성으로부터 우리를 구출해 주며, 우리에게 세계의 무작위성으로부터의 피난처를 제공해 준다. 신화는 인간 지각의 무질서와 지각된 '인간 경험의 카오스'에 질서를 부여한다.†

실제로 심각한 심리적 질병들은 주변 환경에 대한 통제력—주변 환경에 대한 '이해' 능력—을 상실했다는 느낌을 동반한다.

플라톤적 태도는 여기에서도 우리에게 영향을 미친다. 흥미롭게도 질서를 향한 바로 그 욕구가 과학 탐구에도 적용되는 것이다. 바로 그것이다. 예술과 달리 과학의 목적은 조직된 느낌을 얻거나 기분을 전환하는 데 있는 것이 아니라 진리에 도달하는 데 있다. 그런데도 우리는 지식을 심리 치료 요법으로 사용하는 경향이 있다.

죽음을 더 잘 기억하는 법

다음 이야기는 이야기 짓기의 강력한 힘을 잘 보여 준다. "왕이 죽었고 왕비가 죽었다." 이 문장을 다음 문장과 비교해 보라. "왕이 죽었다. 그러자 왕비가 슬픔에 빠져 죽었다." 이것은 단순한 정보의 나열과 플롯을 구분하기 위해 소설가 E. M. 포스터가 예로 든 문장이다. 연결부에 주목하기 바란다. 두 번째 문장은 첫 번째 문장에 몇 가지 요소를 더했는데도 전체의 차원은 경감되었다. 두 번째 문장은 전달이 더 잘되고, 기억하기도 더 쉽다. 두 개의 정보가 하나의 정보로 통합되었다. 기억하기가 쉬워진 만큼 다른 사람들에게 팔기도 쉽다. 말하자면 패키지로 판매할 수 있게 된 것이다. 이것이 **이야기 짓기**의 정의이자 기능

---

† 프랑스 소설가 조르주 페렉은 전통적인 이야기 구조를 파괴하고 세계를 최대한으로 넓고 크게 서술하려고 시도한 바 있다. 그는 1974년 10월 18일에서 20일 사이에 생-쉴피스라는 공간에서 일어난 일을 모조리 서술해 내겠다고 시도했다. 그러나 그의 작품 역시 본래의 의도보다는 협소하게 씌어져, 역시 또 하나의 서술 구조를 갖추고 만다.

이다.

이야기 짓기가 어떻게 확률 예측에서 오류를 유도하는지 보고 싶다면 다음과 같은 실험을 해보라. 누군가에게 잘 짜여진 추리소설을 읽힌다. 애거서 크리스티의 작품처럼 등장인물 모두가 범인일 개연성이 있는 추리소설이면 좋겠다. 그런 다음 작품을 읽은 실험 참여자에게 등장인물 각각이 범인일 확률을 물어보라. 실험 참여자들이 종이에 써서 계산하지 않고 대답하는 경우에 대개 각 등장인물이 범인일 가능성을 모두 합하면 100퍼센트를 훨씬 초과하기 마련이다(잘 쓰여진 작품의 경우 200퍼센트를 초과하기도 한다). 뛰어난 작가의 작품일수록 확률을 합한 수치는 올라간다.

좀 오래된 것들의 기억

이야기와 **인과관계**에 대한 집착은 차원 축소하기라는 동일한 질병의 다른 징후들이다. 게다가 인과관계와 마찬가지로 이야기도 연대기적 차원을 가지고 있으며, 따라서 시간의 흐름에 대한 인식을 유도한다. 인과관계는 시간을 한 방향으로만 흐르게 하는데, 이야기도 마찬가지다.

그런데 기억과 시간의 화살표가 혼동을 일으킬 수 있다. 다음과 같은 이유로 이야기가 과거의 사건들에 대한 기억에 악영향을 미칠 수 있는 것이다. 우리는 과거의 사실들 중에서 어떤 이야기에 꼭 들어맞는 것들은 더 쉽게 기억하는 데 반해 그 이야기 속에서 인과적 역할이 **없는 듯이 보이는** 것들은 무시해 버리는 경향이 있다. 우리는 '그다음에 무슨 일이 일어났지?'라는 질문의 대답을 아는 상태에서 기억 속의 사건들을 회상한다는 사실을 생각해 보라. 어떤 문제를 해결하려 할 때 그 이후의 정보를 무시하는 것은 말 그대로 불가능하다. 사건들의 실제 순서가 아니라 재구성된 사건의 순서를 떠올리는 이 단순한 무력함이 실제 역사보다 되돌아본 역사를 훨씬 더 설득력 있어 보이게 만든다.

전통적인 지식에서는 기억이란 컴퓨터 디스켓처럼 자료를 차례차례 이어서 기록하는 장치로 여겨진다. 그러나 실제 기억은 마치 같은 종이 위에 글을 계속 쓰는 것과 같아서(혹은 처음의 글을 새로 고쳐 쓰는 것과 같아서)— 정적인 것이 아니라— 역동적이다. 이는 그만큼 과거의 정보가 강력한 힘을 발휘해 주기 때문이다. [19세기 프랑스 시인 샤를 보들레르는 인간의 기억을 팰림프세스트(palimpsest), 즉 이전에 쓴 글을 지우고 그 위에 새로운 글을 쓴 양피지로 비유한 바 있다. 탁월한 통찰력이다.] 기억은 역동적이되 단순히 스스로 새롭게 보충해 나가는 자동기계는 아니다. 새로운 사건이 발생하면 우리는 이 최신 사건을 기억하면서 이전의 기억에 이를 덧붙여 **매번 새로운 이야기를 만들어 내는** 능력을 자기도 모르게 발휘하지 않는가.

요컨대 우리는 인과관계의 사슬 속에서 기억을 끄집어내고, 무의식적으로 이를 수정해 나간다. 우리는 새로 발생한 사건까지 감안하여 논리적으로 들어맞는 방향으로 끊임없이 새로운 이야기 짓기를 되풀이한다.

뇌의 특정 부위가 더욱 강하게 활성화되면 연결망이 두터워지는데, 이렇게 해서 기억이 견고해진다. 활성화가 될수록 기억은 더 명료해진다. 이런 과정을 '반향'이라 부른다. 우리는 기억이 견고하고 불변이며 서로 단단히 연결되어 있다고 믿지만, 이는 사실과 달라도 한참 다르다. 이야기 짓기에 들어맞는 쪽으로 정보를 사후에 선택함으로써 기억이 더욱 생생해지는 것이다. 한마디로 말해 어떤 기억들은 만들어진 것이다. 안타깝지만 법정에서도 이런 일이 발생한다. 법정에 출석한 사람들은 가설적 차원의 논리를 듣기만 해도 아동학대가 실제로 일어난 듯 생각하게 되는 것이다.

미치광이의 이야기 짓기

지나간 사건들을 자기식으로 풀이하는 길은 수도 없이 많다.

편집증에 걸린 사람들의 행동을 생각해 보자. 나와 같이 일하던 동료 중에 평소에는 편집증을 숨기다가도 가끔 드러내던 사람이 있었다. 이런 사람들은 옆 사람을 깜짝 놀라게 할 정도로 말도 안 되는 논리를 정말로 그럴듯하게 내놓는 놀라운 능력을 발휘할 때가 있다. 내가 뭔가 좋지 않는 세상 일에 대해 언급하다가 "난 …할까 봐 두려워"라고 말하면 그는 내 말을 곧이곧대로 해석해서 내가 진짜로 어떤 공포감 같은 것을 겪고 있다고 받아들인다. 그래서 내 말이 편집증을 앓는 그의 마음속에서 어떤 공포 경험을 격발시키는 것이다. 이런 증상을 갖고 있는 사람은 정말로 하찮은 일도 하나하나 긁어모아 자신에 대한 음모가 진행되고 있다는 논리를 정교하고 일관되게 만들어 낸다. 과대망상에 빠진 편집증 환자 열 명이 있다면, 똑같은 사건에 대해서 저마다 그럴듯한 10개의 풀이가 나오게 된다.

내가 일곱 살 때 학교 선생님께서 보여 주신 그림이 있다. 내 기억으로는 중세 프랑스의 후덕한 왕이었는데, 어쨌든 어떤 자선가가 열어 준 잔치에 가난한 사람들이 한데 모여 있는 장면이었다. 이 인물들은 수프 그릇을 입에 물고 있었다. 이 사람들이 왜 그릇에 코를 박고 있을까, 하고 선생님께서 질문을 던졌을 때 나는 대답했다. "식사 예절을 안 배웠으니까요." 선생님의 대답은 달랐다. "아니에요. 배가 고파서 그런 거예요." 나는 답이 틀려서 부끄러웠지만 어째서 선생님의 풀이가 더 맞는 것인지 이해가 되지 않았다. 아니 내 대답이나 선생님의 말씀이나 모두 틀릴 수도 있다고 생각하기도 했다('그때는 은식기가 없었으니까 떨어뜨리면 깨질까 봐'라는 대답이 혹시 맞는 건 아니었을까).

사건에 대한 주관적 풀이가 빚어내는 오류는 우리의 지각 작용 때문에 생기기도 하지만, 논리 자체에서 생겨나기도 한다. 사건에 대한 단서가 아무것도 없는 상태에서 편집증 환자는 어떻게 완벽한 관찰과 철두철미한 논리 법칙에 따른 듯한 풀이를 해내는 것일까? 똑같은 자료를 놓고 두 사람이 서로 양립할 수 없는 주장을 내놓고 있다고 하자. 동일한 사실에 대해 두 가지 풀이가 존재할 수 있기 때문에 두 사람의 주장 모두 완벽히 성립한다고 해야 할까? 당연히 그렇지 않다. 하나의 사실에 대해서 100만 가지의 설명이 얼마든지 가능하다. 그러나 정말로 올바른 풀이는 우리가 알 수 있든 없든 하나만 존재한다.

논리학자 콰인은 주어진 사실들에 대한 논리적 풀이나 이론은 여러 부류가 있을 수 있다는 유명한 주장을 내놓은 바 있다. 그의 주장은 얼토당토않은 논리라고 해서 진실이 아니라고 말할 수는 없다는 혜안을 열어 준다.

콰인은 하나의 글을 여러 언어로 번역할 때 생기는 어려움을 논하는 과정에서 이런 문제를 제기한 것이다. 그에 따르면 어떤 문장을 다른 언어로 옮기는 방법은 무한하다.(물론 꼬치꼬치 따지기 좋아하는 사람은 콰인의 주장에 모순이 있다고 지적하려 들 것이다. 그렇지만 모순을 지적하는 논리도 여러 가지로 나타날 수 있지 않은가.)

그렇다고 해서 인과관계를 찾기를 포기하자는 것은 아니다. 내가 말하려는 것은 이야기 짓기의 오류를 피하는 방법이 있다는 것이다. 어떻게 오류를 피할 수 있는가? 가설을 세우고 실험으로 검증할 수도 있고, (제2부에서 살펴보겠지만) 검증 가능한 방법으로 예견을 하면 될 것이다.† 그러한 심리학 실험을 소개하고자 한다. 실험은 미국의 테네시 주, 중국, 프랑스 등에서 표본을 추출하여 이루어졌다.

---

† 이러한 검증법에서는 검증 주체로 하여금 성공과 실패의 가능성을 모두 고려하도록 하기 때문에 이야기 짓기의 오류나 확증의 오류를 피할 수 있게 해준다.

이야기 짓기와 심리 치료

이야기 짓기는 지난 사건을 다시 서술하여 예상과 기대를 가능하게 함으로써 실제 현실보다 무작위성이 적어지게 만든다. 이러한 이야기 짓기는 무작위성이 가하는 고통을 피해 가는 치료제 역할을 한다.

예컨대 교통사고는 자신에게 직접적인 책임이 없는 경우에도 뒷날까지 쓰라린 기억으로 남는 불쾌한 사건이다. 관련된 사람은 자신 때문에 탑승객들이 다쳤다고 괴로워하며, 조금만 주의를 했다면 사고를 피할 수 있었을 것이라고 끊임없이 되새긴다. 이때 마음은 '평소보다 3분만 늦게 일어났더라면 사고를 피할 수 있었을 거야' 하는 식으로 사건의 줄기에서 가지를 치며 다른 대안을 찾아 헤맨다. 후회와 죄의식에 시달리다 보면, 탑승자를 다치게 할 의도는 없었다는 생각이 마음을 가득 채운다. (금융시장처럼) 우연적 요소가 크게 작용하는 분야의 직업인들은 지나간 사건들이 남기고 간 쓰라린 상처에 더 크게 시달린다. '거래 가격이 최고였을 때 포트폴리오를 정리했어야 했는데' '그 주식은 일 년 전만 해도 휴지 수준이었는데, 그때 사뒀더라면 지금쯤 예쁜 컨버터블을 몰고 있을 텐데' 등등. 이처럼 당첨된 복권이나 다름없는 거래를 투자자에게 해주지 못했을 때 우리는 "실수했군," 혹은 "실수 연발이군" 하며 우리가 벌인 무모한 투자를 사과해야겠다고 느낀다(물론 무모한 투자라는 것도 사후에 평가된 결과다).

심장이 고동치는 괴로움에서 벗어날 방도가 있을까? 억지로 피하려 하면 더 큰 고통으로 되돌아오는 법이다. 좀 더 나은 해결책은, 어차피 피할 수 없는 사태였다고 생각하는 것이다. "어차피 일어날 수밖에 없는 일이었는데 무슨 사과를 한다는 거야?" 이때 이야기 짓기가 등장한다. 고통스러운 증상에 시달리는 환자로 하여금 매일 15분씩 그 고통을 일기로 쓰게 하면 한결 나아진다고 한다. 이런 방식을 적용하면 죄의식이나 책임감으로부터 조금은 벗어날 수 있다. "어차피 일어날 수밖에 없는 일이었으니까."

무작위성이 지배하는 직업에 종사하는 사람은 사후 결과를 기준으로 과거의 행동을 평가하는 소모적인 굴레에 얽매이기 쉽다. 일기를 쓰는 일 따위는 이런 분야에서 최소한의 출발점이 된다.

정밀하고 세세한 분석이 만능인가

우리는 추상적인 것이라면 가슴속 깊이 넌더리 친다.

2003년 12월 사담 후세인이 체포되었을 때 블룸버그 뉴스는 오후 1시 1분에 이런 자막 속보를 내보냈다. "재무부 채권 상승. 후세인 체포가 테러리즘 진압에 기여 못할 듯."

뉴스 매체는 시장 변동이 생길 때마다 '이유'를 붙여야 한다는 강박감을 갖는 법이다. 그러니까 이로부터 30분 후, 또 다른 속보를 내보내야 할 일이 생겼다. 재무부 채권이 하락한 것이다(재무부 채권은 특별한 사정 없이도 하루 종일 거래가가 오르락내리락한다). 블룸버그 뉴스는 이번에는 다른 '이유'를 대야 했는데, 이번에도 사담 후세인이었다. 오후 1시 31분의 자막을 보자. "재무부 채권 하락. 사담 후세인 체포로 위험률 높은 자산으로 자금 몰려."

똑같은 사건을 놓고 완전히 반대되는 자막이 나온 것이다. 누가 보더라도 이런 일은 있을 수 없다. 채권 가격 상승과 하락을 이렇게 연결할 수는 없는 법이다.

언론인들은 이야기 짓기를 번드레하게 하기 위해 아침마다 간호사를 졸라서 도파민 주사를 맞는 것일까?(재미있는 점은, 운동 선수들이 불법 약물을 복용한다는 뜻으로 쓰이는 'dope'라는 단어가 **도파민**(dopamine)과 같은 어근을 가진다는 사실이다.)

이런 일은 도처에서 발견된다. '원인'은 뉴스를 의심 없이 받아들이게 하고 더 손에 잡힐 듯 느껴지게 한다. 선거에서 패배한 후보의 눈앞에는 유권자의 불만을 자아낼 수밖에 없었던 갖가지 '원인'이 등장한다. 어떤 이유도 그럴듯해 보인다. 다만 언론은 즐비한 '사실 검증 부대'를 내세워 자신들의 분석을 '그럴듯해' 보이게 할 뿐이다. 마치 지겨울 정도로 정밀하고 세세한 분석을 끝없이 진행함으로써 오류에 묻히기를 원하는 듯 보이기도 한다(우화 작가들처럼 얼추 그럴듯해 보이는 수준에는 만족하지 못한다).

처음 만나는 사람의 신상 정보가 아무것도 없을 때, 우리는 그 사람의 혈통이나 성장 배경을 중요한 요인으로 여기는 경향이 있다. 앞서 이탈리아 교수가 나에 대해 말한 것도 같은 이치다. 성장 배경이 오히려 그 사람을 잘못 판단하게 할 수도 있지 않은가? 나는 나처럼 성장 과정에서 전쟁을 겪은 증권거래사들을 상대로 이들이 나처럼 회의적 경험주의자인지를 직접 경험적으로 검증해 본 적이 있다. 이들 26명의 금융거래자 중에 회의적 경험주의자는 단 한 명도 없었다. 혈통을 따지는 일은 뭔가 엄청난 이야기를 만들어 줌으로써 인과관계를 채워 넣으려는 우리의 속성을 만족시켜 준다. 온갖 풀이와 설명들이 모이는 쓰레기 집하장에서 새롭고 근사한 논리가 발견될 때까지 이런 일은 그치지 않는다(예를 들면, '설득력 있는' 진화론적 논리를 개발했다, 등등). 사람들은 '민족성'이라는 이야기를 꾸며 냄으로써 스스로를 기만한다. 그러나 《사이언스*Science*》에 실린 65명 공저 논문이 이 '민족성' 개념이 철저한 허구임을 통렬하게 밝혀낸 바 있다.('민족성'이 영화의 단골 소재로 등장하고 있지만, 이는 아무런 경험적 타당성을 갖지 않는 플라톤적 관념에 불과하다. 또 영국인이든 영국인이 아닌 사람이든, 영국인의 '민족적 기질'이란 것이 존재한다고 헛되게 믿고 있다.) 경험적으로 볼 때, 민족성보다는 성별이나 계급, 직업 따위가 한 사람의 행동에 오히려 더 큰 영향을 미친다.(스웨덴 출신 남성은 스웨덴 출신 여성보다는 토고 출신 남성과 비슷할 것이다. 페루 출신 철학자는 페루 출신 수위보다는 스코틀랜드 출신 철학자와 비슷할 것이다.)

과도한 원인 찾기의 오류는 언론인만이 아니라 일반 대중도 마찬가지로 범한다. 통계학 강의를 단 1달러에 연다고 해도, 따분한 대학 강의실을 연상시키는 이 강의를 돈 주고 들을 사람은 없을 것이다. 사람들이 원하는 것은 이야기다. 이야기만 재미있으면 그뿐이다. "이런 이야기들이 이미 벌어진 사실을 제멋대로 왜곡시켰는지 철저하게 검증하면 되는 것 아닌가? 거짓말로 가득 찬 논픽션보다는 픽션이 오히려 진실을 드러내 주는 것 아닌가? 철저한 사실 검증을 거친다는 ABC 뉴스보다는 오히려 우화나 이야기들이 더 진실에 가까운 것 아닌가?" 이렇게 생각하는 사람들이 많을 것이다. 그러나 명심하자. 신문은 순수한 사실만 추구한다고 하지만, 결국 '이러저러해서 이렇게 되었다'는 식의 원인 진단을 했다는(혹은 새로운 지식을 축적했다는) 인상을 주도록 꾸며진 이야기를 짓고 있는 것이다. 안타깝지만, 사실 검증 부대는 있을 수 있지만 '지적 검증 부대'는 존재하지 않는다.

언론인만 특별히 문제인 것은 아니다. 이야기 형식을 취하여 이루어지는 학문의 세계에서도 같은 일이 벌어진다. 다만 좀 더 점잖은 언어로 포장될 뿐이다. 이들이 '예견'을 어떻게 하는지는 제10장에서 살펴볼 것이다.

평판에 연연하는 언론인이나 유명 지식인들은 우리로 하여금 세상을 명쾌하게 꿰뚫어 보지 못하게 하는 데에도 일조한다. 이들은 세상을 실제보다 더 복잡다단하게 느껴지게 한다. 그러니 앞으로 세계적 사건이 화제에 오르는 자리에 가게 되면 우리는 오히려 잘 모른다고 고백하되, 제꺽 나오는 원인 진단에 대해서는 의심의 눈길을 보내 줄 일이다. 그러면 사람들은 이렇게 말할 것이다. "지나친 분석을 하고 있군." "너무 복잡하게 생각하지 마세요." 아니, 잘 모르겠다고 말하는 사람에게 말이다!

과학은 공정한가?

과학은 직감이나 왜곡과는 거리가 먼 추상적인 것이라고 생각하는 분이 있다면 깜짝 놀랄 만한 뉴스를 들려드리겠다. 경험적 연구에 따르면 과학자들도 추상적 주제에서 역시 이야기 짓기, 특정 부분을 강조하는 제목 만들기, 이목을 끄는 '섹시한' 문구 짜내기 기법으로 중요한 문제를 돋보이게 한다는 것이 확인되었다. 과학자 역시 인간이기에 다른 문제보다 자신의 연구가 더 주목받기를 원한다. 이런 성향을 극복하기 위해서는 과학 연구 자체를 분석하는 '메타 연구'가 필요하다. 메타 연구란 남들의 이목에서 소외된 논문을 포함하여 넓은 시야에서 전체 연구논문들을 정밀하게 분석하는 작업을 말한다.

직감과 검은 백조

이제 검은 백조를 파악하는 일에 이야기 짓기가 어떤 영향을 미치는지 살펴보자. 이야기 짓기는 눈이 번쩍 뜨이는 사실만 돋보이게 할 뿐 아니라 사건 발생 확률에 대한 직감도 흐트러 놓는다. 앞 장에서 소개한 카너먼과 트버스키가 다음과 같이 공동으로 실험한 내용을 살펴보자. 이 실험은 예견 전문가인 교수들을 대상으로 실시되었다. 두 사람은 대상자들에게 다음과 같은 시나리오를 주고 그 발생 확률을 예측하게 했다.

1) 1000명 이상의 사망자를 낳을 대홍수가 미국에서 일어날 가능성.

2) **캘리포니아에서 지진이 일어나** 대홍수를 발생시켜 1000명 이상 사망

자를 낳을 가능성.

응답자들은 1)의 발생 확률이 2)의 발생 확률보다 낮다고 답했다. 실험 참여자들은 즉각 캘리포니아의 지진을 재난의 **원인**으로 생각했기 때문에 대홍수가 일어날 확률(아니, 그들 머리로 감정한 확률)이 더 높다고 답했던 것이다.

같은 방식으로 미국에서 폐암 발생 사례가 얼마나 되느냐고 물으면, 보통 사람들은 50만 명쯤 될 것이라는 식으로 대답할 것이다. 그런데 질문 방식을 바꿔서, 흡연으로 인한 폐암 발생률이 얼마냐고 물으면 이보다 높은 숫자가 답변으로 돌아올 것이다(100만 명쯤 될 것이라는 대답이 나올 수도 있겠다). '무엇무엇으로 인한…'이란 표현은 문제를 더욱 그럴듯한 것, 다시 말해 더욱 가능성이 높은 것으로 느껴지게 한다. '흡연으로 인한 암'이란 표현은 특별한 원인을 적시하지 않은 일반적 암을 가리킬 때보다 더욱 그럴 법한 것으로 느껴진다. 요컨대 구체적으로 지칭되지 않은 원인은 원인으로 인식되지 않는 것이다.

E. M. 포스터의 플롯 이야기로 다시 돌아가되, 이를 확률의 관점에서 살펴보자. 다음 두 문장 중 어떤 쪽의 가능성이 더 높을까?

조이는 행복한 마음으로 결혼했다. 조이는 아내를 살해했다.
조이는 행복한 마음으로 결혼했다. 조이는 아내의 유산을 차지하기 위해 아내를 살해했다.

얼핏 보면 분명히 두 번째 문장이 더 높은 가능성을 지닌다고 느껴지지만, 이것은 논리의 착각이다. 실제로는 첫 번째 문장의 가능성이 더 크다. 왜냐하면 첫 번째 문장이 더 많은 원인을 품고 있기 때문이다. 조이가 미쳤다거나, 아내가 우편배달부나 스키 강사와 바람을 피웠다거나, 혹은 조이가 과대망상에 빠져서 아내를 금융시장 분석가로 착각했다거나, 등등.

이런 오류들이 바로 결정을 내리는 순간에 나타나는 병증을 일으킨다. 어떻게?

폴 슬로빅과 그의 동료들이 밝혀낸 것이 있다. 사람들은 일반 보험보다 테러리즘 보험에 가입하는 쪽으로 지갑을 여는 경향이 있다는 것이다(일반 보험이 테러리즘을 포함하여 더 많은 피해를 대비해 주는데 말이다).

요컨대 우리는 검은 백조 출현을 상상하고 논의하고 걱정하고 있다고 하지만, 그 검은 백조는 실제 출현할 검은 백조를 닮지 않은 것이다. 다음에 살펴보는 것처럼, 우리는 엉뚱하게도 '일어남 직하지 않은' 사건을 걱정하고 있는 것이다.

검은 백조에 대한 맹목

엉뚱한 검은 백조를 대비한다는 모순된 행동과 관련하여 우선 다음과 같은 질문이 제기될 수 있다. 즉 우리가 대체로 검은 백조를 알아차리지 못한다는 것이 이 책의 주장이지만 **어떤** 검은 백조는 사람들의 마음에 지나치게 작용하는 경우가 있지 않은가?

답은 희귀한 사건에도 두 종류가 있다는 것이다. 첫째는 **이야기에 등장하는 검은 백조**로, 사람들의 입에 이미 오르내리고 있어서 텔레비전에서 들을 수도 있는 검은 백조다. 둘째는 기존의 이론틀에 들어맞지 않기 때문에 아무도 입에 올리지 않는 검은 백조다. 두 번째 검은 백조는 있음 직하지 않게 여겨지는 희귀 사건이기 때문에 대부분의 사람들은 공공연히 입에 올리기조차 수치스럽다고 느끼기도 한다. 장담하건대, 첫 번째 검은 백조는 과대평가하고 두 번째 검은 백조는 과소평가하는 것이 인간의 속성이다.

예컨대 복권을 사는 사람들은 당첨이라는 희귀 사건이 발생할 가능성을 손에 잡힐 것처럼 과대평가한다. 그러나 이들은 1000분의 1과 100만 분의 1을 혼동하는 맹목에 빠져 있는 것이다.

이처럼 검은 백조를 과대평가하거나 과소평가하는 일이 일어난다는 것은 실제로 숱한 경험적 연구를 통해 확인되었다. 카너먼과 트버스키의 연구는 우리가 어떤 사건을 인지하고 일단 **입에 올리면** 가능성이 낮은 사건도 과대평가하는 성향이 있음을 처음으로 보여 주었다. 예컨대 "비행기 사고로 사망할 가능성이 얼마나 될까?"라는 질문을 받을 경우 사람들은 실제보다 확률을 높여 대답한다. 그러나 슬로빅과 동료들의 연구에 따르면 사람들은 비행기 사고의 확률이 매우 낮다고 생각하고 보험에 가입하지 않는 것으로 나타났다. 슬로빅과 그 동료들은 이러한 경향을 '손실이 적을 사고에 대비하는 보험 선호 경향'이라 불렀다. 이는 가능성이 적되 충격은 더 큰 사고에 대비하는 일을 포기하는 경향이다.

이제까지 나는 추상적인 것을 꺼리는 경향에 대한 경험적 연구를 조사해 왔는데, 그중 이스라엘 연구자들의 다음 실험이야말로 내가 기다렸던 것이다. 그레그 배론과 이도 에레브가 실험 참가자들에게 구체적인 확률을 알려 주지 않되 **스스로 확률을 조정해 보도록** 하자, 참가자들은 확률이 희박한 사건의 발생 가능성을 실제보다도 더 낮게 평가했다고 한다. 즉 빨간 공과 검은 공이 들어 있는 항아리가 있되, 전체 공 숫자 중 검은 공의 숫자가 훨씬 많다. 이때 두 색깔의 공이 어떤 비율로 들어 있는지 알 수 없을 경우, 공을 꺼내는 사람은 빨간 공이 들어 있는 비율이 실제보다 적다고 판단하는 경향이 있었다. 그런데 빨간 공이 들어 있는 비율을 알려 줄 경우, 예컨대 전체의 3퍼센트가 빨간 공이라는 식으로 알려 줄 경우, 참여자들은 새로 뽑는 공이 빨간 공일 확률을 실제보다 높게 예측했다.

참으로 오랫동안 내가 궁금하게 여긴 것이 있다. 단기적이고 근시안적인 우리 인간이 평범의 왕국과는 거리가 먼 환경에서 어떻게 살아남을 수 있었을까? 어느 날 나는 희끗희끗한 턱수염 때문에 나보다 열 살은 더 되어 보이는 분을 만났다. 그분에게 나이 들어 보인다는 얘기를 할까 하는 순간 어떤 희열을 느끼면서 한 가지를 깨달았다. 많은 사회에서 연장자들을 대우해 주는 것은 인간의 기억력이 오래가지 못함에 대한 보상이라는 사실이다. 원로원 혹은 상원을 뜻하는 '세너트(senate)'는 '나이 들었다(aged)'는 뜻의 라틴어에서 유래했다. 아랍어에서도 지배 엘리트를 뜻하는 '시크(sheik)'는 '연장자'라는 뜻을 갖고 있다. 노인들은 희귀한 사건에 대한 정보를 포함하여 복잡한 추론 능력을 습득한 지식의 보고다. 우리는 그들이 들려주는 이야기를 듣고 두려움에 떨기도 한다. 특정한 검은 백조에 대해서 우리가 과잉반응하는 것도 이런 까닭이다. 언젠가 《사이언스》에서 코끼리 사회에서 지도자 역할을 하는 암컷이 희귀한 사건을 예비하는 지휘자 역할도 겸한다는 과학논문을 읽은 적이 있는데, 인간 사회의 이치가 동물의 왕국과 마찬가지라는 사실에 무릎을 쳤다.

우리는 반복을 통하여 학습하기 때문에 과거에 일어나지 않은 사건을 대비하지 못하는 손실을 감수해야 한다. 우리는 두 번 일어나지 않는 사건은 무시하다가, 일단 그 사건이 발생하게 되면 (한동안) 이번에는 이를 과대평가한다. 2001년의 9·11 사건이 일어난 후 사람들은 실제로 그럴 가능성은 여전히 낮을 텐데도 비슷한 사건이 언제든 또다시 일어날 것으로 예상했다. 앞으로 어떤 사건이 어떻게 일어날지에 대해서는 무작위적인 확률밖에 부여할 수밖에 없는 추상적인 상태에 있을 때에도 우리는 여전히 **특정의** 익숙한 검은 백조만 손에 꼽고 있는 것이다. 프롤로그에서 말했듯이, 이것은 신(god)에 대한 잘못된 정의를 내리는 것과 같다.

경제학자 하이먼 민스키는 경제 분야에는 '위험관리'의 주기가 일정한 유형으로 존재한다고 주장했다. 위기가 보이지 않는 안정기에는 위험을 감수하는 투자가 일어난다. 이 시기에는 문제가 발생할 확률을 낮게 평가한다. 이윽고 위기가 도래하면, 사람들은 충격에 빠져 자산 투자를 두려워한다. 기이한 점은 민스키를 비롯한 포스트케인스주의자들뿐 아니라 '오스트리아 학파'라 불리는 반대 진영의 자유주의자들 역시 유사한 분석을 했다는 사실이다. 이들이 밝혀낸 사실은 동일하지만 처방은 반대다. 즉 첫 번째 부류의 경제학자들은 경제 주기의 충격을 줄이기 위해 정부의 개입을 권유한 반면, 두 번째 부류의 경제학자들은 공무원들이 이런 과업을 해낼 수 있을 것이라고 믿지 않았다. 두 학파는 이처럼 주장이 서로 상충되긴 하지만, 경제가 근본적으로 불확실성에 지배받는다는 점을 강조함으로써 주류 경제학파와는 다른 입장을 취했다는 공통점이 있다(기업을 비롯한 학계 외부의 사람들 사이에는 이들을 추종하는 사람들이 많다). 플라톤주의자들은 불확실성의 원리 따위를 오히려 불편하게 생각할 것이 틀림없다.

이제까지 살펴본 확률에 관한 연구들은 매우 중요하다. 이들 연구는 우리가 어떤 사건의 진귀함에는 눈을 크게 뜨면서도 그 사건이 실제로 몰고 오는 충격에는 얼마나 둔감한지를 보여 주었다. 나는 심리학자 댄 골드스타인과 함께 이 문제를 다루는 예비적 연구를 수행해 보았다. 연구는 런던 비즈니스스쿨의 학생들을 참여자로 선정하여, 평범의 왕국과 극단의 왕국 두 영역에 각각 속하는 사례를 접하도록 했다. 참여자는 키, 몸무게, 인터넷 접속 시간 등을 기준으로 선정했다. 그들은 평범의 왕국과 같은 환경에서 일어나는 희귀 사건의 역할을 추론해 내는 데에는 능숙함을 보였다. 그러나 평범의 왕국 바깥에 존재하는 변수들이 등장하면 이들의 직관은 번번이 틀렸다. 이것은 베스트셀러 서적의 판매고나 전체 서적 판매고의 관계와 같이 확률이 낮은 사건이 몰고 올 충격을 직관으로 판단하는 데 우리가 능숙하지 못함을 의미한다. 예컨대 참여자들은 한 항목에서 희귀 사건의 **영향**을 서른세 번이나 과소평가했다.

이제 다음으로 추상적 문제가 미치는 영향을 우리가 어떻게 이해하지 못하는가를 살펴보자.

직감의 힘

사실 추상적인 통계 정보의 힘은 이야기가 갖는 힘에 훨씬 미치지 못한다. 아무리 능숙한 사람도 추상적 정보로는 다른 사람을 움직이기 힘들다. 몇 가지 구체적 사례를 들어 보기로 한다.

이탈리아 아기의 일화. 1970년대 후반 이탈리아에서 어린아이가 우물에 빠지는 사고가 일어났다. 구조대원도 손을 쓰지 못하는 동안, 아이는 우물 바닥에서 울음만 터뜨려댔다. 당연한 일이지만, 이탈리아 전체가 아이의 운명에 관심을 갖고 시시각각 발표되는 속보에 귀를 기울였다. 구조대원들과 기자들에게 아이의 울음소리는 죄의식에 가까운 고통을 안겨 주었다. 잡지와 신문마다 아이의 사진을 대문짝만하게 실었으니, 밀라노 시가지를 걷는 사람은 고통스러운 아이의 모습을 피할 길이 없었다.

그사이에 레바논에서는 이따금 총성이 멈추는 일이 있긴 했어도 꾸준히 내전이 격화되고 있었다. 그런데 레바논 사람들은 이런 난리 속에서도 우물에 빠진 **이탈리아** 아이의 운명에 정신을 쏟고 있었다. 바로 몇 마일 옆에서 사람들이 전쟁으로 죽어 가고 자동차 폭발 테러가 시민의 목숨을 위협하는데도, 베이루트 기독교 지구 사람들의 최대 관심사는 이탈리아 아이였다. "이 귀여운 아이가 어쩌다…" 하는 소리를 나도 들었다. 그리고 아이가 구출되자 기독교 지구의 모든 사람들이 안도의 한숨을 내쉬었다.

스탈린은 사람의 목숨 값이 어떤지를 잘 알았던 모양이다. 이렇게 말한 바 있으니 말이다. "한 사람의 죽음은 비극이지만, 100만 명의 죽음은 통계 숫자다." 통계란 아무런 감흥을 불러일으키지 못한다는 것이다.

테러리즘도 사람의 목숨을 앗아 가지만, 가장 무서운 살인자는 환경 재앙이다. 일 년에 1300만 명에 가까운 사람이 환경 재앙으로 죽는다. 그러나 사람들은 테러리즘에 더 분노하고, 그 분노는 테러가 또 발생할 가능성을 과대평가하게 한다. 그리고 새로운 테러가 발생하면 사람들은 더욱더 맹렬하게 분노한다. 우리는 자연이 몰고 오는 피해보다 사람이 만들어 내는 피해에 더 큰 고통을 느끼는 것이다.

센트럴 파크. 뉴욕 시에서 (화끈한) 주말을 보내려고 비행기에 올라탔다고 해보자. 마침 옆 자리에 앉은 사람은 보험 영업사원인지라, 쉴 새 없이 입을 놀려댄다. 보험 영업사원에게는 **입을 다물고 있는 것**이 오히려 힘겨운 고역이다. 이 사람이 말하길 자기 사촌과 주말을 보내기 위해 뉴욕에 가는 길이며 이 사촌이 변호사 사무실에서 일하는데, 옛날 일이지만, 사촌의 직장 동료의 매형의 동업자의 쌍둥이 형제가 센트럴 파크에서 범죄 집단에 의해 살해되었다는 것이다. "그 멋진 뉴욕의 센트럴 파크에서 말입니다." 그의 기억이 정확하다면 그때가 1989년이었다고 한다(현재는 2007년이라고 하자). 가련한 희생자는 서른여덟 살밖에 안 된 데다가 아내와 자식 셋을 두고 있었을 뿐 아니라, 아이 중 하나는 선천적 장애를 지니고 태어나서 코넬 메디컬 센터에서 특별 치료를 받고 있다는 것이다. "이런, 세 아이들이 불쌍도 하지, 그 사람은 왜 바보같이 센트럴 파크에 가서 그런 일을 당했냔 말입니다."

저런, 이제 뉴욕에 가면 센트럴 파크에 가지 말아야겠군. 범죄 발생에 관해서는 수다스럽기 짝이 없는 영업사원이 들려주는 일화가 아니어도, 인터넷이나 다른 지면에서 숱한 범죄 통계를 얻을 수 있다. 그런데 이제 옆 자리 영업사원의 말을 듣고 나니, 더러운 풀밭 위에 쓰러진 가련하고 한심한 사내의 모습이 한동안 머릿속을 맴돈다. 센트럴 파크란 말만 나와도 꺼려지는 반응을 없애려면 한참 더 많은 통계치가 또 필요하겠다.

오토바이 타기. 비슷한 이야기로, 우리는 오토바이가 위험하다는 통계를 아무리 산더미같이 제시한다고 해도 끄떡도 않다가, 주변 사람이 오토바이 사고로 사망하고 나서야 오토바이를 보는 시각이 달라지는 것이다. 인터넷에서는 손쉽게 사고 통계를 접하게 되지만 그런 것들은 대개 기억에 남지 않는다. 나 역시 그렇다. 나는 빨간 베스파 오토바이를 몰고 다닌다. 논리적으로는 위험을 알고 있지만 주변 사람 중에 오토바이 사고를 당한 사람이 아무도 없기 때문에 논리적인 판단으로 행동하지는 않는 것이다.

그렇지만 나는 이야기 기법을 이용하면 남들의 주의를 끌 수 있다는 권고를 무시하지 않는다. 실제로 인간의 의식은 일정한 형태의 이야기를 섞어 내는 능력과도 연관이 있을 것이다. 중요한 점은 이야기 짓기를 잘못된 상황에서 이용하면 치명적인 결과를 낳는다는 사실이다.

지름길

인간의 인식을 피상적으로 만드는 사고와 판단의 좀 더 일반적인 속성에 대해 생각해 보려 한다. '판단 및 의사 결정 연구 학회(Society of Judgment and Decision Making)'의 학자들은 인간의 사고 능력에 나타나는 이러한 결함을 지속적인 연구를 통해 밝혀 왔다. ('판단 및 의사 결정 연구 학회'는 내가 가입한 유일한 학술 전문 학회이기도 하다. 나는 이 학회의 회원인 것을 매우 자랑스럽게 여긴다. 나는 이 학회의 행사에 참가할 때만큼은 어깨에 힘도 빼고 느긋함을 유지할 수 있다.) 이 학회는 대니얼 카너먼, 아모스 트버스키를 필두로, 로빈 도스, 폴 슬로빅 등의 학자들이 시도한 연구에서 태동했다. 학회 성원은 대부분 경험심리학자와 인지과학자들로, 이론은 최소한으로만 유지하는 대신 (물리학적 실험과 같은) 정밀하고 통제된 실험을 통하여 인간을 연구함으로써 인간이 보이는 반응을 목록화하는 방법론을 취하고 있다. 규칙성이 이들의 목표다. 정규분포곡선을 통하여 오류를 측정하는 검증 방법을 취하는 것이 경험주의 심리학자들의 연구 방법임을 유의하자. 그렇지만, 제15장에서 상세히 살펴보겠지만, 사회과학에 정규분포곡선을 제대로 도입한 것은 이들의 연구를 비롯하여 손으로 꼽을 정도에 불과하며, 그것도 실험 자체의 성격 때문에 가능한 일이었다. 우리는 이 장에서 이미 캘리포니아의 홍수 가능성을 인지하는 실험을 살펴본 바도 있고, 앞선 제5장에서는 확인 편향에 대해서도 알아보았다. 이들 연구자들에 따르면 인간의 행동은 사고 유형에 따라 두 가지로 나뉘는데, '시스템 1'과 '시스템 2' 즉 '경험적 사고'와 '인지적 사고'가 그것이다. 이 차이는 명백하다.

시스템 1(경험적 사고)은 우리가 알아차리지 못하는 사이에 의식적 노력 없이 자동적으로, 빠르게, 병렬처리로 작동되며, 그 자체에는 오류가 없다. 이것이 우리가 '직관'이라 일컫는 것으로, 말콤 글래드웰의 저서 《블링크*Blink*》로 잘 알려졌다시피, 우리는 이 막강하고 재빠른 능력을 '순식간에(blink)' 수행한다. 시스템 1은 고도로 정서적인데, 그 작동 시간이 빠르기 때문에 더욱 그러하다. 시스템 1은 '휴리스틱스'라고 알려진 지름길을 만들어 내는데, 이 지름길 때문에 빠르고 효율적인 작동이 가능해진다. 댄 골드스타인은 이 휴리스틱스를 가리켜 '빠르고 간명하다'고 평했지만, '신속하지만 지저분하다'고 평하는 사람들도 있다. 이런 지름길식 사고는 빠르기 때문에 유용하지만 우리를 심각한 오류로 몰고 가는 경우도 이따금 발생한다. **휴리스틱스 및 편향**을 연구하는 학파도 이와 같은 생각에서 비롯되었다(휴리스틱스는 지름길식 사고를 연구함을 의미하며, 편향 연구란 오류 연구를 말한다).

시스템 2(인지적 사고)는 우리가 보통 **생각하기**(thinking)라고 부르는 것이다. 우리는 교실에 있을 때 이 시스템 2를 작동시킨다. 시스템 2를 작동시키려면(프랑스인들조차) 노력을 투입해야 하고, 깊이 숙고해야 한다. 시스템 2는 느리고, 논리적이며, 생각에 생각을 잇고, 계속 발전시켜야 하며, 자기의식적이다(한 계단 한 계단 올라가는 사고가 필요하다). 여기서는 경험적 사고 시스템에서보다는 훨씬 오류가 적게 발생하며, 생각의 결과로 얻어진 것들이 어떤 과정을 밟았는지를 의식하고 있기 때문에 다시 거슬러 올라가는 사고도 가능하고, 다른 방식으로 응용할 수도 있다.

추론 과정에서 빚어지는 대부분의 오류는 실제로는 시스템 2를 작동시키면서도 스스로는 시스템 1을 작동시키고 있다고 착각하는 데서 생겨난다. 어떻게? 우리의 반응은 곰곰이 생각하거나 되새겨 보는 일이 없이 이루어지기 때문이다. 요컨대 그것이 작동된다는 의식을 결여하고 있다는 것, 이것이 시스템 1의 기본 특성이다!

앞에서 살펴본 '왕복 여행의 오류' 즉 '검은 백조가 존재하지 않는다는 증거가 있는 것'과 '검은 백조가 있다는 증거가 없는 것'을 혼동하는 오류를 다시 새겨보자. 이 오류는 시스템 1이 작동하고 있음을 말해 준다. 첫인상이 주는 판단을 넘어서려면 노력이 필요하다. 즉 시스템 2를 작동시켜야 한다. 어머니 자연이 시스템 1이라는 능력을 우리에게 부여한 것은 어려움이 닥쳤을 때 신속히 이를 벗어나게 하기 위한 것이다. 저 앞에 호랑이가 신기루가 아니라면 덮쳐 올 것이 뻔한데 죽치고 앉아 생각을 할 수는 없는 일 아닌가. 이럴 때는 호랑이라는 존재를 '생각'하기 전에 즉각 달아나야 한다.

시스템 1이 우리의 신속한 행동을 유도하게 하는 무기는 감정이다. 감정의 작용 덕택에 우리는 인지 시스템을 작동하는 것보다 훨씬 효율적으로 위험을 회피할 수 있다. 감정 체계를 연구하는 신경생물학자들은 위험에 대한 우리의 반응이 위험에 대한 의식적 인지보다 훨씬 먼저 이루어진다는 것을 밝혀냈다. 우리는 뱀이 나타났음을 깨닫기 1000분의 몇 초 전에 공포를 느끼면서 반응을 시작하는 것이다.

그러므로 인간의 본성이 낳는 문제의 상당 부분은 우리가 시스템 2를 여름휴가처럼 긴 기간 동안 투입하지 않고도 빠르게 해낼 수 있는 능력을 갖지 못하는 데에서 온다. 게다가 우리는 시스템 2를 작동시키는 일도 잊어버리곤 한다.

뇌를 믿지 말라!

주목할 점은 신경생물학자들도 해부를 통해 시스템 1과 시스템 2의 차이로 보이는 것을 밝혀냈다는 점이다. 이에 따르면 뇌에는 각각 대뇌피질과 변연계라고 불리는 곳이 있다고 한다. 대뇌피질은 생각하는 용도로 작동하며, 인간과 다른 동물을 구분해 주는 곳이기도 하다. 반면에 변연계는 감정을 관장하는 부위의 중심에 놓여 있으면서 빠른 반응 속도를 특징으로 하는 곳으로, 인간과 다른 동물의 차이는 없다.

회의적 경험주의자인 나는 칠면조의 운명을 바라지 않는지라, 우리가 정밀하게 관찰할 수 없는 뇌 기능 분석에만 의존하여 특정 부위의 차이에만 주목하고 싶지는 않다. 의사 결정 과정과 신경 기관의 상관관계를 입증하려는 사람도 있고, 기억이 대뇌의 하층 부위와 상관관계가 있음을 밝히려는 사람도 있다. 뇌는 우리가 생각하는 것보다 훨씬 복잡 미묘한 장치이기 때문에 뇌를 해부해서 뭔가를 알아내 보려는 과거의 시도는 계속해서 물거품이 되어 왔다. 그러나 인간이 특정 상황에서 어떻게 반응하는가를 정밀하고 철저히 실험한다면 일정한 규칙성을 찾아낼 수 있을 것이며, 관찰된 바를 기록해 낼 수 있을 것이다.

신경생물학을 무조건 신뢰할 수는 없다는 회의주의적 태도를 뒷받침해 주며, 섹스투스를 비롯한 경험주의 의학계의 생각이 옳음을 보여 주는 사례를 들라면, 나는 새의 지능을 예로 들고자 한다. 대뇌피질이 '생각'을 하는 장소이기 때문에 대뇌피질이 크면 클수록 지능이 높아진다고 주장하는 글을 나는 계속해서 접해 왔다. 말하자면 인간의 대뇌피질이 가장 크고, 그다음은 '은행의 중역들,' 돌고래, 인간의 사촌인 원숭이 순이 될 것이다. 그런데 앵무새를 비롯한 일부 새들은 돌고래와 맞먹는 지능을 갖고 있는데, 새의 지능은 (대뇌피질이 아니라—옮긴이) 과선조(hyperstriatum)라 불리는 뇌의 한 부분과 관계가 있음이 밝혀졌다. 인문사회과학과 구분되는 자연과학에 속하는 신경생물학은 (언제나 그렇지는 않지만) 이처럼 우리를 플라톤적인 환원주의적 명제로 오도할 수 있다. 해부학적 특징과 기능 사이에 연관관계가 있다는 주장을 의심하는 '경험주의자'들이 갖고 있는 통찰력에 나는 깜짝 놀라곤 한다. 물론 지성의 역사에서 이들이 극히 적은 역할을 담당했다는 것은 의심의 여지가 없다. 회의적 경험주의자인 나는 신경생물학자들이 이론에 따라 내놓는 MRI 스캔 사진보다 경험주의 심리학자들이 행한 실험을 더 신뢰한다. 물론 대중의 눈에는 경험주의 심리학자들의 실험이 '덜 과학적인' 것으로 보일 수도 있지만 말이다.

이야기 짓기의 오류 피하기

내 이야기의 결론은, 우리가 검은 백조 현상을 파악하지 못하는 까닭은 시스템 1, 즉 이야기 짓기, 직감, 감성 때문이라는 것이다. 그것이 사건들의 실상에 대해 틀린 그림을 갖도록 강요한다. 우리는 일상의 일들을 기준으로 삼고 있기 때문에 현실로 벌어지는 사건에 대해 충분히 성찰하지 못한다. 게다가 검은 백조 한 마리가 실제로 나타났을 때에도 우리는 검은 백조의 근본적 속성을 망각하고 만다. 검은 백조란 우리에게 너무 추상적인 개념으로 존재하기 때문에, 이미 발생한 사건을 시시콜콜하고 생생하게 바라보는 데에만 정신을 빼앗기는 것이다. 따라서 우리는 검은 백조의 출현을 염려하긴 하지만, 엉뚱한 쪽으로 근심을 한다.

평범의 왕국을 다시 생각해 보자. 평범의 왕국은 이야기 짓기가 효과를 발휘하는 곳이다. 이곳에서는 인간의 분석 능력이 제대로 작동하는 듯 보인다. 그러나 극단의 왕국에서는 같은 일이 두 번 일어나지 않는다. 이곳에서는 우리를 속여 넘기곤 하는 과거의 경험을 믿지 말아야 하며 손쉽고 명쾌한 이야기는 멀리해야 한다.

우리가 심각한 정보 부족 속에 산다는 것을 생각하면, 나는 동료들과 전혀 다른 행성에서 사는 듯한 고통을 느끼곤 한다. 검은 백조가 바로 앞 길모퉁이에 도사리고 있는데, 내 동료들은 사건의 전개를 예측하지 못하게 하는 바이러스의 포로라도 되는 듯 보이는 것이다.

이야기 짓기의 오류를 피하려면 이야기, 역사 경험담 등을 대하더라도 실험자와 같은 자세를 견지해야 하며, 이론 앞에서도 임상의와 같은 태도를 가져야 한다. 분명히 신문은 검증 실험을 할 수 없다. 신문은, 마치 이 책에서 내가 취한 방법처럼, 여러 개 중의 하나만 뉴스로 선택할 뿐이다(이에 대해서는 숱한 경험적 연구가 이미 이루어졌다). 경험주의자가 되겠다며 지하실에 실험실을 마련할 필요는 없다. 단지 남들보다 앞서 어떤 부류의 지식을 선호하는 마음가짐만 있으면 충분하다. 나 역시 **인과관계**라는 말을 꺼리는 것은 아니다. 내가 '인과관계'를 논하는 것은 이야기 지어내기가 아니라 대담한 추측이나 실험 결과를 말할 때다.

또 다른 접근 방법도 있다. 미래에 대한 예견을 세세하게 해놓는 것이다.

마지막으로, 선의의 목적이라면 이야기 짓기의 방법을 취할 필요가 있을 때도 있다. 다이아몬드는 다이아몬드로만 가공할 수 있다고나 할까. 이야기 짓기의 대가들이 그렇듯이, 올바른 내용을 전달하기 위해서라면 이야기로 남을 설득할 수 있는 우리의 능력을 발휘할 수도 있다.

이제까지 우리는 검은 백조 앞에서 눈을 멀게 하는 인간 내부의 두 가지 기제, 즉 확인 편향의 오류와 이야기 짓기의 오류를 살펴보았다. 다음 장에서는 외부적 요인으로서, 두 가지 결함을 살펴볼 것이다. 즉 기록된 사건을 받아들이고 해석하는 방식에 나타나는 결함과 그에 기초하여 행동할 때 나타나는 결함을 살펴보기로 한다.

7장_ 희망의 대기실에서 살다

가령 우리가 예브게니아처럼 검은 백조의 돌연한 출현으로 인생 역전을 하게 된다고 하자. 말하자면 우리는 칠면조의 반대 운명이 된다. 지적 · 과학적 · 예술적 활동은 극단의 왕국에 속하기 때문에 성공의 기회가 극소수에게만 쏠리며 이 극소수의 승자가 꿀단지 속에 든 꿀 대부분을 차지한다. 내가 보기에 재미있고 '흥미 만점'이라고 느껴지는 전문적 직업의 세계는 모두 이 원리가 지배한다(이 반대의 경우, 즉 평범의 왕국에 속하지만 흥미가 있는 직업이 있을지는 나도 궁금하다).

성공이 한쪽에만 집중될 때의 효과를 염두에 두고 행동하는 것은 두 배의 대가를 치르게 한다. 우리가 사는 세상은 규칙성이라는 허구적 보상 원칙이 지배하고 있다. 우리의 호르몬 체계 역시 손에 잡히는 결과물이 야금야금 늘어나는 보상 방식을 원한다. 이러한 보상 체계에는 안정과 편안함이 지배하는 세계관이 깔려 있기 때문에 확인 편향의 오류를 범하기 십상이다. 우리가 유전적으로 물려받은 세계관으로는 급속히 변하는 세상을 따라잡을 수 없는 것이다. 결국 우리는 환경에게서 소외되고 만다.

동료 평가, 그 잔혹한 세계

매일 아침 우리는, 예컨대 맨해튼 이스트 빌리지의 비좁은 아파트를 나와 이스트 가 60번지의 록펠러대학 연구소로 출근한다. 저녁 늦게 퇴근하면 회사 밖 지인들은 의례적인 인사로, 괜찮은 하루였냐고 묻는다. 연구소 사람끼리는 의례적인 인사란 없다. 어쨌든 오늘 하루가 괜찮을 리 없다. 우리는 아무것도 발견하지 못했으니까. 우리가 무슨 시계수리공도 아니니까. **아무것도 발견하지 못했다는 것**은 정말로 소중하다. 왜냐하면 아무것도 발견하지 못했음도 발견 과정의 일부이기 때문이다. 이제 어떤 것을 관찰하면 소용이 없다는 사실을 안 것 아닌가. 만약 '아무것도 발견하지 못했다'는 소식을 가치 있는 정보로 인정해 주는 신문이 있다면 이 연구 결과가 실려서 다른 연구자들로 하여금 앞으로 이 실험 방식을 시도하지 않게 할 수 있지 않을까.

한편 우리의 처남이 월스트리트에 있는 한 회사의 판매원이라고 하자. 이 사람은 상당한 액수의 판매 수수료를 꾸준히 챙겨 오고 있다. 장인은 "그 녀석 아주 잘하고 있네" 하고 말했지만, 우리는 이 장인 어른이 입을 열기 전 잠깐 멈칫하던 그 짧은 순간을 놓치지 않는다. 우리는 "아하, 이 양반이 나와 비교하고 있군" 하고 깨닫는다. 내키지는 않지만 그것은 사실이다.

명절날 산통이 깨진다. 가족 모임에서 처남을 만났을 때 우리는 좌절감을 감추지 못하는 아내의 얼굴을 놓치지 않는다. '내가 혹시 낙오자와 결혼한 거 아냐?' 아내는 이런 생각을 하다가 남편의 직업을 다시 따져 보는 표정이다. 그래도 아내는 처음 떠오른 생각을 떨쳐 버리려 애쓴다. 처남댁은 실내 공사를 새로 한 이야기며 벽지를 교체한 이야기며 자랑을 하느라 쉬지 않고 입을 놀린다. 귀갓길에 아내의 입은 평소와 달리 꼭 닫혀 있다. 지금 타고 있는 차가 렌트카라는 걸 생각하니 아내의 삐침이 더 괴롭게 느껴진다. 맨해튼에 사노라니 차고를 갖춘 집을 구할 형편이 아니어서 렌트카를 몰고 있는 것을…. 자, 이제 어쩌나? 호주로 이민을 가버려서 처가 모임에 자주 빠지면 어떨까. 아니면 덜 '성공한' 남자 형제를 둔 다른 여자와 다시 결혼을 할까?

그것도 아니면, 히피족처럼 차려입고 반항아의 몸부림을 과시할까? 우리가 예술가라면 이런 것도 통하겠지만, 과학자나 기업인이라면 얼토당토않은 일이다. 이제 우리는 함정에 빠져 꼼짝달싹할 수 없다.

말하자면, 지금 우리가 매달려 있는 직업은 꼬박꼬박, 즉각적으로, 결과물을 내주는 일이 아닌 반면, 주변 사람은 정반대의 직업에 종사하고 있는 것이다. 이래서 우리는 곤혹스럽다. 바로 이런 상황이 오늘날 사회에 비치는 과학자, 예술가, 연구자들의 모습이다. 이들이 예술가 마을처럼 고립된 자기들만의 세상에 살지 않는 한 이런 형국은 피하기 어렵다.

보상은 막대하지만 대부분의 경우 아무것도 손에 넣지 못하는 직업은 매우 많은데, 이것들은 대체로 소명 의식이 없으면 일하기 어려운 일이다. 예컨대 (악취 나는 실험실에서) 암 치료법을 끈덕지게 연구하거나, (자신은 입에 풀칠하기조차 어려우면서도) 사람들로 하여금 세상을 달리 바라볼 수 있게 하는 책을 쓰거나, 작곡을 하거나, 고매하신 '학자'인 해럴드 블룸의 악평에도 아랑곳없이 지하철에 그림을 그려 놓고 고품격 예술로 자부하는 일 따위가 그런 일이다.

오늘날 연구자들은 학회에서 동료들의 안부 인사를 받으려면 조리에 맞지 않는 논문이라도 '권위 있는' 학술지에 발표해야 한다.

우리가 법인 형태의 회사를 경영하고 있다고 하자. 법인이 되기 전까지는 회사가 개인 혹은 가족이 소유하는 개인 기업이었지만, 이제는 외부 주주가 생겼으니 걱정거리가 늘었다. 게다가 주주 중에는 불공평한 결과를 낳는 현실 경제에 정통한 벤처 기업가도 있다. 이제 우리는 서른 살짜리 느려터진 위험분석가를 찾아 맨해튼까지 가야 한다. 이 사람은 우리의 실적을 '평가'할 뿐 아니라 회사를 속속들이 들여다본다. 분석가는 꾸준한 실적을 중요시하지만 우리가 제일 해내기 어려운 것이 바로 이 꾸준한 실적이다.

많은 사람들은 무엇인가 가치 있는 일을 하고 있다고 느끼며 일생을 보내지만, 제대로 된 실적을 올리는 기간은 길지 않다. 이럴 때 우리는 짓궂은 동료의 놀림감이 되지 않는 것만도 다행이라고 생각할 수 있어야 한다. 사촌이나 동료들이 우리를 모두 바보라고 해도 끝까지 밀고 나가는 용기가 필요하다. 인정해주는 사람도 없고, 듣기 좋은 말을 해주는 학생도 없다. 노벨상은커녕 '슈노벨상(Shnobel Prize, 가장 미심쩍은 과학 연구를 대상으로 발표되는 패러디 노벨상. 일반적으로는 이그노블(IgNobel) 상이라 불리는데, 저자는 이 상의 러시아식 이름인 슈노벨상으로 표현했다—옮긴이)'도 찾아오지 않는다. "그래 올해는 어땠어?" 이런 질문을 받을 때마다 가볍지만 따끔한 고통이 가슴을 찌른다. 우리 주변 사람들은 우리가 일 년을 허송한 것으로만 바라볼 것이기 때문이다. 그러다가 마침내 쾅! 엄청난 사건이 터져 큰 보상을 우리에게 안겨 준다. 아니면, 여전히 아무 일도 일어나지 않는 것이다.

거듭되는 실패를 겪을 때 사회가 우리에게 주는 보답이란 참으로 힘겹기 짝이 없다. 우리는 사회적 동물이다. 지옥은 타인들이다.

감각할 수 있는 것이 가치 있던 시절

우리의 직관은 비선형적인 일은 잘 포착하지 못한다. 사건의 과정과 결과가 밀접하게 연관되어 있는 원시시대에 산다고 생각해 보자. 목이 마르다. 그러면 물을 마셔 적절한 만족을 준다. 이보다 문명화된 시대에 산다면, 예컨대 건물, 다리, 혹은 돌집을 짓는 일에 종사하고 있다고 하자. 이때는 더 많이 일할수록 더 많은 결과가 눈에 보이게 나타나기 때문에 우리는 그 결과를 바라보며 끊임없이 격려를 얻는다.

원시의 환경에서 가치 있는 것은 감각할 수 있는 것이었다. 이 점은 우리의 지식에도 적용된다. 세계에 관한 정보를 수집할 때 우리를 인도하는 것은 본능이다. 그렇기 때문에 우리는 저절로 감각할 수 있는 것에 주의가 쏠린다. 실제로 중요하고 가치 있는 것보다 감각 가능한 것이 우리의 관심을 차지해 버리는 것이다. 하여간 이 안내 시스템이 인간과 인간이 살아가는 환경 사이의 공진화 과정에서 길을 잃고 말았다. 이 잘못된 안내 시스템이 지리한 것, 감각되지 않는 것이 더 중요한 가치를 갖는 세계에 이식되어 버린 것이다.

게다가 우리는 두 개의 변수 사이에 인과관계가 존재할 때 한쪽의 값이 일정하게 입력될 경우 다른 쪽의 결과는 **항상** 같은 값을 산출한다고 생각하고 있다. 우리의 감정 장치는 직선적 인과관계에 맞게 설계되어 있다. 예컨대 사람들은 매일 빠짐없이 공부를 할 경우 배움의 양도 거기에 비례하여 늘어나기 마련이라고 기대한다. 이런 결과가 나오지 않을 경우 우리의 감정은 우리를 파탄으로 몰아간다. 그렇지만 현대 사회의 현실은 일직선적으로 예외 없이 대응하여 나타나는 혜택을 베풀어 주지 않는다. 어떤 문제를 해결하기 위해 일 년 내내 매달려도 아무 진전을 보지 못할 때가 있다. 이때 결과를 얻지 못했다고 미리 포기해 버리지만 않는다면 번개처럼 해결책이 나타나기도 하는 것이다.

문제가 이렇게 풀리는 과정에 대해서는 많은 연구가 수행되었다. 예컨대 신경학에서는 즉각적 보상과 지체되는 보상 사이의 긴장 관계를 조사했다. 마사지를 오늘 해드릴까요, 내일 해드릴까요? 이 연구에서 새로 밝혀진 바에 따르면, 인간을 동물과 구별해 주는 부분, 즉 우리 마음의 '고등한' 논리적 부분이 즉각적인 보상을 원하는 동물적 본능을 이겨 낸다는 것이다. 요컨대 인간은 동물보다 더 나은 족속이다. 그러나 아주 크게는 아니고, 그것도 항상 그렇지는 않다.

세계는 비선형적이다

우리가 생각하는 것보다 더 비극적인 일이겠지만, 이 세상에는 일대일로 대응하지 않는 것, 즉 비선형적인 것이 우리가 생각하는 것보다, 혹은 과학자들이 생각하는 것보다 많다.

선형성, 즉 일대일 대응 원리가 지배할 경우 변수들의 관계는 언제나 명백하다. 플라톤적인 한 문장으로 나타낸다면, "은행 계좌 잔액이 10퍼센트 증가하면 이자 수입도 10퍼센트 증가하며, 은행 직원은 5퍼센트 공손해진다." 계좌 잔액이 증가하면 이자 수입도 증가한다, 이런 식이다. 일대일 대응이 아닌 관계, 즉 비선형성 원리는 변동이 심해서 정의를 내리기가 어렵다. 딱 들어맞는 말로 풀이하기가 어렵다고 하는 편이 최선의 정의가 될 것이다. 예컨대 물 마시는 행위와 그로 인한 쾌감의 관계를 생각해 보자. 목이 말라 고통스러울 때 물 한 병을 마시면 쾌감은 크게 늘어난다. 물을 더 많이 마시면 쾌감도 늘어날 것이다. 그런데 물동이 하나 가득한 물을 들이켜면 어떻게 되겠는가? 마신 물에 대한 반응은 급격히 떨어질 것이다. 아니, 물 한 병과 물 한 동이를 선택하라고 하면 누구나 한 병을 선택할 것이다. 한 병을 넘어설 경우 쾌감은 오히려 떨어진다.

이런 비선형적 관계는 우리 삶의 모든 면에서 작용한다. 선형적 관계가 오히려 예외적이다. 선형적 관계를 주목하는 것은 학교와 교과서에서뿐이다. 그 이유는 선형적 관계가 이해하기에 쉽기 때문이다. 예컨대 나는 어제 하루에 일어났던 일 중에서 선형적 관계에 지배받는 것이 무엇이 있는지 찾아보았지만 아무것도 없었다. 열대우림 속에서 사각형이나 삼각형을 찾으려는 사람이 실패할 것이 뻔하듯이 말이다. 반대로, 제3부에서 살펴보겠지만, 사회경제적 현상에서 엎어놓은 종 모양의 확률 분포를 찾는 사람도 실패를 맛볼 수밖에 없다.

매일 테니스를 치다 보면, 실력이 제자리를 맴돌다가 어느 날 프로 선수 뺨치는 솜씨가 나온다.

우리 아이가 학습 장애가 있으리라고는 생각하지 못하고, 그저 공부하기 싫은 것이겠지 여겼는데 학교 선생님이 '다른 방법' 즉 치료를 고려해야 하지 않겠냐고 압력을 넣는 일도 있다. 선생님과 다퉈도 소용이 없다(선생님은 '전문가'니까). 그런데, 갑자기 아이가 또래들보다 능숙한 문장을 만들어 내기 시작한다. 다시 말하거니와, 플라톤적 관념, 즉 선형적 관계는 표준이 아니다.

결과보다는 과정

우리는 감각할 수 있는 것, 손에 잡힐 듯 생생한 것을 선호한다. 우리가 받드는 영웅도 이런 식으로 만들어진다. 손에 잡히지 않는 업적을 내놓는 영웅, 혹은 결과보다 과정에 주력하는 영웅은 우리 인간의 뇌리에 자리 잡지 못한다.

그러나 결과보다 과정을 중시한다고 주장하는 사람들도 온전히 진실을 말하는 것은 아니다. 그들 역시 인간의 일원일 수밖에 없기 때문이다. 작가는 명예를 위하여 글을 쓰는 게 아니며 미술가는 미술 자체를 위하여 창조 행위를 하며, 그 보상은 '행위' 자체 속에 들어 있다는 말을 종종 듣지만, 이는 반쪽짜리 거짓말이다. 물론 작가와 미술가의 행위가 지속적인 자기만족을 얻는 데 가치를 두고 있음은 사실이다. 그렇다고 해서 미술가들이 남들의 이목을 어떤 형태로든 추구하지 않는다는 것을 의미하지는 않으며, 이름을 날리게 됨으로써 오히려 불행해진다는 것도 아니다. 작가들도 혹시나 《뉴욕타임스》 서평면에 자기 작품이 대문짝만하게 실리지나 않았는지 토요일마다 새벽같이 일어나 확인해 볼 수도 있으며, 《뉴요커》에 보낸 원고의 결과를 눈이 빠지게 기다리며 매일같이 우편함을 열어 볼 수도 있다. 흄과 같은 최고의 철학자도 (검은 백조 현상을 다룬 대작임이 뒷날에야 밝혀진) 자신의 대작이 어떤 얼빠진 평자에게 혹평을 당하자 몇 주씩 몸져누운 적이 있다. 그 평가가 잘못된 것이며 논점도 완전히 잘못 짚은 것임을 알고 있으면서도 충격을 이기지 못한 것이다.

자신이 경멸하는 동료 한 사람이 노벨상 수상자로 지명되어 스톡홀름으로 떠나는 모습을 보게 되면 누구나 고통스러울 것이다.

한 가지 목표에 전력을 다하는 사람들은 (도래할 가능성이 대체로 없는) 그날을 기다리며 대부분의 시간을 견뎌 낸다.

이런 사람들은 삶의 자잘한 것들에 얽매이지 않는다. 카푸치노 커피가 너무 뜨겁든 혹은 차갑든, 웨이터가 미적거리든 아니면 이래라저래라 간섭이 많든, 음식에 양념이 너무 많이 들어갔든 아니면 너무 적게 들어갔든, 호텔 숙박비가 광고에 나온 것보다 비싸든 싸든 괘념하지 않는다. 더 원대하고 멋진 것에 마음이 사로잡혀 있기 때문이다. 그러나 물질적 목표와 무관하게 사는 사람들이라고 고통에 둔감하지는 않다. 특히 남들의 조롱을 받을 때에 그들은 참지 못한다. 이 검은 백조 사냥꾼들은 의미 있는 결과를 만들어 내지 못한 것에 수치심을 느낀다. 아니, 수치심을 강요당한다. "자네에게 정말 기대가 컸는데, 자네는 우리를 실망시켰어." 이런 이야기를 들으면 죄의식까지 느끼게 된다. '전부 아니면 전무' 식의 보상 체계는 열매를 쉽게 맺어 주지 못한다는 데 문제가 있는 것이 아니라 회사 동료들 사이에서 구설수에 오르고 신망을 잃고 형언하기 어려운 수치심에 휩싸이는 과정을 요구한다는 데 있다.

참으로 바라거니와, 언젠가 과학자들과 정책결정자들이 합심하여 옛 사람들의 지혜, 즉 남을 존중해 주는 것이야말로 최고의 값어치를 발휘하는 행위임을 알아주었으면 한다.

경제적 측면에서 보더라도, 검은 백조 사냥꾼은 돈을 벌어들이지 못하는 사람들이다. 토머스 애스테브로의 연구에 의하면 개인 발명가들의 경우 벤처 자본가에 훨씬 못 미치는 보상을 얻었다고 한다. 개척자들은 확률을 따지지 않고 덤벼들거나 긍정적 의미의 검은 백조를 자기식으로 해석하여 달려듦으로써 일을 벌여 나간다. 그러나 '현금'을 차지하는 것은 벤처 자본가들이다. 경제학자 윌리엄 보몰은 이런 현상을 '광기의 손길'이라 불렀는데, 이는 '분배의 편차가 심한' 모든 분야에 적용된다. 실제로 기록을 살펴보면, 발명가보다 벤처 자본가가, 작가보다 출판사가, 그리고 미술가보다는 화상들이 더 많은 수입을 올린다, 마찬가지로 과학자 개개인보다 과학 부문 전체가 더 많은 수입을 얻는다(과학 논문은 몇 개월, 혹은 몇 년을 고생한 끝에 완성되지만 이런 논문들의 절반은 읽히지도 않는다). 이러한 도박에 몸담은 개인들이 받는 보상은 물질적 성공이 아니라 희망뿐이다.

인간의 본성, 행복, 불균등한 보상

여기서는 연구자들이 '쾌락적 행복'이라 부르는 것의 핵심을 파악해 보기로 하자.

가령 9년 내리 한 푼의 수입도 없다가 10년째에 드디어 100만 달러를 벌어들였다고 하자. 이때 얻는 쾌락은 10년 동안 매년 10만 달러씩 벌어들였을 때의 쾌락에 미치지 못한다. 그 반대의 경우, 즉 첫 해에 큰돈을 벌었다가 남은 햇수 동안 한 푼도 벌지 못했을 때도 사정은 같다. 우리의 쾌락 기제는 순식간에 발동한다. 이때의 즐거움은 막대한 세금 환급을 받았을 때의 쾌락과도 비교할 수 없다. 그렇지만 우리의 행복은 한 번의 즐거움이 얼마나 강력한가보다는 심리학자들이 '긍정 효과'라 일컫는 긍정적 감정을 얼마나 자주 느끼는가에 훨씬 더 좌우된다. 요컨대 좋은 소식은 좋은 소식으로 충분할 뿐, **어떻게** 좋으냐는 중요하지 않다는 것이다. 따라서 즐거운 인생을 사는 방법은 작은 '효과'를 가능한 한 균일하게 여러 차례로 나누어 느끼도록 하는 것이다. 그저 그런 좋은 소식이라도 그 횟수가 많아지면 한 번 쏟아지는 엄청난 희소식을 능가한다.

한 번에 10만 달러를 벌었다가 그다음 아홉 해 동안 몽땅 잃어버린다면, 슬프게도 이것은 10년 동안 아무것도 벌어들이지 못한 것보다 더 괴롭다(물론 금전적 보상을 중요시하는 경우의 비유다)!

그러므로 내가 '쾌락 계산법'이라 부르는 관점에 따라 엄밀하게 말한다면 한 번에 큰 것을 얻겠다고 겨냥해서는 이득이 없다. 어머니 자연은 적은 양의 보상이라도 한 번은 여기, 또 한 번은 저기, 빈번하고 꾸준하게 주어질 때 즐거움을 느끼도록 우리를 만들어 놓았다. 수천 년이 넘도록 우리가 가장 크게 느끼는 만족은 먹을 것과 마실 것(그리고 좀 더 은밀한 것까지)이 아니었던가. 쾌락이 이렇게 꾸준히 주어질 때 우리의 만족은 금방 최고조에 달한다.

문제는 우리가 사는 환경이 꾸준한 욕구 충족을 허락하지 않는다는 사실에 있다. 인간의 역사는 검은 백조가 지배해 온 역사이기도 하다. 그러니 현대 인간의 삶이 내면적 보상과 긍정적 피드백을 제공하는 쪽으로 발달하지 못한 것은 불행이라고 할 것이다.

같은 원리를 불행에 적용할 수도 있다. 고통의 총량이 동일할 때, 일정한 기간 안에 한꺼번에 주어지는 것이 오랜 기간에 걸쳐 조금씩 꾸준히 주어지는 것보다 차라리 고통은 덜할 것이다.

그러나 어떤 사람들은 고통과 환희의 이러한 비대칭성을 초월하기도 한다. 그들은 쾌락의 결핍을 이겨 내고 쾌락과 고통 사이의 게임에서 벗어나 희망을 안고 살아간다. 이 좋은 소식은 다음 절에서 전하기로 한다.

희망의 대기실에서 살다

예브게니아 크라스노바는 한 사람이 사랑하는 책은 한 권, 아니 많아야 두어 권을 넘지 않는다고 생각한다. 그 이상을 넘으면 잡탕이 된다는 것이다. 아는 사람을 줄줄이 늘리는 데 집착하는 사람은 우정에 진지하지 못한 것처럼, 책을 상품으로 여기는 사람은 진실되지 못하다. 어떤 소설을 좋아하는 것은 친구를 사귀는 것과 같다. 그 책을 읽고 또 읽는 동안 작품에 대해 더 많은 것을 알아 간다. 마치 친구를 대하듯, 좋아하는 작품이 생기면 우리는 그 작품 그대로를 받아들이는 것이지 '평가'하지 않는다. 몽테뉴는 '왜' 작가 에티엔 드 라 보에티와 친구가 되었냐는 질문을 받은 적이 있다. 칵테일 파티에서 마치 답을 다 알고 있다는 듯 건네 온 질문이었다. 몽테뉴는 이렇게 답했다. "그가 에티엔이고 내가 몽테뉴였다는 것, 그게 이유올시다." 예브게니아는 자기가 좋아하는 작품을 조목조목 분석하는 글쓰기 선생과 관계를 끊은 바 있다. 그 선생이 예브게니아의 원칙을 어겼기 때문이다. 자신의 친구를 헐뜯는 사람들 앞에서 얌전히 앉아 있을 사람은 없을 것이다. 예브게니아도 참 고집 센 학생인 셈이다.

예브게니아가 친구로 여기는 책은 디노 부차티가 쓴 소설 《타타르 사막*Il deserto dei tartari*》이다. 이 작품은 예브게니아가 어렸을 때 이미 이탈리아와 프랑스에서는 잘 알려진 소설이지만 예브게니아는 미국에서 이 작품을 아는 사람을 만나지 못했다. 어찌된 영문인지, 이 책의 영문판 제목은 '타타르 사막(The Desert of Tartars)'이 아니라 '타타르 스텝(The Tartar Steppe)'으로 잘못 옮겨졌다.

예브게니아는 열세 살 때 파리에서 200킬로미터 떨어진 시골에 있는 부모님 별장에서 주말을 보내다가 이 작품을 처음 접했다. 좁디좁은 파리의 아파트와 달리 이곳에는 러시아어와 프랑스어로 씌어진 책들이 숱하게 꽂혀 있었다. 시골 생활이 워낙 따분해서 책 볼 생각도 하지 못했던 그녀였지만, 어느 날 오후 이 책을 펴든 순간 그 속에 빨려들고 말았다.

희망에 취해 일생을 보내다

조반니 드로고는 약속을 지키는 남자다. 그는 사관학교를 졸업한 후 소위로 임관하여 사회생활을 시작했다. 그러나 현실은 계획대로 풀리지 않았다. 그의 첫 복무지는 국경 부근 외딴 사막 지대인 바스티아니 요새였다. 국경을 넘어 들어올지 모를 타타르인을 경계하며 보낸 4년은 그리 녹록지 않았다. 요새 부근 마을까지는 말을 타고 며칠을 가야 했으며, 사방이 황무지로 둘러싸여 있었다. 드로고 또래의 청년에게는 따분한 곳이었다. 그는 자신의 임무가 임시적인 것일 뿐, 다음 복무는 좀 더 그럴듯한 것으로 주어지리라 기대했다. 얼마 후 마을에 들어섰을 때 깔끔하게 옷날을 세운 제복을 한 이 탄탄한 몸매의 청년은 마을의 뭇 여성을 매료시켰다.

이 감옥 같은 곳에서 드로고가 할 일이 무엇이란 말인가? 그는 빠져나갈 틈새를 찾았다. 몇 달 후 그는 마침내 틈새를 찾아냈고, 그 길을 써먹기로 했다.

그런데 그는 군병원 창문을 통해 사막을 바라보더니, 복무를 연장하기로 결심했다. 요새와 말 없는 풍경이 그를 유혹한 것이다. 높다란 요새에서 적의 내습을 기다린 끝에 타타르인들과 대전투를 치러 보자는 것이 그가 남은 유일한 이유였다. 요새라는 것이 뿜어내는 분위기는 곧 희망을 상징했다. 요새의 다른 사람들 역시 지평선을 바라보며 대전투를 치를 기회만 기다리고 있었다. 있을까 말까 한 적의 내습을 얼마나 기다렸는지, 길 잃은 짐승이 사막의 한쪽 구석에 나타나기만 해도 적의 침공인 줄 착각했다.

당연하게도, 드로고는 도시에서 새 삶을 사는 일을 미루고 복무를 연장해가며 세월을 보냈다. 언젠가 사람 하나 얼씬 않는 저 먼 언덕에서 적들이 쏟아져 나와 전투를 치르게 되리라는 희망으로 35년을 보낸 것이다.

소설의 말미에서 드로고는 길가의 여인숙에서 죽음을 맞이한다. 그의 임종에 맞추어 그가 평생 기다리던 사건이 일어나고 있었다. 드로고는 기회를 놓치고 만 것이다.

'기대'라는 달콤한 함정

예브게니아는 이 작품을 숱하게 되풀이해 읽었다. 원본으로 읽기 위해 이탈리아어를 배우기까지 했다(이탈리아 사람과 결혼한 것도 이런 이유에서였을 것이다). 그러나 고통스러운 결말은 언제나 독파하기 어려웠다.

앞서 나는 발생하리라 예상하지 못한 중대한 사건, 즉 검은 백조란 극단점이라고 말한 바 있다. 여기에는 그 반대의 경우가 놓여 있다. 즉 **우리가 그토록 고대하지만** 발생 가능성이 매우 적은 사건이 있는 것이다. 드로고는 가능성 없는 사건에 사로잡혀 눈이 멀 정도가 되었다. 발생할 가능성이 적은 것, 바로 그것이 그의 존재 이유였다. 이 책을 처음 만난 열세 살 때의 예브게니아는 조반니 드로고와 같은 삶을 보내리라고는 생각하지 못했다. 바로 거대한 사건이 일어나기를 기다리며 온갖 것을 희생하고 작은 변화나 흐뭇한 보상도 마다하며 그저 희망의 대기실에서 기다리는 드로고와 똑같은 삶이었다.

예브게니아는 '기대'라는 이름의 달콤한 함정에 빠지는 것도 괘념하지 않았다. 그녀는 괜찮게 살고 있다고 스스로 생각했다. 단 하나의 목적을 위해 카타르시스적 단순함으로 엮어 가는 인생이 가치 있다고 여겼다. 그러나 "자신이 소망하는 것에 주의하라." 검은 백조가 출현하기 전의 인생이 예브게니아에게는 더 행복했을 것이다.

검은 백조의 속성 가운데 하나는 부정적이든 긍정적이든 그 결과가 불균형하다는 것이다. 드로고가 얻은 결과는 예측이 전혀 불가능한 영광의 시간을 희망의 대기실에서 기다리며 35년을 보낸 것이었다. 물론 그 희망의 순간은 놓치고 말았다.

동료라는 존재의 힘

드로고 주변에 남자 인척이 아무도 없었다는 점에 유의하자. 그 대신 다행스럽게도 그의 임무가 사회적 관계를 맺게 해주었다. 그는 사막 입구에 함께 진을 치고 지평선을 뚫어져라 감시하던 집단의 일원이었다. 그는 동료들과의 관계에 만족할 뿐 바깥 사회와의 접촉은 피했다. 인간은 사회적 동물이어서, 먼 바깥의 사람들이 우리를 바보 천치로 취급한다고 해도 바로 옆 이웃에만 신경을 쓰면 그만이다. 호모사피엔스란 엘리베이터에서 마주치거나 우연히 눈길이 부딪히지 않는 한에야 아득하고 추상적인 존재일 뿐, 신경 쓸 필요가 없다. 얕고 피상적인 인식도 가끔 쓸모가 있는 것이다.

우리가 살아가는 데 타인의 도움은 생각보다 훨씬 더 필요하다. 명예나 존경과 같은 일에 관한 한 더욱 그렇다. 동료들의 인정을 얻지 못한 채 이루어진 빼어난 업적이란 역사적으로 극히 드물지 않은가. 물론 우리는 동료를 선택할 자유가 있다. 사상의 역사만 살펴보더라도 사상의 유파가 결집하여 사회가 관심을 두지 않던 비상한 업적을 쌓는 경우를 찾을 수 있다. 스토아 학파, 아카데미 회의학파, 견유학파, 피론주의 회의학파, 에세네파, 초현실주의파, 다다이스트, 무정부주의자, 히피, 근본주의자 등등이 그렇지 않은가. 사회의 인정을 받을 길이 요원한 독특한 사상을 갖고 있는 사람도 동료를 찾고 외부와 격리된 소사회를 만들어 낼 수 있다는 것, 이것이 학파라는 존재의 덕목이다. 설혹 사회로부터 추방당한다 하더라도 혼자가 아니라 여럿이 함께 당하게 될 터이니 그나마 나은 것이다.

그러니 만일 우리가 검은 백조 효과에 영향을 받는 활동을 하고 있다면, 한 집단을 이루는 편이 좋겠다.

타타르 사막

예브게니아는 베니스의 다니엘리 호텔 로비에서 네로 튤립을 만났다. 네로는 런던과 뉴욕을 오가는 증권거래사였다. 때가 마침 비수기여서 여느 런던의 증권거래사처럼 네로도 (런던에서 온) 다른 거래사들과 이야기를 나누려고 금요일 정오에 베니스로 온 길이었다.

예브게니아가 로비에 서서 네로와 가벼운 대화를 나누는 동안, 예브게니아의 남편은 거드름을 피우는 죽마고우 한 사람과 바에 앉아 이야기를 하려 애쓰면서도 이쪽을 살피느라 안절부절못했다. 예브게니아는 네로를 나중에 다시 만나 봐야겠다고 마음먹었다.

이렇게 해서 예브게니아는 뉴욕에서 네로를 다시 만났다. 처음에는 은밀히 만났다. 철학 교수인 남편은 모든 것을 자신이 주재하는 성격이라 아내의 일정도 일일이 챙기기 시작했고 갈수록 들러붙어 떨어지지 않았다. 예브게니아는 갈수록 숨이 막혔지만, 그럴수록 남편은 도를 더해 갔다. 예브게니아는 남편을 버렸다. 상담을 하자 변호사는 반색을 했다. 예브게니아는 네로를 점점 더 공공연히 만나게 되었다.

네로는 걸음걸이가 자연스럽지 못했다. 헬리콥터 사고를 당하고 회복 중이었다. 몇 차례 투자 성공을 거둔 뒤 그는 자만심에 빠져 사업에서는 오히려 편집증일 정도로 극도의 보수적 전략을 견지하면서도, 위험한 모험을 즐기기 시작했다. 그는 사고를 당해 런던의 병원에서 몇 달을 꼼짝없이 누워 있었다. 그는 읽을 수도 쓸 수도 없는 상태에서도 텔레비전을 보지 않으려 애썼고, 간호사들에게 농담을 던지는 것으로 소일하며 뼈가 붙기만 기다렸다. 그는 병원 천장에 금이 14개 있었고 길 건너편의 흰색 건물은 창문이 63개 있었는데 대청소를 받아야 할 정도로 낡았다는 이야기를 생생하게 들려주었다.

함께 술을 마시는 자리에서 네로가 이탈리아어가 더 편하다고 말하자 예브게니아는 이탈리아어 판 《타타르 사막》을 빌려 주었다. 네로는 "소설은 쓰는 사람에게 재미있는 것이지 읽는 사람에게는 그렇지 않다"며 자신은 소설을 읽지 않는다고 답했다. 그래도 네로는 이 책을 한동안 끼고 다녔다.

어떻게 보면 네로와 예브게니아는 낮과 밤처럼 대조적이다. 예브게니아는 밤새 원고를 쓰고 새벽녘에 잠자리에 들었다. 네로는 여느 증권거래사처럼 새벽에 일어났다. 심지어 주말에도 새벽같이 일어나기도 했다. 일단 일어나면 그는 한 시간가량 '확률론' 논문을 집필한다. 그날의 원고 작업은 이것으로 끝이었다. 이 논문은 그가 10년 넘게 쓰고 있는 것인데, 요즘처럼 생명의 위협을 느낄 때에만 몰두하곤 했다. 예브게니아는 담배를 피웠지만, 네로는 건강을 끔찍이 생각해서 하루에 한 시간씩 헬스 클럽이나 수영장에서 시간을 보냈다. 예브게니아가 만나는 사람들은 지식인들이나 보헤미안들이었지만, 네로는 대학 문턱도 안 가보고 심한 브루클린 사투리를 쓰는 거리의 똑똑한 사업가나 거래사들과 어울리는 쪽을 좋아했다. 인문주의자이며 몇 개 국어에 능통한 네로가 어떻게 이런 사람들과 어울릴 수 있는지 예브게니아는 이해할 수 없었다. 더 심각한 사실은, 예브게니아가 프랑스 공화국 엘리트처럼 돈을 경멸하고 있었다는 점이다. 이 점은 아무리 지성과 문화의 얼굴로 감춰도 드러나곤 했는데, 예브게니아는 두툼한 손가락과 막대한 예금 잔고를 갖고 있는 브루클린 촌놈들이 역겹기만 했다. 반대로 네로의 브루클린 출신 친구들에게 예브게니아는 교만 덩어리로 비쳤다(성공이라는 세계가 주는 이점의 하나는 브루클린 건달들도 스태튼 아일랜드나 뉴저지로 하나 둘씩 옮겨 살 수 있게 해준다는 것이다).

네로 역시 못 봐줄 정도로 엘리트적이긴 했지만, 예브게니아와는 달랐다. 그는 브루클린 출신 여부나 교양 수준이나 학력을 불문하고, 단편적 지식을 넘어서 **전체적인 그림을 그려 낼 수 있는** 사람들을 특별한 존재로 대우했다.

몇 달 후 두 사람의 관계는 끝났다. 네로는 (큰 안도감을 느끼며) 이탈리아어 판 《타타르 사막》을 들춰 보았다. 그는 책에 빨려 들어갔다. 예브게이나의 선견지명 그대로 네로는 예브게니아처럼 자신이 주인공 조반니 드로고인 듯 느끼며 작품에 빠졌다.

이제는 네로의 차례였다. 그는 이 책의 (형편없는) 영어 번역본을 수십 권씩 사서 자신을 정중히 대해 주는 사람을 만날 때마다 한 권씩 선물했다. 그중에는 책하고 담을 쌓았을 뿐 아니라 영어도 제대로 못하는 뉴욕 호텔 도어맨도 있었다. 네로가 워낙 열렬히 작품 내용을 이야기해 준 덕분에 도어맨도 흥미를 보였다. 네로는 도어맨에게 이 책의 스페인어 판을 사 주었다.

칠면조 유형, 역칠면조 유형

사람은 두 부류로 나뉜다. 첫 번째 부류는 칠면조 유형이다. 이들은 아무런 조짐도 감지하지 못하고 대사건을 맞는 사람들이다. 두 번째 부류는 역(逆)칠면조 유형으로, 세상을 깜짝 놀라게 할 대사건을 믿고 대비하는 사람들이다. 어떤 사람은 몇 달러씩 내기에 걸어 연속해서 몇 센트씩 따고는 승승장구라고 느끼며 살아간다. 다른 사람들은 몇 센트짜리 동전을 계속 걸어서 몇 달러씩을 움켜쥔다. 다시 말하면, 검은 백조가 나타난다는 쪽으로 거는 유형과 나타나지 않는다는 쪽에 돈을 거는 유형이 있다. 두 유형은 전혀 다른 두 가지 심리적 경향의 소산이다.

앞서 우리는 한 번에 조금씩 수입을 올려 나가는 쪽을 선호하는 것이 인간의 특징임을 살펴보았다. 예컨대 제4장에서 언급한 1982년 여름의 시장 붕괴에서 미국 대은행들은 그때까지 자기들이 벌어 놓은 수입 전부, 혹은 그 이상을 한순간에 날려 버렸다.

극단의 왕국에 속하는 사건들은 극도로 위험하지만 그 모습을 감추거나 수면 밑에 있으면서 위험을 늦추기 때문에 설사 발생한다고 해도 전례 없는 일로 간주된다. 따라서 실패자들은 언제나 자신들이 '안전한' 상태에 있다고 착각하는 것이다. 단기적으로는 실제보다 덜 위험해 보이는 것, 이것이 극단의 왕국에 속하는 일들의 특성이다.

네로는 이런 위험을 안고 있는 사업을 '수상쩍은 사업(dubious business)'이라고 불렀다. 그는 특히 붕괴의 확률을 계산한다는 기법들을 절대로 믿지 않았다. 제4장에서 살펴보았듯이, 기업 평가의 기준이 되는 회계연도가 너무 짧기 때문에 기업의 사업 실적을 제대로 평가할 수 없다. 게다가 우리의 직관이 피상적이기 때문에 위험도 평가란 것도 성급하게 내리기 십상이다.

여기서 네로의 마음속을 들여다보기로 하자. 그는 다음의 사항들을 전제로 하여 사고한다. 즉, 성공의 열매는 거대하지만 그 확률은 매우 적되 많은 경우는 적은 손실을 입는 사업 분야가 있다고 했을 때, 그리고 다른 사람들이 실패할 확률이 높을 때, **성격적으로나 지적으로나 탁월한 스태미너를 갖춘 사람이라면** 이 사업에 투자할 만하다. 문제는 그런 끈기가 있어야 한다는 점이다. 그뿐 아니라 주변 사람들이 온갖 치졸한 방법으로 모욕을 퍼붓는 것도 감당할 수 있어야 한다. 성공의 확률이 적어도 열매가 클 때에는 투자할 만하다고 여기는 것이 사람들의 속성이다. 그러나 실제로 이런 투자 전략을 이행하는 데에는 대부분 어려움을 겪는다. 이런 전략이 성공하려면 마음이 절대 흔들리지 않아야 하며, 달콤한 열매를 얻을 순간을 끈기 있게 기다리며 고객이 내뱉는 침을 눈 깜짝 않고 견뎌 낼 수 있어야 하기 때문이다(이에 대해서는 심리학적으로 밝혀진 여러 근거가 있다). 증권거래사는 손실을 보는 동안 고객에게는 몹쓸 강아지로 취급당하고 주변 사람들에게는 경멸의 대상이 되는 것이다.

네로는 파탄의 가능성을 안고 있는 투자 전략을 솜씨 좋게 위장하려 하지 않았다. 네로 자신의 말을 빌리면, 그의 전략은 '피 흘리기'였다. 이것은 오랜 기간 동안 조금씩 손실을 보면서, 지금까지의 손실을 만회하는 수익을 올리기를 기다리는 것이다. 단 한 번에 투자를 날리는 일은 없어야 한다. 우리가 사는 세상에는 몇 년 혹은 10년, 때로는 100년 동안 흘린 피를 보상해 주는 큰 수익을 한 번에 올릴 수 있는 특이한 경우가 있을 수 있다는 것이다.

네로가 주변 사람들에 비해 특별히 이런 전략을 타고난 편은 아니다. 항상 전투 태세에 있어야 하는 동안 그의 머리와 몸은 전혀 들어맞지 않았다. 문제는 그의 몸이었다. 마치 이마에 물 한 방울씩을 떨어뜨리는 악명 높은 물고문을 당하는 것처럼, 소소하지만 끊임없이 이어지는 손실 때문에 그의 몸은 하루 종일 신경생물학적 피로가 누적되어 있었다. 투자 손실의 충격이 대뇌피질을 우회해 정서 기능을 담당하는 뇌 부위에 전파되어 해마에 서서히 영향을 미침으로써 기억력이 감퇴하고 있다는 사실을 네로는 깨닫게 되었다. 해마는 기억을 관장한다고 알려진 뇌의 한 부위로서, 뇌 중에서도 가장 유연하고 예민한 부분이다. 주위의 조롱을 받아 부정적 감정이 날마다 조금씩 쌓이는 고질적 스트레스를 겪을 때, 이 충격을 모두 흡수하는 기관도 해마라고 추정되고 있다. "거실에 때때로 호랑이가 나타난다"는 비유가 의미하는 '좋은 스트레스'가 생길 때에는 이 반대의 경우가 일어난다. 인간은 자신의 욕구를 어떻게든 합리화할 수 있지만, 고질적 스트레스의 영향은 해마를 돌이킬 수 없을 정도로 위축시킨다. 일반적으로 알려진 바와 달리 사소하고 무해해 보이는 스트레스 유발인자는 우리를 강하게 하는 것이 아니라, 우리의 자아를 이루는 중요 기관을 죽이는 것이다.

고도의 정보를 접한 것이 네로의 신체에는 독으로 작용했다. 투자 실적을 일주일 단위로 점검했다면 고통을 견딜 만했겠지만, 실제로는 일분 일분 투자 실적을 새로 확인해야 했다. 그나마 자기 자신의 투자분에 대해서는 감정적 충격은 없었다. 위탁 투자분과 달리 자신의 것은 시시각각 확인할 필요가 없었기 때문이다.

네로의 신경생물학적 시스템은 단기적이고 가시적인 것에 반응하는 '확인 편향'의 희생물이 되었지만, 그의 뇌는 장기적인 것에 초점을 맞춘 덕택에 그것의 악영향에서 벗어날 수 있었다. 그는 10년보다 짧은 기간의 실적에는 애써 마음 쓰지 않으려 했다. 1987년 증시 폭락 사태가 터졌을 때 네로는, 점잖은 표현으로 말하자면 원숙해져 있었다. 그는 그때까지 참아 왔던 소소한 손실의 누적액을 단번에 상회하는 엄청난 수익을 올렸다. 이 한 번의 성공으로 그때까지의 그의 모든 투자 경력은 모든 면에서 빛나게 될 것이다. 그의 증권 거래 경력은 20년이지만, 실적 호조를 기록한 해는 단 4년뿐이었다. 그러던 그가 단 한 번의 성공으로 모든 것을 역전시켜 버렸다. 100년의 손실이라도 뒤엎을 단 1년의 실적, 이것으로 충분했다.

그에게 돈을 맡긴 투자자들은 골칫거리가 되지 못했다. 투자자들은 네로의 거래 전략을 보험처럼 여기며 높은 보수를 지불해 주었다. 네로는 마음 내키는 대로 적당히 경멸의 눈빛을 보내 주면 그만이었다. 굳이 머리를 굴릴 필요도 없었다. 그는 투자자들에게 아주 정중한 태도를 유지하면서도 지나치게 신경을 쓰지 않고 마음이 가는 대로 표현했다. 오랫동안 손실이 이어졌을 때에도 네로는 죄송하다는 자세를 투자자에게 보이지 않으려고 애썼다. 투자자들은 역설적으로 네로가 도도하게 굴수록 네로를 믿어 주었다. 사람들은 자신감 없는 태도를 절대로 보이지 않는 사람의 말이라면 팥으로 메주를 쑨다 해도 믿기 십상이다. 반대로 사람들은 이런 자신감에 손톱만큼이라도 균열이 생길 때 동물적 감각으로 눈치를 챈다. 그러므로 개인적 접촉을 할 때에는 자신감 있는 태도를 각별히 자연스럽게 유지해야 한다. 정중하고 친근한 태도를 보여 줄수록 자신감은 더욱 돋보이고, 상대를 자극하지 않고 조종할 수 있는 것이다. 내가 패배자로 행동하면 상대도 나를 패배자로 대우한다. 이것이 네로가 얻은 교훈이다.

우리를 평가하는 척도는 바로 우리 안에 있는 것이다. 잘 되고 못 되고의 절대적 척도는 없다. 우리가 말하는 내용이 아니라 그 내용을 어떻게 말하느냐가 중요한 것이다.

중요한 것은 침착하고 위엄 있는 태도를 보여야 한다는 점이다.

투자은행에서 일하던 시절, 네로는 전형적인 근무평가서를 작성해야 했다. 이 서식은 직원의 '실적'을 빈틈없이 기록하기 위한 것이었는데, 근무 태만자를 적발하기 위한 것임이 역력했다. 네로가 느끼기에 이런 식의 평가서는 부당했다. 이런 평가서는 사원의 '질적' 실적을 평가하는 대신, 파국이 도래할지 모르는 순간에도 단기 수익 놀음에만 골몰하게 만든다. 예컨대 은행은 부실 가능성이 거의 없는 안전하고 멍청한 대부에만 집착하는데, 이는 대출 담당자가 다음 분기 평가만 의식하기 때문이다. 이 분야에서 일한 지 얼마 안 되었을 때에 네로는 의자에 얌전히 앉아 '감독자'의 훈계를 들어야 했다. 이윽고 근무평가서를 받아 들었을 때 그는 그 자리에서 평가서를 조각조각 찢어 버렸다. 이때 그는 가능한 한 천천히 종이를 찢었다. 종이를 찢는 것은 격한 행동이지만, 그럴수록 침착한 모습을 보이기 위해서였다. 공포의 눈길로 바라보는 상사의 눈이 튀어나올 듯했다. 슬로모션 같은 행동을 무심하게 벌이는 동안 네로의 마음은 신념에 입각한 분연한 행동으로 한껏 달아올랐다. 우아함과 도도함이 겸비된 장면을 연출하는 것처럼 상쾌한 일은 없었다. 그는 이제 해고되든지 외톨이가 되든지, 두 가지 길밖에 없다고 생각했다. 그에게 일어난 것은 외톨이가 되는 일이었다.

8장_자코모 카사노바의 기막힌 행운: 말 없는 증거의 문제

인간이 현실의 사건을 이해할 때 범하는 또 다른 오류는 '말 없는 증거'의 오류다. 즉 인간의 역사는 검은 백조를 감출 뿐 아니라 검은 백조를 만들어 내는 능력도 감추는 것이다.

기도했는데도 물에 빠져 죽은 사람들

지금으로부터 2000년 전, 로마의 웅변가, 문학가, 사상가, 스토아 철학자, 정략가이자 덕망가였던 마르쿠스 툴리우스 키케로는 다음과 같은 이야기를 지어냈다. 신에게 예배를 드림으로써 난파선에서 살아남았다는 이야기를 담은 그림을 무신론자 디아고라스의 한 추종자가 보게 되었다. 그림의 목적은 기도가 우리를 익사하지 않게 만들어 준다는 교훈을 알려 주는 것이었다. 무신론자는 이렇게 물었다. "그런데, 기도하고도 빠져 죽은 사람의 그림은 어디 있소?"

기도를 올렸는데도 빠져 죽은 사람들은 바다 밑에 있기 때문에 자신들의 고난을 보여 주기 어려웠던 것일까? 이 이야기는 기적을 믿는 평범한 관찰자들을 풍자한다.

우리는 이런 것을 '말 없는 증거'라고 부른다. 간단하지만 의미심장하고 보편적인 뜻을 담고 있다. 대부분의 사상가들은 자신들 **이전에** 나타났던 사람들을 조롱했지만, 키케로는 자신보다 **후대에** 올 사람들, 게다가 오늘날의 사람들까지 꼬집었다.

키케로 이후 내가 영웅 중의 영웅으로 섬기는 에세이스트 미셸 드 몽테뉴와 경험주의 철학자 프랜시스 베이컨이 역시 그들의 저작에서 '잘못된 신념'을 비판하면서 이 문제를 지적했다. 예컨대 베이컨은 《신기관*Novum Organum*》에서 이렇게 말했다. "점성술, 해몽, 삿된 예언, 종교적 심판 등등 모든 미신들이 그러하다." 문제는 우리가 이들 사상가의 철학을 체계적으로 습득하고 체화하지 않으면 이들이 밝혀낸 위대한 내용이 곧바로 잊혀지기 십상이라는 점이다.

말 없는 증거는 역사라는 개념과 관련된 모든 것에 뿌리 깊이 박혀 있다. 여기서 내가 역사라고 칭하는 것은 서가를 차지하는 세련되고 따분한 책들(이런 책들의 표지에는 독자의 구매를 유도하기 위해 르네상스 시대의 그림이 인쇄되어 있다)이 아니다. 다시 말하거니와, 내가 말하는 역사는 일련의 연속된 사건들이 선행 사건과 어떤 관련이 있는 듯 보이는 것을 말한다.

이러한 편향은 어떤 사상이나 종교가 성공을 거둔 요인을 자의적으로 추정하거나, 많은 분야에서 전문가적 솜씨로 위장하게 만들어 주거나, 예술가의 성공을 합리화해 준다. 그뿐 아니라 본성-양육 논쟁에도, 역사의 '법칙'에 대한 환상에도, 가장 심하게는 극단적 사건의 속성에 대한 이해에도 이러한 편향이 작용한다.

우리는 지금 강의실에 앉아 자부심 넘치는 위엄 있는 분의 (지루할 정도로) 장황한 강의를 듣고 있다. 교수는 트위드 재킷을 입고(흰 와이셔츠에 물방울무늬 넥타이까지 갖춰야 제격인데) 역사 이론을 주제로 두 시간 동안 권위를 뽐내는 강의를 계속하고 있다. 우리는 이분의 요지를 도대체 이해할 수 없어서 온몸이 저릴 지경이다. 귀에 들어오는 것은 헤겔, 피히테, 마르크스, 프루동, 플라톤, 헤로도토스, 이븐 할둔, 아널드 토인비, 슈펭글러, 미슐레, E. H. 카, 에른스트 블로흐, 또 프랜시스 후쿠야마인지 쉬무쿠야마인지 트루쿠야마인지 하는 대가들의 이름뿐이다. 깊은 사색과 해박한 지식을 겸비한 이 교수님은 아무리 한눈을 파는 학생이라 해도 자신의 견해가 '포스트 마르크스주의,' '포스트 변증법,' 또 무슨 '포스트' 주의적이라는 것을 귀에 못이 박히게 해놓는다. 그러다가 우리는 문득 이분이 말하는 것의 대부분이 뻔한 착시 현상이 아닌가 하고 깨닫는다! 그러나 그렇다고 해서 사정은 달라지지 않는다. 교수는 워낙 이런 분야에 능통한지라 그의 방법론에 의문을 제기하는 학생에게 지독한 악담을 퍼부어댈 것이기 때문이다.

사상가들의 역사 이론을 적당히 조합할 때에는 공동묘지, 즉 '기도를 하고도 빠져 죽은 사람들이 있는 곳'을 잊어버리기 일쑤다. 이런 일은 역사를 말할 때에만 해당되지 않으며, 그 **어떤 영역에서든** 사례를 수집하고 증거를 모으는 방식에서 일어난다. 이때 일어나는 왜곡을 나는 편향, 즉 눈에 보이는 것과 실재 사이의 차이라고 부르고자 한다. 여기서 말하는 **편향**이란 마치 몸무게를 언제나 몇 파운드씩 높게, 혹은 낮게 표시하는 저울이나 허리둘레를 꼭 몇 치수씩 늘려 보여 주는 비디오카메라처럼, 어떤 현상의 긍정적 혹은 부정적 효과를 일관되게 나타내는 체계적 오류를 가리킨다. 옛 학파들에서도 이런 편향이 도처에서 발견되지만 우리는 이를 쉽게 망각하곤 한다(키케로의 통찰력은 이것을 꼬집은 것이다). 기도를 드리고도 물에 빠져 죽은 사람들은 자신의 경험담을 역사로 기록할 수 없기 때문에(그래서 세상은 일단 살아남고 봐야 하는 것인가) 역사의 패배자가 된다. 이는 사람뿐만 아니라 사상에도 해당된다. 주목할 점은 정작 말 없는 증거를 꿰뚫어 봐야 할 인문학자나 역사가들이 오히려 이를 가장 무시해 버린다는 것이다(그렇지 않은 경우를 나는 쉽게 찾지 못했다). 언론인들? 차라리 기대를 말자! 언론이란 왜곡을 생산하는 산업 아닌가.

편향이라는 용어에는 편향이 일어나는 정도를 계산할 수 있다는 의미도 포함될 수 있다. 말하자면 우리는 산 자만이 아니라 죽은 자까지 감안하여 왜곡의 정도를 계산하고 수정할 수 있는 것이다.

말 없는 증거는 발생 확률을 예측할 수 없는 사건의 속성을 숨긴다. 특히 검은 백조와 같은 무작위성의 경우에는 더욱 그렇다.

프랜시스 베이컨 경은 여러 면에서 흥미롭고 소중한 사람이다.

베이컨은 회의주의적인 강단 밖의 학자로서, 반교조적이고 집착에 가까울 정도로 경험주의적인 본성을 뿌리 깊이 가지고 있었다. 나를 비롯해 역시 회의주의적이며 경험주의적인 강단 밖의 사람이 볼 때, 생각을 직업으로 하는 분야에서 베이컨 정도의 철저성을 발휘하는 사람을 찾기란 거의 불가능하다.(회의적인 사람은 얼마든지 있을 수 있고, 철저히 경험주의적인 과학자도 언제든 만날 수 있다. 정말로 어려운 것은 회의주의와 경험주의를 철저히 결합하는 일이다.) 문제는 베이컨식 경험주의가 우리에게 '반증'이 아니라 '확인'을 요구한다는 점이다. 그리하여 베이컨은 확인의 문제, 즉 검은 백조를 만들어 내는 철두철미한 확증 진술을 우리 앞에 제시했다.

문자의 무덤

일부 알려진 사실이지만, 페니키아인들은 알파벳 문자를 고안해 냈으면서도 정작 이 문자를 이용한 글은 아무것도 남겨 놓지 않았다. 논평가들은 페니키아인들이 기록의 전통을 갖지 않은 '무교양' 상태에 있었다고 주장하며, 페니키아인들이 인종적 · 문화적 요인 때문에 예술보다는 상업 활동에 관심이 있었기 때문이라고 한다. 이렇게 되면 페니키아인들이 알파벳 문자를 발명한 것은 장부를 기록하기 위해서이지 문학이나 학술처럼 숭고한 목적에서 이룬 것이 아니라고 풀이된다.(지금도 기억이 나지만, 나는 언젠가 시골 가정의 서가에서 하얗게 곰팡이가 앉은 역사책을 빌려 본 일이 있다. 윌 듀런트와 아리엘 듀런트가 함께 저술한 이 책은 페니키아인들을 '상업 종족'이라고 칭하고 있었다. 나는 그 책을 벽난로 안에 던져 버리고 싶은 충동을 억지로 참았다.) 그러나 오늘날에는 페니키아인들이 많은 문헌을 기록으로 남겼을 것으로 인정된다. 다만 이들 문헌이 쉽게 상하는 파피루스 종이에 씌어진 탓에 시간에 따른 부패 작용을 견디지 못했을 것이다. 손으로 쓴 원고는 사라져 버릴 위험이 매우 크다. 기원후 2~3세기에 들어서야 필경사나 저술가들이 양피지를 기록 수단으로 선택하면서 문서의 보존 연한을 늘릴 수 있었다. 따라서 이 시기에 필사되지 못한 고문헌은 모두 사라져 버린 것이다.

말 없는 증거를 무시하는 경향은 재능을 비교하는 일에 항상 도사리고 있다. 특히 승자 독식이 이루어지는 분야에서는 더욱 그렇다. 우리는 보이는 그대로를 즐겁게 받아들이곤 하지만 남들의 성공담을 아무리 읽는다고 해도 도움이 되지는 않는다. 전체를 조망할 수 없기 때문이다.

앞서 제3장에서 우리는 **승자 독식** 효과를 살펴보았다. 말로는 작가라고 하지만 실제로는 스타벅스에서 (아르바이트로) 카푸치노 기계를 조작하는 사람이 얼마나 많은가? 문학 분야의 불평등은 예컨대 의료계 내의 불평등보다 크다. 의사들이 아르바이트로 햄버거를 파는 일을 본 적은 없으니까 말이다. 만약 내게 의사 한 명의 수입을 정확히 알려 준다면 그 직업에 종사하는 모든 사람들의 수입을 짐작할 수 있다. 배관공, 택시 기사, 창녀, 그 밖의 슈퍼스타 효과가 없는 직업에 대해서도 마찬가지다. 제3장에서는 극단의 왕국과 평범의 왕국을 살펴보았지만 여기서는 한 발 더 나아가도록 하자. '슈퍼스타 역학'에서는 '고전 문학작품' 혹은 '대작'이라는 것도 전체 문학작품 속에서는 극히 일부를 차지할 뿐이다. 이것이 첫 번째 요점이다. 이 첫 번째 요점에 충실하면 재능이라는 것도 그리 높이 치켜세울 일이 아님을 곧바로 알 수 있다. 예컨대 우리는 19세기 소설가 오노레 드 발자크의 성공을 그의 뛰어난 '리얼리즘,' '통찰력,' '감수성,' '인물을 다루는 기법,' '독자의 주의를 빨아들이는 능력' 등에 힘입은 것이라고 생각한다. 그런데 재능 없는 작가에게는 위와 같은 능력도 없다는 명제가 충족되는 **경우에 한해**, 이 능력들은 '뛰어난' 것이라는 명제도 성립한다. 그러나 만약 세간의 주목을 받지 못한 채 사라져 버린 문학적 걸작들이 10개 이상 존재한다면? 또 손으로 씌어진 원고 중에 이런 수준을 갖추었으면서도 사라져 버린 것들이 매우 많다면? 만일 이것이 사실이라면, 애석하게도 우리가 받들어 모시는 발자크는 수많은 동료 중에서 극히 일부를 행운아로 선택해 주는 불균형의 수혜자일 뿐이다. 더 나아가 우리는 발자크 한 사람만을 추앙함으로써 그 밖의 대가들을 푸대접한 셈이다.

내가 강조하는 첫 번째 요점은 발자크가 재능 없는 작가라는 것이 아니라 발자크의 재능이 우리가 생각하는 것만큼 **독보적**이지는 않다는 점이다. 대중의 뇌리에서 철저히 잊혀진 수천 명의 작가를 생각해 보라. 평론가들은 이들의 존재를 도외시한다. 산더미같이 쌓인 원고 뭉치들을 우리는 그저 출판되지 않았다는 이유만으로 무시한다. 《뉴요커》가 반려하는 신인 원고가 하루 평균 100

편이니, 우리 앞에 모습을 나타낼 기회도 얻지 못한 천재의 숫자는 엄청나다. 글 쓰는 이의 숫자가 미국보다 많은 반면 읽는 이는 더 적은 프랑스에서는 명망 있는 출판사가 받아들이는 신인 작가의 작품은 1000편 중 하나꼴이다. 오디션만 받으면 성공할 수 있었지만 그런 기회조차 잡지 못한 배우의 숫자가 얼마나 많을지도 생각해 보라.

유복한 프랑스 사람의 집을 방문할 기회가 있는 분은 권위 있는 《플레이아드 선집*Bibliothèque de al Pléiade*》(프랑스의 자크 쉬피랭이 편집한 세계문학선집으로 1930년대에 발간되어 현재까지 매년 11권씩 계속 발간되고 있다. 가죽 제본에 얇은 고급 종이를 써서 기독교 경전과 같은 분위기를 자아낸다—옮긴이)을 찾아볼 일이다. 단언하건대 집주인은 판형과 무게가 모두 부담스러운 이 선집을 절대 읽지 않을 것이다. 어떤 작가의 작품이 이 선집에 수록된다는 것은 곧 문학이라는 경전에 포함된다는 영광을 의미한다. 각 권의 가격은 매우 비싸다. 극히 얇고 독특한 향기가 나는 인도산 종이를 써서 1500페이지 분량의 작품도 편의점에서 파는 페이퍼백 크기에 압축해 넣었다. 이런 판형은 좁은 공간에 최대한 많은 걸작을 전시해 넣으려는 프랑스인들의 기호를 만족시키기 위한 것이다. 선집을 발간하는 갈리마르 출판사는 수록 작가를 정하는 데 까다롭기 짝이 없다. 찰스 디킨스, 도스토예프스키, 빅토르 위고, 스탕달, 말라르메, 사르트르, 카뮈, 발자크 등 소수의 작가만이 이름을 올릴 수 있는데, 작가이자 모험가였던 앙드레 말로는 생존 작가로 이름을 올렸다. 그러나 다음에 소개할 발자크의 생각을 미리 빌리자면, 이런 권위 덩어리가 절대적으로 옳다고 확증할 근거는 없다는 데 누구나 동의할 것이다.

발자크는 《잃어버린 환상*Illusions perdues*》에서 말 없는 증거의 문제를 조목조목 그려 놓고 있다. 프로방스 출신 빈털털이 천재 뤼시앵 드 뤼방프레(가명으로 뤼시앵 샤르동)는 작가 데뷔를 위해 파리로 '상경한다.' 그는 천재라는 평을 얻고 있었다. 정확히 말하면 앙굴렘 지방의 반쪽짜리 귀족들 사이에서 천재로 통했다. 이 천재 칭호가 빼어난 작품 덕택인지 그의 용모가 그럴듯해서인지도 분명치 않다. 아니, 발자크가 의심하는 대로 그의 작품에 문학적 재능이든 뭐든 조금이라도 있기는 했는지조차 분명치 않다. 어쨌든 뤼시앵은 성공을 거두긴 하지만, 발자크는 이것이 작품과는 전혀 상관없이 출세를 위한 그의 농간과 주변의 이해관계가 요행히 맞아떨어진 결과임을 냉정한 필치로 그리고 있다. 뤼시앵은 발자크가 '나이팅게일'이라 칭하는, 엄청난 숫자의 작품들이 잠들어 있는 묘지를 발견한다.

> 뤼시앵은 이 '나이팅게일'이라는 칭호가 서점 주인들의 입에서 나왔다는 이야기를 기억해 냈다. 나이팅게일이란 서점 깊숙한 곳에 쓸쓸히 잠들어 있는 책들을 뜻했다.

발자크는 현대문학의 한심스러운 상황을 묘사하고 있다. 처음에는 출판업자가 뤼시앵의 원고를 읽어 보지도 않고 퇴짜 놓았지만 시간이 흘러 뤼시앵이 필명을 날리게 되자 퇴짜를 맞았던 그 원고가 또 다른 출판업자에게 팔린다. 그런데 새로운 출판업자도 원고를 읽지도 않은 채 계약을 한다! 작품 자체는 나중 문제라는 것이다.

《잃어버린 환상》의 등장인물들은 세상이 예전같지 않다고 한탄한다. 옛날에는 문학작품이 공정한 대접을 받았다는 것이다. 그러나 과연 옛날에는 이런 '나이팅게일'의 무덤이 없었을까! 이런 모습 역시 또 다른 말 없는 증거가 아닌가. 이 작품을 통해 우리는 발자크가 살던 200년 전 사람들 역시 오늘날의 우리처럼 과거를 이상화하고 있음을 깨닫게 된다.

앞에서 나는 어떤 일의 성공을 이해하고 그 요인을 분석하기 위해서는 실패한 경우를 연구해야 한다고 말한 바 있다. 이제는 이를 좀 더 일반적인 경우로 넓혀서 살펴보자.

열 계단 만에 백만장자 되기

백만장자를 분석하는 수많은 시도들은 이 사람들을 특별하게 만든 기술이 무엇인지를 가려낸다며 다음과 같은 방법을 밟고 있다. 먼저 직함이나 직업별로 특별한 사람들을 찾은 후 이들의 공통된 특징을 분석하려 한다. 이렇게 해서 추출된 거물들의 공통점은 용기, 위험을 두려워하지 않기, 낙관주의 따위다. 이런 특징들이 모험을 걸 때에 발휘됨으로써 성공으로 이어졌다는 것이다. 기업 CEO들이 대필자를 고용하여 펴낸 자서전이나 고분고분한 MBA 학생들 앞에서 하는 발표에서도 아마도 이런 내용을 발견할 수 있을 것이다.

이제 묘지 쪽으로 시선을 돌려 보자. 실패한 사람들이 회고록을 쓰기란 어려운 일일 뿐 아니라, 설사 회고 원고를 썼다고 해도 내가 아는 출판인치고 어느 누구도 전화 한 통 걸어 주지 않을 것이다. 이메일 답장은 꿈도 꾸지 말라. 성공담보다도 훨씬 쓸모 있는 내용을 담고 있다고 해도, 패배자의 이야기를 26.95달러를 주고 살 독자는 없다.† 자서전이란 어떤 특성을 후속 사건들과 자의적인 인과관계로 엮어 낸 책이기 마련이다. 무덤을 생각해 보자. 실패자들의 묘지에도 다음과 같은 특징을 가지고 있던 사람들이 차고 넘치게 묻혀 있다. 용기, 위험을 두려워하지 않기, 낙관주의 등등. 백만장자들과 똑같지 않은가? 사소한 차이는 있을지언정, 두 부류를 나누는 진정한 요인은 단 한 가지다. 행운,

---

† 내가 알기로 금융 분야에서 가장 진솔한 책은 D. 폴과 B. 모이니핸이 공저한 《100만 달러를 잃고 배운 것*What I learned Losing a Million Dollars*》이다. 공저자들은 자비로 이 책을 냈다.

그저 행운일 뿐이다.

경험적 사례를 여럿 찾지 않아도 누구나 알아차릴 것이다. 아주 단순한 사고실험 하나만 살펴보자. 펀드 운용 회사에서는 시장 수익을 능가하는 실적을 매년마다 올리는 빼어난 인재가 있다고 주장한다. 이런 '천재'를 거명하고 그 능력을 높이 사기도 한다. 나는 투자자들 여럿을 무작위로 추출한 후, 소위 천재들이 **행운** 없이 만들어지는 일은 불가능하다는 것을 간단한 컴퓨터 작업으로 보여 주었다. 즉, 매년마다 회사는 실적 부진 사원을 해고하고 우수 사원만 남긴다. 그러니 회사에는 장기간 조금씩 수익을 올린 사원들만 남는 것 아닌가? 우리는 실패한 투자자들이 묻힌 묘지를 보지 못하기 때문에 이 분야의 어떤 사람이 다른 사람보다 낫다고 착각을 한다. 물론 행운의 생존자를 만들어 낸 성공 요인도 있을 것이다. "그 사람은 두부를 먹더라." "그 여자는 일중독이어서, 내가 밤 8시에 전화를 걸 때마다…" 혹은 "그 여자는 천성이 게을러. 원래 게으른 사람들이 시장을 꿰뚫어 볼 줄 아는 거지…." 우리는 회고적 결정, 즉 이미 지난 사건을 재구성하여 합리화하는 사고에 입각하여 성공 혹은 실패의 **'원인'**을 찾아낸다. 일의 원인을 찾아내야 하니까 말이다. 종종 컴퓨터로 이루어지기도 하는 이와 같은 '가설에 입각한 모의 실험'을 나는 '컴퓨터를 이용한 인식론'이라 부른다. 우리의 사고실험을 컴퓨터로 수행해 볼 수도 있다. '대안적 세계'를 무작위 확률로 가동함으로써 현실과 비슷하다는 것을 증명하면 된다. 이런 실험에서는 억만장자가 나오지 않는 경우가 오히려 드물다.†

---

† 의사들은 약효 검증 실험을 할 경우 사례 중심으로 결과를 설명하는 데 반대하는데 이는 온당한 주장이다. 이들은 말 없는 증거들에 대해서도 정밀 검사를 해야 한다고 주장한다. 그러나 이런 의사들도 다른 경우, 즉 그들의 사생활이나 개인 투자에서는 오류를 범한다. 철저한 회의주의적 태도와 멍청하게 속아 넘어가는 성격이 한데 어울릴 수 있는 인간의 속성에 나는 또 한 번 놀라고 만다.

제3장에서 말한 극단의 왕국과 평범의 왕국 사이의 차이점을 되새겨 보자. 거기서 나는 일의 성과에 의해 평가되는 직업은 승자의 숫자가 극히 적기 때문에 추천할 만하지 않다고 말한 바 있다. 이 분야야말로 패배자의 묘지가 엄청나게 크다. 배우와 회계사의 직업별 평균 수입이 똑같다고 해도, 한 사람의 가난한 회계사가 배우 몇 십 명만큼 수입을 올린다.

생쥐 헬스클럽

더욱 불합리한 두 번째 말 없는 증거는 다음 일화에 잘 나타난다. 20대 초반에 나는 신문을 구독했다. 꾸준히 신문을 읽다 보면 도움이 될 것이라는 생각에서였다. 이때 나는 러시아 마피아 세력의 위협이 미국 안에서도 크게 높아지면서 브루클린 주변의 루이 피자집과 토니 피자집 같은 상점도 자리를 옮겼다는 기사를 읽었다. 기사에 따르면 러시아인들은 굴라크에서의 생활로 단련되었기 때문에 거칠고 야만스럽다는 것이다. 굴라크란 범죄자나 정치범을 수용하던 시베리아 지방의 강제노동수용소들을 가리킨다. 사람을 시베리아로 보내 교정을 하겠다는 방법은 본래 차르 시대에 도입되었지만, 그 후에 들어선 소비에트 정권이 이를 완성했다. 이 노동수용소에서 살아남은 사람은 그리 많지 않다.

그런데, **굴라크의 경험으로 단련되었다고**? 내 눈앞에 튀어나온 이 구절은 (제 딴에는 합리적인 추론이었겠지만) 심각한 오류였다. 기자가 적당히 얼버무리며 넘어간 탓에 나 역시 이 구절이 말도 안 된다는 것을 금방 알아차리지는 못했다. 다음의 사고실험은 이런 식의 글을 한눈에 꿰뚫어 보게 해주는 훈련이 될 것이다. 쥐를 있는 대로 잡아서 다양하게 분류를 한다고 하자. 뚱뚱한 놈, 바짝 마른 놈, 비실비실한 놈, 강한 놈, 균형이 잘 잡힌 놈 등등(뉴욕의 레스토랑 주방에서 쥐를 구하면 쉬울 것이다). 이렇게 집단별로 분류된 수천 마리는 뉴욕 시에 있는 전체 쥐들을 대표한다고 할 수 있다. 이놈들을 뉴욕 이스트 스트리트 59번지에 있는 내 실험실로 데려와서 큰 통에 넣은 후 점점 높은 강도로 방사능을 쬐어 준다(사고실험이므로 동물 학대라는 비난은 듣지 않아도 될 것이다). 방사능 강도를 한 단계씩 높일 때마다 강한 놈들만 살아남게 된다(이것이 핵심이다). 죽은 쥐는 표본에서 하나씩 제거한다. 이로써 우리는 점점 강한 쥐의 집단을 얻게 된다. 하지만 주목할 점은, 어떤 강한 놈들도 방사능을 쬔 이후에는 약해진다는 사실이다.

아마도 학교에서는 우등생이었을, 분석 능력을 좀 갖춘 관찰자라면 나의 실험실이 마치 헬스클럽 같다고 여기며 모든 포유류에 대해서도 마찬가지 결과를 얻을 것이라고 생각할지 모른다(사업으로도 성공할지 모르겠다고 생각할지도 모르겠다). 이 사람의 논리는 이렇다. 남은 쥐들은 나머지 쥐들보다 더 강한 놈들인데 이놈들의 공통점을 찾아봐야 한다. 이들은 모두 나심 탈레브라는 사람의 작업실에서 나온 검은 백조들이다. 그러나 실험실에서 얼마나 많은 쥐들이 죽어 나갔는지 확인해 보려는 사람은 많지 않다.

이제 《뉴욕타임스》를 상대로 간단한 장난을 쳐보자. 살아남은 쥐들을 뉴욕에 풀어 놓고는 설치류 담당 선임기자에게 뉴욕 시 쥐들 사이에서 서열이 바뀌고 있다고 정보를 흘리는 것이다. 이 기자는 뉴욕 쥐 사회 내부에 변화가 일고 있다는 긴 (분석) 기사를 쓸 것이다. 거기에는 물론 다음과 같은 구절이 담겨 있을 것이다. "새로 등장한 쥐들은 막돼먹은 놈들이다. 이놈들은 말 그대로 난장판을 만들고 있다. (해롭지 않은) 은둔자이자, 통계학자, 철학자, 증권거래사인 탈레브 박사의 실험실에서 단련된 이놈들은…"

편향의 해악

편향에는 해로운 속성이 있다. 충격이 큰 사건 앞에서는 편향이 쉽게 드러나지 않는다는 것이 그것이다. 죽은 쥐는 보이지 않는 법이다. 충격이 치명적일수록 더욱 그렇다. 심각한 손상을 입은 표본은 제시될 증거에서 제거해 버리기 때문이다. 실험의 강도가 높아질수록 살아남은 쥐와 나머지 쥐들 사이의 차이가 커지며, '단련되었다'는 논리는 점점 멍청할 정도로 실제와 멀어진다. 이 실험의 실제 효과(표본을 약하게 만드는 효과)와 관찰된 효과(단련되었다고 믿어지는 효과) 사이에는 다음과 같은 요인 둘 중 하나는 있어야 한다. 즉 표본들의 체력 사이에 존재하는 불균형 정도 혹은 다양성이 요인으로 작용했거나, 실험 진행 과정에서 방사능의 강도가 불공평하거나 고르지 못함이 요인으로 작용했을 것이다. 여기서 다양성 혹은 고르지 못함이란 실험 과정에서 피하기 어려운 불확실성이 얼마나 큰가와 관계가 있다.

더 깊이 숨겨진 증거 찾기

이야기를 좀 더 밀고 나가 보자. 이런 오류는 워낙 광범위하게 발생하기 때문에 한번 이 오류에 빠지면 현실을 있는 그대로 볼 수 없게 된다. 말 없는 증거를 무시하는 오류는 현실을 움직이는 힘을 관찰하는 능력까지 빼앗아 버리는 것이다. 우리 뇌의 추론 장치가 얼마나 취약한지 몇 가지 예를 들어 보겠다.

종의 안정성. 멸종되었다고 여겨지는 종의 수를 세어 보자. 오랫동안 과학자들은 화석을 통해 멸종된 종의 수를 추론해 왔다. 그러나 여기에도 말 없는 증거가 숨어 있다. 화석으로 흔적을 남기지 않고 사라진 종들은 그 숫자에서 제외되기 때문이다. 우리가 애써 발굴한 화석은 지구에 나타났다 사라진 모든 종 중에서 극히 일부밖에 보여 주지 않는다. 종의 다양성은 처음 연구되었을 때보다 훨씬 큰 것이다. 많은 과학자들의 주장에 따르면, 지구에 나타났던 종들 중에서 99.5퍼센트가 멸종되었다. 생명이란 우리의 생각보다 훨씬 연약한 것이다. 그렇다고 해서 인간이 이들의 멸종에 죄책감을 가질 필요는 없으며, 멸종을 중단시키기 위해 나설 일도 아니다. 인간이 환경을 파괴하기 이전부터 생명이란 태어났다가 사라지기를 반복해 왔다. 그러니 사라져 버린 모든 종들에 대해 도덕적 책임감을 느낄 필요는 없다.

범죄에는 대가가 있다? 신문들이 범인 체포를 보도하면서 하는 말이다. 물론 《뉴욕타임스》에는 체포되지 않은 범죄의 비율을 보도하는 고정 면이 없다. 탈세, 공직 부패, 매춘 조직, (이름도 성분도 알려지지 않은 약물을 이용해서) 돈 많은 배우자 독살하기, 마약 밀수 등도 마찬가지다.

게다가 흔히 우리 눈에 보이는 범인들은 머리를 제대로 쓰지 못해서 잡힌 사람들이다.

이렇게 말 없는 증거를 알아차리기 시작하면 그때까지 우리 주변에서 숨어 있던 많은 것들을 또렷이 알아볼 수 있게 된다. 이러한 심적 태도를 갖게 된 후 20여 년이 흐른 지금, 나는 훈련과 교육을 받으면 말 없는 증거의 함정을 (증명할 수는 없어도) 피할 수 있다고 확신하게 되었다.

수영 선수 몸매?

흔히 '수영선수 몸매'나 '초심자의 행운'이라는 표현이 있는데, 여기에 어떤 공통점이 있을까? 역사를 이해할 때 이 표현에서 무엇을 배울 수 있을까?

도박사들 사이에는 초보자들이 거의 언제나 행운을 거머쥔다는 믿음이 있다. "나중에야 지게 되지만 처음에는 행운이 들어온다"는 말을 흔히 듣는다. 실제로 이 명제는 참이다. 처음 도박을 할 때는 운이 좋다는 것은 연구를 통해서도 밝혀졌다(이것은 주식투자의 경우도 마찬가지다). 그렇다면 누구나 도박에 뛰어들어 행운의 여신을 맛본 후 곧 끊으면 된다는 얘기일까?

그렇지 않다. 여기에도 똑같은 착시 현상이 작용한다. 도박을 처음 시작할 때에는 누구나 운이 좋거나 나쁘거나 둘 중 하나다(카지노 측의 승률을 감안하면 약간 운이 나쁠 것이다). 이때 운이 좋은 사람은 행운의 여신에게 간택되었다고 생각하며 게임을 계속하지만 그렇지 않은 사람은 기가 꺾여 게임을 포기하고 다른 곳으로 가버린다. 그러고는 이곳저곳을 둘러보며 낱말 맞추기를 하거나, 불법 다운로드를 하는 등 기분 내키는 대로 시간을 보낼 것이다. 결국 도박을 계속하는 사람들만 기억되기 때문에, 행운이 초보자에게 계속 찾아오는 것처럼 보인다. 탈락자는 말 그대로 도박자 대열에서 배제된다. 초보자의 행운이라는 믿음은 이렇게 생겨나는 것이다.

'수영 선수 몸매'라는 말에도 비슷한 이치가 있다. 나 역시 몇 년 전까지만 해도 수영으로 다듬은 몸매가 특별한 데가 있는 줄로 착각하고 있었다.(인간의 편향을 전공하는 나도 이런 실수를 범했다. 그때까지는 내가 속는 줄도 모르고 있었다.) 운동선수들의 체격이 종목마다 서로 다른지 묻자 사람들은 육상 선수는 식욕부진 환자처럼 깡마르고, 경륜 선수는 하체가 발달하고, 역도 선수는 균형이 안 잡히고 약간 미련해 보인다고 대답을 했다. 이런 말을 듣고 나는 뉴욕 대학 수영장에서 운동을 해서 '수영 선수처럼 유연한 근육'을 만들어야겠다고 생각했던 것이다. 그러나 이제 달리 생각해 보자. 신체 특징은 저마다 달리 타고나기 때문에 특정 종목에 맞는 체격도 함께 주어진다고 생각해 보자. 수영선수 몸매를 타고난 사람은 뛰어난 수영 선수가 될 것이다. 시험 삼아 수영장에 가보면 이런 사람을 쉽게 찾을 수 있다. 그러나 이런 사람들이 역기를 들었다면 역시 역도 선수처럼 보였을 것이다. 스테로이드제를 복용해서든 중량을 늘려서든 근육이 강화되었을 때의 모습은 특정 근육마다 똑같은 것이다.

보는 것과 보지 않는 것

2005년 무시무시한 허리케인 카트리나가 미국의 뉴올리언스를 덮쳤을 때, 정치인들이 텔레비전에 잔뜩 출연했다. 이 의원들은 폐허와 집 잃은 난민을 담은 화면을 배경으로 뉴올리언스의 '재건'을 약속했다. 차갑도록 이기적인 시대에 이타적인 일을 하겠다니 숭고하지 않은가?

그러나 이들의 약속이 '자기 재산'으로 하겠다는 것이었을까? 그렇지 않다. 이들은 공적 자금을 쓰겠다고 약속했을 뿐이다. 공적 자금이란 "피터에게 빌려서 폴에게 준다"는 속담처럼 **불특정한 사람들**에게서 거두어 쓰는 돈 아닌가? 불특정한 사람들이라고 하지만 반드시 그렇지는 않다. 이것은 암 연구나 당뇨병 퇴치를 위한 개인 헌금일 수도 있다. 그러나 텔레비전에 나오지 않은 채 쓸쓸하고 우울하게 누워 있는 암 환자에게는 아무도 주의를 기울이지 않는다. 이런 암 환자는 투표할 수도 없고(다음 선거 때에는 이 세상 사람이 아닐 테니까), 보통 사람의 심금을 울릴 기회도 없다. 카트리나가 앗아 간 사람들보다 더 많은 암 환자가 날마다 사망한다. 이들이야말로 진정 우리 도움을 필요로 하는 사람들이다. 금전적 도움뿐만 아니라 관심과 친절을 절실하게 기다리는 사람들이 이들이다. 게다가 공적 자금은 이런 사람들에게서 간접적으로 혹은 노골적으로 직접 거두어 형성된 것이라 할 수 있다. 연구에 할당된 (공적 혹은 사적) 기금을 전용하는 행위는 그들을 사망에 이르게 하는, 조용한 살인이라는 이름의 범죄다.

이치를 좀 더 넓혀 생각하면 가능성을 점칠 수 없는 상황에서 이루어지는 의사 결정 행위도 설명할 수 있다. 우리는 눈에 분명히 보이는 결과를 염두에 두지만 보이지 않는 것은 고려하지 않는다. 혹은 덜 고려한다. 그러나 보이지 않는 것이야말로 더 의미심장할 수 있다.

프레데릭 바스티아는 다양한 분야에서 능력을 발휘한 19세기 프랑스의 인문주의자였다. 그는 보기 드물게 독립적인 사상가였지만 프랑스 주류 정치와 반대되는 사상을 갖고 있었기 때문에 무명으로 취급받았다.(바스티아는 피에르 벨과 함께 내가 존경하는 사상가다. 피에르 벨 역시 불어권에서 무명으로 취급받았다.) 그렇지만 미국에는 그의 추종자가 많다.

바스티아는 에세이 〈보는 것과 보지 않는 것What We See and What We Don't See〉에서 다음과 같이 말하고 있다. 우리는 정부가 하는 일을 보고 찬양을 올릴 뿐 대안적 정책은 생각해 내지 않는다. 그러나 대안은 있다. 단지 쉽게 드러나지 않고 눈에 보이지 않을 뿐이다.

앞서 살펴보았던 '확인 편향의 오류'를 다시 떠올려 보자. 정부는 자신들이 해낸 일을 거창하게 홍보해대지만 하지 않은 일에 대해서는 일언반구도 없다. 실상 그들이 하는 일이란 '짝퉁 선행'에 불과하다. 그들은 겉으로 보이는 쪽으로만 사람들을 도울 뿐 관심 밖에 있는 사람들을 도울 생각은 하지 않는다. 바스티아는 정부라는 조직의 이로움을 믿는 전통적 주장을 공격함으로써 자유주의자들에게 힘을 불어넣어 주었지만, 그의 사상은 좌파와 우파 모두에게 적용될 수 있다.

바스티아의 분석은 좀 더 깊이 들어간다. 만일 어떤 행동의 긍정적 측면과 부정적 측면을 쉽게 알 수 있다면 우리의 판단은 신속히 이루어질 것이다. 그러나 일의 긍정적 결과는 그 일을 벌인 사람에게만 돌아간다. 긍정적 결과는 눈에 보이기 때문에 일의 담당자에게 보이겠지만, 부정적 결과는 드러나지 않기 때문에 다른 사람에게 미치는 것이다. 그로 인한 손실은 물론 사회가 부담해야 한다. 직업 보호 정책에 대해 생각해 보자. 안전한 일자리를 보장하기 위해서는 사회적 비용을 투입해야 한다. 그런데 일자리를 구하지 못하는 사람에게는 이런 조치가 취업 기회를 더 줄일 수 있다는 것은 간과된다. 허리케인 카트리나로 인한 재난을 복구하는 사업의 경우, 암 환자 치료비를 재건비로 전용하였기 때문에 암 환자들이 피해를 입은 반면에 복구 조치의 수혜자는 정치인들과 짝퉁 인도주의자들이다. 어떤 일의 부정적 측면은 장기간에 걸쳐 나타나기 마련이므로 영원히 관심의 대상이 되지 못할 수도 있다. 지원을 가장 덜 필요로 하는 사람까지를 대상으로 하는 모금 운동을 벌인 언론의 책임도 있을 것이다.

이번에는 2001년 9·11 사태를 생각해 보자. 오사마 빈 라덴 테러 집단의 뉴욕 쌍둥이 무역센터 테러를 직접적인 사인으로 한 사망자는 약 2500명이다. 사망자의 가족들은 갖가지 정부 기관과 자선단체의 지원을 받았다. 물론 이는 당연하다. 그러나 연구에 따르면 그해 연말까지 3개월 동안 테러의 영향으로 죽은 '조용한 사망자'가 약 1000명이었다. 조용한 사망자라니? 비행기 타기가 두려워 자동차 여행을 택하는 사람이 늘면서 교통사고가 급격히 늘어난 것이다. 이 기간 동안 도로 교통사고가 늘어났다는 근거도 있었으니, 이제 도로가 하늘보다 더 치명적인 장소가 된 것이다. 이들 사망자의 가족은 아무런 지원을 받지 못했다. 게다가 이들은 자신의 가족이 오사마 빈 라덴의 희생자였다는 사실조차 인식하지 못했다.

바스티아만큼 내가 존경하는 사람이 랠프 네이더다(정치가 혹은 정치사상가로서의 네이더가 아닌 시민운동가, 소비자운동가로서의 네이더를 나는 존경한다). 그는 미국 자동차 회사들이 집계한 치사율 기록을 공개함으로써 수많은 시민을 구한 사람이라고 할 수 있다. 그런데 몇 년 전 그가 대통령 선거에 나섰을 때, 그는 안전벨트 의무화 법안으로 자신이 수만 명의 목숨을 구했다는 사실을 잊어버린 모양이었다. '내가 당신을 위해서 무엇을 하였는지'는 쉽게 먹히지만 '내가 당신으로 하여금 어떤 위협을 피하게 했는지'는 쉽사리 먹히지 않는 것이다.

프롤로그에서 9·11을 예방할 수 있었을 법안을 발의했던 가상의 의원에 대해 이야기한 바 있다. 짝퉁 영웅이 공을 뽐내는 동안 얼마나 많은 숨은 영웅들이 묻혀 있을까?

그러므로 앞으로 허풍선이 약장수 같은 인도주의자들을 만나면 단호하게 맞설 일이다.

의사들

말 없는 증거가 무시됨으로써 매일매일 사람들이 죽어 나가고 있다. 어떤 약품이 위험한 질병을 앓고 있는 사람을 치유하는 반면에 이 약의 위험성 때문에 죽는 사람도 적게나마 있을 것이다. 물론 계산상으로는 사회의 혜택 총량이 많다고 할 것이다. 의사가 이런 위험 요인까지 처방하는 것일까? 하지만 의사에게는 그럴 이유가 없다. 약품의 부작용에 시달리는 사람이 있으면 변호사가 나서서 의사에게 경찰견처럼 달려들 것이다. 물론 그 약품 때문에 목숨을 건진 사람이 있다는 것은 전혀 고려되지 않는다.

생명을 구했다는 것은 통계의 문제지만, 부작용으로 투병하는 일은 일종의 이야기가 된다. 통계는 눈에 보이지 않지만 이야기는 눈과 귀에 쏙쏙 들어온다. 마찬가지로, 검은 백조의 위협도 눈에 보이지 않는다.

뻔뻔스러움, 혹은 카사노바의 힘

말 없는 증거를 무시하는 오류 중에서 가장 심각한 것, 즉 안정성에 대한 환상을 살펴보기로 하자. 편향은 과거에 겪은 위험을 지각하는 능력도 떨어뜨린다. 특히 과거의 위험에서 요행히 살아남은 사람일수록 그 정도가 더하다. 심각한 위협에 시달리다가도 일단 벗어나게 되면, 그때 얼마나 위험한 상황에 처했는

자코모 카사노바, 일명 생갈의 기사. 어떤 독자들은 전설적인 유혹자가 전혀 제임스 본드처럼 보이지 않는다는 데 놀랄지도 모르겠다.

지를 과소평가하게 되는 것이다. 본명 자코모 카사노바, 인생 후반기에는 생갈의 기사 자크란 이름을 택한 이 사람은 자칭 지식인이자 뭇 여성의 유혹자였으며 재기 넘치는 마피아 대부를 빰칠 뻔뻔스러운 근성의 소유자인 데다가 어떤 불행도 비껴가는 데 능통했다. 그는 세간에 흔히 난봉꾼으로 알려졌지만 스스로는 학자라고 생각했다. 그가 (서툴지만 재치 있는) 프랑스어로 쓴 12권짜리 자서전 《나의 인생 이야기*Histoire de ma vie*》는 본래 문학작품으로 시도된 것이다. 그의 자서전은 여성을 유혹하는 온갖 기법뿐 아니라 운명을 거스른 성공담을 엮고 있다. 그에 따르면 시련에 빠질 때마다 행운의 별이 자신을 구해 주었다고 한다. 그는 일이 잘 돌아가지 않을 때에도 보이지 않는 손에 이끌려 해결을 보았다며, 역경에 처할수록 새로운 기회를 움켜쥐도록 태어났다고 믿었다. 최악의 순간에 누군가가 돈을 빌려 주고, 오래전에 그가 신실하게 대해 주었던 사람이 나타나 새로운 후원자가 되어 주고, 심지어 예전에 그에게 배신당했던 사람도 기억을 잊고 아낌없이 베풀어 주곤 했다는 것이다. 카사노바는 과연 역경을 딛고 일어나는 운명을 선택받은 사람일까?

꼭 그렇지는 않다. 다음의 경우를 생각해 보자. 화려한 모험을 즐긴 사람은 숱하게 있었으되 대부분은 파멸하고 말았고 소수는 몇 번씩 오뚝이처럼 일어섰다. 이때 이들 소수의 사람들은 당연히 자기들이 불굴의 인물이라고 믿기 마련이다. 물론 길고도 다채로운 경험을 했을 테니 이것을 책으로 남길 것이다. 그러고는 물론….

어떤 모험가가 자신이 운명에 의해 선택받았다고 생각할 때, 그 근거는 수많은 모험가들 중에 자신이 예외라는 것뿐이다. 물론 우리는 이 모험가의 이야기를 행운의 결과로 받아들이지 않는다. 이 장을 쓰기 시작했을 때, 자유분방한 약혼자 때문에 골머리를 앓는다는 여성과 대화를 나눈 기억이 떠올랐다. 이 여성의 약혼자는 공무원의 아들로, 금융거래에 몇 차례 손을 대더니 멋쟁이 구두에 쿠바산 시가를 물고 자동차를 수집하는 등 소설 속 주인공 행세를 하더라는 것이다. '자유분방하다'는 말에 해당하는 프랑스어는 'flambeur'로, 남성적 매력을 물씬 풍기는 방탕한 호남이자 손 큰 투기업자를 함께 뜻하는 말이다. 앵글로색슨 계통 사람들에게는 이에 해당하는 말이 없다. 내가 만난 여성은 약혼자가 순식간에 재산을 날렸지만 그래도 결혼을 할 생각이라고 했다. 약혼자가 현재는 약간 곤란한 지경에 처해 있긴 하지만 언제나처럼 멋지게 재기할 것이므로 전혀 걱정할 것이 없다고 여성은 말했다. 이 이야기를 나눈 것이 몇 년 전의 일이라 나는 호기심으로 그 남자의 근황을 요령껏 알아보았다. 남자는 최근에 또 한 번 운명의 손길에 휘말렸고, 여전히 거기서 헤어나지 못하고 있었다. 이제 그는 **자유분방한 남자들**의 무대에서 퇴장하여 다시는 얼굴을 내밀지 못하게 되었다.

이런 이야기들이 역사의 역학과 무슨 관계가 있다는 것일까? 불황 때마다 오뚝이처럼 일어서길 반복해 왔다는 뉴욕의 경우를 생각해 보자. 뉴욕은 파탄 일보 직전에서 늘 불가사의하게 회생해 왔다. 이것이 바로 뉴욕의 특징이라고 믿는 사람까지 생겨났다. 《뉴욕타임스》 기사에도 이런 구절이 실렸다.

> 뉴욕이 여전히 새뮤얼 M. E.를 필요로 하는 이유가 무엇일까? 오늘로 77세를 맞는 이 경제학자는 활황과 불황을 견뎌온 뉴욕을 반세기 동안 연구해 왔다. … "어려운 시기를 헤치고는 이전보다 더욱 강해지는 역사가 바로 뉴욕의 것이다." 그는 이렇게 말했다.

생각을 거꾸로 해보자. 뉴욕을 자코모 카사노바나 내 실험실의 쥐들과 같은 경우에 옮겨 놓는 것이다. 쥐 수천 마리를 위험한 상태로 실험해 보았듯이, 수많은 도시를 대상으로 역사를 추적해 보는 것이다. 즉 로마, 아테네, 카르타고, 비잔티움, 티레, 차탈 휘위크(Catal Hyuk, 현재 터키 내에 있는 곳으로, 인간의 최초 거주지로 꼽힌다), 예리코, 피오리아, 뉴욕 등등이 그 대상이다. 이들 중 어떤 도시는 역사의 역경을 이겨 내고 살아남았다. 그러나 우리가 알다시피 역사는 그 밖의 다른 도시에는 온정의 손길을 베풀지 않았다. 나는 카르타고, 티레, 예리코와 같은 도시의 사람들 역시 새뮤얼 M. E. 못지않게 "우리의 적들이 우리를 멸망시키고자 숱하게 도전해 왔으나 우리는 더욱 강성하게 일어났다. 우리는 불굴의 도시다"라고 자부했을 것이라고 생각한다.

이런 편향은 살아남은 자들로 하여금 자신들이 증언자라고 착각하게 만든다. 이런 말에 화가 나는가? 살아남았다는 바로 그 사실 때문에 자신이 살아남은 이유를 제대로 바라보지 못하는 것이다.

이런 문제는 다른 곳으로도 확대된다. 새뮤얼 M. E. 자리에 시련을 견뎌 내고 회생한 기업의 최고경영자를 세워도 마찬가지다. '오뚝이 같은 복원력을 자랑하는 금융 시스템'은 어떤가? 막 전공을 세운 장군은 어떤가?

이제 여러분은 '카사노바의 승승장구'를 역사 이해의 일반적 관점으로 삼은 이유를 이해할 수 있을 것이다. 카사노바 같은 인물 수백만 명을 역사라는 가상의 함수에 대입해 보자. 그리고 성공한 카사노바들이 어떤 특성을 공통으로 가지고 있는지 관찰해 보자(우리가 이 수백만 명을 만들어 냈으니 이들의 특성은 잘 알 것이다). 그러면 어떤 공통점이 나올까? 이렇게 보면, 카사노바가 되어 좋을 것은 없다.

위험 감수자

뉴욕 한복판, 가장 경쟁이 치열한 곳에 레스토랑을 개업한다고 해보자. 위험이 크고 작업량도 엄청나며 고객의 눈도 까다로운 요식업은 순진하게 뛰어들 분야가 아니다. 요식업자의 무덤은 조용하기 짝이 없다. 맨해튼의 미드타운에 가보면 젊고 예쁜 아내를 데리고 외출 나온 단골 고객을 모시려고 대기 중인 리무진 차량이 레스토랑 문전마다 성시를 이룬다. 레스토랑 사장들은 귀한 고객들이 자기 식당을 이용해 주니 힘들지만 흡족하기 그지없다. 이렇게 고객이 넘치고 경쟁이 치열한 이 거리에 새로 레스토랑을 개업하면 성공이 보장되는 것일까? 물론 전혀 그렇지 않다. 그런데 겉으로 보이는 성공에 눈이 멀어 무모한 일을 벌이는 어리석은 모험 인자가 우리 인간 속에 들어 있는 것이다.

인간에게는 카사노바 같은 모험가 기질이 일종의 모험 유전자로 들어 있는 것이 분명하다. 이 모험 인자는 예상 가능한 여러 결과를 생각하지도 않고 무모한 일을 벌이도록 우리를 떠민다. 인간은 모험 인자를 유전적으로 물려받은 셈이다. 과연 모험을 독려해 주어야 할까?

물론 경제성장도 이러한 모험의 결과로 얻어진 것이다. 이 책에서 내가 주장하는 식대로 따르다 보면 지금까지 우리가 얻은 괄목할 만한 경제성장은 있을 수 없었을 것이라는 어리석은 주장을 하는 사람들도 있다. 이런 주장은 러시안 룰렛 게임에서 살아남아 돈을 좀 벌었다고 이 게임을 옹호하는 것과 다를 바 없다.

인간은 낙천적 천성의 소유자이며 이 낙천성 때문에 **좋은 결과를 얻어왔다**고 주장하는 사람도 종종 있다. 이런 주장에 따르면 어떤 모험도 긍정적인 일이며, 어떤 문화에서든 모험은 상찬받아 마땅하다. "이것 보시오, 나심 씨. 우리한테 모험을 벌이지 말라고 하시는데, 우리 선조들께서는 모험을 두려워하지 않으셨소이다."(그렇지만 나는 모험을 벌이지 말라고 하지 않았다.)

우리는 인간이 엄청나게 운 좋은 종이라는 것을 보여 주는 증거를 가지고 있으며, 또 인간이 모험 유전자를 가진 종이라는 것을 보여 주는 증거도 가지고 있다. 한마디로 인간은 어리석은 위험 감수자다. 실제로 인간은 살아남은 카사노바다.

다시 한 번 강조하거니와, 나는 모험을 시도하지 말자는 것이 아니다. 나 스스로가 그러한 분야에서 일하고 있지 않은가. 내가 비판하는 것은 **무지한 상태에서** 벌이는 모험이다. 탁월한 심리학자 대니얼 카너먼은 인간의 모험 행위를 유발하는 것은 허세가 아니라 확률에 대한 무지와 맹목이라는 증거를 제시한 바 있다. 앞으로 이어질 몇 장에서 나는 우리가 미래를 투시할 때 불리한 결과나 극단점을 무시하는 경향이 있음을 좀 더 깊이 있게 다루려 한다. 그렇지만 **우리가 현재 상태까지 우연에 의하여 도달했다고 해서 앞으로도 위험의 확률을 비슷하게 피하게 될 것임은 전혀 아니라는 점**을 나는 강조하고 싶다. 인간은 행운이 물어다 준 축복 같은 현재의 삶을 지키고 보존하려는 태도를 좀 더 공고히 할 수 있을 만큼 성숙한 종이 아닌가. 이제는 우리가 계속해 온 러시안 룰렛 게임을 그만두고 실제적인 일을 찾을 때다.

이 문제와 관련하여 내가 말하고 싶은 것은 두 가지다. 첫째, "어쨌든 그것이 우리를 여기까지 데려왔다"는 사실을 근거로 한 과도한 낙관주의의 정당화가 인간 본성에 대한 그보다 더 심각한 오해로부터 생겨난다는 것이다. 그 오해란 바로 우리가 우리 자신의 본성을 이해할 수 있도록 생겨먹었다는 것, 우리의 결정이 지금까지, 또 지금도 우리 자신의 선택의 산물이라는 믿음이다. 미안하지만 나는 동의하지 못하겠다. 너무나 많은 본능들이 우리를 끌고 간다.

둘째, 이것은 첫 번째 것보다도 더 걱정스러운 것인데, 많은 사람들이 적자생존을 성경 구절처럼 되뇌며 과장되게 부풀린다는 것이다. 검은 백조를 불러오는 무작위적 확률이 낯설게 느껴질수록 사람들은 진화론이 최선으로 작용하고 있다고 더 굳게 믿는다. 이들의 논리에는 말 없는 증거가 들어설 여지가 없다. 그러나 진화란 요행에 가까운 결과가 이어지는 과정으로, 이 과정의 대부분이 나쁜 결과를 낳으며 좋은 결과는 얼마 되지 않는다. 그런데 사람들은 좋은 쪽만 바라본다. 어떤 점들이 인간에게 유리한지 단기적으로는 드러나지 않는다. 특히 검은 백조 효과가 강하게 발생하는 극단의 왕국에서는 더욱 그러하다. 이것은 마치 횡재한 도박사가 도박장에서 나와 도박으로 자기가 돈을 벌었으니 도박이 인간에게 좋은 것 아니냐고 주장하는 모습과 같다! 진화의 역사에서는 위험을 감수하는 쪽으로 움직인 종들 중 많은 것들이 멸종했다!

"어쨌든 이렇게 살아 있지 않은가"라는 사고방식은 현재를 최선의 세계로 여기는 것이다. **진화가 낳은 훌륭한 결과**가 바로 현재라는 사고방식은 말 없는 증거 효과에 비추어 봤을 때는 진실과 거리가 먼 것이다. 바보들, 카사노바 같은 유형들, 맹목적으로 위험을 감수하는 사람들이 단기적으로는 이따금 승자가 되기도 한다. 더 최악의 경우가 있다. 검은 백조가 출현하는 환경, 즉 장구한 시간 동안 '적자생존'이 계속되다가 단 한 번의 희귀한 사건이 터져 나와 그때까지의 종의 운명을 뒤바꿔 놓는 환경에서도 위험을 좇는 어리석은 이가 장기적으로도 승자가 되는 경우가 있다는 것이다! 이 점에 대해서는 제3부에서 다시 살펴보기로 한다. 제3부에서 나는 말 없는 증거의 효과가 극단의 왕국에서는 훨씬 강력해진다는 점을 밝힐 것이다.

다만 이보다 먼저 언급해 둘 것이 있다.

나는 검은 백조다: 인류학적 편향

나는 고답적인 형이상학이나 우주론적 논의 대신 두 발을 땅에 딛고 선 채로 이야기를 풀어 가려고 한다. 현실 세계에는 많은 위험이 도사리고 있기 때문에 추상적인 철학 이야기는 다음으로 미루는 것이 낫다. 다만 역사적 안정성에 대한 심각한 오해와 관련해서는 인류학적이고 우주론적인 이야기를 (살짝) 엿보는 것도 나쁘지 않겠다.

최근 여러 철학자들과 물리학자들, 그리고 철학과 물리학 두 영역을 모두 다루는 이들이 이른바 **자기 표본 가설**에 대해 연구해 오고 있다. 자기 표본 가설이란 카사노바식의 편향을 우리 존재에 대해 일반화시킨 것을 말한다.

우리 인간의 운명을 생각해 보자. 어떤 사람들은 우리가 태어나 존재하는 것이 매우 낮은 확률에서 일어난 일이기 때문에 우연의 소산으로 볼 수 없다고 생각한다. 우리의 존재를 탄생시키기 위해 필요한 요인들이 정확히 들어맞을 확률은 매우 낮았을 것이다(최적의 조건에서 조금만 벗어났더라도 지구는 폭발하거나 붕괴했을 것이다. 물론 이 세계가 전혀 탄생하지 않았을 수도 있었다). 세계가 생겨나는 데 필요한 세세한 요소들이 몹시 정확하게 충족되었다는 지적이 가끔 있다. 이 논리에 따르면 세계의 탄생은 결코 우연에 의하지 않았다.

그러나 **우리 자신이 표본 속에 포함되어 있다는 사실은** 확률 계산을 크게 흔들어 놓는다. 카사노바 이야기로 돌아가 보면 이 점을 쉽게 이해할 수 있다. 카사노바의 후예들이 제각기 활약하는 온갖 종류의 세계가 있다고 가정해 보자. 고난을 빠져나오지 못한 카사노바는 (그나마 우연히) 행운이 점지하지 않음을 감지하고 자신의 운명을 인도해 줄 초월적인 힘을 바랄 것이다. "여기까지 온 게 어딘데, 좀 더 행운을 내려 주시오." **온갖** 모험가들을 내려다볼 위치에 있는 사람이 있다면 카사노바 한 사람이 나타날 확률이 결코 낮지 않음을 알 것이다. 모험가의 숫자가 워낙 많으니, 그중 누군가는 필경 복권에 당첨될 것이 아닌가.

문제는 지금의 이 우주에 인류로 살고 있는 **우리가 살아남은 카사노바라는 사실**이다. 많은 수의 카사노바가 주어진다면, 그중 한 사람의 생존자가 나올 것이다(이 사람이 살아남았다는 것, 그것이 그의 '생존 조건'으로 들먹여진다). 그러므로 우리를 살아남게 한 조건이 곧 이 과정의 제약이기도 하다는 점을 고려하지 않는 것은 순진하기 그지없다.

역사가 우리에게 '음울한(혹은 불리한)' 시나리오와 '장밋빛(혹은 유리한)' 시나리오 둘 중 하나를 물어다 준다고 가정하자. 음울한 시나리오는 멸종으로 이어진다. 분명히 지금 이 글을 쓰는 나에게는 '장밋빛' 시나리오가 펼쳐진 것이다. 레반트 지역을 휩쓴 침입자들이 저지른 학살극을 나의 선조들께서 용케 피하신 쪽으로 역사가 전개된 결과다. 이 억세게 운 좋은 시나리오에 다시 소행성 충돌, 핵전쟁, 전염병으로 인한 대재앙 등을 모면한 시나리오가 더해졌다. 인류 전체의 운명을 조망할 필요도 없다. 나 자신의 일생만 돌아보더라도 얼마나 위태위태한 길을 걸어왔는지 나는 놀라곤 한다. 열여덟 살에 레바논에 돌아갔을 때 나는 한여름인데도 등골이 오싹한 기운과 극심한 피로를 거듭 앓았다. 장티푸스였다. 항생제가 수십 년만 늦게 발견되었더라도 지금의 나는 여기에 없었을 것이다. 그 이후에도 나는 심각한 질병을 앓았지만 현대 의학의 발달 덕택에 '치료'될 수 있었다. 인터넷으로 독자를 만나고 글을 쓰는 이 시대에 살면서 나는 대규모 전쟁을 모면하고 있는 현대사회의 행운을 누리고 있는 것이다. 한마디 더 덧붙이면, 나는 인간 종의 탄생의 결과이며, 인간 종의 탄생 자체는 우연한 사건이다.

그러므로 여기 내가 존재하고 있다는 것은 극히 낮은 확률의 사건이지만, 나는 이를 종종 망각하는 경향이 있다.

열 계단만 밟으면 백만장자가 될 수 있다던 얘기로 돌아가 보자. 성공한 사람은 자신의 성공이 결코 우연의 소산이 아니었다고 말할 것이다. 이것은 마치 룰렛 게임에서 일곱 번 이긴 도박꾼이 수백만 분의 1 확률을 손에 쥐었다고 자랑하며 초월적인 힘 덕택이거나 자신의 능력 덕택이라고 말하는 것과 다를 바 없다. 그러나 카지노에서 벌어지는 게임의 횟수(총 수백만 회)나 도박꾼의 숫자를 고려하면 일곱 번 연속 이기는 정도야 나오게 되어 있으니, 자신에게 운이 따른다고 자랑하는 도박꾼도 이런 경우에 해당될 뿐이다.

그러므로 성공담의 확률은 다음과 같은 방식으로 계산되어야 한다. 즉 도박 게임의 승리자처럼(혹은 운 좋은 카사노바, 불황을 모르는 오뚝이 뉴욕 시, 혹은 불굴의 고대 도시 카르타고처럼) 유리한 위치를 출발점으로 확률을 계산하지 말 것. 그 대신 원점에서 시작하는 평범한 존재들과 똑같이 계산할 것! 이런 방식으로 도박꾼의 경우를 다시 생각해 보자. 수많은 사람들이 초심자로 도박 게임에 들어간다면, (그들 중 누가 이길지 미리 알 수 없다고 해도) 한 명에게 깜짝 놀랄 행운이 돌아갈 것은 확실하다. 이렇게 출발점을 기준으로 계산을 시작해 보면 행운이란 그리 대수로운 것이 아니다. 그렇지만 승자의 위치에서 계산을 하면, 즉 패배자의 존재를 무시하고 계산하면(이것이 핵심이다), 연속해서 게임에 이기는 것은 행운이 아니고서는 도저히 설명할 수 없는 특이한 사건으로 보이게 된다. '역사'란 숫자 놀음의 연속에 불과하다는 점을 염두에 두도록 하자. 부, 적자생존의 가능성, 체중 등등 어떤 것도 숫자로 설명될 수 있기 때문이다.

'왜냐하면'이라는 말로 가려지는 것들

이렇게 볼 때, '왜냐하면(because)'이라는 용어를 크게 의심하지 않을 수 없다. 이 용어는 과학자들의 글에 종종 나타나며, 역사학자들 사이에서는 대부분 잘못 사용되고 있다. '왜냐하면'의 의미가 생각보다 모호하다는 점을 불편하지만 받아들여야 한다(인과관계라는 말의 진통 효과를 제거하니 몹시 불편할 수밖에 없을 것이다). 다시 말하거니와 인간은 '설명'을 추구하는 동물인지라, 모든 것에는 분명한 원인이 있으며 여러 설명 중 가장 명백한 것을 취하면 된다고 생각하는 경향이 있다. 그러나 '왜냐하면' 하는 식의 눈에 보이는 설명이 불가능한 경우도 있다. 오히려 원인이라 할 것이 아무것도 존재하지 않아서 어떻게 설명하기도 어려운 경우가 빈번하다. 말 없는 증거는 이런 사실을 감지하지 못하게 한다. 우리가 살아남은 쪽에 속해 있을 경우, **왜냐하면**이라는 용어는 거의 힘을 발휘하지 못한다. '생존 상태'라는 것이 다른 설명의 입을 막아 버리기 때문이다. 아리스토텔레스적인 '왜냐하면'의 논리는 두 사건을 연결하는 고리가 되지 못하는 대신, 우리가 제6장에서 본 것처럼, 설명을 부여하려 하는 인간의 약점을 가져온다.

이와 같은 추론 방식을 다음 질문에 적용해 보자. "왜 흑사병은 더 많은 사람을 죽이지 않았는가?" 사람들은 흑사병 발생의 밀도, 이 병의 '과학적 모델' 등에 관한 여러 가설들을 비롯하여 온갖 그럴싸한 설명을 쏟아 낼 것이다. 이제 지금까지 우리가 살펴본 바를 적용시켜 이 인과관계 추론이 얼마나 빈약한 것인지 검증해 보자. 만일 흑사병이 인간을 모두 죽였다면, 이 과정의 관찰자 역시 존재할 수 없었을 것이다. 따라서 어떤 질병이 인간을 살려 주느냐 마느냐는 질병의 속성과 무관하다. 그러니 우리가 어떤 생존의 과정에 있을 때에는 인과관계를 성급히 구하지 말 일이다.

오늘날의 교육제도에서 가장 큰 문제는 학생으로 하여금 어떤 주제에 대해서든지 설명을 짜내도록 강제하고, "잘 모르겠어요" 하고 판단을 유보하는 것을 **수치스럽게 느끼게** 한다는 것이다. 냉전은 어째서 종식되었는가? 페르시아인들이 살라미스 해전에서 그리스인에게 패배한 이유는 무엇인가? 한니발이 후방 역습 전략에 말려든 이유는? 카사노바가 거듭되는 시련을 이겨 낼 수 있었던 이유는? 이런 질문을 받을 때마다 우리는 결과를 만들어 낸 원인을 설명하려 애쓴다. 그러나 이런 논리는 머리를 땅에 박고 거꾸로 서 있는 꼴과 같이 **결말에 맞추어 원인을** 끌어대는 것이다. 우리는 오히려 무작위적 원인이 작용하고 있는지 따져 봐야 한다.(무작위란 곧 우리가 알지 못하는 것이다. 무작위적 확률의 작용을 인정한다는 것은 무지를 고백하는 것과 같다.) 잘못된 사고방식을 우리에게 주입한 사람은 대학의 교수님뿐만이 아니다. 제6장에서 나는 인과관계의 고리를 만들어 내어 독자의 이야기 욕구를 충족시키는 것이 신문의 속성임을 말한 바 있다. 그러나 우리는 '왜냐하면'이라는 용어를 쓰는 데 인색해야 하며, 그것도 지난 일을 설명하는 데에는 삼가고 실험과 같은 것에만 국한하여 사용해야 한다.

그렇다고 해서 내가 원인이 존재하지 않는다고 주장하는 것은 아니다. 역사의 교훈을 얻는 일을 회피하기 위해 이런 용어를 동원하지 말라는 뜻이다. 거듭 말하거니와 원인이란 **그리 간단한 것이 아니므로**, '왜냐하면'이라고 말할 때에는 극히 회의적이고 조심스러운 태도를 유지해야 한다. 특히 말 없는 증거가 있으리라고 여겨질 때에는 더 말할 나위도 없다.

이제까지 우리의 경험적 세계 인식에 변형을 야기하고, 그것을 실제보다 더 설득력 있게(그리고 더 견고하게) 만드는 몇 가지 말 없는 증거에 대해 살펴보았다. 확인 편향의 오류나 이야기 짓기의 오류와 함께 말 없는 증거의 출현은 검은 백조 현상의 역할과 중요성을 왜곡한다. 말 없는 증거는 (예컨대 문학작품의 성공에서처럼) 지나친 과대평가나 (역사적 안정성이나 인류의 안정성에서처럼) 다른 요인을 지나치게 과소평가하는 데 영향을 미친다.

앞에서 살펴보았듯이 인간의 지각 체계는 눈에 당장 보이지 않는 것이나 감정으로 느껴지지 않는 것에는 반응하지 않는다. 우리는 표피적인 것에 매달리는 존재로 길들여져서, 보이는 것에만 주목하고 마음속에 다가오지 않는 것에는 눈길을 주지 않는다. 우리는 말 없는 증거와 이중의 싸움을 벌이는 셈이다. 인간의 추론 기제 중 무의식적인 부분이 존재한다면(실제로 존재한다), 이 부분은 무덤처럼 누워 있는 말 없는 증거를 (지적인 차원에서는 이를 고려하려 한다고 해도) 결국은 무시해 버린다. 눈에서 멀어지면 마음에서도 멀어지는 것이니, 이는 우리가 천성적으로, 그리고 신체적으로도 추상적인 것을 경멸하기 때문이다.

다음 장에서는 이 문제를 좀 더 구체적으로 살펴보기로 하자.

9장_ 루딕 오류, 혹은 네로의 불확실성

뚱보 토니

예브게니아는 네로의 친구 '뚱보 토니' 때문에 골머리를 앓았다. 실제로 토니의 체격이 객관적으로는 과체중이 아니었기 때문에 그의 별명은 '수평으로 도전받는 토니' 정도가 아닐까 한다. 토니는 다만 체형 탓에 어떤 옷을 입어도 어울리지 않아 보였다. 그는 언제나 맞춤 양복을 걸쳤지만 이 옷들은 로마시대의 의상을 연상시켜서, 인터넷으로 구입한 싸구려처럼 보였다. 금팔찌를 걸친 두툼한 손, 털이 수북한 손가락, 오랜 흡연 습관을 끊을 생각도 하지 않을 뿐 아니라 엄청나게 먹어 치우는 감초 사탕 냄새, 이것이 토니의 인상이었다. 그는 '뚱보 토니'라는 별명에 개의치 않긴 했지만 그냥 토니라고 불러 주면 좋아했다. 네로는 토니의 브루클린 말투나 사고방식을 정중하게 빗대서 '브루클린 토니'라고 불러 주었다. 그렇지만 토니는 성공한 브루클린 사람인 터라 일찌감치 20

년 전에 뉴저지로 이주했다.

성공한 인생을 살고 있는 그는 호인이며 마당발이다. 겉으로 보이는 유일한 골칫거리는 체중이다. 가족, 먼 친척, 친구 등 만나는 사람들마다 자칫하면 일찍 심장발작을 겪을지 모른다고 경고하고 있다. 그러나 이런 경고도 아무 소용이 없었다. 가끔 애리조나 주에 있는 다이어트 캠프에 가서 밥을 굶고 몇 파운드를 빼긴 하지만 비행기 일등석으로 돌아올 때부터 원점으로 돌아가고 만다. 그처럼 높은 자제력의 소유자가 뱃살 관리에는 영 실패를 거듭하고 있으니 참으로 놀랄 일이다.

그는 1980년대 초반 뉴욕 시의 한 은행 신용장 담당 부서의 사무원으로 시작했다. 그는 사무 업무를 포함해서 잡동사니 일을 떠맡았다. 이어서 그는 소기업에게 대부를 해주는 자리로 승진했는데, 거대 은행에서 자금을 얻어 내고, 그들의 관료 체계가 작동하는 규칙을 파악하고, 서류 작업을 어떻게 해야 좋은 반응을 얻는지를 손바닥 들여다보듯 알게 되었다. 그는 은행 직원 신분이면서도 기업 청산 절차에서 금융기관을 상대로 자산을 취득하는 일에도 관여하기 시작했다. 그는 은행 직원들이란 제 집을 파는 사람이 아니기 때문에 주택 매각에 그리 까다롭지 않다는 사실을 간파하고 이들을 상대하는 화술과 작업 요령을 순식간에 터득했다. 이윽고는 작은 마을금고에서 돈을 빌려 주유소를 매매하는 사업도 벌일 줄 알게 되었다.

토니는 이처럼 힘 안 들이고 돈을 버는 놀라운 수완을 타고난 사람이다. 그는 출퇴근 노동도 회의도 필요 없이 자기 방에서 여흥을 즐기듯 간단히 거래만 벌이면 그만이었다. 그의 모토는 '누구를 봉으로 삼을까'였다. 당연한 일이지만, 은행도 그의 '봉'이다. "직원들이란 뭐든 대충대충 넘기는 사람들이니까." 그의 두 번째 천성이 바로 '봉 찾는 능력'이다. 토니와 함께 한두 블럭을 걷노라면 세상이 그에게 '자진해서 비밀을 털어놓는' 것처럼 여겨진다.

전화번호를 척척 기억해 내거나, 추가 요금 없이 일등석을 얻거나, 꽉 찬 주차장에서도 인맥 혹은 개인적 매력을 발휘하여 자리를 확보하는 빼어난 능력도 그의 두 번째 천성이라 할 만하다.

브루클린 출신과는 거리가 먼 존

내가 알게 된 사람 중 브루클린 출신이 아닌 사람이 있는데, 가명으로 '존 박사'라고 부르기로 하자. 그는 본래 공학 기사였지만 지금은 보험회사에서 회계사로 일하고 있다. 꼬장꼬장하게 마른 체격, 검은 양복에 안경을 쓴 사람이 존 박사다. 그의 집은 뉴저지, 뚱보 토니의 집에서 그리 멀리 떨어지지 않았지만, 두 사람이 마주칠 일은 거의 없다. 토니는 기차를 타는 일도 없고, 사실상 출퇴근도 하지 않는다.(그는 캐딜락을 몰고 다니는데, 가끔은 아내의 이탈리아제 컨버터블을 몰기도 한다. 그는 캐딜락보다 자기가 더 눈에 뜨일 것이라고 농담하곤 한다.) 반대로 존 박사는 시간표의 달인이라고 할 정도라서, 일과가 시계추처럼 정확하게 정해져 있다. 그는 맨해튼 행 열차에 올라 조용하고 빠르게 신문을 읽다가 점심 시간에 다시 읽을 수 있도록 깔끔하게 접어 둔다. 토니는 레스토랑 사장에게 거금을 안겨 주는 사람이지만(토니가 나타나면 레스토랑 사장들은 얼굴에 광채를 띠고 요란하게 포옹을 한다), 존은 아침마다 꼼꼼하게 플라스틱 도시락에 샌드위치와 과일 샐러드를 싼다. 존의 입성은 인터넷에서 싸게 산 옷처럼 보이는데, 실제보다 더 인터넷 물품처럼 보인다.

존 박사는 근면하고 합리적이며 신사적인 사람이다. 토니와 달리 얼마나 열심히 일하는지 존 박사의 근무 시간과 여가 시간 사이에는 넘을 수 없는 선이 그어져 있는 듯 보인다. 그는 텍사스 오스틴 대학에서 전기공학으로 박사학위를 땄다. 그는 컴퓨터와 통계학에 모두 능통한 덕택에 보험회사의 컴퓨터 시뮬레이션 담당으로 채용되었으며, 이 일을 즐겼다. 그가 하는 일은 주로 '위험관리'를 위한 컴퓨터 프로그램을 구동하는 일이었다.

이 두 사람이 같은 바에 앉아 있다면 모를까, 같은 곳에 있을 일은 거의 없을 테니, 두 사람을 상대로 순전히 가상의 실험을 해보기로 하자. 이 두 사람에게 같은 질문을 던지고 답을 비교하는 것이다.

NNT(필자): 동전 던지기를 해서 앞면과 뒷면이 나올 확률이 똑같다고 합시다. 이제까지 아흔아홉 번 던져 모두 앞면이 나왔습니다. 자, 다음에 던질 때 뒷면이 나올 확률은 얼마인가요?

존 박사: 뻔한 질문이오. 당연히 2분의 1이지. 애초에 한 번 던질 때마다 앞뒷면이 나올 확률은 2분의 1이라 하지 않았소?

NNT: 토니, 당신은 어떻게 생각합니까?

뚱보 토니: 내 생각에는 당연히 1퍼센트밖에 안 되지.

NNT: 어떻게 그렇죠? 처음 시작할 때 이 동전의 앞뒷면 확률은 50퍼센트씩이라고 하지 않습니까?

뚱보 토니: 그런 '50퍼센트' 게임을 하는 사람은 봉 아니면 사기꾼뿐이오. 한쪽을 무겁게 만들어 놓았을 거요. 공정한 게임이라니, 어림 없는 소리.(나의 번역: 아흔아홉 번 던져서 모두 뒷면이 나왔다니, 동전의 앞뒤 확률이 똑같다는 처음 가정이 잘못된 것이야.)

NNT: 그렇지만 존 박사는 50퍼센트라고 하지 않습니까.

뚱보 토니: (내 귀에 입을 가까이 대고 속삭인다.) 은행을 할 때부터 이런 헛똑똑이들을 잘 아는데, 이 친구들은 머리가 제대로 돌질 않는 데다가 너무 일에 치였어. 이런 사람에게 작업을 걸면 쉽게 넘어가지.

자, 이 두 사람 중 누구에게 뉴욕 시장(혹은 몽골의 울란바토르 시장) 자리를 맡길 것인가? 존 박사는 완전히 틀에 박힌 사람이고, 뚱보 토니는 이 틀을 완전히 무시하는 사람이다.

용어의 뜻을 정확히 하자면, '헛똑똑이'란 비실비실 멋대가리 없고 얼굴이 누렇게 뜬 안경잡이가 무슨 대단한 무기인 듯 허리에 휴대용 컴퓨터를 차고 다니는 꼴을 의미하지는 않는다. '헛똑똑이'란 지나치게 틀에 잡혀 생각하는 사람을 뜻한다.

학창 시절 전 과목 수를 받던 수재가 사회에 나가서는 도대체 적응을 못하는 반면, 낙제생은 오히려 큰돈을 주무르고 다이아몬드를 척척 사며 수완을 발휘하는 이유가 무엇인지 궁금히 여겨 본 적은 없는가? 심지어 낙제생 출신이 응용 의학 분야에서인가 노벨상을 수상한 경우도 있다. 이런 일은 요행의 결과일 수도 있지만, 교실에서 가르치는 지식이 현실에서는 헛되고 몽매한 것이기 때문일 수도 있다. 존 박사는 (체육 과목을 포함한) 학교 전 과목은 물론 아이큐 테스트에서도 뚱보 토니를 월등히 압도했다. 그러나 뚱보 토니는 다른 모든 경우의 현실 상황에서 존 박사를 압도했다. 실제로 토니는 교양은 부족하지만 현실 세계에 대한 호기심이 왕성했으며, 나의 관점에서는 존 박사보다 사회적 의미가 아니라 문자 그대로의 의미에서, 더 과학적인 지식을 지니고 있었다.

이제 나의 질문에 대한 두 사람의 대답을 찬찬히 분석해 보자. 우리가 여기서 다루는 것은 두 가지 유형의 지식, 즉 플라톤적 지식과 비플라톤적 지식에 대한 가장 까다로운 문제라고 할 수 있다. 간단히 말하자면 존 박사와 같은 유형은 평범의 왕국 외부에 검은 백조가 나타나게 한다. 이들은 닫힌 마음의 소유자들이다. 이 문제는 매우 일반적인 것이지만, 이 문제가 일으키는 가장 골치 아픈 착각은 내가 '루딕 오류'라고 부르는 것이다. 우리가 현실 세계에서 부딪히는 불확실성의 속성은 시험지나 게임에서 만나는 것과는 아무 관계가 없다.

이제 다음 이야기로써 제1부를 마치고자 한다.

코모 호수에서 점심을

몇 년 전 어느 봄날 나는 생각지 않은 초대장을 받았다. 그해 가을 라스베이거스에서 위험(risk)을 주제로 열리는 자유토론 자리에 참석해 달라는 미 국방부 산하 연구소의 초대장이었다. 초대장을 보낸 이는 전화도 걸어왔다. "코모 호(Lake Come, 라스베이거스는 본래 사막에 만들어진 도시이기 때문에 이탈리아에 있는 코모 호를 딴 인공 호수를 조성했다—옮긴이)가 내려다보이는 테라스에서 오찬도 가질 예정입니다." 나는 이 이야기에 오히려 갑갑함이 컸다. 라스베이거스는 (그 쌍둥이라 할 두바이와 함께) 내가 죽기 전까지 절대 가지 않기로 마음먹은 곳이었다. '짝퉁 코모 호'라니, 그런 고문이 있을까. 그렇지만 초대 자체는 기쁜 일이었다.

나를 초대한 연구소는 현업 종사자와 학자를 중심으로(그리고 현업 종사자이자 학자이기도 한 나를 포함하여) 비정치적인 인물로서 다양한 분야에서 불확실성을 다루는 사람들을 모은 것이다. 이들은 일종의 상징적 행위로서 대표적인 카지노 한 곳을 행사장으로 정했다.

심포지엄은 종교회의를 하듯 비공개로 열렸는데, 참석자들은 이런 기회가 아니면 전혀 어울릴 만한 사람들이 아니었다. 나는 우선 국방부 소속 사람들이 철학자처럼 생각하고 행동하는 데 깜짝 놀랐다. 실제 철학자들이 얼마나 소심한지 제3부에서 다룰 테지만, 국방부 사람들이 오히려 더 철학자 같았다. 이들은 장사꾼들처럼 주어진 틀 바깥에서 사고할 줄 알았다. 아니, 장사꾼보다 더 훌륭하게 생각했고, 대담한 자기 성찰적 사고도 해내고 있었다. 우리 일행에 부차관보가 끼어 있었는데, 사전에 그의 직위를 몰랐다면 나는 그가 회의적 경험주의에 입각한 실천가라고 여겼을 것이다. 나는 거기서 우주왕복선 폭발 사고 조사 담당 엔지니어를 만났는데, 이 사람 역시 깊이 있고 열려 있는 사고의 소유자였다. 심포지엄을 끝내고 돌아오면서 나는 강단 학자들이나 기업 임원들은 남의 돈을 소모할 뿐이지만, 국방부 사람들은 무작위 확률의 세계를 진정성 있게 지적이고 성찰적인 정직함으로 다루는 유일한 존재라고 생각하게 되었다. 전쟁 영화에는 결코 이런 모습이 나오지 않는다. 전쟁 영화에서 이들은 대개 전쟁에 굶주린 귀족들로 그려질 뿐이다. 내가 마주 대한 인물들은 전쟁을 일으키는 사람들이 아니었다. 전쟁을 벌이는 것보다 더 성공적인 국방 정책이란 잠재적 위험을 제거하는 것이라고 생각하는 사람들이 실제로 많다. 군비경쟁을 가속시켜서 러시아인들을 파산시킨 정책이 대표적일 것이다. 내가 이런 놀라움을 옆자리에 앉아 일하는 로렌스에게 털어놓자 그는 국방 부문이야말로 진짜 지식인과 위험 연구자들이 가장 많이 결집되어 있는 곳이라고 말해 주었다. 국방부 사람들은 위험인식론을 연구하려 한다는 것이다.

참석자 중에는 도박사 단체를 운영하던 사람도 있었다. 그는 이런 이유 때문에 카지노 출입을 금지당했다면서, 자신의 '지혜'를 말해 주고 싶어 이 자리에 왔노라고 했다. 그와 가까운 자리에는 딱딱하기 그지없는 정치학 교수가 앉아 있었다. 이 교수는 자기 명성에 흠집이 갈까 봐 조심스럽고 까탈스러운 '거물' 티를 물씬 풍기며, 틀에 박힌 말 외에는 절대 내뱉지 않고 웃음도 짓지 않았다. 행사 내내 나는 교수의 등짝에 쥐 한 마리를 집어넣어 깜짝 놀라게 해주는 장면을 상상했다. 교수는 게임 이론에 관한 플라톤적 모델을 주제로 논문을 멋지게 휘갈길 수는 있었지만, 금융에 관한 비유어가 잘못되었다고 나와 로렌스가 지적하자 고고한 태도를 잊고 폭발하고 말았다.

이제 항상 자금을 잃을 위험에 처해 있는 카지노 사업의 경우를 생각해 보자. 운 좋은 도박사들이 거액의 게임에 연전연승하고 사기꾼들이 갖가지 치사한 방법으로 돈을 빼돌리는 곳이 곧 도박장인지라, 카지노란 언제든 망할 수 있는 사업이라고 사람들은 생각한다. 이런 생각은 카지노 경영진도 마찬가지라서, 카지노마다 속임수 추적 시스템, 카드판독기, 그 밖에 온갖 비법을 궁리하는 사람들을 추적하는 감시 장비를 운영하고 있다.

다시 심포지엄으로 돌아가 보자. 각 참석자들은 자기 발표를 하고 다른 사람의 발표도 청취했다. 나는 이 자리에 검은 백조 현상에 대해 발표하기 위해 왔다. 그리고 나는 그들에게 내가 알고 있는 것은 단지 우리가 검은 백조에 대해 알고 있는 것이 거의 없다는 것, 그것은 몰래 다가온다는 것, 그 현상을 플라톤적 논리로 풀이하려는 것은 또 하나의 몰이해일 뿐이라는 것임을 말하려 했다. 국방부 사람들은 그러한 내용을 이해할 수 있었다. 이러한 아이디어는 최근 국방부의 여러 집단에서 **우리가 모르는 미지의 것**(unknown unknown)—**우리가 아는 미지의 것**(known unknown)이 아니라—이라는 표현으로 회자되기 시작했다. 하지만 나는 발표를 준비해 왔고(식당 냅킨 다섯 장에 했는데 일부는 얼룩이 졌다), 회의를 위해 만들었던 **루딕 오류**란 표현에 대해 막 논할 참이었다. 카지노와 불확실성 사이에는 아무 연관이 없었으므로 나는 그들에게 그것을 카지노에서 이야기하지 않는 편이 좋겠다고 말하기로 했다.

헛똑똑이의 불확실성

루딕 오류란 무엇인가? 루딕이란 용어는 '게임'을 뜻하는 라틴어 'ludus'에서 가져온 것이다.

나는 애초에 카지노 사람들이 내 발표에 앞서 발표를 해주기를 바랐다. 카지노란 이런 류의 심포지엄과 어울리지 않는 장소라는 점을 (정중하게) 꼬집어 주려 했던 것이다. 카지노 안에 존재하는 위험은 카지노 바깥의 위험과 관련이 거의 없고 거의 적용을 할 수 없기 때문이다. 도박이란 '도박장에서만 통하도록 거세된' 불확실성이라는 것이 내 주장이었다. 카지노에서는 확률 계산도 가능할뿐더러 불확실하게 발생하는 사건의 유형도 예상할 수 있기 때문에, 이곳의 규칙은 참을 만하다. 즉 평범의 왕국에 속하는 것이다. 그리하여 내가 하려고 했던 말은 다음과 같다. "카지노야말로 가우스적이고(즉 정규분포곡선에 가깝고) 컴퓨터 작업으로 거의 파악할 수 있는 확률이 지배하는 유일한 투기 사업입니다." 카지노 측이 고객에게 100만 회나 연속으로 게임을 잃을 일은 없으며 게임 도중에 느닷없이 규칙을 바꿀 리도 없다. '36 블랙' 패가 95퍼센트 확률로 나오는 일은 절대 일어나지 않는다.†

실제 현실에서는 확률 계산을 해낼 수 없다. 확률을 찾아낼 필요가 있지만, 불확실성의 출처도 손에 잡히지 않는다. 프랭크 나이트는 알려지지 않은 불확실성의 중요성을 재발견함으로써 많은 시사점을 던져 주었지만, 그 스스로는 어떤 위험도 감수하지 않았다. 아니, 기껏해야 카지노 근처에서 산 정도였다. 그 이후 경제학자들은 비전문가가 발견한 것은 쓸모없다고 여기며 '프랭크 나이트적 위험'(Knightian risk, 계산 가능한 것)과 '프랭크 나이트적 불확실성'(계산 불가능한 것) 사이에 인위적인 경계선을 긋는다. 프랭크 나이트가 재정이나 금융상의 모험을 감수하는 일을 실생활에서 시도해 보았다면 현실에는 '계산 가능한' 위험이란 거의 존재하지 않는다는 사실을 절감했을 것이다! 계산 가능한 위험이란 실험실에서만 포착되는 것이다!

그런데도 우리는 이렇듯 플라톤적인 게임에서도 확률을 계산하려는 태도를 자동적으로 보인다. 사람들은 내가 확률을 전공했다는 얘기를 듣고는 주사

---

† 내 동료 마크 스피츠나겔은 이와 비슷한 루딕 오류를 격투기 경기에 적용해 냈다. 그에 따르면 규칙에 따라 경쟁하는 게임으로 운동선수를 훈련시킬 때는 경기 집중력을 높이기 위해 사타구니를 가격한다든가 칼을 휘두른다든가 하는 일은 일어나지 않도록 한다. 이러다 보니 실제 상황에서 가장 패배하기 쉬운 사람은 바로 금메달을 딴 선수들이 된다. 체육관에서 (까만 티셔츠를 입고) 울퉁불퉁한 근육을 뽐내는 사람들이 인공적인 환경을 벗어나 큰 바윗돌을 들어 올리는 일은 해내지 못하는 것도 같은 이치다.

위 이야기를 꺼내는데, 그때마다 나는 진저리를 친다. 내가 예전에 출간한 책 중에서 페이퍼백의 삽화를 담당한 삽화가 두 사람은 책 표지와 본문 중 각장 첫 페이지마다 주사위를 한 개씩 제멋대로 그려 넣었다. 마침 출판사 편집자는 내 생각을 잘 알고 있던 사람이었다. 그는 이 두 삽화가에게 마치 그것이 익히 알려진 위반이라도 되는 듯이, "루딕 오류에 빠지면 안 된다"고 따끔하게 말해 주었다고 한다. 재미있게도 두 사람은 "아, 죄송해요, 우리가 잘 몰랐네요"라고 대답했다고 한다.

지나치게 오랫동안 지도에 코를 박고 있는 사람은 지도를 현실의 영토로 착각하곤 한다. 서점에 가서 확률과 확률 이론을 다룬 책을 사 보라. 현실에서는 아무짝에도 쓸모없는 것에 바탕을 둔 채 '확률사상가'라는 칭호를 얻은 이름들로 넘쳐날 것이다. 최근에 나는 확률 강의를 들은 대학생들이 강의실에서 겁을 집어먹은 표정으로 나오는 모습을 본 일이 있다. 이들도 이 루딕 오류와 케케묵은 정규분포곡선 이야기로 세뇌된 것이다. 확률 이론으로 박사학위를 받았다는 사람들도 사정은 마찬가지다. 사려 깊은 수학자인 아미르 악젤이 최근에 출간한 《기회를 만드는 확률의 법칙*Chance*》을 읽은 적이 있다. 이 책은 매우 뛰어난 저작이라 할 수 있지만, 이 분야를 다룬 현대 저작들과 마찬가지로 루딕 오류에 기초하고 있다. 게다가 확률과 수학의 관계가 존재한다고 가정하더라도, 현실 세계의 근소한 수리적 변화는 정규분포곡선으로 대표되는 완만한 무작위성으로 추정되는 것이 아니라 오히려 규모가변적이며 거친 무작위성으로 추정된다. 수식화될 수 있는 것은 일반적으로 가우스 정규분포곡선이 아니라 만델브로적인 것이다.

그런데 키케로와 같은 고전 사상가들이 확률을 현실적으로 다룬 대목들을 읽어 볼 때 우리는 뭔가 다르다는 것을 느낀다. 이들의 확률 개념은 시종일관 모호한데, 이 모호함이 곧 자연계의 불확실성과 일치하는 것이므로 오히려 정확하다고 할 수 있다. 확률은 교양과목이다. 이것은 회의주의의 산물이지, 허리에 계산기를 차고 멋진 계산으로 정답을 얻으려는 사람들의 도구가 아니다. 서구 세계가 이른바 계몽이라는 오만한 이름의 '과학적' 정신에 빠지기 전에도 사람들은 생각하는 뇌를 가동하고 있었다. 단지 계산하는 뇌가 아니었을 뿐이다. 1673년 시몽 푸셰라는 철학자는 《진리탐구비판*Dissertation on the Search for Truth*》이라는 논문을 내놓은 바 있다. 지금은 사람들의 뇌리에서 잊혀진 이 멋진 논문은 확실성을 추구하려는 인간의 심리적 편애를 다룬 것이다. 여기서 푸셰는 의심의 기술, 즉 의심하기와 믿기 사이에서 균형 잡힌 사고를 하는 방법을 가르쳐 주고 있다. "과학을 산출하려면 의심에서 벗어나야 한다. 그러나 너무 일찍 의심에서 벗어나는 것도 피해야 한다는 점의 중요성을 알고 있는 사람은 극히 적다. 대부분의 사람들은 의심의 중요성을 알지도 못한 채로 거기서 벗어나 버리는 것이 사실이다." 푸셰는 한 발 더 나아가 이렇게 경고한다. "우리는 자궁 속에서부터 교조에 취약한 성향을 지닌다."

제5장에서 다룬 확인 편향의 오류에 빠지면, 우리는 확률 이론이 성공적으로 적용된 게임을 예로 들어 이것을 일반화시키려 한다. 그뿐 아니라 우리는 삶에서 행운이 차지하는 역할은 일반적으로 과소평가하지만, 확률 게임에서는 **과대평가하는** 경향이 있다.

"이 카지노 건물은 플라톤적 영역 안에 있지만, 현실의 삶은 그 밖에 있는 것이오." 나는 이렇게 소리치고 싶었다.

잘못된 주사위 굴리기

회의가 열린 건물 역시 플라톤 영역의 바깥에 놓여 있었다는 것을 알게 된 나는 깜짝 놀랐다.

카지노의 위험관리 담당자는 청원경찰을 두는 것 이외에도 사기꾼의 농간으로 입을 손실을 줄이는 데 골몰했다. 카지노들은 게임 테이블마다 온갖 다양한 게임이 벌어지도록 판을 짜놓는데 이는 억세게 운 좋은 행운아가 돈벼락을 맞을 경우를 예방하기 위한 것임은 확률 이론에 정통한 사람이 아니라도 쉽게 알 수 있다(경우의 수를 다양하게 만들어서 정규분포곡선에 가깝게 하려는 이러한 시도는 제15장에서 다시 살펴보기로 한다). 카지노 담당자들에게 가장 큰 일은 마닐라나 홍콩에서 비행기로 모셔온 '거물'들을 잘 관리하는 것이다. 이런 거물들은 한 판에 수백만 달러를 아낌없이 쏟아 붓는다. 사기꾼이 없다면 개미 군단 같은 도박꾼들이 사기에 성공한다고 해도 양동이에서 물 한 방울 새어 나간 정도일 뿐, 카지노의 피해 규모는 크게 올라가지 않는다.

물론 카지노의 정교한 감시 장치는 여기서 언급하지 않으련다. 다만 거기서 내가 제임스 본드 영화에 들어간 듯한 느낌을 받았다는 것만 말해 둔다. 카지노가 이 영화를 모방한 것인지, 영화가 카지노를 모방한 것인지 모를 정도로. 그러나 아무리 정교한 감시 장치가 있다 해도 사기 도박으로 인한 손실이 카지노 사업체의 주요 손실 원인은 아니다. 즉 카지노 사업의 손실 요인으로 꼽히는 상위 네 가지는 감시 장치라는 문제와는 완전히 별개의 것이다.

첫 번째 손실 요인은 호랑이를 등장시키는 쇼 때문에 들어갔던 1억 달러다(라스베이거스에서 가장 인기 있는 쇼인 '지그프리드와 로이'에 호랑이가 등장한다). 이 호랑이는 조련사의 품에서 사육되었고 지금도 같은 침대에서 잠을 자지만, 이 무섭고 강력한 동물이 어느 순간 주인에게 덤벼들 수 있으리라고는 아무도 예상하지 못했다(독일 출신의 두 조련사 지그프리드와 로이는 호랑이를 등장시키는 쇼를 개발해서 인기를 얻어 라스베이거스에서 종신 공연 계약을 했지만, 2003년 공연 중 호랑이에게 목을 물리는 사고를 당해 쇼를 중단하였다—옮긴이). 호랑이가 관중석에 뛰어들 가능성도 카지노 측이 미리 염두에 두었을지 모르지만, 이를 대비한 보험을 들어 둘 생각은 아무도 하지 못했다.

두 번째 손실 요인은 호텔 합병 과정에서 불만은 품은 계약자에게서 비롯되었다. 이 사람은 자신에게 제시된 청산 결과에 상처를 받아 카지노를 폭파시키려 했다. 그의 계획은 지하실 기둥 주위에 폭발물을 설치하는 것이었는데, 당연하게도 그 시도는 실패로 돌아갔다(제8장의 논리를 원용하면, 다만 우리가 거기에 없었던 것일 수도 있다). 그렇지만 혹시 그때 내가 다이너마이트 더미 위에 앉아 있었을지도 모른다고 생각하니 등골이 서늘했다.

세 번째 손실 요인은 내부 서류 관리를 잘못해서 일어났다. 손님이 예정치보다 높은 수익을 올리면 그때마다 이를 기록하여 회계 부서가 보관하도록 하는 것이 카지노의 관례다. 그런데 이 서류를 회계부에 제출하는 일을 맡은 직원이 알 수 없는 이유로 몇 년 동안이나 자기 책상 밑 상자 속에 보관해 두었다가 발각되었다. 직원이야 이런 일이 있으랴 예상하지 못했겠지만, 탈세(혹은 불성실 신고)는 중범죄이기 때문에 카지노 측은 사업 면허를 반납하거나 엄청난 비용을 치러 처벌을 유예받는 길밖에 없었다. 결국 카지노 측은 상상을 초월하는 벌금을 치렀지만(액수가 얼마인지는 끝내 알려지지 않았다), 사업권을 유지한 것만으로도 행운이다.

네 번째 손실 요인은 갖가지 아슬아슬한 사건들 때문에 일어났다. 예컨대 한 카지노에서는 소유주의 딸이 납치된 탓에 소유주가 몸값 지불을 위해 불법적으로 카지노 금고에 손을 댄 일이 발각되었다.

결론은 이렇다. 위 네 가지 사건 같은 검은 백조 사태가 카지노 측이 평소에 염두에 두는 손실보다 1000배 이상의 손실을 가져온다는 사실은 아주 간단한 어림 계산으로도 명백하다. 카지노마다 도박 이론에 바탕을 둔 정교한 감시 장치를 유지하느라 수억 달러씩 써대지만, 정작 생각지도 않은 곳에서 엄청난 위험이 터지고 있는 것이다.

사정이 이런데도 세상 사람들은 도박장을 모델로 불확실성과 확률 이론을 말하고 있다.

제1부의 요약

화장은 표가 나기 마련이다

제1부의 주제는 결국 하나다. 한 가지 문제를 오랫동안 생각하다 보면 거기에 빠져 버린다는 것이다. 여러 가지 방면으로 사고를 전개하다 보면 이것들이 서로 연관되어 있다는 점을 알아차리지 못할 수도 있다. 이것들을 하나로 연결시키는 원리가 쉽게 드러나지 않는 것이다. 니체가 **교양속물**(buildingsphilister)† 이라고 꼬집었던 사람들, 학식 있는 속물들, 정신노동 분야의 블루칼라들은 당신이 박식하다고 부러워한다. 그러나 당신은 오히려 박식이라는 것이 자의적이고 인위적인 개념이라고 대답한다. 그래도 상대가 말뜻을 모르면 당신은 자신이 리무진 운전사라고 말해 준다. 그제야 당신은 홀로 있을 수 있게 된다. 그들과 동일시하지 않고, 따라서 획일화된 학문 분과에 얽매일 필요가 없으니 마음이 편해진다. 조금만 더 생각해 보면, 모든 것은 하나의 문제로 귀착됨을 깨닫게 된다.

나는 뮌헨의 전직 예술사가의 아파트에서 열린 칵테일 파티에 간 적이 있다. 예술사가의 집에는 내가 생각한 것 이상으로 멋진 예술 분야의 책이 잔뜩 꽂혀 있었다. 아파트 한구석에서 영어로 진행되는 자리가 자연스럽게 생겼기

---

† 니체는 교양과 천박한 지식을 겉치레로 추구하며 교조의 포로가 되는 신문 독자와 오페라 청중들을 가리켜 '교양 있는 속물'이라 했다. 나는 학자적 호기심도 없이 자기중심적 사고에 물들어 있는 대학 안의 속물들을 가리키기 위해 이 말을 쓴다.

에 나도 품질 좋은 리슬링 와인을 마시며 서 있었다. 나는 혹시나 기회가 되면 서툰 독일어로 한마디 할 수 있을까 기대를 하고 있었다. 이때 컴퓨터 사업가 요시 바르디가 나에게 한쪽 다리로 선 채로 '내 생각'을 말해 보라고 했다. 요시 바르디는 내가 통찰력 깊은 사상가로 인정하는 사람이다. 진한 리슬링 몇 잔을 들이켠 후 한쪽 다리로 서 있는 것은 매우 힘든 일이라 나는 말을 제대로 하지 못했다. 다음 날 아침 나는 재치 있는 생각이 떠올라 침대에서 벌떡 일어났다. 화장술이나 플라톤적 사고는 저절로 표가 나기 마련이다. '아는 것'이라고 생각하는 데에서 생기는 문제가 바로 이것이다. 에코의 서재에서 우리 눈에 띄지 않는 부분은 무시되는 속성이 있다. 말 없는 증거 역시 같은 문제를 일으킨다. 이미 출현한 검은 백조에 대해서는 계속 근심하면서도, 과거에 일어난 일은 없지만 미래에 일어날 가능성이 있는 검은 백조 사태에 대해서는 염려하지 않는 것도 이 때문이다. 이미 익숙해진 잘 짜여진 도식과 지식을 선호하는 플라톤적 태도에 물든 나머지 실제 세계에 대해서는 장님이 되는 것도 이런 이유 때문이다. 귀납법의 함정에 빠지는 것도, 확인 편향의 오류에 빠지는 것도 이 때문이며, 우등생이 학교 밖에서 루딕 오류를 범하는 것도 이 때문이다.

검은 백조 사태를 겪고도 거기에서 아무것도 배우지 못하는 이유는 발생하지 않은 사건이 우리에게 추상적인 영역으로 남아 있기 때문이다. 요시 바르디 덕택에 나는 '단일한 사고(single-idea)' 클럽에 가입했다.

손에 잡히는 것, 이론에 들어맞는 것, 감지할 수 있는 것, 현실로 나타나는 것, 눈에 보이는 것, 구체적인 것, 알려진 것, 인정되는 것, 생생한 것, 사회적인 것, 주어져 익숙한 것, 감정을 자극하는 것, 눈에 뜨이는 것, 전형적인 것, 유식하게 들리는 것, 목에 힘주고 다니는 가우스적 경제학자, 숫자로 꾸며진 헛소리, 허풍, 아카데미 프랑세즈, 하버드 비즈니스스쿨, 노벨상, 검은 정장과 흰색 셔츠에 페라가모 넥타이를 맨 사람, 심금을 울리는 이야기, 선정적 이야기 등등이 우리가 사랑하는 것들이다. 무엇보다 우리는 **잘 짜여진 이야기**를 선호한다.

아아, 우리 인류는 아직까지 추상적인 문제를 이해할 수 있을 만큼 진화하지 못했으니, 우리는 언제나 전후 맥락을 들어야 이해를 할 수 있다. 무작위와 불확실성은 추상적인 영역에 속한다. 우리는 이미 발생한 것은 중요하게 여기지만, 일어날 수 **있었을지 모르는** 일은 무시한다. 요컨대 우리의 천성은 피상적이고 표피적일 뿐 아니라, 그러한 천성을 가지고 있다는 사실도 모르고 있다. 이것은 심리학적 문제가 아니다. 이것은 정보의 기본적 속성에서 오는 문제다. 달의 뒤편은 보이지 않는 법이므로 달을 향해 아무리 빛을 쏘아 보아도 에너지 낭비일 뿐이다. 마찬가지로 눈에 보이지 않는 것에 빛을 쏘이는 것도 헛된 계산과 사고 때문에 정신적 에너지를 낭비하는 것이다.

유인원과 인류의 거리

인류의 진화사에서 고등한 인류와 하등한 인류에는 많은 점에서 차이가 있었다. 그리스인들은 자신들과 야만인을 구별했다. 그들에게 야만인이란 짐승의 울부짖음과 다를 바 없는 소리를 입으로 내며 북쪽 지방에 사는 족속들이었다. 영국인들에게는 신사의 삶이 곧 고등한 삶이었다. 오늘날식으로 말하자면, 신사의 삶이란 인생의 편의를 위해 꼭 필요한 일 이외에는 빈둥거리며 예절 규범을 지키고 살아가는 것을 말한다. 뉴요커들에게는 맨해튼이나 브루클린 우편번호, 혹은 좀 창피하긴 하지만 퀸즈의 주소까지를 갖고 사는 것을 말한다. 초기 니체 사상에서는 디오니소스적 삶과 대비되는 아폴론적 삶이 고등한 것이다. 잘 알려진 후기 니체 사상을 읽는 독자들은 초인을 자기식으로 해석해서 고등한 삶이라고 받아들인다. 현대의 금욕주의자에게는 고등한 개인은 노력과 결과를 구분하는 능력의 소유자이자 품위 있는 행동을 자아내는 고상한 덕목을 지닌 사람을 말한다. 이 모든 특징들은 인류와 그 인척인 유인원 사이의 거리를 최대한 늘리려는 데에 착안하고 있다(거듭 강조하거니와, 의사 결정에서 인류와 털북숭이 사촌들 사이의 거리는 우리가 생각하는 것보다 훨씬 가깝다).

그러므로 동물보다 좀 더 고상한 삶으로 한 발짝 더 나아가기를 원한다면 이야기 짓기의 세계를 벗어나야 한다. 텔레비전을 끄고, 신문 읽는 시간을 줄이고, 인터넷을 무시하라. 결정을 내리는 이성적 능력을 훈련하라. 감각적인 것과 경험적인 것을 구분하도록 스스로를 훈련하라. 이렇게 함으로써 세계의 해악에서 벗어나면 보답을 얻게 될 것이니, 삶이 그만큼 풍요로워질 것이다. 덧붙여, 모든 추상적 개념의 어머니, 즉 확률에 관한 한 우리 인간이 천박한 존재임을 명심할 일이다. 우리는 주변의 사물과 사건을 더 잘 이해해 보겠다고 애쓸 필요가 없다. 가장 중요한 것은 '땅굴 파기'를 멈추는 일이다.

제2부를 위해 몇 마디 미리 적어 둔다. 나는 카지노를 비유로 플라톤적 맹목을 다루었는데, 여기에는 '초점 맞추기'가 관련되어 있다. 시계공이나 뇌신경외과 의사, 체스 선수에게 초점을 맞추는 능력은 매우 중요한 덕목이다. 그러나 우리가 불확실한 것을 다룰 때 가장 피해야 할 것이 바로 '초점 맞추기'다(초점을 맞추는 일에도 불확실성이 개재해 있다). '초점 맞추기'는 우리를 실패자로 만든다. 제2부에서 보겠지만, 초점 맞추기는 예견의 문제로 나타난다. 우리가 세계를 얼마나 제대로 이해하는가를 보여 주는 진짜 시금석은 이야기 짓기가 아니라 예견이다.

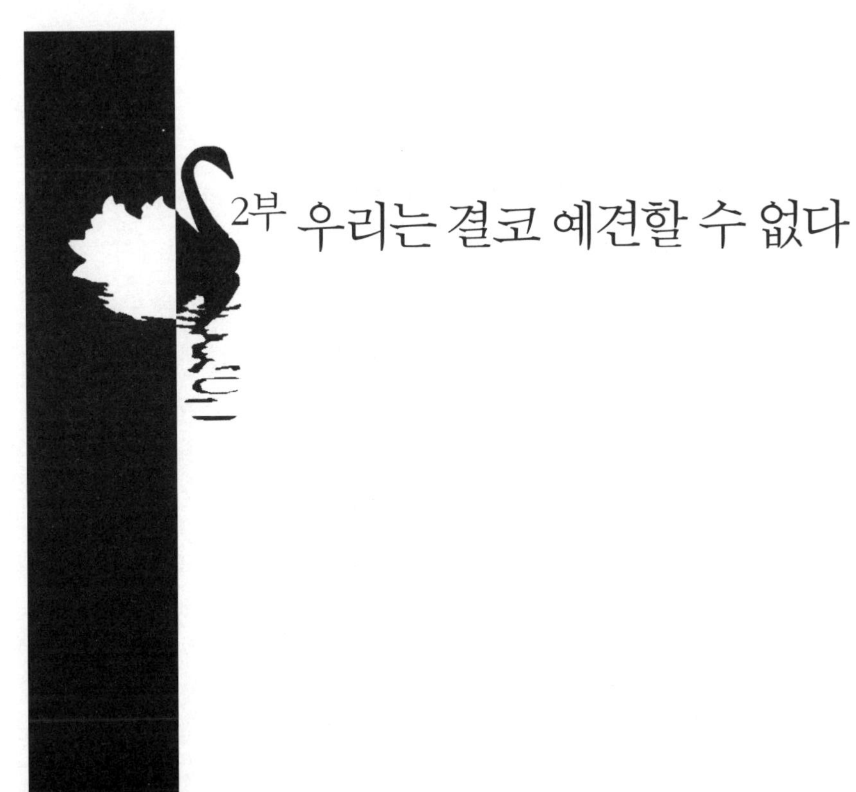

2부 우리는 결코 예견할 수 없다

오늘날 세계에 가장 큰 충격을 준 기술을 세 가지만 꼽아 보라고 하면 대부분 컴퓨터와 인터넷, 레이저 광선을 든다. 이 세 가지 기술은 모두 어떤 계획하에 만들어진 것도 아니고, 미리 예견된 것도 아니며, 발명 당시는 물론 꽤 한참 후까지도 그 가치를 인정받지 못했다는 특징이 있다. 말하자면 이들에 대한 평가는 결과론적이다. 이것들이 바로 검은 백조다. 이 세 기술이 원대한 계획의 일부로 추구되었다는 평가는 나중에 만들어진 환상에 불과하다. 이와 비슷한 일은 정치, 전쟁, 지적 유행 등 어디에서나 찾을 수 있다.

아마도 여러분은 우리의 예견에 대한 기록이 끔찍할 것이라고 예상할 것이다. 세계는 우리가 생각하는 것보다 훨씬 더 복잡하지만, 우리들 대부분이 그 사실을 모르고 있을 때만 빼고는 문제가 되지 않는다. 우리는 미래를 들여다볼 때 '땅굴 파기'를 하는 경향이 있다. 사실상, 미래에 통상적인 것은 없음에도 미래를 통상적인 것, 검은 백조와는 무관한 것으로 만들어 버리는 것이다! 미래는 플라톤적 범주에 속하지 않는다.

앞에서 살펴보았듯이 우리는 지난 일을 이야기로 꾸미는 데 능숙하다. 과거의 일이 쉽게 이해되도록 새로운 이야기까지 만들어 낸다. 많은 사람들에게 지식이란 판단의 척도가 아니라 확신을 만들어 내는 능력의 원천이다. 여기서도 새로운 문제가 발생한다. '상자 속의 것'을 열어 보지 않고도 예견하는 플라톤적 사고, 즉 (사리에 맞지 않는) 법칙에만 집중하는 것이다.

이미 경험으로 입증된 증거가 있는데도, 마치 우리가 미래를 훤히 알고 있다는 듯, 희귀한 사건의 발생 가능성을 배제하는 도구나 방법을 동원하여 미래를 예측하는 일을 계속해 왔다는 것은 창피하기 짝이 없는 일이다. 오늘날 예측은 하나의 제도로 확고히 자리 잡았다. 우리는 점쟁이, (따분하지만) '그럴듯한' 책을 쓴 학자, 엉터리 숫자 놀음을 하는 공무원 등 불확실한 일을 탐색하는 직업의 봉이 되고 있다.

요기 베라에서 앙리 푸앵카레까지

뛰어난 야구 감독 요기 베라는 이런 명언을 남겼다. "예견을 한다는 것은 어려운 일이다. 특히 미래의 일에 대해서는 더욱 그렇다." 요기 베라는 철학자 수준의 지혜와 지적 능력를 지녔으면서도 책을 쓰지는 않았지만, 무작위성에 대해 이처럼 정통해 있었다. 그는 불확실성의 실천가였으며, 불규칙한 결과를 얻는 것이 당연한 야구 선수이자 감독으로서 자신의 성적을 뼛속 깊이 직시했다.

사실 미래가 우리 능력 한참 밖에 놓여 있음을 머리로만 알고 있지 않았던 사상가는 요기 베라뿐만이 아니었다. 베라보다는 날카로움이 덜하고 일반인에게 덜 알려졌지만 능력은 엇비슷한 사상가들도 이런 측면에서 인간의 천성적 한계를 연구해 왔다. 자크 아다마르, (수학자로 흔히 알려진) 앙리 푸앵카레, (경제학자로 흔히 알려진) 프리드리히 폰 하이에크, 칼 포퍼 등의 철학자들이 그들이다. 나는 예견 능력과 관련한 인간 고유의 구조적인 한계를 '베라-아다마르-푸앵카레-하이에크-포퍼의 역설'이라 부르기로 한다.

베라는 "미래는 과거와 다르다"는 말도 했다.† 그의 주장이 옳은 것처럼 보인다. 세계를 모델링하는(그리고 그것을 토대로 예측하는) 인간의 능력이 주는 이점은 세계가 점점 더 복잡해지면서 점점 더 줄어드는 듯하다. 그것은 곧 예측되지 못한 것들의 역할이 점점 더 커진다는 것을 함축한다. 검은 백조의 역할이 커질수록, 미래를 예측하기란 어림도 없어진다. 아쉽지만 사실이다.

예견의 한계를 본격적으로 논하기 전에 나는 예견의 실패의 역사를 살피면서 지식과 확신의 관계를 알아보기로 한다.

---

† 베라의 말로 알려진 이 문장은 원 저작자가 의심스러울 수도 있다. 그것을 처음 언급한 사람은 물리학자 닐스 보어였으며, 그 밖에도 많은 이들이 이 말을 언급했다. 어쨌든 이 말은 본질적으로 '베라이즘'으로 남아 있다.

10장_ 예견의 스캔들

3월 어느 날 저녁 남녀 몇 사람이 시드니 오페라 하우스 바깥쪽의 항구를 굽어보는 산책길에 서 있었다. 시드니에서는 늦은 여름이라 따뜻한 편이었는데도 남자들은 웃옷을 걸치고 있었다. 여자들은 춥지는 않은 듯했으나 하이힐 굽 때문에 힘들어하는 기색이었다.

이들은 멋을 부린 대가를 치르고 있는 것이다. 잠시 후면 이들은 몇 시간 동안 거구의 남녀가 잔뜩 모여 끝도 없이 러시아어로 노래 부르는 소리를 들을 것이다. 이 오페라 애호가들은 J. P. 모건 같은 금융회사의 지사에 다니는 외양이다. 이런 회사의 직원들은 다른 주민들과 비교도 되지 않는 부를 누려서 그런지 (와인과 오페라처럼) 고상한 것을 즐겨야 한다는 압박감에 시달리는 듯하다. 그러나 나는 이 신교양인들을 흘긋거릴 여유가 없었다. 호주의 관광안내 책자마다 찬탄을 머금고 소개하는 시드니 오페라 하우스야 예전에 가본 터였다. 이 건물은 빌딩 건축가가 다른 건축가들에게 뽐내기 위해 지은 것 같지만, 인상적인 건축물이기는 했다.

그날 저녁 내가 시드니 록스를 찾은 것은 산책이 아니라 일종의 순례였다. 호주인들은 오페라 하우스가 시드니의 스카이라인을 장식하는 기념물이라고 착각하지만, 내게 있어서 이 건물은 예측과 계획의 실패, 미래에 대한 **무지**, 즉 미래가 예비하고 있는 바를 전혀 이해하지 못함을 기념하는 건축물일 뿐이다.

호주인들은 참으로 인류의 인식론적 오만을 상징하는 건물을 지었다. 사정은 이렇다. 이 오페라 하우스는 본래 700만 호주달러를 투입하여 1963년 초에 문을 열 예정이었다. 그러나 실제로 문을 연 것은 이보다 10년이나 뒤였다. 첫 설계 때의 야심 찬 목표를 건축 과정에서 축소했는데도 최종 건설비는 무려 1억400만 호주달러나 들어갔다. 계획의 실패라는 면에서 이보다 더 지독한 사례도 있고(소비에트연방의 실패가 대표적이다), 예측의 실패라는 면에서도 역시 많은 사례가 있지만(거의 모든 역사적 사건마다 발견된다), 시드니 오페라 하우스는 계획과 예측 모두가 미학적으로 (원안과 비교할 때) 좌초된 경우를 잘 보여준다. 이 건물은 (막대한 돈을 날렸으되 무고한 사람의 피를 흘리는 일은 없었으니) 그나마 참을 만한 실패라고 할 수 있지만, 어쨌든 상징물인 것은 사실이다.

이 장의 화제는 두 가지다. 첫째 우리는 '자신이 알고 있다고 생각하는 바'를 과시하며 오만해한다는 점이다. 우리는 분명히 적지 않은 것을 안다. 그렇지만 실제로 우리가 알고 있는 것보다 더 많이 알고 있다는 착각을 뿌리 깊이 하고 있다. 이 때문에 심각한 문제가 자주 일어난다. 인간의 오만은 어느 집에서든 거실 한 곳에서 드러난다.

둘째, 이러한 오만은 미래를 예측하는 데에도 영향을 미친다.

도대체 우리는 왜 그토록 자주 미래를 예측하려는 것일까? 더 지독하고 흥미로운 질문도 나온다. 왜 우리는 지난 시기 동안의 예측 결과 기록에 대해서는 이야기하지 않을까? 왜 우리는 중요한 사건에 대한 예측이 (거의) 대부분 틀렸다는 사실을 보지 못할까? 나는 이것을 예견의 스캔들이라 부른다.

예카테리나 여제의 연인 숫자 맞추기

인식론적 오만(epsitemic arrogance)이란 말 그대로 우리 지식의 한계에 대해 교만한 것을 말한다. 'Epistēmē'란 지식을 가리키는 그리스어다. 그리스어를 어근으로 쓰고 있다는 것만 봐도 중요한 말임을 알 수 있다. 분명 우리 지식은 증가한다. 그러나 그보다 지식에 대한 확신이 더 증가함으로써 문제가 심각해진다. 지식이 늘어남과 동시에 혼동과 무지, 자만이 늘어나는 것이다.

방에 사람들이 가득 차 있다고 하고, 여기서 아무 숫자나 선택한다. 숫자는 어떤 것도 좋다. 서부 우크라이나의 주식중개인 중 정신병자의 비율, 'r'자가 들어가는 달에 이 책이 팔린 숫자, 경제경영서 편집자(또는 집필자)들의 평균 아이큐, 러시아 예카테리나 2세의 연인 숫자 등등. 방 안에 있는 사람에게 저마다 98퍼센트 이상의 정답률, 2퍼센트 이하의 오답률을 갖는다고 확신하는 숫자를 대도록 하는 것이다. 즉 각자 자신이 틀릴 확률이 2퍼센트 이하라고 생각하는 답을 말하게 한다.

"내가 98퍼센트 확신하건대 라자스탄의 인구는 1500만에서 2300만 사이다."

"내가 98퍼센트 확신하건대 러시아 예카테리나 2세의 연인 수는 34명에서 63명 사이다."

이제 이 사람들 가운데 틀린 답을 댄 비율이 얼마나 될지 추론해 보라. 그 비율은 100명 중 2명꼴이 넘지 않을 것이라고 예상되리라. 답의 범위는 피실험자(당신의 희생자)가 스스로 정하도록 했음을 염두에 두자. 이 실험은 피실험자의 지식을 측정하는 것이 아니라 피실험자들이 자신의 지식을 어떻게 평가하는가를 측정하는 것이다.

결과는 이렇다. 삶의 다른 많은 것들이 그렇듯이, 우리가 발견한 것은 계획되지 않았고, 우연적이고, 놀랍고, 선뜻 받아들이기가 힘들다. 연구자 앨버트와 라이파는 이 점을 잘 간파하면서 생각지 않은 점, 그러나 그만큼 더 따분한 사실을 발견해 냈다. 그것은 바로 불확실성이 개입되어 있는 문제에서 의사 결정을 할 때 어떻게 확률을 계산하는가 하는 것이다. 뚜껑을 열어 본 두 연구자는 아연실색했다. 오차율은 예상했던 2퍼센트가 아니라 45퍼센트나 되었다! 흥미롭게도 피실험자 중에는 하버드 비즈니스스쿨 학생들도 포함되어 있었다. 하버드 비즈니스스쿨 학생이라면 겸손이나 겸양과는 거리가 멀지 않던가. 이들은 이런 점에서 약삭빠르게 행동함으로써 경제경영 분야에서 성공을 거두는 사람들이 아니던가. 다른 직업군을 대상으로 한 연구에서는 자신의 지식을 겸손하게, 즉 덜 오만하게 평가한 비율이 상대적으로 높게 나왔다. 건물 관리인이나 택시 기사들은 겸손한 쪽이었다. 반면에 정치인들과 기업 임원들은… 차라리 언급을 안 하는 게 나을 것이다! 이들에 대해서는 다음 기회에 언급하기로 하자.

자, 이제 우리는 오차율이 늘어난 만큼 22배 즐거워졌는가? 아마도 그럴 것 같다.

이와 같은 실험이 그 후 직업별 문화별로 표본을 바꾸어 열 번 이상 더 행해졌다. 그뿐 아니라 심리학자나 의사 결정 이론가들마다 자기 학생들을 상대로 인간의 근본적 문제점, 즉 인간의 지식은 그리 신뢰할 만하지 못하다는 것을 입증하기 위해 같은 실험을 시도했다. 표본과 질문 주제에 따라서는 기대 오차율이 2퍼센트가 아니라 15~30퍼센트까지 올라갔다.

나는 나 자신을 대상으로 이 실험을 해보았다. 답이 있을 범위를 폭넓게 잡는 용의주도함과 겸양을 발휘해 보았지만, 결과는 당연하게도 실패였다. 물론 겸손한 태도도 내 직업의식에서 나온 것임은 말할 것도 없다. 이런 경향은 모든 문화, 심지어 겸양을 추구하는 문화에도 존재한다. 말레이지아 콸라룸푸르 도심지 거주자와 고대 도시 아미온, 즉 오늘날의 레바논 거주자 사이에도 이런 점에서는 차이가 없다. 어제 오후 나는 런던에서 열린 워크숍에 참석했다. 택시 운전사가 '빙빙 돌아가기'에는 선수였으므로 나는 그사이에 마음속으로 원고를 쓰고 있었다. 그리고 이번 교육에서 한 가지 즉흥 실험을 해봐야겠다고 결심했다.

나는 참가자들에게 제1부에서 언급한 움베르토 에코의 서재 이야기를 해주며, 그 서재의 책이 몇 권이나 되는지 어림잡아 보라고 했다(총 3만 권이었음을 독자 여러분은 기억할 것이다). 참가자 60명 중 실제 권수를 포함한 범위를 답으로 제시한 사람을 한 사람도 없었다(이 실험에서는 오차율이 2퍼센트에서 100퍼센트로 높아진 것이다). 이번 실험 결과가 특별히 예외일 수도 있겠지만, 대상이 되는 숫자가 상식을 넘어설 때에는 오차가 극심해진다. 흥미로운 사실은, 참가자들이 제시한 답의 범위가 아주 낮거나 아주 높다는 것이다. 예컨대 어떤 사람은 2000권에서 4000권 사이를 답으로 댔지만, 30만 권에서 60만 권 사이를 제시한 사람도 있었다.

물론 답을 0에서 무한대까지 제시하면 언제나 정답이 되지 않는가 하는 사람도 있었다. 그렇지만 이렇게 되면 '오차 조정'이라 할 수 없다. 즉 그런 답을 내놓은 사람은 아무런 정보도 전달할 수 없으며, 이런 식으로는 제대로 된 의사결정을 내릴 수 없는 것이다. 이쯤 되면 차라리 "나는 게임을 하기 싫습니다. 전혀 모르겠네요"라고 고백하는 편이 낫겠다.

이런 실험 결과와 정반대로, 반대 방향으로 지나쳐 가 자신의 오차율을 과대평가하는 사람들도 드물지 않게 발견된다. 자기가 하는 말에 특히 조심스러운 사촌이 있을 수도 있고, 병적 겸손을 보여 주는 생물학 교수를 떠올릴 수도 있다. 여기서 이야기하는 경향은 개개인에게보다는 모집단의 평균값에 더 잘 적용된다. 부차적인 반증 사례들을 정당화하는 평균값 주위에 충분한 편차들이 존재한다. 어쨌든 이런 사람들은 소수자에 속한다. 그리고 슬프게도, 이런 사람들은 집단 속에서는 두드러져 보이지 않기 때문에 사회에서 그다지 큰 역할을 발휘하는 것으로 보이지는 않는다.

인식론적 오만은 두 가지 효과를 발휘한다. 첫째, 이것은 알고 있는 것을 과대평가하게 한다. 둘째, 실현될 수 있는 불확실한 상황이 분포할 범위를 줄임으로써(즉 알지 못하는 것의 범위를 축소시킴으로써) 불확실성을 과소평가하게 만든다.

이러한 오류는 단순히 지식을 추구하는 영역 밖에서도 적용된다. 당장 우리 주변의 사람들을 돌아보자. 미래에 관한 그들의 의사 결정도 말 그대로 이런 오류에 감염되어 있다. 우리 인류는 미래가 예측 밖의 길로 빠질 가능성을 낮게 평가하는 습성에 고질적으로 감염되어 있다(여기에 다른 편향들까지 가세하면 합병증이 된다). 명백한 증거가 있다. 예컨대 숱하게 일어나는 이혼을 생각해 보라. 결혼 실패율이 3분의 1 혹은 2분의 1이라는 사실을 모르는 사람은 거의 없지만, 이런 일이 자신에게 닥치리라고는 예상하지 못한다. "우리는 아니겠지" 혹은 "우리는 잘될 거야" 하는 수준이다(결혼 실패는 다른 부부들에게나 일어날 것이라고 여기는 것일까?).

강조할 점은, 내가 우리가 얼마나 알고 있는가를 따지자는 것이 아니라, **우리가 실제로 아는 바와 알고 있다고 생각하는 것의 차이**를 평가하고 있다는 사실이다. 내가 사업을 하겠다고 결심했을 때 어머니께서 해주신 충고가 생각난다. "너의 능력을 믿되, 네가 확신하고 있는 것 혹은 확신한다고 느끼는 것을 비판적으로 봐야 한다." 어머니의 이 말씀은 성공의 지름길이 되어 주었다. 말하자면 누군가가 내 진짜 가치대로 나를 사고, 내가 생각하는 나의 가치대로 나를 팔아넘긴다면 그는 엄청난 차액을 챙기는 셈이라는 말씀이다. 내가 아무리 외적 자신감 속에 감춰 둔 내적 겸손과 불안감을 납득시키려 해도, 즉 내가 내적 성찰자라고 아무리 말씀드려도 어머니는 미심쩍은 눈치다. "제 분수는 아는 사람이라고?" 어머니는 이 원고를 쓰고 있는 내 옆에서 이렇게 농담을 날리셔서 정신을 바짝 차리게 해주셨다.

돌아온 검은 백조 맹목 현상

앞에서 살펴본 간단한 실험을 통해 우리는 인간이 극단점, 즉 검은 백조를 과소평가하는 경향을 뿌리 깊이 갖고 있음을 알 수 있었다. 이런 판단 기제의 작용으로 우리는 십여 년에 한 번 발생하는 사건을 100년에 한 번 있을까 말까 한 사건으로 판단하게 된다. 한술 더 떠서 이런 사건을 아주 잘 꿰고 있다고 오판하기까지 한다.

이러한 오판에는 좀 더 미묘한 문제가 숨어 있다. 사실 극단점에 대한 정보가 감지되지 않는 것은 아니기 때문에 이해하는 것이 정말로 어렵지는 않다. 문제는 이 극단점을 우리가 과대평가하거나 과소평가하기 쉽다는 데 있다. 제6장에서 보았듯이 어떤 경우 사람들은 예상 밖의 특별한 사건을 (예컨대 어떤 이미지가 떠올라 감정이 자극되면) 과대평가하는 경향이 있다. 보험회사가 번창하는 것도 이런 경향 덕택이다. 따라서 이런 특이한 사건들은 **판단 착오**에 취약하다는 것이 나의 요점이다. 판단 착오는 대체로 과소평가로 나타나지만 이따금은 과대평가로 나타나기도 한다.

어떤 사건의 희귀한 정도가 심해지면 오류도 커진다. 앞에서 우리가 살펴본 오류율은 2퍼센트였지만, 100분의 1이나 1000분의 1, 심지어 100만 분의 1까지 가면 오류는 괴물 같은 결과를 몰고 온다. 확률이 낮아지면 인식론적 오만도 커지는 것이다.

인간의 직관적 판단에 한 가지 특질이 있다는 점을 유의하자. 즉, 충격적 사건이 거의 일어나지 않는 평범의 왕국에서도 우리는 극단적 사건이 일어날 가능성을 여전히 과소평가하며 실제보다 더 희귀하다고 생각한다. 우리는 가우스적 변수에 의해서도 오류율을 과소평가한다. 우리의 직관은 평범의 왕국에 속한다. 그러나 우리가 살고 있는 세상은 평범의 왕국이 아니다. 우리가 일상적 기준으로 평가하려는 수치들은 대체로 극단의 왕국에 속한다. 즉 그들의 영향이 집중되어 검은 백조 효과에 지배된다.

추측과 예견

무작위적이지 않은 변수를 추측하는 것과 무작위적인 변수를 예견하는 것 사이에 실제적인 차이는 없다. 러시아 예카테리나 여제의 침대를 거쳐 간 남자들의 숫자는 무작위적이지 않은 변수에 속한다. 여기에는 판단하는 사람의 편견이나 정보 부족이 작용할 수도 있다. 무작위적 변수란 내일의 실업률이나 내년의 주식시장과 같은 것이다. 이런 점에서 (나는 모르지만 남은 알 수도 있는 것을) 추측하는 것과 (아직 발생하지 않은 일을) 예측하는 것은 결국 같은 것이다.

추측과 예측 사이의 관계를 더 짚어 보기 위해 예카테리나 여제 이야기보다 따분하지만 더 중요한 사례를 찾아볼 수도 있다. 다음 세기의 인구 증가율, 20년 후의 주식시장 수익률, 사회보험 적자, 유가, 사촌 할아버지의 부동산 판매 수익, 브라질 환경문제의 상황 등이 그것이다. 예브게니아 크라스노바의 책을 출판한 출판사 사장이라면 미래의 판매 수익을 계산해 볼 수도 있을 것이다. 이제 우리는 위험한 물살에 뛰어들려고 한다. 미래 예견을 직업으로 한다는 전문가들 대부분도 앞에서 살펴본 정신적 장애에 시달리고 있다는 사실을 기억하자. 게다가 전문적인 미래 예측가들은 일반인들보다 이런 장애에 **더** 영향을 받기도 한다.

정보는 지식의 장애물이다

배움과 훈련, 경험 따위가 어떻게 오히려 인식론적 오만에 영향을 주는지, 그리고 앞에서 보여 준 실험에서는 소위 배웠다는 사람들이 어떻게 (택시 기사 미하일을 벤치마킹한) 일반인들보다 형편없는 점수를 기록하는지 궁금할 것이다. 놀랍게도 실험 결과는 직업에 따라 달리 나타난다. 이른바 예측을 전문으로 하는 사업에서 '정보량이 많은 사람'이 다른 사람보다 어떤 유리함을 갖는지 먼저 살펴보자.

지금도 생생히 기억하거니와, 나는 뉴욕 투자은행에서 일하는 친구를 찾은 적이 있다. 친구는 마이크가 장착된 무선헤드폰을 양쪽 귀에 걸쳐 쓰고는 마치 '우주의 지배자'라도 된 듯 들뜬 모습으로 사무실 안을 연신 걸어 다니고 있었다. 단 22초 동안의 대화 중에도 나는 친구의 입술에서 무슨 말이 나오는지 집중을 할 수 없을 지경이었다. 도대체 그런 희한한 장치를 뭐하러 쓰고 있냐고 묻자, 그는 "런던과 항상 접촉하고 있어야 하거든"이라고 대답했다. 무작위적 결과가 지배하는 분야에 몸을 담고 있으려면, 더구나 다른 사람의 판단에 의지해야 한다면, 바쁜 티를 내야 인정을 받을 수 있다. 바쁜 티를 내면 인과관계, 즉 자신의 노력과 그 결과 사이에 관계가 있음을 인정받기 쉽다는 것이다. 자신의 '존재'나 '리더십'이 기업 활동의 결과와 관련이 있다는 것을 떠벌려야 하는 대기업 CEO들에게는 이런 식의 '부산 떨기'야말로 확실한 이득을 줄 것이다. CEO들이 수다를 떨거나 자잘한 정보를 뒤적거리는 데 소비한 시간이 어떤 유용한 결과를 기업에 가져다줬는지 입증한 연구가 있다는 이야기를 나는 듣지 못했다. 물론 도대체 CEO들이 기업의 성공에 얼마나 대단한 공헌을 했느냐며 담대하게 문제를 제기한 글도 손에 꼽기 힘들다.

이제 '정보'의 한 가지 중요한 효과에 대해 살펴보자. 바로 '지식의 장애물'이라는 것이다.

아마도 최초의 인수 합병 거물이라 할 아리스토텔레스 오나시스는 거부로 유명했을 뿐 아니라 과시욕도 대단했다. 터키 남부에서 태어나 그리스로 피난했던 그는 아르헨티나로 이주한 뒤 터키 담배 수입으로 돈을 만지면서 선박 거물이 되었다. 그는 존 F. 케네디의 미망인 재클린 케네디와 결혼하면서 악명을 떨쳤는데, 그 충격으로 오페라 가수 마리아 칼라스가 파리의 아파트에 은거하여 죽음을 맞이했기 때문이다.

나는 청년기에 한동안 오나시스의 생애를 연구한 적이 있는데, 그의 삶에는 흥미로운 규칙성이 있었다. 즉 통상적인 의미에서의 '일'이란 그의 삶에 존재한 적이 없었다. 그는 사무실은 물론 집무 책상 따위도 만들지 않았다. 그는 사무실이 필요없는 거래업자였으며, 선박 제국을 운영하며 매일매일 사업을 점점해 나갔다. 그는 오로지 공책 한 권을 유일한 도구로 삼고, 여기에 온갖 정보를 다 기록해 놓았다. 그는 갑부나 유명 인사와 친교를 맺고 여성을 좇아다니는 데 (그것도 여럿을 거느리며) 일생을 보냈다. 그의 기상 시간은 한낮이었다. 법률적 조언이 필요하면 새벽 두시에 파리의 나이트클럽으로 변호사를 호출하기 일쑤였다. 워낙 매력이 뛰어난 사람이라 누구든 그의 부탁을 거절할 수 없었다고 한다.

이제 그의 일화의 이면의 의미를 살펴보기로 하자. 어쩌면 여기에도 '무작위의 장난에 현혹되는 것'이 있을 수 있다. 즉 오나시스의 성공과 그의 일 처리

방식에 인과관계가 있다는 착각 말이다. 물론 타고난 매력이 힘을 발휘했을 수도 있지만, 오나시스가 실제로 능수능란한 인물이었는지 아니면 단순한 행운아였는지 나는 알 까닭이 없다. 그러나 오나시스식 수법이란 것도 정보와 이해의 연관성에 대한 경험적인 연구라는 관점에서 철저히 검증해 볼 수는 있다. 더불어 **인간의 일상사에 대한 시시콜콜한 지식을 쌓는 것은 쓸모없을 뿐 아니라 유해하기까지 하다**는 진술도 간접적으로, 하지만 매우 효과적으로 검증할 수 있다.

두 부류의 사람들에게 소화전 사진을 보여 주되, 사진을 희미하게 처리해서 무엇인지 쉽게 알아볼 수 없도록 했다. 첫 번째 부류의 사람들에게는 해상도를 10단계로 나누어 조금씩 높이면서 연속적으로 보여 주었고, 두 번째 부류의 사람들에게는 해상도 단계를 5단계로 하여 연속적으로 제시했다. 이때 제시된 사진이 동일한 해상도가 될 때마다 사진을 정지시키고 참여자들에게 이 사진이 무엇인지를 물었다. 실험 결과 해상도 구분을 5단계로 처리한 사진을 본 참여자들이 소화전을 더 빨리 인식했다. 이 실험에서 어떤 교훈을 얻었을까? 정보를 더 많이 접한 사람들은 더 많은 가설을 생성하기 때문에 그 효과로부터 벗어나는 것이 그만큼 느려진다. 불필요한 요소를 더 많이 볼 뿐 아니라, 그것도 정보로 착각하기 때문이다.

문제는 인간의 사고방식이 매우 경직된 것이라는 점이다. 우리는 한번 이론을 만들어 내면 좀처럼 마음을 바꿔 생각하지 못한다. 따라서 오히려 자기 이론을 만드는 일에 늦는 사람이 더 좋은 결과를 얻게 된다. 우리가 불충분한 증거에 입각해서 어떤 견해를 가지게 되었다고 하자. 이때 새로운 정보가 더 정확한 것이라고 해도, 기존의 견해와 모순되는 새로운 정보가 출현하면 쉽게 수용하기 힘들 것이다. 여기에는 두 가지 기제가 작용하고 있다. 첫째는 앞서 제5장에서 보았던 확인 편향의 오류, 둘째는 믿음 고수, 즉 한번 형성된 견해를 뒤집지 않으려는 경향이다. 앞에서 보았듯이 우리는 생각이라는 것도 일종의 소유물처럼 여기기 때문에 한번 형성된 생각과 이별하기란 어려운 일이다.

소화전 사진 실험은 1960년대에 처음 시작되었고, 그 후 여러 차례 되풀이되었다. 나 역시 정보 수학 기법을 이용하여 같은 효과를 실험한 바 있다. 즉 경험적 현실에 대한 지식이 상세하게 주어질수록 피실험자들은 정보 잡음(다시 말해 이야기)을 더 많이 눈여겨보게 되며 이것을 실제 정보라고 착각한다. 우리 인간이 직감적인 것에 흔들린다는 사실을 염두에 두자. 따라서 주간지를 읽는 것보다 라디오 뉴스를 매시간 듣는 것이 더 나쁘다. 외부 정보가 주어지는 간격이 짧을수록 이를 걸러 내는 능력이 떨어지기 때문이다.

1965년 스튜어트 오스캄프는 임상심리사들에게 환자의 상태에 대한 정보를 여러 개의 문서로 계속 제공하는 실험을 시도했다. 이때 뒤쪽 문서로 갈수록 정보의 양을 늘렸다. 그런데 정보가 더 많이 주어진다고 해서 임상심리사들의 진단 능력이 개선되지는 않았다. 임상심리사들은 오히려 최초의 진단에 더욱 확신을 갖는 경향을 보였다. 1965년 당시 임상심리 전문가들이 그리 많지 않았다는 점을 감안한다고 해도 이 실험 결과는 다른 분야에도 의미가 있다.

마지막으로 심리학자 폴 슬로빅이 한 유명한 실험이 있다. 슬로빅은 마권업자들에게 지난 경마 자료 88건을 주고 그중에서 승률 계산에 유용한 자료를 골라내게 했다. 여기에는 과거의 경마 성적에 대한 온갖 종류의 통계 분석이 들어 있었다. 실험에 참여한 마권업자들에게 가장 유용한 10개의 자료를 주고 경마의 결과를 예측하게 했다. 답이 제시되면, 다시 10개의 자료를 더 준 후 다시 답을 맞추게 했다. 그런데 이처럼 정보를 점점 늘려 준다고 해서 참여자들의 예측이 그만큼 더 정확해지지는 않았다. 정보가 늘어날수록 오히려 참여자들은 처음 내린 결정을 더 확신해 갔다. 정보가 오히려 해가 된 것이다. 지금껏 살아오는 동안 나는 "더 많을수록 더 좋다"는 속설과 싸워 왔다. '가끔은' 많을수록 좋다. 그러나 언제나 좋은 것은 아니다. 이러한 지식의 해악성은 이른바 전문가들을 대상으로 한 실험에서도 잘 나타난다.

빈껍데기 전문가의 비극

이제까지 우리는 자기 지식의 한계를 파악하는 능력에 의문을 제기한 것이지만, 그들의 권위 자체에 의문을 제기하지는 않았다. 인식론적 오만이 기술을 방해하지는 않는다. 배관공은 거의 언제나 꼬장꼬장한 에세이스트나 수학적 기법을 응용하는 증권거래사들보다 배관에 대해 더 잘 알 것이다. 탈장 전문 의사가 벨리 댄서보다 탈장에 대해 정통하지 않을 까닭이 없다. 그러나 확률에 대해서는 이런 전문가들도 잘못 인식하고 있을 수 있다. 더욱 심각한 사실은 확률에 관한 한, 일반인들이 전문가들보다 좋은 점수를 기록할 수 있다는 것이다. 그러니 누가 뭐라 하든, 전문가들의 작업 과정에 작용하는 **오류율**이 얼마나 되는지 물어야 할 일이다. 이들의 작업 절차 자체를 문제 삼는 것이 아니라 지나친 확신을 문제 삼자는 것이다.(나는 의료계의 유명세를 믿다가 실망을 금치 못했기 때문에 조심스러운 태도를 갖게 되었다. 그러니까 혹시 어떤 증세 때문에 의사를 방문할 일이 있거들랑, 그것이 암이 **아닐** 가능성이 어쩌고 저쩌고 하는 의사의 확률 분석을 믿지 말아야 한다.)

문제를 그 심각성에 따라 다음과 같이 둘로 나눠 살피기로 하자. 첫째, 좀 가벼운 경우, 즉 **(어떤) 능력이 존재한다는 오만**이 그것이다. 둘째는 매우 심각한 경우로, **무능함을 포장한 (빈껍데기 전문가의) 오만**이 그것이다. 어떤 분야에서는 전문가들이 일반인들보다 아는 것이 더 적은 경우도 있다. 안타깝게도 이런 사람들의 견해를 듣기 위해 우리는 비용을 지불하고 있다. 오히려 그들이 우리에게 비용을 지불해야 하는데도 말이다. 진짜 비용을 지불해야 할 사람이 정작 누군데!

변화하는 분야와 변화하지 않는 분야

이른바 전문가의 문제를 다룬 연구는 차고 넘친다. 전문가들을 대상으로 점수를 매겨 본 경험적 실험도 매우 많다. 이런 연구에는 다소 당황스러운 점이 있다. 먼저 폴 밀과 로빈 도스의 연구로 대표되는 입장에서는, '전문가'란 거의 사기꾼 수준에 육박하는 사람들이다. 이들은 단순한 수식 하나로 움직이는 컴퓨터보다 나을 바가 없는데, 여기에 직관이 개입되어 그들의 눈을 가려 버린다(단순 수식 하나로 구동되는 컴퓨터를 이용해서 계산한 부채 대비 유동자산 비율이 신용분석가 대부분이 계산한 것보다 나았다고 한다). 다른 한편, 직관력을 발휘해서 컴퓨터보다 뛰어난 능력을 보이는 사람들이 많다는 연구 결과 역시 많다. 어느 쪽이 더 정확한 것인가?

분명히 어떤 분야에는 진짜 전문가가 존재한다. 예컨대 당신이 뇌수술을 앞두고 있다면, 수술 담당자로 의학 담당 신문 기자를 선택할 것인가, 아니면 자격 있는 뇌신경외과 의사를 선택할 것인가? 또 와튼스쿨처럼 '이름난' 기관 출신의 박사가 내리는 경기 전망을 귀담아들을 것인가, 아니면 경제 담당 신문 기자의 말에 귀를 기울일 것인가? 첫 번째 질문에 대한 답은 경험적으로 분명하지만, 두 번째 문제는 전혀 그렇지 않다. '방법을 아는 것(know-how)'과 '어떤 것을 아는 것(know what)' 사이에 큰 차이가 있음은 누구나 알고 있다. 그리스인들은 이런 차이를 '테크네(tēchne)'와 '에피스테메(ēpistēme)'로 구별한 바 있다. 경험주의 의학파인 니코메디아의 메노도투스나 타렌툼의 헤라클레이토스도 에피스테메〔지식(knowledge), 과학(science) 등으로 옮길 수 있다—옮긴이〕를 멀리하고 테크네〔기능(craft)에 가까운 개념임—옮긴이〕를 가까이하라고 제자들에게 일갈한 바 있다.

심리학자 제임스 샨토는 전문가가 실제로 존재하는 분야와 그렇지 않은 분야를 확인해 보는 연구를 시도한 바 있다. 확인 편향의 문제를 기억하면 간단할 것이다. 즉 '전문가는 없다'는 명제를 입증하려면 전문가가 쓸모없는 분야 **하나만** 찾으면 된다. 그 반대의 경우도 같은 방식으로 입증할 수 있다. 그러나 여기에는 규칙성이 있다. 전문가가 제 역할을 하는 분야가 있는 반면에, '기능'을 입증할 어떤 증거도 없는 분야도 있다. 어떻게 나눌 수 있을까?

전문가로 입증되는 전문가들이 있다. 가축감별사, 천문학자, 시험조종사, 토양감정사, 체스 선수, 물리학자, 수학자(경험 세계의 일이 아니라 수학적 문제를 푸는 수학자를 의미한다), 회계사, 곡물검사자, 사진판독사, (정규분포곡선 통계를 다루는) 보험분석가 등등이 그들이다.

반대로 '**전문가로 입증되지 않는 전문가들**'도 있다. 주식중개인, 임상심리학자, 정신과 의사, 대학입학처의 직원, 판사, 카운슬러, 인력 선발 담당자, 정보분석가(미 중앙정보국에서 일하는 사람들로, 높은 비용을 소모하지만 그 분석 결과는 가련할 지경이다) 등이 그들이다. 내가 직접 자료를 읽으면서 판단한 사람들도 추가한다. 경제학자, 금융 예측 전문가, 금융학 교수, 정치학자, 위험 전문가, 국제결제은행의 임원들, 국제금융공학협회의 하계 임원, 개인 금융 상담사 등등.

간단히 말해, **변화하는 분야**, 그래서 지식을 필요로 하는 분야에서는 대체로 전문가란 나올 수 없다. 반대로 변화하지 않는 분야에서는 어느 정도 전문가가 나올 수 있다. 다른 식으로 말하자면, 미래를 다루는 분야, 그리하여 결코 되풀이될 수 없는 과거를 연구하고 있는 분야는 전문가 문제를 가질 수밖에 없다(사회경제적 분야가 아니라 단기간의 물리적 과정을 포함하는 기상이나 산업 분야에서는 예외이지만). 여기서 나는 미래의 일을 다루는 사람들이 모두 쓸모없는 정보만 내놓는다고 주장하는 것이 아니다(앞에서 말한 바 있지만, 신문이 예견하는 극장 개관 시간은 잘 들어맞는다). 내가 주장하는 바는, 대체로 미래를 다루는 사람들은 뚜렷하게 가치 있는 것을 제공하지 못한다는 것이다.

바꾸어 표현하자면, 변화하는 것은 곧 검은 백조 성향을 갖고 있다. '땅굴 파기'를 할 필요가 있는 전문가들은 좁은 곳에 시야를 한정시키기 마련이다. 땅굴 파기가 쓸모 있는 분야에서는 검은 백조가 나타나기 어렵기 때문에 전문가들의 역량이 잘 발휘된다.

빼어난 통찰력을 지닌 진화심리학자 로버트 트리버스는 또 다른 풀이를 내놓은 바 있다(그는 로스쿨 입시를 준비하면서 떠올린 아이디어 덕분에 찰스 다윈 이래 가장 영향력 있는 진화사상가가 되었다). 트리버스는 전문가 문제를 자기기만의 문제로 보았다. 조상 전래의 전통을 가지고 있는 분야, 예컨대 약탈과 같은 일에서는 힘의 균형을 파악하면 결과 예측이 쉽다. 인간과 침팬지는 상대와 자신 중 어느 편이 유리한 위치에 있는지 즉각 알아차릴 줄 알며, 공격을 해야 할지 말아야 할지, 그래서 물건과 짝짓기 상대자를 손에 넣어야 할지 말아야 할지를 적은 비용으로도 분석해 낸다. 이렇게 해서 일단 습격이 시작되면 새로운 정보는 무시하게 만드는 착각 상태가 작동한다. 이것이 전투 중 동요를 일으키지 않는 최선의 방법이다. 한편 소규모 습격이 아닌 대규모 전쟁이란 인간의 천성에 존재하지 않는다. 그것은 새로운 현상이다. 따라서 우리는 전쟁이 얼마나 지속될지를 잘못 판단하고, 그에 대응하는 우리의 힘은 과대평가한다. 레바논 전쟁이 얼마나 오래 계속될지를 그곳 사람들이 과소평가했던 것을 상기하자. 세계대전에 참전했던 사람들도 전쟁이 끝나는 건 시간문제라고 생각했다. 베트남 전쟁, 이라크 전쟁, 그 밖의 모든 현대전에서 비슷한 양상이 되풀이되어 왔다.

이와 같은 자기기만을 무시해선 안 된다. 전문가의 문제란, 자신들이 무엇을 알지 못하는지를 모른다는 데 있다. 설상가상으로, 자신들의 지식 수준이 높다고 착각하기까지 한다. 올바른 지식을 방해하는 과정이 똑같이 작용해서 자신의 지식 수준에 만족하게 되는 것이다.

이제까지 예견의 한계를 살펴보았다. 이제 그다음으로 예견의 정확성, 즉 수치 자체를 예측하는 능력을 살펴보기로 하자.

최후에 웃는 자는 누구인가

금융거래 기록을 통해서도 예견의 오류에 대해 배울 수 있다. 나와 같은 금융시장 분석가는 경기와 금융 전망에 대해 풍부한 자료를 갖고 있는데, 여기에는 거시경제지표에 관한 일반 자료에서부터 텔레비전 '스타 전문가'와 '기관' 전문가들의 예측치나 시장 주문 자료까지 망라되어 있다. 이처럼 방대한 자료를 컴퓨터로 처리할 수도 있으니 경험론자에게는 더할 바 없이 귀중한 보고다. 만약 내가 기자라면, 혹은 오 하느님 말려 주소서, 역사학자라면, 나는 이 구두 논의의 예측 효율성을 검증하기 위해 꽤 힘겨운 시간을 보냈을 것이다. 물론 구두로 이루어진 논평을 컴퓨터로 작업할 수는 없다. 적어도 쉽지는 않다. 많은 경제학자들이 순진하게도 온갖 변수들에 대한 예측치를 쏟아 내고 경제학자들과 경제 변수에 관한 데이터베이스를 제공한 덕분에 우리는 어떤 경제학자가 다른 경제학자보다 나은지 어떤지(결과론적인 차이는 없다), 그들이 좀 더 유능하게 다룰 수 있는 어떤 변수들이 있는지(아쉽게도 의미 있는 것은 없다)를 알 수 있게 되었다.

증권업계 사람들의 예견 능력이 얼마나 되는지 나는 아주 가까운 거리에서 관찰할 수 있었다. 내가 전업 거래자로 일주일에 이삼 일 정도씩 오전 8시 30분부터 전일 근무하던 시절에 내 책상의 스크린에는 미국 상무부, 재무부, 무역부 등 권위를 자랑하는 당국에서 발표한 경제수치가 쉴 새 없이 뜨곤 했다. 그러나 나는 이 숫자들이 무엇을 뜻하는지 알 수가 없었으며 알아내려고 노력할 필요조차 느끼지 못했다. 나는 다만 사람들이 흥분에 빠져 이 숫자들을 화제로 삼아 미래에 대한 온갖 억측으로 이야기를 벌일 때를 제외하고는 이 숫자들에 신경을 쓰지 않았다. 이들은 소비자물가지수, 비농업부문고용률(피고용자 숫자의 변동), 경기선행지수, 내구재판매동향(Sales of Durable Goods, 금융거래자들은 발음을 비틀어서 '쉬운 여자(doable girls)'라 부르기도 한다), 국내총생산(그나마 가장 중요한 수치다) 등을 열을 올려 가며 입에 올리기 일쑤였다.

통계 장사꾼들은 J. P. 모건, 모건 스탠리 등 휘황찬란한 조직을 위해 일한다는 '선도적인 경제학자'들의 경기 예측을 들려주기도 한다. 이런 경제학자들은 큰 소리로 설득력 있게 이론을 세우며 떠들어댄다. 이들 중 대부분이 1000만 달러대의 연봉에 유명세를 자랑하며, 숫자와 예측 놀음으로 여념이 없는 연구자들을 거느리고 있다. 이런 유명 인사들은 숫자를 내놓는 것이 일이지만, 얄궂게도 이 숫자들이 곧 이들의 능력을 관찰하고 평가하는 증거로 작용한다.

더 심각한 문제는 금융기관마다 매년 '200X년 대예측'이라 불리는 책자를 발행한다는 데에 있다. 물론 이 책자의 작성자들은 자신들이 공표한 **뒤에** 그 지난 예측치가 어떻게 빗나갔는지는 거론하지 않는다. 다음과 같은 간단한 테스트도 하지 않고 이들의 주장을 돈을 주고 사는 사람들이 더 어리석을지도 모른다. 아주 손쉬운 테스트이지만 그것을 하는 사람은 거의 없다. 기본적인 한 가지 경험적 실험은 이 유명 경제학자들과 가상의 택시 기사(제1장의 미하일 같은 사람을 연상하면 될 것이다)를 비교하는 것이다. 예를 들어 자신의 견해는 특별히 없이 새로 발표된 수치를 내년 예측치로 믿는 증권거래사를 상정해 보는 것이다. 이제 남은 일은 유명 경제학자와 우리가 상상해 낸 거래인의 오류율을 비교하는 것이다. 문제는 우리가 소문에 휘둘릴 때에는 이런 테스트를 할 필요를 잊어버린다는 것이다.

사건이란 알고 보면 거의 언제나 기이하다

예견이라는 문제에는 좀 더 미묘한 면이 있다. 그것은 주로 우리가 살고 있는 세상이 평범의 왕국이 아니라 극단의 왕국이라는 데에서 비롯된다. 우리는 평범한 일은 쉽게 예측해 내지만 불규칙적인 일에 대해서는 그렇지 못하다. 예측이 결국 실패로 돌아가는 것은 이 때문이다. 예컨대 이자율 변동을 단 한 번만 잘못 예측하면 그 뒤의 예측치는 모조리 쓸모를 잃어버리기 때문에 회복할 수 없는 낙인이 찍히고 만다. 실제로 2000~2001년 사이에 이자율이 6퍼센트에서 1퍼센트로 떨어지는 일이 생겨났다. 옳은 예측치를 얼마나 자주 내느냐가 아니라 누적된 오류율이 얼마나 크냐가 모든 것을 결정한다.

누적 오류율은 주로 커다란 사건, 혹은 커다란 이변과 기회에 따라 결정된다. 경제, 금융, 정치 분야의 예측 전문가들은 그것을 놓칠 뿐만 아니라 자신들의 고객들에게 뭔가 기이한 것을 입에 올리는 것을 수치스러워한다. 하지만 **사건이란 알고 보면 거의 언제나 기이하다**. 게다가 다음 장에서 살펴보겠지만, 경제 분야의 예측가들은 실제 수치와는 엉뚱하게 다른 값으로, 비슷비슷한 전망을 내놓는 경향이 있다. 아무도 저 홀로 다른 수치를 내놓기를 원하지는 않는 것이다.

지금까지 살펴본 실험 자료는 상업적 · 오락적 용도를 위한 것이며 책으로 내기 위한 공식적인 자료가 아니었으므로, 이제 논문 발표라는 고역을 힘겹게 이겨 낸 좀 더 품격 있는 다른 연구자들의 연구를 살펴보기로 하자. 나는 이들 전문가의 유용성을 조사해 보려는 자기반성이 지금껏 거의 없었다는 데 놀랐다. 다음과 같은 세 분야에 대한 정식 연구는 어느 정도는—많지는 않지만—이루어졌다. 증권 분석, 정치학, 경제학 등이 그것이다. 앞으로 몇 년 안에 더 많은 연구 결과가 나오겠지만, 혹시 그렇지 않을지도 모른다. 좋은 연구를 발표해도 동료들에게 낙인찍힐 수 있으니 말이다. 정치학, 금융학, 경제학 등의 분야에서 이제까지 발표된 논문은 수백만 편이지만, 그중에서 인간의 예견력을 다룬 것은 손으로 꼽기도 힘들 지경이다.

끼리끼리 모이기

일단의 연구자들이 애널리스트들의 실적과 태도를 조사했는데, 특히 이 애널리스트들의 인식론적 오만함을 고려했을 때 그 결과는 참으로 놀라웠다. 애널리스트들과 기상예보관들을 비교한 타데우즈 티츠카와 피요트르 질론카는 연구에서 애널리스트들은 실력에 대한 자부심은 기상예보관들보다 훨씬 높았지만 실제 예측 능력은 오히려 뒤떨어진다는 것을 보여 주었다. 예측이 실패로 돌아간 뒤에도 애널리스트들의 자기 평가는 오차를 떨어뜨리지 못했다.

지난 6월 나는 파리의 장 필립 부쇼를 만난 적이 있는데, 부쇼의 연구를 다룬 글이 제대로 나온 적이 없다는 사실이 한탄스러웠다. 부쇼는 내 나이의 절반밖에 안 되는 소년처럼 보였다. 그러나 실제로는 나와 몇 살 차이가 나지 않는다는 것을 알고 나는 물리학의 아름다움이 준 선물이라고 농담 섞어 말해 주기도 했다. 그는 물리학자는 아니었지만 계량과학자였다. 그의 연구는 통계물리학의 방법을 경제 변수 분석에 응용하는 것으로, 1950년 베누아 만델브로에 의해 시작된 분야였다. 이 분야는 평범의 왕국식의 수학적 계산을 채택하지 않기 때문에 좀 더 진실에 관심을 갖는다고 할 수 있다. 이 분야의 연구자들은 경제학자나 경영대학원의 금융 전문가들과 철저히 담을 쌓는 대신 물리학과 수학에서 자리를 잡거나, 극히 드문 경우이긴 하지만 무역상사에서 일하기도 한다. (무역상사가 정말 필요해서 경제학자를 고용하는 경우는 드물다. 오히려 '어리숙한' 고객들에게 보여 주기 위한 들러리로 뽑을 뿐이다.) 이들 중 일부는 '소박한' 것들에 적대감을 갖는 사회학 분야에 자리를 잡기도 한다. 명품 양복에 현기증 나는 이론으로 무장한 경제학자들과 달리 이 분야의 연구자들은 정규분포곡선에 의존하는 대신 자료를 있는 그대로 관찰하는 경험적 방법을 채택하고 있다.

부쇼는 여름 학기 인턴 연구원이 자신의 지도로 완성하여 학술지 게재가 확정된 연구논문을 내게 보여 주었는데, 나는 이 논문을 보고 깜짝 놀랐다. 이 논문은 애널리스트 2000명이 수행한 경기 예측을 파고들었다. 연구에 따르면 거래중개기관의 분석가들은 **아무것도** 예측해 낸 것이 없었다. 경험 없는 누군가가 한 기간의 수치를 기준 삼아 다음 기간을 예측해 본다 하더라도 이보다는 나을 것이다. 애널리스트들은 기업의 주문 현황, 체결이 유력한 계약들, 예정된 지출 계획을 사전 정보로 입수하고 있는 사람들이다. 이런 유리한 정보를 갖고 있는 전문가들이라면 단순히 이전 수치에만 의존해서 미래를 예측하는 문외한보다는 훨씬 우수한 결과를 내놓아야 하는 것 아닌가? 심각한 사실이 또 있다. 예측자들의 오류는 그들 개개인 사이의 편차보다 컸는데, 이는 예측자들이 내놓은 예측값이 비슷한 수치를 중심으로 몰려 있다는 것을 의미한다. 상식적으로 생각하면, 예측자들 사이의 편차가 실제 오류치보다도 더 커야 하는 것이다. 오류가 이토록 심각하다면 (체중 감소, 엉뚱한 행동, 심각한 알코올 중독 등 신체적 스트레스는 말할 것도 없고) 정신적 스트레스가 심할 텐데도 실제로는 그렇지 않으니 여기에는 또 어떤 사정이 있는 것일까? 이에 대해서는 심리학자 필립 테틀록의 연구를 살펴보기로 하자.

내가 '거의' 옳았다니까

테틀록은 정치학과 경제학 분야 '전문가'들의 업무를 연구했다. 그는 다양한 전문가들을 대상으로 (5년 정도의) 일정한 기간 동안 일어날 다수의 정치, 경제, 군사 사건의 가능성을 판단하도록 하는 질문을 던졌다. 이렇게 해서 300명의 전문가들에게서 2만7000개의 예측치를 얻을 수 있었는데, 그중 4분의 1이 경제학자들에게서 얻은 것이었다. 분석 결과 오류율은 예상보다 몇 배를 뛰어넘었다. 테틀록의 연구는 '전문가 문제'를 잘 보여 준다. 박사학위 소지자든 학부 졸업자든 결과에는 거의 차이가 없었다. 빼어난 저서를 내놓은 교수들도 신문 기자보다 나을 것이 없었다. 테틀록이 분석을 통해 얻은 규칙성은 하나였다. 명성이 오히려 예측력을 떨어뜨린다는 것이다. 명성 있는 사람일수록 그렇지 않은 사람보다 예측력이 떨어졌다.

테틀록의 연구는 전문가들의 무능함을 입증하려 하기보다는(분명 그러한 내용이 드러나 있긴 하지만), 어째서 전문가들은 자신들의 무능함을 깨닫지 못하는지, 즉 어떻게 그럴듯하게 포장하고 있는지를 밝혀내려는 데 더 초점을 두고 진행된 것이다. 이들의 무능함에는 일정한 논리가 내재해 있었는데, 대부분 신념이라는 형식을 취하거나 자부심이라는 방어기제로 나타났다. 테틀록의 연구는 이들이 어떻게 사후 합리화를 해내는지에 대해서도 깊이 분석하고 있다.

신념이라는 것이 어떻게 현실 인식을 방해하는지, 그리고 전문가들의 예측에 포함된 맹점을 어떻게 일반화하여 설명할 수 있는지 살펴보기 전에, 먼저 이들이 어떤 변명을 늘어놓는지 들어 보자.

"그건 전혀 다른 게임이었다니까요." 어떤 전문가가 소비에트연방의 급속한 쇠락을 예견하지 못했다고 하자(실제로 어떤 사회과학자도 이를 예견하지 못했다). 가장 간단한 변명은 이것이다. "나는 소련의 정치가 어떻게 돌아가는지에 대해서는 정통한 상태이지만 러시아 사람들이 으레 그렇듯이 가장 중요한 정보를 숨겨 왔으니 어쩔 수 없었다. 경제 정보를 충분히 입수할 만한 위치에 있었다면 소련 체제의 몰락을 분명히 내다볼 수 있었을 것이다. 그러니까 문제는 전문가인 나의 능력이 모자란 것이 아니다." 이런 식이라면, 미국의 지난 대통령 선거에서 앨 고어가 조지 W. 부시에게 압승을 거둘 것이라고 예견했던 사람도 똑같은 식으로 변명할 수 있을 것이다. 미국 경제가 그렇게 심각한 상황이었는지 몰랐다는 식으로 말이다. 누가 알 수 있었겠는가. "이보시오, 나는 경제학자가 아닌데 선거가 경제판이 되었으니, 난들 어쩌겠소?"

"극단점이 터져 나오는 통에…" 아니면, 극단점이 터져 나왔다고 말하는 방법도 있다. 나 같은 과학자가 다루는 영역 밖에서 사건이 발생했다고 말이다. 시스템 밖의 사건은 예견할 수 없으니 전문가의 책임은 아니게 된다. 검은 백조가 출현했지만, 검은 백조는 우리 같은 전문가가 예견할 수 없는 사건이라고 말이다. NNT(나심 니콜라스 탈레브)가 말하길 검은 백조는 예견할 수 없는 것이라고 하지 않았던가(하지만 NNT라면 이렇게 물을 것이다. 그러니까 왜 예견에 의존하는 것이냐고). 이런 '외인성(外因性)' 사건은 우리가 다루는 과학 바깥에서 오는 것이다. 이것이 천 년에 한 번 찾아오는 홍수처럼 극히 낮은 확률에 따른 사건이라고 변명할 수도 있겠다. 그저 우리가 운이 없어 이런 일이 일어난 것이다, 그리고 앞으로는 다시 일어나지 않을 것이라고. 이렇게 게임판을 축소시키고 주어진 조건에만 자신의 능력을 한정시키는 변명은 헛똑똑이들이 사회적 현상을 수학적으로 읽지 못했을 때 내놓는 단골 메뉴다. 분석틀은 옳았고, 잘 작동하고 있었다. 다만 상황 자체가 예상을 벗어나는 것이니 어쩔 수 없다.

"거의 옳았었다"는 방어 전략. 이미 사태가 끝난 뒤에는 정보 분석틀이나 평가 수치가 개선되기 때문에, 자신의 예측이 거의 비슷했었다고 느끼기 십상이다. 테틀록에 따르면 "1988년까지만 해도 구소련 관측통들은 공산당이 1993년이나 1998년까지는 권좌를 유지할 수 있을 것이라고 생각했다. 그리고 1991년 크렘린의 강경파가 쿠데타를 일으켰을 때 이 관측통들은 고르바초프 정권이 거의 전복 직전에 처했다고 믿었다. 이들은 쿠데타 모의자들이 좀 더 냉철히 판단하고 결단력을 발휘했다면, 그래서 계엄령에 도전하는 시민을 사살하라는 명령을 군 장교들이 이행했더라면, 혹은 옐친이 그렇게 과감한 모습을 보이지 않았다면 쿠데타가 결국 성공했을 것이라고 주장한다."

여기에는 좀 더 일반적인 맹점이 숨어 있다. 이 '전문가'들이 편벽된 사고

방식을 갖고 있다는 것이다. 이들은 자신들의 예측이 옳게 나타났을 때에는 그것이 자신들의 식견과 전문적 능력 덕택이라고 자부하지만, 예측이 틀렸을 때에는 그것이 워낙 특이한 경우라서 자신들이 비난받을 일은 없다고 생각한다. 심지어 자신들이 틀렸다는 사실조차 받아들이지 못하고 온갖 요설을 늘어놓는 경우도 있다. 자신들의 식견이 모자란다는 사실을 그들은 인정하지 못하는 것이다. 사실 이런 습성은 인간 활동의 모든 분야에서 보편적으로 나타나는 것으로서, 자존감을 보호하기 위한 기제라고 할 수 있다.

우리 인간은 임의적인 사건을 받아들이는 능력의 불균형 때문에 곤욕을 치른다. 성공은 자기 덕분이며 실패는 통제 범위 바깥에 있는 외부적 사건, 즉 무작위성 탓이라는 불균형이 그것이다. 좋은 일에는 공을 다투지만 나쁜 일에는 그렇게 하지 않는다. 어느 직업에 종사하는 사람이든 남보다 자기가 낫다고 착각한다. 예컨대 스웨덴 사람들의 94퍼센트는 자신이 스웨덴에서 운전 능력이 뛰어난 상위 50퍼센트에 속한다고 믿는다. 프랑스 사람 중 84퍼센트는 프랑스에서 침실 능력이 뛰어난 상위 50퍼센트에 자신이 속한다고 믿는다.

이런 불균형의 또 다른 효과는 우리가 그러한 불균형을 인지하지 못하는 까닭에 자신이 남과 달리 특별한 존재라고 믿는다는 것이다. 사람들은 결혼하는 과정에서 미래에 대해 비현실적인 기대를 하곤 한다고 앞에서 살펴본 바 있다. 또 얼마나 많은 가족들이 영원히 정착하리라는 기대를 안고 부동산에 자신들을 가두고 헛된 미래를 꿈꾸는지 생각해 보라. 그들은 한곳에 정주해 사는 삶이 참으로 고역임을 알지 못한다. 부동산 중개업자조차 독일제 고급 스포츠카를 몰고 돌아다니지 않던가? 우리 인간은 우리가 생각하는 것보다 훨씬 더 유목적인 존재다. 별안간 직장을 잃어버린 사람들도 마치 그런 일이 언제라도 일어날 수 있었을 것이라고 여기곤 하지 않는가. 마약 중독자들도 처음에는 그리 오래 머물러 있지 않겠다고 생각하고 그 게임에 발을 들여놓지 않던가.

테틀록의 실험은 또 하나의 교훈을 준다. 이 실험에 따르면, 내가 앞서 언급한 대로, 대학의 유명 교수나 '유명 언론의 기고가' 들도 세상 돌아가는 일에 대해서는 《뉴욕타임스》를 구독하는 보통 사람이나 평범한 기자들과 다를 바 없다는 것이다. 특정 분야만 파고든 전문가들이 자기 분야에 관한 테스트에서 낙제를 하는 일도 심심치 않게 일어난다.

고슴도치 유형과 여우 유형. 테틀록은 이사야 벌린의 지적에서 영감을 얻어, 예측을 직업으로 삼는 사람을 고슴도치 유형과 여우 유형의 두 부류로 나누었다. 이솝 우화에서 고슴도치는 딱 한 가지를 알지만 여우는 여러 가지를 안다. 우리의 일상생활에는 상황에 따라 이 두 유형이 발휘되어야 한다. 예측이 실패하는 경우의 상당수는 발생 가능성이 희박한 대사건 한 가지, 즉 큰 검은 백조 한 마리를 기다리기만 하는 고슴도치 유형에게 일어난다. 고슴도치 유형의 사람은 특이하고 가능성이 낮은 사건에만 집착한다. 이 유형은 사건이 터진 뒤 그럴듯한 이야기를 꾸며 내서 우리로 하여금 그 결과만을 맹목적으로 믿게 만든다.

이야기 짓기의 오류를 떠올린다면 이런 고슴도치 유형의 문제점이 쉽게 이해될 것이다. 이들의 주장은 그럴듯한 미사여구로 포장되어 있다. 유명 인물 중에 이런 유형이 많다. 그러므로 유명 인사들의 평균 예측 실력은 다른 예측자들보다 떨어진다.

나는 오랫동안 언론인들을 피해 왔다. 이들은 나의 검은 백조 이론이 거론될 때마다 앞으로 발생할 충격적 사건의 목록을 제시해 달라고 보채 왔다. 그들은 내가 검은 백조를 **예견해 줄** 수 있기를 원한다. 나는 앞서 출판한 책 《능력과 운의 절묘한 조화》에서 내 사무실 빌딩이 비행기 테러를 당할 가능성을 논한 바 있는데, 공교롭게도 그 책이 출판된 지 일주일 후에 9·11 사건이 터졌다. 이러니 "어떻게 그 사건을 예견했느냐"는 질문을 받을 만도 하다. 그러나 나는

9·11을 예견하지 않았다. 그 사건은 확률의 산물이었을 뿐이다. 나는 신탁의 집행자가 아니다! 최근에 날아온 어떤 이메일에서는 앞으로 발생할 검은 백조 사건 10개를 알려 달라는 문의도 있었다. 이처럼 대부분의 언론인들은 '전문성의 오류,' '이야기 짓기의 오류,' '예견의 문제점'에 대한 나의 주장을 제대로 이해조차 하지 못하고 있다. 세간의 기대와 정반대로 나는 고슴도치 유형이 되라고 권하지 않는다. 오히려 나는 마음이 열려 있는 여우 유형을 권한다. 역사란 극히 낮은 확률의 사건이 지배한다. 그러나 그것이 어떤 사건일지는 나로서도 알 수 없다.

현실적인 분석? 그게 그렇게 중요합니까?

나는 경제학 저널에서 테틀록만큼 철저하게 연구한 정식 논문을 본 적이 없다. 경제학자들이 신뢰할 만한 예측 능력을 갖고 있다고 자신 있게 주장하는 논문도 접하지 못했다. 따라서 나는 경제학을 다룬 기고 논문이나 발표문이라면 모두 섭렵하려 애썼다. 내가 검토한 자료들에서는 경제학계 사람들이 미래를 예측하는 능력을 갖고 있다는 확고한 증거를 찾아내기 어려웠다. 경제학자들에게 약간 나은 점이 있다면 기껏해야 무작위 추측보다는 **근소하게** 나은 결과를 내놓을 수 있다는 정도였으니, 심각한 과제를 해결하기에는 역부족일 수밖에 없다.

학자들의 방법이 실생활에서 어떻게 적용될 수 있는지를 가장 흥미롭게 보여 주는 것이라면 스피로스 마크리다키스의 연구를 들 수 있다. 그는 계량경제학이라는 '과학적 방법'을 사용하는 예측가들 사이의 경쟁을 다루는 데 경력의 일부를 쏟아 부은 연구자다. 여기서 계량경제학이란 경제 이론에 통계적 분석 방법을 결합한 접근법을 말한다. 간단히 정리하자면 마크리다키스의 연구는 경제 예측가들에게 **현실의 일을** 예측하게 하고 그 정확도를 분석하는 것이었다. 여기서 그는 미셸 히본의 조력을 받아 'M-Competition'이라는 개념을 정립했다. 이 개념은 1999년에 가장 최근의 것이자 세 번째 버전인 M3로 발전했다. 마크리다키스와 히본은 다음과 같이 애석한 결론을 내렸다. "통계학을 결합시키거나 정교하게 응용한 방법이라 해서 이보다 단순한 방법보다 반드시 더 정확한 예측을 내놓는 것은 아니다."

나 역시 증권거래사로 일하던 시기에 위와 똑같은 경험을 한 바 있다. 묵직한 억양의 외국 학자들을 초빙해서 밤새 컴퓨터로 복잡한 수학적 작업을 시킨다 해도, 택시 기사들이 간단한 방법으로 되는 대로 내놓는 예측보다 나을 것이 없었다. 이런 문제는 우리가 자기식의 방법론이 통하는 극히 희귀한 사건에만 시야를 좁게 한정시키고 있기 때문에 일어난다. 결국 훨씬 많은 경우에서는 실패를 겪을 수밖에 없다. 누군가 나에게 조언을 부탁하러 올 때면 나는 항상 이렇게 못을 박곤 한다. "아이구, 저는 레바논 아미운 출신의 단순하고 평범한 사내일 뿐입니다. 저는 컴퓨터를 돌려 분석해 봐도 아미운 출신의 다른 사람들보다 더 나은 예측을 내놓지는 못합니다. 딱히 뛰어나지 않은데도 왜 전문가로 귀중한 대접을 받는지 저도 알쏭달쏭합니다." 이렇게 말하면 상대방은 자기 분야에 관해 제대로 된 이야기를 하는 대신, 아미운의 역사와 지정학적 가치가 어떻고 하는 말을 늘어놓기 일쑤다. 여기에서도 이야기 짓기의 오류가 작동한다. 물론 신문에서는 러시아어 억양의 '학자' 들을 방정식을 섞어 말하면서도 차창 앞을 보면 어지럽다며 후시경만 들여다보는 참담한 인간들로 묘사하고 있다. 계량경제학자인 로버트 엥겔은 됨됨이가 진솔한 사람이지만 GARCH라는 이름의 복잡한 통계 기법을 고안해 낸 공로로 노벨상까지 받았다. 그러나 이 기법이 실생활에서도 통용되는지 검증해 본 사람은 아무도 없다. 이보다 훨씬 단순하고 소박한 방법이 실생활에 더 통용되지만, 그것들이 여러분을 스톡홀름으로 데려다주지는 않는다. 요컨대 노벨상에도 전문가 문제가 있다. 이에 대해서는

제17장에서 다룰 것이다.

복잡한 기법의 부적절함은 모든 기법에 적용되는 것으로 보인다. 게임 이론을 현실에 응용한다는 전문가들을 대상으로 행해진 연구가 있다. 영화《뷰티플 마인드*A Beautiful Mind*》에서 정신분열증을 앓는 주인공의 실제 인물로 유명한 존 내시도 게임 이론 분야의 대표적 인물이다. 게임 이론은 지적인 호소력도 있고 언론의 관심도 한 몸에 받고 있지만, 슬프게도 이 이론의 실천가들은 대학 학부생들보다 예측을 잘 해내지 못했다.

더 심각한 또 다른 문제가 있다. 마크리다키스와 히본은 이론통계학자들이 자신들의 연구를 무시하고 있다는 확고한 경험적 증거를 얻게 되었다. 게다가 두 사람의 경험적 증명에 대해 이론통계학자들은 충격적일 정도로 적개심을 나타냈다. 마크리다키스와 히본에 따르면 "(통계학자들은) 현실을 정밀하게 예견할 수 있도록 이론틀을 개선하는 노력을 하기는커녕 자신들의 기존 이론을 더욱 정교하게 다듬는 데에만 노력을 기울였다."

다음과 같은 명제를 접한 독자들도 있을 것이다. 경제학자들이 내린 예측에 따라 정책을 펼 경우 실제 경제 현실은 그 예측이 들어맞지 않는 방향으로 변동한다(이것은 경제학자 로버트 루카스의 이름을 따서 '루카스 비판'이라 불린다). 예컨대 경제학자들이 인플레이션을 예측하자 미국 연방준비은행이 행동에 나서서 인플레이션을 낮추었다고 하자. 자, 이렇게 되면 경제라는 분야에서는 예측의 정밀도를 측정하기 어려워진다. 나는 이 견해에 동의하지만 그것이 경제학자들이 예측에 실패하는 원인이라고 생각하지는 않는다. 세계는 경제학보다 너무나 복잡하기 때문이다.

경제학자들은 어떤 극단점을 예견하지 못하면 경제학의 판단 기준을 넘어서는 천재지변이나 혁명적 상황을 들먹인다. 그들은 경제학은 기상학이나 정치학과는 다르다고 주장한다. 그들은 기상이나 정치 분야의 원리를 경제학에 응용할 엄두를 내지도 못하며, 경제학이 고립된 학문이 아니라는 사실조차 받아들이지 못하는 것이다. 참으로 경제학이야말로 가장 고립된 학문이 되었다. 다른 분야에서 가장 적게 인용되는 분야가 바로 경제학인 것이다! 오늘날 니체식으로 말해서, 속물 학자가 가장 많이 득시글거리는 분야가 아마도 경제학일 것이다. 폭넓은 지식도 없고 천부의 호기심도 잃어버린 학문이란 마음을 폐쇄적으로 만들어 파편적 분과만 만들어 낼 뿐이다.

피치 못할 사정만 아니었다면

인간의 예견력 논의의 출발점은 시드니 오페라 하우스 이야기였다. 이제 인간의 본성에 내재된 또 다른 불변율을 살펴보기로 하자. 이것은 미래의 일을 계획하는 사람들이 저지르는 구조적 오류로서, 인간의 본성과 세계의 복잡성 혹은 조직의 구조에서 기인하는 것이다. 사회 조직은 그 자신의 생존을 위해서 자기 자신에게, 또 외부의 제도에게 자신들이 '미래의 청사진'을 갖고 있는 듯 보여야 한다.

그러나 '땅굴 파기,' 즉 계획 바깥에 존재하는 불확실성을 무시하는 성향 때문에 우리의 계획은 실패로 돌아가곤 한다.

전형적인 시나리오는 다음과 같다. 논픽션 작가 조는 앞으로 2년 후에 원고를 인도한다는 집필 계약을 맺는다. 책의 주제는 비교적 쉬운 것이다. 즉 살만 루시디의 권위 있는 전기를 집필한다는 것이다. 조는 이미 루시디의 전기 집필을 위해서 방대한 자료를 준비해 놓은 상태다. 루시디의 전 애인까지 다 조사해 놓은 조는 앞으로 있을 인터뷰 생각에 가슴이 두근거릴 지경이다. 그런데 2년에서 3개월을 앞둔 날 조는 출판사에 전화를 걸어 작업이 **약간** 늦어진다고 알렸다. 출판사는 원고를 늦게 넘기는 작가에 이력이 난 상태라 이미 각오를 하고 있었다. 그런데 원고의 주제에 대해 대중의 관심이 **예기치 않게** 식고 있기 때문에 출판사의 태도가 냉담해지기 시작했다. 루시디에 대한 관심은 여전히 높겠지만 주목도는 낮아질 수밖에 없다는 것이 출판사의 판단이었다. 아마도 이란인들이 어떤 이유에서인지 루시디를 살해하는 일에 흥미를 잃어서일지도 모르겠다.

이제 전기 작가가 원고 완성 시점이 얼마나 중요한지를 과소평가한 원인을 살펴보자. 전기 작가는 자기 스케줄을 스스로 계획했지만, 결국 땅굴 파기를 한 셈이다. 어떤 '외부' 사건이 발생해서 자기 원고의 앞길을 막으리라고는 예측하지 못한 것이다. 이런 외부 사건에는 2001년 9월 11일의 비극도 포함된다. 이 사건으로 그는 몇 개월을 까먹었다. 그리고 투병 중인 어머니를 간호하느라 미네소타에 다녀오는 바람에 (어머니는 회복되었지만) 시간을 더 지체했고, 덧붙여서 파혼당하는 바람에(루시디의 전 애인과의 인터뷰는 약속대로 이루어졌지만) 또 몇 개월을 지체했다. '그 밖에는' 모두 계획대로 밀고 나가긴 했다. 작업 자체야 일정표대로 이루어지지 않았는가. 그는 책임을 인정할 수 없었다.†

"돌발적 사건은 계획을 한쪽 방향으로 변경시킨다." 건축업자, 하청업자, 원고를 쓰는 사람들의 실적을 생각해 보자. 돌발적 사건은 언제나 한쪽 방향으로만 사태를 몰고 간다. 즉 비용을 상승시키고 시간을 더 잡아먹는 것이다. 엠파이어스테이트 빌딩처럼 비용을 줄이고 공기가 단축되는 반대 경우가 일어나는 것은 극히 예외일 뿐이다. 이런 경우는 정말로 예외에 불과하다.

계획을 잡을 때 나타나는 이런 오류가 인간의 본성에 내재하는 것인지 반복

† 지금 이 책도 '예기치 못하게' 거의 15개월이나 늦게 출간되었다.

실험을 통해 알아볼 수 있을 것이다. 학생들이 계획된 숙제를 완성하는 데 필요한 시간을 어떻게 예측하는지 분석한 실험이 있다. 어떤 연구에서는 표본을 선정하여 긍정적 집단과 부정적 집단으로 나누었다. 긍정적 집단에 속한 학생들은 26일 안에 해내겠다고 약속했고, 부정적 집단의 학생들은 47일을 예상했다. 실제로 숙제를 완성한 평균 일수는 56일이었다.

논픽션 작가 조의 사례는 아주 심각한 경우라고는 할 수 없다. 내가 이 사례를 선택한 이유는 이것이 흔히 되풀이되는 일상적인 과제와 관련 있기 때문이다. 이런 과제에서 범하는 오류는 그런대로 참을 만하다고 할 수 있겠다. 그러나 이보다 훨씬 심각한 과업의 경우, 예컨대 군사적 공격이나 전면전, 혹은 완전히 새로운 어떤 과업에서는 오류가 엄청난 위험으로 폭발한다. 사실, 과업이 일상적으로 되풀이되는 것일수록 예측 능력을 학습하게 된다. 그러나 현대사회에서는 되풀이되지 않는 일도 많다.

완성일을 빠르게 제시할 경우에 대한 보상을 주는 것은 어떨까? 원고 계약을 성사시키기 위해 여기에 응하는 작가가 있을 수 있으며, 계약금으로 우선 과테말라의 안티구아 여행을 다녀오는 데 골몰하는 건설업자가 있을 수도 있으니까 말이다. 그러나 그렇다고 해도 계획의 문제 자체는 존재한다. 주어진 과제에 소요되는 시간을 과소평가해서 얻어진 인센티브가 없는 경우에조차, 계획의 문제는 존재한다. 앞에서 살펴보았듯이 인간이라는 종은 시야가 협소하기 때문에 예기치 못한 돌발 사건이 발생할 가능성을 고려하지 못한다. 그뿐 아니라, 계획 속에 있는 문제에만 골몰하기 때문에 계획 바깥의 불확실성, 즉 '우리가 모르는 미지의 것,' 다시 말해 '아직 읽지 않은 책 속의 내용'은 염두에 두지 못한다.

헛똑똑이 효과도 있다. 이것은 분석틀 바깥의 위험을 머릿속에서 제거해 버리거나 자신이 아는 것에만 **초점을 맞출 때** 일어난다. 자기의 틀 **안에서만** 세계를 바라보는 것이다. 그러나 일이 지체되거나 비용이 과다 지출되는 것은 대부분 당초 계획에 고려되지 않았던 요인들 때문에 일어난다는 사실을 잊지 말아야 한다. 예컨대 파업, 전력 부족, 사고, 기상 악화, 혹은 화성인이 침공한다는 소문 따위가 그것이다. 이것들은 일을 망치는 작은 검은 백조들인 셈인데 애초에 고려되지 않았던 것들이다. 처음에는 너무 추상적인 가능성으로 보이기 때문에 그 양상이 어떠한지 짐작할 수 없고 명료하게 분석하기도 어렵다.

그러므로 정확하게 계획을 수립할 수는 없다. 우리가 미래를 이해할 수 없기 때문이다. 그렇다고 해서 실망할 필요는 없다. **이런 한계점을 염두에 두고** 계획을 세우면 된다. 다만 용기만 있으면 된다.

기술의 아름다움, 혹은 엑셀 스프레드시트

그리 오래 지나지 않은 과거에는, 그러니까 컴퓨터가 없던 시절에는 예측이란 모호하고 질적인 상태로 남아 있었다. 그래서 이 계획을 항상 염두에 두도록 정신을 단단히 차려야 했기에 이것을 미래까지 밀고 나가는 일에는 대단한 노고가 필요했다. 연필, 지우개, 종이 뭉치, 커다란 휴지통이 필수품이었다. 지루하고 느리게 진행되는 일을 좋아하는 마음이 없으면 회계사도 고역을 치러야 했다. 요컨대 계획 혹은 기획이란 수고스럽고, 힘들며, 끝없는 의심으로 가득한 일이었다.

그러나 스프레드시트가 고안되면서 사정이 달라졌다. 컴퓨터에 능숙한 손으로 엑셀이라는 스프레드시트 프로그램을 다루면 '판매계획서'처럼 무한히 늘어나는 자료도 뚝딱 만들어 낼 수 있는 것이다! 그리하여 일단 서류 한 장이나 컴퓨터 모니터, 혹은 이보다는 못해도 파워포인트 슬라이드로 제시되는 순간 그 계획안은 자기 생명을 얻게 된다. 계획안은 종래의 모호함과 추상성을 벗어던지고 철학자들이 말하는 구체성을 얻음으로써 손에 잡힐 수 있는 상태가 된다. 계획이란 이제 손에 잡히는 대상물로 새 생명을 얻는다.

내 친구 브라이언 힌치클리프는 동네 체육관에서 함께 운동하다가 다음과 같은 의견을 말해 주었다. 수많은 예측 전문가들이 (그들의 가설에 파고드는 것에 불과한) 장기 전망을 의기양양하게 내놓을 수 있는 것도 스프레드시트 프로그램에서 셀을 잘라 내고 붙여 넣는 일이 쉽기 때문에 미래의 일을 계획할 수 있게 된 덕택 아닐까? 지식을 제대로 활용할 줄도 모르면서 강력한 컴퓨터 프로그램 덕택에 우리는 소련의 계획가들보다 훨씬 고약한 계획가가 되어 버린 것은 아닐까? 여느 장사꾼이 그렇듯이 브라이언은 번뜩이는 통찰력의 소유자이며 때때로 잔혹하리만치 냉철한 현실주의자의 면모를 보이곤 한다.

여기에는 '닻 내리기(anchoring)'라 불리는 정신적 메커니즘이 작동하고 있는 것으로 보인다. 즉 우리는 어떤 수치를 만들어 내고 거기에 '닻을 내려 버림으로써' 불확실성에 대한 불안을 덜려고 한다. 마치 진공상태 한복판에 지지대를 만들어 놓는 것처럼 말이다. 이러한 '닻 내리기' 메커니즘을 발견한 사람은 불확실성 심리학의 아버지들이라 일컬어지는 대니얼 카너먼과 아모스 트버스키다. 두 사람은 휴리스틱스(heuristics, 문제 해결에 유효하게 작용하는 경험 지식—옮긴이)와 편향에 대한 연구 프로젝트를 진행하던 초기에 이를 발견해 냈다. 이것은 다음과 같은 식으로 작동한다. 우선 카너먼과 트버스키는 피실험자들로 하여금 수레바퀴 모양의 회전판을 돌리게 했다. 회전판에는 여러 숫자가 **무작위로** 씌어져 있는데 피실험자가 이것을 바라보는 도중에 유엔에 가입한 아프리카 국가가 몇 개인지를 묻고 대답하도록 했다. 이때 회전판의 낮은 숫자를 보고 있던 사람은 유엔 가입 아프리카 국가 수를 실제보다 적게 대답했고, 높은 쪽 숫자를 보고 있던 사람은 실제보다 많게 대답했다.

비슷한 실험으로, 어떤 사람에게 그 사람의 사회보장번호 뒷자리 네 개를 말하도록 했다. 그리고 곧바로 뉴욕 맨해튼에 개업한 치과 의사 수를 말해 보라고 했다. 이때 질문을 받은 이는 자신이 먼저 대답한 네 자리 숫자와 연관이 있는 답을 말했다.

그러니까 우리는 예컨대 영업 계획과 같은 어떤 숫자를 먼저 머릿속에 떠올린 후 다음의 정신적 작용을 벌이게 된다. 이는 어떤 것을 그 자체로 판단하기(앞에서 살펴보았던, **시스템 1**식의 사고!)보다는 비교 수치를 놓고 생각하는 것이 정신적으로 수월하기 때문이다. 우리는 기준점이 없이는 생각하지 못하는 것이다.

미래 예측가들도 이러한 기준점을 도입함으로써 놀라운 성과를 얻을 수 있다. 이것은 시장에서 흥정할 때 먼저 시작점을 정하는 것과 별반 다르지 않다. 판매자는 "이 집을 100만 달러에 팔아야겠소" 하는 식으로 높은 데서 출발하고, 구매 희망자는 "84만 달러 이상은 안 되겠소"라고 답할 것이다. 최종 합의점은 이 시작점에 의해 좌우된다.

예측 오류의 성격

다른 많은 생물학적 변수들과 마찬가지로, 인간의 기대 수명은 낮은 정도의 무작위성에 지배되는 평범의 왕국에 속한다. 기대 수명은 규모불변적이다. 즉 나이를 먹을수록 남은 시간은 줄어든다. 보험회사의 통계표에 따르면 선진국에서 새로 태어나는 여자 아이의 기대 수명은 79세다. 이 여성이 79세가 되었다면, 건강하다고 가정할 때, 남은 기대 수명은 10년이 된다. 다시 90세가 되면, 이 여성에게는 4.7년이 더 주어진다. 100세가 된다면 기대 수명은 2.5년이다. 119세까지 사는 기적 같은 일이 생긴다면, 남은 기대 수명은 9개월이다. 기대 수명의 한도까지 살게 된다면 남은 시간은 차츰 줄어드는 것이다. 무작위 변수의 주요한 특성을 도표로 그리면 종을 뒤집어 놓은 모양이 된다. 나이를 먹을수록 그 사람의 남은 기대 수명은 줄어들게 된다.

인간이 벌이는 사업과 모험에 관한 한 사정은 조금 달라서, 제3장에서 보았듯이, 규모가변성이 큰 경우가 종종 생긴다. 규모가변성이 큰 변수는 극단의 왕국에 속하기 때문에 그 결과는 평범의 왕국에서와 정반대가 된다. 예를 들어 어떤 프로젝트의 종료일이 79일째라고 하고, 같은 날 태어난 여자 아이의 수명도 79일이라고 하자. 79일째가 되었을 때 프로젝트는 끝나지 않았다. 완성을 위해서는 추가로 25일이 주어져야 한다. 그런데 90일째가 되었을 때, 프로젝트가 여전히 끝나지 않았다면 앞으로 58일이 더 필요하게 된다. 100일째에는 89일을 더 필요로 하고, 119일째에는 앞으로 149일이 더 필요하다고 계산되었으며, 이렇게 해서 600일이 되도록 끝맺지 못했다면, 이번에는 앞으로 1590일이 더 있어야 한다. 이처럼 **지금까지 기다린 시간이 길어질수록 앞으로 더 기다려야 할 시간은 더욱 길어진다**.

예컨대 우리가 집으로 돌아갈 날을 손꼽고 있는 난민이 되었다고 치자. 같은 이치가 적용될 경우 우리는 하루하루 금의환향할 날에 가까워지기는커녕 점점 멀어지게 된다. 시드니 오페라 하우스 같은 건물을 또 짓는다고 할 때에도 사정은 똑같아질 것이다. 2년이 걸릴 것이라던 사업이 3년이 지나면, 결국 언제 완성이 될지조차 장담할 수 없게 된다. 전쟁의 평균 기간이 6개월인데 어떤 분쟁이 2년 동안 계속되었다면 이 분쟁은 앞으로 몇 년이 더 지나야 끝날 수 있게 된다. 아랍-이스라엘 분쟁은 이제까지 60년이 넘게 지났지만, 처음 문제가 터진 60년 전에는 '손쉬운 문젯거리'로만 치부되었다(현대의 환경에서 전쟁은 당초 계산보다 더 긴 시간 동안 더 많은 사람의 목숨을 앗아 갔다는 사실을 늘 기억해 두자). 또 다른 경우도 생각해 보자. 우리가 좋아하는 작가에게 편지를 보내면서, 이 사람이 분주한 사람이니 2주 정도는 기다리자고 마음먹는다. 3주가 되어도 우편함에 아무것도 들어온 것이 없다면 내일이라도 편지가 올 수 있다는 생각은 지워 버리는 것이 낫다. 앞으로 3주 정도는 더 기다려야 하니까. 그런데 석 달이 지나도록 함흥차사라면 이번에는 1년을 더 기다릴 생각을 해야 한다. 하루가 지나가면 우리가 죽을 때는 가까이 다가오지만 기다리는 편지는 더 멀어지는 것이다.

이처럼 규모가변적인 무작위성이란 미세한 차이로 보이지만 실제로는 엄청나게 다른 결과를 빚어낼 뿐 아니라 우리의 직관으로는 좀처럼 포착되지 않는다. 이처럼 우리는 일반적인 경우를 크게 벗어나는 일을 이해하지 못한다.

규모가변적인 무작위성에 대해서는 제3부에서 본격적으로 다룰 것이다. 일단 여기서는 미래를 예견하는 일에 대한 우리의 오해는 주로 이것과 관련된다는 점만 분명히 해두기로 한다.

강의 깊이가 (평균) 4피트일 때에는 건너지 말라

기업이나 정부의 프로젝트에는 손쉽게 눈에 띄는 또 하나의 결점이 있다. **있을 수 있는 오류율**을 시나리오에 포함시키지 않는다는 것이 바로 그것이다. 오류의 가능성을 염두에 두지 않는 것은 검은 백조가 없는 경우에도 실패를 낳을 수 있다.

언젠가 나는 워싱턴 D.C.에 있는 우드로 윌슨 센터의 책상물림 연구원들에게 인간의 예견 능력에 결함이 있을 수 있음을 경고해 준 적이 있다.

강연을 듣던 연구원들은 얌전하게 입을 다물고만 있었다. 그때 나는 이들이 믿고 따르던 모든 것에 반대되는 이야기를 하고 있었다. 내가 상당히 공격적인 주장을 계속 하는데도 이들은 깊이 생각만 하고 있는 눈치였다. 기업 현장에서 흔히 보는, 남성호르몬이 넘치는 사내들의 모습과는 딴판이어서 나는 나의 신랄한 태도에 미안함을 느끼기도 했다. 질문도 거의 없었다. 이날 모임을 주선한 사람이 동료들을 대신해서 농담을 터뜨리려 애쓸 정도였다. 그날 나는 점잖게 빙빙 돌려 말하는 추기경 모임에 신랄한 무신론자 한 사람이 끼어 있는 꼴이라고 느꼈다.

그래도 참석자 중 일부는 내 주장에 동조하는 듯했다. (정부 기관 소속으로) 이름을 밝히지 않은 한 사람은 모임이 끝난 뒤 내게 개인적으로 찾아와 2004년 1월에 자신이 소속된 부서가 앞으로 25년간 유가가 그때보다 별반 높지 않은 배럴당 27달러를 계속 유지할 것이라는 전망을 내놓았었다고 털어놓았다. 예측치를 내놓은 지 6개월이 지난 2004년 6월 유가는 두 배로 뛰었고 다시 예측치를 배럴당 54달러로 수정했다고 한다(이 글을 쓰고 있는 지금 유가는 배럴당 79달러에 가깝다). 첫 번째 예측이 크게, 그것도 곧바로 빗나갔는데 똑같은 식으로 두 번째 예측치를 내놓았다니 참으로 우스운 일이라는 것을 그들은 깨닫지도 못하고 있었다. 그들은 자신들의 예측 업무에 뭔가 문제가 있다는 것도 느끼지 못하고 있었다. 게다가 **25년** 앞을 내다본다니! 그들은 오류율이라는 말조차 들어 보지 못한 모양이다.[†]

빗나갈 가능성을 염두에 두지 않은 예측은 세 가지 오류는 낳는데, 이는 모두 불확실성의 본성에 대한 몰이해에서 비롯된다.

---

† 예측 오류에는 재미있는 일도 많지만, 가격 예측치가 틀렸을 경우 '봉'이 되는 사람에게는 심각한 함정이 된다. 예컨대 1970년에 미국(재무부, 국무부, 내무부, 국방부)의 관리들은 다음과 같은 예측을 내놓았다. "해외 기준 유가는 1980년까지 하락할 것이며, 특별히 상승할 일은 어떤 경우에도 없다." 그러나 1980년 세계 유가는 10배로 뛰어올랐다. 오늘날의 예측 전문가들은 지적 호기심도 없는지, 아니면 예측 오류라는 것을 고의적으로 묵살하고 있는지 나는 참으로 궁금하다.

또 하나 희한한 일도 기억해 두자. 석유회사들은 고유가 덕택에 재무 상태 개선과 기록적 수익을 올리자 임원들에게 거액의 '성과급'을 지급하는 잔치를 벌였다. '성과급'이라니, 이 임원들이 유가 상승을 '만들어' 내기라도 했단 말인가?

첫 번째 오류. **중요한 것은 가변성이다.** 이 첫 번째 오류는 정확성은 도외시한 채 예측치를 내놓는 것 자체를 중요시하는 데서 비롯된다. 계획 자체가 목적이라면 예측에서의 정확성이 예측 자체보다 훨씬 더 중요하다. 이에 대해서는 다음의 비유로 설명할 수 있다.

강의 깊이가 (평균) 4피트일 때에는 건너지 말라. 기온이 화씨 70도 이하라고 해도 기온 계산의 오차가 화씨 5도일 때와 달리 오차가 40도일 때는 추위를 대비해 여벌의 옷을 준비해야 한다. 어떤 정책을 결정할 때에는 그 정책의 최종 예상 목표가 아니라 추정 가능한 결과의 폭을 더 고려해야 한다. 은행에서 위탁 근무를 할 때, 나는 은행들이 불확실한 결과에 대한 준비는 전혀 고려하지 않은 채 고객의 돈을 투입하는 모습을 목격했다. 주식중개인과 상담하게 되면 이 사람들이 자신들의 평가 모델에 '맞춰' 앞으로 10년을 예상하기 위해 어떤 기법을 사용하는지 눈여겨보라. 그리고 분석가들이 정부 적자를 어떻게 예측하는지 보라. 또 은행이나 주식 분석가를 교육하는 프로그램에서 미래 예측을 어떻게 하라고 가르치는지 눈여겨보라. 교육기관들은 피교육생들이 가정치를 설정할 때 오류율을 설정해야 한다고 가르치지 않는다. 그러나 오류율이 너무 크기 때문에 예측 그 자체보다 의미심장하다!

두 번째 오류는 프로젝트가 연장되면 당초 예측이 설명력을 잃어 간다는 점을 고려하지 않는 데서 생겨난다. 우리는 가까운 미래와 먼 미래를 제대로 구분하지 못한다. 그러나 예측의 설명력이 시간이 지나면서 떨어지는 것은 간단히 생각해 보아도 자명하다. 학술논문이야 말할 것도 없고 이 주제를 다룬 연구부터가 극히 적은 실정이다. 경제적 예측이든 기술적 예측이든 1905년에 향후 25년을 예상한 내용을 생각해 보자. 1925년의 실제 상황은 어땠을까? 굳이 확인하고 싶다면 조지 오웰의 《1984》를 읽어 보라. 아니면 1975년에 나온 2000년도 예상치를 확인해 보라. 이 기간 동안 예측 전문가들의 상상력을 넘어선 수많은 사건이 발생하고 신기술이 도입되었다. 예상된 일이 일어나지 않았거나 예상하지 못한 일이 일어난 경우가 더 많다. 전통적으로 인간의 예측 오류는 엄청나게 컸다. 우리가 미래를 들여다보는 일에 눈먼 선조들보다 별안간 훨씬 뛰어난 능력을 갖게 되었다고 자부할 하등의 근거는 없다. 게다가 관료들의 예측 작업은 적절한 정책 결정을 위해서라기보다는 불안을 달래기 위한 용도로 수행되는 경향이 크다.

세 번째 오류. 이것은 아마도 가장 심각할 오류일 텐데, 예측 대상이 되는 변수가 무작위적 특성을 갖는다는 점을 이해하지 못하기 때문에 일어난다. 검은 백조 효과에서는 변수들이 예상보다 매우 긍정적인 시나리오를 만들어 낼 수도 있고 부정적인 시나리오를 낳을 수도 있다. 앞에서 살펴본 우리 직관에서의 영역 특정성에 대한 심리학자 댄 골드스타인의 실험 결과를 상기하자. 이때 평범의 왕국에서는 거의 오류를 범하지 않았지만 극단의 왕국에서는 희귀 사건의 발생을 염두에 두지 못하기 때문에 커다란 오류를 범했다.

이 세 가지의 오류는 무엇을 의미하는가? 주어진 예측치가 옳다고 생각되어도 우리는 이 예측치에서 상당히 빗나갈 실제 가능성을 염두에 두어야 한다는 것이다. 꾸준하고 일정한 수입을 바라지 않는 투기업자라면 오히려 이러한 빗나감을 환영할 것이다. 그러나 위험률을 고정해 놓아야 하는 은퇴자들은 이렇게 들쭉날쭉한 변동을 견디지 못한다. 강의 깊이라는 비유를 들어 말하자면, 정책 결정에서는 깊이가 낮은 쪽이 (최악의) 문제가 된다. 이때는 예측 자체보다 최악의 상황으로 귀결될 가능성이 훨씬 더 크다. 특히 최악의 시나리오가 받아들이기 힘든 것일 경우 더욱 그렇다. 그러나 예측가들이 실제로 사용하는 용어에는 이런 것들이 전혀 고려되지 않는다. 전혀.

"다가올 일을 내다보는 사람은 현명하다"는 말이 있다. 아마도 진정한 현자는 미래를 내다볼 수 없다는 사실을 아는 사람일 것이다.

차라리 다른 직업을 찾기를

예측 분야에 종사하는 사람을 만날 때마다 내게 돌아오는 두 가지 반응이 있다. "어떻게 해야 하지요? 예측을 할 수 있는 더 나은 방법이 있을까요?" 아니면, "그렇게 잘나셨으면, 당신의 예측을 말해 보시지." 이중 두 번째 반응이 더 많은 편인데, 이 사람들은 자신이 실물 분석가라는 우월함, 철학자보다 '성과'가 더 낫다는 자부심으로 으스대곤 한다. 이들은 나도 금융거래업에 종사했던 사람이라는 것을 알지 못하고 이런 태도를 보이곤 한다. 불확실성을 다루는 일에 종사하는 사람들에게 한 가지 유리한 점이 있다면, 관료들의 군소리에 얽매일 필요가 없다는 것뿐이다.

내 고객 중에 내 예측치를 보여 달라던 분이 있었다. 그런 것은 없다고 대답하자 그분은 성을 내며 의뢰를 끝내 버렸다. 이 분야에도 '전망'을 담은 판에 박힌 목록이 있긴 하다. 그러나 나는 이런 전망 보고서나 직업적 예측을 만들지 않았다. **미래의 일을 예측할 수 없다는 것**을 나는 분명히 했고, 이것을 오히려 내 자산으로 인정해 준 극소수의 고객이 있다(나는 그들을 위해서 일한다).

아무런 고민도 없이 예측을 쏟아 내는 사람들도 있다. 왜 그런 예측을 내놓았느냐고 물으면 그들은 이렇게 대답한다. "글쎄 뭐, 그게 내 밥벌이니까요."

그들에게 이렇게 권하고 싶다. 다른 직업을 찾으시지요!

지나친 주문이 아니다. 노예가 아닌 한, 누구든 직업 선택은 어느 정도는 자신의 의지대로 해야 한다. 이것은 매우 중요한 윤리적 문제이기도 하다. "그게 내 직업이니까"라는 식으로 예측치를 내놓으며 자기 직업에 갇혀 버린 사람들은 스스로 자신들의 예측이 쓸모없다는 사실을 잘 알고 있다. 이런 사람들을 비윤리적이라고 비난하는 것은 아니다. 그렇지만 이런 사람들은 "그게 내 직업이니까"라고 하며 거짓말을 되풀이하는 것과 무엇이 다른가.

잘못된 예측으로 해를 입히는 사람은 바보이거나 거짓말쟁이라고 욕먹어

카라바조의 〈점쟁이〉. 우리는 늘 미래에 대해 말해 주는 사람들의 '봉'이다. 그림에서 점쟁이가 피해자의 반지를 훔치고 있다.

야 한다. 예측 전문가 중에는 범죄보다 더 사회에 손실을 입히는 사람도 있을 수 있다. 부탁드리건대, 제발 눈을 가린 채 학생들의 통학 버스를 운전하지 마시라.

JFK 공항에서

뉴욕의 JFK 공항에는 벽을 가득 채울 정도로 거대한 잡지 가판대가 있다. 이 가판대는 인도 대륙 출신의 착실한 가족이 임대해서 운영한다(이분들은 의대에 다니는 아이들을 두고 있다). 이 가판대는 '교양 있는 사람'을 위해 '세상이 어떻게 돌아가는지'를 보여 주는 모든 것을 모아 놓은 곳이라고 해도 과언이 아니다. 낚시나 모터사이클 잡지 따위는 빼더라도 (재미를 주는 가십 잡지를 포함해서) 여기 꼽힌 잡지를 하나씩 다 읽으려면 얼마나 오랜 시간이 걸릴까? 인생의 절반쯤? 한평생?

안타깝게도, 이들 잡지에 담긴 모든 지식을 동원해도 내일 무슨 일이 일어날지를 예측하는 데에는 아무런 도움도 얻을 수 없다. 실제로는 오히려 예측 능력을 더 떨어뜨릴 수 있다.

예견의 문제에는 또 다른 측면이 있다. 즉 인간의 본성과는 관련이 없으되 정보 자체의 속성에 기인하는 고유의 한계가 그것이다. 앞서 나는 검은 백조 현상에 세 가지 속성이 있다고 지적한 바 있다. 예견 불가능성, 파급의 막대함, 사후 합리화 등이 그것이다. 이제 예견 불가능성에 대해서 살펴보기로 하자.†

† 앞에서 독자 여러분에게 예카테리나 여제의 애인이 몇 명인지를 물었다. 그녀의 애인은 고작 12명뿐이다.

11장_ 새 '똥꼬' 찾는 법

이제까지 우리는 인간의 두 가지 성향, 첫째, '땅굴 파기'와 '협소하게' 생각하기(지적 오만), 둘째, 예측 성적을 엄청나게 과대평가한다는 점, 즉 우리의 예견 능력을 실제보다 크게 평가한다는 점 등을 살펴보았다.

이 장에서 우리는 예견 능력과 관련하여, 자칫 놓치기 쉬운 구조적 한계를 살펴볼 것이다. 이러한 한계들은 인간이 아니라 인간 활동의 본성에서 생긴다. 인간의 활동은 우리 인간에게만이 아니라 우리가 가지고 있거나 획득할 수 있는 일체의 도구들에게도 너무나 복잡하다. 이리하여 어떤 검은 백조는 우리의 지각에 포착되지 못한 채 남아서 우리의 예측을 망쳐 버린다.

새 '똥꼬' 찾는 법

1998년 여름 나는 유럽 자본이 소유한 금융기관에서 일하고 있었다. 회사는 일이 더 정밀하고 먼 안목에서 진행되기를 주문했다. 거래에 관여하는 부서에는 임원이 다섯 명 있었는데, 모두 (자유롭게 입고 일하는 금요일에도 예외 없이 감청색 정장을 고집하는) 근엄한 모습으로 사무실을 지키며 '5개년 계획'을 수립하기 위해 여름 회의를 열고 있었다. 그 결과는 직원들의 근무 수칙을 담은 두툼한 문서로 작성될 예정이었다. 5개년 계획이라니. 중앙 집중적 계획을 믿지 않는 사람에게 이런 계획안은 우스꽝스럽기만 하다. 조직의 발전은 유기적이어서 예측이 불가능한 것이며, 하향식이 아니라 상향식이어야 한다. 이 회사에서 가장 많은 수익을 올리는 부서가 한 고객의 우연한 전화 한 통에서 출발했다는 것은 이미 다 아는 사실이다. 어떤 고객이 전화를 걸어와서 처음 접하는 새로운 방식의 거래를 요청했고, 이 거래가 수익성이 높다는 것을 깨달은 회사에서는 그와 같은 방식의 거래를 담당할 부서를 만들었다. 그리고 순식간에 이 부서가 회사 활동의 중심이 되기에 이르렀던 것이다.

임원들은 바르셀로나, 홍콩 등 전 세계를 바삐 날아다니며 회의를 열었다. 항공 마일리지가 쌓일수록 말의 성찬도 풍성해진다. 당연하게도 이분들은 수면 부족에 시달렸다. 임원이 된다는 것은 (지적 판단을 담당하는—옮긴이) 전두엽이 발달해서가 아니라 카리스마, 지루함을 참는 능력, 실타래처럼 얽힌 일정표대로 바삐 움직이는 능력 덕택인 모양이다. 한 가지 더, 오페라 공연을 관람해야 하는 '의무'도 추가된다.

임원들은 브레인스토밍을 한다며 회의실에 모이곤 했다. 물론 중기적 향후 전망에 관한 브레인스토밍이었다. 이들은 '전망'을 그렇게도 좋아했다 그런데 5개년 계획에 없었던 사건이 하나 터졌다. 1998년 러시아발 국가 채무 정지 사태라는 검은 백조였다. 그 여파로 중남미 채권시장이 급락했다. 그때까지 회사는 임원들의 고용을 보장하는 정책을 유지하고 있었지만, 이 사건의 결과 1998년 5개년 계획을 수립하고 한 달이 지났을 때 이들 임원 다섯 명 중 자리를 지킨 사람은 하나도 없었다.

그러나 지금도 확신하건대, 새로 부임한 임원들은 여전히 다음 '5개년 계획'을 수립하는 회의로 여념이 없을 것이다. 인간은 결코 배우지 못한다.

우연한 발견

앞 장에서 살펴본 인간의 인식론적 오만을 발견한 것은 이른바 우연의 결과다. 그러나 우연히 발견된 것은 그 밖에도 우리가 생각하는 것보다 훨씬 더 많다.

고전적인 발견 방식은 다음과 같다. 이미 알고 있는 바(말하자면 인도에 이르는 길)를 찾아 헤맨다. 그러다가 예상 밖의 다른 것(아메리카 대륙)을 찾는다.

발명이란 골방에서 계획표에 따라 이것저것 조합한 끝에 얻어진 것이라고 여기는 사람이 있다면, 근본적으로 다시 생각해야 한다. 발견과 발명의 대부분은 **우연의 산물**(serendipity)이다. 우연의 산물이라는 말은 동화 〈세렌딥의 세 왕자Three Princes of Serendip〉를 쓴 휴 월폴의 편지에서 처음 사용되었다. 세 왕자는 "언제나 본래 찾던 것 대신에 다른 무언가를 뜻밖에, 혹은 기지를 발휘해서 발견했다."

요컨대 그토록 찾아 헤매던 것 대신 다른 것을 발견하게 되는데, 그때마다 이렇게 명확한 것을 왜 이제 알게 되었을까, 감탄하게 되며 이 발견 때문에 세상이 뒤바뀐다는 것이다. 바퀴가 발견되었을 때 기자가 그 옆에 있었을 리 없겠지만, 단언컨대 그때 사람들은 (성장의 주동력이 된) 바퀴를 발견하려는 프로젝트를 시간표를 봐가며 수행하고 있지는 않았을 것이다. 대부분의 발명이 이와 마찬가지다.

프랜시스 베이컨 경은 인류사에서 가장 중요한 진보는 대부분 예상 목록에 들어 있던 것이 아니라 "상상력의 뒤안길에 놓여 있던" 것이라고 갈파했다. 베이컨만이 이런 지적을 한 것은 아니었다. 아이디어란 수시로 솟아 나오지만 순식간에 사라지는 법이다. 약 50년 전 소설가 아서 케스틀러는 이것을 주제로 소설 《몽유병자*The Sleepwalker*》를 썼다. 소설에서 발견자들은 마치 몽유병자처럼 잠결에 이리저리 돌아다니다 어떤 결과에 이르는데, 그들은 자신들의 손에 잡힌 것이 무엇인지 알아차리지 못하는 것으로 묘사된다. 우리는 행성 운동에 관한 코페르니쿠스의 발견이 갖는 의미가 당시 코페르니쿠스나 당대인들에게는 너무도 자명한 것이었으리라 생각한다. 그러나 그의 주장은 그가 죽은 지 75년이 지나서야 권력자들이 천동설에 분개하고 나서면서 비로소 조명을 받았다. 마찬가지로 우리는 갈릴레오가 과학이란 이름의 희생자였다고 생각한다. 그렇지만 교회가 그를 그리 진지하게 취급한 것은 아니었다. 갈릴레오가 유명해진 것은 깃털을 떨어뜨리는 실험을 하면서부터였다. 자연선택설을 통해 현대의 세계관을 만들어 낸 다윈과 월리스의 진화론이 발표되던 그해 연말에 린네학회 대표는 자기 학회에서 진화론을 발표하도록 했으면서도 이것이 과학혁명을 가져올 만큼 놀라운 발견은 아니라고 보았다.

누구나 자신이 예견을 할 때는 예견 불가능성이란 것을 망각해 버린다. 이 책이나 비슷한 주장을 읽는 독자분들 역시 우리의 견해에 전적으로 동의하면서도 정작 미래에 대해서 생각할 때면 우리의 견해를 잊어버리곤 한다.

우연한 발견의 극적인 사례를 살펴보자. 알렉산더 플레밍은 실험실을 정리하다가 실험 표본 중 하나가 어떤 이유로 오염되었음을 눈여겨보았다. 플레밍은 이렇게 해서 페니실린이라는 항생물질을 우연히 발견하게 되었고, 그 덕택에 우리 가운데 많은 사람이 이렇게 살아 있는 것이다(치료를 못 받으면 목숨을 잃는 질병인 장티푸스를 앓았던 나 역시 그 가운데 한 사람이다). 분명 플레밍은

'무엇인가'를 찾고 있었지만, 실제로 그의 손에 쥐어진 것은 우연한 발견물이었다. 게다가 이런 발견이 중요한 가치가 있음을 뒤늦게 인정받긴 했지만, 정부 보건 당국자들이 이 발견의 가치를 깨닫는 데에는 오랜 시간이 걸렸다. 플레밍 자신도 그 후에 재조명되기 전에는 그 발견에 대한 믿음을 잃어버렸을 정도였다.

1965년 뉴저지 주 벨 연구소에 근무하던 전파천문학자 두 사람은 대형 안테나를 세우던 중 수신 전파가 불량일 때 나타나는 잡음과 비슷한, 쉿쉿 하는 배경 잡음 때문에 애를 먹었다. 이들은 안테나에 쌓인 새똥이 원인이라 여기고 이를 제거했지만 상태는 여전했다. 그 후 시간이 더 흘러서야 이들은 이 소리가 우주 탄생 과정의 정보를 담고 있는 우주 초단파 배경복사임을 깨닫게 되었다. 이 발견으로 빅뱅이론이 다시 힘을 얻게 되었다. 이 이론은 선구적 연구자들에 의해 제기되었지만 곧 힘을 잃은 상태였다. 벨 연구소의 웹사이트에는 이 '발견'이 금세기의 위대한 진보로 꼽힌다는 이야기가 다음과 같이 게시되어 있다.

> 이 발견을 해낸 두 전파천문학자 중 한 사람이 펜지어스다. 벨 연구소 소장이자 펜지어스의 후임으로 루슨트 사의 개발 책임자 일을 맡은 댄 스탠지온은 이렇게 회고한다. 펜지어스는 "벨 연구소의 상징인 창의력과 기술적 탁월성을 대변하는 사람입니다." 스텐지온은 펜지어스야말로 "우주 창조에 대한 미지의 지식을 확장하고 수많은 영역에서 과학을 진전시킨" 르네상스적 인물이라고 칭했다.

르네상스적 인물이라니! 두 과학자가 실제로 한 일이란 새똥을 치운 것밖에 없었는데! 이들은 한참 전에 잊혀진 빅뱅 따위는 언제나 그렇듯이 염두에 두지 않았음은 물론 자신들의 발견이 얼마나 중요한지도 즉시 알아차리지 못했다.

슬프게도, 《뉴욕타임스》에 실린 우주배경복사 발견 기사를 읽고 깜짝 놀란 사람은 영향력 있는 과학자 조지 가모브, 한스 베테와 함께 빅뱅이론을 처음 제창한 랠프 앨퍼였다. 과학자들은 우주의 탄생에 대한 앨퍼의 논문에 회의적인 태도를 보였었다. 이 논문에서 언급한 우주배경복사를 측정할 방법이 없다는 것이 이유였다. 그런데 이 우주배경복사가 자주 포착되었는데도 증거를 찾던 과학자들이 이를 찾아내지 못한 것이다. 오히려 다른 것을 찾던 사람이 이를 찾고, 그 발견자로 칭송받은 것이다.

이것은 역설이다. 예측 전문가들은 예기치 못한 발견이 몰고 올 급격한 변화를 내다보는 데 참담하게 실패할뿐더러 점증적 변화의 경우에는 오히려 변화의 폭을 실제보다 더 크게 잡는다. 새로운 기술이 개발될 경우에도 우리는 그 가치를 지나치게 과소평가하거나 과대평가한다. 하기는, IBM의 창립자 토머스 왓슨은 앞으로 필요한 컴퓨터는 몇 대뿐일 것이라고 예측하기도 했다.

독자 여러분이 지금 이 글을 모니터 스크린이 아니라 시간의 흐름에도 변치 않는 장치, 즉 종이책으로 읽고 있다는 사실도 '디지털 혁명'을 운운하던 석학들의 코를 납작하게 하고 있다. 독자 여러분이 지금 이 글을 에스페란토어가 아니라, 원시적이고 엉망이며 일관성 없는 영어, 프랑스어, 혹은 스와힐리어로 읽고 있다는 사실은 50년 전에 풍미하던 예측에 한 방을 먹인 것이다. 50년 전만 해도 인류가 조만간 논리적이고 명료하고 이상적으로 설계된 만국공용어로 의사소통을 하게 될 것이라고 했다. 마찬가지로 우리는 30년 전의 예측과 달리 우주정거장에서 연휴를 보내며 살고 있지 않다. 인간이 달 착륙에 성공한 뒤 팬아메리카 항공은 달 왕복 비행 예매를 시도하기도 했으니, 이야말로 기업의 오만이라 할 수 있다. 참으로 멋진 예견이었지만, 정작 팬아메리카는 자신들이 곧 문을 닫으리라는 예상은 하지 못했다(팬아메리카 항공은 1991년 파산했다—옮긴이).

해답이 문제를 찾는다

엔지니어들은 도구 개발 그 자체를 즐기는 것이지 자연의 비밀을 찾아내겠다는 일념으로 일하지 않는다. 그러다 보니 그 많은 도구 중 '몇몇'만이 더 많은 지식을 우리에게 안겨 주곤 한다. 말 없는 증거의 효과로 인하여 우리는 도구가 엔지니어들에게 일자리를 물어다 주는 것 말고 아무것도 해내지 못한다는 점을 망각한다. 도구는 뜻밖의 발견을 가져다주고, 그것은 또 다른 뜻밖의 발견으로 우리를 이끈다. 그렇지만 도구가 그 목적을 위해 제대로 작동하는 경우는 드물다. 지식의 증대는 장난감과 기계 만들기를 즐기는 엔지니어의 취미 때문에 일어나는 것이다. 지식의 진보란 어떤 이론을 입증하거나 강화하려는 목적으로 고안된 도구 덕택에 일어나지 않는다. 오히려 그 반대다. 컴퓨터가 개발된 것은 새롭고 시각적인 기하수학을 발전시키기 위해서가 아니라 다른 어떤 목적을 위해서였다. 거의 아무도 관심을 갖지 않았던 수학적 목표를 위해 개발된 것이다. 컴퓨터는 또한 시베리아에 있는 친구와 채팅을 하려는 목적으로 만들어진 것도 아니다. 그렇지만 이 컴퓨터 덕택에 먼 거리에 있는 사람들 간의 의사소통이 도처에서 일어나고 있다. 글을 쓰는 사람으로서 나는 인터넷 덕분에 내 생각을 기자들에게 퍼뜨릴 수 있음을 인정한다. 그렇지만 인터넷은 본래 이런 목적이 아니라 군사적 용도로 고안된 것이다.

발견 당시 생각했던 것과는 전혀 다른 용도로 사용되고 있는 대표적인 경우가 바로 레이저다. 이것은 '해답이 문제를 찾는' 전형적인 사례다. 레이저가 초기에 응용된 곳은 떨어져 나간 망막을 꿰매는 외과수술이었다. 이로부터 50년 뒤 《이코노미스트*The Economist*》는 레이저 광선의 발견자로 인정되던 찰스 타운스에게 망막 치료라는 것을 목적으로 생각하고 있었느냐고 물었다. 그는 그렇지 않다고 대답했다. 그는 그저 광선을 쪼개 보고 싶어서 그랬을 뿐이라고 했다. 실제로 타운스의 동료들은 타운스가 희한한 발견을 했다고 놀리기도 했다. 그러나 오늘날 레이저가 어디에 사용되는지 돌아보자. 콤팩트디스크, 시력 교정, 미세 수술, 데이터 저장과 데이터 복구 등등, 이것이 처음 발견될 당시에는 전혀 예측하지 못한 용도로 쓰이고 있지 않은가.†

우리는 장난감을 만든다. 그 장난감 가운데 일부가 세상을 바꾼다.

찾고 또 찾으라

2005년 여름 나는 당시 엄청난 성공을 거둔 캘리포니아의 한 생명공학 회사에 초청을 받았다. 사원들은 티셔츠에 핀 장식을 단 옷차림으로 근무하고 있었는데, 이는 이들이 정규분포곡선식 사고를 버리고 '두터운 꼬리 클럽(FAT TAIL CLUB, '두터운 꼬리'란 IT 업계 사람들이 검은 백조를 부르는 별칭이다)'을 자처하고 있음을 보여 주고 있었다(통계학에서 특정 구간의 첨도가 높을 때 그래프가 하늘을 향해 솟은 꼬리나 탑 모양임을 빗대 두터운 꼬리라고 한다—옮긴이). 검은 백조 효과를 긍정적으로 받아들이며 일하는 기업은 처음 만나는 셈이었다. 듣기로 이 회사의 대표는 과학자로서, 과학자들의 천성을 잘 알기 때문에, 어떤 것이든 천성이 움직이는 대로 연구를 해보라고 장려하고 있다고 했다. 상업화하는 것은 그다음 문제였다. 나를 맞은 분들 역시 과학자다운 심성의 소유자로서, 연구에서는 우연한 발견이 큰 비중을 차지하고 있으며 기업 활동 역시 마찬가지라는 사실을 잘 인식하고 있었다. 노인들의 정신세계나 사회적 모습을 일변시킨 비아그라는 본래 고혈압 치료제였다. 발모촉진제는 또 다른 고혈압 치

---

† (나는 참여하지 않은) 창조론자와 진화론자 사이의 논쟁은 대개 다음과 같다. 창조론자들은 세계가 특정한 형태의 설계로부터 비롯되었다고 믿는다. 반면 진화론자들은 세계를 목적 없는 과정에서의 무작위적 확률의 결과로 이해한다. 그러나 컴퓨터와 자동차를 보고 목적 없는 과정의 결과로 생각하기는 어렵다. 어쨌든 그것들은 그렇다.

료제에서 응용된 것이다. 무작위성의 속성을 익히 아는 내 친구 브루스 골드버그는 이렇게 의도하지 않은 응용 기술을 '부산물'이라고 부른다. 많은 사람들이 신기술을 엉뚱한 곳에 응용하면 나쁜 결과가 나올까 우려하지만, 기술은 이 덕택에 번성한다.

이 생명공학 회사는, 공공연하게 밝히지는 않았지만, "행운은 준비된 자에게만 온다"는 파스퇴르의 금언을 암묵적으로 따르고 있는 것 같았다. 모든 위대한 발견은 우연한 발견에서 비롯된다는 것을 파스퇴르는 잘 알고 있었다. 이 우연을 최대한 자주 만나려면 찾고 또 찾는 길밖에 없다. 기회를 쌓으라, 그리고 다음 단계로 올라가라.

어떤 기술이 확산될지 여부를 내다보는 것은 유행과 사회 조류를 예측하는 것을 의미하는데, 이는 기술 자체의 객관적 효용과는 무관하다(객관적 효용이라는 동물이 따로 존재한다면). 얼마나 많은 쓸모 있는 아이디어들이 사라져 버렸는가? 세그웨이라는 전기스쿠터가 그 예로, 처음에는 이 탈것이 도시의 풍경을 바꿔 놓을 것이라고 예견되었다. 원고의 이 부분을 고심하다가 공항의 잡지 판매대에 꽂힌 《타임》지를 바라보니, 올해의 '유용한 발명'이 특집 기사로 기획되어 있다. 여기에 언급된 발명품들은 이 잡지 한 호에만 쓰임이 있을 것으로 보인다. 어쩌면 몇 주 더 유용할 수도 있겠다. 언론이란 '배우지 못하는 법'만 우리에게 가르치고 있다.

예견이 가능하다고 예견할 수 있는가?

여기서 우리는 칼 레이몬드 포퍼 경의 역사주의 비판을 떠올리게 된다. 제5장에서 말했듯이, 이 부분이야말로 칼 포퍼의 통찰력이 가장 빛나지만 가장 알려지지 않은 대목이기도 하다. 포퍼를 진실로 알지 못하는 사람들은 어떤 주장의 증명과 반증을 다루는 포퍼주의적 반증에만 주목한다. 그러나 포퍼의 핵심 사상은 따로 있다. 그의 핵심 사상은 회의주의적 태도를 하나의 **방법론**으로 만들어 냈다는 점에 있다. 포퍼는 회의주의자를 건설적인 인물로 격상시켜 주었다. 마르크스는 프루동의 《빈곤의 철학*The Philosophy of Poverty*》을 꼬집어 《철학의 빈곤*The Poverty of Philosophy*》이라는 비판서를 쓴 바 있다. 마찬가지로 포퍼는 역사의 과학적 인식을 운운하는 동시대 철학자들에게 분노를 느껴 《역사주의의 비참*The Misery of Historicism*》(미국에서는 포퍼의 책이 '역사주의의 빈곤(Poverty of Histiricism)'이라는 제목으로 발간되었다)'을 조롱 삼아 썼다.†

포퍼의 관심은 역사적 사건을 예견한다는 것의 한계, 역사학이나 사회과학 같은 말랑말랑한 분야를 미학이나 나비 수집이나 동전 수집 같은 취미 바로 위로 격하시킬 필요성에 집중되어 있었다.(포퍼 역시 오스트리아의 빈에서 고전을 공부한 사람이라 미학이나 오락 수준까지는 나아가지 못했다. 아미온 출신인 나 역시 마찬가지다.) 우리가 여기서 말랑말랑한 역사학이라 부르는 것은 서사에 종속된 역사 연구들이다.

포퍼의 핵심적 주장은, 역사적 사건을 예견하려면 기술적 진보를 예측할 수 있어야 하지만, 기술적 진보란 근본적으로 예측 불가능하다는 것이다.

'근본적으로' 예측 불가능하다니? 나는 현대적인 틀을 이용해 그가 의미하는 바를 설명할 것이다. 우선, 지식은 다음과 같은 속성을 갖고 있다. 남자친구가 바람을 피워 왔음을 **내일** 확실히 알게 된다고 예상한다면, 당신은 **오늘**도 역

† 제4장에서 알 가젤과 아베로에스가 자신들의 책 제목으로 상대를 조롱했음을 살펴본 바 있다. 언젠가 나 역시 누군가가 쓴 《흰 백조》라는 책에 의해 공격당하는 행운을 누릴지도 모르겠다.

시 바람을 피운다는 것을 확실히 알고, **오늘** 행동을 취할 것이다. 이를테면, 가위를 집어 들고 남자친구가 아끼는 페라가모 넥타이를 찾아서 모두 반으로 잘라 버릴 것이다. "나의 예상은 내일 일어날 일이고, 오늘은 내일과는 다른 날이니까 내일과 구분해야 해. 지금은 그저 남자친구와 저녁을 맛있게 먹으면 돼"라고 자기 자신에게 말하지는 못하는 것이다. 이것은 지식의 모든 분야에 일반화되어 적용된다. 통계학에는 **반복 기대값의 법칙**이라는 것이 있다. 거칠게 풀자면 이렇다. 우리가 미래의 언젠가 어떤 일을 예상할 수 있으리라고 예상한다면, 지금도 예상할 수 있다.

여기서 다시 한 번 바퀴 이야기를 해보자. 우리가 석기시대에 사는 역사사상가로, 부족장의 계획 수립을 위해 미래의 전반적 사항을 예측하라는 부름을 받았다면, 바퀴의 발명을 예측할 수 있어야 한다. 그렇지 못하면 상당한 오류를 범하게 된다. 다시, 바퀴의 발명을 예측했다고 하자. 그렇다면 이미 우리는 바퀴가 어떤 모양인지 알고 있을 터이니 바퀴를 **만드는 방법**도 알 것이고, 이미 바퀴를 발명하고 있어야 하지 않는가. 검은 백조를 예견할 수 있어야 한다는 것이다!

하지만 일종의 지식 순환 법칙에는 약점이 있다. 이 지식 순환 법칙이란 다음과 같이 표현될 수 있겠다. **예견이 가능할 정도로 미래를 이해할 수 있기 위해서는 미래에 속한 요소를 구체화할 필요가 있다.** 그러니까 어떤 발견이 미래에 일어날 것이라는 점을 알 수 있다면 이미 그것을 발견할 수 있는 상태라는 풀이다. 예컨대 우리가 중세 유럽 대학의 '미래 예측' 학과에 속한 학자로서, 미래의 역사(가능하면 멀리, 예컨대 20세기라고 하자)를 내다보는 연구를 한다고 하자. 우리가 예견할 것은 증기기관, 전기, 원자폭탄, 인터넷 등만이 아니다. 비행기 비즈니스 클래스 좌석에서 제공하는 마사지 서비스, 넥타이라는 이름의 비싸고 답답한 혈액순환 억제 장치를 자발적으로 몸에 부착하고 얌전히 앉아 음식을 먹으며 하늘 위에서 하는 비즈니스 미팅이라는 기이한 행동을 다 예견할 수 있어야 한다.

우리가 이런 예측을 할 수 없다는 것은 사소한 문제가 아니다. 단 하나의 구체적인 정보가 없다고 해도, 단지 어떤 것이 발명되었다는 사실을 아는 정도만으로도 이와 비슷한 속성을 가진 도구를 연이어 발명해 낼 수 있는 법이다. 그러니 스파이를 찾아내고 공개 교수형에 처할 필요도 없다. 수학의 경우, 어떤 불가해한 정리의 증명법이 발표되면, 생각지도 못한 곳곳에서 자기도 증명했노라고 주장하고 나서는 일을 흔히 목격한다. 연구 결과를 중도에 누설했다거나 표절했다거나 하는 시비도 심심치 않게 볼 수 있다. 하지만 표절 때문이 아니다. 해법이 존재한다는 정보 자체가 문제 해결의 열쇠가 되기 때문이다.

같은 원리로, 미래의 발명품을 손쉽게 내다볼 수는 없다(그것이 가능하다면 이미 발명되었을 테니까). 미래의 발명품들을 예측할 수 있는 날, 우리는 생각할 수 있는 모든 것을 만들어 낼 수 있는 세상에 살고 있을 것이다. 우리가 처한 상황은 미국 특허청장이 더 이상 발명될 것이 없다고 선언하며 사표를 썼다는, 1899년부터 전해 내려오는 이야기를 생각나게 한다. 이 이야기는 그 시절에는 그의 사표의 변이 그럴싸하게 여겨졌다는 것만 빼고는 꾸며 낸 이야기다.†

우리 인간의 지식의 한계를 논한 사람은 포퍼가 처음이 아니다. 19세기 말 독일의 에밀 뒤 부아 레몽은 "인간은 무지하며 앞으로도 무지할 것이다"라고 주장했다. 그의 주장은 한동안 잊혀졌지만, 수학자 다비드 힐베르트의 반응으로 되살아났다. 힐베르트는 다음 세기 수학자들의 해결 과제를 목록으로 제시

---

† 이런 주장은 드물지 않게 나타난다. 예컨대 19세기 말의 내과 의사 앨버트 미켈슨은 당시 자연과학에서 남은 발견은 그때까지 인류가 발견한 것을 소숫점 몇 자리 이하의 정밀한 수준으로 다듬는 일뿐이라고 말하기도 했다.

했는데, 이때 자기 주장을 에밀 뒤 부아 레몽에 대한 반박 형식으로 내놓았다.

그런데 에밀 뒤 부아 레몽의 주장도 틀렸다. 우리는 인간이 무지할 수 있다는 것에 대한 이해 자체에도 서툴기 때문이다. 앞으로 닥칠지 우리로서는 알 수 없는 일을 놓고 우리가 하는 말을 되새겨 보자. 우리는 미래에 얻을 지식을 과소평가하지 않는가. 그것도 의기양양하게. 눈에 보이는 모든 것을 과학의 대상으로 삼으려 한다고 (부당하게) 비판받은 실증주의의 창시자 오귀스트 콩트는 인간은 별의 화학적 구성 성분에 대해서 앞으로도 영원히 알지 못하리라고 주장했다. 그러나 찰스 샌더스 피어스의 말대로, "이 말을 쓴 잉크가 마르기도 전에 분광기가 발명되면서 콩트가 절대 알 수 없다고 주장했던 것들이 하나 둘씩 밝혀지기 시작했다." 역설적이게도 콩트는 이와 반대로 사회 현상에 대한 인간의 지식 수준에 대해서는 심각하게, 그것도 위험천만할 정도로 과장했다. 즉, 그는 사회란 시계와 같아서 그 작동원리가 다 밝혀지기 마련이라고 생각했다.

이제까지의 주장을 다음과 같이 요약해 보자. 예견을 할 수 있으려면 미래에 발견될 기술에 대한 지식이 있어야 한다. 그러나 이런 지식을 획득할 수 있다는 것은 그 기술의 개발에 지금 즉시 착수할 수 있음을 의미한다. 그러므로 우리는 앞으로 우리가 알게 될 것을 알 수 없다.

어떤 이들은 위에서 언급한 논쟁이 뻔한 것처럼 보인다고 말할지도 모른다. 즉 우리는 늘 최종적인 지식에 이르렀다고 생각하지만 우리가 비웃는 과거의 사회에서도 같은 식으로 생각했다는 것은 알지 못한다는 것이다. 나의 주장이 뻔하다면 왜 우리는 이것을 고려하지 못하는 것일까? 답은 인간 본성의 병리학에 있다. 앞 장에서 나는 기술의 인식에서 나타나는 심리학적 불균형에 대해 살펴본 바 있다. 우리는 타인의 결함을 찾아내지만 우리 자신의 결함은 보지 못한다. 다시 한 번 말하거니와, 인간은 놀라운 자기기만의 기계인 것 같다.

n번째 당구공

앙리 푸앵카레는 그의 명성에도 불구하고 과학적 사상가로서는 대체로 평가절하되어 왔으며, 따라서 그의 사상이 받아들여지는 데는 거의 1세기나 걸렸다. 푸앵카레는 아마도 수학자이자 위대한 사상가(혹은 수학적 사상가)로서는 가장 최근의 인물일 것이다. 현대의 상징이 된 앨버트 아인슈타인의 그림을 넣은 티셔츠를 입은 사람이 적지 않은데, 나는 그때마다 푸앵카레를 떠올리지 않을 수 없다. 아인슈타인은 마땅히 숭배할 만한 인물이지만, 아인슈타인 때문에 가려진 사람들이 많다. 우리의 의식에는 그 밖의 사람들을 받아들일 공간이 없는 것일까. 여기에서도 승자 독식의 원리가 작동한다.

제3공화국의 에티켓

푸앵카레는 비할 바 없이 뛰어난 인물이다. 예전에 내 아버지도 푸앵카레의 글이 과학적 내용도 좋지만 수준 높은 프랑스 문장을 구사한다며 읽어 보라고 권한 적이 있다. 이 대가는 명문의 글을 연작으로 써냈는데, 문장을 마치 즉석 연설처럼 조합했다. 여느 대작들이 그렇듯이, 푸앵카레의 글도 서술이 반복되거나 지엽적인 데로 빠지기도 하는 등, 식상한 편집자가 볼 때에는 짜증스러운 구석이 많다. 그러나 이런 문체 속에서도 사상의 핵심은 확고한 일관성을 보이고 있기 때문에 그의 글은 더욱 읽을 만하다.

푸앵카레는 삼십대에 많은 글을 써냈다. 그는 너무 바삐 살다가 58세에 세상을 떠났다. 얼마나 쫓기며 글을 썼는지 철자나 문법적 오류를 발견해도 시간을 낭비해 가며 교정하기가 귀찮아서 그대로 놓아둬 버렸다. 이런 일에 연연하면 천재가 되지 못하기 때문일까? 아니면 교정에 연연하면 마음대로 글을 쓸 수 없어서일까?

푸앵카레가 사망하자 사상가로서의 명성은 급속히 바랬다. 그의 사상이 사람들의 관심을 끌어 다시 수면 위로 올라오는 데는 1세기가 걸렸으며, 그 방식도 달라졌다. 내가 어린 시절 그의 글을 꼼꼼하게 읽지 못한 것은 정말로 큰 실수였다. 다시 말해, 그의 역작 《과학과 가설*La science et l'hypothèse*》에서 그가 정규분포곡선을 이용하는 것을 강력히 비판하고 있는 대목을 나는 시간이 흘러서야 발견한 것이다.

다시 말하거니와 푸앵카레는 진정한 과학철학자였다. 그의 철학은 과학의 한계를 스스로 체험한 데서 온 것이기 때문에 진정한 철학의 면모를 갖추었다고 할 수 있다. 나는 프랑스의 작가들을 만날 때마다 푸앵카레를 가장 존경하는 프랑스 철학자로 들곤 하는데, 그때마다 그들은 이렇게 발끈한다. **"푸앵카레가 철학자라고요? 무슨 말씀이신지?"** 이런 분들이 신주처럼 모시는 앙리 베르그송이나 장 폴 사르트르 같은 사람들은 대개 유행의 산물일 뿐 수백 년 동안 계속될 영향력이라는 면에서는 푸앵카레의 근처에도 가기 힘들다고 설명하기는 참으로 난감하다. 말하자면 여기에서도 예견의 스캔들이 작동하고 있다. 누가 철학자이고, 누구의 철학을 가르쳐야 하는지를 프랑스 교육부가 결정하니 말이다.

지금 나는 푸앵카레의 사진을 들여다보고 있다. 턱수염을 기르고 점잖은 풍채를 자랑하는 이 신사는 프랑스 제3공화국의 귀족이자 지성인이었다. 그는 과학의 전반을 몸으로 느끼고 숨 쉬었고, 연구 주제에 깊이 몰두했으며 놀랍도록 해박한 지식의 소유자였다. 그는 19세기 말 프랑스에서 존경받던 엘리트로서, 권력은 컸지만 재력은 엄청나지 않은 중상층 계급 출신이었다. 그의 부친은 의사이자 약학 교수였고, 숙부는 저명한 과학자이자 관료였다. 사촌 레몽 푸앵카레는 프랑스 제3공화국의 대통령이었다. 이때만 해도 사업가나 대지주의 손자들이 지적인 직업을 열망하던 시기였다.

푸앵카레의 얼굴을 넣은 티셔츠는 상상하기 힘들다. 아인슈타인의 유명한 사진처럼 혓바닥을 쏙 내민 모습은 더욱 그렇다. 제3공화국의 위엄을 갖춘 이 인물한테서는 이런 장난기를 기대할 수 없다.

당대인들은 푸앵카레를 수학과 과학의 왕으로 여겼다. 물론 샤를 에르미트처럼 편협한 수학자도 몇몇 있었다. 그들은 푸앵카레가 지나치게 직관적이며 지나치게 지적이며, 지나치게 '핸드웨이빙(hand-waving)'하다고 생각했다. 수학자들은 어떤 사람 혹은 연구에 대해 '핸드웨이빙'하다고 평하곤 했는데, 수학자들이 '핸드웨이빙'하다고 말하는 경우는 더 헐뜯을 것이 없을 때 1) 통찰력이 있다, 2) 현실감이 있다, 3) 뭔가 주목할 점을 갖고 있다, 또는 4) '옳다'고 시인하는 것이다. 푸앵카레의 승인을 받는다는 것은 경력에 도움이 되기도 하고 경력을 망치기도 한다. 많은 사람들이 푸앵카레가 상대성이론을 아인슈타인보

앙리 푸앵카레. 그들은 그 이후로 더 이상 이런 류의 사상가를 배출하지 못했다.

다 앞서 밝혀냈지만—아인슈타인도 여기서 자신의 이론을 창안해 냈지만—그것을 제대로 포장해 내지 못했을 뿐이라고 주장한다. 물론 이런 주장은 본래 프랑스 사람들이 내세웠지만, 아인슈타인의 친구이자 전기 작가인 에이브러햄 파이스도 이를 시인하고 있다. 태생과 행동거지가 워낙 귀족적이다 보니 푸앵카레가 상대성이론이 자신에게서 나왔다는 항변을 하지 않은 것이다.

내가 푸앵카레를 이 장의 중심 인물로 삼은 까닭은 그가 살던 시대가 예측 분야에서 놀랄 만한 지적 발전을 급속히 이루어 낸 시기였기 때문이다. 특히 천체역학 분야가 그러했다. 과학혁명을 겪으면서 우리는 미래를 파악할 수 있는 도구가 우리 손에 놓였다고 믿게 되었다. 불확실성은 사라졌다. 우주는 하나의 시계와 같아서, 그것을 이루는 조각들의 운동을 연구하면 미래를 내다볼 수 있다. 이제 필요한 일은 적합한 모델을 찾아 정리하는 것뿐이다. 나머지는 엔지니어들이 알아서 계산해 내겠지. 미래란 우리 기술의 확실성을 연장하기만 하면 얻어지는 것 아닌가.

푸앵카레의 삼체 문제

방정식에 근본적 한계가 있음을 이해하고 설명한 첫 번째 수학의 대가가 바로 푸앵카레다. 그는 작은 변화가 엄청난 결과를 낳는다는 비선형성이라는 개념을 도입했는데, 이는 오늘날 카오스이론으로 유명해졌다. 이 대중성의 맹점이 문제일까? 푸앵카레의 연구는 미래 예측에는 비선형성이라는 한계가 있음을 해명하는 데 모두 바쳐졌다. 그러니까 카오스이론이란 수학 기법을 이용해서 더 먼 미래를 투시할 수 있다는 초대장이 아닌 것이다. 수학자들은 카오스이론의 한계를 좀 더 명쾌하게 보여 줄 수 있다.

으레 그렇듯이, 여기에도 예기치 못한 면이 있다. 푸앵카레는 스웨덴의 오스카 국왕 60세 생일을 기념하기 위해 수학자 괴스타 미타크 레플러가 조직한

한 수학 경연대회에 논문을 보냈는데, 태양계의 안정성에 대한 이 논문으로 그는 오스카 국왕상을 수상했다(당시 오스카 국왕상 수상은 오늘날의 노벨상에 맞먹는 과학자 최고의 영예였다). 그런데 한 가지 문제가 생겼다. 출판을 앞두고 논문의 교정을 맡았던 수학 편집자가 계산 오류를 발견했는데, 이 오류를 수정하자 정반대의 결론, 다시 말해 태양계의 예측 불가능성을 증명하는 논문이 되어 버렸던 것이다〔이것을 전문 용어로는 비가적분성(非可積分性)이라고 한다〕. 푸앵카레의 논문은 조용히 출판물에서 빠졌고, 이듬해에야 실릴 수 있었다.

푸앵카레의 논리는 단순하다. 우리가 미래를 투시한다고 했을 때, 오류율이 급속히 증가하기 때문에 모델 속의 역학에 대한 정밀 측정값을 점점 더 많이 필요로 한다. 그러나 예견이 어긋나는 정도가 급속히 커지기 때문에 거의 무한대 수준으로 과거를 분석해 내야 하므로, 정밀한 값이란 거의 불가능하다. 푸앵카레는 일명 '3체(三體) 문제'라는 유명한 주제를 제시하고 이를 명쾌하게 보여주었다. 태양계에 행성이 단 두 개뿐이고, 이 두 물체의 궤도에 영향을 주는 다른 천체가 전혀 없을 때, 두 행성의 움직임은 무한히 예측할 수 있다. 전혀 어려운 일이 아니다. 그런데 두 행성 사이에 예컨대 혜성과 같이 매우 작은 크기의 세 번째 천체를 추가한다고 하자. 이 세 번째 물체는 처음에는 아무 영향을 미치지 않지만, 시간이 지나면서 세 번째 물체가 다른 두 천체에 미치는 영향은 폭발적으로 커진다. 극히 작은 물체가 빚어내는 작은 차이가 거대한 행성들의 미래에 궁극적으로 영향을 미치는 것이다.

역학적 조건에 미세한 복잡성이 추가되기만 해도 예견은 극히 어려워진다. 우리가 사는 세상은 불행하게도 이 '3체 문제'보다 비할 바 없이 복잡하다. 이 세상에는 세 개 이상의 물체가 포함되어 있기 때문이다. 우리는 일명 동역학계를 다루어야 한다. 게다가 앞으로 보겠지만, 우리가 사는 세상은 동역학계보다 조금 더 복잡하다.

그림 2: 정밀함과 예측

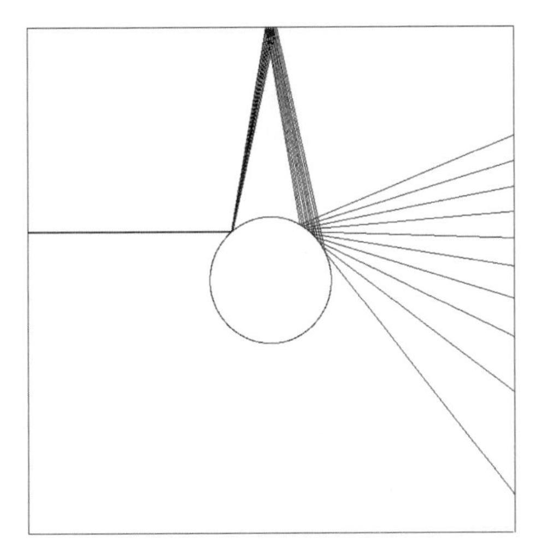

이 개념도는 이 책의 검토본을 읽은 데이비드 코윈이 그려 준 것이다. 두 개의 물체가 부딪칠 때, 첫 번째 충돌점의 차이가 처음에는 미세하지만 결국에는 엄청난 차이로 나타남을 알 수 있다. 첫 번째 충돌각의 차이가 커지면 뒤에 이은 충돌은 이보다 점점 배가된다. 미세한 오류가 엄청난 결과를 낳는 것도 이 때문이다.

나무에서 나뭇가지가 갈라져 나오는 길을 예견하는 일에도 어려움이 존재한다. 가지가 새로 갈라져 나오는 지점마다 복잡성이 늘어난다. 우리의 직관은 이러한 비선형적 증식의 결과를 제대로 포착하지 못한다. 쉬운 예로, 체스판에 얽힌 옛날이야기를 생각해 보자. 체스판을 발명한 사람이 왕에게 다음과 같은 보상을 요구했다고 한다. 즉 첫 번째 칸에 쌀 한 톨, 두 번째 칸에 쌀 두 톨, 세 번째 칸에 네 톨, 네 번째 칸에 여덟 톨, 다섯 번째 칸에는 열여섯 톨, 이렇게 한 칸 늘어날 때마다 두 배로 늘어나는 식으로 해서 모두 예순네 칸을 계산한다. 왕은 체스판을 만든 이가 푼돈을 바란다고 여겨 흔쾌히 응낙했지만, 곧 자신의 계산이 잘못되었음을 깨닫는다. 예순네 번째 칸이 되었을 때 주어야 할 쌀의 양은 왕국의 모든 곡물 저장분보다 많았던 것이다!

이처럼 증폭 효과를 예측하려면 점점 더 정밀해야 한다. 이번에는 포켓볼 당구대 위의 당구공을 소재로 살펴보기로 하자. 이것은 수학자 마이클 베리에게서 가져온 것이다. 정지해 있는 당구공의 기본적 특성을 파악하고 있으면 (아주 기본적이지만) 당구대 표면의 저항을 계산할 수 있으며, 공을 때리는 충격의 강도를 계산할 수 있다면 첫 번째 타구로 어떤 일이 생겨날지는 손쉽게 예측할 수 있다. 두 번째 충격은 이보다 복잡하지만, 최초 상태의 정보를 고려하여 타구를 정밀하게 계산해 낼 수 있다면 그 결과를 예견하는 일이 가능하기는 할 것이다. 문제는 이 공이 당구대를 돌아 아홉 번째로 다른 공이나 벽에 맞을 때에는, 당구대 주변에 서 있는 사람 때문에 발생하는 인력까지 계산해야 한다는 것이다(베리의 계산은 체중이 70킬로그램 이하인 사람을 설정하여 이루어졌다). 심지어 지구에서 100억 광년 떨어진 우주 저 끝의 전자 한 개도 우리의 결과에 상당한 영향을 미칠 수 있으니, 이것도 계산에 넣어야 할지 모른다. 게다가, **미래의 상황에 어떤 것이 새롭게 변수로 등장할지까지도** 예측 작업에 포함시켜야 한다. 요컨대 포켓볼 당구대 위에서 일어나는 당구공 하나의 운동을 예측하는 데에도 우주 전체의 역학에 대한 지식을 원자 하나하나의 수준까지 파악하고 있어야 한다는 것이다! 우리는 행성과 같이 커다란 물체의 운동은 (비교적 가까운 장래의 경우) 손쉽게 예측할 수 있지만, 우주 공간의 작은 개체들의 운동은 거의 파악하지 못한다. 게다가 작은 개체들은 너무 많지 않은가.

당구공 한 개 이상의 물체를 고려해야 하는 동역학계에서는 물체의 운동 궤도가 서로 영향을 주기 때문에 미래를 예견하는 능력은 축소되는 정도가 아니라 근본적인 한계에 부딪히게 된다. 푸앵카레는 우리가 정성적 물질만을 다룰 수 있다고 주장하면서, 이 계의 특성 중 어떤 것을 **논의할** 수는 있어도 계산할 수는 없다고 했다. 엄밀한 사고는 가능하지만 계산할 수는 없는 것이다. 푸앵카레는 이 주제를 다루기 위해 장(field) 개념을 창안하고 이 장에서 통용되는 분석을 도입했는데, 이것이 오늘날 위상기하학의 일부가 되었다. 예견이나 예측은 흔히 생각하는 것보다 훨씬 복잡한 일인데, 이를 이해하려면 수학을 아는 사람이 있어야 한다. 예견에는 이해 능력과 용기가 필요한 것이다.

1960년 MIT의 기상학자 에드워드 로렌츠는 푸앵카레가 규명한 것과 같은 내용을 자신의 연구 과정에서 발견하게 되었다. 기상역학의 컴퓨터 모델을 구성하던 로렌츠는 며칠 후의 날씨를 예측하는 시뮬레이션을 수행했다. 며칠 뒤 그는 똑같은 모델에서 똑같은 시뮬레이션을 수행하며 동일한 변수라고 생각되는 값을 입력했다. 이때 그는 동일한 답을 얻으리라 기대했지만, 실제 결과는 크게 달랐다. 처음에는 컴퓨터 버그이거나 계산 오류라고 생각했다. 당시의 컴퓨터는 지금과는 전혀 달리 육중하고 느리기 짝이 없는 기계여서 사용자를 지치게 만들기 일쑤였다. 그렇지만 로렌츠는 결국 이 결과값의 차이가 오류가 아니라 입력 변수의 소숫점 처리 차이에서 기인한다는 것을 깨달았다. 이것이 바로 인도에 있는 나비 한 바리의 날갯짓이 2년 후 뉴욕의 허리케인으로 나타난다는 나비 효과다. 로렌츠의 발견은 카오스이론에 대한 관심을 촉발시켰다.

당연한 일이지만, 학자들은 푸앵카레나 로렌츠 이전에도 이 방면의 선구자들이 있음을 깨닫게 되었다. 여기에는 프랑스의 수학자 자크 아다마르도 있다. 빼어난 통찰력과 직관의 소유자였던 아다마르는 일찍이 1898년에 이 카오스이론의 요점에 접근했다. 이 발견 이후에도 그는 거의 70년을 더 살다가 98세의 나이로 죽었다.†

† 여기서 논의하지 않은 한계는 더 있다. 이른바 'NP-완전 문제(NP-completeness)'라 불리는 계산 불가능성에 대해서도 여기서는 다루지 않는다.

아직도 하이에크를 무시하는가

포퍼와 푸앵카레의 발견은 인간이 미래를 내다보는 능력에 한계가 있음을 말해 준다. 여기서 미래란 과거의 반영물이라고 할 수 있는데, 그것도 극히 복잡한 반영물이다. 칼 포퍼의 친구이자 직관력 있는 경제학자인 프리드리히 하이에크는 이 문제를 사회 현상에 설득력 있게 적용했다. 하이에크는 그가 속한 학문 분야의 저명한 인물 중에서 (J. M. 케인스와 G. L. S. 섀클과 함께) 진정한 불확실성, 지식의 한계, 에코의 서재 중 '아직 읽지 않은 책들'에 주목한 몇 안 되는 사람에 속한다.

하이에크는 1974년 '알프레드 노벨을 기리는 스웨덴 은행의 경제학상(The Bank of Sweden Prize in Memory of Alfred Nobel, 노벨 경제학상의 정식 명칭. 노벨상의 다른 분야와 달리 노벨 경제학상은 본래 노벨의 유언에는 없었던 상으로, 1968년 스웨덴 은행이 은행 설립 300주년을 기념하여 제정한 상이다—옮긴이)'을 수상했다. 그런데 그의 수락 연설은 뜻밖의 내용을 담고 있다. '지식의 가면'이라는 제목 아래 그는 경제계획론을 주창한 경제학자들을 통렬하게 공격했다. 그는 자연과학의 도구를 사회과학에 적용하는 것을 비판했는데, 안타깝게도 그의 비판에도 아랑곳없이 그 직후에 경제학에서는 이러한 방법론이 선풍을 일으켰다. 그 결과 복잡한 방정식이 지배하고 있는 오늘날, 진정한 경험주의적 사상가는 하이에크가 연설문을 쓰던 지난 시절보다 더 어려운 환경에 처해 있다. 경제학이 물리학을 흉내 낸다고 비판하며 경제학의 운명을 우려하는 논문과 책이 해마다 거르지 않고 나온다. 가장 최근에 내가 읽은 문헌은 경제학이 고고한 사제보다는 겸허한 철학자의 역할을 맡아야 한다고 역설하고 있었다. 그러나 한 귀로 듣고 한 귀로 흘릴 뿐이다.

하이에크에게 진정한 예측이란 명령이 아니라 시스템에 의하여 유기적으로 이루어지는 것이다. 하나의 기관, 예컨대 중앙의 계획 주체가 지식을 **다 끌**

어모을 수는 없다. 수많은 중요한 정보들이 누락될 것이기 때문이다. 그러나 전체로서의 사회는 이러한 정보들을 모두 통합시켜서 작동한다. 전체로서의 사회는 상자 바깥에서 생각한다. 하이에크는 사회주의와 계획경제를 내가 앞에서 가리킨 **헛똑똑이 지식**, 혹은 **플라톤주의**의 산물이라고 공격했다. 과학적 지식이 증가함에 따라 인간은 세계를 구성하는 미묘한 변화를 파악할 수 있다고 스스로의 능력을 과대평가하며, 사회 변화를 초래하는 가중치까지 알아낼 수 있다고 자만한다는 것이다. 하이에크는 이러한 현상을 '과학만능주의'라 일컬었다.

이것은 '조직'의 고질적인 병폐다. 내가 정부와 대기업을 두려워하는 것도 이 때문이다. 이 두 조직은 서로 구분하기도 어렵다. 정부는 예측치를 내놓고, 기업은 전망치를 발표한다. 연말이면 다음 해의 주택금융 이자율과 주식시장 동향에 대한 갖가지 예측치가 나온다. 기업이 살아남는 것은 전망치가 옳아서가 아니다. 기업의 생존은 와튼스쿨에 강연하러 온 최고경영자들처럼, 그들이 행운아였기 때문이다. 기업은 레스토랑 사업에서 보듯 서로 제 살 뜯기를 하기도 한다. IT 붐이 일어나던 시기의 과잉투자로 값싼 휴대폰이 쏟아져 나온 것처럼, 우리는 기업 경쟁의 덕을 보기도 한다. 소비자는 기업이 신사업 착수를 위해 필요한 모든 것을 예측하겠다면 예측해 보라고 할 뿐이다. 기업이 제 목을 조이는 짓도 기업 소관이니까.

제8장에서 언급했듯이, 사실상 뉴요커들은 돈키호테 같은 기업이나 레스토랑 사장들의 자기 과신의 덕을 톡톡히 보고 있다. 사람들은 간과하지만, 자본주의의 혜택이 바로 이것이다.

기업은 수시로 파산한다. 기업의 파산은 우리 소비자들의 주머니에 그 자산을 나눠 갖게 한다. 더 많은 기업이 파산할수록, 우리한테는 더욱 좋은 일이 된다. 그러나 정부는 이보다 좀 더 심각한 사업이라 정부의 바보짓에 우리 돈을 대주지 않도록 주의해야 한다. 정부의 담당자들이 워낙 무지하기 때문에, 개인으로서의 우리는 자유시장을 선호한다.

하이에크가 비판받을 점이 있다면 사회과학과 물리학 사이에 경직되고 질적인 경계선을 그어 놓았다는 것뿐이다. 그는 물리학의 방법을 사회과학의 각 분야에 적용하는 것을 '엔지니어식 발상'이라고 비판했다. 그러나 하이에크가 활동할 때는 물리학이 학문의 여왕 자리를 차지하여 세계 전체를 조망하려던 시기였다. 그렇지만 그 이후 자연과학이 훨씬 복잡하다는 것이 드러났다. 사회과학에 대한 그의 관점은 옳았다. 그가 사회과학 이론가들보다 자연과학을 신뢰한 점도 정말로 옳다고 하겠다. 그러나 그가 사회적 지식의 결함으로 지적한 내용은 모든 지식에 적용될 수 있다. 모든 지식에 말이다.

어째서 그러한가? 확인 편향의 문제 때문에 자연계에 대해 우리가 아는 바는 거의 없기 때문이다. 우리는 이미 읽은 책에 대해서는 떠벌리지만, 읽지 않은 책의 존재는 까맣게 잊는다. 물리학이 성공을 거두어 온 것은 사실이지만, 우리가 성공을 거둔 분야는 자연과학의 극히 좁은 분야에 한정되어 있다. 그런데 사람들은 이를 자연과학 전체로 확대시킨다. 우리가 우주의 기원보다 암의 원리나 (고도로 비선형적인) 기상 현상을 더 잘 파악할 수만 있다면야 얼마나 좋겠는가.

헛똑똑이를 면하는 길

이제 지식의 문제를 더 깊이 살펴보기로 하자. 제9장의 뚱보 토니와 존 박사 이야기를 소재로 삼아 계속하기로 한다. 헛똑똑이는 '땅굴 파기'를 하듯 한곳에만 몰두하고 명쾌한 범주에만 눈을 고정하여 불확실성이 어디에서 오는지 알아차리지 못한다. 프롤로그에서 나는 명료한 범주로만 세계를 바라보는 하향식의 사고를 플라톤적이라고 풀이한 바 있는데, 이를 잘 유념하시기 바란다.[†]

어떤 책벌레가 새로운 언어를 배운다고 하자. 예컨대 이 사람은 세르보크로아티아어나 쿵족어를 배우기 위해 문법서를 처음부터 끝까지 읽은 끝에 규칙을 달달 암기하고 있다. 아마도 이 사람은 어떤 고매한 권위자가 있어서 무지한 보통 사람들이 언어를 배울 수 있도록 언어 규칙을 만들어 냈다고 생각할지 모른다. 그러나 현실은 이와 다르다. 언어는 유기적으로 생성된다. 문법이란 이 세상에 달리 재밋거리를 찾지 못한 사람들이 만들어 놓은 암호책일 뿐이다. 학자인 사람들은 격변화 규칙을 외우려 하겠지만, 비플라톤적인 똑똑이는 사라예보 외곽의 술집에서 여자친굿감을 찾거나 택시 기사에게 말을 걸면서 하나씩 알게 된 다음에 (필요하다면) 문법 규칙을 여기에 적용하게 될 것이다.

중앙 집중형 입안자에 대해 생각해 보자. 언어가 그렇듯이 사회와 경제 분야에도 문법을 만들어 내듯 사건을 좌지우지할 권위자가 존재하지 않는다. 하지만 관료나 사회과학자들에게 세상이 그들의 '과학적' 방정식대로 돌아가지 않는다고 설득하는 일이 쉬울까? 하이에크를 비롯한 오스트리아 학파 사람들은 지식 중에서 명문화되지는 않지만 강한 영향력을 발휘하는 부분을 **암묵적** 지식 혹은 **암시적** 지식이라는 용어로 표현했다. 우리는 앞에서 '방법을 아는 것'과 '어떤 것을 아는 것'을 구분한 바 있는데, 오스트리아 학파는 이 차이를 밝히면서 '어떤 것을 아는 것'이 더 파악하기 어렵고 우리를 더 헛갈리게 한다고 지적했다.

요컨대 플라톤적인 사고는 하향식이고 공식적이고 폐쇄적이며, 자족적이고 속류화되기 쉽다. 비플라톤적 사고는 이와 반대로 상향식이고 개방적이고

---

† 이러한 사고방식은 역사 속에서 여러 용어로 불리며 나타났다. 알프레드 노스 화이트헤드는 이를 가리켜 '잘못된 구체성의 오류'라 불렀다. 어떤 이론적 모델을 물리적 실체로 착각해서 열심히 이를 설명하는 것도 이런 오류에 속한다.

회의론적이며 경험주의적이다.

내가 왜 저 위대한 플라톤을 끄집어내고 있는지는 그의 사상을 엿보게 하는 다음의 예를 보면 명백해질 것이다. 플라톤은 우리가 양손을 모두 능숙히 쓸 수 있어야 한다고 믿었다. 한쪽 손만 능숙하다는 것은 '이치에 맞지 않는다'는 것이다. 플라톤에 따르면 한쪽 팔다리를 더 능숙하게 쓰는 것은 '어머니와 양육자의 어리석음' 때문에 생겨난 기형이다. 그에게 불균형이란 참을 수 없는 것이었으니, 그는 '우아미'라는 것을 현실에 투영시킨 셈이다. 우리가 이런 생각에서 벗어난 것은, 루이 파스퇴르가 분자들의 화학적 특성이 좌권성이거나 우권성 한쪽으로 나타난다는 점을 밝혀내고서야 가능했다.

이와 비슷한 사고방식은 서로 연결성이 없는 여러 사상 유파에서도 찾을 수 있다. 그중 가장 오래된 것은 (당연하겠지만) 경험주의자들로, 이론에 얽매이지 않고 '증거에 입각한' 이들의 상향식 의학관은 코스의 필누스, 알렉산드리아의 세라피온, 타렌툼의 글라우시아스 등에 영향을 주었고, 뒤이어 니코메디아의 메노도투스에 의해 회의주의 철학으로 발전하였으며, 유명한 의사이자 회의주의 대철학자인 섹스투스 엠피리쿠스로 이어졌다. 앞에서 살펴본 바 있지만, 섹스투스는 검은 백조를 논한 첫 사상가였다. 이 회의주의자들은 이론에 기대지 않고 '의술'을 수행했다. 이들은 추론에 따라 관찰을 수행한 후 원하는 바를 얻을 때까지 실험하고 수정하고 또 실험하기를 거듭했다. 그들에게 이론이란 최소한으로만 있어야 할 것이었다.

이들의 방법은 2000년이 지난 오늘날 증거에 입각한 의학으로 부활하고 있다. 박테리아가 어떤 것이고 왜 질병을 낳는지를 우리가 알기 전까지만 해도, 의사들은 시술 전에 손을 씻는 것이 **이치에 닿지 않는다는** 이유로 거부했다. 병원 내 사망의 상당 비율이 이 때문이라는 증거가 있는데도 말이다. 수술 전에 손을 씻을 것을 주장했던 19세기 중반의 의사 이그나즈 제멜바이스의 노력이 인정받은 것도 그가 사망하고 나서 수십 년 뒤의 일이었다. 마찬가지로 침술의 효과도 '이치에 닿지' 않는다고 폄하될 수 있다. 그렇지만 환자의 발가락에 바늘을 일정한 원칙에 따라 찔러 넣을 경우 (적절한 경험적 검증에 따르면) 분명 통증을 완화시킬 수 있다. 그렇다면 아직 우리가 이해하기에는 너무나 복잡한 효능이 침술에 있는 것이 틀림없으니 우리의 마음이 열릴 때까지 침술을 인정해 주면 되는 것이다.

강단 자유의지론

워렌 버핏식으로 말해 보자. 이발사에게 이발을 할 때가 되었느냐고 묻지 말라. 마찬가지로, 학자에게 "당신의 연구가 의미가 있느냐"고 묻지 말라. 이제 하이에크의 자유의지론에 대한 논의를 다음의 관찰 결과로 대신하여 마감하려 한다. 앞에서 말했듯이, 조직화된 지식의 문제는 지식 그 자체와 강단 학자 집단의 이해관계가 이따금 서로 엇갈린다는 것이다. 그래서 나는 (대부분의 자유의지론자들이 대학교수라는 이유를 떠나서는) 오늘날 자유의지론자들이 종신 교수 자리에 목을 매는 이유를 도무지 이해할 수가 없다. 기업은 언제든 망할 수 있지만, 정부는 그렇지 않다. 그렇지만 정부 조직은 남아 있어도 공무원들은 퇴출될 수 있으며, 국회의원들은 선거에서 지면 의원 직을 내놓아야 한다. 대학에서 종신 교수는 영원하다. 지식 장사의 영원한 오너가 되는 것이다. 요컨대 돌팔이는 체계의 부재나 자유의 결과물이 아니라 통제의 산물이다.

예견과 자유의지

어떤 물리계의 가능한 모든 조건을 알 수 있다면, 이론적으로(현실에서는 그렇지 않지만) 우리는 그것의 미래의 움직임을 내다볼 수 있다. 그러나 이것은 오직 무생물의 경우에만 해당한다. 사회적인 문제에 대해서는 우리는 장애에 부딪히게 된다. 인간을 살아 있는 존재, 자유의지를 가진 존재로 여기는 한, 그러한 인간이 개입된 경우에 미래를 투시한다는 것은 전혀 다른 문제가 된다.

내가 어떤 사람이 특정 상황에서 어떤 행위를 할지 모두 예측할 수 있다면, 그 사람은 자신이 생각하는 것만큼 자유롭지 않다고 할 수 있다. 이 사람은 환경이 주는 외부 자극에 반응하는 자동기계일 뿐이다. 이 사람은 운명의 노예다. 자유의지라는 환상은 결국 분자들끼리의 상호작용의 결과를 기술하는 방정식 따위에 불과하다. 이것은 마치 시계가 움직이는 원리를 연구하는 바와 다를 바 없다. 최초의 상태, 그에 뒤이은 연속적 사건을 훤히 알고 있는 천재가 있다면 미래의 행위까지 자신의 지식 안에 포함시킬 수 있을 것이다. 정말로 숨 막히지 않는가?

하지만 자유의지를 믿는다면 사회과학이나 경제 예측 따위를 진심으로 믿을 수 없다. 우리는 사람들이 어떻게 행동할지 예견할 수 없다. 물론 교묘한 술수를 쓴다면 예외는 있을 수 있다. 신고전파 경제학자들이 쓰는 수법이 이것이다. 이들은 각 개인이 **합리적** 존재일 것이라고 가정하고 이들의 행동이 예상대로 이루어진다고 생각한다. 따라서 합리성, 예견 가능성, 수학적 계산 가능성 등은 밀접한 관련을 갖는다. 합리적 개인은 특정 상황에 **고유한** 일련의 행동을 수행한다. '합리적인' 사람들이 최고의 이익을 추구하기 위해 어떻게 행동하는가에 대한 답은 오직 하나밖에 없게 된다. 합리적 행위자란 또한 그 행위에 일관성이 있어야 한다. 오렌지보다는 사과를, 배보다는 오렌지를, 그리고 사과보다는 배를 더 좋아할 수는 없다. 만일 이렇게 행동한다면 이 사람의 행동을 규칙으로 일반화하기는 어려워진다. 또한 앞으로의 행동을 예측하기도 어려워진다.

전통적인 경제학에서 합리성이란 구속복과 같은 역할을 한다. 플라톤적 사고에 물든 경제학자들은 사람들이 자신의 경제적 이익을 극대화하는 방법 대신 다른 것을 택하기도 한다는 사실을 무시해 버린다. 이리하여 폴 새뮤얼슨이 그의 경제학 책에서 즐겨 구사한 '최대화,' '최적화'라는 개념이 나온 것이다. 여기서 최적화란 경제 주체가 추구할 수 있는, 수학적으로 최적이 되는 방법을 찾아내는 일이다. 예컨대 자산 중에서 주식 투자로 돌릴 '최적의 양'은 얼마일까? 이 값을 구하려면 복잡한 수학이 필요하기 때문에 아무리 학자들이라도 수학에 능하지 못하면 넘지 못할 높은 벽에 주저앉게 된다. 이 최적화 기법이 오히려 사회과학을 지적이고 성찰적인 학문 분야에서 '정밀 과학'을 추구하는 분야로 퇴보시켰다는 지적은 나만의 평가가 아니다. 여기서 '정밀 과학'이란 이른바 '물리학을 시기하는' 즉 자신이 물리학과 소속인 듯 흉내 내는 사람들을 위한 이류 공학을 의미한다. 달리 말하면 이것은 지적 사기다.

최적화가 쓸모없는 모델이라는 점에 대해서는 제17장에서 다시 다룰 것이다. 최적화 기법은 (이론적으로도 그렇지만) 아무런 실질적 용도가 없으며 교수직 경쟁을 위한 무기임이 다분하고, 수학적 능력을 경쟁하는 것에 지나지 않는다. 플라톤적 사고에 사로잡힌 경제학자는 최적화 이론 때문에 밤에도 술집에 가기는커녕 방정식을 푸느라 여념이 없다. 폴 새뮤얼슨은 명민한 사람이지만, 그가 당대 최고의 석학이라 불리는 것은 비극이다. 인간의 지성을 헛되이 투자한 전형이라고나 할까. 새뮤얼슨은 자신의 기법에 의문을 표시한 사람들에게 "능력이 있는 사람은 과학을 하고, 그렇지 않은 나머지 사람들은 방법론을 한다"는 말로 윽박지른 일이 있는데, 과연 새뮤얼슨다운 말이다. 수학을 아는 사람만이 '과학을 할 수' 있다는 것이다. 어떤 정신분석가가 자신을 비판하는 이들에게 부친과의 사이에 문제가 있었다는 식으로 책망해서 잠잠하게 만들었다는 일화를 생각나게 한다. 아아, 정말로 수학을 모르는 이, 혹은 자신들이 아는 수학으로 무엇을 할 수 있는지 알지 못하는 이, 수학을 어떻게 현실에 적용하는지 알지 못하는 이는 바로 새뮤얼슨과 그의 추종자들이다. 그들은 겨우 제 눈을 가릴 만큼만 수학을 알았던 것이다.

일찍이 J. M. 케인스, 프리드리히 하이에크, 그리고 저 위대한 베누아 만델브로와 같은 진정한 사상가들은 경제학을 정밀 물리학의 반대편 자리에 앉히고 흥미로운 업적을 쌓아 올렸다. 그러나 슬프게도 그 이후 현실 세계에 눈먼 천재백치들이 쏟아져 나오면서 지금 그 자리는 전혀 다른 이들이 차지하고 있다. 참으로 통탄스럽다. 섀클은 거의 잊혀질 정도로 저평가되고 있는 대사상가로서, '비지식'이라는 개념을 도입한 바 있다. '비지식'이란 에코의 서재의 '읽지 않은 책'과 같은 것이다. 오늘날 섀클의 저작이 입에 오르내리는 일조차 드문 탓에 나는 그의 책을 런던의 헌책방에서야 겨우 살 수 있었다.

인지편향학파에 속하는 경험주의 심리학자들은 불확실한 상황에서의 합리적 행동에 대한 모델이란 부정확한 정도가 아니라 현실과 전혀 부합하지 않음을 보여 왔다. 이들의 연구 결과는 플라톤적 사고에 빠진 경제학자들을 당혹스럽게 한다. 비합리성에 이르는 데에도 여러 경로가 있음을 밝혔기 때문이다. 톨스토이는 행복한 가정은 모두 똑같지만 불행한 가정은 저마다 사정이 다르다는 말을 남긴 바 있다. 사람들은 흔히 사과보다 오렌지를 좋아하고, 오렌지보다는 배를 좋아하고, 다시 **배**보다 **사과**를 좋아하는 식의 오류를 보이곤 하는데, 이때 오류는 어떻게 물어보느냐에 따라 달라진다. 바로 질문 순서에 따라 달라지는 것이다! 앞서 '닻 내리기' 실험에서 본 바와 같이 실험 참여자들은 맨해튼의 치과 의사 수를 어림해 보라는 질문을 받았을 때 맨 처음 떠올린 무작위 숫자에 영향을 받는다. 아무렇게나 처음 떠올린 숫자가 닻 노릇을 하는 것이다. 그러므로 사람들이 일관되지 못한 선택이나 결정을 내린다면 경제적 최적화 이론의 핵심은 들어맞지 않는다. 이제 더 이상 '일반이론'은 나올 수 없으며, 그것이 없이는 예측은 불가능해진다.

제발 플라톤을 생각해서라도 바라건대, 일반이론 없이 사는 법을 배우시라!

에메랄드의 오싹함

칠면조 이야기를 다시 해보자. 우리는 과거를 돌아봄으로써 미래에 대한 규칙을 끌어낸다. 그런데 과거에 입각해서 미래를 예측하다 보면 우리가 이미 알고 있는 것보다 더 나쁜 결과를 얻을 수 있다. 과거의 동일한 자료에서 얻은 이론이 정반대의 결론을 낳을 수도 있기 때문이다. 예컨대 우리가 내일까지 살아 있다면 그것은 곧 두 가지를 의미한다. 첫째, 우리가 죽지 않는 존재이거나 둘째, 우리가 그만큼 죽음에 가까워져 있다는 것이다. 이 두 가지 해석은 저마다 동일한 자료를 기초로 얻어진 것이다. 오랫동안 먹이를 받아먹고 산 칠면조는 이런 생활이 **자신의 안전을 의미한다**고 생각할 수도 있지만, 좀 더 머리를 쓸 줄 안다면, 인간의 저녁거리로 변해 버릴 **위기가 그만큼 가까워졌다**고 생각할 수도 있다. 유난히 사근거리는 동료가 있다면 이 사람이 나를 진정 아끼고 염려한다고 믿을 수도 있지만, 언젠가 내 자리를 차지할 물질적 욕심에 따라 계산된 행동을 하는 것이라고 의심할 수도 있는 것이다.

그러므로 과거는 전혀 다른 결과를 낳을 수도 있을 뿐 아니라, 과거의 사건을 해석하는 데 상당한 정도의 자유가 우리에게 주어져 있기도 한 것이다.

이 문제를 좀 더 전문적인 방식으로 다루어 보자. 다음의 도표는 시간과 점의 관계를 표현한 것인데, 제4장에서 언급했던 1000일 동안의 이야기와 공통점이 있다. 고등학교 선생님에게 그래프상의 점을 늘려 찍어 달라고 해보자. 선형 모델에서는 자를 대고 직선을 그으면 된다. 과거에서 미래까지, **한 개의** 직선이면 충분하다. 선형 모델은 독특하다. 이미 주어진 일련의 점을 통해서 우리는 직선을 예측해 낸다. 그러나 이제 문제는 좀 더 까다로워진다. 직선을 넘어서면, 이 점을 연결하는 무수한 곡선이 존재함을 알게 되는 것이다. 과거의 것에만 기초하여 미래를 내다본다면 일정한 경향성을 찾아낼 수는 있다. 그러나

그림 3

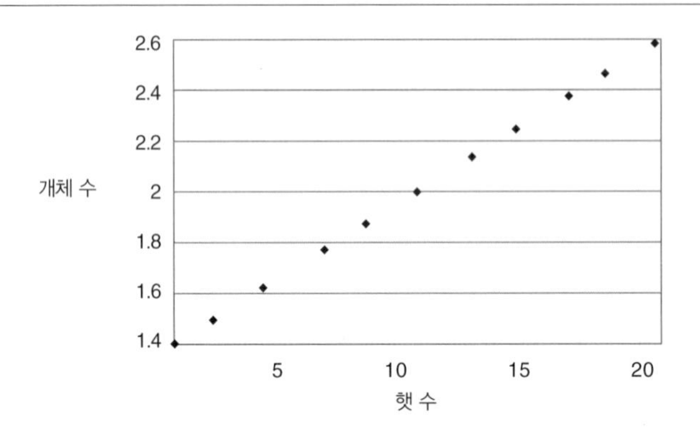

계속해서 증가하는 것으로 보이는 박테리아 개체 수.(또는 판매 실적이나 시간에 따른 변화를 보이는 어떤 변수도 무방하다. 제4장에 나오는 칠면조 먹이 주는 날의 그래프도 이와 같다.)

그림 4

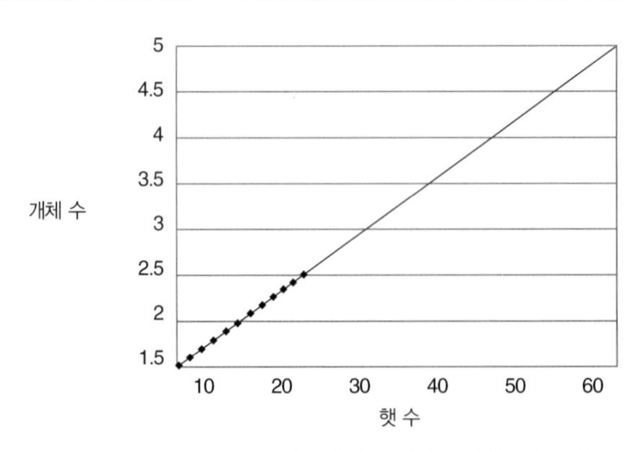

경향을 파악하기가 대단히 쉽다. 자료에 맞는 선형 모델이 유일하기 때문에, 이 선을 연장함으로써 미래를 예측할 수 있다.

† 이 그래프는 이야기 짓기의 오류를 통계적으로 표시한 것이기도 하다. 즉 과거에 들어맞는 모델을 찾아 헤맬 때 나타나는 오류를 보여 주기도 한다. 통계학에서 사용하는 '선형 회귀'나 '결정 계수 혹은 R-스퀘어' 역시 우리를 비참한 웃음거리로, 아니 더 이상 웃을 수 없는 지경으로 몰고 간다. 이는 위 표의 곡선 중 일부 구간을 직선으로 해석하여 높은 R-스퀘어 값을 갖는다고 보고

그림 5

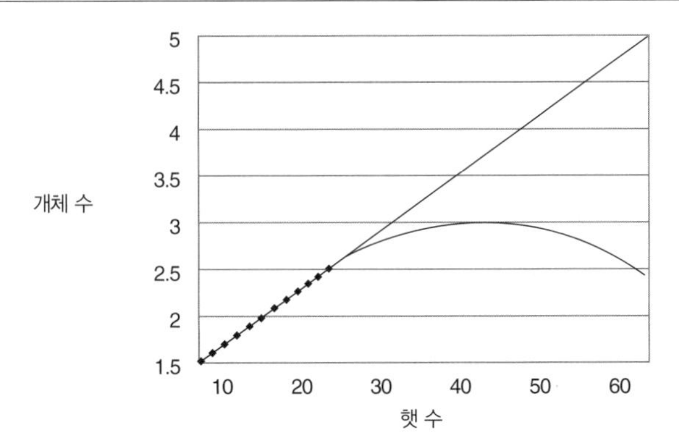

지금 우리가 보는 것은 비교적 긴 시간에 걸친 변화다. 그런데 다른 모델들도 이 그래프와 상당히 잘 들어맞는다.

그림 6

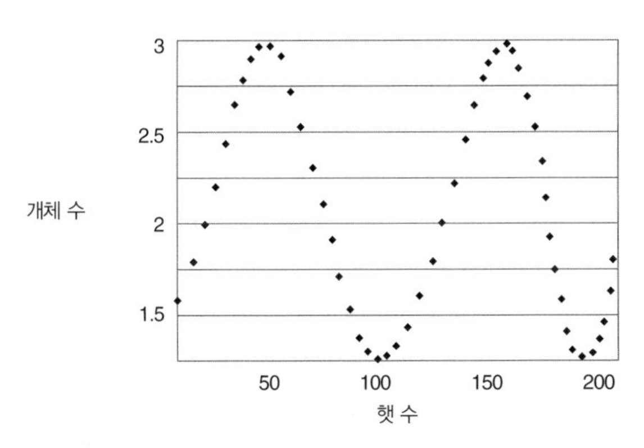

그래프는 극히 단순하지만 선형 모델과는 거리가 멀다. 그러나 그래프의 일부 구간은 얼핏 직선으로 보이며, 그로 인해 우리는 직선의 연장 선상에서 추론하는 우를 범하게 된다.[†]

는 자신의 모델이 자료와 일치한다며 높은 예측력을 갖는다고 자신하는 꼴이다. 그러나 이 모든 것은 망상이다. 곡선의 아주 작은 조각을 직선으로 착각하고 있는 것이다. 우리가 염두에 두어야 할 점은 극단의 왕국에서는 R-스퀘어 계산이 들어맞지 않는다는 사실이다. 이 개념은 대학에서의 승진에만 효능이 있다.

과거의 경로에서 일탈할 수 있는 미래의 경우의 수는 무한하다.

철학자 넬슨 굿맨은 이를 일컬어 귀납법의 문제라 칭했다. 우리가 직선을 긋는 것은 우리 머릿속에 선형 모델만 들어 있는 탓이다. 1000일 동안 꾸준히 숫자가 늘었다는 사실 때문에 미래에도 이 경향이 지속될 것이라고 확신을 하게 된다. 그러나 머릿속에 비선형 모델이 들어 있는 사람이라면, 1001일째부터는 수치가 하강할 것이라고 확신할 수도 있다.

우리가 어떤 에메랄드를 관찰한다고 하자. 에메랄드는 어제도, 그제도 초록색이었다. 오늘도 변함없이 초록색이다. 여기서 '초록'이 에메랄드의 속성이라고 단언을 내리는 것은 지극히 정상적인 반응이다. 그러므로 우리는 에메랄드가 내일도 초록색이리라고 가정할 수 있다. 굿맨에 따르면, 에메랄드와 관련된 역사에서는 '오싹한' 성질도 에메랄드에 포함되어 있다. '오싹한' 성질이라니? 예컨대 에메랄드가 2006년 12월 31일까지는 푸른색이었다가 그 다음날부터는 '파란'색일 수 있다는 것, 이것이 오싹한 성질이라고 할 수 있겠다.

귀납법의 문제는 이야기 짓기의 오류를 달리 표현한 것이라고도 할 수 있다. 우리가 겪은 지난 일을 설명하는 '이야기'는 무수히 많다. 굿맨이 말하는 귀납법의 문제는 다음과 같은 가혹한 결과를 낳는다. 우리가 보고 겪은 일을 '일반화'하여 미지의 일을 추론하게 하는 방법이 단 하나도 존재하지 않는다면, 이제 어찌할 것인가? 답은 간단하다. '상식'에 의존해야 한다는 것이다. 그러나 어떤 극단의 왕국에서는 상식이 제대로 통하는 경우가 많지 않다는 점이 문제다.

거대한 예측 기계

여러분은 마땅히 이런 질문을 던질 수 있다. 그렇다면 나심 니콜라스 탈레브 씨, 도대체 계획이란 것을 왜 세운단 말이오? 어떤 사람은 금전적 이득을 위해서 계획이라는 일을 하고, 어떤 사람은 그것이 '직업이니까' 할 뿐이다. 그러나 우리는 이런 목적 없이도—자동적으로—계획을 세운다.

왜 그럴까? 그 답은 인간의 본성과 관련이 있다. 계획 세우기란 아마도 우리를 인간으로 만든 것, 즉 의식이란 것과 함께 자라 온 것 같다.

미래를 내다보려는 욕구는 진화론적 과정과 관련이 있다고 할 수 있다. 나로서는 매우 조심스럽긴 하지만, 그래도 간단히 말하자면 진화와 관련이 있다는 풀이가 가장 훌륭한 답 축에 낄 것이다.

이런 생각은 대니얼 데닛이 주로 발전시켰는데, 골자는 다음과 같다. 인간 뇌의 가장 효율적인 용도는 무엇인가? 그것은 바로 추론을 미래에 투사시켜서 그에 대응되는 결과를 얻는 게임을 행하는 능력이다. "내가 저 녀석 코를 때리면 저 녀석도 곧바로 반격해 오겠지, 아니 최악의 경우라면 뉴욕의 변호사를 부르겠지." 이러한 사고의 장점은 자신의 추론을 자신에게 유리한 방향으로 무효화할 수 있다는 것이다. 적재적소에서 뇌를 활발히 움직여 미래를 추론하는 능력 덕택에 인간은 자연선택 규칙에 따르는 즉흥적 행동에서 벗어날 수 있다. 유인원들은 죽음에 취약하고, 오직 자연선택에서 살아남은 유전자 풀을 개선하며 살아남는 방법만을 따르고 있지만, 인간은 그렇지 않다는 것이다. 어떤 의미에서 예측은 진화를 속일 수 있게 해준다. 우리 머릿속에서 연속적으로 이루어지는 예측과 '만약 …했더라면' 하는 식의 가상 시나리오들을 통해서 우리는 노상 그렇게 한다.

'예측'이라는 인간의 정신 능력은 인간을 진화의 법칙에서 벗어나게 해주지만, 그것 역시 진화의 산물이다. 동물은 환경이라는 짧은 끈에 묶여 살아가지만, 인간은 그보다는 훨씬 긴 끈에 묶여 있다. 데닛에 의하면 인간의 뇌는 '예측기계'다. 그에게는 인간의 마음과 의식은 인간의 발전이 가속화되면서 필요에 의해 최근에 생겨난 특질이다.

어쨌든, 우리는 왜 전문가와 그들의 예측에 귀를 기울이는 것일까? 한 가지 유력한 설명은 사회가 전문화, 즉 지식의 분화에 기초를 두고 있기 때문이라는 것이다. 큰 질병을 얻고 나서 의대에 진학하는 것은 너무 늦다. 차라리 다른 사람의 조력을 받는 것이 (더 안전하고) 더 싸게 먹힌다. 의사들은 자동차 정비사의 말에 (건강이 아니라 차에 문제가 생겼을 때) 귀를 기울여 주고, 정비사는 다시 의사의 말을 들어 준다. 우리는 천성적으로 전문가의 말에 귀를 기울인다. 전문가가 전혀 존재하지 않는 분야에서도 말이다.

12장_ 인식의 왕국, 그것은 꿈인가

지적으로 오만하지 않은 사람은 칵테일파티에 참석한 수줍은 사람처럼 좀체 눈에 띄지 않는다. 겸허한 사람, 즉 판단을 유보하려 애쓰는 사람을 존중해 주지 못하는 것이 우리의 천성이다. 이제 **인식론적 겸손**에 대해 살펴보자. 아주 내향적인 사람이 있다고 해보자. 그는 자신의 무지를 알고 괴로워한다. 그는 얼간이들이 흔히 갖는 용기를 지니지 못한 대신 "나는 모르겠습니다"라는 말을 할 줄 아는 담대함이 있다. 남들의 눈에 바보 멍청이로 보이든 말든 그는 거리낌 없다. 그는 망설이며 행동을 삼가고, 자신의 오류가 빚은 결과에 고뇌한다. 그는 성찰하고 성찰하고 또 성찰하여 마침내 정신적 · 육체적으로 탈진하기까지 한다.

이런 모습이 반드시 이 사람이 자신감을 결여했음을 의미하지는 않는다. 이 사람은 다만 의심할 줄 안다는 면에서 지식을 갖고 있는 사람이다. 이제 나는 이런 사람을 **인식의 귀족**이라 부르겠다. 그리고 인간의 오류를 인정하는 것을 바탕으로 하여 규범이 정해지는 나라를 **인식의 왕국**이라 부르겠다.

인식의 귀족을 대표하는 근대의 인물은 단연 몽테뉴다.

몽테뉴, 인식의 귀족

미셸 에켐 드 몽테뉴는 서른여덟 살이 되는 해에 프랑스 남서부 시골의 영지로 내려갔다. 몽테뉴라는 성(姓)은 본래 옛 프랑스어로 산(山)이라는 뜻으로, 그의 영지를 가리키는 지명이었다. 오늘날 이 지방은 보르도 와인으로 유명하지만, 몽테뉴가 살던 시대에만 해도 와인 농사에 마음을 쏟고 머리를 굴리던 사람은 많지 않았다. 스토아적 기질이 있던 몽테뉴도 이런 일에 그리 마음을 빼앗기지는 않았을 것이다. 그가 하고자 했던 일은 자신의 '시도'를 신중하게 모은 글, 즉 에세이를 쓰는 일이었다. 여기서 **에세이**란 단어는 딱히 고정되어 있지 않고 성찰적이며 유연한 것을 의미한다. 고전에 해박했던 몽테뉴는 삶과 죽음, 가르침과 배움, 지식, 인간 본성의 생물학적 측면(예컨대 그는 장애인들의 생식기관의 혈액순환이 활발하여 이들의 리비도가 더 왕성한 것은 아닌지 의문을 품고 있었다)에 대해 성찰하고자 했다.

그가 서재로 삼은 탑에는 인간 지식의 허약함을 말하는 그리스어와 라틴어 격언이 새겨져 있었다. 서재의 창을 통해서는 주변 구릉지대의 넓은 경관을 한눈에 볼 수 있었다.

몽테뉴는 자신의 사색의 주제가 대체로 자기 자신이라고 공언했지만, 이는 대화를 활발히 이끌고자 하는 방편이었다. 몽테뉴는 자신의 명예와 업적을 뽐내는 자서전 따위를 쓰는 오늘날의 최고경영자와는 전혀 달랐다. 그는 자기 자신을 드러내는 것들을 새로 **발견해 내는** 데 주된 관심을 두었다. 자신의 면모를 새로 바라보면서 그는 전체 인류에 대해 일반화할 수 있는 것들을 찾아낼 수 있었다. 그의 서재에 새겨진 격언 중에 시인 테렌스의 말이 있다. "나는 인간이다.

그러므로 인간과 관련된 그 무엇도 나에게 낯설지 않다(Homo sum, homani a me nil allienum puto).” 〔저자의 영역은 “인간에 관련되지 않은 것은 무엇이든 나에게 낯설다(I am a man, and nothing human is foreign to me)”로 되어 있으나 라틴어 원문의 뉘앙스를 정확히 옮기지 못한 것으로 생각된다—옮긴이〕

현대 교육의 난맥상은 몽테뉴의 저작을 새롭게 느끼게 한다. 인간의 약점을 있는 그대로 인정한 그는 인간의 본성에 내재한 불완전함과 이성의 한계, 인간을 인간이게 하는 결함을 인정하지 못한다면 어떤 철학도 쓸모가 없다고 생각했다. 몽테뉴가 시대를 앞선 사상가였다는 것은 아니다. 오히려 (이성을 옹호한) 후대의 학자들이 시대에 뒤떨어졌다고 말하는 편이 맞을 것이다.

그는 보통 사람, 그러니까 생각하고 다시 생각하는 보통 사람이었다. 그의 사상은 고요한 서재가 아니라 말안장 위에서 솟아 나온 것이었다. 그는 오랜 시간 말을 타고 다니면서 생각을 정리했다. 그는 소르본대학의 교수도, 저술을 일로 삼던 학자도 아니었다. 그는 두 가지 측면에서 이런 사람들과 **달랐다**. 첫째, 그는 **행동가**였다. 그는 고등법원의 심사관으로 일하기도 했고, 사업가였으며, 보르도 시장도 역임했다. 이런 이력을 거친 뒤 은퇴하여 인생과 앎에 대하여 사색을 한 것이다. 둘째, 그는 반교조주의자였다. 그는 매력 있는 회의주의자였고, 불완전하되 고정관념을 고집하지 않았으며 성격이 분명하고 성찰적인 저술가였다. 무엇보다 그는 위대한 고전의 전통에 서서 인간이 되고자 한 사람이었다. 다른 시대에 태어났더라면 그는 경험주의적 회의론자가 되었을 것이다. 그는 피론주의적 회의론 성향을 지녔으니, 특히 판단을 유보하는 태도가 필요함을 알았다는 점에서 섹스투스 엠피리쿠스와 같은 부류의 반교조주의자였다.

인식의 왕국

사람은 누구나 제 나름의 유토피아를 생각한다. 많은 사람들은 평균, 보편적 정의, 억압 없는 자유, 노동할 필요 없는 자유 등을 유토피아라고 여긴다.(그렇지만 통근 열차에서 변호사들이 휴대폰으로 통화하는 꼴을 안 보는 것을 최고의 사회라고 생각하는 사람들도 있다. 물론 불가능한 일이겠지만 말이다.) 내가 생각하는 유토피아는 인식의 왕국, 즉 지위고하를 막론하고 누구나 인식의 귀족이 될 수 있고 대표로 뽑힐 수 있는 사회다. 이런 사회는 지식이 아니라 무지에 대한 인식을 기초로 통치될 것이다.

그러나 어쩌랴, 우리는 자신이 오류를 범하기 쉽다는 점을 받아들이고서는 권위를 발휘할 수가 없는 것을. 간단히 말해, 인간은 지식에 의해 눈이 멀 필요가 있다. 떼로 몰려 있는 것이 홀로 서 있는 것보다 유리하기 때문에 서로를 결집시킬 수 있는 지도자를 따르도록 만들어져 있다. 잘못된 방향으로라도 여럿이 뭉쳐 있는 것이 올바른 방향으로 홀로 나가는 편보다 더 이익이 되어 왔다. 우리에게는 성찰적 현자보다는 허우대 좋은 바보를 따라다닌 사람들의 유전자가 전해져 있다.

물론 자신의 사고방식을 과감히 바꿀 줄 아는 걸출한 지적 능력을 가진 인간과 이따금 마주칠 수 있긴 하다.

다음과 같은 검은 백조 불균형성에 주목하자. 나는 우리가 **어떤** 것을 철두철미하게 확신할 수 있고, 또한 그러해야 한다고 믿는다. 또 어떤 것이 옳다는 근거보다는 틀리다는 근거 쪽으로 마음이 움직이기도 한다. 칼 포퍼는 그의 공격적이고 자신만만한 필치 탓에 자기 회의를 부추긴다는 비난을 받았다(나의 회의적 경험주의에 동의하지 않는 사람들도 종종 이런 근거로 나를 비판하기도 한다). 다행스럽게도 몽테뉴 이래로 우리는 회의적 경험주의라는 만만치 않은 과업을 어떻게 이끌어 가야 할지에 대해 많은 것을 배웠다. 검은 백조 불균형성은 우리로 하여금 자신이 믿는 바가 옳다고 확신하는 대신 **무엇이 틀렸는지**를 확신할 수 있게 해주었다. 반증을 반증할 수 있는가(즉 회의주의를 회의할 수 있는가), 하고 어떤 학생이 포퍼에게 질문을 던진 적이 있다. 포퍼는 좀 더 똑똑한 질문을 하라며 그 학생을 강의실 밖으로 내쫓는 것으로 답변을 대신했다. 과연 칼 경답게 사나운 답변이었다.

과거의 과거, 과거의 미래

어떤 진실은 아이들만 믿는다. 성인 혹은 철학자가 아닌 일반인들은 자질구레한 일상사에 묶이고 '중요한 문제'를 걱정하느라 더 중요한 문제를 들여다볼 통찰력을 발휘하지 못한다. 성인들이 놓치는 진실은 과거와 미래의 구조와 특성의 차이와도 관련이 있다. 이제까지 살아오는 동안 과거와 미래의 차이를 꼼꼼히 들여다보려 한 덕택에 나는 그래도 어린아이였을 때보다는 안목이 깊어졌다고 생각한다. 다만 더 이상 생생하게 마음에 그리지는 못한다.

미래를 과거와 '유사한' 것으로 상상할 수 있는 유일한 길은 그것이 과거의 정확한 투사이며, 따라서 예측할 수 있다고 가정하는 것이다. 태어날 때의 상황을 정밀하게 기억하게 되면 죽을 때의 모습도 똑같이 정밀하게 상상할 수 있다는 것과 같은 풀이다. **우연**이 뒤섞인 미래라는 개념은 과거의 인식을 결정론적으로 확장한 것이 아니며, 우리의 마음이 수행할 수 없는 정신적 작용이다. 우연은 너무 모호해서 그 자체로 하나의 범주가 될 수 없다. 과거와 미래 사이에는 비대칭성이 존재하며, 그 비대칭성은 우리가 무리 없이 이해하기에는 너무나 미묘하다.

이 비대칭성으로 인하여 사람들은 과거와 미래 사이의 관계를 과거와 그 이전 과거 사이의 관계에 따라 알아낼 수 없다고 믿게 된다. 확실히 여기에는 맹점이 있다. 우리는 내일을 생각할 때 우리가 어제와 그제에 대해 생각했던 것을 참조하여 틀을 짜지 않는다. 이처럼 자기 반성이 부족하기 때문에 우리가 과거에 예측했던 것과 실제 결과 사이의 차이에 대해서 아무것도 배우지 못하는 것이다. 그리하여 우리는 내일을 생각할 때 그저 또 하나의 어제로서만 투사하고 만다.

이런 맹점은 다른 방면에서도 나타난다. 뉴욕 브롱크스 동물원에 가서 유인원 구역을 들러 보자. 거기서는 우리와 가장 가까운 친족들이 가족을 이루어 제 나름의 행복한 사회생활을 영위하느라 여념이 없다. 진화가 덜 된 이 유인원들이 인간을 연상케 하는 행동을 하면 관람객들은 저마다 웃음을 터뜨리기 일쑤다. 이번에는 반대의 모습을 상상해 보자. 인간이라는 유인원보다 훨씬 발달하고 고등한 종이 있다고 하자(예컨대 '진정한' 철학자, 즉 진정으로 현명한 종이 있다고 하자). 우리가 그 고등 인종이라면 유인원을 비웃는 현생 인류를 보고 웃음을 터뜨릴 것이 분명하지 않을까. 원숭이를 보고 배꼽을 잡는 사람들은 더 고등한 종이 인간을 보고 똑같이 배꼽을 잡고 웃을 수 있다는 것을 상상하지 못한다. 만일 그럴 수 있다면 그는 자기 연민을 느끼고 웃음을 그칠 것이다.

과거에서 교훈을 얻는 과정을 통해 우리는 뭔가 분명한 해법이 있다고 믿게 되지만 우리 선조들 역시 그들 나름의 해법을 얻었다고 믿었다는 사실은 깨닫지 못한다. 우리는 남을 비웃지만 그리 멀지 않은 미래에 또 다른 사람들이 우리를 비웃을 수 있다는 것도 깨닫지 못한다. 이것만 제대로 깨달아도 내가 서문에서 언급했던 저급한 사고방식이 되풀이되는 일은 없을 테지만, 우리는 그렇지 못하다.

미래를 바라보는 일에 나타나는 이런 정신적 결함을 심리학자들이 연구하거나 딱히 이름 붙인 바는 없지만, 그것은 자폐증과 비슷한 양상을 보인다. 자폐증 환자 중에는 수학을 비롯한 전문 분야에 고도의 지능을 갖고 있는 사람이 있다. 이들은 사회적 관계 면에서는 능력이 떨어지지만, 이것이 자폐의 뿌리는 아니다. 자폐적인 사람들은 다른 사람의 입장에서 생각하지 못한다. 이들은 타인의 관점에서 세계를 바라보지 못한다. 그들에게 다른 사람들은 무정물, 즉 규칙에 따라 작동하는 기계 같은 존재다. 그들은 "내가 안다는 것을 내가 알지 못한다는 것을 그는 알고 있다"와 같은 단순한 사고를 해낼 수 없다. 이들의 사회적 능력이 떨어지는 것도 이러한 능력이 결여되었기 때문이다(흥미롭게도 자폐증 환자들은 '지능'은 높을지 모르나 불확실성을 이해하는 능력이 결여되어 있다).

자폐증을 '마음의 맹목(mind blindness)'이라고 부르는 것처럼, 미래의 관찰자 입장에서 생각하지 못하는 능력을 '미래에 대한 맹목'이라 부를 수 있을 것이다.

예측, 잘못된 예측, 그리고 행복

나는 '미래에 대한 맹목'을 다룬 인지과학 문헌을 검색해 보았으나 한 편도 발견하지 못했다. 그런데 행복에 대한 논문 중에서 행복감을 충족시켜 주는 쪽으로 미래를 예견하는 고질적 오류에 대한 연구 한 편을 발견할 수 있었다.

이 오류는 다음과 같다. 자동차를 새로 산다고 하자. 새 차 덕택에 삶이 변화하고 지위가 올라가며 통근 시간이 휴가처럼 안락해진다. 엔진 소리도 들리지 않을 정도로 소음도 없어서 고속도로에서는 라흐마니노프의 야상곡을 들을 수 있다. 이전보다 한 등급 높은 행복의 세계가 영원히 계속될 것만 같다. 주변 사람들도 우리를 볼 때마다 '굉장하군, 좋은 차를 샀네' 하는 눈치겠지. 그러나 한 가지 잊고 있는 사실이 있다. 이전의 차를 샀을 때에도 비슷한 경험을 했었다는 것이다. 새 차를 산 효과도 결국 스러져서 처음으로 돌아간다는 이전의 경험을 되새겨 미래를 예측하지 못하는 것이다. 전시장에서 나온 새 차도 몇 주가 지나면 따분하게 느껴지는 법이다. 이럴 줄 알았다면 차를 새로 뽑지는 않았을 것이다.

자, 새 차를 뽑으려 한다면 우리는 지금 이미 범했던 예견의 오류를 범하는 것이다. 그러나 자기 성찰이야말로 비용이 거의 들지 않는 것 아닌가!

심리학자들은 유쾌한 사건 및 불쾌한 사건과 관련된 잘못된 예측에 대해 연구해 왔다. 우리는 미래에 벌어질 이 두 종류의 사건의 영향에 대해 과대평가하는 경향이 있다. 우리를 그렇게 만드는 심리적 장애가 있는 것으로 보인다. 대니얼 카너먼은 이 심리적 장애를 '예상된 효용'이라 불렀고, 댄 길버트는 '감정적 예견'이라 일컬었다. 내가 말하고자 하는 점은 우리가 미래의 행복을 잘못 예견한다는 것이 아니라 과거의 경험에서 거듭 배우지 못한다는 사실이다. 과거의 오류에서 배우기보다는 감정에 쏠려 미래를 투사하는 정신적 장애와 왜곡에 대한 증거가 있다.

우리는 불행이 삶에 미치는 영향을 한껏 과대평가한다. 재산이나 지위를 잃으면 우리는 충격적일 거라고 생각하지만, 꼭 그렇지는 않다. 오히려 과거의 불행에도 그러했듯 우리는 어떤 상황에도 적응해 낼 것이다. 쓰리긴 하지만 생각보다 최악은 아닐 것이다. 이런 종류의 예측 오류에는 의도가 있다. 즉 (새 차를 사거나 부자가 되는 일처럼) **중요한** 행동을 유도하려는 동기를 부여하거나 불필요한 위험을 피하도록 하기 위해서다. 예측 오류는 또한 좀 더 일반적인 문제의 한 부분이기도 하다. 즉 인간은 도처에서 제 꾀에 넘어가는 존재다. 자기기만에 관한 트리버스의 연구에 따르면, 이런 성향은 우리를 미래로 쉽게 이끌어가기 위한 것이다. 그러나 자기기만이란 일정 영역을 넘어서면 바람직스럽지 않은 성질을 드러낸다. 자기기만은 불필요한 위험을 피할 수 없게 한다. 투자 위험, 환경 위협, 장기적 안전 등 현대의 눈에 보이지 않는 위험들을 두려워하지 않는 성향에 대해서는 앞서 제6장에서 살펴본 바 있다.

헬레노스, 과거의 예언자?

보통 사람들에게 미래를 설명해 주어야 하는 직업에 종사하는 사람들은 자신의 예측이 얼마나 들어맞았는가로 평가받는다.

호머의 《일리아드*The Iliad*》에 나오는 헬레노스는 이와 다른 종류의 예언자다. 그는 프리아모스와 헤카베의 아들로 트로이 군에서 가장 머리가 비상한 사람이었다. 아카이아인(고대 그리스 민족—옮긴이)에게 포로로 잡혀 고문을 받은 끝에 트로이 공략 방법을 알려 준 인물도 헬레노스였다(헬레노스는 자신이 붙잡히리라는 것도 예견하지 못했다). 그러나 이 정도로는 그가 제 꾀에 속아 넘어갔다고 할 수 없다. 헬레노스가 다른 예언가와 다른 점은 과거의 일을 아무런 단서 없이도 세세히 내다볼 수 있었다는 사실이다. 그는 과거를 예언한 셈이다.

현대에 사는 우리의 문제는 미래를 모를 뿐 아니라 과거 역시 모른다는 사실이다. 역사를 알려면 우리에게는 헬레노스 같은 인물이 필요하다. 이제 그 방법을 살펴보자.

녹은 물에서 얼음의 형상을 추측하기

내 친구 아론 브라운과 폴 윌모트는 다음과 같은 사고실험을 했다.

첫 번째 실험(얼음 녹이기): 사각 얼음 덩어리가 하나 있다고 하고 친구들과 포커를 하는 두 시간 동안 이 얼음이 어떻게 녹을지 생각해 본다. 그리고 녹은 물 자국의 모양을 상상한다.

두 번째 실험(물은 어디에서 왔는가): 바닥에 물이 고여 있다고 하자. 이 물을 보면서 그 이전의 얼음 덩어리를 마음의 눈으로 떠올려 본다. 이때 이 물이 꼭 얼음이 녹아서 생긴 것은 아닐 수도 있다.

두 번째 실험은 난이도가 더 높다. 헬레노스라도 쉽지 않았을 것이다. 실험에 나타난 두 과정은 다음과 같은 점에서 차이가 있다. 우리가 적절한 모델을 갖고 있다면 (그리고 시간이 충분하고 그 밖에 달리 할 일이 없다면) 얼음 덩어리가 어떻게 녹는지 정밀하게 예측할 수 있다. 이것은 당구공의 움직임보다 복잡도가 덜한, 순전히 기술적인 문제라서 예측하기가 쉽다. 그러나 고여 있는 물이 실제로 얼음이 녹아서 생긴 것이라면, 상상해 낼 수 있는 얼음 덩어리의 모양은 무한하다. 첫 번째 사고 방향, 즉 얼음 덩어리에서 물로 변하는 과정에 대한 사고 방향은 **전진 과정**이라 불린다. 두 번째 사고 방향은 **후진 과정**으로, 훨씬 복잡하다. 전진 과정은 물리학과 공학에서 일반적으로 채택되는 사고 방향이고, 후진 과정은 반복과 실험이 불가능한 분야, 즉 역사적 접근에서 채택되는 사고 방향이다.

요리된 달걀을 그 이전의 상태로 되돌릴 수 없는 것과 마찬가지로 역사를 되돌릴 수는 없다.

이제 비선형성을 조금 더 강화해서 전진-후진 과정의 복잡도를 증가시켜 생각해 보기로 한다. 앞 장에서 로렌츠의 발견을 살피는 가운데 언급했던, '인도 대륙에 있는 나비 한 마리의 날갯짓'이라 불리는 문제가 그것이다. 즉 복잡계에서는 아주 적은 양의 투입이 무작위적이고 거대한 결과를 낳으며, 그 구체적인 결과는 극히 특정한 조건에 달려 있다. 뉴델리에 있는 나비 한 마리의 날갯짓이 2~3년 후 노스캐롤라이나에서 허리케인을 발생시킬 수 있는 것이다. 그런데 우리가 **노스캐롤라이나에 발생한 허리케인의 관찰 자료를 입수했다고 해도** 허리케인을 일으킨 원인을 세세하게 밝혀낼 가능성은 희박하다. 아프리카 말리의 팀북투에 있는 나비 몇 마리의 날갯짓, 호주 들개들의 킁킁거림 등등 수십 억 곱하기 수십 억 개의 작은 사건들이 원인으로 작용하고 있기 때문이다. 나비에서 허리케인으로 이르는 과정은 상당히 단순하지만 허리케인에서 나비로 거슬러 올라가는 과정은 훨씬 더 복잡하다.

이 두 가지 방향의 혼동이 현대 사회에 위험하리만치 만연해 있다. 예컨대

《나비가 날개를 펄럭이면*Le Battement d'Ailes du Pappions*》(영어권에서는 'Happenstance,' 한국에서는 '아멜리에2'라는 제목으로 개봉되었다—옮긴이)은 로랑 피로드라는 감독의 프랑스 영화로, 인생을 변화시킬 수 있는 작은 것에 주목하자는 이야기를 담고 있다. 땅에 떨어지는 꽃잎 하나에 눈길이 가는 것처럼 작은 사건으로 인해 평생의 반려자를 선택하게 될 수도 있다는 것이다. 그런데 이 제작자나 비평가들이나 자신들이 후진 과정을 다루고 있다는 사실을 알아차리지는 못했다. 단 하루에 일어나는 작은 사건이라 해도 그 가짓수는 수조 개나 된다. 그 하나하나에 주의를 기울인다는 것은 인간의 능력에서 한참이나 벗어나 있다.

다시 불완전한 정보에 대하여

컴퓨터로 스프레드시트 프로그램을 실행시켜 아무 숫자나 기호를 연속으로 써넣는다고 하자. 이것도 역사라고 할 수 있다. 왜 그럴까? 겉으로는 무작위적으로 나열된 숫자라고 해도 컴퓨터가 이것을 표시하려면 대단히 복잡한 비선형 방정식에 반응하는 과정이 있었기 때문이다. 방정식은 간단하다. 무엇인가를 알면, 그 다음의 연쇄를 예견할 수 있다. 그러나 인간이 이 방정식을 후진 과정으로 처리하여 다음의 연쇄를 예견하는 것은 거의 불가능하다. 게다가 내가 지금 언급하는 컴퓨터는 일명 텐트 맵(tent-map, 변화가 텐트 모양으로 반복되는 함수—옮긴이)이라 불리는 초보적인 직렬 컴퓨터 프로그램으로, 다루는 자료의 양도 한 줌밖에 되지 않는다. 수십 억 개의 사건이 동시에 일어나는 현실 역사와는 비교할 수 없다. 다시 말하자면, 설령 역사가 '세계의 방정식'과 같은 것들에 의해 일어나는 비무작위적인 것의 연속이라고 할 수 있다고 해도 위와 같은 방정식을 후진 과정으로 풀어 나가는 일이 인간의 능력 밖에 있다면, 역사 역시 무작위적인 것으로 간주될 수밖에 없으며 '결정론적 혼돈'이라는 식의 이름을 붙일 수는 없다. 역사가는 세계의 일반적 특징을 논하거나 자신들도 알 수 없는 것의 한계를 알아내겠다는 욕심으로 카오스이론을 끌어들여서도 안 되며, 후진 과정의 사고를 시도해서도 안 된다.

이제 나는 역사가의 능력이란 더 큰 문제와 마주치게 되었다. 역사 연구의 현장에서 부딪히는 근본적 문제를 나는 다음과 같은 식으로 바꿔 본다. 무작위성이란 이론적으로는 내재적 특질을 갖지만, 실제 현실에서는 **불완전한 정보**, 즉 제1장에서 언급했던 '불투명성'이다.

무작위성을 이론적으로만 다루는 사람들은 이 미묘한 차이를 이해하지 못한다. 내가 학회에 참석하여 불확실성이나 무작위성에 대해 발언하면 철학자들은, 아니 가끔은 수학자들까지도 짜증스러운 질문을 던지곤 한다. 예컨대 내가 말하는 무작위성이 '진정한 무작위성'이냐 아니면 무작위성을 가장한 '결정론적 혼돈'이냐 하는 식이다. 진정한 무작위적 계는 실제에서도 무작위로 나타날 뿐 아니라 예측이 불가능하다는 특질을 갖는다. 반면에 혼돈계는 예측 가능하다는 특질을 갖긴 하지만 파악하기가 어렵다. 따라서 나는 이들에게 답을 두 가지로 해줄 수밖에 없다.

답 1. 실제 상황에서는 둘 사이에 기능적 차이가 없다. 왜냐하면 둘 사이의 차이를 우리가 파악하기 어렵기 때문이다. 즉 그 차이는 수학적인 것이지 실제적인 것이 아니다. 어떤 여성이 임신을 했을 때 태아가 여자일지 남자일지는 나에게는 (한쪽 성으로 결정될 가능성이 50퍼센트쯤 되는) 순전히 무작위적인 문제일 수밖에 없다. 그러나 초음파 검사를 실시할 수 있는 주치의에게는 그렇지 않다. 그러므로 실제에 있어서 무작위성이란 근본적으로 불완전 정보인 것이다.

답 2. 둘 사이의 차이를 논한다는 것은 그 사람이 불확실한 상황에서 의미 있는 결정을 내려 본 일이 없음을 함축한다. 둘 사이의 차이가 실제에 있어서는 거의 구분하기 어렵다는 사실을 깨닫지 못하고 있기 때문이다.

무작위성이란 궁극적으로는 비지식이다. 세계는 불투명하다. 우리는 그 겉모습에 현혹당한다.

지식이라는 것

역사에 대해 마지막으로 한마디만 더 하자.

역사란 박물관과도 같다. 우리는 과거의 유물을 둘러보며 좋았던 옛날을 그리워한다. 역사는 우리식으로 꾸민 이야기를 곱씹어 보는 멋진 거울이다. DNA 분석을 이용하여 역사를 거슬러 올라갈 수도 있다. 나는 문학적인 역사를 좋아한다. 고대사를 읽으면 내 나름대로 이야기를 꾸미면서 나의 (복잡한) 동지중해 혈통을 되새기게 된다. 나는 현대사에 대해서 틀린 내용이 눈에 잔뜩 뜨이는 책들보다는 차라리 노인들의 회고담을 더 좋아한다. 내가 두 번 이상 읽은 역사책들은 다음과 같은 저자들에 의해 씌어진 것이다(어떤 저술가를 좋아하는가는 두 번 이상 읽었는가로 알 수 있다). 플루타르코스, 리비우스, 수에토니우스, 디오도로스 시켈로스, 기번, 칼라일, 르낭, 미슐레 등이 그들이다. 이들의 역사 기술은 분명히 현대 저작들처럼 표준적이지는 않다. 이들의 역사서는 일화 중심이고 신화로도 가득 차 있다. 물론 이런 점들은 나도 잘 알고 있다.

역사란 과거를 손에 땀을 쥐면서 읽는 효용을 선사한다. 또 역사란 이야기 짓기의 결과물이다. 이 이야기가 무해하기만 하면 문제는 없는 것이다. 역사책에서 교훈을 얻으려면 세심한 주의가 필요하다. 역사란 이론이나 일반 지식을 끌어내는 분야가 아니며 엄중한 경계심 없이 미래에 도움을 얻기 위해 읽는 것도 아니다. 역사에서 얻는 것은 부정적인 확증이다. 부정적 확증의 가치는 헤아릴 수 없이 소중하지만, 그와 함께 지식에 대한 환상도 적지 않게 갖게 된다.

여기서 다시 메노도투스와 칠면조의 문제를 생각하게 된다. 어떻게 과거의 경험에만 의존하는 실패자가 되지 않을 수 있을까? 메노도투스는 귀납법의 문제를 극복하려면 역사를 알되, 이론을 만들지 말고 알라고 했다. 역사책을 읽으라. 거기 실린 온갖 지식을 습득하라. 이런저런 일화들에 눈살을 찌푸리지 말라. 그러나 원인과 결과를 연결시키려 하지 말며 사건을 거슬러 사고하는 후진 과정의 사고를 피하라. 굳이 하려거들랑 거대한 학문적 주장은 피하라. 메노도투스를 비롯한 경험주의적 회의론자들이 관습을 중요시했다는 사실을 유념하자. 이들은 관습을 당연히 주어진 기본값으로 받아들여 행동의 준칙으로 삼았으되, 그 이상은 아니었다. 과거에 대한 이렇게 담백한 접근법을 그들은 '이필로지즘(epilogism)'이라 불렀다.[†]

그러나 대부분의 역사가들은 이와 달리 생각한다. 예컨대 역사에 대한 성찰적 저서로 인정받는 E. H. 카의 《역사란 무엇인가*What Is History?*》는 인과관계를 서술하는 것을 중심 과업으로 제시하고 있다. 이보다 더 높은 곳에 헤로도토스가 있다. 역사의 아버지라 불리는 헤로도토스는 그의 책의 서두에서 저술의 목적을 다음과 같이 밝히고 있다.

> 그리스인과 야만인의 행적에 대한 기억을 보존하기 위하여, "그리고 특히 무엇보다 이들이 서로 싸움을 벌인 **원인**(강조는 필자)을 찾기 위하여…."

이븐 할둔, 칼 마르크스, 헤겔 등의 역사이론가에게서도 같은 면모를 찾을 수 있다. 수많은 사건을 기술하는 데에서 벗어나 자잘한 이론을 만들어 내는 데 도취하면 할수록 우리는 더욱더 곤경에 빠진다. 이렇게 해서 우리가 이야기 짓

---

† 요기 베라의 다음과 같은 말은 그 역시 이필로지즘을 이해하고 있었음을 알게 해준다. "단순히 보기만 해도 많은 것을 관찰할 수 있다."

기에 물든 것인가?[†]

전진 과정과 후진 과정의 차이를 이해할 수 있는 회의론적 경험주의 역사가가 나오려면 한 세대를 더 기다려야 할까?

칼 포퍼는 역사가들의 미래 예측 작업에 대해 비판했지만, 나는 과거에 대한 역사가들의 접근 방법에 결함이 있음을 지적했다.

미래에 대한(그리고 과거에 대한) 맹목에 대해 살펴보았으니 이제 우리가 다음으로 할 일은 무엇인가. 물론 우리가 해야 할 극히 실제적인 일들이 있다. 이에 대해서는 다음 장에서 다룰 것이다.

---

† 과거를 바라볼 때는 순진한 유추에 빠지지 않는 것이 좋다. 많은 사람들이 미국과 고대 로마를 군사적 · 사회적 측면에서 비교한다. 예컨대, 로마가 카르타고를 멸망시킨 것을 예로 들며 미국도 적국의 체제를 붕괴시켜야 한다거나 하는 식으로 로마의 흥망을 지겹도록 거론한다. 그러나 어쩌랴. 우리는 고대 사회처럼 제1유형에 가까운 단순한 사회에서 얻은 지식을 인과관계의 사슬이 복잡하게 얽혀 있는 복잡계, 즉 제2유형에 가까운 현대 사회에 적용하는 일에 극히 신중을 기해야 한다. 핵전쟁이 일어나지 않은 이유를 설명하는 통설에도 오류가 보인다. 제8장 카사노바 이야기와도 비슷하거니와, 핵전쟁이 일어났다면 우리가 지금 여기 살아 있을 수 없기 때문에 핵전쟁이 일어나지 않은 것은 우리가 살고 있는 원인이 된다. 따라서 이 '원인'에서 또 다른 원인을 끌어내는 것은 어리석은 일이다.

13장_ 화가 아펠레스, 또는 예견할 수 없다면 무엇을 할 수 있는가†

충고는 언제나 값이 싸다

위대한 사상가의 말만 잔뜩 써넣는 것은 제대로 된 글쓰기가 아니다. 사상가들을 조롱하거나 그들의 말을 참고자료로 모아 넣는 용도라면 문제가 다르겠지만. 그들의 말은 '옳다.' 그러나 아무리 이들의 멋진 말이 순진한 우리를 사로잡는다 해도, 현실이라는 검증의 현장에서는 언제나 들어맞는 것은 아니다. 예컨대 대철학자라 일컬어지는 버트런드 러셀의 다음과 같은 말에 나는 동의하지 않는다.

---

† 이 장은 "탈레브 씨, 이제 무슨 말인지 알아들었어요. 그런데 그래서 어쩌라는 겁니까?"라고 묻는 사람들을 위한 개략적인 대답이다. 내 대답은 이러하다. 내 말을 알아들었다면 꽤 왔다. 여기서 한 발짝만 더 가보자.

> 확실성의 추구는 인간의 천성이지만, 지적으로는 해악이 된다. 날씨가 꾸물꾸물한 날에 아이를 데리고 산보를 나갈라치면 아이는 날씨가 좋을지 나쁠지 딱 잘라 답해 달라고 보챈다. 그런 대답을 내놓지 못하면 아이는 실망하는 눈치다. …
>
> 그러나 증거가 없는 상황에서 판단을 유보할 줄 아는 **훈련**이(강조는 필자) 안 되어 있는 사람은 독단적인 예언가들에게 휘둘리고 만다. … 어떤 덕목이든 그것을 얻으려면 적절한 훈련이 있어야 하며, 판단을 유보하는 능력을 길러 주는 최선의 길은 철학이다.

러셀의 이 말에 내가 동의하지 않는다니, 독자께서는 놀랄 것이다. 확실성을 추구하는 것이 지적 해악이라는 점에 반대하기는 어렵다. 우리가 독단적 예언가들에게 휘둘릴 수 있다는 말에도 반대하기 어렵다. 이 위대한 철학자와 생각이 다른 대목은 '철학'이 문제 해결에 도움을 주는 분야로 기능해 왔다는 주장이다. 덕목들이 손쉽게 함양될 수 있다는 데에도 나는 동의하지 못하겠다. 어째서? 그것은 우리가 인간을 인간 그 자체로 대해야 하기 때문이다. 우리는 판단을 유보하는 능력을 **가르칠** 수 없다. 우리가 사물을 바라보는 방식에 이미 어떤 판단이 들어 있기 때문이다. 내가 보는 것은 그냥 '나무'가 아니다. 내가 보는 것은 멋진 나무이거나 못생긴 나무인 것이다. 작은 가치판단까지도 제거하고 사물을 보겠다고 아무리 안간힘을 써도 그것은 불가능하다. 마찬가지로 어떤 상황을 머리에 떠올릴 때 편견을 완전히 제거할 수는 없다. 자신이 믿고 싶은 바를 버리지 못하는 것은 그것이 인간의 천성이기 때문이다. 그러니 어쩔 것인가?

아리스토텔레스 이래 철학자들은 인간이 깊이 사고할 줄 아는 동물이며 추론을 통해 배울 수 있다고 가르쳐 왔다. 인간의 사고 능력이 효능을 발휘하기는 하지만, 이와 동시에 무엇인가를 잘 알고 있다는 환상을 자신에게 심어 주기 위해, 그리고 지난 행동을 합리화하기 위해 소급하여 이야기를 지어낸다는 사실은 한참 뒤에야 인식되었다. 이 점을 망각한 순간, 이번에는 이른바 '계몽'이라는 것이 우리의 머릿속 깊이 들어앉게 되었다.

나는 인간이 이제까지 알려진 동물들보다는 분명 나은 존재이긴 하지만 철학적 주장을 습득하고 그에 따라 행동했다던 올림피아적 이상형의 수준에는 한참 미치지 못한다고 말하련다. 진정 철학이 **그토록** 효력이 있다면 동네 서점에 꽂혀진 자기계발서들이 고통에 빠진 사람들에게 그런대로 위로가 될 것이다. 그러나 실제로는 그렇지 못하지 않은가. 고통에 빠진 인간은 철학을 할 수 없는 법이다.

예견에 관한 두 가지 교훈을 살펴보며 이 장을 마무리하려 한다. 하나는 (작은 일에 대한) 간략한 것이고, 다른 하나는 (좀 더 장대하고 중요한 결정을 다루는) 다소 긴 것이다.

적재적소에서 바보가 되다

작은 교훈이란 이렇다. **인간은 인간다워야 한다!** 인간답다는 것에는 자기 일에 지적으로 어느 정도 자만한다는 사실이 포함되어 있음을 인정하자. 이런 사실에 부끄러워하지 말라. 언제나 판단을 유보하겠다고 애쓰지도 말라. 자기 견해를 갖는 것, 그것이 인생이다. 예견을 피하지도 말라. 이제까지 내가 늘어놓았지만, 나는 더 이상은 바보가 되지 말라고 권유하는 것은 **아니다**. 다만 적재적소에서 바보가 되라는 것이다.†

---

† 댄 길버트는 그의 유명한 논문 〈정신적 기제는 어떻게 믿음이란 것을 만들고 유지하는가How

우리가 피해야 할 것은 거창하고 위험천만한 예측에 쓸데없이 의존하는 것이다. 우리의 미래를 위협할지 모르는 거창한 주제도 멀리하라. 작은 일에 바보가 되어도 좋지만 큰 일에는 금물이다. 경제 예측가나 사회과학 분야의 예측가들의 말에 귀를 기울이지 말라(그들은 단지 연예인일 뿐이다). 다만 놀러가는 날의 날씨는 예측할 수 있어야 한다. 돌아오는 휴일의 나들이를 위해서 날씨 예보는 무슨 일이 있어도 들어맞아야 한다. 그러나 서기 2040년 사회보장 상황에 대한 정부의 전망치는 귀담아듣지 말아야 한다.

이야기가 그럴듯한가가 아니라 잘못되었을 경우의 해악이 얼마만한가를 기준으로 믿음을 분류하는 법을 알아야 한다.

언제나 준비되어 있을 것

미래를 예측하는 일이 전혀 성공을 거두기 어렵다는 것을 안 독자들은 망연자실하여 이제 무엇을 할 수 있을지 회의에 빠질지도 모르겠다. 그러나 미래를 완전히 예견할 수 있어야 한다는 생각을 버리기만 하면 그 한계를 인식하며 우리가 할 수 있는 일은 매우 많다. 미래를 예견할 수 없음을 알게 된다는 것이 곧 예견 불가능성으로부터 우리가 아무것도 얻어 낼 수 없다는 것을 의미하는 것은 아니다.

우리의 출발점은 여기다. 언제나 준비되어 있을 것! 사소한 것에 대한 예측은 진통과 치료 효과 정도로 그칠 것이다. 그러나 거창한 예측치는 판단을 마비시키니 주의해야 한다. 그러므로 일어날 수 있는 모든 경우를 대비하고 있으라.

Mental Systems Believe〉에서 인간이란 천성적으로 회의주의자는 아니기 때문에 믿지 않으려 하는 것도 정신적 에너지를 소모한다고 지적했다.

긍정적 사건이라는 개념

그리스의 경험주의 의학파들을 다시 생각해 보자. 의학적 진단을 내릴 때 고정관념을 버리면 행운을 얻을 수 있다고 그들은 생각했다. 예컨대 어떤 음식을 먹은 결과 뜻하지 않게 치료 효과를 발휘해서 운 좋게 병이 나을 수도 있다. 이것은 또 다음 환자들의 치료법으로 이용될 수 있다. (고혈압 치료제의 부작용 덕택에 비아그라가 개발된 것과 같은) **긍정적** 사건은 경험주의 의학파가 의학적 발견을 이루는 데 중심적인 역할을 했다.

이런 이치를 우리의 삶 전반으로 일반화할 수 있다. 즉 행운이 물어다 준 발견을 최대한 활용하라는 것이다.

섹스투스 엠피리쿠스의 주장은 화가 아펠레스의 일화를 생각나게 한다. 아펠레스는 말 한 마리의 초상을 그리던 중 말 입김을 묘사하려 했다. 아무리 노력을 해도 그림이 자꾸 엉망이 되자 그는 짜증이 나서 포기해 버렸다. 그리고 붓을 닦던 스펀지를 들어 그림에 던져 버렸다. 그런데 스펀지가 캔버스에 닿은 자국이 곧 말 입김을 완벽히 묘사한 것이 되어 버렸다.

시행착오란 몇 번이고 거듭함을 의미한다. 리처드 도킨스는 그의 《눈먼 시계공*The Blind Watchmaker*》에서 세계가 어떤 거창한 설계도 없이 만들어진 것임을 멋지게 서술했다. 그에 따르면 세계는 무작위적 변화가 조금씩 누적되어 만들어진 것이다. 나는 그의 주장의 맥락에는 동의하되 내용의 일부를 수정하고자 한다. 세계는 **대규모의** 무작위적 변화가 누적되어 만들어진 것이다.

진실로 우리의 심리나 지적인 판단은 시행착오를 좀처럼 인정하기 어려워한다. 거듭되는 작은 실패가 오히려 삶에 도움이 된다는 사실을 받아들이기를 어려워하는 것이다. 내 동료 마크 스피츠나겔에 따르면 인간이란 실패에 대한 두려움을 갖는 존재다. "실패를 사랑하라." 이것이 그의 좌우명이다. 내가 미국에 오자마자 마치 고향에 온 듯한 느낌을 받은 것은 실패의 과정을 장려하는 미국 문화 때문이었다. 실패가 곧 고통과 낭패를 몰고 오는 유럽이나 아시아와는 달리 작은 실패를 딛고 일어서게 만드는 미국 문화의 특성이 각종 혁신에서 미국이 압도적 비율을 점하게 했다. 어떤 아이디어나 제품도 실패를 거친 결과 확립되고, 마침내 '완벽히' 다듬어질 수 있는 것이다.

검은 백조의 폭발성과 위험성

사람들은 실패를 부끄러워하곤 한다. 그러다 보니 그들은 변화의 비율이 적은 쪽으로 행동하는 전략을 취한다. 그러나 이런 전략은 실패를 대규모로 만들 위험성을 안고 있다. 이것은 마치 증기 롤러가 굴러오는 길에서 동전을 줍고 있는 꼴이다. 무작위적인 변화에 적응하지 못하는 문화가 지배하는 일본에서는 나쁜 결과가 고약한 우연의 장난임을 깨닫지 못한다. 그리하여 실패란 곧 불명예가 된다. 일본인들은 가변적 상황을 몹시 꺼리기 때문에 오히려 파국의 가능성이 높은 전략을 선택한다. 파국이 일어날 때마다 자살로 이어지는 것도 이 때문이다.

겉으로 보기에 매우 안정적인 직장에서도 이처럼 급격한 변화와 위험이 번갈아 일어나기도 한다. 1990년대 IBM의 경우가 그렇다. 당시 대량 해고 사태로 이 회사의 직원들은 완전히 망연자실했다. 그들은 새로운 상황에 전혀 적응하지 못했다. 국가의 보호 조치에 안주하던 산업도 마찬가지였다. 그에 반해 컨설턴트들의 상황은 이와 반대다. 고객이 수입이 오르락내리락함에 따라 컨설턴트들의 수입도 부침한다. 그러나 적어도 그들은 굶어 죽을 염려가 없다. 이들은 수요에 맞춰 움직이는 요령이 있기 때문이다. 즉 흔들리지만 침몰하지는 않는 것이다. 마찬가지로 시리아나 사우디아라비아 같은 독재 정권은 겉으로는 이탈리아보다 불안정해 보이지 않는다. 이탈리아는 제2차 세계대전 종전 이래 숱한 정변을 겪고 있다. 그렇지만 시리아나 사우디아라비아가 이탈리아보다 혼란에 빠질 가능성이 훨씬 더 크다. 내가 이런 사실을 깨닫게 된 것은 금융 산업에 종사한 덕택이다. 이 분야에서 이른바 '보수적' 은행가들은 실상 다이너마이트 더미에 올라앉아 있지만 자신들의 사업이 단조롭고 폭발성이 없어 보인다고 스스로를 속이고 있다.

바벨 전략

나는 금융거래에 종사하면서 이른바 '바벨' 전략을 활용했는데, 이 전략을 일상생활 일반에 적용해 보고자 한다. 바벨 전략이란 다음과 같다. 예견에는 오류가 따르며 대부분의 '위험관리 기법'이란 것도 검은 백조 때문에 결함이 있음을 알았다면, 우리의 전략은 적당히 공격적이거나 적당히 보수적인 것이 아니라 오히려 초보수적이거나 초공격적일 필요가 있다. '중간적 위험도'(그런데, 위험도가 중간이라는 것을 어떻게 알 수 있단 말인가? 평생 먹고살 직장을 찾는 '전문가'들에게 물어본다고?)를 갖는 투자처에 돈을 넣는 것이 아니라, 재무성 증권과 같이 안정적인 투자 대상이라고 인정할 만한, 극히 안정적인 대상에 갖고 있는 자금의 85~90퍼센트를 넣어야 한다. 그리고 남은 10~15퍼센트는 (환매 옵션을 포함하여) 가장 투기적인 곳에 투입한다. 아마도 벤처 캐피털과 같은 분야가 될 것이다.† 이런 투자 전략에는 위험관리라는 것이 따로 필요하지

† 중요한 것은 커다란 검은 백조 한 마리만 바라보지 말고 소규모 베팅을 최대한 많이 벌여야 한다는 점이다. 벤처 투자회사조차 '그럴듯해 보이는' 이야기에 현혹되는 이야기 짓기의 오류에 빠지기도 한다. 이런 벤처 투자회사는 베팅의 수를 늘리지 못하는 것이다. 벤처 투자회사가 수익을 거두는 것은 그들의 머릿속에 들어 있는 이야기들 때문이 아니라 그들이 생각지 못한 희귀 사건에 노출되었기 때문이다.

않다. 최대한 안전한 바구니에 넣어둔 '바닥' 자금에는 검은 백조의 힘이 미칠 수 없다. 달리 말하면 15퍼센트 이상에만 투기를 벌이기 때문에 (혹시 손실이 있다 해도) 그 이상의 손실은 발생하지 않을 것이다. 이로써 우리는 예측 불가능한 해로운 위험을 '잘라 내는' 셈이다. 어중간한 위험도의 상품에 맡기는 대신 우리는 한쪽으로는 위험도가 높고 한쪽으로는 위험도가 거의 없는 전략을 택했다. 이 전략의 평균값은 중간적인 위험도를 나타내긴 하겠지만 검은 백조의 출현이 오히려 '긍정적인' 경우가 되었다. 좀 더 전문적인 용어로 말하면, '볼록렌즈'식 투자 배분 전략을 취한 것이다. 이런 전략이 그 밖의 인생 전반에도 어떻게 적용되는지 살펴보기로 하자.

아무도 모른다

전설적인 시나리오 작가 윌리엄 골드먼은 영화 흥행에서는 "무슨 일이 일어날지 아무도 모른다!"고 외쳤다고 한다. 독자 여러분은 골드먼 같은 사람이 흥행 예측도 하지 않고 작품을 썼다는 것에 놀랄지도 모르겠다. 골드먼은 영화계의 상식을 거꾸로 뒤집은 것이다. 그는 영화 하나하나의 흥행을 예측하는 일이 불가능함을 알고 있었다. 그러나 이런 예측 불가능성 덕택에 어떤 영화 하나가 대박을 터뜨리기만 해도 엄청난 수익을 몰아줄 수 있음도 알고 있었다.

두 번째 교훈은 좀 더 공격적이다. 즉 우리는 이 예견의 문제와 인식론적 오만을 역이용할 수 있다. 사실 나는 성공을 거둔 대부분의 사업이 이 예견 불가능성을 정확히 인식하고 잘 활용했다는 주장이 옳은지 의심스럽다.

생명공학 회사에 대한 앞서의 내 이야기는 회사의 경영진들이 '우리가 모르는 미지의 것'에 연구의 본질이 있음을 이해했던 회사에 대한 이야기임을 상기하기 바란다. 또한 그들이 어떻게 '부산물'들을 포착했는지, 다시 말해서 공짜 로또복권을 손에 넣었는지를 눈여겨보기 바란다.

(간단한) 요령을 말하면 다음과 같다. 더 간단한 요령일수록 결실은 더 커진다는 점을 잊지 말자.

1. **먼저 긍정적 우연과 부정적 우연의 차이를 구분하라.** 인간의 활동 중에서도 예견 불가능성에 의해 오히려 엄청난 성공을 거두었고 또 거둘 수 있는 것과, 미래를 읽지 못해 해악을 입을 수 있는 것을 구분하라. 검은 백조에는 두 종류, 즉 긍정적인 것과 부정적인 것이 있다. 영화계의 윌리엄 골드먼이 만난 백조는 긍정적인 검은 백조였다. 불확실성이란 이처럼 이따금 보상을 물어다 준다.

부정적인 검은 백조가 출몰하는 분야에서는 예기치 못한 일이 엄청난 충격을 몰고 오면서 심대한 타격을 입힌다. 군사, 재난 보험, 국가 안보와 같은 분야에서는 내리막길의 결과밖에 생기지 않는다. 마찬가지로 제7장에서 본 바와 같이 은행의 여수신 분야에서 근무하는 사람에게는 충격적인 사태는 항상 부정적이다. 돈을 빌려 준다면, 최선의 결과는 돈을 되돌려받는 것이다. 그러나 채무자가 지급불능 상태에 빠지면 대부한 돈을 날리게 된다. 반대로 채무자가 큰돈을 벌어들였다고 해도, 아마도 그는 수익을 나눠 줄 생각이 전혀 없을 것이다.

긍정적인 검은 백조의 예는 영화 이외에도 여러 분야, 즉 출판, 과학 연구, 벤처 자본 등에서도 찾을 수 있다. 이런 분야에서는 손실은 적되 성공의 보상은 크다. 책 한 권 때문에 잃을 손실은 적지만, 전혀 생각지 않은 이유로 어떤 책이 대박을 터뜨리기도 한다. 이 분야에서는 내리막 추세가 가파르지 않아서 충분히 통제할 수 있다. 물론 출판업자들도 골칫거리가 있다. 그들은 책이 팔리는 만큼 지불해야 할 것도 늘기 때문에 성공의 오르막길은 완만하되 실패의 내리막길은 무서울 정도로 가파르다(책 한 권을 발행하고 1000만 달러를 지불해야 한다면 이런 종류의 검은 백조는 베스트셀러라 하기 어렵다). 마찬가지로 신기술 분야에는 막대한 이득이 잠재되어 있긴 하지만 IT 거품이 터질 때처럼 지불해야 할 비용도 막대하기 때문에 오르막길은 완만하고 내리막길은 섬뜩하다. 벤처기업가는 투기 회사에 투자를 한 뒤 자신의 지분을 평범한 투자가들에게 팔아 치운다. 검은 백조의 수혜자는 이런 벤처기업가들이지 '나도 한몫' 하며 끼어드는 투자가들이 아니다.

이런 분야에서는 아무것도 모르는 것이 차라리 행운을 가져다준다. 특히 다른 사람 역시 아무것도 모를 때 효과가 발휘된다. 더 나아가 자신이 무엇을 모르는지 알아차리는 사람이라면, 즉 '아직 읽지 않고 남아 있는' 책들에 주목하는 유일한 사람이라면 이득은 최고에 달한다. 이것은 부정적 검은 백조를 두려워하면서도 긍정적 검은 백조에는 최대한 노출되고자 하는 바벨 전략과도 일치한다. 긍정적 검은 백조에 노출될 경우 그 불확실성에 대해 구체적이고 자세하게 알고 있을 필요는 없다. 손실이 극히 적을 경우에는 최대한 공격적이고 투기적이며 때로는 '상식을 벗어난' 자세를 취해야 하지만, 그 시점이 언제인지는 나로서도 알기 어렵다.

중간쯤 되는 사상가들은 이런 전략을 '복권' 모으기로 비유하곤 한다. 그러나 이것은 명백히 틀린 비유다. 첫째, 복권은 보상이 규모가변적이지 않다. 복권의 당첨금에 상한선이 있기 때문이다. 여기서는 오히려 루딕 오류가 들어맞는다. 현실의 보상은 복권과 비교할 수 없을 정도로 무한하다. 혹은 한계가 있는지 알 수 없다. 둘째, 복권에는 규칙이 있으며 학자들이 고안한 것과 같은 확률이 있다. 이와 반대로 현실 세계에서는 규칙을 알 수 없으며 불확실성이 늘어날 때마다 이득도 늘어난다. 새

로운 불확실성이 해악을 미치기보다는 이득만을 안겨 줄 것이기 때문이다.†

2. **지엽적 정확성을 추구하지 말라.** 더 간단히 말한다면, 시야를 넓혀라. 위대한 발견자 파스퇴르는 행운도 준비된 자에게만 온다는 사실을 잘 알고 있었다. 그는 특별한 발견이란 하루아침에 찾아낼 수 있는 것이 아니라 열심히 노력을 함으로써 그 가능성이 높아지는 것이라고 믿었다. 또 다른 위대한 사상가인 요기 베라도 이렇게 말했다. "자신이 어디로 가는지 모를 때에야말로 주의해야 한다. 자신이 원하는 곳으로 갈 수 없기 때문이다."

마찬가지로 검은 백조를 너무 세밀하게 예측하려 하지 말라. 예측하

---

† 인식론적 측면에서 좀 더 세밀히 살펴볼 점이 있다. 즉, 긍정적인 검은 백조가 출현하는 사업 분야에서는 과거의 경험에 나타나지 않는 것에 바로 유리한 것이 담겨 있다. 예컨대 생명공학 분야의 과거 수입을 살펴보면 거기에서는 대박을 터뜨릴 신약이 보이지 않는다. 그러나 암 치료제(혹은 두통, 탈모, 병적 유머의 치료제)가 개발될 가능성은 잠재되어 있기 때문에 예상을 뛰어넘는 엄청난 판매 수익을 올릴 확률은 적게나마 있다. 반대로 부정적 검은 백조가 출현하는 사업 분야의 경우는 과거의 기록은 과대평가의 모습을 보여 준다. 예컨대 1982년의 은행 붕괴 사태를 생각해 보자. 당시 순진한 사람들의 눈에는 이들 은행이 앞으로도 더 수익을 올릴 것으로만 비쳐지고 있었다. 보험회사의 경우에는 두 가지 유형이 있다. 첫째는 평범의 왕국에 속하는 (예컨대 생명보험 같은) 안정적 유형이고, 둘째는 더 위험하고 폭발성 있는 검은 백조가 출현하는 부문, 예컨대 재보험 같은 유형이다. 자료를 들여다보면, 재보험 회사들은 지난 수십 년간 계약심사 분야에서 손실을 입었지만, 이 부문의 손실이 앞으로도 더 커질 것임을 간파했다. 재보험회사들의 이러한 판단은 은행과 다른 것이었으니, 판단의 근거는 최근 20년 동안 거대한 파국적 사건이 발생하지 않았다는 것이었다. 그리하여 100년 동안 계약심사 분야에 관여했던 재보험회사들이 이 부문 철수를 결정했다. 보험업을 대상으로 '가치 평가'를 한다는 금융학 교수들은 이런 핵심을 들여다보지 못했다.

지 못한 일들 때문에 타격을 입기 쉽기 때문이다. 국방부에서 일하는 내 친구 앤디 마셜과 앤드루 메이즈도 이런 문제로 곤란을 겪은 적이 있다. 군사 분야에서는 다음 문제를 예견하는 쪽으로 자원을 투입하려는 본능이 있다. 마셜과 메이즈는 그 반대를 주장했다. 사태의 예견이 아니라 대비에 자원을 투입하자고.

한 가지 명심할 점은 완벽한 대비란 불가능하다는 사실이다.

3. **기회를 놓치지 말라. 혹은 기회로 보이는 것을 놓치지 말라.** 기회는 드물게, 생각보다 드물게 찾아온다. 명심할 점은, 긍정적 검은 백조는 항상 사전에 한 번쯤 모습을 보인다는 것이다. 그러므로 이 첫 번째 출현 단계를 놓치지 않도록 하라. 대부분의 사람들은 행운의 순간이 펼쳐져도 이를 깨닫지 못한다. 그러므로 대형 출판사(혹은 큰 화상, 영화사 중역, 은행 임원, 대사상가)가 만나자고 하면 선약을 취소하고 응하라. 우리 앞에 이렇게 문이 활짝 열려 있는 기회는 다시 오지 않을지 모른다. 기회란 나무 열매처럼 주렁주렁 달려 있는 것이 아님을 깨닫지 못하는 사람들의 모습에 나는 몇 번씩 놀라곤 했다. 그러니 복권은 아니어도 공짜표(그렇지만 보상은 무한히 가능한)는 될 수 있는 대로 자주 사라. 그리고 이 표가 결실을 맺기 시작하면 절대 버리지 말라. 열심히 일하되, 기꺼운 마음으로 일하라. 그리고 기회를 찾고 그 기회에 최대한 노출되도록 하라. 대도시에 산다는 것은 뜻밖의 발견과 마주칠 기회가 높아지기 때문에 큰 이점이 있다. 여기에서는 의외의 기회에 자주 노출될 수 있다. '인터넷 시대'이기 때문에 전원 지대에서 살아도 소통에 지장이 없다는 생각은 위와 같은 긍정적 불확실성을 배제하고 땅굴을 파고 있는 것이나 다름없다. 외교관들이야말로 이런 이치를 체득하고 있다. 칵테일 파티에서 자

주 만나 잡담을 주고받노라면 큰 성과를 올리기 십상인 것이다. 일상적인 편지 교환이나 전화 통화는 이에 미치지 못한다. 그러니 파티장에 가라! 과학자라면 새로운 연구의 착상을 번뜩 얻을 수 있다. 자폐증 환자라면 다른 사람이라도 파티에 대신 보내라.

4. **정부가 내놓는 계획을 구체적으로 파악하라.** 제10장에서 말한 바와 같이 정부가 예측을 하겠다면 말릴 수는 없다(공무원들은 이것으로 자위하고 자신의 존재를 정당화한다). 그러나 그들의 주장에 연연하지 말라. 명심할 것은 정부에서 일하는 공복들의 목표란 그들 자신의 생존과 지위 보장에 있는 것이지 진실을 밝히는 데 있지 않다는 사실이다. 그렇다고 해서 정부가 쓸모없는 존재라는 뜻은 아니다. 다만 정부가 하는 일의 부작용에 정신을 바짝 차리고 있어야 한다는 뜻이다. 예컨대 금융 분야의 규제 담당자들은 과도한 조치를 선호하면서도 무모하고 위험한(아니, 위험을 안고 있는) 상황을 용인하는 경향이 있다. 앤디 마셜과 앤디 메이즈는 내게 민간 부문이 예견력이 더 뛰어나냐고 묻기도 했다. 불행히도, '그렇지 않다.' 여기서 다시 위험천만한 요인을 포트폴리오에 안고 있는 은행들의 일화를 되새겨 보자. 희귀한 사건이 발생할 가능성에 대해 기업의 판단을 신뢰하는 것은 현명하지 않다. 이들 기업의 중역들은 성과를 단기적으로 입증하기 어려운데도 시스템을 이용해서 실적을 높이도록 꾸밈으로써 연말 보너스를 얻으려 하기 때문이다. 기업 간 경쟁이 보장될 경우 부정적 검은 백조에 가장 많이 노출된 기업이 살아남게 되는데, 이것이 바로 자본주의의 아킬레스건이다. 제1장에서 살펴본 대로, 시장이 전쟁을 효과적으로 예측할 수 없다는 역사가 퍼거슨의 발견을 상기하자. 참으로 미안한 이야기지만, 그 누구도 어떤 특정한 일의 예언가

가 될 수 없다.

5. "그들이 여전히 모른다면, 그것을 지적해 주기 어려운 사람들도 있는 법이다." 위대한 철학자 요기 베라가 불확실성에 대해 한 말이다. 그러므로 **일기예보관들, 애널리스트들, 경제학자들, 사회과학자들과는 농담을 주고받을지언정 그들의 주장과 싸우느라 시간을 허비하지 말라**. 그들은 놀려먹기도 쉽지만 쉽게 화를 내는 사람들이다. 예견 불가능성에 불평을 늘어놓는 것은 무익한 일이다. 어리석게도, 인간이란 끊임없이 예견하려는 존재다. 이것을 직업으로 하는 사람이야 더할 나위가 없을 테니, 이런 제도화된 사기에 아무도 종지부를 찍을 수는 없다. 이런 예견에 잠시라도 주목을 한 적이 있는 사람이라면 전망치의 시한을 늘릴수록 오류가 급속히 늘어난다는 사실을 명심해 두자.

평형상태, **정규분포** 따위의 용어를 구사하는 '저명한' 경제학자의 말에 고개를 끄덕이지 말라. 이 사람의 말을 한 귀로 흘려듣고 셔츠에 쥐 한 마리를 넣어 주자.

거대한 비대칭성

지금까지 말한 충고에는 한 가지 공통점이 있다. '비대칭성'이 그것이다. 원하는 결과가 그렇지 않은 결과보다 더 많은 상황에 처해 있다고 생각해 보자.

사실, **비대칭적 결과**는 이 책의 중심을 이루는 생각이다. 어떤 것이 미지의 것이라고 정확히 깨닫기 전까지 미지의 것을 알 수는 없다. 그러나 최소한 미지의 것이 우리에게 어떤 영향을 미칠지는 짐작할 수 있으며, 이것을 감안하여 우리의 방향을 정해야 한다.

이런 생각은 종종 '파스칼의 내기'라고 잘못 불리기도 한다. 이는 철학자이자 (사고하는) 수학자였던 블레즈 파스칼의 이름을 딴 용어다. 파스칼은 이렇게 말한 바 있다. 나는 신이 존재하는지 알지 못한다. 그러나 나는 신이 존재하지 않는다고 해도 내가 무신론자가 됨으로써 얻을 수 있는 이득이 전혀 없다는 것을 안다. 한편 나는 신이 존재한다면 무신론자들이 큰 손해를 보게 될 것이라는 것을 안다. 그러므로 신에 대한 나의 믿음은 정당하다.

신학적으로 파스칼의 논리는 심각한 결함을 안고 있다. 왜냐하면 우리의 그릇된 신앙을 신이 벌하지 않으리라고 믿을 만큼 우리가 순진해야 하기 때문이다. 그렇지 않다면, 우리는 순진한 신이라는 극히 한정적인 관점을 받아들여야 한다(버트런드 러셀은 파스칼의 논리가 타당하려면 신이 바보를 창조했어야 한다고 주장했다).

그런데 '파스칼의 내기'라는 발상은 신학의 영역을 넘어서 적용할 수 있다. 이 논리는 지식의 개념을 완전히 거꾸로 세워 놓은 것이다. 이 논리는 희귀한 사건이 발생할 가능성을 탐구할 필요성을 우리에게서 제거해 버린다(인간은 희귀한 사건을 인식하는 데 근본적 한계가 있다). 그 대신 인간은 어떤 사건이 발생하고 나서 생기는 이득에만 시야를 한정한다. 희귀 사건의 확률은 계산해 낼 수 없다. 반대로 어떤 사건이 우리에게 미치는 영향을 입증하는 것은 식은 죽 먹기다(사건이 희귀할수록 확률은 더욱 불투명해진다). 인간은 사건이 어떻게 발생하는가는 파악할 수 없어도 그 사건의 결과를 분명히 그려 낼 수는 있다. 예컨대 지진의 발생 확률은 알 수 없지만 샌프란시스코에 지진이 일어날 경우 어떤 결과가 생겨나리라는 것은 상상할 수 있다. 어떤 사건의 (알 수 없는) 확률을 계산하는 것보다는 (알아낼 수 있는) 그 결과에 집중함으로써 의사 결정을 내릴 수 있다. 이것이 **불확실성에 대한 중심적인 개념**이다. 내 삶의 많은 부분이 이에 기반하고 있다.

이제 이 생각에 기초해서 의사 결정에 관한 포괄적인 이론을 만들어 낼 수 있다. 우리가 할 수 있는 일은 결과를 완화하는 것뿐이다. 앞서 말한 대로 나의 투자 포트폴리오는 시장 붕괴를 피하지 않고 거기에 노출되는 것이다. 시장이 붕괴할 확률은 나도 계산할 수 없기에, 내가 할 수 있는 일은 보험에 가입하거나 덜 위험한 증권에 투자함으로써 손실을 줄이는 것이다.

사실상 자유시장이 성공적으로 작동해 왔다면, 그것은 자유시장이 내가 '확률 땜질'이라고 부르는 시행착오를 가능하게 하기 때문이다. 자유시장에서 경쟁하는 개별 행위자들은 이야기 짓기의 오류에 빠지기도 하지만 효율적 · 집단적으로 하나의 거대한 프로젝트에 참여한다. 자유시장 체제가 만들어 낸 과도한 자신감에 넘치는 기업가들, 순진한 투자자들, 탐욕스러운 투자은행들, 공격적인 벤처자본가들 덕택에 우리는 미처 의식하지 못한 상태에서 확률 땜질을 실행하는 법을 터득하고 있다. 다음 장에서는 내가 상아탑이 지식을 답답한 틀 안에 가둘 수 있었던 힘과 능력을 상실하게 될 것이며, 위키디피아식의 상자 바깥의 지식이 더욱 활발하게 꽃을 피울 것이라는 낙관적인 생각을 하는 까닭을 보여 줄 것이다.

인간은 역사를 스스로 만들어 가고 있다고 믿지만, 궁극적으로는 역사에 의하여 규정되고 있다.

지금까지 예견에 관하여 길게 서술한 것을 요약해 보기로 하자. 우선 우리가 지금 벌어지고 있는 상황을 파악하지 못하는 이유를 다음과 간단히 정리해 볼 수 있다. 1) 인식론적 오만과 그에 따르는 미래에 대한 맹목. 2) 플라톤식의 범주 관념. 사람들은 쉽게 환원주의에 빠지는 우를 범하는데, 특히 진정한 전문가가 없는 분야에서 대학에서 받은 학위라도 있을라치면 더욱 쉽게 그러한 경향을 보인다. 3) 추론에 사용하는 허점 투성이의 도구들. 이러한 도구들은 검은 백조로부터 자유로운 평범의 왕국에서나 통할 만한 것들이다.

이 책의 다음 부분에서 우리는 평범의 왕국에서 빌려온 이러한 도구들에 대해서 깊이, 상당히 깊이 살펴보게 될 것이다. 어떤 독자에게는 이 내용이 부록으로 여겨질지 모르지만 어떤 독자는 이것을 이 책의 정수라고 받아들일지도 모르겠다.

3부 극단의 왕국의 회색 백조

이제 검은 백조에 관해 좀 더 깊이 있는 주제 네 가지가 남았다.

첫째, 나는 앞서 세계가 극단의 왕국으로 점점 변모하고 있으며 평범의 왕국의 힘은 점점 줄어들고 있다고 말한 바 있다. 그런데 사정이 조금 미묘하기 때문에 나는 이런 과정이 어떻게 이루어지고 있는지를 제시하고자 한다. 그리고 세계의 불균형과 불평등이 어떻게 형성되고 있는지 다양한 시각에서 논하고자 한다. 둘째, 나는 앞서 가우스식의 정규분포곡선 이론이 해악스럽고 고약한 망상이라고 비판한 바 있는데 이를 좀 더 깊이 파고들고자 한다. 셋째, 만델브로적인 것, 즉 프랙털 혹은 무작위적인 것에 대하여 서술하고자 한다. 어떤 사건이 검은 백조에 해당한다고 해서 그것이 꼭 희귀하거나 극히 비정상적인 양상인 것은 아니라는 점을 상기하자. 검은 백조란 예상 밖의 사건, 그러니까 우리의 계산한 확률 밖에 존재하던 사건을 의미한다. 인간은 이런 사건에 속기 쉬운 법이다. 희귀한 사건은 일단 발생하고 나면 그 특성을 우리에게 다 내보이기 때문에 이들의 발생 확률을 계산해 낼 수는 없어도 발생 확률에 대한 **일반적인** 개념은 형성해 낼 수 있다. 이때 우리는 검은 백조를 회색 백조로 만들 수 있다. 즉 이들이 몰고 오는 충격을 완화시킬 수 있다. 이런 사건이 발생할 수 있음을 안다면 적응에 성공한 사람의 반열에 낄 수 있다.

마지막으로, 나는 '짝퉁' 불확실성에 초점을 맞췄던 철학자들에 대해 이야기할 것이다. 나는 (비록 본질적이진 않지만) 전문적인 내용을 이 책의 제3부에 배치하도록 구성했다. 이미 깊은 사고를 할 줄 아는 독자라면 이런 내용, 특히

제15장과 17장, 그리고 16장의 후반부는 건너뛰어도 무방하다. 독자의 경각심을 일깨우는 내용은 각주로 처리했다. 편차의 메커니즘에 별 관심이 없는 독자라면 곧바로 제4부로 넘어가도 좋다.

14장_ 평범의 왕국에서 극단의 왕국으로, 그리고 되돌아오기

인간이 만들어 낸 행성에서 어떻게 점점 무작위성이 증가하는지 살펴보자. 먼저 나는 우리가 극단의 왕국으로 변모하는 과정을 서술하고 그다음에 그 진화에 대해 살피고자 한다.

세계는 불공평하다

세계가 그렇게 불공평하다고? 나는 무작위성을 연구하고 실행에 옮겨 보고, 또 증오하는 데 평생을 보냈다. 시간이 흐를수록 사태는 점점 더 악화되고, 점점 더 두려움에 빠졌으며, 어머니 자연을 점점 더 혐오하게 되었다. 나의 연구 주제에 대해 사색하면 할수록 나는 우리 마음속의 세계가 우리 외부의 실제 세계와 다르다는 증거를 더 많이 찾을 수 있었다. 매일 아침마다 나는 세계가 전날보다 더 무작위적이 되었음을 느끼며, 우리 인간이 어제보다 더 무작위성에 휘둘리고 있음을 깨닫는다. 그리하여 그 정도는 참을 수 없는 지경으로까지 나아가고 있다. 이 글을 쓰는 지금 나는 몹시 고통스럽다. 내가 보기에, 세계는 지금 반란을 일으키는 중이다.

두 명의 인문사회학자가 이 불공평함의 변모와 발전에 대한 직관적 분석틀을 내놓은 바 있다. 한 사람은 주류 경제학자이고 다른 한 사람은 사회과학자다. 두 사람이 문제를 다소 과도하게 단순화시키긴 했다. 여기서 두 사람의 견해를 소개하기로 한다. 그것은 이들의 통찰력이 학문적으로 가치가 있다거나 상당한 발견을 했다거나 해서가 아니라 이들의 견해가 비교적 이해하기 쉽기 때문이다. 그러고 나서 나는 이들보다 설명력이 더 뛰어난 자연과학자들의 주장을 제시하고자 한다.

먼저 경제학자 셔윈 로센의 주장이다. 1980년대 초에 그는 '슈퍼스타의 경제학'이라는 주제로 몇 편의 논문을 발표했다. 그중 한 논문에서 그는 농구 선수 한 명이 연 120만 달러의 수입을 올리고 어떤 텔레비전의 명사가 연 200만 달러를 벌어들인다며 분개조로 말했다. 고소득자의 수입이 이처럼 늘어나는 추세, 그러니까 우리가 평범의 왕국에서 점점 멀어지는 추세가 얼마나 빠른지, 텔레비전 명사나 스포츠 스타들의 계약액이 이로부터 20년 뒤인 지금에는 (유럽에서도) 수천만 달러에 달한다! 20년 사이에 20배가 넘었다니!

로센에 따르면 이와 같은 불평등은 토너먼트 효과에서 생겨난다. 즉 남보다 약간 '나은' 사람이 전체 몫을 다 가져가기 때문이다. 제3장의 논리를 따른다면, 사람들은 살아남기 위해 고군분투하는 피아니스트의 음악을 듣기 위해 9.99달러를 지불하기보다는 레코드에 녹음된 호로비츠의 연주를 사기 위해 10.99 달러를 지불하는 쪽을 선택한다. 자, 13.99달러를 주고 밀란 쿤데라의 작품을 사서 읽을 것인가, 1달러를 지불하고 무명 소설가의 작품을 읽을 것인가? 그러니 승자가 모든 것을 가져가는 토너먼트처럼 보이지 않는가. 게다가 토너먼트에서는 큰 차이로 이길 필요도 없다.

그러나 로센의 세련된 주장에는 행운의 역할이 빠졌다. 여기서 문제는 '더 낫다'는 개념인데, 로센은 이를 성공에 이르게 하는 기술이라고 풀이하고 있다. 무작위적 결과, 즉 우연한 상황이 성공의 요인이기도 하며, 승자 독식의 출발점을 제공해 주기도 한다. 완전히 무작위적인 이유로 한 사람이 근소하게 앞서 있을 수 있다. 이때 우리는 서로 모방하려 하기 때문에 한 사람을 좇아 그 주변에 몰려 있게 된다. 이처럼 서로 모방하고 옮고 옮기는 성향을 로센은 과소평가한 것이다!

나는 원고의 이 부분을 애플 사의 매킨토시를 이용해서 쓰고 있다. 그전까지는 마이크로소프트 사의 제품을 몇 년간 쓰고 있었다. 애플 사의 기술력이 훨씬 뛰어나지만 그보다 못한 소프트웨어가 지금 시장을 석권하고 있다. 어떻게? 운이 좋아서다.

마태 효과

로센보다 10년쯤 전에 사회학자 로버트 K. 머턴은 빈곤층의 몫을 빼앗아 부자의 배를 불린다는 '마태 효과'를 제기했다.† 그는 학자들의 연구 실적에 주목하면서 출발점의 차이가 평생 지속되는 양상을 밝혀냈다. 그 과정은 다음과 같다.

누군가가 학술논문을 쓰고 있다고 하자. 그는 논문에서 그 주제를 연구해 온 50명의 연구자들을 인용했으며, 논문 작성에 참고한 문헌들을 제시해 놓았다. 문제를 간단히 하기 위하여 50명의 비중은 동일하다고 가정하자. 똑같은 주제를 연구하는 제3의 연구자가 앞의 참고문헌 목록에서 무작위로 세 명만을

---

† 기독교 경전에 이 규모가변성의 법칙에 대한 구절이 있다. "무릇 있는 자는 받아 풍족하게 되고 없는 자는 그 있는 것까지 빼앗기리라."(마태복음 13장 12절)

인용한다. 머턴은 많은 학술논문들이 원문을 읽지도 않고서 참고도서들을 인용한다는 사실을 밝혀냈다. 연구자들은 한 편의 논문을 읽고는 거기에 인용된 문헌들을 그대로 끌어 오고 있었다. 이렇게 되면 두 번째 논문을 읽은 세 번째 연구자는 **거기에 제시된** 세 사람을 선택하여 인용하게 된다. 이 세 사람의 이름은 해당 주제와 점점 더 강하게 엮이게 되고, 따라서 그들의 이름은 누적적으로 점점 더 많은 관심을 끌게 된다. 자, 이때 선택된 세 사람의 연구자와 나머지 47명의 연구자들 사이의 차이는 운에 달려 있을 뿐이다. 이들이 처음에 선택된 것은 그들의 업적이 뛰어나서가 아니라 선행 연구의 참고문헌에 먼저 실렸기 때문이다. 그 명성 덕분에 이 성공한 학자들은 더 많은 논문을 계속해서 쓸 수 있으며 발표 지면도 쉽게 열린다. 그러므로 학술적 성공도 부분적으로는 (그렇지만 상당히) 복권과 같다.†

명성의 효과를 검증하는 것은 어렵지 않다. 한 가지 방법은 유명한 학자들의 논문을 찾아서 저자 이름을 실수로 바뀐 것처럼 투고한 후 그 결과를 보는 것이다. 틀림없이 반려되고 만다. 그 이후 이름을 고치고 반려됐던 논문이 얼마나 많이 받아들여졌는지를 보면 쉽게 검증이 된다. 잊지 말아야 할 점은, 학자에 대한 평가가 주로 논문 인용도에 의존한다는 사실이다. 학계에는 서로 인용하는 폐쇄적 집단이 존재한다(그것은 "내가 당신을 인용하면, 당신도 나를 인용해준다"는 식의 거래다).

---

† 빨리 두각을 나타내는 것이 학자로서의 경력에 중요하다는 인식은 주로 마태 효과의 고약한 역할을 과소평가하기 때문에 생겨난다고 할 수 있다. 여기에는 편향이 특히 강하게 작용하기도 한다. '젊은이들의 게임'이라 하기도 하는 수학 등의 분야에서는 나이에 대한 인식이 잘못되었음을 입증하는 반대의 경우도 있다. 그렇다고 해도 성공은 빠를수록 좋다. 그것도 최대한 빨라야 한다.

이리하여 인용도가 떨어지는 저자는 학계에서 밀려나고, (점잖은 성격이라면) 정부 일을 하거나, 마피아와 손을 잡거나, 그것도 아니면 (호르몬 수준이 높은 사람일 경우) 월스트리트에 자리를 얻을 것이다. 연구 경력 초기에 유리한 발판에 발을 디디는 사람은 평생 그 유리한 지위를 유지하게 된다. 부자는 가난해지는 것보다 더 부자가 되는 일이 더 쉽고 유명한 사람은 명성을 잃는 것보다 더 유명해지는 일이 더 쉽다.

사회학에서는 마태 효과를 좀 덜 문학적인 표현을 써서 '누적 이득'이라 부른다. 이런 이치는 기업 조직, 사업, 배우, 작가 등 이전의 성공 경력이 유리하게 작용하는 분야에도 똑같이 적용된다. 투고 원고 제목의 색깔이 마침 끄덕끄덕 졸던 편집자 눈에 들어 《뉴요커》에 원고가 실렸다고 하자. 이 게재된 원고는 평생 유리한 출발점으로 작용한다. 더욱 심각한 것은 다른 사람에게도 평생 영향을 미친다는 것이다. 실패 역시 성공과 마찬가지로 누적된다. 실패자 자신이 의기소침해서 주저앉은 탓에 실패를 거듭한 경우를 제외한다고 하더라도, 그는 미래에도 실패할 확률이 높다.

예술 분야는 입소문에 의존하기 때문에 누적 이득 효과에 절대적인 영향을 받는다. 제1장에서도 나는 편 가르기에 대해, 그리고 언론이 어떻게 그 편 가르기를 조장하는지에 대해 언급했다. 예술 작품의 질적 수준에 대한 평가는 자의적인 견해가 여러 사람 사이에 퍼져 형성된 결과물이며, 이것은 정치적 견해보다 그 정도가 훨씬 더하다. 어떤 책이 나왔을 때 한 사람이 이 책의 서평을 쓴 뒤, 또 다른 사람이 이 서평을 읽은 후 비슷한 논리를 구사하는 평론을 쓴다. 시간이 얼마 되지 않아 수백 편의 서평이 쌓이게 되지만 그 내용이 워낙 중첩되기 때문에 두세 편의 글로 요약할 수 있다. 전형적인 예를 보려면 잭 그린의 평론집 《놈들을 불태우라!*Fire the Bastards!*》를 참조하면 된다. 이 책은 윌리엄 개디스의 소설 《인정*The Recognition*》에 대한 평론들을 체계적으로 분석하고 있다. 책 그린은 서평자들이 단어 구사에서까지 어떻게 서로 의존하고 있는지를 극명하게 보여 주었다. 이 현상은 제10장에서 우리가 살펴본 대로 금융 애널리스트들이 끼리끼리 몰리는 모습에도 나타난다.

현대 미디어의 출현은 누적 이득 효과를 가속시켰다. 사회학자 부르디외는 문화 및 경제 생활의 세계화와 소수자들의 성공의 관련성에 주목했다. 나는 사회학자가 아니니 현대 사회에서 성공을 거두는 데에 예상치 못한 요인들이 작용하고 있다는 사실만 보이고자 한다.

머턴의 누적 이득 개념은 이른바 '선호적 연결'이라는 효과의 (논리적인 순서는 아니지만) 시간적 순서를 뒤집어 놓은 것이기도 하다. 이 점에 대해서는 뒤에서 살펴보기로 한다. 머턴은 지식의 사회적 성격에 관심을 가졌을 뿐 사회적 무작위성의 역학에는 주목하지 않았다. 그러므로 그의 연구는 무작위성의 역학에 대한 연구로부터만 비롯된 것이 아니라 좀 더 수학적인 과학으로부터 끌어낸 것이다.

링구아 프랑카

선호적 연결 이론은 모든 분야에 적용할 수 있다. 도시의 크기가 극단의 왕국에 속하고, 어휘들이 소수의 단어에 집중되는 경향을 보이고, 박테리아의 개체 수가 큰 편차를 보이는 이유를 이 이론으로 설명할 수 있다.

1922년 《네이처*Nature*》에 J. C. 윌리스와 G. U. 율의 기념비적 논문이 게재되었다. 〈식물 및 동물의 진화와 지리적 분포에 관한 통계학, 그리고 그 의미Some Statistics of Evolution and Geographical Distribution in Plants and Animals, and Their Significance〉라는 논문으로, 여기서 두 과학자는 생물학에 이른바 '지수 법칙'이 존재함을 밝혔다. 이 지수 법칙은 제3장에서 내가 말했던 규모가변적인 무작위성의 또 다른 모습이라고 할 수 있다. 지수 법칙(이 법칙에 대해서는 다음 장에서 조금 더 전문적으로 다룰 것이다)은 이보다 앞서 빌프레도 파레토가 발견한 것인데 소득 분포를 경제학적으로 설명하는 데 도입되었다. 이에 뒤이어 율은 지수 법칙이 어떻게 발생하는가를 보이는 간단한 설명틀을 제시했다. 요지는 다음과 같다. 어떤 종이 일정한 속도에 따라 두 개로 분열함으로써 새로운 종이 생겨나는데, 그중 어떤 속(屬)이 개체 수가 많으면, 그 속은 그 후로도 계속 개체 수가 많아진다. 이것은 마태 효과와 같다. 한 가지 특기할 점은 율의 분석틀에서는 종들이 멸종되지 않는다는 것이다.

1940년대에 하버드대학의 언어학자 조지 지프는 언어의 특성을 연구한 결과 오늘날 '지프의 법칙'이라 불리는 경험적 규칙성을 찾아냈다. 이 법칙은 사실 법칙이라 하기는 어렵다(법칙이라 할 수 있다면 '지프의' 법칙이라 부르기도 어렵다). 어쨌든 지프의 법칙은 불균형이 형성되는 과정을 들여다보는 또 다른 시각이다. 그가 서술한 원리는 이렇다. 어떤 단어를 사용하는 빈도가 높아질수록, 그 단어를 다시 사용하기 위해 그것을 찾는 데 힘이 덜 들고, 따라서 언어 사용자가 자기 사전에서 단어를 고르는 것은 이전에 사용한 빈도에 의존한다. 영어 6만 단어 중에서 실제 문장에는 수백 단어만 나타나고 대화에서는 이보다 훨씬 적은 단어가 나타나는 이유가 이것이다. 마찬가지로 특정 도시에 인구가 밀집되면 밀집될수록 더 많은 사람들이 이 도시를 목적지로 선택하게 된다. 큰 것은 더 커지고 작은 것은 계속 작은 상태로 남거나 더 작아지는 것이다.

선호적 연결의 주요한 사례로는 영어가 급속히 세계어로 사용되는 현상을 들 수 있다. 즉 영어가 세계어로 통용되는 것은 영어 자체의 속성이 그래서가 아니라 사람들이 대화를 나누기 위해 될 수 있는 한 한 가지 언어만 사용하려 하기 때문이다. 따라서 어떤 언어든 유리한 지위에 올라서면 더욱 많은 사람들이 이 언어 사용자로 몰리게 된다. 마치 전염병이 퍼지듯 이 언어의 사용자가 늘어나며, 다른 언어는 급속히 사용자를 잃는다. 나는 인접한 두 나라 출신 사람들, 예컨대 터키인과 이란인, 혹은 레바논인과 키프로스인이 대화를 나누는 모습을 보고 놀라곤 한다. 이들은 서툰 영어로 대화를 나누느라 두 손을 흔들고 온몸을 움직이며 단어를 생각해 내느라 온갖 안간힘을 쓴다. 스위스 군인들 역시 (프랑스어 대신) 영어를 링구아 프랑카, 즉 공용어로 사용하고 있다(직접 들어보면 꽤 웃긴다). 북유럽 출신 미국인들 중 영국계 사람들은 극히 소수일 뿐, 압도적 다수는 독일, 아일랜드, 네덜란드, 프랑스, 그 밖의 북유럽 계통 사람들이다. 그러나 이 모든 족속들은 영어를 주요어로 사용하는 탓에 남의 나라 말을 모어처럼 써야 할 뿐 아니라 유럽 한 구석 습한 섬나라의 문화와 역사, 전통, 관습을 배우느라 애를 먹고 있다!

사상의 접촉과 전파

사상 혹은 사고방식이 서로 접촉하고 집중되는 과정도 위와 같은 분석틀로 설명할 수 있다. 그러나 이런 유행에도 몇 가지 제약이 있다. 사상은 일정한 체계를 이루어 전파된다. 제4장에서 인간의 추론 과정을 논한 것을 되새겨 보자. 우리가 아무 문제나 일반화하지 않는 것처럼 어떤 것을 신념으로까지 이끌기 위해서는 우리를 '잡아끄는 무엇'이 있어야 한다. 그리하여 어떤 사고방식은 쉽게 전파되지만 어떤 것은 그렇지 않다. 어떤 미신은 잘 퍼지지만 어떤 것은 그렇지 않다. 어떤 유형의 종교적 신념은 두각을 나타내지만 다른 어떤 것은 그렇지 않다. 인류학자이자 인지과학자, 철학자인 댄 스퍼버는 표상의 전염병학이라는 개념과 관련하여 다음과 같은 의견을 개진했다. '밈(meme)'이라 불리는 문화 구성 요소는 인간을 매개체로 하여 서로 경쟁하며 전파되지만 유전자와는 다르다. 어떤 사상이 전파되는 것은 인간이 스스로 매개자가 될 뿐 아니라 이것을 변형시켜 전파하는 데 흥미를 느끼기 때문이라는 것이다. 케이크를 만들 때 이미 있는 요리법을 단순히 흉내 내는 것으로는 성에 차지 않는 법이다.

다른 사람의 생각을 빌려 사용하되 **자기만의** 케이크를 만드는 것이다. 우리 인간은 단순한 복사기가 아니다. 우리가 믿으려 하는, 아니 어쩌면 믿도록 프로그램되어 있는 정신적 범주들은 이런 점에서 전파성을 갖고 있는 것이다. 사람들 사이로 퍼져 나가기 위해서는 그 정신적 특성이 인간의 본성과 부합해야 한다.

극단의 왕국, 거기서는 누구도 안전하지 않다

지금까지 설명한 집중의 역학에 관한 모든 분석틀, 특히 사회경제적 분석틀에는 뭔가 극히 순진한 면이 있다. 예컨대 머턴은 행운이라는 요인을 인정하기는 하지만 무작위성이라는 층위는 인정하지 않고 있다. 모든 이론틀에서는 한 번 승자가 되면 영원히 승자로 남는다. 그러나 실패자는 끝까지 실패자로 남는다 해도 승자는 어디선가 튀어나온 새로운 존재에 의해 밀려날 수 있다.

우리의 직관에서는 선호적 연결 이론이 매력을 발휘한다. 그러나 선호적 연결 이론은 신참자에 의한 변화 가능성을 배제한다. 이것이야말로 학교에서 인류 문명의 쇠망에 대해 가르치는 내용이 아닌가. 도시의 탄생과 소멸 과정을 생각해 보자. 기원후 1세기에 120만을 자랑하던 로마의 인구가 기원후 3세기에는 2만 명으로 줄어든 까닭은 무엇인가? 한때 미국의 주요 대도시였던 볼티모어가 어떻게 오늘날의 황폐한 마을로 축소되었는가? 필라델피아는 어떻게 뉴욕의 그늘에 가려진 도시가 되어 버렸는가?

브루클린의 프랑스인

외환 거래를 시작할 무렵 나는 뱅상이라는 친구를 사귀게 되었다. 프랑스 억양으로 영어를 구사한다는 점을 뺀다면 뱅상은 뚱보 토니식의 전형적인 브루클린 출신 거래자였다. 나는 그에게서 몇 가지 거래 요령도 배웠다. 그의 좌우명은 이런 식이었다. "금융거래에도 왕자가 있을 수 있지만 아무도 왕좌에 앉을 수는 없다." 그리고 "오르막길에 만난 사람은 내리막길에서도 다시 만나는 법."

내가 어렸을 때는 계급투쟁 이론이 풍미하고 있었다. 세계를 괴물처럼 집어삼키는 막강한 기업에 맞서서 순수한 개인들이 싸운다는 이론이다. 착취 수단이 끊임없이 개발되고 강자는 더욱 강해짐으로써 체제의 불공평이 점점 더 심해진다는 마르크스주의 신념을 계승한 이 이론은 지적 갈증을 느낀 사람들을 사로잡았다. 그러나 괴물 같다는 이 거대한 기업들이 파리처럼 추락하는 모습을 쉽게 볼 수 있다. 한 시대를 풍미한 기업이라도 대부분 십여 년이 지나면 퇴출되지 않는가. 그 대신 캘리포니아의 차고 혹은 모 대학 기숙사에서 튀어나온, 듣도 보도 못한 회사들이 무대의 중앙에 자리 잡지 않는가.

다음과 같은 냉엄한 통계가 있다. 1957년 미국의 500대 기업 중 이로부터 40년 후 스탠더드앤드푸어스가 집계한 500대 기업 목록에 든 기업은 74개에 불과했다. 사라진 기업 중 합병된 것은 극소수일 뿐 나머지 대부분은 형편없이 쪼그라들었거나 완전히 붕괴했다.

흥미롭게도 이들 거대 기업은 거의 모두가 세계에서 가장 자본주의화한 나라, 즉 미국에 자리 잡은 회사들이다. 오히려 사회주의 성향이 강한 나라일수록 대기업이 살아남기가 더 쉬운 환경이었다. 어째서 (사회주의가 아니라) 자본주의가 이 덩치 큰 괴물을 없애 버리는 것일까?

기업 하나하나의 시각으로 보면 이들은 잡아먹힌 것이다. 경제적 자유를 신봉하는 이들은 야비하고 탐욕스러운 기업이 큰 위협은 아니라고 주장한다. 경쟁을 통해 견제되기 때문이라는 것이다. 그러나 대기업을 견제하는 데 가장 큰 역할을 하는 것은 경쟁이 아니라 운이라는 것을 나는 와튼스쿨에서 배웠다.

하지만 사람들이 (드물긴 하지만) 운의 역할을 인정할 때에도 그것은 대부분

자기가 행운의 주인공이 되었을 때일 뿐이다. **다른 사람들**의 운이 더 커 보이는 법이다. 대박 상품이 터지면 운 좋게 성공할 수도 있고, 최근의 승자를 밀어내고 그 자리를 차지하기도 한다. 세계가 항상 새롭게 바뀌어 나가는 데에는 우연한 행운의 덕이 큰데, 자본주의 역시 그렇다. 운이야말로 최고의 균형추다. 운 덕택에 모든 사람들이 덕을 보기 때문이다. 사회주의는 대기업을 보호함으로써 자궁 속에서 움트는 새싹을 죽여 버린다.

모든 것은 변한다. 카르타고를 흥하게 했다가 망하게 한 것도 운이요, 로마를 융성시켰다 쇠망하게 한 것도 운이었다.

앞에서 나는 무작위성이 나쁜 것이라고 말했지만 언제나 그렇지는 않다. 인간의 지적 능력보다 훨씬 평등한 것이 바로 운이다. 인간이 자신의 능력에 따라서만 보상받는다면 세상은 언제나 불공평할 수밖에 없다. 우리가 자기 능력을 선택할 수는 없지 않은가. 무작위성은 인간사의 카드를 뒤섞어 버리고 거인을 무릎 꿇리는 이로운 역할을 한다.

예술에서는 유행이 이런 역할을 한다. 신참자도 유행으로부터 이익을 볼 수 있는데, '선호적 연결'과 유사한 유행 덕에 추종자들이 증가하기 때문이다. 그리고 그 다음엔? 이 신참자 역시 과거의 인물이 될 때가 오는 것이다. 한 시대에 찬사를 한 몸에 받던 작가가 시간이 지나자 사람들의 뇌리에서 잊혀지는 현상은 흥미롭다. 정부가 문제가 생긴 기업을 지원하듯이 명망 있는 예술가를 후원하는 프랑스에서조차 이런 일이 일어난다.

베이루트의 친척 집에 들를 때마다 나는 눈에 확 뜨이는 흰 가죽 장정의 '노벨 북스'라는 시리즈를 보게 된다. 외판사원의 그럴듯한 말에 넘어간 사람들이 이 호사스런 전집을 들여놓는다. 적지 않은 사람들이 집을 장식할 목적으로 책을 산다. 이들에게는 이처럼 단순한 책이 좋다. 이 시리즈는 매년 노벨 문학상 수상자들의 작품을 실어서 개정판을 내는 전집인데, 아마도 80년대에 발행이 끝난 것 같았다. 이 책을 볼 때마다 나는 갑갑증을 느낀다. 오늘날 쉴리 프뤼돔(1901년 제1회 노벨 문학상 수상), 미국의 여류 소설가 펄 벅(1938년 수상), 수상 당시 프랑스에서 가장 유명한 두 작가였던 로맹 롤랑(1915년 수상)과 아나톨 프랑스(1921년 수상), 그리고 생 종 페르스(1960년 수상), 로제 마르탱 뒤 가르(1937년 수상), 프레데리크 미스트랄(1904년 수상) 등을 아는 사람이 있는가?

긴 꼬리

나는 극단의 왕국에서는 누구도 안전하지 않다고 말했다. 이 말은 그 역도 성립한다. 즉 누구도 완전한 절멸의 위협을 받지 않는다. 오늘날의 환경은 아무리 보잘것없는 사람이라도 삶이 있고 희망이 있는 한, 성공의 대기실에서 때를 기다리게 한다.

최근 크리스 앤더슨이 위와 같은 점을 다시 상기시킨 바 있다. 크리스 앤더슨은 프랙털이 집적되는 동학적 과정이 또 다른 층위의 무작위성을 낳는다는 것을 간파한 몇 안 되는 사람 중 하나다. 그는 자신의 구상을 '긴 꼬리'라는 용어로 잠정적으로 표현했다. 나는 그가 전문 통계학자가 아니라는 사실이 다행스럽다(불행하게도 통계학을 정규 학문 과정에서 배운 사람들은 우리가 평범의 왕국에 산다고 착각한다).

진실로, 웹은 엄청난 규모의 집적을 만들어 낸다. 수없이 많은 접속자가 몇몇 웹사이트에 몰려든다. 예컨대 구글은 내가 이 글을 쓰는 순간에도 시장을 장악하고 있다. 역사상 그 어느 시대에도 한 개의 회사가 이처럼 순식간에 시장을 지배하지는 않았다. 구글은 니카라과에서부터 몽골 남서부나 미국 서해안까지, 전화도 선적도 택배도 제조 과정도 전혀 없이 서비스를 제공한다. 이것이야말로 승자 독식 연구의 전형적 대상이다.

그러나 사람들은 구글 이전에 알타비스타가 검색엔진 시장을 장악했다는 사실은 잊어버린다. 나는 앞으로 이 책의 개정판을 낼 때를 위해 구글의 은유를 다른 이름으로 수정할 준비가 되어 있다.

앤더슨에 따르면 웹에는 이와 같은 집적 말고도 **또 하나의** 특성이 있다. 웹에는 미래의 구글이 될 것들이 모여 있는 저수지도 있다는 것이다. 웹은 또한 **역**(逆)**구글**, 즉 특정 분야의 전문 기술 소지자들이 작고 안정적인 사용자를 만날 수 있는 가능성도 키워 준다.

예브게니아 크라스노바의 성공에 웹이 어떤 영향을 미쳤는지 상기하자. 예브게니아는 인터넷 덕분에 판에 박힌 출판업자를 우회할 수 있었다. 예브게니아의 책을 출간하겠다며 분홍빛 안경을 쓰고 나타난 출판사 사장은 웹이 없었다면 출판계에 명함도 들이밀지 못했을 것이다. 아마존 서점이 존재하지 않는 시점에 우리가 어떤 전문적인 책을 썼다고 해보자. 아마도 5000여 권 정도밖에 진열할 수 없는 기존 서점에서는 우리가 쓴 '멋지고 수준 높은 산문'을 자신들의 중심 서가에 올려놓지 않을 것이다. 또 13만 권의 보유 서적을 자랑하는 반즈앤노블과 같은 대형 서점도 독자가 드문 이 책을 새로 들여놓는 일이 부담스러울 것이다. 결국 우리의 원고는 여전히 원고 상태로 남아 있을 것이다.

그러나 웹상의 판매상은 사정이 다르다. 인터넷 서점 하나가 거래할 수 있는 품목은 거의 무한하다. 이 책을 물리적 공간에서 재고로 쌓아 놓을 필요가 없기 때문이다. 새로운 출판 분야로 대두되고 있는 주문형 도서(POD, print on demand) 방식에서는 책이라는 것이 디지털 형태로 저장되어 있기 때문에 종이책 재고란 개념은 전혀 불필요하다.

그러므로 예브게니아처럼 우리도 이따금씩 찾아올 이득을 찾아 검색엔진을 돌리며 시간을 보낼 일이다. 실제로 전문적인 책들이 자기 자리를 찾을 수 있게 되면서 지난 몇 년간 독자들의 수준이 매우 향상되었다. 다양성이라는 풍성한 환경이 조성된 것이다.†

나는 규모가변성에 의한 집적 효과와 정반대인 '긴 꼬리'라는 개념에 대해 설명을 해달라는 요청을 숱하게 받았다. 긴 꼬리라는 말에는 작은 것들이 한데 뭉쳐 문화 및 경제의 상당 부분을 움직여 낼 수 있다는 뜻이 함축되어 있다. 인터넷 덕분에 작고 특별한 주제와 틈새의 것들이 살아남을 수 있기 때문이다. 그러나 특이하게도 긴 꼬리라는 말에는 불평등하다는 뜻도 함축되어 있다. 거대한 기반을 이루는 작은 것들과, 극소수의 초거인들이 함께 세계 문화의 일정 부분을 대표하고 있는 것이다. 그리고 이 작은 것 중에서 일부가 이따금 강자를 쓰러뜨리고 위로 올라가는 일이 생긴다.(이것은 '이중의 꼬리'다. 즉 작은 것들의 큰 꼬리, 혹은 큰 것들의 작은 꼬리다.)

긴 꼬리는 왕좌를 차지한 승리자들의 지위를 흔들고 새로운 승자를 불러들임으로써, 성공의 역학을 변화시키는 데 핵심적인 역할을 한다. 이 과정에서 포착된 단면은 언제나 극단의 왕국에 해당한다. 즉 제2유형 무작위성의 집적에 좌우된다. 그러나 이 과정은 끊임없이 변화하는 극단의 왕국이기도 하다.

긴 꼬리가 미치는 영향은 여전히 수수께끼다. 아직은 웹 환경이나 소규모 온라인 상거래에만 그 영향이 한정되어 있다. 그러나 이 긴 꼬리 효과가 미래의 문화, 정보, 정치 생활에 얼마나 더 큰 영향을 미칠지 생각해 보라. 긴 꼬리 효과는 기득권 정치 집단, 학문 체제, 언론 집단 등 경직되고 기만적이며 자기 이익만을 추구하는 권위적 세력으로부터 우리를 해방시키는 역할을 해낼 수 있

† 웹의 상향적 특성 때문에 서평자들의 글도 신뢰도가 더 높아졌다. 서평자들이 자신들의 확인 편향에 의해 책의 쟁점과는 상관없는 사소한 약점을 까발리고 작가의 요지를 멋대로 왜곡해도 작가들은 전전긍긍할 수밖에 없었다. 그러나 이제 작가들은 힘 있는 조력자를 얻었다. 작가들은 편집자에게 불평 섞인 서신을 보내는 대신 서평에 대한 서평을 직접 웹에 올린다. 만약 인신공격을 당했을 경우 작가 역시 서평자의 신뢰도에 직접 의문을 제기하고 인신공격을 날릴 수 있다. 작가의 글은 인터넷 검색이나 상향식 백과사전인 위키피디아를 통하여 급속도로 퍼져 나간다.

을 것이다. 긴 꼬리 효과는 인지적 다양성을 함양하는 데에도 기여할 것이다. 2006년에 일어난 일 중 내가 손꼽는 것은 내 우편함에 원고 하나가 배달된 사건이다. 스콧 페이지의 《인지적 다양성: 개인의 차이가 어떻게 집단의 이익을 낳는가*Cognitive Diversity: How Our Individual Differences Produce Collective Benefits*》였다. 스콧 페이지는 인지적 다양성이 문제 해결에 미치는 효과를 분석하고 다양한 방법과 다양한 견해가 문제를 해결하는 엔진과 같이 작동함을 입증해 보였다. 거대 구조를 전복함으로써 우리는 사물을 해결하는 **유일한 길만** 제시하는 플라톤적 태도에서 벗어날 수 있다. 그리하여 마침내 이론에 얽매이지 않는 상향식 경험주의가 주된 역할을 할 수 있게 된다.

요컨대 긴 꼬리 효과는 세계를 덜 불공평하게 만드는 극단의 왕국의 부산물이다. 세계는 작은 존재들에게는 덜 불평등해지지만, 큰 존재에게는 극심하게 불평등해진다. 그 누구도 기득권층이 될 수 없다. 작은 것들은 매우 전복적인 존재들이다.

순진한 세계화

우리는 무질서, 그렇지만 반드시 나쁘지만은 않은 무질서로 진입해 들어가고 있다. 이것은 거의 모든 문제가 소수의 검은 백조에 집중되면서 우리가 좀 더 평온하고 안정적인 시대를 보게 될 것임을 의미한다.

지난 역사의 전쟁들을 살펴보자. (총인구 대) 사상자의 비율로만 따지면 20세기가 최악의 시대는 아니었다. 20세기는 새로운 것을 가져왔다. 극단의 왕국의 전쟁이 시작된 것이다. 분쟁이 발생할 가능성은 매우 낮지만 일단 발생하면 인류의 거의 10분의 1을 사상시킬 만큼 위험하기 때문에 그 누구도 안전할 수 없다.

경제생활에서도 이와 같은 효과가 일어나고 있다. 제3장에서 나는 세계화

이야기를 다음과 같이 언급한 바 있다. 세계화가 일어나고 있다. 그러나 다 좋은 것은 아니다. 세계화 시대에는 폭발성이 감소하고 안정성이 늘어나는 듯 보이지만 취약성이 서로 얽혀 결합된다. 다시 말해 세계화는 파괴적인 검은 백조를 만들어 낸다. 우리는 이전까지 전혀 경험하지 못한 전 지구적 붕괴라는 위협에 처해 있다. 금융기관들이 합병되어 더 적은 수의 거대 은행들만 남는다. 세계의 거의 모든 은행들이 서로 연결되어 있다. 따라서 오늘날의 금융 생태계는 서로 갉아먹고 관료적이며 (그나마 위험관리라는 것도 가우스 정규분포곡선 사고에 의존하는) 덩치만 큰 은행의 시대로 휩쓸려 들어가고 있다. 그러므로 하나가 무너지면 전부 무너지게 되어 있다.† 은행의 집중은 금융 위기의 가능성을 줄이는 효과를 낳지만 일단 위기가 발생하면 전 세계적 규모로 심각한 사태를 일으킬 가능성이 커진다. 우리는 작은 은행들이 다양한 여신 상품을 취급하던 다양성의 시대를 지나 서로 비슷비슷한 사업을 벌이는 은행들만 남아 있는 획일적 시대로 접어들었다. 진실로 우리 시대에는 위기가 일어나는 빈도가 적어졌다. 그러나 일단 위기가 발생하면… 이런 생각만으로도 몸이 떨리지 않는가? 사태는 적게 일어나지만 위기는 더욱 치명적이 될 것이다. 희귀한 사건일수록

---

† 오늘날의 은행들은 마치 무슨 문제가 있겠냐는 듯하지만, 예전보다도 검은 백조와 루딕 오류에 취약하다. 은행에 적을 두고 검은 백조 감시 일을 맡는다는 '학자'들 역시 마찬가지다. 거대 은행 J. P. 모건은 1990년대에 리스크메트릭스(RiskMetrics)라는 분석 기법을 도입함으로써 오히려 전 세계를 위험에 빠뜨렸다. 리스크메트릭스는 고객의 위험을 관리해 준다는 명목의 '짝퉁' 분석 기법으로서 처음부터 끝까지 루딕 오류에 물들어 있었으며, 회의론적인 '뚱보 토니' 대신 '존 박사' 같은 사람의 손에 권력을 쥐여 주었다.〔이 기법과 함께 'VaR(Value-at-Risk)'이라는 기법도 있다. 이것은 위험도를 계량적으로 분석하는 기법으로 널리 보급되었다.〕 한편 정부 출연 기관인 '패니 매(Fanny Mae)' 역시 내가 볼 때에는 다이너마이트 통 위에 앉아 있는 꼴이라서 약간의 경기 하락에도 위험에 빠질 것이다. 그러나 걱정할 것은 없다. 이 기관에 자리 잡은 막대한 수의 '학자'들에 따르면 이런 사태가 일어날 '가능성이 없으니까.'

우리는 그 가능성을 더욱 알지 못하고 있다. 결국 위기가 일어날 가능성은 더욱 더 알기 어려워진다.

이런 위기가 어떻게 일어나는지 어느 정도 짐작은 할 수 있다. 네트워크란 서로 이러저러한 방식으로 연결된 '노드'라 불리는 요소들의 집합이다. 전 세계의 공항들, 사회적 연결망, 격자 모양의 전선 연결망, 월드와이드웹 등이 모두 네트워크를 이룬다. 네트워크의 구성과 노드들 사이의 링크를 연구하는 분야를 '네트워크이론'이라 한다. 던컨 와츠, 스티븐 스트로가츠, A. L. 바라바시 등이 이 분야의 대표적인 연구자들이다. 이들은 모두 극단의 왕국에 통용되는 수학이 있음을 인정하며, 가우스 정규분포곡선의 부적합성을 지적한다. 이들의 연구에 따르면 네트워크는 다음과 같은 속성을 갖는다. 네트워크에서는 중심 연결망으로 기능하는 소수의 노드에 연결이 집중된다. 극도로 집중된 부분에 연결망이 형성되는 경향이 네트워크의 본성이다. 따라서 몇 개의 노드에 극도의 집중이 생기는 반면에 그 나머지에는 거의 연결망이 형성되지 않는다. 이러한 연결망의 분포는 일종의 규모가변적인 구조를 이룬다. 이에 대해서는 다음의 15장과 16장에서 다루기로 한다. 이러한 연결 집중 현상은 인터넷에만 한정되지 않는다. 사회생활(소수의 사람들에 연결망이 집중된다), 전력 공급망, 통신망 등에서도 나타난다. 네트워크가 튼튼한 것은 이런 특성 때문인 것으로 보인다. 네트워크의 특정 부분을 무작위로 설정하여 차단시켜도 극히 일부분의 범위에 그쳐 버리기 때문에 전체에는 이런 현상이 생기지 않는 것이다. 그러나 바로 이런 특성 때문에 네트워크는 검은 백조 효과에 취약해진다. 즉 연결이 집중된 주요 노드에 문제가 발생한 경우를 생각해 보자. 2003년 미국 북동부의 정전 사태가 바로 이로 인해 일어났다. 이와 같은 파국은 오늘날 대은행 중 하나에만 문제가 발생해도 어떤 일이 일어날 수 있는지를 웅변해 주는 완벽한 사례다.

은행은 인터넷보다 훨씬 최악의 상황에 처해 있다. 금융 산업에는 이렇다 할 긴 꼬리가 없기 때문이다. 현재와 다른 환경, 즉 금융기관이 이따금 붕괴해도 마치 인터넷 분야나 인터넷 경제에서 보이는 탄력성이 발휘되듯 새로운 것이 그 자리를 차지할 수 있다면 세계는 더 나아질 것이다. 정부 분야에도 긴 꼬리 효과가 있다면 좋을 것이다. 관료들을 대신해서 시민들이 그 자리를 채워 봉사함으로써 관료 제도를 되살릴 수 있다면 말이다.

극단의 왕국에서 물러나오기

사회는 점점 집중도가 높아 가지만 사람들은 여전히 평범의 왕국에서나 통용되던 고답적 관념을 중용으로 여기고 있기 때문에, 불가피하게도 사회 현실과 사람들의 사고 사이에 긴장이 점점 높아 간다. 그리하여 집중도를 역전시키려는 노력도 생겨날 수 있다. 우리가 사는 1인 1표 시대에는 진보적 세금 제도가 승자를 견제하려는 목적으로 시행된다. 피라미드의 밑바닥에 있는 사람들이 진정 승자들의 집중을 견제하겠다고 마음을 먹는다면 사회적 규칙을 손쉽게 바꿀 수 있다. 그러나 이렇게 하기 위해 투표까지 할 필요는 없다. 종교의 힘만 빌려도 문제를 누그러뜨릴 수 있기 때문이다. 예컨대 기독교가 등장하기 전까지 많은 사회에서는 강자가 아내를 여럿 거느림으로써 하층민들이 자식을 낳을 기회를 가로막았다. 이는 강한 수컷이 번식을 독점하는 동물의 경우와 다를 것이 없다. 기독교는 일부일처제를 도입함으로써 이 관계를 역전시켰다. 그 뒤에 등장한 이슬람교는 아내를 넷으로 제한했고, 유대교도 본래는 일부다처제였지만 중세 이후에 일부일처제가 되었다. (첩을 공공연히 거느릴 수 없었던 그리스로마 시대와 같은) 엄격한 일부일처 결혼 제도는 비록 '프랑스식 방탕함'은 있었다고 해도, 사회적 안정을 유지하는 데 성공적인 역할을 했다고 하겠다. 짝을 찾을 기회를 박탈당해 분노하며 혁명을 꿈꾸는 남자들이 많지 않았기 때문이다.

나는 여러 가지 불평등 중에서도 경제적 불평등에만 초점을 맞추는 것이 매우 불편하다. 공평함은 경제적 영역의 문제만은 아니다. 기초적인 물질적 욕구가 충족되는 오늘날 경제적 불평등은 오히려 적어지고 있다. 문제는 서열이다! 슈퍼스타는 언제나 슈퍼스타의 자리를 지킨다. 소비에트 사회는 경제적 구조를 평평하게 하긴 했지만 그들 방식의 '초인'을 만들어 선전했다. **평균적인** 것이 인류의 지적 생산에 기여할 수 없다는 사실은 거의 인정되지 않거나 부정된다. 부의 불평등보다 더 문제가 되는 것은 지적으로 우월한 극소수가 사회에서 커다란 역할을 담당한다는 점이다. 지적인 불평등은 소득 격차와 달리 어떤 사회적 정책으로도 제거할 수 없기 때문이다. 공산주의는 소득의 차이를 숨기거나 줄일 수는 있었어도 지적 생활에서 슈퍼스타 시스템을 없앨 수는 없었다.

더욱 놀라운 것은 마이클 마멋의 '화이트홀 연구'에 따르면, 사회적 서열의 상층에 있는 사람이 병에 덜 걸리고 더 오래 산다는 사실이다. 마멋의 연구는 사회계층의 차이 하나로도 사람의 수명이 달라짐을 극명하게 보여 주었다. 또 오스카 상을 수상한 배우는 그렇지 않은 다른 배우보다 5년이나 더 오래 산다는 통계도 있다. 서열 차이가 크지 않은 사회에 사는 사람이 더 오래 산다. 서열 차이가 심한 사회에서 사는 사람은 경제적 조건과 관계없이 더 일찍 죽기 때문에 승자는 동료를 죽이는 셈이다.

이런 문제를 (종교를 통한 방법 이외에) 어떻게 해결할지 나는 답을 갖고 있지 않다. 나의 사기를 꺾는 동료에 대비한 보험 상품이 나올 수 있을까? 노벨상을 폐지해야 할까? 노벨 경제학상은 사회와 지식에 아무런 도움을 주지 못했다. 반면에 의학과 물리학에서 **실제로** 기여한 사람들은 우리의 기억에서 쉽게 잊혀졌다. 이들의 수명이 노벨상 수상자들 때문에 줄어든 것은 아닐까? 극단의 왕국이 지금 여기에 있고, 우리는 그 안에서 살아야 한다. 그러므로 극단의 왕국을 좀 더 입맛에 맞게 만들 방책을 찾아야 한다.

15장_ 정규분포곡선, 그 거대한 지적 사기†

대학의 통계학 강의와 확률론 강의에서 들은 내용은 모두 잊으라. 그런 강의를 들은 일이 없다면 차라리 다행이다. 이제 기초부터 시작하자.

가우스 수학과 만델브로 수학

2001년 12월 오슬로에서 출발한 나는 취리히로 가기 위해 프랑크푸르트 공항에서 비행기를 갈아타야 했다.

잠시 짬이 나길래 나는 유럽제 다크 초콜릿을 구입할 절호의 기회로 여겼다. 비행기는 체중을 따지지 않으니까 말이다. 점원이 내민 거스름돈에는 10마

† 이 장에서는 정규분포곡선을 다루기 때문에, 전문적인 내용에 익숙하지 않은 독자는 건너뛰어도 좋다. 정규분포곡선을 모르는 행운을 누리고 있는 독자도 건너뛰어도 무방하다.

마지막 10마르크짜리 지폐. 가우스가 그려져 있고, 그 오른쪽에 평범의 왕국의 정규분포곡선이 그려져 있다.

르크짜리 독일 지폐가 한 장 섞여 있었다. 이 지폐의 (불법) 스캔 사진이 위에 있다. 곧 있을 유로화 도입으로 독일 마르크 지폐는 사라지기 직전이었으므로 나는 이 지폐를 고별 인사로 간직해 두었다. 유로화가 출범하기 전까지만 해도 유럽에는 수많은 국가의 통화가 있었기에 인쇄업자, 환전상은 물론이고 나처럼 (비교적) 가난한 외환 딜러들이 덕을 보고 살았다. 다크 초콜릿을 먹으며 애틋하게 마르크 지폐를 보다가 별안간 나는 숨이 막히는 듯했다. 뭔가 특이한 점을 이제야 알아차렸던 것이다. 이 10마르크 지폐에 가우스의 초상과 그가 창안한 정규분포곡선이 인쇄되어 있었다.

더 기이한 사실은 정규분포곡선은 독일 통화의 역사와 거의 연관이 없다는 점이다. (독일 화폐의 원래 명칭인) 라이히스마르크는 1920년대에 1달러당 4마르크 수준이었던 환율이 불과 몇 년 사이에 **1달러당 4조 마르크**로 폭등했다. 이런 결과는 정규분포곡선으로 통화 변동의 무작위성을 기술하기 어려움을 말해 준다. 이 단 한 번의 사태만으로 정규분포곡선을 믿을 수 없음이 드러났다.

단 한 번만 일어난 일, 그리고 그 결과를 생각해 보라. 그런데도 정규분포곡선이 여전히 버티고 있으며, 그 옆에서 가우스 교수께서 근엄하고 무표정한 모습으로 나를 바라보고 있다. 테라스 라운지에서 파스티스를 마시며 한담을 나누고 싶은 상대는 전혀 아니었다.

충격적인 사실은 규제 담당자와 중앙은행 사람들이 위험관리 기법으로 여전히 정규분포곡선을 이용하고 있다는 점이다. 이들은 검은 정장을 몸에 두르고 따분한 말솜씨로 통화를 논한다.

감속 속도의 급속 증가

가우스 이론의 요점은 대부분의 관측값이 범용값, 즉 평균값 주변에 모인다는 것이다. 평균에서 벗어나면 벗어날수록 편차가 발생할 확률은 (기하급수적으로) 급속히 감소한다. 한마디로 말하자면 이렇다. 즉 중심 혹은 평균에서 멀어지면 확률의 감소 속도는 급속히 증가한다. 다음의 계산 목록을 보라. 나는 가우스 양을 갖는 신장 값을 선택하되, 계산의 편의를 위해서 이를 더 단순하게 만들었다. (남녀 불문의) 평균 키가 각각 1.67미터라고 하자. 분포 단위는 10센티미터다. 여기서 1.67미터 위의 값이 증가하는 비율과 그 신장의 확률을 눈여겨보라.[†]

평균 + 10센티미터(즉 1.77미터 이상): 1/6.3

평균 + 20센티미터(즉 1.87미터 이상): 1/44

평균 + 30센티미터(즉 1.97미터 이상): 1/740

† 단순화하기 위해 숫자를 약간 고쳤다.

평균 + 40센티미터(즉 2.07미터 이상): 1/32,000

평균 + 50센티미터(즉 2.17미터 이상): 1/3,500,000

평균 + 60센티미터(즉 2.27미터 이상): 1/1,000,000,000

평균 + 70센티미터(즉 2.37미터 이상): 1/780,000,000,000

평균 + 80센티미터(즉 2.47미터 이상): 1/1,600,000,000,000,000

평균 + 90센티미터(즉 2.57미터 이상): 1/8,900,000,000,000,000,000

평균 + 1미터(즉 2.67미터 이상): 1/130,000,000,000,000,000,000,000

…그리고 이어서

평균 + 1.1미터(즉 2.77미터 이상): 1/36,000,000,000,000,000,000,000,000,000,000,000,000,000,000,000,000,000,000,000,000,000,000,000,000,000,000,000,000,000,000,000,000

항이 더 늘어나서 22번째가 되면 평균보다 220센티미터 큰 사람이 있을 확률은 $1/10^{100}$이 된다.

이 목록은 가속의 양상을 잘 보여준다. 평균보다 60센티미터 클 때의 확률과 평균보다 70센티미터 클 때의 확률을 보라. 불과 10센티미터가 커졌을 뿐인데 확률은 7800억 명 중의 1명에서 1600조 명 중의 1명이 되어 버린다![†]

이처럼 어떤 사건이 일어날 확률이 급격히 줄어든다는 것은 곧 극단값을 무

---

† 가우스 분포에 대해 제대로 알려지지 않은 측면이 있다면 이 정규분포곡선이 꼬리 부분에 해당하는 사건을 제대로 평가하지 못하고 있다는 점이다. 4시그마 확률은 4.15시그마보다 두 배지만, 20시그마의 확률은 21시그마의 확률보다 무려 1조 배가 된다. 이것은 시그마 값의 오차가 아주 적더라도 그 확률은 엄청난 차이를 보임을 의미한다. 말하자면 어떤 사건을 잘못 예측하면 1조 배의 오류를 범한다는 것이다.

시할 수 있다는 것이 된다. 이러한 감소 추세를 나타내는 곡선은 단 하나, 즉 정규분포곡선(그리고 그것의 규모가변성이 없는 형제들)뿐이다.

만델브로적 수학

이와 달리 유럽 사회에서 부자로 살 확률을 살펴보자. 유럽에서는 부가 규모가변성을 갖는다고, 즉 만델브로적 원리를 따른다고 가정하자.(내가 여기서 유럽에서의 부 개념을 정확히 정의한 것은 아니다. 규모가변적인 분포를 보이기 위해 단순화했을 뿐이다.)†

규모가변적인 부의 분포

100만 유로 이상의 순소득을 올리는 사람의 비율: 1/62.5

200만 유로 이상: 1/250

400만 유로 이상: 1/1,000

800만 유로 이상: 1/4,000

1600만 유로 이상: 1/16,000

3200만 유로 이상: 1/64,000

3억2000만 유로 이상: 1/6,400,000

---

† 제3부에서 내가 강조하려는 핵심은 다음과 같다. 가능한 패러다임이 오직 둘만 있다고 한다면 모든 것은 기본적으로 쉽게 얻어진다. 두 개의 패러다임이란 (가우스적인) 규모가변적 불가능성과 (만델브로적 무작위성을 비롯한) 다른 것들을 말한다. 앞으로 살펴보겠지만 규모불변적인 패러다임을 거부할 경우는 **세계를 보는 일정한 시각을 배제하게 된다.** 이것은 일종의 부정적 경험주의라 하겠다. 즉 무엇이 오류인지를 앎으로써 더 많이 알게 된다.

여기서 확률이 줄어드는 속도는 항상 일정하다(혹은 줄어들지 않는다)! 수입이 두 배로 늘면 분모는 8억 유로든 16억 유로든 4를 인수로 하여 곱해진다. 간단히 말해서 이것이 평범의 왕국과 극단의 왕국 사이의 차이다.

규모가변적인 것과 규모불변적인 것을 비교했던 제3장을 생각해 보라. 규모가변성이란 속도를 줄여 줄 맞바람이 불지 않음을 의미한다.

물론 만델브로적인 극단의 왕국은 여러 가지 양상을 띨 수 있다. 부가 극도로 집중되는 극단의 왕국을 생각해 보라. 이곳에서는 부를 두 배 늘리면 그 확률은 절반이 된다. 그 결과는 앞의 경우와 다르지만 원리는 같다.

불평등이 심한 경우의 프랙털적인 부의 분포

100만 유로 이상의 순소득을 올리는 사람의 비율: 1/63

200만 유로 이상: 1/125

400만 유로 이상: 1/250

800만 유로 이상: 1/500

1600만 유로 이상: 1/1,000

3200만 유로 이상: 1/2,000

3억2000만 유로 이상: 1/20,000

6억4000만 유로 이상: 1/40,000

그런데 가우스 원리가 적용될 경우 결과는 다음과 같이 달라진다.

가우스 법칙에 따른 부의 분포

100만 유로 이상의 순소득을 올리는 사람의 비율: 1/63

200만 유로 이상: 1/127,000

300만 유로 이상: 1/14,000,000,000

400만 유로 이상: 1/886,000,000,000,000,000

800만 유로 이상: 1/16,000,000,000,000,000,000,000,000,000,000,000

1600만 유로 이상: 1/… **내 컴퓨터로는 계산할 수가 없다.**

내가 말하고 싶은 점은 두 경우의 패러다임이 질적으로 다르다는 사실이다. 앞에서 말했듯이 뒤의 경우는 규모가변적인 것이다. 속도를 줄여 줄 요소가 전혀 없다. 수학에서 말하는 지수 법칙이 규모가변성을 표현하는 또 다른 용어라고 할 수 있다.

그러나 지수 법칙이 지배하는 환경에 놓여 있음을 아는 것만으로는 충분하지 않다. 어째서 그런가? 실생활에서는 어떤 계수가 작용하는지를 추가로 측정해야 하지만 그것이 가우스적 설명틀로 계산하는 것보다 훨씬 어렵기 때문이다. 가우스적 계산만이 그 속성을 급속하게 드러내 주는 것이다. 이 책에서 나는 그것의 정밀한 해법을 제시하기보다는 세계의 대략적인 모습을 보여 주는 데에만 주력했다.

기억해야 할 것

기억해야 할 것이 있다. 가우스 정규분포곡선의 점들은 평균에서 멀어질수록 확률을 급속도로 떨어뜨리는 맞바람에 부딪히게 되지만 규모가변적인 만델브로의 점들은 그러한 제약을 받지 않는다. 이 점만 알아 두어도 충분하다.†

---

† 변수들이 무한히 규모가변적이지는 않을 수도 있다. 먼, 먼 어느 곳에 상한선이 쳐져 있을 수 있기 때문이다. 그러나 거기가 어디인지 알 수가 없고, 그렇기 때문에 어떤 특정 상황을 다룰 때 마치 그것이 무한히 규모가 변동할 수 있는 것으로 가정한다. 전문적인 견지에서 보면 어떤 책을

불평등

이제 불평등이 어떤 성질을 갖는지 살펴보자. 가우스적 설명틀에서는 편차가 커질수록 불평등은 감소한다. 그러나 규모가변성을 갖는 것은 그렇지 않아서 불평등함이 어디서든 똑같다. 갑부들 사이의 불평등은 보통 부자들 사이의 불평등과 같다. 즉 불평등은 감소하지 않는다.††

다음과 같은 경우를 생각해 보자. 두 사람의 연 소득 합계가 100만 달러를 이루는 쌍을 미국 인구 중에서 무작위로 선정한다고 하자. 이때 소득의 구성은 어떨까. 평범의 왕국이라면 (저마다) 50만 달러를 버는 사람들의 짝으로 이루어질 것이다. 그러나 극단의 왕국이라면 5만 달러 대 95만 달러 소득의 짝이 될 것이다.

책의 판매고에서는 불균형이 더 두드러진다. 합해서 100만 부를 판매한 두 작가를 무작위로 고른다면 가장 있을 법한 짝은 99만3000부를 판매한 작가와 7000부를 판매한 작가의 짝이 된다. 두 사람이 각각 50만 부씩 판매한 경우는 이보다 훨씬 가능성이 적다. **총규모가 어떠하든 불균등한 정도는 더 심해진다.**

지구상에 존재하는 사람의 수보다 더 많이 파는 것은 불가능하지만 상한선이 워낙 높기 때문에 그것이 존재하지 않는 것으로 가정해도 무방하다. 게다가 똑같은 영화를 여러 번씩 보게 만들듯이 책을 다시 장정해서 한 사람에게 한 번 더 팔 수도 있지 않은가.

†† 2006년 8월 이 책의 원고를 퇴고하는 동안 나는 매사추세츠 데덤 호텔에 묵고 있었다. 호텔 부근에서 우리 아이들이 여름 캠프에 참가하던 중이었다. 호텔 로비에는 과체중인 사람들이 눈에 많이 띄었는데 이들 덕분에 예비 엘리베이터까지 고장이 날 정도였다. 사연인즉, 전미비만인지위향상협회의 연례 회의가 열리고 있었던 것이다. 참가자마다 보통 살이 찐 것이 아니었던 탓에 나는 누가 제일 비만인지 가려낼 수조차 없었다. 최고로 비만인 사람들 사이에는 어떤 평등함이 존재하는가 보다(이들보다 더 비만인 사람을 본 적이 있긴 하지만 그는 아마 이미 죽었을 것이다). 아마 전미부자인식개선협회라는 것이 있다면 거기서도 한 사람이 나머지 전체보다 월등할 것이다. 극히 적은 비율의 사람이 전체 부의 상당 부분을 차지할 것이다.

어째서 그런가? 신장에 관한 통계와 비교해 보자. 합이 14피트가 되는 두 사람의 짝이 있다고 하면, 가장 있을 법한 짝은 2피트와 12피트 혹은 8피트와 6피트 신장의 결합이 아니라 두 사람이 각각 7피트로 신장이 같은 경우일 것이다! 8피트 이상인 사람은 워낙 희귀해서 이런 조합을 이루기가 불가능하다.

극단의 왕국과 20 대 80 법칙

20 대 80 법칙이라는 것을 들어 본 적이 있는가? 이것은 지수 법칙의 가장 흔한 예로, 빌프레도 파레토가 이탈리아 토지의 80퍼센트가 인구 중 20퍼센트의 소유라는 사실을 밝혀낸 것을 계기로 인식되기 시작했다. 어떤 사람은 노동의 80퍼센트를 20퍼센트의 사람이 하고 있는 것을 20 대 80 법칙으로 보기도 했다. 혹은 노력 중 80퍼센트에 해당하는 것이 결과의 불과 20퍼센트에 기여한다고 하기도 한다. 그 역도 성립한다.

그러나 이런 정도의 금언으로 요즘 사람은 꿈쩍도 하지 않을 것이다. 아마도 1 대 50의 법칙, 즉 작업의 50퍼센트가 작업자의 1퍼센트에 의해 이루어진다고 하면 모를까. 이 법칙은 세계를 그만큼 불평등한 것으로 보게 하지만, 20 대 80이나 1 대 50이나 서로 동일한 수식이다. 어떻게? 불평등함이 존재하고 있다면, 80 대 20의 구성에서 20퍼센트를 이루는 사람들 내부에서도 각자의 기여도는 불균등하다. 이들 중에서도 극소수만이 전체의 대부분을 만들어가기 때문이다. 결국 전체 100퍼센트 중 1퍼센트에 해당하는 사람이 절반을 조금 넘게 기여하게 된다.

20 대 80의 법칙이란 비유일 뿐, 어떤 법칙도, 더구나 엄격한 법칙도 아니다. 미국 출판계에서는 이 비율이 97 대 20(즉 책 판매고의 97퍼센트가 작가 중 20퍼센트에 의해 이루어진 것이다)인데, 그중 논픽션 부분에서는 비율의 차이가 더 커진다(총 8000종 가운데 20종의 책이 전체 판매고의 절반을 차지한다).

그러나 여기에 오로지 불확실성만 있는 것은 아니다. 어떤 상황에서는 20 대 80의 구성에도 상당히 예견 가능하고 다루기 쉬운 속성이 있어서 의사 결정을 분명히 내릴 수 있다. 즉 중요한 20이 어디에 있는가를 **사전에** 알 수 있기 때문이다. 이럴 경우 상황을 제어하는 것은 매우 손쉽다. 예컨대 말콤 글래드웰은 《뉴요커》에 기고한 글에서 죄수 학대의 대부분은 간수 중 악덕한 극소수에 의해 저질러진다고 말한 바 있다. 그러므로 이런 악덕한 사람을 걸러 내면 학대 사건은 크게 줄어들 것이다.(반면에 출판업에서는 어떤 책이 우리를 먹여 살릴지 사전에 알 수가 없다. 전쟁도 마찬가지다. 어떤 분쟁이 많은 사람을 희생시킬지 미리 알 수 없는 것이다.)

나무 보기와 숲 보기

지금까지 이 책에서 이야기한 바의 요점을 다시 말하자면 이렇다. 정규분포곡선에 기초하여 불확실성을 평가하는 것은 불연속적이고 급격한 비약이 일어날 가능성과 그 충격을 무시하는 것일 뿐 아니라, 극단의 왕국에서는 적용할 수도 없는 방법이다. 이런 식의 평가 방법을 채택하는 것은 풀밭만 들여다보다 (거대한) 나무를 보지 못하는 우를 범하는 것과 같다. 비록 예견하지 못할 만큼의 대규모 편차가 발생하는 것은 희귀한 일이지만 그 충격이 누적될 경우 엄청난 결과가 나타날 것이므로, 극단점이라고 무시해 버려서는 안 된다.

전통적인 가우스적 방법은 세계를 바라볼 때 일상적인 것에 초점을 맞춘 후 예외적이거나 이른바 극단점에 해당하는 것은 부차적인 것으로 간주한다. 그러나 두 번째 방법도 있다. 예외적인 것을 출발점으로 삼고 일상적인 것은 종속적인 것으로 간주하는 방법이 그것이다.

나는 무작위성에도 두 가지가 있다고 강조한 바 있다. 이들은 마치 공기와 물이 그렇듯, 서로 질적으로 다르다. 첫 번째 무작위성은 극단적인 것과는 무관하고, 두 번째 무작위성은 극단적인 존재로 인하여 심대한 충격을 받는다. 첫 번째 무작위성은 검은 백조를 낳지 않지만 두 번째 무작위성은 검은 백조를 만들어 낸다. 비유하자면 기체를 다루는 기술을 액체를 다루는 데 쓸 수는 없다. 설사 가능하다 하더라도 이른바 '근사한 방법'은 아닐 것이다. 기체는 액체와 '근사하지' 않기 때문이다.

최대값이 평균에서 그리 멀지 않다는 합리적인 이유가 있는 변수를 다룰 때에는 가우스적 접근법을 충분히 채택할 수 있다. 큰 폭의 변동을 낮추는 요인이 있다거나 큰 관측값을 막는 물리적 한계가 존재한다면 그 환경은 평범의 왕국에 속한다. 평형상태에서 벗어나더라도 곧바로 이를 되돌리는 강력한 복원력이 존재한다면 역시 가우스적 접근법을 채택할 수 있다. 그렇지 않다면, 가우스적 접근법은 꿈도 꾸지 말아야 한다. 바로 이런 까닭으로 대부분의 경제학이 평형 개념을 도입하고 있다. 평형 개념은 여러 이점을 갖고 있지만, 그중에서도 경제 현상을 가우스적으로 간주하게 한다.

나는 평범의 왕국형 무작위성이 극단적인 경우의 발생을 전혀 허용하지 않는다고 말하는 것이 아니다. 단지 극단적 사건이 몹시 희귀하기 때문에 전체적으로는 비중 있는 역할을 하지 않음을 뜻한다. 여기서는 극단적 사건의 역할이 가련할 정도로 미미할 뿐 아니라, 전체 경우의 수가 증가함에 따라 그 비중은 더욱 낮아진다.

이제 좀 더 전문적인 내용으로 들어가 보자. 우리 앞에 거인과 난쟁이가 섞인 집단이 있다고 하자. 이때 측정된 관측값은 척도 단위만도 크게 차이가 나겠으나, 이 역시 평범의 왕국에 속하는 성질을 갖는다. 어째서 그럴까? 예컨대 이런 표본이 1000명이고 난쟁이에서부터 거인까지 분포의 폭이 매우 넓다고 하자. 이때 우리의 표본에서는 거인이 많이 발견된다. 거인의 출현은 희귀한 사건이 아니다. 거인이 계속 이따금 발견되어도 평균값에는 큰 변화가 없다. 그 이유는 거인이 이미 우리의 표본 안에 들어 있고 평균값도 충분히 높기 때문이다. 즉 여기서는 최대 관측값이 평균에서 그다지 멀리 떨어져 있지 않다. 평균에는 두 집단의 값, 즉 거인과 난쟁이의 표본값이 항상 포함되어 있기 때문에 난쟁이든 거인이든 그들의 존재가 희귀한 일은 아니다. 물론 엄청난 거인이거나 현미경으로만 보일 정도의 난쟁이가 극히 희귀하게라도 출현한다면 별문제겠지만. 이 경우의 표본은 편차값을 크게 갖는 평범의 왕국이라 하겠다.

다음과 같은 원리를 다시 한 번 상기하자. 희귀한 사건일수록 그 사건에 대한 확률기대값의 오류는 더 커진다는 것이다. 가우스적 방법을 사용해도 마찬가지다.

이제 가우스 정규분포곡선이 우리 삶에서 어떻게 무작위성을 삼켜버리는지 살펴보자. 가우스 분포 곡선이 인기있는 이유도 그래서이겠지만, 우리가 정규분포곡선을 좋아하는 이유는 그것이 확실성을 제공하기 때문이다. 어떻게 그런가? 평균치 계산을 하기 때문이다. 이에 대해서는 다음 절에서 살펴보기로 한다.

커피잔이 저절로 넘어지지 않는 이유

우리는 제3장에서 평범의 왕국에 대해 검토하면서 한 번 관찰된 사건으로는 전체 상황이 바뀌지 않는다는 점을 살펴본 바 있다. 평범의 왕국의 이런 특성은 모집단의 규모가 커질수록 위력을 발휘한다. 모집단이 커지면 평균값은 그만큼 안정되어 결국에는 모든 표본이 똑같은 것처럼 보이게 된다.

나는 지금껏 살아오면서 커피를 참 많이도 마셨다(커피는 내가 가장 애호하는 기호품이다). 나는 커피잔이 스스로 책상에서 2피트나 뛰어오르는 일을 본 적도 없었고 이 책을 쓰는 사이에 커피가 저절로 원고에 쏟아진 일을 겪지도 않았다(별일이 다 일어난다는 러시아에서도 이런 일은 겪지 않았다). 평범한 커피

그림 7: 대수의 법칙은 어떻게 작용하는가

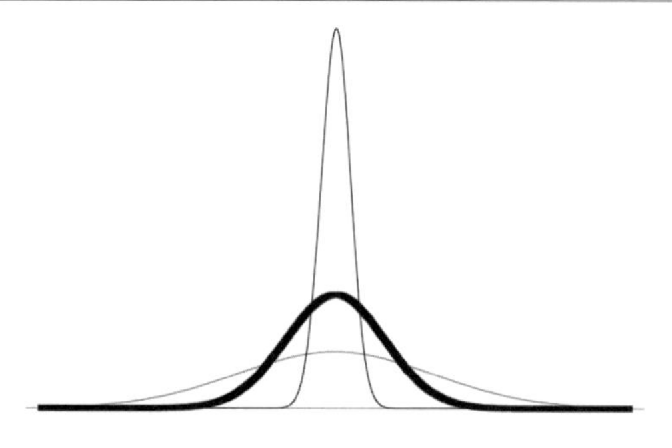

평범의 왕국에서는 표본이 커질수록 분포가 점점 좁은 영역에 집중되므로 관찰된 평균은 점점 덜 분산되게 된다. 통계 이론은 이를 바탕으로 한다(혹은 이 때문에 유지된다). 평균이라는 개념은 이처럼 평범의 왕국에서 불확실성을 사라지게 한다. '대수의 법칙'을 이 그림이 잘 보여 주고 있다.

중독자라면 그런 일을 목격하기 어려울 것이다. 아마도 인생을 몇 번씩 되돌려 살아야 겪게 될지 모르겠다. 이런 확률은 너무 작아서 웬만한 시간을 들이지 않고서는 0을 다 적기도 어려울 것이다.

그러나 물리적 세계에서는 커피잔이 스스로 뛰어오르는 일이 일어날 수 있다. 극히 희박하지만 가능성은 있다. 분자들은 항상 사방으로 뛰어다닌다. 부딪치고 움직이는 분자들로 이루어진 커피잔도 이런 일을 일으킬 수 있지 않을까? 커피잔을 이루는 모든 분자들이 **한 방향으로** 일제히 뛴다면(그리고 책상이 그 반대 방향으로 움직인다면), 커피잔이 뛰는 일이 일어날 수 있는 것이다. 그러나 몇 조 개나 되는 분자들이 한 방향으로 뛰지는 않는다. 우주가 생명을 다할 때까지 이런 일은 일어나지 않을 것이다. 그러므로 나는 내 책상 가장자리에 커피잔을 안심하고 올려놓고는 이와 다른 종류의 불확실성에 대해 근심할 수 있다.

커피잔의 이야기는 가우스적 무작위성이 평균 개념 덕택에 미미해짐을 잘 보여 준다. 만일 내 커피잔이 커다란 분자 하나로 이루어졌거나 혹은 분자 한 개처럼 움직인다면 커피잔이 뛰어오를 가능성이 현실로 나타날 수 있다. 그러나 커피잔은 몇 조 개나 되는 아주 작은 입자들로 이루어져 있다.

카지노 업자들이 돈을 잃지 않는 것은 (아마 용케도) 이런 원리를 잘 알고 있기 때문이다. 간단히 말해서 도박꾼 한 사람이 거액의 승부를 걸지 않도록 하되 수많은 사람들이 적은 돈을 제각기 걸도록 한다. 도박꾼 전체가 2000만 달러를 건다 해도 카지노는 염려할 것이 없다. 한 판당 평균 20달러에 불과하기 때문에 카지노 소유주는 안심하고 잠자리에 든다. 따라서 전체 상황이 어떻게 되든 카지노의 수입은 희한할 만큼 변동이 크지 않다. 도박꾼 한 사람이 1조 달러를 들고 나가는 일은 이 우주의 생명이 다할 때까지도 일어나지 않을 것이다.

이것은 평범의 왕국을 지배하는 제1법칙이 적용된 결과다. 즉 도박꾼이 많을수록 한 사람이 전체에 미치는 영향은 적어진다.

그리하여 정규분포곡선에서 평균 주변 값들의 변동폭, 일명 '오차'는 염려할 것이 못 된다. 이 오차는 미미하므로 전체에 휩쓸려 무시된다. 여기서 오차는 평균값 주변에 얌전히 통제되어 있다.

확실성에 대한 애착

(따분한) 통계학 강의를 들은 적이 있는가? 교수는 잔뜩 열을 내고 있지만 '표준편차' 따위가 무엇인지 도무지 이해하기 어렵다고 느낀 적이 있는가? 그렇지만 염려할 것은 없다. 표준편차라는 개념은 평범의 왕국을 벗어나는 순간 무의미해지기 때문이다. 차라리 미학의 신경생물학적 측면이나 독립 후 아프리카의 춤에 대해서 강의를 들었다면 재미도 있고 도움도 되었으리라. 그리고 경험적으로 이해하기도 쉽다.

가우스 분포 바깥에서는 표준편차가 존재하지 않는다. 설사 존재하더라도 의미가 없으며 설명력도 떨어진다. 문제는 이것만이 아니다. 가우스 분포와 관련된 것들은 (푸아송 법칙을 비롯한 각종 공식들을 친구 혹은 친척처럼 포함하고 있지만) 표준편차(그리고 평균)만으로 기술할 수 있는 유일한 종류의 분포이다. 이 값만 충족되면 그만이다. 정규분포곡선은 단순화라는 환상을 충족시켜 준다.

상관계수 혹은 **회귀**라는 개념들도 가우스 수학 바깥에서는 의미를 거의 혹은 완전히 잃어버린다. 그러나 이 개념들은 우리의 방법론에 깊숙이 자리 잡고 있기 때문에 경제 분야에서는 **상관계수**라는 말을 빼놓고는 대화를 하기도 어려울 정도다.

평범의 왕국 바깥에서 어떻게 상관계수가 무의미해지는지를 알려면 시간에 따라 변화하는 두 가지 변수를 찾으면 된다. 예컨대 채권시장과 주식시장, 두 가지 주식의 움직임, 혹은 미국 아동서의 책 판매지수와 중국의 비료 생산 변동, 혹은 뉴욕의 부동산 가격이나 몽골 증시의 수익 변동 등을 선택할 수 있다. 1994년, 1995년, 1996년별로 두 변수들의 상관계수를 측정해 보라. 이때 측정된 상관계수는 극심한 불안정성을 보일 것이다. 측정치는 선택된 기간에 의존하기 때문이다. 그런데도 사람들은 상관계수가 현실로 존재하는 양 말하며 형태와 물리적 특성을 부여하여 구현해낸다.

일명 '표준'편차라는 개념도 같은 방식으로 헛된 실체를 부여받고 있다. 가격 혹은 가치를 시기별로 비교해 보라. 그리고 더 작은 구간으로 나눠서 '표준' 편차를 측정해 보라. 아마 놀라운 결과를 얻을 것이다. 표본 구간을 달리 할 때마다 '표준'편차가 달라질 것이다. 그런데도 왜 표준편차를 말하는가? 나도 모를 일이다.

이야기 짓기의 오류에서 본 것과 마찬가지로, 우리가 과거의 자료를 수집하여 거기에서 하나의 상관계수나 표준편차를 찾으려 한다면 그 속에 숨은 불안정성을 발견하기는 어렵다.

파국은 어떻게 초래되는가

그러므로 **'통계적으로 의미 있다'** 는 말을 입에 올릴 때에는 확실성이라는 환상을 경계할 일이다. 관측값에 오류가 있음을 발견하고도 가우스 분포라고만 이해하여 넘겨 버릴 수 있는 것이다. 가우스 분포란 평범의 왕국과 같은 가우스 정규 분포 환경에서만 통용될 수 있는데도 말이다.

판사이자 왕성한 저술가인 리처드 포스너가 쓴 《대재앙*Catastrophe*》이라는 따분한 책은 가우스 분포를 오용할 때 어떤 문제가 퍼져 일어나고 또 얼마나 위험한지를 잘 보여 준다. 포스너는 공무원들이 무작위성을 잘못 이해하고 있다고 한탄하고는 그 처방안을 내놓았다. 예컨대 그는 하필이면 그것도 경제학자들에게서 통계학을 배우라고 정부 정책 담당자들에게 권고하고 있다. 내가 보기에 포스너는 대재앙을 만들어 내도록 부추기는 셈이다. 포스너는 독서에 더 많은 시간을 할애하고는 글은 적게 쓰셨으면 하지만, 그래도 생각이 깊고 독창적이다. 그러나 그 역시 다른 사람들처럼 평범의 왕국과 극단의 왕국을 혼동하고 있다. 그는 통계학이 사기가 아니라 '과학'이라 믿고 있다. 그러니 누구든 포스너를 만나는 분이 있다면 이런 얘기를 전해주시기 바란다.

케틀레의 평균적 괴물

가우스 정규분포곡선이라 불리는 이 괴물은 본래 가우스의 창안물이 아니다. 가우스는 이 공식에 입각해 작업하기는 했지만 이론적 차원에서만 수학을 했을 뿐, 통계에 의존하는 오늘날의 과학자들처럼 현실 분석에까지 이를 적용하고 옳다고 우긴 일은 없다. G. H. 하디는 《어느 수학자의 변명*A Mathematician's Apology*》이라는 책에서 다음과 같이 말했다.

'진짜' 수학자들의 '진짜' 수학, 즉 페르마, 오일러, 가우스, 아벨, 리만 등의 수학은 대부분 유용성이 없다('순수' 수학의 '응용'이라는 것도 마찬가지다).

앞에서도 언급한 적이 있지만, 정규분포곡선은 아브라함 드 무아브르(1667-1754)에 의해 주로 만들어진 것이다. 드 무아브르는 영국 액센트를 강하게 구사하는 사람이었지만 실제로는 프랑스 칼뱅교파의 망명자로 런던에서 주로 일생을 보낸 사람이었다. 이 정규분포곡선을 중요한 것으로 만든 사람은 가우스가 아니라 케틀레(1796-1874)라는 사람으로, 그는 인류 사상사에서 가장 파괴적인 자취를 남긴 축에 속한다.

아돌프 케틀레는 물리적인 면에서 '평균 인간'이라는 개념을 고안해 냈다. 케틀레 자신은 "창조적 열정과 에너지가 넘치던 사람"으로, 평균적 면모가 전혀 없던 인물이었다. 그는 시도 썼고 심지어 오페라를 공동 작곡하기도 했다. 케틀레의 가장 근본적인 문제는 그가 경험주의적 과학자가 아니라 수학자였으면서도 그 자신은 그 사실을 알지 못했다는 것이다. 그는 정규분포곡선에서 조화의 원리를 찾아내려 했다.

문제는 두 가지 차원에서 존재한다. 첫째, 케틀레는 자신이 생각하는 평균값, 그 자신의 개념으로는 '표준'에 세계를 뜯어 맞추려는 규범적 사고를 하고 있었다. 비일상적인 것, '비정상적인 것' 즉 검은 백조가 전체에 미치는 영향을 무시해 버릴 수 있다는 것은 얼마나 멋진 일인가. 그러나 우리는 유토피아 꿈꾸기에서 벗어나야 한다.

둘째, 케틀레는 정규분포곡선을 경험 세계 이곳저곳에 적용하려 했다. 그는 거의 모든 분야에서 정규분포곡선을 찾을 수 있노라 했다. 그는 이 곡선에 눈이 멀었으니, 일단 머릿속에 정규분포곡선이 자리를 잡으면 거기서 빠져나올 수 없다는 것을 다시 한 번 배울 수 있다. 훗날 프랜시스 이시드로 에지워스는 정규분포곡선을 도처에서 발견하려는 케틀레주의를 심각한 오류라고 비판했다.

평범의 왕국, 그 진부한 황금률

케틀레는 당대의 이데올로기적 욕망에 매우 부합하는 저작을 내놓았다. 그가 1796년에 태어나서 1874년에 죽었으니 그의 동시대인들의 면면을 생각해 보라. 생시몽(1760-1825), 프루동(1809-1865), 칼 마르크스(1818-1883) 등이 모두 각자 제 나름의 사회주의 사상을 내놓은 인물들이다. 후기 계몽시대의 사람들은 저마다 부와 신장, 체중 등에서 황금의 평균치 혹은 중용을 동경했다. 이 동경에는 조화의 원리가 지배하는 세상에 대한 꿈, 즉 플라톤주의가 담겨 있다.

나는 "중용 속에 가치가 있다"는 아버지의 말씀을 잊지 않았다. 이 말은 오랜 시간 동안 이상으로 여겨졌다. 그런 의미에서 평범함이란 말 그대로 황금률로 여겨지기까지 했다. 모든 것을 포용하는 평범함이여.

그러나 케틀레는 이 개념을 다른 차원으로까지 밀고 갔다. 그는 각종 통계를 수집하여 '평균'이라는 표준 개념을 창안하기 시작했다. 신생아의 가슴둘레, 키, 몸무게 등 거의 모든 것에 그의 **표준**이 적용되었다. 그는 정상적인 것에서 벗어난 값은 평균에서 멀어질수록 그 발생 빈도가 기하급수적으로 작아진다는 것을 발견했다. 이렇게 평균 인간의 신체적 특성이라는 개념을 완성한 후 그는 사회 문제로 눈을 돌렸다. 평균 인간은 자신의 습관과 소비 성향과 자신만의 체계를 갖는다.

신체 평균 인간과 도덕 평균 인간, 즉 육체와 도덕에서 평균적 인간이라는 개념을 통해서 케틀레는 평균에서 벗어난 인간들을 평균값 좌우에 배치시켰으며, 정규 분포 통계 곡선의 좌우 양극단에 있는 사람들을 홀대하였다. 즉 이들을 '비정상'으로 규정한 것이다. 마르크스의 《자본론》 한 대목에도 케틀레의

'평균' 혹은 '정상' 개념의 영향이 엿보인다. "부의 분포에 나타나는 사회적 편차는 최소화되어야 한다."

우리는 케틀레 시대의 주류 과학자들을 인정해야 마땅하다. 그들은 케틀레의 주장을 쉽게 인정하지 않은 것이다. 당대의 대표적인 철학자이자 수학자, 경제학자인 오귀스탱 쿠르노는 순수하게 계량적인 자료만을 토대로 표준 인간상을 확립할 수 있다고는 믿지 않았다. 어떤 속성에 관심을 갖는가에 따라서 표준의 내용도 달라질 수 있으며, 지방에 따라서도 달라질 수 있다는 것이다. 그러니 어떤 것을 표준의 기준점으로 삼을 수 있단 말인가? 평균 인간은 괴물일 뿐이라는 것이 그의 주장이었다. 그의 요지는 다음과 같다.

평균적인 인간이 된다는 것에 뭔가 바람직한 면이 있다고 가정한다면, 그는 특정 분야에서는 다른 사람들보다 빼어나야 한다. 모든 면에서 평균적이어서는 곤란하니까 말이다. 예컨대 피아니스트는 피아노 연주에서 평균 이상이어야 하되 다른 분야, 이를테면 승마에서는 평균 이하일 수 있다. 제도공은 제도에 관한 한 남보다 뛰어나야 한다. 즉 **어떤 사람이 평균적이라는 것은 이 사람이 모든 분야에서 평균이라는 것과는 다르다**. 사실 정확히 평균적이기만 한 사람은 반은 남자, 반은 여자가 되어야 한다. 케틀레는 이 점을 간과하고 있다.

신의 오류

평균 인간이라는 개념에서 좀 더 우려스러운 점은 케틀레의 시대에는 가우스 분포를 '오류의 법칙'이라 불렀다는 사실이다. 가우스 분포를 처음 적용한 분야가 천문학 측정의 오차 분포였기 때문이다. 이것은 나만의 우려가 아닐 것이다. 당시에는 평균(중앙값도 같이 취급된다)에서 벗어나는 값은 곧 오류로 취급했던 것이다! 마르크스가 케틀레의 개념을 받아들인 것도 놀라운 일이 아니다.

이 개념은 급속히 인기를 얻었다. 즉 '어떠어떠하다'는 것을 '어떠어떠해야 한다' 는 당위와 혼동하였으며 과학이 이를 보증했다. 평균 인간이라는 개념은 유럽에서 막 생겨나던 중산층 문화로 스며들었다. 즉 부와 지적 능력을 과시하기 꺼려하는, 막 시작된 포스트 나폴레옹시대의 상인 문화가 이 중산층 문화의 특징이다. 사실 차이가 두드러지지 않는 사회를 꿈꾸는 것은 얼마나 좋은 유전자를 타고날지 알 수 없는 합리적 인간이라면 그런 사회를 바랄 것이라는 전제가 깔려 있다. 다음 생애에 어느 계층으로 태어날지 선택할 수는 있으나 실제 조건은 미리 알 수 없다면 우리는 아마 모험을 피하려는 쪽을 선택할 것이라는, 즉 구성원의 차이가 적은 사회를 선택하리라는 것이다.

평범함을 숭배하던 당시의 성향이 빚어낸 재미있는 일이 있다. 식료품 주인들의 주동으로 프랑스에 푸자디즘(Poujadism)이라는 정당이 생겼다. 2류 인간들끼리 뭉쳐서 세계를 자신들과 같은 계급으로 평준화시켜 보겠다는, 비프롤레타리아 혁명이었다. 이 정당은 채소가게 주인들의 정신세계를 반영했는데, 이들이 채용한 수학이론도 그러했다. 그렇다면 가우스가 상인들을 위한 수학을 개발한 셈인가?

푸앵카레에게 구원을 요청한다면

푸앵카레는 가우스 분포를 좀처럼 믿지 않았다. 짐작건대 푸앵카레는 불확실성을 설명하는 설명틀을 만들겠다는 가우스식 시도, 혹은 그와 유사한 어떤 시도도 못마땅하게 여겼을 것이다. 가우스 분포는 본래 천체 관측 오차를 측정하는 목적으로 고안되었지만, 푸앵카레는 불확실성을 철저히 감안한 천체역학을 정립하려 했다는 사실을 상기하자. 천체 역학에 대한 푸엥카레 이론이 한층 심오한 불확실성에 대한 이해로 점철되어 있었던 것이다.

푸앵카레는 '저명한 물리학자' 인 어떤 친구에게 보낸 편지에서 물리학자들이 가우스 분포 곡선을 이용하고 있다고 한탄을 늘어놓았다. 물리학자들은 수학자들이 가우스 분포 곡선을 필수로 여기고 있다고 믿고 있지만, 수학자들은 오히려 물리학자들이 가우스 분포 곡선을 경험적 사실로 받아들이고 있다고 믿기 때문에 가우스 분포 곡선을 이용하고 있다는 한탄이었다.

불평등한 영향 제거하기

식료품 상인들의 정신세계를 제외한다면, 나는 사실 중도적이고 평범한 것의 가치를 믿는 사람이다. 인간 사이의 불평등을 줄인다는 데 반대할 인문주의자가 누가 있겠는가? 초인이라는 말도 안 되는 개념처럼 불쾌한 것은 없다! 내가 진정으로 문제라고 여기는 것은 인식론적인 것이다. 현실 세계는 평범의 왕국이 아니기 때문에 우리는 그 현실 세계와 어울려 사는 법을 익혀야 한다.

그리스인들이라면 신으로 모셨을 것이다!

플라톤적 순수 관념론에 매달려 정규분포곡선을 신봉하는 사람들은 믿을 수 없을 정도로 많다. 프랜시스 골턴 경은 찰스 다윈의 사촌이자 에라스무스 다윈의 손자다. 그는 사촌 찰스 다윈과 함께 신사 과학자의 마지막 인물로 손꼽힐 사람이다. 그 밖의 신사 과학자로는 캐번디시 경, 캘빈 경, 비트겐슈타인(그 자신의 주장대로라면)이 있고, 버트런드 러셀도 어느 정도 여기에 속할 것이다. 케인스는 인물 면에서는 이 부류에 속하지 않지만 그의 주장에는 이런 특성이 나타난다. 골턴은 빅토리아 시대의 인물이다. 빅토리아 시대에는 유한 계층이나 그 상속자들이 승마나 사냥 이외에도 사상가, 과학자 혹은 (덜 뛰어난 사람의 경우) 정치가의 길을 선택하곤 했다. 이 시대는 동경할 만한 시절이다. 이 시대의 사람들에게는 출세를 위해서가 아니라 순수한 욕구로 과학을 한 진정성이 있었다.

유감스럽게도 지식욕에 의해 과학을 한다고 해서 그 방향이 옳다고는 장담할 수 없다. 골턴은 '정상' 분포라는 개념을 알게 되자 이를 받아들였을 뿐 아니라 여기에 빠져 들었다. 그는 만약 그리스인들이 이 개념을 알았더라면 이를 신으로 모셨을 것이라고 말했다고 전해진다. 가우스 공식이 보급된 데에는 골턴의 열정적 공헌이 작용했을 것이다.

골턴은 수학적 사고를 타고나지는 않았지만 측정 작업에 광적으로 집착했다. 그는 큰 수들의 세계에서 일어나는 법칙은 알지 못했지만 주어진 자료 자체에서 재발견했다. 이렇게 해서 그가 발명한 것이 퀑컹스(quincunx)인데, 그것은 정규분포곡선이 만들어지는 과정을 보여 주는 일종의 핀볼이다. 핀볼에 대해서는 뒤에서 자세히 다룰 것이다. 물론 골턴이 정규분포곡선을 적용한 분야는 유전과 유전학 등 정규분포곡선을 이용해도 될 만한 분야였다. 그러나 신생 통계기법들이 사회적 주제로까지 적용되게 된 데에는 골턴의 열렬한 신념 덕분이었다.

'예, 아니오'로만 답하시오

이제 정규분포곡선의 악영향이 어디까지 미치는지 살펴보자. 심리학이나 의학과 같이 정성적 추론을 수행하는 분야에서는 규모가 중요하지 않고 '예/아니오' 답만을 추구하기 때문에 심각한 문제가 발생하지 않는 평범의 왕국이라고 생각하면 된다. 이곳에서는 개연성 없는 것이 발생할 때의 충격이 그리 크지 않다. 암이거나 아니거나, 임신이거나 아니거나, 둘 중 하나다. (전염병을 다루는 경우가 아니라면) 죽음의 정도나 임신의 정도는 의미가 없다. 그러나 소득, 부, 투자 부문별 수익, 책의 판매고 등과 같이 규모가 중요한 총량을 다루는 경우 가우스 곡선을 사용하면 분포를 잘못 파악할 수 있다. 가우스 기법은 여기에 적합하지 않기 때문이다. 단 하나의 숫자에 문제가 발생해도 전체 평균 계산을 망칠 수 있다. 단 한 번의 손실만으로도 1세기 동안 쌓인 수익이 날아갈 수 있다.

더 이상 "이건 예외야"라고 말할 수 없다. "돈을 잃을 수도 있겠군"이라는 말도 거기에 손실 양이 부가되어 있지 않다면 별 도움이 되지 않는다. 그간 벌어들인 모든 순익을 날려 버릴 수도 있지만 하루 수입의 극히 일부만 잃어버릴 수도 있으니, 둘 사이에는 큰 차이가 있다.

앞 부분에서 살펴본 바 있지만, 경험주의 심리학이 인간의 본성을 연구하는 데 정규분포곡선을 오용하지 않는 데에도 이런 까닭이 있는 것이다. 경험주의 심리학의 변수들이 통상적인 가우스 통계학을 응용하는 수준에서만 다룰 수 없었다는 점도 다행스러운 일이다. 예컨대 어떤 표본에서 얼마나 많은 사람이 편향이나 오류를 갖고 있는지 연구할 때 경험주의 심리학에서는 '예, 아니오' 형의 결과만을 요구한다. 따라서 어떤 하나의 관측값이 전체 관측값을 무너뜨리는 일은 발생할 까닭이 없다.

이제 정규분포곡선의 특성을 철저히 해부해 보기로 한다.

정규분포곡선에 관한 사고실험

그림 8과 같은 핀볼이 있다고 하자. 여기에 공 32개를 굴리되, 공이 좌우 어느 한쪽으로 쏠려 내려오지 않도록 핀볼판의 균형을 미리 맞춰 놓는다. 우리의 기대치는 32개 중 다수의 공이 가운데 줄 쪽으로 내려오고, 나머지 몇몇 공은 바깥 줄로 갈수록 적은 숫자대로 내려오는 것이다.

그리고 다음과 같은 사고실험도 있다. 동전을 던지되 앞면과 뒷면이 나옴에 따라서 각각 왼쪽, 오른쪽으로 한 발씩 옮기는 것이다. 나는 이 실험을 '무작위적 걷기'라고 부르지만, 꼭 발을 옮기는 것으로 방법을 정할 필요는 없다. 한 발씩 좌우로 옮기는 대신 1달러를 내놓거나 가져가면서 주머니에 담겨 있는 총액을 계산해도 된다.

이제 (합법적) 내기에 들어가자. 이때 확률은 참가자에게 불리하지도 유리하지도 않게 조정되어 있다. 동전을 던져라. 앞면? 그러면 우리가 1달러를 땄다. 뒷면? 그러면 1달러를 잃는다.

이렇게 첫 판에서는 돈을 따거나 잃을 것이다.

두 번째 판이 되면 가능한 경우의 수가 두 배로 늘어난다. 즉 앞면-앞면, 앞면-뒷면, 뒷면-앞면, 뒷면-뒷면의 경우가 있을 수 있다. 네 가지 경우 수는 각각 똑같은 확률을 갖지만, 한 번 이기고 한 번 지는 경우는 앞면-뒷면, 뒷면-앞면 등 모두 두 번 있게 된다. 가우스 분포의 핵심이 바로 이것이다. 많은 경우가 가운데 쪽에 쏠리므로 중간점이 이길 확률이 높다는 것이다. 그러므로 동전 던

그림 8: 퀑컹스(핀볼 머신)의 개념도

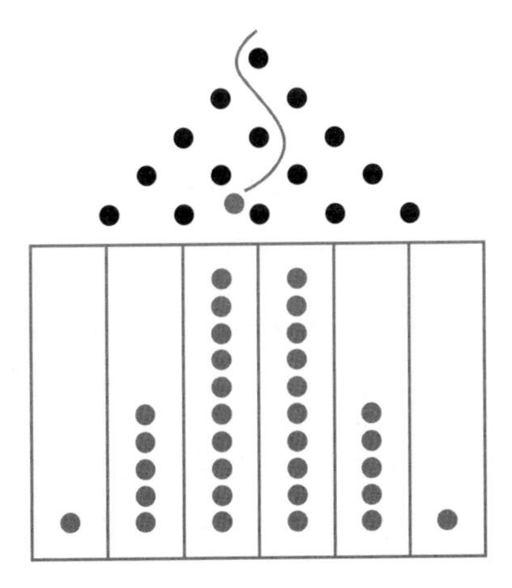

핀볼을 떨어뜨린 결과 정규분포곡선(즉 가우스 분포)과 상당히 유사한 확률 분포를 보인다(알렉산더 탈레브의 책에서 재인용).

지기 한 번에 걸린 돈이 1달러라면 둘째 판에서는 총 2달러를 갖거나 2달러를 모두 잃을 확률이 각각 25퍼센트이고 잃지도 따지도 못할 확률은 50퍼센트가 된다.

이어서 한 판을 더 해보자. 세 번째 판이 되었으니 경우의 수는 다시 두 배로 늘어나 여덟 가지가 된다. 앞의 경우까지 이어서 계산하면, 앞면-앞면-앞면, 앞면-앞면-뒷면, 앞면-뒷면-앞면, 앞면-뒷면-뒷면, 뒷면-앞면-앞면, 뒷면-앞면-뒷면, 뒷면-뒷면-앞면, 뒷면-뒷면-뒷면이다.

이 여덟 가지 경우는 모두 확률이 같다. 그러나 승패가 서로 상쇄되는 경우가 있기 때문에(골턴의 퀑컹스에서는 핀볼이 좌우 혹은 우좌로 갈라져 내려오는 게임이지만, 이 경우에도 역시 중간 지점에 핀볼이 쌓인다.), 여덟 가지의 최종 결과는 다음과 같다. (1) **3승**, (2) 2승 1패, 이것은 **1승**과 같고, (3) 2승 1패 즉 **1승** (4) 1승 2패 즉 **1패** (5) 2승 1패 즉 **1승** (6) 1승 2패 즉 **1패**, (7) 1승 2패 즉 **1패**, 마지막으로 (8) **3패**.

총 여덟 가지 경우에서 3승은 1회, 3패가 1회, 1패(1승 2패)는 3회, 1승(1패 2승)도 3회 일어났다.

다시 네 번째 판을 시행한다. 가능한 결과는 일단 열여섯 가지인데, 4승 1회, 4패 1회, (최종) 2승 4회, 2패 4회, 무승부 6회 등이다.

퀑컹스(이 이름은 5를 의미하는 라틴어에서 따왔다)는 다섯 판을 던져 64개의 경우의 수를 갖게 되었을 때의 각각의 경우를 추적하기 쉽게 고안되었다. 골턴이 퀑컹스를 고안한 것도 이런 취지에서다. 골턴은 상당히 게으르거나 어쩌면 수학에 대해 무지했던 모양이다. 이런 고안물을 만들어 내는 대신 좀 더 단순한 대수학으로 작업하거나 지금처럼 사고실험만 해도 충분했을 텐데 말이다.

게임은 계속된다. 총 40판이 될 때까지 동전 던지기를 한다. 게임을 하는 데는 몇 분 걸리지 않지만 결과를 계산하려면 계산기가 있어야 고역을 면한다.

자, 가능한 조합의 수는 1,099,511,627,776가지가 있다. 거의 1조가 넘는 숫자다. 계산기를 일일이 두드리느라 수고하지 마시라. 매회 제곱이 되는 것이니 2의 40제곱을 한 번에 계산하면 된다(세 번째 판을 계산할 때는 앞의 경우의 수의 두 배였다는 사실을 기억하라). 이 경우의 수 중에서 전부 승리를 하거나 전부 패배를 하는 경우는 각각 1회씩뿐이다. 나머지 대부분은 중간점, 즉 0에 밀집되어 있다.

이와 같은 무작위 유형에서는 극단적인 경우가 매우 희귀하다. 40회 던지는 가운데 40회 모두 앞면이 나올 확률은 1/1,099,511,627,776인 것이다. 만일 한 시간에 한 번씩만 동전을 던진다면 앞면이 연속으로 40회가 나오는 이 경우를 목격하기 위해서는 어마어마한 시간이 걸릴 것이다. 식사도 해야 하고, 동료나 룸메이트와 대화도 주고받아야 하고, 맥주를 마시거나 잠을 잘 시간도 있어야 하므로, 앞면(혹은 뒷면)이 40회가 나오는 사건을 기다리려면 우리 일생의 400만 배나 되는 시간이 필요하다. 40회에 이어 딱 한 번 더 동전을 던진다고 하자. 이때 41회 연속 앞면이 나오는 경우를 맞으려면 우리 일생의 800만배나 되는 시간이 흘러야 한다! 40회에서 41회로 넘어가면서 확률이 절반으로 줄기 때문이다. 이것이 무작위성을 분석하는 규모불변적인 분석틀의 핵심적인 속성이다. 여기서는 극단적 편차를 얻을 확률이 가속도를 갖고 줄어든다. 만일 동전 던지기를 50회까지 한다면 한 면만 연속으로 나오는 경우를 목격하려면 우리 일생의 40억 배나 되는 시간이 흘러야 한다!

그러나 우리는 아직 가우스의 정규분포곡선에 도달하지 않았지만 위험하리만치 근접해 있다. 이것은 아직 '원(原)가우스 곡선'이지만 그 골간은 이미 눈에 들어온다.(현실에서는 순수한 가우스 정규분포곡선을 목격할 수 없다. 가우스 정규분포곡선은 플라톤주의적 형식이기 때문이다. 요컨대 거기에 가까이 갈 수 있을 뿐 완전히 도달할 수는 없다.) 그렇지만 그림 9에서 볼 수 있듯이 종을 엎어

그림 9

동전 던지기 40회의 결과 그래프. 정규분포곡선의 모양이 서서히 보이기 시작한다.

놓은 듯한 익숙한 모양이 나타나기 시작하고 있다.

그렇다면 완벽한 가우스 정규분포곡선에 도달하려면 어디까지 가야 할까? 1달러 내기로 동전 던지기 40회를 할 수도 있지만, 10센트 내기로 동전 던지기 4000회를 하고 그 결과를 보자. 예상되는 위험 규모는 동일하다. 이것은 일종의 속임수다. 두 가지 게임으로 잃어버릴 돈의 규모가 똑같다는 것을 대뜸 알아차리기 어렵기 때문이다. 즉 게임의 횟수는 앞의 40회에 비해 100배가 증가했지만 돈의 액수는 10분의 1로 감소했다. 아직까지는 어째서 그런지 묻지 마시고 '똑같다'는 것만 기억해 두자. 어쨌든 총 위험 규모는 동일하다고 하고, 이제 연속으로 앞면 혹은 뒷면이 나올 확률을 계산한 결과의 뚜껑을 열어 본다. 그 확률은 1에 0이 120개 붙은 수 나누기 1이다.

1/1,000,000,000,000,000,000,000,000,000,000,000,000,000,000,000,000,000,000,000,000,000,000,000,000,000,000,000,000,000,000,000,000,000,000,000,000,000,000,000,000,000,000,000

게임은 계속된다. 1달러에 40번씩 하던 것을 10센트에 4000번으로, 다시 1

그림 10

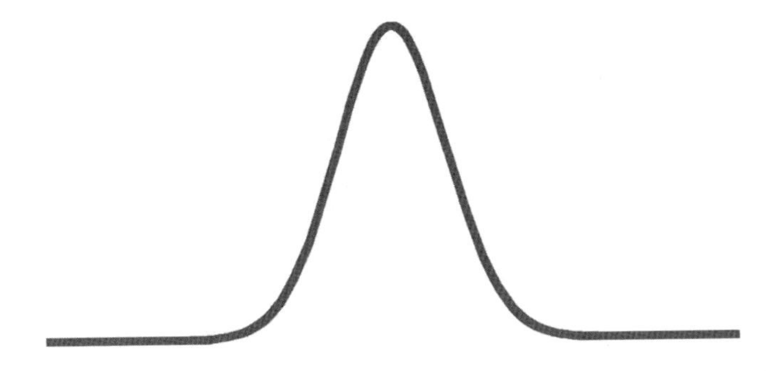

동전 던지기 횟수를 무한대로 늘렸을 때.

센트에 40만 번으로 늘려 보자. 이제야 겨우 가우스 정규분포곡선에 가까워졌다. 그림 10은 −40과 +40 사이 즉 80개의 점 사이에 분포한 점들을 표시한 것이다. 점의 수는 8000개에 육박한다.

게임은 또 계속된다. 한 번의 판돈을 10페니로 하되 동전 던지기는 4000번 해볼 수 있다. 1/000페니에 40만 번은 어떨까? 플라톤주의적 형식에서라면 원칙적으로 순수한 가우스 정규분포곡선은 한 번의 판돈을 극미량으로 하여 동전 던지기를 무한하게 시행했을 때 얻어진다. 그 결과를 구체적으로 그리려 애쓰지 마시라. 하나하나 따져 이해하려 하지도 마시라. 판돈의 '극미량'이 얼마나 되는지 생각해 볼 필요도 없다(우리가 수학자들이 말하는 연속 공간에 존재하는 까닭에 극미량은 무한히 작아지기 때문이다). 기쁜 소식이 있다. 이런 계산을 대신하는 대체물이 있다는 것이다.

지금까지 우리는 간단한 내기에서 완전히 추상적인 어떤 것 앞에까지 도달했다. 관찰의 영역에서 수학의 영역으로 옮겨 온 것이다. 수학에서는 사물이 순수성만을 갖게 된다.

그런데 완전히 추상적인 어떤 것이란 존재하지 않는다. 그러니 **그림 10을**

이해하려고 애쓰지 마시라. 이 곡선의 용도만 알고 있으면 된다. 예컨대 이것을 온도계에 비유하자. 온도계의 숫자가 **무엇을 의미하는지** 이해할 필요는 없다. 온도계의 눈금과 우리의 고통 혹은 안락함을 (혹은 몸으로 느끼는 또 다른 무엇을) 연결시킬 수 있으면 그만이다. 화씨 60도는 쾌적한 날씨, 화씨 영하 10도는 별로 원치 않는 온도 등등. 온도를 좀 더 기술적으로 설명하려면 분자들의 충돌 속도를 밝혀야 하지만 그럴 필요까지는 없는 것이다. 마찬가지로 가우스 정규분포곡선은 표준편차 ±1에 해당하는 구간에 관측값의 68.2퍼센트가 집중되도록 설정된 것이다. 다시 한 번 당부하거니와, **표준편차**가 **평균편차**인지를 이해하려고 애쓰지 마시라. 물론 표준편차는 평균편차가 아니다. 게다가 (너무나) 많은 사람들이 **표준편차**라는 용어를 쓰면서도 이를 정확히 알지 못하고 있다. 표준편차란 사물을 측정하기 위한 숫자의 하나에 불과한 것으로, **어떤 현상이 가우스적일 경우에** 우연히 일치될 수 있을 뿐이다.

표준편차는 '시그마'라는 별칭으로 불리기도 한다. 또 '분산(variance, 같은 것이다. 시그마, 즉 표준편차의 제곱근 분산이다)'이라 하기도 한다.

눈여겨볼 점은 정규분포곡선이 대칭을 이루고 있다는 사실이다. 시그마 값이 음수이건 양수이건 마찬가지로 대칭을 이룬다. 그러므로 –4시그마 이하에 표본이 있을 확률은 +4 이상에 있을 확률과 동일하다. 이때의 확률은 3만2000분의 1이다.

한눈에 알 수 있다시피, 가우스 정규분포곡선의 핵심은 앞에서도 말했듯이 대부분의 관측값이 보통의 값, 즉 평균값에 몰려 있으며, 평균에서 멀어질수록 그 편차의 확률은 점점 급속도로(기하급수적으로) 줄어든다는 것이다. 여기서 딱 한 가지만 기억하려 한다면, 평균에서 멀어질수록 확률이 감소하는 속도는 급격히 줄어든다는 사실이다. 극단값의 확률은 갈수록 줄어들게 된다. 그러니 안심하고 무시할 수 있다.

이러한 특성은 평범의 왕국의 최고 법칙을 생성시킨다. 큰 편차가 발생할 확률이 희박하기 때문에 이 편차들이 전체에 미치는 영향도 점점 미미해진다는 것이다.

이장 초반의 비유에서 나는 편차 단위를 10cm씩으로 취해서 키가 커지는 쪽의 수가 어떻게 감소하는지를 보인 바 있다. 이것이 시그마 편차의 한 예가 된다. 이 때의 신장 분포표는 시그마를 측정도구로 삼음으로써 '한 개의 시그마에 따라 변동하는' 작용의 예가 된다.

다행스러운 가정

우리는 동전 던지기를 통해 원가우스 곡선, 혹은 완만한 무작위성을 살펴보았는데, 여기에는 일정한 조건을 가정해 놓고 있었다.

핵심 가정 1. 동전 던지기는 매 회마다 서로 독립되어 있다. 동전은 이전의 일을 기억하지 못한다. 지금까지 앞면이 나왔든 뒷면이 나왔든 다음번에 앞면 혹은 뒷면이 나올 확률은 변함이 없다. 횟수가 지날수록 '더' 능숙한 동전 던지기 선수가 될 수는 없는 것이다. 기억력이나 던지기 기술이 동전 던지기에 영향을 준다면 가우스적 정규분포원리는 제대로 적용될 수 없다.

앞서 제14장에서 우리는 선호적 연결과 누적 이득에 대해 살펴본 바 있다. 두 이론은 오늘의 승리가 내일의 승리를 보장해 준다는 내용을 담고 있다. 확률이 이처럼 역사에 좌우되면 가우스 정규분포곡선의 핵심적 전제는 현실 세계에서 통용되지 못한다. 게임의 세계에서는 물론 지난날의 승리가 미래의 게임 승률을 더 높여 준다는 보장이 없다. 그러나 현실 세계는 그렇지 않기 때문에 나는 게임을 토대로 확률을 가르치는 것을 우려한다. 만일 이전의 승리가 미래의 더 많은 승리를 보장해 준다면 우리는 원가우스적인 결과와 달리 40회 모두 앞면이 나오는 경우를 훨씬 더 자주 만나게 될 것이다.

핵심 가정 2. '급격한' 비약이란 없다. 기본적인 '무작위적 걷기'에서도 무작위적 걷기를 구성하는 보폭의 크기는 언제나 일정해서 한 번에 한 걸음이다. 보폭의 크기에서의 불확실성은 전혀 없다. 움직임이 급격히 달라지는 상황에 부딪힐 일은 없다.

명심할 점은 위의 두 핵심 가정이 충족되지 않으면 무작위적 걷기, 혹은 동전 던지기는 정규분포곡선을 산출하지 못한다는 사실이다. 어떤 일이 일어나든 우리는 강력한 만델브로식의 척도 불변의 무작위성과 만나게 된다.

정규분포곡선의 편재성

일상생활에서 내가 겪는 곤란 중 하나는 가우스 정규분포곡선이 현실 세계의 어느 곳에나 존재하는 것이 아니라 통계학자들의 머릿속에만 존재한다고 지적할 때마다 상대방은 언제나 '증명해 보라'고 요구한다는 점이다. 다음 두 장에서 보게 되겠지만, 증명은 쉽다. 그렇지만 어째서 사람들은 그 반대, 즉 가우스 정규분포 곡선이 현실 도처에 존재한다는 주장을 증명하려 하지 않는 것일까. 또 내가 가우스적이지 않은 과정을 제시할 때에도 이를 입증해 보이고 '거기에 깔려 있는 이론'을 밝혀 달라는 것이 상대방의 반응이다. 우리는 이미 제14장에서 가우스적 사고가 합당하지 않을 수 있음을 보여 주는 예로 부익부 설명틀을 살펴본 바 있다. 분석틀 설계자들은 규모가변적인 현상을 낳는 가능한 분석틀을 세우기 위해 달갑지 않은 노고를 쏟아야 한다. 마치 뭔가 잘못을 범한 사람이기도 한 것처럼 말이다. 망할, 이론이란! 나로서는 이해할 수 없다. 현실에 무지한 자가 궁리하고 보급시키는 이상적 모델과 실제 세계가 닮지 않았음을 굳이 설명해야 하는가.

나는 정규분포곡선이 아닌 다른 곡선을 개발하는 쪽으로 연구하지 않는다. 이 역시 현실에 눈을 감는 똑같은 오류를 빚을 뿐이기 때문이다. 그 대신 내가 택하는 길은 그 반대 방향이다. 나는 정규분포곡선을 충분히 이해하되, 이것이 성립되는 경우와 그렇지 않은 경우를 분명히 구분하려 한다. 나는 평범의 왕국이 어디에 있는지 알고 있다. 내가 생각하기에 정규분포곡선의 의미를 제대로 알지 못 할 뿐 아니라 이를 입증해야 할 사람은 바로 애용하는 사람들인 경우가 많다(아니 거의 항상 그렇다).

가우스 분포 곡선의 편재성은 세계의 특성이 아니다. 그것은 세계를 바라보는 인간의 시각, 즉 인간의 머릿속에서 기인하는 문제다.

다음 장에서 우리는 자연의 규모 불변성과 프랙털적 특성을 살펴보려 한다. 그리고 그다음 장에서는 사회경제 생활에서의 가우스 정규분포곡선의 오용과 '이론을 만들어 내야 할 필요'를 규명할 것이다.

나는 그동안 살아오면서 이 문제에 워낙 몰두해 있었기 때문에 때때로 감정이 북받치기도 한다. 이 문제를 화두로 삼아 위와 같은 갖가지 사고실험을 행해오는 동안 나는 나의 검은 백조론을 받아들이는 동시에 가우스 공식의 문제도 인식할 수 있는, 지적으로 일관된 사람을 내 주변에서는 단 한 명도 만나지 못했다. 상당수의 사람들은 검은 백조론을 수긍하면서도 이 주장의 논리적 귀결, 즉 표준편차라는 단 한 가지 척도로 무작위성을 (그리고 그것을 '위험'이라고 칭하며) 포착할 수 없다는 결론을 이해하지 못한다. **단순한** 답만을 추구해서는 불확실성의 특성을 이해할 수 없기 때문이다. 지적으로 한 발 더 나아간다는 것은 용기와 헌신을 요구할 뿐 아니라, 점으로 나타나는 현상을 연결해서 볼 수 있는 능력, 무작위성을 철저히 이해하겠다는 욕구 등을 필요로 한다. 여기에는 또한 다른 사람의 신조를 성경 구절처럼 받아들이지 않는 태도도 필요하다. 물리학자 중에는 가우스 이론을 배격하는 대신 정밀한 예측을 가능하게 하는 또 다른 설명틀을 개발하겠다면서 역시 또 다른 잘못을 범하는 사람들도 있다. 이들은 제14장에서 언급한 바 있는 선호적 연결이라는 개념 등을 정교하게 다듬느라 주로 정력을 허비하지만, 이 역시 플라톤적 관념론이 빚어낸 결과일 뿐이다. 과학에 대한 이해와 전문적 능력을 갖추고 있으면서도 세계의 무작위성을 있는 그대로 보고 이해하며, 계산이란 목적이 아니라 보조적 수단일 뿐임을 이해하고 있는 사람을 나는 찾지 못했다. 이런 사상가를 찾아 15년을 보낸 끝에 내가 만난 사람이 있다. 그는 수많은 검은 백조를 회색 백조로 만들어 버린 사람이다. 그 이름도 위대한 베누아 만델브로가 바로 그 사람이다.

16장_ 무작위성의 미학

무작위성의 시인

어느 우울한 오후 나는 베누아 만델브로의 서재에서 옛 책 향기를 맡고 있었다. 2005년 8월의 무더운 날이었다. 향수를 자극하는 옛 프랑스 책들 특유의 눅눅한 아교 냄새가 뜨거운 열기 때문인지 후각을 더욱 자극했다. 나는 옛 추억에 쉽게 흔들리지 않는 편이지만 음악이나 향기처럼 조용히 스며 들어오는 자극에는 어쩔 수가 없었다. 만델브로의 책들이 뿜어내는 냄새는 아버지의 서재와 서점, 도서관에서 몇 시간씩 몰두하며 탐독하던 프랑스 문학의 향기였다. 10대 시절 내 주변에는 온통 프랑스어 책들뿐이었고 나는 문학이 모든 것이라고 믿고 있었다(10대 시절만큼 프랑스어로 씌어진 책을 많이 접한 적은 그 이후에는 없었다). 내가 아무리 관념적으로 접근해도, 문학은 물리적 실체, 즉 향기를 갖고 있었다. 향기는 곧 문학이었다.

그날 오후가 특별히 우울했던 것은 만델브로가 이사를 가는 날이었기 때문이다. 80 대 20의 법칙이 50 대 1의 법칙이 될 수 있다는 것을 깨닫는 사람을 만나기가 왜 그리 힘든지 아무 때나 불쑥 전화해서 질문을 해도 될 만큼 친한 사이가 되었는데 말이다. 그러나 만델브로는 보스턴으로 이사 가기로 결심을 내린 상태였다. 은퇴를 하는 것이 아니라 한 국립 연구소에서 연구를 하기 위해 떠나는 것이었다. 옮길 곳이 케임브리지 시의 아파트였기 때문에 그는 뉴욕 웨스트체스터의 교외에 있던 대저택으로 나를 불러 마음껏 책을 가져가라고 했다.

나는 향수를 자극하는 제목에 끌려 책들을 골랐다. 앙리 베르그송의 1949년 판 《물질과 기억*Matière et mémoire*》을 비롯한 프랑스 책들이 내가 가져갈 상자를 채웠다. 특히 《물질과 기억》은 만델브로가 학창 시절에 구입한 책인 듯했다(이 옛 책의 향기란!).

이 책에서 만델브로의 이름을 여기저기서 언급했지만, 이제야 본격적으로 만델브로를 독자 여러분에게 소개하는 셈이다. 대학에 재직하는 사람들 가운데 무작위성을 주제로 내가 마음 편히 대화를 나눌 수 있었던 사람은 이 사람이 처음이었다. 다른 확률 수학자들은 '소볼레프'나 '콜모고로프' 등 러시아 수학자의 이름을 딴 수학적 정리나 '위너 측정' 따위의 이론을 늘어놓기만 했다. 고상한 용어를 입에 올리지 않고는 자기 생각을 말할 수 없는 것일까. 그들은 문제의 핵심을 짚어내지도 못했고 자신들의 좁은 틀을 뛰쳐나와 그 틀의 현실적 한계를 보지도 못했다. 그런데 내가 만난 만델브로는 달랐다. 한 고향 사람 둘이 똑같이 오랜 세월을 힘겹게 떠돌다가 다시 만나 제 나라 말로 마음 편히 대화를 나누는 듯한 느낌이었다. 그때까지 나의 스승은 책뿐이었으니, 만델브로는 내가 만난 스승 중에서 유일하게 살과 뼈를 갖춘 사람이었다. 그때까지만 해도 나는 불확실성과 통계를 전공한다는 수학자들을 전혀 존경할 수가 없었으며, 스승으로 여기지도 않았다. 확실성만을 다루는 훈련을 받은 바람에 무작위성에는 문외한인 사람들, 이것이 내 마음속에 수학자 상으로 새겨져 있었다. 그러나 만델브로는 내 생각이 잘못되었음을 깨닫게 했다.

그는 내 아버지 세대의 레반트인이나 유럽의 귀족들처럼 유난히 정확하고 표준적인 프랑스어를 구사했다. 프랑스 액센트가 약간 섞이긴 했지만 미국식 구어 영어를 아주 표준적으로 유창히 구사하는 모습이 오히려 이따금 기이하게 느껴졌다. 그는 (언제나 소식을 했는데도) 키가 훌쩍 크고 과체중이었지만 그래서인지 얼굴은 오히려 앳되어 보였으며 풍채가 좋았다.

사람들은 만델브로와 내가 불확실성, 검은 백조, (비록 가끔은 그렇지 않겠지만) 지루한 통계 이론만을 화제로 이야기했을 것이라고 생각할지 모른다. 그러나 우리가 이런 영역에서 함께 일한 것은 사실이지만 우리의 주된 화제는 다른 것이었다. 문학과 미학, 지적으로 세련된 사람들에 관한 일화 따위가 우리의 화제였다. 나는 지적 '업적'이 뛰어난 사람이 아니라 지적으로 '세련'된 사람이라고 했다. 만델브로는 지난 세기에 거물들과 만나 일하면서 겪은 일화를 이야기할 수도 있었겠지만 나는 거물 과학자들에 관한 이야기에는 영 흥미가 없었고 오히려 다채롭고 박식한 사람들의 이야기를 좋아했다. 나와 마찬가지로 만델브로 역시 도저히 어울리지 않는 기질을 함께 발휘하는 세련된 사람들에게 흥미를 느꼈다. 그가 자주 언급한 사람 중에 피에르 장 드 메나세 남작이 있다. 두 사람은 1950년대에 프린스턴대학에서 서로 알게 되었는데, 이때 드 메나세는 기숙사에서 오펜하이머와 한 방을 쓰고 있었다. 드 메나세야말로 나의 흥미를 자극하는 유형으로, 검은 백조가 구현된 인물이었다. 그는 알렉산드리아의 부유한 유대 상인의 아들로, 레반트 상류층 사람들처럼 프랑스어와 이탈리어를 구사했다. 그의 성은 본래 아랍식이었지만 선조 때에 베네치아식 표기로 바꾼 것이고, 귀족 사회의 일원이 되면서 헝가리식 귀족 명칭이 붙었다. 드 메나세는 유대교에서 기독교로 개종했을 뿐 아니라 도미니크회의 사제가 되었고, 셈어와 페르시아어를 연구하는 대학자이기도 했다. 만델브로는 늘 이런 인물을 찾았기 때문에 내게 알렉산드리아 사람들에 대해 자주 묻곤 했다.

사실 지적으로 특출한 인물이야말로 평생에 걸쳐 내가 찾던 사람들이었다. 만델브로보다 2주 먼저 태어나셨고 박식하셨던 내 아버지는 예수회 신부들과 어울리기를 아주 좋아하셨다. 예수회 신부님들이 우리 집에 찾아와 식사를 함께 하시던 기억도 나에겐 여전하다. 그중 한 분은 의학도 출신에 물리학 박사인데 베이루트 동아시아언어연구소에서 아람어를 가르치셨다. 이분은 아마 신부가 되기 전에 고등학교 물리 선생님이었거나 의대 교수였을지도 모른다. 아버지는 과학 연구를 공장의 조립 라인에서 하는 듯한 사람들보다는 예수회 신부님처럼 박식한 인물을 좋아하셨다. **교양속물**을 멀리하는 기질은 내 유전자에서부터 나오는 것인지도 모른다.

만델브로는 포부와 열정을 발휘하는 학자나 빼어난 업적을 내놓는 무명 과학자에게 감명을 받곤 했다. 칼톤 가이두섹도 그중 한 사람으로, 그는 열대지방의 풍토병 연구로 만델브로를 놀라게 했다. 그렇지만 만델브로는 저명 과학자들과의 친분을 과시하지는 않았다. 그가 거의 모든 분야에서 저명 과학자와 공동 연구를 했었다는 것도 나는 한참 뒤에서야 알았다. 그가 심리학자 장 피아제와 수학 분야에서 공동으로 일한 적이 있다는 것도 내가 그와 함께 일한 지 몇 년이 지나서 알게 되었다. 그것도 만델브로의 부인과 이런저런 이야기를 하다가 우연히 알게 된 사실이었다. 대역사가 페르낭 브로델과 함께 연구를 했다는 사실을 알면서 나는 또 한 번 놀랐다. 하지만 만델브로는 브로델에게 별 관심도 없는 듯했다. 또 그는 박사후 과정으로 요한 폰 노이만 박사와 공동으로 연구를 했는데도 노이만 박사에 관한 이야기에는 흥미가 없었다. 그의 저울은 정반대였다. 언젠가 나는 찰스 트레서라는 과학자를 아느냐고 그에게 물어본 일이 있다. 트레서는 아직 무명의 물리학자로 카오스이론에 관한 논문을 여러 편 썼지만 연구비가 모자라 뉴욕에서 빵집을 경영하며 벌충하고 있었다. 만델브로는 딱 잘라 대답을 해주었다. "보기 드문 사람이지." 그러고는 칭찬의 말을 계속 늘어놓았다. 그런데 훨씬 유명한 어떤 과학자에 대해 묻자 만델브로는 이렇게 평했다. "전형적인 '모범생'이지. 점수 좋고, 깊이 없고, 꿈도 없는 학생이야." 이 과학자는 노벨상 수상자였다.

삼각형의 플라톤주의적 성격

자, 여기서 내가 왜 만델브로적인 혹은 프랙털적인 무작위성을 말하는지 살펴보자. 이 퍼즐 맞추기에 필요한 조각들에 대해서는 파레토, 율, 지프 같은 사람들이 시시콜콜 다룬 바가 있지만, 만델브로야말로 (1) 점들을 연결해 냈고 (2) 무작위성을 기하학과 (그리고 기하학의 특정 분야와) 연관 지었으며 (3) 이 주제에 대한 필연적 결론까지 끌어냈다. 실제로 만델브로가 자기 주장을 입증하기 위해 찾아내 인용해준 덕택에 오늘날 유명해진 수학자도 많다. 바로 이 책에서 나 역시 그 전략을 따르고 있다. 만델브로는 내게 이렇게 말한 적이 있다. "사람들이 내 주장을 진지하게 받아들이게 하기 위해 나는 선구자들을 만들어 내야 했네." 그는 자신의 주장을 입증하는 수사적 장치의 하나로 거장들의 신뢰도를 이용했다. 어떤 사상이든 그 선구자를 찾는 것은 가능한 법이어서 자기 주장 편에 선 누군가를 찾아 자신의 논거로 활용할 수 있는 것이다. 어떤 큰 이론에 '누구의 이론' 식으로 이름이 불리는 사람은 흩어진 점들을 연결한 사람이지 지나가듯 한 번 언급한 사람은 아니다. 예컨대 교양 없는 과학자들은 적자생존이라는 용어를 찰스 다윈이 '만들어 냈다'고 주장하지만, 실제로는 그렇지 않다.

《종의 기원*The Orgin of Species*》 서문에서 다윈은 자신이 제시하는 사실들이 모두 최초의 보고는 아니며 그가 '흥미롭게' 여기는 것은 그 사실들의 결과들이라고 밝히고 있다('흥미롭게' 여겼다는 표현은 전형적인 빅토리아식 겸양에서 우러나온 것이다). 최후의 승리는 새로운 착상의 중요성과 가치를 포착하여 결론을 끌어내는 사람에게 돌아가는 법이다. 바로 이들이 그 주제를 논할 자격이 있는 사람들이다.

이제 만델브로 기하학을 논할 차례다.

자연의 기하학

삼각형, 사각형, 원, 그 밖의 기하학적 개념들은 교실에서 우리의 하품을 자아내긴 하지만 그 자체로 아름답고 순수하다고 할 수 있다. 그런데 이 개념들은 자연 속에 존재한다고 하기보다는 건축가, 응용미술가, 현대 예술 건축물, 교사들의 마음속에 존재한다고 할 수 있다. 어쨌든 좋다. 우리 대부분이 이 사실을 모르는 것이 문제이지만. 산은 삼각형도 아니고 피라미드도 아니다. 나무는 원이 아니다. 직선은 그 어디에서도 찾아볼 수 없다. 어머니 자연은 고등학교 기하학 수업을 수강하지도 않았으며 알렉산드리아의 유클리드가 펼친 기하학 강의를 듣지도 않았다. 어머니 자연의 기하학은 들쭉날쭉하지만, 이해하기 어렵지 않은 나름의 법칙을 갖추고 있다.

나는 우리의 천성이 플라톤적인 것을 선호하며 물질 그대로가 아니라 사유에 의해 처리된 것에 끌린다고 말한 바 있다. 벽돌공이든 자연철학자든 이런 천성에서 쉽사리 벗어나지 못한다. 위대한 갈릴레오는 다음과 같이 말한 바 있다.

> 자연이라는 위대한 책이 우리 눈앞에 펼쳐져 있으며 진정한 철학도 그 안에 씌어져 있다. … 그러나 이 책을 기록한 언어와 문자를 먼저 배우지

않으면 읽을 수 없다. … 이 책은 수학이라는 언어와 삼각형, 원, 그 밖의 기하학적 도형이라는 문자로 기록되어 있다.

설마 갈릴레오가 법적 맹인이었을까? 독립적 정신의 소유자라고 말하는 갈릴레오조차 어머니 자연을 있는 그대로 바라보지 못했다. 확신하건대 그의 집에는 창문이 있었고, 그는 아주 이따금씩 바깥 출입을 했을 것이다. 그는 자연에서는 삼각형을 발견하기가 쉽지 않다는 것을 알았어야 했다. 이처럼 우리는 쉽게 세뇌당하는 존재다.

우리는 장님이거나 문맹이거나, 아니면 둘 모두에 해당한다. 자연의 기하학이 유클리드 기하학과 다르다는 것이 명명백백한데도 누구도, 거의 누구도 이를 깨닫지 못한다.

이 (물리적) 장님은 카지노의 승률이 무작위적이라는 착각에 이르게 하는 루딕 오류와 동일한 것이다.

프랙털

먼저 프랙털이 무엇인지 살펴보기로 하자. 그리고 프랙털이 이른바 지수 법칙, 혹은 규모가변성의 법칙과 어떻게 연결되는지 알아보기로 하자.

프랙털이란 만델브로가 만들어 낸 용어로, 거칠게 조각난 모양의 기하학을 서술하기 위해 '조각나다'라는 뜻을 가진 라틴어 '프락투스(fractus)'에서 가져왔다. 프랙털은 기하학적 패턴이 다양한 크기에서 계속 반복되는 양상을 뜻한다. 패턴의 반복은 극히 미세한 차원까지 되풀이된다. 작은 부분은 어느 정도 전체의 패턴을 닮는다. 이 장에서는 프랙털 원리가 불확실성에도 적용될 수 있음을 보이고자 하며, 이때의 불확실성을 나는 만델브로적 무작위성이라 부를 것이다.

식물의 잎맥은 가지의 모양과 같고, 가지는 나무 모양을 닮는다. 또 바위는 작은 산과 같은 모양이다. 대상의 크기를 변화시켜도 질적인 변화는 없는 것이다. 비행기에서 내려다본 영국 해안과, 확대경으로 들여다본 영국 해안은 모양이 서로 닮아 있다. 이러한 '자기 유사성'에는 믿을 수 없을 정도로 극히 간단한 반복 규칙이 작용하고 있다. 컴퓨터 혹은 자연은 이 규칙을 이용하여 엄청나게 복잡해보이는 형태를 만들어낸다. 컴퓨터 그래픽을 이용하면 이를 쉽게 구현할 수 있는데, 이것이 자연이 작동하는 법칙이라는 점이 더욱 중요하다. 만델브로는 오늘날 만델브로 집합으로 알려진 수학적 개체를 고안했는데, 이것은 수학의 역사에서 가장 유명한 개체가 되었다. 만델브로의 집합은 놀랍도록 간단한 회귀 규칙을 이용하여, 끝없이 증가하는 복잡성의 세계를 그림으로 구현해 냄으로써 카오스 이론 추종자들 사이에 인기를 끌었다. 회귀적이란 어떤 것이 무한하게 되풀이하여 적용됨을 말한다. 만델브로 집합은 한없이 작은 규모까지 해상도를 높여서 볼 수 있으며 그 때마다 익숙한 형태가 계속 나타난다. 이 과정에서 형상은 점점 또렷해진다. 이들 형상은 완전히 동일하지는 않지만 상호 유사성, 즉 강한 유적 닮음을 보인다.

프랙털 개체들은 미학에서도 다루어진다. 다음을 보자.

시각 미술 분야: 컴퓨터로 만들어진 개체들은 만델브로적 프랙털의 산물이다. 건축, 회화, 그 밖의 시각 미술 작품에서도 이를 볼 수 있다. 물론 창작자들은 이 원리를 직접 의식하지 않고 작품을 만들어 낸 것이다.

음악: 베토벤 교향곡 5번의 첫 대목 음표 네 개를 천천히 읊조려 보라. "타-타-타-타." 이 부분을 각 음표 한 개씩에 치환해 넣어 음표 16개를 만들어 보라. 이때 음표 한 개씩이 있던 자리는 이전의 첫 대목 음표 네 개와 똑같다는 것을 알 수 있으니, 부분이 전체를 닮아 있는 것이다. 예컨대 바하, 말러는 악장 내의 작은 주제를 전체 악장 또는 그보다 더 큰 부분까지 반복되도록 작곡

했다.

시: 예컨대 에밀리 디킨슨의 시도 프랙털적이다. 즉 전체가 부분을 닮는다. 어떤 평론가에 따르면 에밀리 디킨스의 시는 "시어의 선택, 음보, 수사법, 동작 이미지, 음조 등을 의식적으로 유사하게 하였다."

프랙털 이론을 제창하면서 만델브로는 그 업적에도 불구하고 수학계의 경멸스러운 이단아로 취급받았다. 프랑스 수학자들은 등골이 서늘해졌다. 뭐라고? 이미지들? 맙소사! 마치 내 고향 아미온의 그리스정교 회당에 모인 할머니들 앞에서 포르노 영화를 틀어댄 것과 마찬가지의 반응이었다. 만델브로는 결국 뉴욕 IBM 연구소에서 지적 망명자로 세월을 보내야 했다. 그래도 IBM은 만델브로가 무엇을 하든 원하는 대로 연구하도록 놓아두었기 때문에 누구의 눈치를 볼 필요도 없었다.

그러나 대중은 (대부분 컴퓨터광들이었지만) 진가를 알아챘다. 25년 전 만델브로가 집필한 《자연의 프랙털 기하학*The Fractal Geometry of Nature*》은 출간 즉시 경악스러운 반응을 얻었다. 예술가들 사이에 이 책이 퍼졌고, 미학이나 건축 혹은 산업계 종사자들 사이에 연구 모임이 생겨났다. 인간의 폐도 자기 유사성을 지니고 있어서 그랬을까, 만델브로에게 의학 교수 자리를 제의하는 일까지 생겼다! 온갖 예술가들이 만델브로의 말을 인용한 덕에, 그는 수학계의 록스타라는 별칭을 얻었다. 때마침 도래한 컴퓨터 시대가 만델브로의 원리를 갖가지로 응용해 보이면서, 상아탑에서 외면받던 만델브로는 역사상 가장 영향력 있는 수학자의 반열에 올랐다. 만델브로의 프랙털 원리는 보편성을 갖는다는 특성 이외에도 독특한 속성을 하나 더 갖고 있다. 바로 매우 이해하기 쉽다는 것인데, 이에 대해서는 뒤에서 살펴보기로 하자.

그의 생애에 대해 짤막하게 몇 마디 적어 둔다. 만델브로는 열두 살이던 1936년에 바르샤바에서 프랑스로 이주했다. 나치가 점령한 프랑스에서 은밀히 살아야 했던 탓인지 그는 따분한 산수 훈련만 반복하게 하는 프랑스식 교육을 받는 대신 주로 혼자서 공부를 했다. 그 이후에는 저명한 프랑스 수학자이면서 콜레주 드 프랑스에서 강의하던 삼촌의 영향을 강하게 받았다. 이후 베누아 만델브로는 미국에 정착해 잠깐씩 대학에 적을 둔 것을 제외하고는 산업과학자로 일생을 보냈다.

만델브로가 산파 역할을 한 신과학에서는 컴퓨터가 두 가지 역할을 해냈다. 첫째, 프랙털 개체는 간단한 규칙 재귀적으로 적용하여 생성되기 때문에 컴퓨터(혹은 어머니 자연)가 자동으로 수행하기에 안성맞춤이다. 둘째, 시각적 직관의 생성작용을 통해 수학자와 그에 의해 생성된 대상 사이에 소통이 생겨났다.

이제 이런 점들이 어떻게 무작위성과 연관되는지 생각해 볼 차례다. 실제로 만델브로의 연구 경력이 시작되는 데에도 확률 원리가 작용하고 있었다.

눈으로 보는 극단의 왕국과 평범의 왕국

나는 지금 서재에 깔린 양탄자를 보고 있다. 현미경을 들이대면 잔뜩 주름진 형상이 나타날 것이다. 현미경 대신 확대경으로 바꾸면 좀 더 단순해지겠지만 여전히 울퉁불퉁한 모습은 남아 있을 것이다. 그러나 맨눈으로 내려다보면 마치 종이 한 장처럼 평평한 형상만 보인다. 서서 내려다본 양탄자는 평범의 왕국이자 대수의 법칙이 작용하는 세계다. 나의 육안으로는 기복의 합만 보이므로 그 과정에서 **기복은 사라진다**. 이것은 가우스 분포의 무작위성과 같다. 책상 위의 커피잔이 바닥으로 툭 떨어지지 않는 이유는 커피잔을 구성하는 모든 분자의 운동의 합이 큰 규모에서는 서로 상쇄되기 때문이다. 마찬가지로 작은 규모의 가우스 불확실성은 합산됨으로써 확실성을 얻는다. 이것이 대수의 법칙이다.

가우스 분포 원리에는 자기 유사성이 없다. 책상 위 커피잔이 바닥으로 툭 떨어지지 않는 것도 이 때문이다.

어떤 산으로 등산을 한다고 하자. 지표 위로 아무리 높이 올라간다 해도 표면은 울퉁불퉁하다. 10킬로미터 높이에서도 이런 모습은 여전하다. 알프스 위로 비행기를 타고 갈 경우에도 작은 돌 대신 큰 산맥이 울퉁불퉁한 모습을 보여준다. 그러므로 어떤 것의 표면은 평범의 왕국에 속하지 않아서 해상도를 달리해도 매끈한 모습이 나타나지 않는다.(그렇지만 아주 높이 올라갈 경우에는 모습이 달라진다는 것도 유념하자. 우주에서 보면 지구 표면은 매끈해 보인다. 그러나 이것은 지구가 작기 때문이다. 행성의 크기가 아주 크고 히말라야 산맥이 우스울 정도로 거대한 산맥이 있다면, 표면이 매끈하게 보이려면 아주 먼 거리에서 관찰해야만 할 것이다. 마찬가지로 거주 인구가 아주 많을 경우에는 각자의 부를 평균 수준으로 유지한다고 해도 순소득이 빌 게이츠를 능가하는 사람이 있게 된다.)

그림 11과 12는 위와 같은 점을 잘 보여 준다. 그림 11을 보는 관찰자는 렌즈 뚜껑이 땅 위에 떨어져 있는 장면이라고 생각할 것이다.

영국 해안 이야기를 다시 떠올려 보라. 비행기에서 관찰한 해안선은 해변에서 본 해안선과 그리 다르지 않다. 규모를 바꾼다고 해서 외관이 주름지거나 매끈한 정도가 달라지지는 않는 것이다.

돼지 목에 진주 목걸이

프랙털 기하학이 부의 분포와 무슨 상관이 있다는 말인가? 또 도시의 규모, 금융시장의 수익, 전쟁으로 인한 사상자 수, 행성의 크기 따위와는 무슨 관련이 있다는 것인가? 자, 이제 점들을 연결해 보자.

그 핵심은 이것이다. **규모의 변화와 무관하게 (어느 정도) 보존되는 대수적 혹은 통계적 측정값을 갖는 것이 프랙털의 속성이다.** 가우스 수학과 다른 것은 비율이 동일하다는 점이다. 이런 자기 유사성의 또 다른 시각을 그림 13에서 볼 수 있다. 제15장에서 보았듯이 극한의 부자도 전체 부자와 유사하다. 다만

그림 11 언뜻 보면 렌즈 뚜껑이 땅 위에 떨어져 있는 모습이다. 그러나 다음 그림을 보라.

더 부자일 뿐이다. 부라는 것은 규모와 무관하다. 아니 정밀하게 말하자면, 그 정도가 미지이긴 해도 규모 의존적이다.

1960년대에 만델브로는 상품 가격과 증권 가격에 대한 자신의 생각을 저명한 경제학자들에게 발표했다. 금융경제학자들은 모두 여기에 열광했다. 1963년 시카고 비즈니스스쿨 원장인 조지 슐츠는 만델브로에게 교수 직을 제안했다. 훗날 로널드 레이건 정부의 국무장관이었던 조지 슐츠가 바로 이 사람이다.

그리고 어느 날 저녁 슐츠는 만델브로에게 전화를 걸어 이 제안을 취소했다.

그로부터 44년이 지난 오늘날에도 경제학과 사회과학 통계에서는—적당한 수준의 무작위성만 문제가 되는 것처럼 포장하는 기술이 늘어난 것을 제외하고는—아무 일도 일어나지 않았다. 노벨상도 여전히 꼬박 꼬박 수여되고 있

그림 12 문제의 물체는 렌즈 뚜껑이 아니었다. 그림 11과 12 두 사진은 척도 불변성을 잘 보여 준다. 프랙털은 척도 불변성을 갖는다. 이것을 자동차나 집과 같은 인간이 만든 물체와 비교해 보라.(출전: *Professor Stephen W. Wheatcraft, University of Nevada, Reno.*)

다. 이 책의 핵심적 주장조차 이해하지 못하는 사람들이 이따금 만델브로가 틀렸다는 '근거'를 제시하는 논문을 발표하기도 한다. 희귀한 사건이 일어나지 않은 시기를 찾아내서는 가우스 분포가 기저에 흐른다는 식으로 '신빙성을 더해주는' 자료를 만들어 내는 일은 누구나 할 수 있다. 이는 어떤 날 오후에는 살인 사건이 하나도 일어나지 않았다는 사실을 밝혀낸 후 이를 인간이 선하다는 것의 '증거'로 삼는 것과 다를 바 없다. 귀납 과정의 비대칭성 때문에 인간의 순수함을 인정하기보다 배격하기가 쉬운 것처럼, 정규분포곡선을 받아들이기보다는 배격하기가 더 쉽다. 이와 반대로 프랙털 원리를 인정하기보다는 배격하기가 더 어렵다. 어째서 그런가? 그것은 단 하나의 사건으로도 가우스 정규분포곡선을 옹호하는 주장을 무너뜨릴 수 있기 때문이다.

요컨대 40년 전에 만델브로는 경제학자들에게, 그리고 이력서 꾸미기 병에 걸린 속물들에게 진주를 선사했다. 그러나 이들은 만델브로가 준 진주를 내던져 버렸다. 그들이 받아들이기에는 만델브로의 생각이 너무 훌륭했기 때문이다. **돼지에게 진주를 준다**는 속담대로 아닌가.

나는 이 장의 나머지 부분에서 내가 어떻게 그 정확한 용도를 꼭 받아들이지 않고서도 만델브로적 프랙털이 무작위성의 상당 부분을 설명할 수 있음을 뒷받침할 수 있는지 서술할 것이다. 프랙털은 기본 속성이며 근사값이며 기본 틀이어야 한다. 프랙털은 검은 백조 문제를 해결하지도 않을뿐더러 모든 검은 백조를 예측 가능한 사건으로 만드는 것도 아니다. 그러나 프랙털은 커다란 사건을 예상할 수 있게 만들어 주기 때문에 검은 백조의 효과를 상당 부분 누그러뜨릴 수 있다.(프랙털은 검은 백조를 회색으로 만든다. 어째서 회색인가? 오직 가우스적인 것만이 확실성을 부여하기 때문이다. 그 이상은 차차 밝히기로 한다.)

프랙털 무작위성의 논리†

제15장에서 나는 부의 분포표를 통해 프랙털 분포의 논리를 살펴본 바 있다. 즉 부의 규모가 100만 달러에서 200만 달러로 커지면 그 이상의 부를 소유할 사람의 숫자는 4분의 1로 줄어든다. 이 때 지수값은 2이다. 만일 지수가 1이면 2분의 1로 줄어든다(이것은 지수 법칙이라 부르기도 한다). 이때 어떤 수준보다 높게 나타나는 빈도수를 초과빈도(exceedance, 이 용어는 저자가 만들어 낸 것이다—옮긴이)라고 부

† 전문적인 내용을 원하지 않는 독자라면 여기서부터 이 장이 끝날 때까지의 내용은 건너뛰어도 무방하다.

그림 13: 순수한 프랙털 통계 산맥

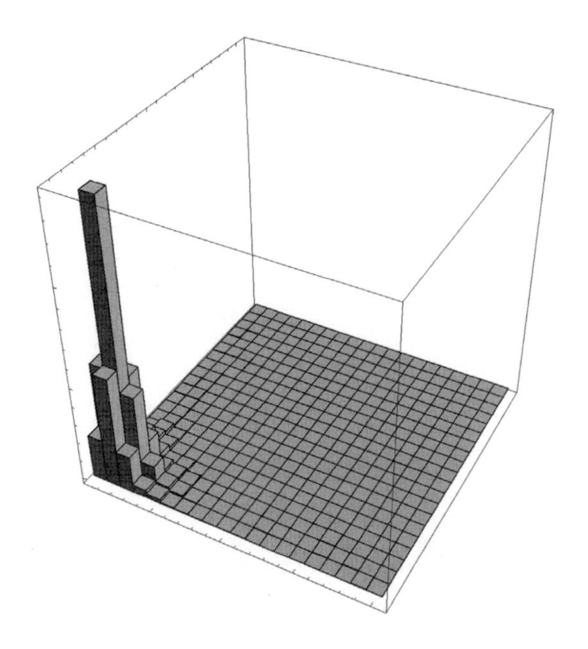

그래프에서 열여섯 칸은 불균등의 정도가 동일하다. 가우스적 세계에서라면 부의 불평등은 (혹은 양적 비교가 되는 다른 영역에서의 불평등은) 최고값에 접근할수록 감소한다. 따라서 억만장자끼리는 백만장자끼리보다 더 평등하며, 백만장자끼리는 중산층끼리보다 더 평등하다. 요컨대 부의 각 수준마다 평등함이 다른 것도 통계적 자기 유사성이다.

른다면, 200만 달러의 초과빈도는 200만 달러 이상의 부를 소유한 사람들의 숫자를 의미할 것이다. 이러한 프랙털의 주요 속성(혹은 이들의 주요 속성인 규모 가변성의 또 다른 표현)은 두 초과빈도의 비율†이 두 기준값의 비에 지수값을 음으로 바꿔 제곱한 값이 된다는 것이다. 이렇게 생각해 보자. (작년에 그러했던 것처럼) 1년에 단 96종의 책만이 25만 권 이상 판매될 거라고 '생각한다'고 하

† 대칭성을 이용해 일정 숫자 이하의 빈도수를 계산할 수 있다.

표 2: 다양한 현상들의 상위 분포를 나타내는 제곱지수값(예상)

현상	제곱지수(근사값)
단어 사용 빈도	1.2
웹사이트 페이지뷰	1.4
미국의 도서 판매고	1.5
전화번호의 통화 빈도	1.22
지진의 진도	2.8
달의 크레이터 지름	2.14
태양 화염의 강도	0.8
전쟁의 강도	0.8
미국인들의 순(純) 부	1.1
성(姓)별 인구	1
미국 도시의 인구	1.3
시장의 움직임	3(혹은 그 이하)
기업의 규모	1.5
테러 공격으로 인한 사망자 수	2(하지만 그보다 훨씬 낮을 수도 있는 지수값)

출처: M. E. J. 뉴먼(2005)의 계산에 따름.

자. 그리고 제곱지수는 1.5라고 '생각한다'고 하자. 그렇다면 50만 권 이상 판매될 책은 약 34종이 될 거라고 계산해 낼 수 있다. 이것을 계산하는 식은 $(500{,}000/250{,}000)^{-1.5} \times 96$ 이다. 그리고 100만 권 이상 판매될 책은 약 8종이 될 터인데, 역시 $(1{,}000{,}000/250{,}000)^{-1.5} \times 96$을 계산하여 얻어진 것이다.

좀 더 다양한 현상에 상이한 제곱지수를 적용한 것이 표 3이다.

여기 보인 지수값들은 정밀도면에서 큰 의미가 없음을 미리 말해둔다. 이유는 곧 알게 되겠지만, 이 값들은 관측할 수는 없다는 것을 지적해둔다. 이 값들은 그저 추측하거나 추론하여 통계에 이용할 뿐이므로 실제의 값이 설사 존재

표 3: 제곱지수의 의미

제곱지수	상위 1%가 차지하는 비율	상위 20%가 차지하는 비율
1	99.99%†	99.99%
1.1	66%	86%
1.2	47%	76%
1.3	34%	69%
1.4	27%	63%
1.5	22%	58%
2	10%	45%
2.5	6%	38%
3	4.6%	34%

† 표본의 100퍼센트를 검수한 결과는 아니다.

한다고 하더라도 알아내기는 힘들 때가 있다. 우선 하나의 제곱지수에 따라 나타나는 결과를 살펴보자.

표 2는 가능성이 극히 희박한 사건이 주는 충격을 보인 것이다. 이 표는 전체 중에서 상위 1퍼센트 내지 20퍼센트가 차지하는 비율을 나타낸다. 제곱지수가 낮을수록 상위 부분이 차지하는 비율이 높아진다. 문제는 그 비율이 결과에 미치는 영향의 강도다. 제곱지수가 1.1에서 1.3일 경우 각각 전체의 66퍼센트와 34퍼센트를 차지한다. 불과 0.2의 지수 차이가 결과에서는 극심한 차이를 나타내는 것이다. 이런 차이는 단순한 측정 오류에서 비롯된 것일 수도 있다. 어쨌거나 이런 차이는 결코 사소한 것이 아니다. 게다가 이 제곱지수를 직접 계산하기 어렵기 때문에 우리는 제곱지수에 대해 정확히 알지 못하는 실정이다. 현재로서는 과거의 자료를 통해 추정하거나 몇 가지 개연성 있는 분석틀에 의존할 뿐이다. 물론 이런 분석틀에도 그것을 무턱대고 현실에 적용할 수 없게 하는 결함이 감춰져 있을 수 있다.

그러므로 1.5라는 지수는 근삿값이라는 점을 유념하자. 이 값은 컴퓨터로 계산하기도 힘들지만 그렇다고 신이 주는 것도 아니며, 표본 오차가 엄청날 수도 있다. 예컨대 100만 부 이상 판매되는 책의 종수가 언제나 8종인 것은 아니다. 20종까지 늘어날 수도 있고 2종으로 줄어들 수도 있다.

중요한 점은 이 제곱지수가 '교차점'이라 불리는 어떤 수에도 적용되기 시작하고, 그 이상의 수에도 영향을 미친다는 점이다. 시작점은 20만 종이 될 수도 있고 40만 종이 될 수도 있다. 마찬가지로 불평등의 정도가 늘어나면 부의 속성에도 변화가 있기 때문에, 시작점이 600만 달러일 경우 그 이하일 때와 다른 결과가 나온다. 교차점이 어디인지 어떻게 알 수 있을까? 이것이 바로 문제다. 나는 동료들과 함께 금융 자료 2000만 점을 조사한 바 있다. 우리는 똑같은 표본 집합 수를 가지고 계산했지만 각자 내놓은 지수값은 일치하지 않았다. 분명히 자료 속에 프랙털 지수 법칙이 작동하고 있음을 알 수 있지만 정확한 값을 알아낼 수는 없다는 점을 우리는 알게 되었다. 그러나 우리는 분포가 규모가변적이고 프랙털적이라는 것을 알게 되었으니, 이것만으로도 의사 결정을 내리기에 충분했다.

상한선의 문제

어떤 사람들은 프랙털을 '어느 선까지만' 연구하고 받아들였다. 이들은 부, 책 판매고, 시장 수익이 특정한 수준을 넘어서면 프랙털적 속성이 정지된다는 입장이다. 이에 따라 이들은 '절단'이 필요하다고 주장한다. 프랙털적 특성이 어느 수준에서는 정지될 **수도 있다**는 데에 나 역시 동의한다. 그렇지만 그것이 어느 수준에서일까? 상한선은 있지만 **그것이 얼마나 높을지는 모른다**고 하는 것이나 **한계가 없다**고 말하는 것이나 실제로는 같은 결과를 가져온다. 상한선을 주장하는 것은 극히 위험하다. 예컨대 분석의 상한선을 1500억 달러로 묶어 놓자고 해보자. 그러면 또 다른 누군가는 1510억 달러도 되는 것 아니냐고 말할 수도 있다. 1520억 달러는 또 어떤가? 변수에는 끝이 없음을 명심해야 한다.

정밀함을 경계하라

경험을 통해 깨달은 몇 가지 요령이 있다. 제곱지수를 어림잡을 때마다 지나치게 크게 잡는 경향이 있다(지수값이 클수록 큰 편차의 역할이 작아진다는 것을 상기하자). 그러므로 우리가 보지 않는 것보다 우리가 보는 것이 검은 백조가 될 확률이 적어진다. 나는 이것을 가면무도회 효과라고 부른다.

예컨대 제곱지수가 1.7인 분포를 갖는 현상이 있다고 하자. 어떤 사람에게 이 지수로 만들어 낸 자료만 제공하고 지수가 얼마인지 구하라고 하면 2.4라는 답이 제시될 수도 있다. 자료의 단위가 100만이 될 경우에도 이럴 수 있다. 프랙털 과정 중에는 그 속성을 나타내는 데 오랜 시간이 걸리는 경우가 있고, 그 충격이 얼마나 참담할지를 우리가 과소평가하기 때문이다.

때로는 프랙털을 가우스 분포라고 잘못 판단할 수도 있다. 이것은 상당히 높은 값 이상에서만 프랙털 특성이 나타나는 경우 특히 그렇다. 프랙털 분포에서는 그렇게 큰 수치의 극단적 분포가 존재해도 쉽게 감지될 수 없을 만큼 드물다. 그것이 프랙털 분포임을 알아차리기 어려운 것이다.

또 하나의 물웅덩이 문제

지금까지 보았듯이 세계를 어떤 분석틀로 보든 그 변수값을 알아내기는 어렵다. 따라서 극단의 왕국의 경우 추론의 문제가 다시 이 경우 지금까지 언급했던 어떤 경우보다 문제가 더 심각하다. 간단히 말하자면, 만약 메커니즘이 프랙털적이라면 큰 값을 낳을 수 있고, 따라서 큰 편차의 발생이 가능하다. 그러나 어떻게 가능한지, 얼마나 자주 일어나는지는 정밀하게 알아내기 어렵다. 이것은 이른바 '얼음이 녹은 자리의 물웅덩이를 보고 얼음 모양 알아맞히기' 문제와 유사하다. 현실에서부터 출발하여 이를 설명할 수 있는 분석틀을 찾는 나로서는 작업하는 사람들과는 완전히 다른 문제들에 직면한다.

최근 나는 복잡계 연구를 개괄한 세 권의 '대중과학서'를 읽었다. 바로 마크 뷰캐넌의 《세상은 생각보다 단순하다*Ubiquity*》, 필립 볼의 《임계 질량*Critical Mass*》, 폴 오머로드의 《어째서 대부분이 실패하는가*Why Most Things Fail*》다. 저자들은 사회과학의 세계가 지수 법칙으로 가득 차 있음을 보이고 있는데, 나는 이들의 견해에 대부분 동의한다. 그들은 이런 현상에는 **보편성**이 존재하며, 자연 세계의 다양한 과정과 사회 조직의 행동에는 놀라운 유사성이 존재한다고 주장한다. 나 역시 이에 동의한다. 그들은 네트워크에 대한 다양한 이론을 근거로 제시하면서 이른바 자연과학의 임계 현상과 사회 조직의 자기 조직화 현상이 놀랍도록 서로 일치함을 보인다. 이들은 눈사태와 사회적 유행 현상, 그리고 그들이 이른바 '정보 폭포'라고 부르는 것을 발생시키는 과정을 연관시켰다. 나는 물론 이 견해에도 동의한다.

물리학자들이 임계점 연구와 관련하여 거듭제곱 법칙에 특히 흥미를 느끼는 이유도 그 법칙이 갖는 보편성 때문이다. 동역학계 이론이나 통계역학에서 임계점 주변의 동역학적 특성이 그것의 기저 시스템의 구체적인 조건과 무관하게 존재하는 경우는 매우 많다. 같은 유형에 속하는 계끼리는 계의 여타 측면이 달라도 임계점에서의 지수값이 동일한 경우도 많다. 이러한 보편성 개념에 나는 거의 동의한다. 마지막으로 세 저자 모두 통계물리학적 기법의 사용을 권장하고 계량경제학과 가우스 정규 분포 식의 규모불변적인 분포는 전염병 대하듯 피하는데, 나도 전적으로 동감이었다.

그러나 이들 세 저자는 정밀한 값을 계산해 내려다가, 과정의 전후(문제와 문제의 역)를 구분하지 못하는 함정에 빠지고 말았는데, 내게 이것은 과학적 ·

인식론적으로 가장 큰 잘못이다. 이들만이 아니다. 자료를 다루면서도 그 자료로 의사 결정을 내리지 못하는 사람들은 대부분 똑같은 죄, 즉 이야기 짓기의 오류를 다양한 형태로 범하고 있다. 피드백 과정이 일어나지 않을 때 우리는 설명틀만 보고 이것이 현실을 확증해 준다고 여긴다. 나는 앞의 세 책의 기본 발상이 옳다고 믿지만 그 발상을 이용하는 방식은 틀렸다고 생각한다. 이 방식을 정밀한 값을 이용하여 추구하겠다는 저자들의 시도도 당연히 틀렸다고 생각한다. 사실 복잡계 이론에 따르면 현실을 설명하겠다는 과학적 설명틀은 **더욱** 의심스러워진다. 이런 방식은 모든 백조를 흰색으로 만들지 못한다. 흰 백조는 예견 가능하다. 그러나 이런 방식은 흰 백조를 모두 회색 백조로 만든다.

앞에서 말했듯이 인식론적 측면에서 볼 때 상향적 지식을 추구하는 경험주의자에게 세계는 말 그대로 전혀 다른 세상이다. 우리는 의자에 앉아 세계를 지배하는 방정식을 읽는 호사를 부릴 수 없다. 우리는 자료를 관찰하고 거기서 실제 과정이 어떠하리라는 가설을 세운 후, 추가된 정보에 맞게 방정식을 조정함으로써 '가늠자를 수정해' 나갈 뿐이다. 새로운 사건이 일어나면 우리는 앞서 예상한 것과 새로 발생한 것을 비교한다. 역사는 뒷걸음질 치는 것이 아니라 앞으로 나아간다는 사실을 발견하는 일은 이처럼 고단한 일이다. 특히 이야기 짓기의 오류를 알고 있는 사람에게는 더욱 고역스러운 작업이다. 기업인들이 자존심이 세다고만 생각하지만, 이들은 의사 결정과 그 이후 발생한 결과를 바라보며 초라함을 느끼며, 설명틀과 실제 현실 사이의 차이 앞에서 새삼 겸허함을 절감한다.

내가 말하고자 하는 것은 정보의 불투명성과 불완전성, 세계 작동 원리의 파악 불가능성이다. 역사는 그 속내를 우리 앞에 내보이지 않는다. 그러므로 우리는 그 안에 무엇이 있는지 추측만을 할 뿐이다.

표상에서 실재로

방금 내가 말한 내용은 이 책 전체를 관통하는 생각이다. 심리학, 수학, 진화론을 공부하여 이를 돈이 되는 일에 적용함으로써 그 가치를 확인하려는 사람이 많지만, 나는 정반대의 해법을 권한다. 격렬하고 힘겨운 미지의 시장 불확실성을 연구함으로써 자연의 무작위성에 대한 통찰력을 얻어라. 그리고 이를 심리학, 확률론, 수학, 의사결정론, 통계물리학에 적용시켜라. 그리하면 이야기 짓기의 오류, 루딕 오류, 플라톤적 관념이라는 거대 오류 그리고 표상에서 실제로 접근하려는 거대 오류 등이 눈에 보일 것이다.

만델브로와 처음 만난 자리에서 나는 그처럼 좀 더 고상한 연구를 할 수 있는 과학자들이 왜 금융 분야처럼 천박한 분야에서 일하느냐는 질문을 던졌다. 당시만 해도 나는 금융과 경제학이란, 온갖 실제 현상을 통해 뭔가 배워 크게 한몫 잡았으면 주저없이 더 크고 좋은 일을 찾아 떠날 분야라고 여겼다. 만델브로는 이렇게 답해 주었다. "자료, 자료가 황금맥일세." 만델브로가 경제학에서 시작했다가 물리학과 자연기하학으로 분야를 옮겼다는 사실을 아는 사람은 정말 아무도 없다. 엄청난 자료를 다루는 일은 우리를 겸허하게 만든다. 대량의 자료를 연구하는 일은 표상과 실제 사이의 통행로를 잘못된 방향으로 주행하는 것이 왜 잘못인지 깨닫게 하는 직관을 길러준다.

통계학의 순환성(통계적 회귀 논증이라고도 한다)이라는 문제가 있다. 예컨대 어떤 확률 분포가 가우스적인지 프랙털적인지, 혹은 다른 어떤 것인지를 알기 위해 과거의 자료가 필요하다고 하자. 이때 어느 정도가 되어야 우리의 주장을 입증할 만큼 충분한지를 확정할 수 있어야 한다. 그런데 자료가 충분한지 어떻게 알 수 있을까? 확률 분포의 관점에서 보면, 우리가 추론하고자 하는 바를 '확증해 주는' 충분한 자료가 확보되었는가를 말해 주는 것이 곧 분포다. 그 분포가 가우스 정규분포곡선을 그린다면, 몇 개의 점만으로도 충분하다(대수의 법칙이 다시 여기서 작용한다). 그런데 어떤 분포가 가우스적인지 어떻게 알 수 있을까? 물론 자료를 통해서다. 그러므로 확률 분포의 속성을 알려면 자료가 필요하고, 확률 분포는 얼마나 많은 자료가 필요한지를 말해 준다. 이것은 심각한 순환 논증의 문제를 불러일으킨다.

그런데 분석 이전에 그 대상의 분포가 가우스적이라고 미리 가정을 해놓으면 이런 회귀 문제는 일어나지 않는다. 가우스적 분포는 몇 가지 이유로 그 속성을 생각보다 쉽게 드러내기도 한다. 그러나 극단의 왕국의 분포는 그렇지 않다. 그러므로 어떤 일반적 법칙을 밝히는 과정에서 가우스적 분포를 선택하는 것이 편리하기 때문에 가우스적 분포가 기본 사양으로 전제되어 있는 것이다. 다시 말하거니와 정규분포를 전제로 받아들이는 것은 범죄 통계, 사망률처럼 평범의 왕국에 속하는 몇 되지 않는 영역에서만 의미가 있다. 그러나 미지의 속성들을 담고 있는 역사적인 자료나 극단의 왕국에 속하는 문제들에 대해서는 이런 방법이 통하지 않는다.

역사적 자료를 다루는 통계학자들이 이런 점을 모르는 이유가 무엇일까? 첫째, 그들은 귀납법의 문제 때문에 자신들의 작업 전체가 무위로 돌아가는 상황을 원하지 않는다. 둘째, 그들은 자신들의 예측이 빗어낸 결과를 냉정하게 받아들이지 못한다. 제10장에서 우리는 마크리다키스의 연구와 M-Competition이라는 개념을 살펴본 바 있지만, 통계학자들은 이야기 짓기의 오류에 깊이 빠져 있어서 주변의 충고에 귀를 열지 못한다.

예측 전문가를 경계하라

문제를 한 차원 높여서 생각해 보자. 앞서 이야기했듯이, 극단의 왕국의 탄생을 설명하는 멋진 설명틀이 많이 제출되었다. 넓게 보아 이들은 두 부류로 나뉘지만, 경우에 따라 더 세분할 수도 있다. 첫 번째 부류는 단순한 '부익부' 설명틀로, 도시로 인구가 밀집하고 마이크로소프트와 VHS 방식이(애플과 베타맥스 방식 대신) 시장을 장악하고, 학술적 명성이 소수에 집중되는 등의 현상을 설명한다. 두 번째 부류는 이른바 '삼투 효과 모델'이라 불리는 것으로, 개인의 행위보다는 개인의 행동 범위를 주로 다루는 설명틀이다. 예컨대 삼투성이 강한 표면에 물을 부을 경우, 이 물체의 표면 구조가 미치는 영향은 액체일 경우보다 크다. 모래 위에 모래가 뿌려질 경우 표면 영역의 상태에 따라 모래사태가 일어나는지 여부가 결정된다.

당연한 일이겠지만 대부분의 설명틀은 현상에 대한 설명뿐만 아니라 정밀한 예측도 해내려 한다. 나는 여기에 분개한다. 이들 설명틀은 극단의 왕국의 발생을 훌륭하게 보여 주는 도구이지만 현실이라는 '생성자'는 이런 설명틀이 정밀한 예측을 내놓도록 고분고분하게 따라 주지 않는다. 적어도 극단의 왕국이라는 주제를 다루는 최근의 논문에서는 이런 경향이 보인다. 우리는 여기서 다시 척도 조정이라는 문제에 부딪힌다. 비선형적 과정에서 흔히 나오는 오류를 피하겠다는 발상은 훌륭하다. 그런데 비선형 과정은 선형 과정보다 자유변이의 정도가 훨씬 크며(제11장에서 다룬 바 있다) 잘못된 설명틀이 낳는 위험도 크다는 점을 기억해 두자. 그런데도 통계물리학의 틀을 현실에 적용하는 것을 옹호하는 논문과 저작이 아직도 이따금 출현하고 있다. 필립 볼의 저작과 같은 책들은 풍부한 설명과 정보를 담고 있지만 정밀한 계량적 설명틀이 되겠다고 나서서는 안 된다. 그것들을 액면 그대로 믿지 말라.

그렇지만 이런 설명틀에서도 뭔가 배울 바가 있지 않을까.

다시 한 번, 행복한 결말을 찾아

첫째, 규모가변성을 가정함에 있어서 나는 그 어떤 큰 값도 발생할 가능성이 있음을 인정한다. 즉 이미 알려진 최대값 이상에서도 불균등성이 사라질 이유는 없다.

예컨대 《다빈치 코드*The Da Vinci Code*》는 무려 6000만 부가 팔렸다.(성경의 판매 부수는 10억 부지만 여기서는 제외하자. 지금은 개인의 저작만 다루기로 한다.) 그런데 어떤 책이 2억 권 팔렸다는 이야기는 들은 바가 없지만 가능성을 0으로 해놓을 수는 없다. 가능성은 적지만 0은 아닌 것이다. 《다빈치 코드》와 같은 대형 베스트셀러 3종 중 1종은 초대형 베스트셀러일 수 있다. 아직까지 그런 일은 일어나지 않았지만 그럴 가능성을 배제할 수는 없기 때문이다. 더 나아가, 《다빈치 코드》와 같은 대형 베스트셀러 15종 중 1종은 예컨대 5억 권 이상 팔릴 어마어마한 초대형 베스트셀러일 가능성도 있다.

동일한 논리를 부의 영역에도 적용해 보자. 지구 최고의 갑부가 500억 달러를 소유하고 있다 하자. 그래도 1000억 달러 이상을 소유한 누군가가 어디선가 내년에 튀어나올 가능성이 완전히 없는 것은 아니다. 자산 500억 달러 이상의 갑부 세 명 중 한 명은 1000억 달러 이상의 갑부일 수도 있다. 자산 2000억 달러 이상의 갑부가 나올 확률은 이보다 훨씬 적다. 앞의 확률보다 3분의 1이지만 그렇다고 0은 아니다. 더 나아가 자산 5000억 달러 이상의 갑부가 나올 확률 역시 극미하지만 0은 아니다.

우리는 여기서 다음과 같은 사항을 알 수 있다. 우리는 우리가 확보한 자료에 나오지 않은 것을 추론할 수 있되, 그것의 존재 가능성은 여전히 확률의 영역에 속한다. 과거의 자료에 나오지 않은 베스트셀러가 보이지는 않는 채로 어딘가에 존재할 수 있음을 고려해야 하는 것이다. 제13장의 요지를 상기하자. 그런 이유로 책이나 신약에 대한 투자는 과거 자료의 통계로 예상한 결과보다 유리할 수 있다. 그러나 주식투자의 손실은 과거 자료가 보인 것보다 클 수 있다.

전쟁은 본질적으로 프랙털적이다. 제2차 세계대전보다 더 많은 사람의 목숨을 앗아갈 전쟁이 일어날 가능성은 배제할 수 없다. 이제까지 그런 전쟁이 일어나지 않았다 해도 그 가능성이 0은 아니다.

둘째, '정밀함'의 문제를 쉽게 이해할 수 있도록 자연 현상에서 예를 찾아보기로 한다. 산은 돌과 어느 정도 유사하다. 산은 돌과 친연성, 유적 닮음을 갖는다. 그러나 똑같지는 않다. 이러한 유사성은 정밀한 수준의 '자기 동일성'이 아니라 자기 친연성이다. 그런데 만델브로가 '친연성'의 개념을 정확히 구사하는 데 어려움을 겪었기 때문에 그 대신 '자기 동일성'이라는 용어가 퍼지면서 '유적 닮음' 대신 '정밀한 닮음'이라는 의미를 내포하게 되었다. 산과 돌의 관계처럼, 10억 달러 이상의 부의 분포와 10억 달러 이하의 부의 분포는 완전히 똑같지 않고 '친연성'을 갖는 것이다.

셋째, 나는 앞서 경제물리학(통계적 물리학을 사회경제에 적용하는 학문)에서 나온 많은 논문들이 현실 세계의 현상에서 숫자를 조정하는 '척도 조정'을 하고 있다고 지적했다. 이들 연구는 예견을 시도한다. 그러나 어쩌랴, 우리는 위기나 확산 현상으로 '전이되는' 과정을 예견할 수 없다. 내 친구인 디디에 소네트도 예견 모델을 만들고 있다. 나는 이 설명틀이 멋지다고 느끼지만 실제 예견 도구로 택하지는 않는다. 그러나 디디에에게 이런 이야기를 귀띔해 주지는 마시라. 그가 작업을 멈추고 말 테니까. 내가 그의 의도대로 이 설명틀을 사용하지 않는다고 해서 그의 작업이 무의미해지는 것은 아니다. 현상을 해석하기 위해서는 열려 있는 사고가 필요하다는 점을 인정해 주면 된다. 근본적으로 결함을 갖는 전통적 경제학과 구별하면 되니까. 소네트가 다루는 현상의 일부는 유용하지만 전부가 그렇지는 않다.

회색 백조는 어디에?

내가 검은 백조를 다루는 것은 검은 백조를 좋아하기 때문이 아니다. 인문주의자로서, 나는 오히려 검은 백조를 싫어한다. 나는 불평등을 싫어하고, 불평등이 일으키는 해악을 싫어한다. 그래서 나는 가능하면 검은 백조를 제거하고 싶다. 최소한 이들의 해악을 누그러뜨려서 우리가 안전해지기를 원한다. 프랙털적 무작위성은 검은 백조의 습격을 줄이는 길의 하나다. 프랙털적 무작위성은 어떤 백조들을 볼 수 있게 한다. 즉 그 결과를 알게 함으로써 백조의 색깔을 회색으로 바꾸어 준다. **그러나 프랙털적 무작위성은 정밀한 처방을 내놓지 않는다.** 프랙털적 무작위성의 효용은 다음과 같다. 1987년처럼 주식시장이 붕괴**할 수 있다**는 것을 안다면 이미 그것은 검은 백조가 아니다. 프랙털 지수 3으로 파악된 1987년의 위기는 극단점이 아니다. 어떤 생명공학 회사가 사상 최대의 대박을 터트릴 신약을 개발하리라고 알 수 있다면, 이것은 검은 백조가 아니다. 이런 신약이 출현해도 우리는 놀라지 않는다.

그러므로 만델브로의 프랙털 모델은 검은 백조 (전체가 아니라) 몇 마리를 설명할 수 있게 한다. 이미 말했듯이 어떤 검은 백조는 우리가 무작위성의 원천을 무시하기 때문에 출현한다. 그 밖의 다른 검은 백조는 우리가 프랙털 지수를 과대평가하기 때문에 나타난다. 회색 백조는 모델화할 수 있는 극단적 사건과 관련된 것이고, 검은 백조는 우리가 모르는 미지의 것과 관련된다.

나는 만델브로 선생님과 마주 앉아 이런 취지로 대화를 나눈 바 있었는데, 그것은 으레 그렇듯 일종의 언어적 게임이기도 했다. 제9장에서 나는 (계산 가능한) 프랭크 나이트적 불확실성과 (계산 불가능한) 프랭크 나이트적 위험을 구분한 바 있다. 이 개념 구분이 우리의 독창적 발상은 아니고 그에 해당하는 단어가 있을 법하다는 생각에 우리는 프랑스어에서 찾아보았다. 만델브로는 친구이자 전형적인 영웅인 귀족 수학자 슈첸버거에게 자문을 구했다. 슈첸버거는 (나와 비슷하게) 결과가 형편없으면 금방 싫증을 내는 똑똑이다. 그는 프랑스어에서는 'hasard'와 'fortuit'의 차이가 뚜렷하다고 했다. 'Hasard'는 아랍어 'az-zahr'에서 온 말로(주사위를 뜻하는 프랑스어 'alea'도 아랍어에서 온 것이다), 추적 가능한 무작위성을 뜻한다. 반면에 'fortuit'는 철저히 우연적이고 내다보기 어려운 것을 뜻하는데, 이것이 내가 말하는 검은 백조에 해당한다. 만델브로와 내가 《로베르 소사전》을 찾아보니 과연 그 차이가 일목요연하게 기술되어 있다. 내가 뜻하는 지적 불투명성에 해당하는 프랑스어는 'fortuit'로서, "예견할 수 없는 것, 계량할 수 없는 것"이라 기술되어 있다. 'hasard'는 슈발리에 드 메레가 도박에 관한 초기 연구에서 주장했던 유형의 '루딕 불확실성'에 더 가깝다. 그런데 놀랍게도 아랍인들은 불확실성에 대한 또 다른 단어를 우리에게 주었다. 'rizk'가 그것으로, '속성'을 뜻한다.

다시 말하거니와, 만델브로가 다룬 것은 회색 백조였지만, 나는 검은 백조를 다룬다. 그러므로 만델브로는 나의 검은 백조를 많이 다루어 주었지만, 전부는 아니며 또 완벽히 다루어 준 것도 아니다. 그러나 만델브로의 방법은 우리에게 희망을 준다. 그의 방법은 불확실성의 문제를 생각하게 하는 길을 열어 주었다. 야생의 동물이 어디 있는가를 알면 우리는 그만큼 안전해지는 것 아닌가.

17장_ 로크의 미치광이, 혹은 엉뚱하게 사용되는 정규분포곡선†

나는 집에 서재를 둘 갖고 있다. 하나는 문학 서적을 비롯한 흥미로운 책들을 소장한 서재이고, 다른 하나는 다른 종류의 책들로 나도 즐기지 않는 '비문학적' 종류를 모아 놓은 서재다. 이곳에는 무미건조하고 협소한 주제를 꼽아 놓았다. '비문학적' 서재에는 통계학과 통계학사 책들이 벽을 가득 채우고 있다. 학문적 용도를 제외하고는 이 책들이 별 쓸모가 없음을 알게 되었는데도 내다 버릴 엄두가 도저히 나지 않았다(카르네아데스, 키케로, 푸셰 등은 겉으로만 유식해 보이는 이 책들보다 확률에 대해 훨씬 깊이 꿰뚫고 있었다). 굶어 죽더라도 쓰레기를 가르칠 수 없다고 다짐을 한 터라 강의 중에도 이 책들을 사용할 수 없었다.

---

† 이 장에서는 금융과 경제 분야를 실례로 삼아 이 책의 논지를 서술한다. 정규분포곡선을 사회적 변수에 응용하는 것을 신뢰하지 않거나, 많은 헌법 종사자들이 그렇듯, '현대' 금융 이론이 위험한 쓰레기 과학임을 이미 확신하고 있는 분이라면 이 장을 건너뛰어도 좋다.

균이 사용하지 않은 이유는 무엇일까? 이 중에는 극단의 왕국을 다룬 책이 단 한 권도 없었기 때문이다. 단 한 권도 없었다. 아, 몇 권 있긴 했지만 통계학자가 아니라 통계물리학자의 책이었다. 그러므로 우리는 평범의 왕국에 통용되는 방법을 사람들에게 가르치고는 그들을 극단의 왕국에 내보내는 셈이다. 마치 식물용 약을 개발해서 인체에 투약하는 것과 같다. 그러니 온갖 위험을 자초하고 있다고 해도 놀랄 일이 아니다. 우리는 **극단의 왕국에 속하는 문제를 다루면서도 이것이 평범의 왕국에 속한 것인 양** 다룬다. 즉 '근삿값'으로 처리하고 있다.

싱가포르대학교에서부터 일리노이대학교에 이르기까지 경영대학과 사회과학대학에 다니는 수십만 명의 학생들, 그리고 기업인들은 줄곧 '과학적' 방법을 연구하고 있지만, 이 방법은 하나같이 가우스적 수학에 기초하고 있으며 루딕 오류에 물들어 있다.

이 장에서는 이 사이비 수학을 사회과학에 적용했을 때 어떤 재난이 일어나는지 살펴보기로 한다. 노벨상이라는 이름으로 스웨덴 아카데미가 우리에게 어떤 위험을 불러일으키고 있는지도 짚고 넘어갈 것이다.

50년 대 10일

내가 금융업에 종사하던 시절 이야기로 되돌아가자. 그림 14를 보면, 지난 50년간 금융시장에서 가장 극단적이었던 10일간의 가격변동이 수익의 절반을 차지한다. 50년 대 10일의 비율이다. 그런데도 우리는 한가한 것에만 매달려 있다.

'6 시그마'로는 시장이 극단의 왕국에 속한다는 것을 믿을 수 없다는 사람은 뇌 검사를 받아야 한다. 가우스식 분포 이론이 부적합하고 시장이 가변적 속성을 지닌다는 논문이 벌써 수십 편 쌓여 있다. 지난 세월 동안 나 스스로 2000

그림 14

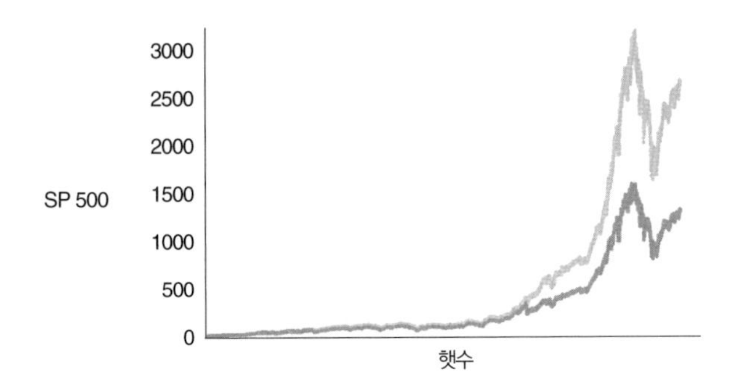

지난 50년의 증시 기록 중 최대 일일 가격변동폭을 기록한 열흘을 제외하면 수익률에 큰 차이가 있음을 알 수 있다. 그런데도 전통적 금융 이론은 일일가격의 이런 급등락을 비정상적인 것으로만 취급한다.(이런 일은 빙산의 일각이다. 이렇게 한눈에 관찰되는 것 외에도, 10 시그마 사건 등 수학적 방법으로 분석하면 이를 입증하는 경우를 더 많이 찾을 수 있다.)

만 점의 자료를 요모조모 통계 내본 결과 가우스적 방법으로 시장을 분석하려는 사람의 콧대를 납작하게 할 결과를 얻었다. 그래도 사람들은 이 결과를 믿으려 하지 않는다.

이상한 사실은 경제에 종사하는 사람들이 내가 하는 말에 대체로 동의한다는 점이다. 그러나 그들은 다음 날 출근하자마자 가우스의 연장을 다시 집어 들고 자신의 습관 속에 참호를 파고 들어간다. 말하자면 그들은 영역 의존적이기 때문에 연구 모임에서는 비판적 사고를 하지만 사무실에서는 원위치로 돌아가는 것이다. 게다가 가우스의 연장은 그들에게 수치를 제공해 준다. 이 수치는 '없는 것보다는 나은' 무기로 여겨진다. 그 결과 무엇이든 단순하게 만들고자 하는 인간의 본능적 욕구를 충족시켜 주는 미래 - 불확실성 측정 도구가 나온다. 간단히 서술하기에는 너무도 풍부한 현실도 이 도구 앞에서는 한 개의 단순한 문제로 전락하고 만다.

영역 의존적인 은행원의 배반

제1장의 끝부분에서 나는 1987년의 주식시장 붕괴를 언급한 바 있다. 그 사건으로 인하여 나는 검은 백조론을 적극적으로 밀고나갈 수 있었다. 그에 뒤이어 나는 흔히 시그마(즉 표준편차)를 위험 및 무작위성 진단 도구로 사용하고 있음을 지적하며 이것은 사기에 지나지 않는다고 꼬집었다. 사람들은 내 말에 모두 고개를 끄덕이며 수긍했다. 금융계가 가우스 수학을 따른다면 (표준편차 20을 넘는) 위기가 일어날 확률은 우주 나이로 볼 때 수십 억년에 한 번 일어나는 꼴이다(제15장의 예를 참조할 것). 그러나 1987년의 사정을 볼 때 희귀 사건이 일어날 수 있고 이것이 불확실성의 원천이 된다는 점을 사람들은 수긍했다. 이들은 다만 정규분포수식을 중심적 도구로 삼는 일을 포기하기를 주저할 뿐이다. "아니, 그러고 나면 우리는 아무것도 갖고 있는 게 없잖습니까?" 사람들은 어떤 수치를 갖고 거기에 기대고 싶어한다. 그러나 두 가지 설명틀은 양립할 수 없다.

나도 나중에 안 사실이지만, 1987년의 위기 이전에도 정규분포곡선이 잘못으로 나타난 경우가 있었다. 1960년경에 만델브로가 이미 규모가변적 분포라는 개념을 주류 경제학계에 제시했으며 정규분포는 그 당시 가격 데이터도 설명할 수 없음을 보였던 것이다. 하지만 일단 흥분이 가시고나자 경제학자들은 자기들의 밥벌이 기술을 처음부터 다시 배워야 함을 깨달았다. 그러나 이 주장의 충격이 가시고 난 뒤 사람들은 이전의 거래 관행으로 돌아갔다. 당시 영향력 있는 경제학자였던 고(故) 폴 쿠트너는 이렇게 쓴 바 있다. "만델브로는 그 이전에 처칠 수상이 그랬던 것처럼, 우리에게 유토피아가 아니라 피와 땀과 노고와 눈물을 요구한다. 그의 말이 옳다면 우리의 통계학적 도구 중 거의 대부분이 쓸모없어진다. [혹은] 무의미해진다." 나는 쿠트너의 말에서 두 대목을 수정한다. 첫째 **거의 대부분**이 아니라 **모두**로 바뀌어야 한다. 둘째 나는 피와 땀 운운한 부분에는 동의하지 않는다. 내가 보기에 만델브로의 무작위론이 전통적 통계학보다 훨씬 더 이해하기 쉽다. 금융계에 처음 입문하는 사람이라면 낡아 빠진 설명틀에 의존하지 말고, 또한 확실성을 지나치게 기대하지 말 일이다.

누구나 대통령이 될 수 있다

이제 '노벨' 경제학상에 대해 이야기할 차례다. 이 상은 지금 스웨덴 중앙은행이 알프레드 노벨의 이름으로 수여하고 있다. 그러나 노벨의 가족에 따르면 노벨은 경제학상이 폐지되길 원했다고 하니, 그의 무덤이 더럽혀지고 있는 셈이다. 노벨 가족 중 시민운동을 하고 있는 한 사람은 경제학상이 경제학을 실제보다 고상한 위치로 올려놓기 위한 경제학자들의 홍보 전략이 빚어낸 쿠데타라고 비꼬았다. 그래도 이 상의 수상자 중에는 경험주의 심리학자 대니얼 카너먼이나 철학하는 경제학자인 프리드리히 하이에크와 같은 고귀한 사상가도 있다. 그러나 심사위원회는 사이비 과학과 짝퉁 수학으로 경제학에 엄밀성을 부여한다는 사람들의 손에 노벨상을 쥐여 주는 버릇을 계속해 왔다. 주식시장 붕괴 **이후** 위원회는 두 사람의 이론가에게 상을 수여했다. 수상자는 해리 마코위치와 윌리엄 샤프였다. 이들은 가우스 곡선에 입각한 플라톤적 설명틀을 아름답게 구축해 냈고, 이것이 이른바 현대 포트폴리오 이론이라 불리는 것에 기여했다. 그러나 여기서 정규분포라는 가정을 제거하고 가격을 규모가변적인 것으로 처리하면 남는 것은 허풍뿐이다. 노벨위원회는 샤프－마코위치 모델을 검증해 보았어야 하지만 (이들의 모델은 요즘 인터넷에서 팔리는 만병통치약과 비슷하다), 스톡홀름의 누구도 이런 생각을 머리에 떠올리지 못했다. 그렇다고 위원회는 우리 같은 현장의 사람들에게 의견을 묻지도 않았다. 그 대신 위원회는 학자들의 평가를 들었는데, 어떤 학문 분야에서는 이런 평가 과정이 골수까지 썩은 경우가 있는 것이다. 상이 수여된 후 나는 다음과 같이 예측했다. "이 두 사람이 노벨상을 받는 세상에서는 어떤 일도 일어날 수 있다. 이런 식이면 누구나 대통령이 될 수 있다."

그러므로 스웨덴 은행과 노벨 아카데미는 정규분포에 기반한 현대 포트폴리오 이론에 상을 달아 줌으로써 금융기관들이 이것을 면피용으로 악용하는 길을 열어 준 책임이 있다. 소프트웨어 상인들은 '노벨상 수상자들이 개발한' 기법이라며 수백만 달러어치를 팔아 치웠다. 사람들은 당연히 이것이 잘못이리라 생각하지도 못했다. 참으로 희한하게도 금융업계에 종사하는 사람이라면 이 발상이 사기라는 점을 다 알고 있었지만, 이들 역시 이런 방법에 익숙해져 있었던 것이다. 미국 연방준비은행의 의장이던 앨런 그린스펀이라면 이렇게 꼬집었을 것이다. "수학자 말을 듣느니 차라리 거래업자의 말을 듣겠다." 그런 가운데 현대 포트폴리오 이론은 계속 퍼져 나갔다. 나는 목이 쉬도록 다음과 같은 말을 그치지 않으련다. "사회과학의 어떤 이론의 운명은 그 이론이 옳고 그름이 아니라 접촉성 유행에 따라 결정된다."

가우스 곡선을 연구한 금융학 교수들이 비즈니스스쿨로 자리를 옮기더니 MBA 프로그램을 맡아 미국에서만 한 해에 수십 명의 학생들을 가르치게 되면서 모두가 이 짝퉁 포트폴리오 이론에 세뇌당하고 말았다. 나도 이것을 깨닫는 데 한참이 걸렸다. 경험주의적 관찰로는 이런 풍조를 막을 수 없다. 학생들에게 아무 이론도 안 가르치는 것보다는 가우스 이론이라도 가르치는 편이 나아 보이긴 할 것이다. 로버트 C. 머턴(우리가 앞에서 살펴보았던 사회학자 로버트 K. 머턴의 아들)이 '일화'라고 부른 것을 가르치는 것보다는 가우스 이론을 가르치는 것이 '더 과학적'으로 여겨졌을 것이다. 머턴은 포트폴리오 이론이 나오기 전까지만 해도 금융이란 "일화의 집합이자 임기응변적 규칙이며 회계 자료의 조작술"로 여겨졌다고 쓴 바 있다. 포트폴리오 이론이 "이와 같은 잡다한 개념들에서 엄밀한 경제학 이론으로 진화하게" 하였다는 것이다. 지적인 진지함은 어디에서 나오는 것이며 신고전경제학이 진실된 과학에 얼마나 근접해 있는지를 알기 위해서라도, 이 말을 근대 의학의 아버지라 불리는 19세기의 클로드 베르나르의 말과 비교해 보자. "사실을 먼저, 학문적 야심은 그다음에." 경제학자를 의대에 먼저 보내야 할 이유가 여기에 있다.

이리하여 가우스 분포[†]는 오늘날의 금융업과 과학 문화에 깊숙이 자리 잡았다. **시그마**, **분산**, **표준편차**, **상관관계**, **R-스퀘어**, 그리고 이론가의 이름을 딴 **샤프-비율** 따위의 단어가 어엿한 전문 용어로 대접받게 되었다. 예컨대 뮤추얼펀드의 보고서나 헤지펀드의 자료를 펼치면 '위험' 측정치라 주장하며 계량적 수치를 곁들인 정보를 제공하고 있다. 이들의 측정 기법은 정규분포곡선과 그 비슷한 것에 기초한 자기네 용어에 따라 얻어진 것이다. 실제로 오늘날 연기금과 펀드의 투자는 '포트폴리오' 이론에 의존하는 '컨설턴트'들이 자문해 준 결과에 따라 이루어진다. 만일 문제가 발생할 경우 그들은 표준적인 과학 기법에 의거했을 뿐이라고 주장한다.

더 큰 공포가

1997년엔 사정이 더 나빠졌다. 스웨덴 아카데미는 또다시 가우스 이론에 토대를 둔 마이런 숄스와 로버트 C. 머턴에게 노벨상을 수여했다. 이들은 예전의 수학식을 개선하여 당시 추앙받던 가우스 일반 금융 평형 이론과 양립할 수 있도

---

† 예상할 수 있겠지만, 가우스 분포는 스트레스 테스트, 국면 전환 모형, 혹은 GARCH라는 명칭의 정교한 방법 등에 의해 여기저기 땜질되었다. 그러나 이런 방법들은 꽤 공을 들인 것이지만 정규분포곡선의 근본적 한계는 건드리지 못한다. 이들 방법이 척도 불변적이지 않기 때문이다. 마크리다키스 예측대회(Makridakis competition)의 예가 보여 주듯, 정교한 기법도 현실 세계에서 무력한 이유는 이러한 사정 때문이라고 나는 생각한다.

록 수정하였으니, 주류 경제학자들에게는 안성맞춤이었을 것이다. 이 수식이 이제는 '이용 가능하다.' 여기에는 오랫동안 잊혀졌던 '선구자들'의 것도 포함되어 있다. 그중에는 수학자이자 도박사였던 에드워드 소프도 있었다. 소프는 블랙잭 게임 기법을 다룬 베스트셀러인 《딜러를 이겨라*Beat the Dealer*》를 저술한 바 있다. 사람들은 블랙잭 기법이 숄스와 머턴에 의해 고안된 것이라고 믿고 있지만, 실제로 두 사람은 이 기법을 좀 더 응용 가능하도록 했을 뿐이다. 나도 한때는 이 수식을 밥줄로 삼았다. 증권거래사들은 상향식 사고를 갖고 있기 때문에 학자들보다 수식의 약점을 속속들이 꿰뚫어 본다. 그럴 수밖에 없는 것이, 증권거래사들은 투자 위험을 근심하며 밤을 꼬박 새우곤 하기 때문이다. 다만 자기들의 생각을 전문용어로 표현할 수 있는 사람이 드물 뿐이다. 그래서 나는 스스로 증권거래사들의 대표를 자처하고 싶었다. 숄스와 머턴은 당초의 수식을 가우스 분포에 의거하도록 해놓았지만 그들의 선구자들은 이 수식에 그런 제약을 가한 바가 없었다.†

시장 붕괴 이후의 상황은 지적인 측면에서 흥미로웠다. 나는 금융학과 수학에서의 불확실성을 주제로 한 학회에 참가한 바 있다. 그러나 연단에 선 사람들 중에서 노벨상 수상자든 아니든 확률을 제대로 이해하고 발언하는 사람은 한 사람도 없었기에 나는 질문을 던져 그들을 골려 주기도 했다. 이들은 '수학에 정통한' 사람들이다. 그러나 그들이 이용한 확률값이 어디서 나온 것이냐고 질문을 던지면, 돌아오는 대답은 그들이 루딕 오류에 빠져 있음을 확연히 보여 주

† 좀더 전문적인 내용이지만 내가 한때 옵션거래일을 했음을 상기하자. 옵션은 검은 백조의 출현에서 이득을 얻게 할 뿐 아니라 그 이득을 불균등하게 가져오기도 한다. 숄스와 머턴의 수식은 이 점을 놓치고 있다. 옵션의 수익은 워낙 짭짤해서 확률을 꼭 정확히 계산할 필요도 없다. 확률이 약간 빗나가도 엄청난 수익을 얻을 수 있는 것이다. 나는 이것을 '이중의 거품'이라 불렀었다. 한편으로는 확률을 잘못 산정하고 다른 한편으로 수익을 잘못 산정하는 것을 말한다.

었다. 전문적 기량을 갖추었으면서도 희한하게도 이해력은 떨어지는 모습은 '천재백치'들 사이에서 흔히 보인다. 나는 이런 분들에게서 한 번도 납득이 갈 만한 답을 얻은 적이 없었으며, 언제나 인신공격에 가까운 말을 들어야 했다. 실상 내가 이분들의 작업 전체에 대해 따져 묻는 셈이었기 때문에 모욕적인 반응을 얻어야 했다는 것도 이해할 수 있다. 이들은 나를 "강박적이고 상업적이면서도" "현학적인" "에세이스트," "같은 말을 되풀이 한다" "한량 같은 현업 종사자"(학계에서 이 말은 모욕이다), "학구적인 사람"(현장에서 이 말은 모욕이다)으로 여겼다. 모욕적인 언사를 한 몸에 받는 기분이 그리 나쁘지는 않다. 욕에 금방 익숙해질 뿐 아니라 그들이 말하는 내용 말고 다른 것에 관심을 둘 수 있기 때문이다. 증권거래사는 옆에서 악 쓰는 소리에 단련되어 있는 사람들이다. 뒤죽박죽으로 진행되는 거래의 한복판에서 일하다 보면 돈을 잃고 심사가 뒤틀린 누군가가 목이 쉴 때까지 한 시간이나 저주를 퍼붓더니 나중에는 크리스마스 파티에 초대해 오기도 한다. 그러다 보면 욕설에 무감각하게 된다. 욕설을 퍼붓는 고객을 보며 자제력 없는 시끄러운 원숭이가 떠들고 있다고 상상하면 더욱 효과적이다. 침착하게 미소를 잃지 않고 상대의 말이 아니라 상대의 얼굴에 집중하면 논쟁에서 이기게 되는 것이다. 어떤 사상이 아니라 그것을 말한 지성인을 향한 인신공격은 오히려 나쁘지 않다. 상대가 내가 말하는 내용을 반박할 만한 논리를 갖추지 못했음을 드러내는 것이기 때문이다.

(제14장에서 전문가들의 허상을 파헤친) 심리학자 필립 테틀록은 언젠가 내 발표 내용을 듣고는 청중들 속에서 심각한 인지부조화(cognitive dissonace, 지각자가 갖고 있는 인지적 요소들이 서로 유관하면서도 서로 모순되는 경우를 가리킴. 심리학 용어로 광고학 등에서도 사용한다—옮긴이)를 목격하게 되어 깜짝 놀랐다고 쓴 바 있다. 인지부조화, 혹은 인지적 긴장은 사람들이 습득해 온 것이나 행동하는 방법과 갈등을 일으키는데, 거기에 대처하는 정도는 경우에 따라

매우 달리 나타난다. 내 주장을 공격하는 사람들 중 거의 대부분은 내 주장을 변형해 놓은 뒤 그것을 공격한다는 특징이 있었다. 가령 "대체로 무작위적이다"라는 내 주장을 "모든 것이 무작위적이고 예측 불가능하다"로 바꿔 놓고는 했다. 이들은 또한 정규분포곡선이 특정한 물리 분야에서 작동한다고 보여주는 등 혼란을 드러내기도 했다. 어떤 사람들은 내 이력까지 제멋대로 바꾸기도 한다. 루가노에서 열린 회의에서 마이런 숄스는 분노로 벌겋게 달아올라 내 생각을 왜곡해서 마구 공격하기 시작했다. 그는 고통스러운 표정까지 하고 있었다. 언젠가 파리에서 열린 학회에서 내가 검은 백조가 시장에서 하는 역할을 경험적 증거를 제시하며 설명하려 하자마자, 일생을 가우스 분포 곡선을 낱낱이 연구하는 데 바쳤다는 저명한 수학자 한 사람이 벌컥 화를 터뜨리기도 했다. 그는 벌겋게 달아오른 얼굴로 숨이 가쁜 듯 헐떡거리더니 예의범절도 잃고는 내가 학회를 모욕했다며 욕설에 가까운 말을 퍼붓기 시작했다. 욕으로도 성이 안 찼는지 그는 이렇게 덧붙였다. "내가 바로 프랑스 과학원 회원이란 말이야!"(바로 그 다음 날 내 책의 프랑스어판이 품절되었다.) 최악의 경험은 스티브 로스와 만난 일이다. 그는 숄스나 머턴과는 비교도 되지 않을 정도로 저명한 경제학자로 인정받고 있었는데, 내 발표문에 나타난 사소한 오타나 계산 실수를 일일이 지적하며 내 생각 전체를 공격하려 했다. 하지만 "마코위치가 그것을 처음으로 주장한 것이 아니고…" 하는 식의 지적으로 일관했을 뿐 나의 핵심적인 주장은 건드리지 못했다. 가우스 분포 곡선에 평생을 바친 그 밖의 사람들은 인터넷에 악담을 올려놓기도 했다. 설명틀이란 반드시 현실성을 가져야 할 필요는 없다는, 밀턴 프리드먼의 기이한 주장을 다시 들고 나오는 경제학자들도 있었다. 이런 주장은 현실을 심하게 왜곡하는 수학식을 내놓을 수 있게 해주는 면허장이나 다름없다. 이 정규분포곡선 신봉자들이 현실성을 결여하고 있으며 신뢰할 만한 결과물을 내놓지 못하고 있다는 것이야말로 심각한 문제다. 그들은 현실성이 있는 것도 아니고 그렇다고 예견력을 발휘하는 것도 아니다. 여기에는 정신적 편향도 한몫 거들기도 한다는 점을 기억해 두자. 즉 사람들은 20년에 한 번과 같이 확률이 적은 사건을 일정한 주기마다 일어나는 사건으로 나타난다고 착각했다. 아직 10년이니 별 탈이 없겠다고 생각하는 것이다.

평범의 왕국과 극단의 왕국은 서로 다르다는 점을 납득시키는 일은 참으로 힘들다. 그들은 이런 논리도 편다. "지금까지 정규분포곡선만 갖고도 잘 대처해 오지 않았소? 신용평가기관도 이 곡선을 이용하지 않소?"

내가 가장 받아들이기 어려운 논리는 다음과 같은 것이다. "당신 말이 옳습니다. 가우스 분포 곡선에 문제가 있다는 점을 우리도 인정한다고 말씀드리겠소. 그러나 목욕물을 버리자고 아이까지 버릴 수는 없는 겁니다." 큰 편차가 생길 수 있음을 인정하면서도 문제 많은 가우스 분포론을 받아들이라는 것인가? 그들은 두 가지 속성이 서로 양립할 수 없음을 이해하지 못한다. 이는 '반쯤 죽은 인간'이란 말처럼 있을 수 없는 것이다. 20년 동안 계속된 논쟁에서 이 포트폴리오 이론 신봉자들은 큰 편차를 낳는 약점을 가진 정규분포 이론을 어떻게 받아들일 수 있는지 제대로 설명해 주지 못했다. 단 한 사람도 하지 못했다.

확인 편향

그동안 나는 칼 포퍼의 화를 돋울 만한 확인 편향의 오류를 자주 목격했다. 희귀 사건이나 비약이 없는 자료를 뒤져서 이것이 가우스 정규분포곡선이 옳음을 증명하는 '증거'라며 내게 제시하는 사람들이 많다. 이것은 내가 제5장에서 보인, O. J. 심슨이 무죄라는 증명과 다를 바가 없다. 통계업에 종사하는 사람들은 유죄 증거가 없다는 것과 무죄의 증거를 혼동하고 있다. 게다가 이들은 기본적인 비대칭성을 이해하지 못하고 있다. 즉, 가우스 정규분포곡선이 오류임을 증명하는 데에는 단 하나의 관찰 결과만 있으면 충분하다. 정규분포곡선이 옳음을 증명하는 관찰 결과를 수백만 건 내놓는다고 해도 그것이 완전한 증명은 아닌 것이다. 어째서 그럴까? 가우스 정규분포곡선은 큰 편차를 허용하지 않지만 그 반대의 세계인 극단의 왕국에서는 길고 매끈한 분포, 즉 장기간 평온한 경우도 있을 수 있기 때문이다.

미학과 기하학 이외 분야에서도 만델브로의 업적이 통용될 수 있다는 사실을 나는 미처 몰랐다. 그래도 나는 만델브로처럼 별종 취급을 당하지는 않았다. 현업에 종사하는 사람과 의사결정자들은 내 의견을 지지해 주는 경우가 많았다. 반대는 주로 이들 위에 자리 잡은 연구 담당자들에게서 나왔다.

그런데 나의 주장을 입증해 주는 일이 예상치 못한 곳에서 나왔다.

검은 백조의 출몰

로버트 머턴 주니어와 마이런 숄스는 내가 제4장에서 언급했던 롱텀캐피털메니지먼트라는 투자회사의 합작 설립자다. 이 회사는 일류 대학 졸업장을 자랑하는 엘리트들의 집합소였다. 이 회사의 인재들은 모두 천재로 인정받던 사람들이었다. 이들은 자신들의 정교한 '계산기'를 이용하여 포트폴리오 이론을 적용하면 자신들의 주 업종인 위험관리 분야의 수지를 올릴 수 있을 것이라고 믿었다. 이렇게 해서 루딕 오류를 산업적 규모로까지 확대하고 만 것이다.

과연 1988년 여름 러시아 금융 위기를 계기로 이들의 설명틀 밖에 있던 큰 사건들이 맞물려 터져 나왔다. 검은 백조가 출몰한 것이다. 롱텀캐피털매니지먼트는 파산했다. 피해가 커지면서 금융 시스템 전체가 붕괴했다. 이들이 채택한 이론은 큰 편차가 발생할 확률을 배제해 버리기 때문에 거대한 위기가 닥쳐도 스스로 쩔쩔맬 수밖에 없다. 머턴과 숄스의 이론은 현대 포트폴리오 이론과 함께 파산 위기에 처했다. 손실 규모가 워낙 엄청났기 때문에 이 지적 희극을 도저히 무시할 수 없다. 나를 비롯한 많은 동료들은 담배 회사들이 겪은 운명을 포트폴리오 이론가들도 당하게 되리라고 생각했다. 사람들의 저축자산을 위태롭게 하였으니 이제 정규분포에 기반한 기법의 결과가 왜 이렇게 되었는지 해명해야 할 것이었다.

그러나 그런 일은 일어나지 않았다.

오히려 MBA마다 포트폴리오 이론을 가르치는 데 열성을 보이기 시작했다. 이 이론에 포함된 옵션 투자 공식에는 '블랙-숄스-머턴' 공식이라는 이름까지 붙었다. 이 공식의 실제 창안자는 루이 바슐리에, 에드워드 소프 등이었는데도 말이다.

어떻게 '증명'을 할 것인가

머턴 주니어는 신고전경제학파의 대표적인 인물이다. 롱텀캐피털매니지먼트사 이야기에서 내가 말했듯이 신고전학파는 플라톤적 지식관의 위험을 극명하게 보여 준다.[†] 머턴의 방법론은 이런 식이다. 그는 먼저 철저히 플라톤적이고 비현실적인 상황을 가정한다. 예컨대 가우스 확률 분포 같은 것이 그중 대표적이다. 그리고 이 전제를 바탕으로 '이론'과 '증명'을 생성해 낸다. 그의 수학은 엄격하고 우아하다. 그 이론은 현대 포트폴리오 이론에서 도출된 이론들과 양

---

† 머턴을 굳이 지칭한 것은 그가 학계 특유의 모호한 어법을 잘 보여 주기 때문이다. 그는 나에게 분노와 협박이 담긴 편지까지 보내왔다. 이 편지로 미루어 보건대 그는 나를 비롯한 증권거래사들이 그의 전공 주제인 옵션 투자를 어떻게 하는지 제대로 알지 못하는 것 같다. 그는 증권거래사들이 엄밀한 경제학 이론을 가지고 실전에 임하는 것처럼 생각하는 모양인데, 하늘을 나는 새가 비행공학을 공부하기라도 한단 말인가.

립하는데, 현대 포트폴리오 이론은 역시 또 다른 이론과 양립한다. 이 이론들은 마침내 사람들이 소비하고, 저축하고, 불확실성에 대비하고, 지출하고, 미래를 준비하는 양상을 설명하는 거대 이론으로 구축된다. 그는 우리가 사건들의 발생 가능성을 모두 알고 있다고 가정한다. 지긋지긋한 **평형상태**라는 용어가 전가의 보도와 같이 사용된다. 그러나 그가 쌓아 올린 지적 구조물은 마치 모노폴리 게임(보드 게임의 일종—옮긴이)처럼 규칙은 잔뜩 있지만 출구는 없는 놀음판과 같다.

로크는 미치광이란 "잘못된 전제를 바탕으로 정확하게 추론을 하겠다는 사람"이라고 정의한 바 있다. 머턴식의 방법론을 채택하는 학자에게도 이 개념이 들어맞지 않을까.

명쾌한 수학의 속성은 99퍼센트가 아니라 완벽하게 정확한 답을 준다는 것이다. 모호성을 피하려는 기계론적 사고의 소유자들은 이런 특성에 매료된다. 그러나 세계가 수학에 들어맞기를 원한다면, 안됐지만 다른 세상을 찾아봐야 한다. 이런 사고를 뒷받침하는 전제도 다른 곳에서나 찾아야 한다. 앞에서 언급한 바 있지만 하디는 '순수한' 직업 수학자들이란 정말로 선량한 사람들이라고 말했다.

그러므로 머턴과 같은 사람이 현실 분석력을 높이는 데 초점을 맞추는 대신 수학적 완벽성에만 집착하기 때문에 혼란이 생기는 것이다.

군이나 안보 분야에 종사하는 사람들은 이와 전혀 다르다. 그들은 루딕 추리의 '완벽함'에는 흥미가 없는 대신 현실에 적합한 가정을 수립하려 한다. 요컨대 그들은 삶에 관심을 둔다.

제11장에서 나는 '엄격한' 이론을 생성시키기 위한 비현실적 전제를 만들어 냄으로써 '형식적 사고' 게임을 벌이는 사람들을 언급한 바 있다. 머턴의 스승인 폴 새뮤얼슨, 영국의 존 힉스 등이 그들이다. 이 두 사람은 케인스 이론을

형식화하려 함으로써 케인스 이론을 오히려 망쳐 놓았다.(불확실성도 케인스의 관심거리 중 하나였다. 그는 이론에 따라 유도되는 확실성이란 협소한 것이라고 비판한 바 있다.) 형식적 사고를 시도한 사람들에는 그 밖에 케네스 애로우, 제라르 드브뢰 등이 있다. 이들 네 사람 모두 노벨 경제학상을 수상했다. 이들은 수학의 효능에 대한 대단한 망상, 혹은 디유돈네가 말한 '이성의 음악' 혹은 내식대로 표현한다면 '로크의 광기'에 빠져 있다. 이 네 사람 모두 자신들의 수학에 맞는 가상의 세계를 만들어 냈다는 힐난을 받을 만하다. 통찰력 있는 학자인 마틴 슈빅은 위 네 경제학자들의 설명틀이 필요 이상으로 지나치게 추상적이기 때문에 전혀 쓸모가 없다고 비판한 탓에 여느 비판자들처럼 학계에서 따돌림을 당하는 불운을 겪었다.†

머턴 주니어에게 내가 물었을 때 그러했듯이, 이 학자들은 비판을 받을 때마다 '엄밀한 근거'를 제시하라고 요구한다. 자신들이 게임의 규칙을 정해 놓고는 우리에게 그 규칙을 따르기를 요구하는 것이다. 나는 일선 거래자로 일하면서 금융에 발을 들여놓은 사람이기에 혼란스러워 보이지만 경험적으로 타당한 수학식들을 이용하여 작업하는 능력을 중요한 자산으로 쌓아 왔다. 나는 '과학'을 가장하는 것을 받아들일 수 없다. 나는 확실한 것을 찾아내겠다는 '실패한 과학'보다는 세부에 밝은 세련된 기능을 개발하는 쪽을 택하련다. 아니, 저 신고전주의 이론가들이 저지르는 일은 훨씬 심각하지 않을까? 위에 주교의

---

† 중세의 의학 역시 신학처럼 하향식 사고에 지배되었을 때에는 평형상태라는 개념에 기초해 있었다. 다행스럽게도 당시 의료행위자들은 의학계에서 사라졌다. 그들은 임상 치료 경험을 쌓은 이발사 출신 외과 의사와 경쟁할 엄두를 내지 못했기 때문이다. 그 뒤에는 비플라톤주의적 임상과학이 탄생했다. 오늘 내가 살아 있는 것도 탁상공론식 하향식 의학이 몇 백 년 전에 간판을 내렸기 때문이다.

표 4: 무작위에 대한 두 가지 접근법

회의론적 경험주의 및 비플라톤주의적 학파의 접근법	플라톤주의적 접근법
플라톤적 영역 밖에 있는 것에 관심을 갖는다.	플라톤적 영역 내부에 초점을 맞춘다.
"나는 모른다"고 용기 있게 말하는 사람을 존경한다.	"아까부터 우리의 설명틀을 비판하지만, 이 설명틀이야말로 우리가 가진 전부가 아니오?"
뚱보 토니.	존 박사.
검은 백조가 무작위성을 낳는 주요 원천이라고 생각한다.	일상적인 변동이 무작위성의 주요인이라고 생각하며, 비약적 현상은 사후에만 알아본다.
상향식.	하향식.
(조문할 때를 빼고는) 정장 입기를 꺼린다.	검은 양복에 흰 셔츠를 고집한다. 재치 있는 말은 삼간다.
폭넓은 현상을 대체로 옳게 설명하는 쪽을 추구한다.	정밀함을 추구하나 오류가 있다.
이론을 최소화한다. 이론적 경향을 경계해야 할 병으로 여긴다.	거대하고 일반적인 사회경제 설명틀과 '엄밀한 경제 이론'에 모든 것이 들어맞아야 한다. '설명적인' 것은 성에 차지 않는다.
확률이란 손쉽게 계산해 낼 수 없다고 믿는다.	모든 연구 도구는 확률 계산이 가능하다는 전제 위에서 움직인다.
설명틀: 섹스투스 엠피리쿠스, 증거 중심적이며 최소 이론을 추구하는 경험주의적 의학파.	설명틀: 세계와 경제가 시계처럼 작동한다는 라플라스 역학.
실행을 하고 거기에 입각하여 직관을 개발한다. 관찰에 입각하여 책을 서술한다.	과학논문에 의존한다. 책에 입각하여 실행한다.
어떤 과학에도 기반해 있지 않으며 뒤죽박죽 수학과 수치 해석 기법을 사용한다.	물리학, 추상적 수학을 대단히 여긴다.
회의주의, 읽지 않은 책들에 기반하여 사고한다.	신념, 즉 자신들이 알고 있다고 믿는 바에 기초하여 사고한다.
극단의 왕국을 출발점으로 삼는다.	평범의 왕국을 출발점으로 삼는다.
기능을 정교히 하는 쪽을 추구한다.	어설픈 과학이 된다.
광범위한 사건을 비교적 올바르게 설명하려고 노력한다.	정밀한 가정을 세운 후 협소한 설명틀에서 완벽히 올바르게 되도록 노력한다.

표현을 빌리면, 이들은 혹시 있지도 않은 확실성을 만들어내는 사람들 아닌가?

이제 지켜볼 일이다.

회의적 경험주의는 정반대의 방법론을 취한다. 나는 이론보다는 그 이론이 전제하는 것에 주목한다. 나는 이론에 대한 의존도를 줄이고 내 발길에 직접 불을 밝힘으로써 뜻밖의 사태에 놀라는 일이 없도록 대비한다. 나는 정밀함을 추구하다 오류를 빚기보다는 폭넓은 측면에서 대체로 옳은 쪽을 추구한다.

이론의 우아함은 종종 플라톤주의가 유도한 결과물이자 약점이 된다. 이론의 우아함은 우아함 자체를 추구하는 쪽으로 우리를 끌어당기기 때문이다. 이론은 약물(혹은 정부)과 같은 것이다. 이론은 이따금 쓸모없고, 가끔만 필요하며, 언제나 그 자체의 완벽성에만 몰입되는 경향이 있으며, 또 이따금 치명적이다. 그러므로 이론을 다룰 때에는 경계하는 마음과 적당한 균형과 면밀한 감독이 필요하다.

표 4는 내가 제시하는 현대판 회의론적 경험주의 설명틀과 새뮤얼슨 추종자들의 설명틀의 차이를 학문 분야의 차이를 불문하고 정리해 본 것이다.

지금까지 나는 주로 금융계의 사례를 중심으로 내 생각을 서술해 왔다. 그것은 내가 금융계의 일과 관련하여 나의 구상을 다듬어 왔기 때문이다. 이제는 좀 더 깊이 있는 사고를 한다고 여겨지는 사람들, 즉 철학자들의 경우를 살펴보기로 한다.

18장_ 짝퉁의 불확실성

제3부의 마지막이 되는 이곳에서 나는 루딕 오류의 중요 결과로 생각될 것들을 살펴보기로 한다. 불확실성을 우리에게 예보해 주어야 할 사람들이 왜 실패를 범하고 우리를 엉뚱하게 뒷문으로 인도해서 사이비 확실성에 맞닥뜨리게 하는지 등등을 알게 될 것이다.

다시 살펴보는 루딕 오류

우리는 앞에서 카지노의 예를 통해 루딕 오류를 살펴보았다. 조건을 극도로 단순화한 게임에서의 무작위는 현실 세계에 나타나는 무작위를 닮지 않은 것이다. 제15장의 그림 7을 다시 살펴보자. 주사위의 점수는 평균에 빠르게 근접해 가기 때문에 고객이 아무리 기교를 부리더라도(기교로 말하면 카지노가 고객을 압도한다) 예외적인 일들은 점점 사라지므로 아주 장기적으로 카지노가 고객을 이기게 된다고 나는 확신을 갖고 말할 수 있다. 카지노 게임에서는 베팅 횟수를 늘리면 늘릴수록(혹은 판돈을 줄이면 줄일수록) 평균이라는 것의 작용 때문에 무작위성이 점점 배제된다.

루딕 오류는 다음과 같은 경우의 확률 상황에 나타난다. 주가의 변동, 주사위 던지기, 동전 던지기, 0 또는 1의 값을 갖는 악명 높은 디지털 게임, 브라운 운동(물 위의 꽃가루 움직임이 대표적이다), 혹은 이들과 비슷한 사례 등이 그것이다. 이런 상황에서는 무작위성이라고 규정하기 어려울 정도의 무작위성이 발생하기 때문에 '원무작위성'이라는 말이 더 어울릴 것이다. 루딕 이론에 빠진 모든 이론들은 어떤 층위에서든 불확실성을 무시한다는 데에 핵심적 문제가 있다. 더욱 심각한 것은 이들 이론의 주창자들조차 이런 문제를 알지 못한다는 점이다!

큰 줄기가 아니라 작은 부분에 집착하는 노력은 흔히 **더 큰 불확정성 원리**라 부르는 것과도 관련이 있다.

사이비 전문가 판별하기

더 큰 불확정성 원리란 양자물리학에서 특정한 쌍의 값을 임의 정밀도에서 동시에 측정할 수 없다는 것이다. 이 경우 측정의 하한에 처해 있게 된다. 즉 한쪽의 정밀도를 취하면 다른 쪽의 정밀도를 잃게 된다. 그리하여 양립불가능한 불확실성이 존재하므로 이론의 측면에서 볼 때, 과학에 도전하여 언제까지나 불확실성으로 남는다. 극소 세계에 나타나는 이러한 불확정성은 1937년 하이젠베르크가 발견한 것이다. 그러나 불확정성 원리를 불확실성 일반의 대표자로 여긴다면 우습기 짝이 없다는 것이 내 생각이다. 어째서 그러한가? 첫째, 이 불확정성은 가우스 정규분포적이다. 평균에 근접하면 사라져 버리기 때문이다.

표본 1000명이 있을 때 또 한 사람의 몸무게가 더해진다고 해도 전체에 미치는 영향은 별로 없다는 사실을 기억하자. 소립자의 다음 위치는 항상 불확정적일 수 있다. 그러나 이 경우들은 작고 무수히 많으며, 평균값으로 근접한다. 플라톤식으로 말한다면 평균으로 귀착하는 것이다! 이러한 불확정성은 우리가 제15장에서 살펴본 대수의 법칙의 지배를 받는다. 그러나 다른 유형의 무작위성은 대부분 평균값에 귀착되지 않는다! 지구 위에 지금 불확정적이지 않은 물질 하나가 존재한다고 하면, 이것은 원자 이하 소립자 집합의 결과다! 어째서 그러한가? 소립자 집합으로 구성된 어떤 대상물을 우리가 바라볼 때에 소립자들의 굴곡은 균형 속에서 사라지기 때문이다.

그러나 사회적 사건이나 기상 사건은 이런 속성이 없기 때문에 예견할 수가 없다. 그러니 어떤 '전문가'가 소립자라는 용어를 동원하며 불확실성의 문제를 말한다면 그 전문가는 사이비일 확률이 높다. 이것이 사이비를 구별하는 방법이다.

"물론 우리 지식에는 한계가 있을 수 있는 거지요"라고 말하는 분들도 종종 있다. 이분들은 이렇게 말하면서 '더 큰 불확정성 원리'를 들먹이고는 "우리는 모든 것을 설명틀에 넣어 설명할 수 없다"고 설명하려 애쓴다. 실제로 나는 마이런 숄스 같은 경제학자들이 학회에서 이렇게 발언하는 것을 듣고 있다. 그러나 2006년 8월 뉴욕에 있는 나는 레바논의 내 고향 아미온을 가보려 한다. 베이루트 공항은 이스라엘과 시아파 헤즈볼라 사이의 분쟁 때문에 폐쇄되었다. 비행 일정표도 발표되지 않고 있으니 전쟁이 (끝난다면) 언제 끝날지 알수도 없다. 우리 집이 그대로 있는지, 아미온이 지도에 남아 있는지조차 알 수 없다. 그러고 보니 우리 집은 한때 파괴된 적이 있다. 전쟁이 더 심해질지도 알 수 없는 실정이다. 친척과 친구들, 그 밖에 전쟁이 빚는 결과들을 바라보면서 나는 지식의 **진정한** 한계에 직면하고 있다. 그런데 내가 왜 정규분포 원리에 충실한 소립자의 세계를 따져야 하는 것일까? 최근 구입한 물품이 얼마나 오랫동안 만족을 줄지, 결혼 생활이 얼마나 지속될지, 새 직장이 과연 어떤 곳일지 알 수 있는 사람이 있을까? 그런데도 어떤 사람들은 소립자의 세계에서 '예견의 한계'를 구하려 애쓴다. 그들은 현미경으로도 보이지 않는 것에 주목하느라 자기 앞에 자리 잡은 거대한 실체를 외면하고 있는 것이다.

철학자는 사회에 위험한 존재인가?

1페니에 연연하는 사람은 1달러에 연연하는 사람보다 사회에 더 위험하다. 앞서 제8장에서 바스티아의 주장을 상기한다면 이런 사람들이 우리에게 위협적인 존재임을 알 수 있다. 그들은 무의미한 것에만 초점을 맞추기 때문에 불확실성에 대한 연구를 소모시킨다. 우리의 (인지적이며 과학적인) 자원은 한정되어 있다. 우리 생각보다 더 한정되어 있을 수 있다. 그러므로 우리의 관심을 분산시키는 사람은 검은 백조가 출현할 위험성을 높이는 셈이다. 불확실성의 개념을 희석시킴으로써 검은 백조에 대한 맹목을 불러일으키는 것에 대해 좀 더 살펴보자.

금융과 경제 분야의 사람들은 가우스 정규분포 곡선에 깊이 빠지다 못해 숭배할 정도다. 나는 금융경제학자 중 철학적 배경을 갖추고 비판적 시각에서 위와 같은 문제를 인식할 수 있는 사람을 찾아보았다. 손으로 꼽을 정도였다. 그 중 한 사람은 철학박사 학위를 취득한 지 4년 후에 금융학박사 학위를 취득한 사람이다. 그는 두 분야 모두에서 저서를 출간했으며, 금융 분야의 유명한 개론서도 상당히 많이 집필했다. 그러나 나는 실망하고 말았다. 그는 불확실성에 관해서 철학과 계량금융학을 따로따로 구분하여 적용하고 있었다. 귀납법의 문제, 평범의 왕국, 인지의 불투명성, 정규분포 이론의 무모한 가정 등은 그의 관심거리가 되지 못했다. 그가 쓴 수많은 개론서들은 그가 철학자라는 것도 무색할 정도로 학생들의 머리를 정규분포 방법론에만 맞추도록 할 뿐이었다. 그러고는 학술적 문제를 다루는 철학 교과서를 쓸 때에는 곧바로 철학자가 되는 모양이었다.

이러한 전문성이란 에스컬레이터를 타려는 사람들을 엉뚱하게도 걷기 운동기구로 안내하는 꼴이다. 그중에서도 철학자는 더욱더 위험하다. 비판적 사고 능력을 무의미한 일로 소모시키기 때문이다. 철학자들은 다른 철학자들이 철학이라 부르는 문제만 좇아 철학적 사고를 행하기를 좋아한다. 해결할 과제는 문밖에 있는데 머리를 집 안에 남겨 두고 나오는 격이다.

실행의 문제

내가 정규분포곡선이며 플라톤주의며 루딕 오류이며를 비판하고 있지만 나의 주요한 비판 대상은 통계학자가 아니다. 이들은 어쨌든 계산을 직업으로 하는 사람들이지 사고하는 사람들이 아니기 때문이다. 그렇지만 우리는 철학자들에 대해서만큼은 훨씬 엄격해야 한다. 이들은 우리의 마음을 폐쇄적으로 만드는데 정부 관료 뺨치기 때문이다. 철학자는 비판적 사고의 수호자가 되어야 하기에 다른 어떤 직업보다 엄격한 직업관이 요구된다.

몇 명의 비트겐슈타인이 바늘귀 위에서 춤출 수 있는가

수수한 옷차림의 (사색에 잠긴 표정을 한) 사람들이 한 방에 가득 모여 초청 연사의 말을 조용히 듣고 있다. 이들은 뉴욕 주의 한 대학에서 매주 열리는 유명한 토론회에 참석한 철학자들이다. 연사는 인쇄된 자료에 코를 박고는 건조한 말투로 읽어 내려가고 있다. 연사의 말을 따라잡기 어려워 나는 깜빡 졸다가 발표 요지를 파악하지 못하게 되었다. 어렴풋이 기억이 나는 것은 화성인들이 우리도 모르는 사이에 머릿속에 침입하여 우리를 조종하면 어떻게 될 것인가에 대한 '철학적' 논의가 있었다는 점이다. 이 문제에 대해 이미 몇 가지 이론들이 나온 모양인데 연사는 또 다른 입장이다. 그는 화성인들의 인간 뇌 침탈에 대한 자신의 이론이 어떤 점에서 독보적인지 한참을 들여 설명하고 있다. (55분 동안 인쇄물만 읽어 내려가는) 독백이 끝나자 잠시 휴식이 주어진다. 그러더니 화성인들이 머리에 칩을 심어 놓는다든가 하는 문제를 둘러싼 토론이 55분간 이어진다. 발언자들은 가끔 비트겐슈타인의 말을 언급한다(비트겐슈타인이 빠지지 않고 언급되는 것은 그의 입장이 워낙 모호해서 어떤 주제와도 연관되는 듯 여겨지기 때문이다).

매주 금요일 오후 4시면 이 철학자들 앞으로 지급되는 급여가 그들의 은행계좌에 입금된다. 이들의 수입 중 평균 16퍼센트는 이 대학의 연금 규정에 따라 주식시장에 자동 투자된다. 이 철학자들은 보통 사람이 당연히 여기는 것을 의문시하는 일을 직업으로 한다. 이들은 신(혹은 신들)의 존재에 대하여, 진리의 정의에 대하여, 빨간 것의 빨간 속성에 대하여, 의미의 의미에 대하여, 진리에 대한 의미론적 이론이나 개념적 혹은 비개념적 표상에 대하여 논쟁을 벌일 수 있도록 훈련을 받았다. 그런데 이들은 주식시장과 연금 관리자의 능력을 맹목적으로 믿고 있다. 어째서 그런가? 그것은 남들도 다 그렇게 하기 때문이다. 즉 '전문가들이' 그렇게 하라고 하기 때문이다. 이처럼 회의론적 태도를 특정 영역에서만 작동시키는 것은 (제8장에서 살펴본) 의사들과 다를 바 없다.

한술 더 떠서, 그들은 사회적 사건이 예견 가능하다고 믿을지도 모른다. 그들은 굴라크가 인간을 강하게 한다거나 정치인들이 자가용 기사보다 아는 것이 많고 연방준비회 의장이 경제를 살릴 수 있다고 철석같이 믿을지 모른다. 그들은 또한 민족성이라는 것이 실제로 작용한다고 믿을지도 모른다.(그들은 철학자들의 이름을 거론할 때면 항상 "프랑스의 누구는," "독일의 누구는," "미국의 누구는" 하는 식으로 말한다. 철학자들의 국적이 그들의 주장과 관련이 있기 때문인가?) 낡아 빠진 주제에만 시선이 고정된 이런 사람들과 만나는 일은 숨이 막히도록 고통스럽다.

칼 포퍼, 필요할 때 그는 어디에 있는가?

책에서 현실 문제로 넘어가는 것이 아니라 거꾸로 현실에서 책으로 들어갈 수 있어야 한다는 믿음을 나의 현업 활동가 경험을 바탕으로 해서 지금까지 누누이 강조해 왔다. 이러한 접근법을 취하면 말만 요란한 화려한 경력자들을 무력화할 수 있다. 대니얼 데닛의 말대로 학자는 도서관을 하나 더 짓기 위한 핑곗거리가 되어선 안 된다.

물론 나와 같은 주장을 한 철학자가 이미 실제로 있었다. 나는 칼 포퍼의 다음과 같은 주장 때문에 더욱 칼 포퍼를 존경한다. 이 책에서 내가 비판하지 않고 인용하는 몇 구절 중 하나다.

> 철학 바깥에 있는 문제로 인하여 어쩔 수 없이 철학을 하게 되는 것이 아니라 저절로 철학을 할 수 있는 것이라는 잘못된 믿음 때문에 철학 유파들이 후퇴하고 있다. … **진정한 철학은 언제나 철학 외부에 뿌리를 두고 있다. 이 뿌리가 부패하면 철학도 죽는다.**(강조는 필자)… 비철학적 문제의 압력에 의하여 철학에 이끌리는 대신 철학을 '연구'하는 철학자들은 이 뿌리를 쉽게 망각한다.

포퍼가 철학 바깥 영역, 특히 과학자·증권거래사·의사결정자들 사이에서 크게 인정을 받는 이유는 위와 같은 그의 철학관 때문이다. 물론 그가 철학계 내에서 크게 인정을 받지 못한 것도 이 때문일 것이다.(동료 철학자들은 포퍼에 대한 연구는 거의 하지 않는다. 그들은 비트겐슈타인에 관한 글을 쓰기를 좋아한다.)

강조하거니와 나는 검은 백조라는 주제로 철학적 논쟁에 끌려 들어가고 싶지 않다. 내가 말하는 플라톤주의란 형이상학적인 것이 아니다. 많은 사람들이 내가 수학이 다른 세상, 혹은 그와 비슷한 곳에서 작동한다고 믿는다면 이는 '본질주의'에 반대하는 것이 아니냐는(즉 나의 주장에 플라톤적 본질이 없다는) 비판을 해온다. 여기서 분명히 해둘 점이 있다. 나는 이론가가 아니라 확실한 것만 인정하는 실행가다. 나는 수학이 현실의 객관적 구조와 일치하지 않는다고 말하는 것이 아니다. 나의 전체적인 요점은, 인식론적 측면에서 말하자면, 짐차를 말 앞에 붙들어 매는 격이며, 수학이 통용되는 영역이라는 측면에서 말하자면, 잘못된 수학을 채택하고 거기에 눈이 먼 위험을 무릅쓰고 있다는 것이다. 나는 현실에서 작동하는 수학도 분명히 있다고 믿는다. 그러나 이런 수학 역시 신념을 합리화하는 증거만 찾아 주는 장치로 손쉽게 이용할 수 있는 것은 아니다.

주교와 애널리스트

나는 주교를 비판하면서 애널리스트에 대해서는 그냥 넘어가는 사람들에 대해 정말로 화가 날 때가 있다. 그들은 회의주의적 태도를 종교에 대해서만 발휘할 뿐 경제학자, 사회과학자, 사이비 통계학자들에 대해서는 발휘하지 않는다. 이런 사람들은 확인 편향의 오류에 빠져 종교재판이나 갖가지 종교전쟁의 사망자 수를 꼽아 보이며 종교야말로 인류를 공포로 몰아넣는 존재라고 말한다. 그러나 그들은 민족주의, 사회과학, 스탈린 치하나 베트남 전쟁 시기의 정치학에 의하여 얼마나 많은 사람이 희생되었는지는 말하지 않는다. 가톨릭 신부들도 몸이 아플 때 주교에게 먼저 가지는 않는다. 그들도 의사를 찾는다. 우리는 숱한 사이비 과학자들과 '전문가'들의 사무실을 찾는 것 이외에 다른 대안을 찾겠다는 생각을 하지 못한다. 이제 우리는 교황 무오류설을 더 이상 믿지 않는다. 그러나 제17장에서 보았듯 우리는 노벨상 무오류설은 신봉하는 것 같다.

생각보다 쉽다: 회의론에 입각한 의사 결정의 문제

지금까지 우리는 귀납법의 문제와 검은 백조에 대하여 살펴보았다. 사실 문제는 생각보다 훨씬 심각하다. 사이비 회의론에도 마찬가지 문제가 있을 수 있기 때문이다.

1) (어떤 노력을 하든) 내일 해가 뜨지 않도록 할 수는 없다.
2) 사후 세계가 존재하는가 존재하지 않는가에 대해 내가 할 수 있는 일은 없다.
3) 화성인 혹은 악마가 내 머리를 조종할 수 있는가에 대해 내가 할 수 있는 일은 없다.

그러나 나는 실패자가 되지 않는 방법을 여럿 갖고 있다. 이것은 생각보다 어렵지 않다.

검은 백조에 관한 나의 이야기들은 좀 더 정밀하게 다듬어져야 한다는 점을 마지막으로 덧붙이고자 한다. 그러나 검은 백조 이야기는 실패를 면하는 정도를 넘어서 행동의 준칙을 마련해 준다. 검은 백조 이야기는 어떻게 생각해야 하는가가 아니라 지식을 어떻게 행동으로 만들고 어떻게 가치 있는 지식을 판별하는가를 알려 준다. 결론에서는 우리가 검은 백조 이야기를 통해 무엇을 하고 무엇을 하지 말아야 할지 살펴보기로 한다.

4부 결론

19장_ 절반 더하기 절반, 혹은 검은 백조와 맞붙어 지지 않는 방법

마지막으로 몇 마디만 하자.

나는 절반의 시간엔 강한 회의주의자다. 또 다른 절반의 시간엔 확실성을 포착하고 이를 끈덕지게 확신한다. 물론 내가 강한 회의주의자가 되는 분야는 이른바 교양속물들이 속아 넘어가는 곳이고, 나 역시 속아 넘어가는 분야는 교양속물들이 회의적인 곳이다. 나는 확증에 대해서는 회의주의적이지만 비확증에 대해서는 (적지 않은 대가를 치르기도 하지만) 회의주의적이지 않다. 자료 더미가 확증을 성립시켜 주는 것은 아니되, 단 하나의 사례가 비확증을 성립시킨다. 나는 심각한 무작위성을 의심할 때에는 회의주의적이지만, 적당한 무작위성이 존재한다고 믿을 때에는 어리숙하기도 하다.

나는 절반의 시간엔 검은 백조를 싫어한다. 또 다른 절반의 시간엔 검은 백조를 좋아한다. 나는 삶의 일상, 긍정적 사건, 화가 아펠레스의 성공처럼 대가를 치를 필요가 없는 잠재적 선물을 만들어 내는 무작위성을 좋아한다. 아펠레스의 일화 속에 담긴 아름다움을 이해하는 이는 거의 없지만 대부분의 사람들은 자신들 내부의 아펠레스적 요소를 억제함으로써 오류를 회피하고 있다.

나는 절반의 시간엔 나의 일에 대해 초보수적이다. 또 다른 절반의 시간엔 초공격적이다. 이런 점은 남과 다르지 않아 보이지만, 남들이 위험을 무릅쓰는 곳에서는 보수적이며, 남들이 조심스럽게 움직이는 분야에서는 공격적이라는 점에서 다르다.

나는 사소한 실패에는 괘념하지 않는 대신 커다란 실패, 혹은 치명적일 수 있는 실패에는 크게 우려한다. 나는 벤처 사업에는 그리 괘념하지 않지만 '유망한' 시장 종목, 특히 '안전'하다는 블루칩 종목에는 크게 괘념한다. 벤처 투자는 어차피 위험성이 있음을 아는 것이고, 적은 자금만 투자하기 때문에 손실이 제한된다. 그러나 '유망한' 종목들은 위험이 숨어 있기 때문에 더 위험하다.

나는 익히 알려지고 관심을 끌고 있는 위험에 대해서는 별로 우려하지 않는 대신 숨어 있는 더 나쁜 위험을 우려한다. 나는 테러리즘보다는 당뇨병을 우려한다. 나는 사람들이 흔히 우려하는 것들에는 근심하지 않는다. 이것들은 위험이 눈에 보이기 때문이다. 그 대신 나는 우리의 의식과 일상적 화제 바깥에 도사린 문제들로 근심한다.(사실은 별로 근심을 하지 않는다는 것을 털어놓아야겠다. 나는 내가 개입할 여지가 있는 것들만 근심하려 할 뿐이다.) 나는 예기치 못한 사태가 터지지 않을까 우려하는 대신 기회를 놓친 것을 안타까워한다.

마지막으로, 의사 결정에 관한 작은 규칙을 말해 보고자 한다. 나는 긍정적 검은 백조에 노출될 수 있을 때에는 공격적인 태도를 취한다. 긍정적 검은 백조는 피해가 적다. 반면에 나는 부정적 검은 백조의 위협을 받을 때에는 아주 보수적이 된다. 나는 어떤 설명틀의 오류가 득이 될 때에는 아주 공격적이 되지만 오류가 해를 입힐 때에는 피해망상이 될 정도로 극도로 조심한다. 이는 그리 특별하지 않은 전략이지만 남들과 다르게 행동하는 것이기 때문에 특이하게 보일 것이다. 예컨대 금융 분야에서는 엉성한 이론을 무기로 위험을 관리하고 얼토당토않은 생각을 '합리적' 분석이라는 미명으로 합리화한다.

나는 절반의 시간엔 지적으로 살려 하지만 절반의 시간엔 확실한 것만 인정하는 실행가로 산다. 나는 학술적 문제에 대해서는 확실한 것만 추구하는 실행가지만 현실의 문제에서는 지적으로 행동하려 한다.

나는 절반의 시간엔 피상적이지만 나머지 절반의 시간엔 피상적이지 않으려 노력한다. 미학에 관한 한 나는 피상적이지만 위험관리와 수익 추구의 면에서는 피상성을 피하려 한다. 나의 미적 감각은 산문보다 운문을, 로마의 것보다 그리스의 것을, 우아함보다는 위엄 있는 것을, 교양보다는 우아함을, 현학보다는 교양을, 지식보다는 현학을, 지성보다는 지식을, 진실보다는 지식을 우선으로 친다. 그러나 이런 태도는 검은 백조가 출현하지 않는 분야에서만 그렇다. 사람들은 유독 검은 백조에 관한 것만 빼고 합리적이 되려는 경향이 있다.

내가 아는 사람 중 절반은 내 태도가 불온하다고 하지만(플라톤적인 교수들을 거명한 것을 보고 그렇게 느낄 수 있겠다), 다른 절반은 내가 추종적이라고 한다(위에, 베일, 포퍼, 푸앵카레, 몽테뉴, 하이에크 등에 대해 거의 종복처럼 엎드리는 모습을 보면 그렇게 느낄 수 있겠다).

나는 절반의 시간엔 니체를 싫어하지만 나머지 절반의 시간엔 그의 산문을 좋아한다.

놓친 기차가 아쉽게 느껴지지 않을 때

제3장에서 한 친구가 내게 들려준 충고 이야기를 했었는데, 내 일생을 바꿔 놓은 또 다른 충고가 있다. 이 두 번째 충고는 첫 번째 충고와 달리 여러 곳에 적

용되며, 현명하고 경험적으로도 옳다. 그는 파리에서 나와 같이 공부한 소설가 지망생 장 올리비에 테데스코로, 내가 지하철을 뛰어서 타려고 하자 이렇게 만류했다. "나는 기차를 타겠다고 뛰지는 않아."

운명을 무시하라. 그 이후 나는 시간표에 맞춰 살겠다고 달음박질하지 않으려 애썼다. 테데스코의 충고는 사소한 것이지만 내 마음속에 자리 잡았다. 떠나는 기차를 좇아가지 않게 되면서 나는 우아하고 미학적인 행동의 진정한 가치를 깨달았고, 자기의 시간표와 시간, 자기 인생의 주인됨의 의미를 느낄 수 있었다. **놓친 기차가 아쉬운 것은 애써 좇아가려 했기 때문인 것이다!** 마찬가지로 남들이 생각하는 방식의 성공을 이루지 못한다고 고통스러워하는 것은 남들의 생각을 추종했기 때문이다.

그러므로 선택할 수만 있다면, 경쟁의 질서 바깥이 아니라 그 위에 서도록 하라.

고액 연봉이 보장된 자리를 박차고 나오는 것도, 스스로 결정한 것이라면 돈보다 많은 것을 가져다준다.(미친 짓 같지만, 나 역시 이렇게 행동한 적이 있었다. 물론 성과가 있었다.) 이것이 운명에 욕설을 퍼부을 수 있는 스토아주의자가 되는 첫걸음이다. 인생의 기준을 스스로 설정할 수 있다면 이미 자기 인생의 주인 노릇을 하고 있는 셈이다.

어머니 자연은 우리에게 몇 가지 방어기제를 안겨 주었다. 이솝 우화에 나오듯, 그 첫째는 높이 달려 있어 먹을 수 없는 (혹은 먹지 않는) 포도를 신포도라고 여길 수 있는 능력이다. 그러나 신포도를 경멸하고 멸시하는 것 이상의 공격적인 스토아주의는 더 많은 것을 우리에게 가져다준다. 적극적이 되라. 배포가 있다면, 사표를 던지는 사람이 되라.

자신이 설계한 게임에서는 쉽게 패배자가 되지 않는 법이다.

검은 백조식으로 말한다면, 개연성 없는 일이 당신을 지배하는 것을 방치할 때, 당신은 그 극히 일어날 법하지 않은 일에 노출된다는 것을 의미한다. 그러니 항상 **당신이 하는 일**을 장악하라. 그리하여 이것을 당신의 목표로 삼아라.

결론

귀납법의 철학, 지식의 문제, 온갖 기회, 우리를 두렵게 하는 실패의 가능성 등 이 모든 것보다 다음과 같은 형이상학적 사고가 도움이 될 수 있다.

사람들은 음식이 형편없거나 커피가 식었거나 퉁명스런 반응을 얻거나 불친절한 서비스를 받으면 하루를 망쳤다고 화를 내기 일쑤다. 나는 이런 모습이 당황스럽다. 제8장에서 나는 인생을 좌우할 사건이 일어날 가능성을 바라보는 것이 쉽지 않다고 말한 바 있다. 우리가 살아 있다는 사실이야말로 행운이며 희귀 사건이며 엄청나게 희박한 확률의 사건이다.

지구보다 수십억 배 큰 행성에 묻어 있는 한 점 먼지를 생각해 보라. 이 먼지 한 점이 우리가 태어난 확률과 같다. 거대한 행성은 그 반대의 확률을 상징한다. 그러므로 사소한 일에 성내기를 그칠 일이다. 성(城)을 선물로 받았는데도 기꺼워하기는커녕 욕실에 곰팡이가 낄지 모른다고 전전긍긍하는 배은망덕자가 되지 말라. 선물로 받은 말의 입을 열어 흠을 찾으려 애쓰지 말라. 기억할 것은, 우리 한 사람 한 사람이 바로 검은 백조라는 사실이다. 여기까지 읽어 주신 독자분들께 감사드린다.

에필로그

예브게니아의 흰 백조

예브게니아 크라스노바는 새 책을 집필하기 위해 오랜 칩거에 들어갔다. 예브게니아는 뉴욕에 자리 잡았다. 고요 속에서 원고만 마주 보기에는 이곳이 안성맞춤이었다. 오랫동안 군중 속에 둘러싸여 있다 보니 이제는 집중이 잘 되었다. 예브게니아는 혹시 네로를 만나게 될까 기대했다. 이번에는 따가운 말로 꼬집어 주고 싶었다. 예브게니아는 이메일 계정을 취소하고 손으로 긴 편지를 보냈다. 손으로 쓰니 편하기가 이루 말할 수 없었다. 그 대신 비서를 고용해서 타자로 치게 했다. 쓰고 고치고 지웠다 수정하고 이따금 비서에게 화풀이를 하고, 새 비서를 구하고, 다시 조용히 원고를 쓰다 보니 8년이 지났다. 집은 담배연기로 자욱했고 사방에 구겨진 종잇장이 널려 있었다. 여느 예술가들이 그렇듯 예브게니아 역시 원고를 아무리 완성해 놓아도 성에 차지 않았지만, 이번 원고가 첫 작품보다는 깊이가 있다고 느꼈다. 공개적인 자리에서 자신의 첫 책에 대한 찬사가 나오면 예브게니아는 실소를 머금었다. 이제는 자신의 첫 책이 피상적이고 급히 씌어졌으며 설부른 내용이라고 느끼기 때문이다.

마침내 새 책이 《루프*The Loop*》라는 멋진 제목으로 출간되었다. 예브게니아는 언론과 서평을 피하기 위해 외부 세계와 격리되어 지냈다. 출판사의 예상대로 평론가들은 찬사를 보냈다. 그런데 기이하게도 판매가 부진했다. 이 책을 읽지 않고 이야기해야 하는 분위기인가? 출판사 사장은 이렇게 갸웃거렸다. 예브게니아의 새 책이 어떨지 이야기하며 몇 년을 기다려 온 애독자들이 있었는데, 어떻게 된 걸까? 출판사 사장은 이제 분홍색 안경테 일체를 구비하고 화려한 생활을 보내고 있는데 오로지 예브게니아의 책에 모든 것을 걸고 있었다. 다른 베스트셀러는 이제까지 없었고 앞으로도 딱히 없었다. 게다가 프로방스 카르펜트라스에 있는 빌라의 구매 대금도 지불해야 하고 다툼 중인 아내를 달래고 (분홍색) 컨버터블 재규어를 사야 하니 막대한 수입을 올려야 한다. 그는 예브게니아의 책에 투자한 것은 백 번 옳았다고 생각한다. 그런데 도대체 모두 한결같이 이 책을 걸작이라고 칭송하면서도 아무도 책을 살 생각을 안 하니 도무지 알 수 없는 노릇이었다. 그리하여 1년 반이 지나자 예브게니아의 《루프》는 절판되었다. 심각한 자금 압박에 시달린 출판사는 마침내 그 이유를 생각해 냈다. "너무 길어서 그랬군!" 분량을 짧게 줄여야 했다. 길고 괴로운 시간이 지난 후 예브게니아는 조르주 시므농과 그레이엄 그린이 비를 배경으로 쓴 소설의 주인공들을 떠올렸다. 이들은 평범하고 무기력한 삶을 영위한다. '이런 이류의 삶에도 매력이 있어.' 예브게니아는 이렇게 생각했다. 아름다움보다 매력 있는 것이 한결 낫다는 것이 예브게니아의 지론이었다.

그러므로, 예브게니아의 두 번째 책도 검은 백조인 셈이다.

감사의 글

이 책을 쓰는 일은 생각지도 못한 즐거움이었다. 원고가 저절로 씌어진 것처럼 느껴질 정도였다. 나는 독자들도 같은 경험을 느끼길 바란다. 다음의 친구들에게 고맙다는 인사를 전한다.

친구이자 조언자인 롤프 도벨리, 그는 소설가, 기업가, 박식한 독서가로서 이 책을 쓰는 과정에서 나온 원고를 그때마다 놓치지 않고 읽어 주었다. 박식하고 순수한 '생각하는 행동가'이며 탁월한 호기심의 소유자인 피터 베블린에게 큰 도움을 받았다는 것도 이 자리에서 밝히고자 한다. 내게 필요한 사상을 찾아 주기 위해 피터는 관련 논문을 직접 찾아 읽어 주기까지 했다. 예루살렘의 예체즈켈 질버도 내게 큰 힘이 되었다. 그는 독학자로서 '자궁 속에서부터' 어려운 문제와 씨름하며 사상적 연구를 해왔다. 예체즈켈과 만나면서 나는 제도 교육을 받은 것이 오히려 부끄러웠고 그와 같은 독학자가 될 수 없었던 것이 아쉬울 정도였다. 예체즈켈을 비롯해 '확실한 것만 인정하는' 분들 덕택에 나는 강단 자유주의자들 사이에서 검은 백조에 관한 구상을 가다듬을 수 있었다. 학자인 필립 테틀록은 이 책의 초고를 통독하면서 나의 주장을 세밀히 검토해 주었다. 필립은 델포이 시대 이래 누구보다 예견에 정통한 사람으로서, 아무런 논평을 하지 않을 때조차 내게 많은 것을 알려 줄 정도로 귀중하고 철저한 힘이 되어 주었다. 나는 대니얼 카너먼에게도 큰 빚을 졌다. 대니얼은 내가 이 책에서 관심을 두었던 인간 본성에 대해 긴 시간 동안 논의를 해주었을 뿐 아니라(그가 지적한 내용은 지금도 섬뜩할 정도로 기억하고 있다), 필립 테틀록을 소개해 주었다. 2005년 토론토에서 열린 '판단 및 의사 결정 연구 학회'의 연례 학회에서 발표를 할 수 있도록 초청해 준 마야 바 힐렐에게도 감사드린다. 학회에서 만난 연구자들이 큰 도움이 되는 논의를 해주어서 나는 준비해 간 것보다 더 많은 것을 얻어 돌아올 수 있었다. 로버트 실러는 원고 중 '부적절한' 주장을 고칠 수 있게 해주었는데, 그는 주로 내용보다는 표현의 신랄함 때문에 정보 전달이 정확하지 않은 대목을 지적해 주었다. 마리아조반나 무소는 예술 분야에도 검은 백조 효과가 있다는 사실을 처음으로 밝힌 바 있는데, 사회학과 인류학 분야의 참고할 만한 문헌을 알려 주었다. 인문학자인 미하이 스파리오수와는 플라톤, 발자크, 생태 지성에 대해, 그리고 부다페스트의 카페에 대해 오랜 시간 이야기를 나눌 수 있었다. 디디에 소네트와는 장거리 전화로만 이야기를 나눌 수 있었는데, 통계물리학의 다양한 분과에서 알려지지 않았지만 귀중한 논문들을 알려 주었다. 장 필립 부쇼는 통계상의 큰 편차와 관련된 문제를 해결하는 데 큰 도움을 주었다. 마이클 앨런은 출판을 희망하는 작가들에 관한 논문을 집필한 바 있다. 그의 논문이 제8장의 기본 구상과도 일치했기 때문에 나는 그 덕택에 작가의 눈으로 문제를 볼 수 있게 되었고, 제8장을 다시 썼다. 마크 블라이스는 독자이자 조언자이며 현악기 울림판 같은 역할을 자처하며 도움을 주었다. 국방부의 내 동료인 앤디 마셜, 앤드루 메이즈는 좋은 구상과 질문을 제공해 주었으며, 폴 솔먼은 왕성한 열성으로 내 원고를 샅샅이 읽고 검토해 주었다. 이 책 중의 '극단의 왕국' 이라는 용어는 크리스 앤더슨에게 빚진 것으로, 내가 처음 썼던 용어가 너무 딱딱하다고 제안해 준 것이다. 나이절 하비는 예견을 다룬 문헌들을 찾는 데 도움을 주었다.

괴로울 정도로 질문을 퍼부었는데도 도와준 과학자 분들도 있다. 테리 버넘, 로버트 트리버스, 피터 에이턴, 댄 골드스타인, 알렉산더 라이츠, 아트 드베니, 라파엘 두아디, 표트르 질론카, 구르 휴버먼, 댄 스퍼버 등이 그분들이다. 던컨 와츠는 제3부의 내용을 컬럼비아대학의 사회학 세미나에서 발표하도록 허락했을 뿐 아니라 청중들의 온갖 반응을 수집하여 전해 주었다. 데이비드 코원은 푸앵카레에 관한 도표를 제공해 주었는데, 내가 애초에 준비했던 것을 비교해 보니 부끄럽기 짝이 없었다. 인간 본성에 관해 날카로운 평을 해준 제임스 몬티어에게도 감사드린다. 브루노 듀피어와는 언제나처럼 길을 걸으며 좋은 대화를 나눌 수 있었다.

나처럼 성미 급한 저자와 가까운 친구 노릇을 하는 것도 쉽지는 않으리라. 필자의 원고를 일일이 읽어 주어야 했으니 말이다. 마리 크리스틴 라이어치는 원고를 뒤에서부터 거꾸로 읽는 고약한 일을 떠맡았다. 내가 마리에게 부탁한 원고는 완성도도 떨어지고 요점도 아직 분명치 않은 상태였다. 자밀 배즈에게는 전체 원고가 가기는 했지만 역시 뒤에서부터 읽는 수고가 더해졌다. 로렌스 주리프는 원고의 각 장을 읽고 평을 하는 일을 맡았다. 희생자 역을 자처한 그 밖의 친구들은 다음과 같다. 사이러스 파이러스테, 버나드 오페티트, 파스칼 불라르, 기 리비에르, 디디에 자비스, 안드레아 문테아누, 안드레이 포크롭스키, 닐 크리스, 필립 아세일리, 파리드 카르카비, 조지 나스르, 알리나 스테판, 조지 마틴, 스탠 조나스, 플라비아 심벌리스트.

박식한 열정가 폴 솔먼은 현미경으로 들여다보듯 원고를 검토하여 큰 도움이 되는 평을 전해 주었다. 큰 힘이 되어 준 분들이 그 밖에도 많았으니, 필 로젠츠바이그, 아비샤이 마갤리트, 피터 포브스, 마이클 슈라지, 드리스 벤 브라힘, 비네이 팬드, 앤터니 밴 쿠버링, 니콜러스 바르디, 브라이언 힌치클리프, 아론 브라운, 이스펜 호그, 닐 크리스, 즈비카 아피크, 샤이 필펠, 폴 케드로스키, 리드 번스타인, 클라우디아 슈미트, 제이 레너드, 토니 글리크먼, 폴 존슨, 사이댐 커다스를 비롯한 뉴욕대학의 오스트리학파 경제학자들, 찰스 배빗, 그 밖에도 이름이 기억나지 않는 수많은 분들이 있다.†

슬론 재단의 랠프 고로미와 제시 오수벨은 '기지, 미지, 불가지'라는 연구 프로그램을 운영한다. 이분들은 내 구상을 발전시키도록 도덕적·재정적 도움을 제공했다. 그분들의 취지는 매우 소중한 것이었다. 나의 동업자, 공저자, 지적 동료가 되어 준 이스펜 호그, 마크 스피츠나겔, 베누아 만델브로, 톰 위츠, 폴 윌모트, 에비탈 필펠, 에마누엘 더먼에게도 감사의 말씀을 전한다. 존 브록만에게도 고맙다는 인사를 드린다. 그분 덕택에 이 책이 나올 수 있었다. 초고를 읽고 의견을 주신 맥스 브록만에게도 감사의 말씀을 드린다. 인내심을 갖고 기다려 준 신디, 세러, 알렉산더에게도 고마움을 전한다. 특히 알렉산더는 도표 작성에 도움을 주었고 세러는 참고문헌 작업을 해주었다.

나는 이 책의 편집자인 윌 머피 앞에서 고집스런 작가 노릇을 해 보이려 했지만 그 역시 나 못지않게 고집스러운(그러면서도 그런 기색을 전혀 내비치지 않

---

† 명함을 잃어버려서 이름을 밝힐 수 없는 분이 있다. 2003년 12월 11일 빈으로 가는 브리티시 항공 700호에서 만난 과학자 분에게 따뜻한 감사의 말씀을 전한다. 그는 제11장에 나오는 당구공 그림을 제안해 주셨다. 그분에 대해 내가 기억하는 것은 52세에 회색 머리에 영국 태생이며 노란 메모지에 시를 쓰고 계셨다는 점뿐이다. 그는 빈에 있는 35세 여자친구의 집으로 간다며 여행가방 일곱 개를 갖고 가노라 했다.

는) 편집자임을 깨닫고 내가 행운아라고 느꼈다. 그 덕택에 나는 틀에 박힌 편집자와 일하는 경험을 면할 수 있었다. 틀에 박힌 편집자들은 아주 조금만 손을 대도 원고 본래의 리듬을 아주 망쳐 버리는 희한한 능력을 발휘하곤 한다. 윌 머피는 전형적인 파티 애호가이기도 했다. 나는 대니얼 마나커가 손수 내 원고의 편집 작업을 해주었다는 사실에도 황송함을 느꼈다. 재닛 위걸과 스티븐 마이어스에게도 고맙다는 말씀을 드린다. 랜덤하우스 출판사 분들은 따뜻한 분들이었지만 내가 (베르나르 앙리 레비를 만나게 해달라는) 농담을 전화로 해도 넘어가지 않았다. 이 책의 집필 과정에서 가장 멋진 경험은 펭귄 출판사의 담당 편집자 윌리엄 굿래드, 펭귄 그룹의 이사 스테판 맥그래스와 함께 긴 시간 동안 가진 점심 식사였다. 그때 나는 내 안의 이야기꾼 성향과 과학적 사고 성향을 분리할 수 없음을 깨달았다. 실제로 나는 먼저 이야기를 떠올린다. 개념을 쉽게 설명하기 위해 나중에 이야기를 생각하는 방식과는 반대다.

내가 강의하는 매사추세츠 애머스트대학의 청중들은 제3부의 내용에 깊은 흥미를 보여 주었다. 나는 내게 제2의 고향이라 할 수 있는 뉴욕대학 수리과학 쿠란트 연구소에도 감사드린다. 쿠란트 연구소는 7년 이상 내게 강의를 하도록 해주었다.

안쓰럽게도 우리는 견해가 다른 사람에게서 대부분의 것을 배운다. 이미 500년 전 몽테뉴는 이를 오히려 권한 바 있지만 우리는 여전히 기피한다. 몽테뉴 같은 이들은 아주 작은 논리적 결함도 짚어 낼 수 있기 때문에 자신의 주장을 견고히 하려면 견해가 다른 사람의 검증을 받는 것이 유용한 법이다. 이때 우리는 자신의 약점뿐 아니라 이 사람들의 이론에도 어떤 한계가 있는지 알 수가 있다. 그리하여 나는 내 동료뿐 아니라 내 반대자들, 특히 (언제나) 교양 있는 태도를 유지하는 분들은 너그럽게 대하려고 노력했다. 그동안 나는 공개적인 논쟁, 편지를 통한 의견 교환, 토론 등을 경험하면서 몇 가지 방책도 익혔다. 나의 상대자로는 로버트 머턴, 스티브 로스, 마이런 숄스, 필립 조리언 등 수십여 분들이 있었다(유감스럽지만 엘리 아야치의 비판을 빼놓는다면 반대 견해 중 내게 자극이 된 것은 1994년이 마지막이었다). 나는 검은 백조론에 대한 반론을 확인하고 반대자들의 견해를(혹은 그들이 놓치고 있는 것을) 파악하고자 했기 때문에 이분들과 벌인 논쟁은 매우 유익했다. 사실 오랫동안 나는 나의 견해에 동의하는 분보다는 반대자들의 글을 더 많이 읽어 왔다. 나는 하이에크보다는 새뮤얼슨의 저작을, (아버지) 머턴보다는 (아들) 머턴의 글을, 몽테뉴보다는 헤겔의 글을, 섹스투스보다는 데카르트의 글을 더 많이 읽었다. 반대 견해를 대표하는 글을 최대한 많이 읽어야 하는 것은 모든 저자들의 의무인 법이다.

엘리 아야치나 짐 개더럴과는 지적인 측면에서 다소 견해 차이가 있지만, 이들을 벗으로 사귈 수 있었던 것은 내 인생 최대의 축복이다.

이 책의 대부분은 내가 사업상의 (거의 대부분) 의무와 일상적 일과 압박에서 벗어나 소요학파처럼 지낼 때 쓴 것이다. 당시 나는 검은 백조론을 주제로 여러 도시에서 강연을 하는 기회를 갖고 명상 속에서 도심을 거닐곤 했다.† 원고의 대부분은 카페에서 썼다. 나는 상인 기질에 오염되지 않은, 주택가의 낡은 (그러나 멋있는) 카페를 제일 좋아한다. 나는 히스로 공항 제4터미널도 오래 이용했다. 여기에서 집필에 몰입하는 동안 나는 내 주변을 오가는 비즈니스맨들 때문에 생기는 알레르기도 잊을 수 있었다.

---

† 자기 사업을 하고 있을 때에는 일에 들어가는 시간이 얼마나 되든 어떤 착상에 몰입하기란 불가능하다. 즉 아주 무감각한 사람이 아니고서는 근심과 책임감이 소중한 인지 공간을 차지하게 된다. 자기 사업을 하는 대신 피고용자 신분이라면 연구, 명상, 저술이 가능해진다. 물론 무책임한 성격의 사람에게는 이것도 불가능하겠지만. 나의 파트너인 마크 스피츠나겔에게 이 자리를 빌려 감사드린다. 명료한 사고, 고도의 훈련으로 얻어진 체계적이며 탁월한 그의 문제 접근법 덕택에 나는 기업 활동에 직접 관여하지 않고도 고도로 충격적인 희귀 사건을 접할 수 있었다.

용어 해설

강단 자유주의자 Academic Libertarian

지식이란 엄격한 규칙의 지배를 받지만 제도적 권위의 지배를 받지 않는다고 생각하는 (나와 같은) 사람들을 가리킨다. 체계적 지식의 이해는 무한히 지속되지만 반드시 진리는 아니다. 강단 학자들은 전문가 문제, 즉 잘 포장된 사이비 지식, 특히 이야기 짓기에 익숙한 학파에서 심각한 고통을 겪는다. 이들은 검은 백조의 주요 원천이기도 하다.

검은 백조에 대한 맹목 Black Swan Blindness

검은 백조의 역할을 과소평가하는 것, 그리고 이따금 출현하는 특정한 검은 백조를 과대평가하는 것.

검은 백조 윤리 문제 Black Swan ethical problem

검은 백조는 되풀이되지 않기 때문에 검은 백조를 예방하는 사람과 치유하는 사람에게 주어지는 보상 사이에는 비대칭성이 존재한다.

교양속물 Bildungsphilister

겉으로 보기에 번드르하고 진정성 없는 교양으로 무장된 속물. 이 용어는 니체가 교조에 빠진 신문 독자와 천박한 교양을 추구하는 오페라 애호가들을 가리키며 사용하기 시작했다. 나는 이 용어를 실험 없이 이론만 추구하는 분야의 연구자들이 어려운 말만 나열하는 모습을 가리키기 위하여 사용했다. 이들은 상상력, 호기심, 폭넓은 지식, 소양 등을 결여한 채 자신의 생각 혹은 자신이 속한 '학파'에만 시야를 고정한 사람들이다. 이로 인하여 이 사람들은 자신의 사상과 세계가 충돌을 빚는다는 것을 알아차리지 못한다.

귀납법의 문제 Problem of induction

검은 백조 문제를 논리-철학 영역으로 확장한 것.

극단의 왕국 Extremistan
단 한 개의 관측값이 전체에 충격을 몰고 오는 공간.

로크의 미치광이 Locke's madman
순수하고 치열한 추론을 전개하지만 이미 잘못된 전제에 서 있는 사람. 폴 새뮤얼슨, (아들) 로버트 머턴, 제라르 드브뢰 등이 대표적이다. 이리하여 이들은 불확실성에 대한 사이비 분석틀을 만들어 내며, 이로 인하여 우리는 검은 백조에 그만큼 취약해진다.

루딕 오류(헛똑똑이의 불확실성) Ludic fallacy(or uncertainty of the nerd)
불확실성 연구에 나타나는 플라톤적 오류. 게임이나 주사위와 같은 협소한 세계를 근거로 확률을 연구한다. 그러나 비플라톤적 무작위성은 현실 세계의 게임 규칙에 관여하는 또 다른 층위를 가진다. 루딕 오류를 무작위성에 적용한 결과가 바로 정규분포곡선(가우스 곡선), 즉 거대한 지적 사기(GIF, Great Intellectual Fraud)다.

만델브로의 회색 백조 Mandelbrotian Grey Swan
우리가 고려할 수는 있지만 그 속성을 완전히 파악하기 어렵고 정밀히 계산할 수도 없는 검은 백조. 지진, 대형 베스트셀러, 증시 붕괴 등이 그 예다.

말 없는 증거의 오류 Fallacy of silent evidence
우리는 역사의 전체 과정을 살피지 못하고 그중 장밋빛 과정만을 본다.

무작위성의 장난 Fooled by Randomness
어떤 요인의 결과로 결정된 것과 행운으로 얻어진 것을 혼동하면 이러저러한 미신을 맹신하게 된다. 예컨대 전문직의 높은 보수는 행운이 크게 작용한 결과지만, 통념적으로는 그들의 능력에 따른 것이라고 믿어진다.

미래에 대한 맹목 Future blindness
미래의 특성을 들여다보지 못하는 우리들의 천성적 무능력. 마치 타인의 마음을 고려하지 못하는 자폐적인 태도와도 같다.

바벨 전략 Barbell Strategy
방어적 전략과 공격적 전략을 병행하는 방법을 가리킨다. 위험도 높은 곳엔 적은 비율을 투자하고 나머지는 모든 종류의 불확실성을 대비하여 자산을 보호하는 방법을 취한다.

복권 오류 Lottery-ticket fallacy

긍정적 검은 백조를 수집하는 데 투자하는 것을 복권을 사 모으는 것과 동일한 것으로 순진하게 유추하는 것. 복권은 규모가변적이지 않다.

불완전 정보로서의 무작위성 Randomness as incomplete information

간단히 말하자면, 내가 추측할 수 없는 것은 그 원인에 대한 나의 지식이 불완전하기 때문에 무작위적이지, 그 과정이 반드시 실제 예견 불가능한 속성을 갖기 때문에 불완전한 것이 아니다.

빈껍데기 전문가 문제 Empty-suit problem

어떤 교수들은 다른 사람들에 비해 하등 나은 점이 없지만 몇 가지를 근거로 전문가라고 믿어진다. 물론 실적은 그렇지 않다. 임상심리학자, 강단 경제학자, 위험 '전문가,' 통계학자, 정치 분석가, 금융 '전문가,' 군사 분석가, 최고경영자 등등이 그런 사람들이다. 그들은 능수능란한 말솜씨와 전문 용어, 수학, 그리고 때때로 값비싼 정장 차림으로 자신들의 실상을 덮어 버린다.

사후 왜곡 Retrospective distortion

시간이 순차적으로 전개되는 과정을 고려하지 않고 과거 사건을 분석하는 것. 이것은 사후 확률이라는 환상을 낳는다.

아펠레스형 전략 Apelles style strategy

'긍정적인 검은 백조'에 최대한 노출됨으로써 일어나는 긍정적 사건을 수집하여 이득을 취하고자 하는 전략.

역설계 문제 Reverse-engineering problem

얼음 조각이 물웅덩이가 되는 과정을 예측하기는 쉽지만 물웅덩이를 보고 그 이전의 얼음 조각 모양을 추측하기는 어렵다. 이 '역의 문제'는 이야기 짓기 학파나 이야기(역사 등)를 의심스럽게 만든다.

예견의 스캔들 Scandal of prediction

(특이 이야기 짓기 학파에서 빈번한데) 예견 성과가 저조하면서도 쓸데없이 말이 많고 지금까지 자신들의 예측 실적이 형편없었다는 것조차 깨닫지 못하는 것.

왕복 여행의 오류 Round-trip fallacy

검은 백조(혹은 그 밖의 다른 것)가 있다는 증거가 부재한 것과 검은 백조(혹은 그 밖의 다른 것)가 부재하다는 증거를 혼동하는 오류. 방정식을 지나치게 많이 푼 탓에 사고 능력이 손상당한 통계학자를 비롯한 사람들이 이 오류에 빠진다.

이야기 짓기 학파 Narrative discipline

과거를 믿을 만하고 그럴듯한 이야기로 짜맞추는 데 주력하는 학파. 실험 학파와 반대되는 입장에 서 있다.

이야기 짓기의 오류 Narrative fallacy

사실을 일련의 연결된, 혹은 연결되지 않은 이야기나 유형으로 짜맞추려는 인간의 욕구. 이를 통계학에 응용한 것이 데이터 마이닝(data mining)이다.

이필로지즘 Epilogism

이론에 얽매이지 않고 역사를 바라보는 방법. 이필로지즘에서는 사실을 축적하여 미시적 일반화를 꾀한다. 또 인과관계를 설정할 경우 생기는 부작용을 경계한다.

인식론적 불투명성 Epistemic opacity

무작위성이란 불완전한 정보가 일정한 층위에서 빚어낸 결과다. '진정한' 무작위성과 '물리적' 무작위성은 기능적으로 구분되지 않는다.

인식론적 오만 Epistemic arrogance

실제로 아는 것과 안다고 생각하는 것 사이의 차이를 측정해 보라. 이 차이에는 오만함, 즉 겸양의 결핍이 함축되어 있다. 인식의 귀족이란 인식론적 겸손을 갖춘 사람을 의미한다. 이 사람은 자신의 지식마저도 근본적으로 의심할 줄 안다.

추상적인 것에 대한 경멸 Scorn of the abstract

실제와 더 관련된 추상적 문제보다, 맥락화된 것(표층에서 연결되어 있는 것–옮긴이)을 선호하는 태도. 예컨대 아이 하나의 죽음은 비극이지만 수백만 명의 죽음은 통계숫자로만 취급된다.

통계적 회귀 논증 Statistical regress argument

확률 분포를 발견하려면 자료가 필요하다. 그런데 그 자료가 충분한지를 어떻게 알 수 있는가? 확률 분포를 통해서 알 수 있다. 확률 분포가 가우스적이면 자료의 일부분만 있어도 충분할 것이다. 그런데 확률 분포가 가우스적인 줄 어떻게 알 수 있는가? 자료를 통해서 알 수 있다. 그러므로 확률 분포를 파악하려면 자료가 필요하고, 필요한 자료 양을 파악하려면 확률 분포가 필요하다. 이로 인하여 심각한 회귀 논증이 발생한다. 회귀 논증은 가우스 정규분포곡선 류에 의존함으로써 문제를 버젓이 회피한다.

평범의 왕국 Mediocristan
극단적 예외나 실패가 거의 없이, 평범한 것이 지배하는 공간. 여기서는 어떤 관측값 하나가 전체에 유의미한 영향을 미치는 일은 생기지 않는다. 정규분포곡선은 평범의 왕국을 바탕으로 한 것이다. 정규분포 법칙과 규모가변성의 법칙은 마치 가스와 물처럼 질적인 차이가 있다.

플라톤적 주름지대 Platonic fold
플라톤적 표상이 현실과 접하는 장소. 모델의 부작용을 여기서 볼 수 있다.

플라톤적 태도 Platonicity
삼각형처럼 순수하고 잘 정의되며 쉽게 분별되는 것, 혹은 우정이나 사랑처럼 사회성 짙은 개념에 초점이 맞춰진 것. 복잡다단하고 환원할 수 없는 대상은 무시된다.

헛똑똑이 지식 Nerd knowledge
플라톤주의적으로 해명되지 못하거나 연구되지 않는 것은 존재하지 않거나 고려할 가치가 없다는 믿음. 심지어 헛똑똑이가 활약하는 회의주의 형식도 있다.

현혹된 사람들의 불확실성 Uncertainty of the deluded
거대한 불확실성 원리 혹은 이와 유사한 비현실적 문제와 같은 정밀한 것만 산출함으로써 불확실성의 원천에 머리를 박는 사람들. 내일 도래할 위기를 예측할 수 없다는 사실을 잊고 극히 자잘한 문제만 근심하는 것.

확률 분포 Probability distribution
각기 다른 사건의 가능성, 즉 이들이 어떻게 '분포'되어 있는지를 계산하는 데 이용되는 분석틀. 어떤 사건이 종을 뒤집어 엎은 모양의 정규분포곡선에 따라 분포되어 있다고 말하는 것은 가우스 정규분포곡선이 다양한 사건의 확률을 제시해 줄 수 있다고 믿고 있음을 의미한다.

확인 편향의 오류 Confirmation error

자신의 믿음, 자신이 구성한 것(모델)을 입증하는 증거만 찾는 경향.

후기

강인성과 허약성에 대한, 더 심오한 철학적이고 경험주의적인 성찰

1장_ 대자연에서 배우기, 가장 오래된 것과 가장 지혜로운 것

산책하는 사람들 사이에서 친구 사귀는 법—할머니 되기에 관하여—생태적 극단주의 매력—결코 충분히 작지는 않은—하버드—소비에트 스타일

《블랙 스완》을 완성한 지 3년이 지났다. 《블랙 스완》을 출간한 이후 나는 검은 백조 아이디어의 몇몇 측면에 대한 10여 편의 학술 논문을 썼다. 이 글들은 읽기에 매우 지겨운 것들이다. 거의 모든 학술적인 글이라는 게 순진한 사람들이나 대학원생들에게 실력을 보여주면서 신뢰감을 주거나 심지어 겁먹게 하도록 사용되며, 회의 발표용으로 쓰이기 때문에 지루할 수밖에 없다. 나는 이 에세이에서 '다음엔 무엇을 할 것인가'를 강조할 것이다. 말을 물가로 끌고 가서 물을 먹여야 한다. 그래서 나는 이 에세이에서 특정 문제를 깊이 다룰 것이다. 《블랙 스완》과 마찬가지로 이 에세이는 인문학적인 내용에서 과학적인 내용으로 전개될 것이다.

내가 이 에세이를 쓸 생각을 하게 된 것은 대니얼 카너먼 때문이다. 나는 대니얼 카너먼에게 큰 빚을 졌다. 그는 말에게 물을 먹여야 한다는 점을 알려 주었다.

느리지만 긴 산책에 관하여

지난 3년 동안 내 삶은 크게 변했다. 대개는 좋은 방향이었다. 파티에 갈 때와 마찬가지로 책을 통해 나는 의외의 기회를 잡았다. 심지어 많은 파티에 초대받았다. 유명해지기 전에 나는 파리에서는 장사꾼(저속한 사람)으로, 런던에서는 철학자(지나치게 공론을 일삼는 사람)로, 뉴욕에서는 예언자(당시 나의 틀린 예언 때문에 경멸적인 의미)로, 예루살렘에서는 이코노미스트(물질만능주의자)로 불렸다. 이제 나는 뉴욕에서는 거래자(존경받는 의미)로, 런던에서는 이코노미스트로, 프랑스에서는 철학자로, 이스라엘에서는 예언자(매우 야심적인 기획)라는 가당찮은 칭호에 맞추어 살아야 하는 스트레스를 받았다.

이렇게 대중에 노출되면서 협박 메일까지 받았다. 이중에 하나는 살해 위협(파산한 리먼브라더스†의 직원이었던 사람이 쓴 것)이었는데, 이 메일은 나에 대한 과대평가에서 나온 것이다. 하지만 폭력의 위협보다 더 나쁜 것은 터키와 브라질 저널리스트들이 끊임없이 인터뷰 요청을 해온 일이었다. 또한 현재 힘 있는 거물은 물론 한물간 거물들, 심지어 유명인의 이름을 팔고 다니는 저질 인사들에게서 많은 저녁식사 초대가 들어왔는데, 이런 초대들에 개별적으로 정중한 거절 편지를 쓰느라 많은 시간을 보내야 했다. 하지만 이런 일과 관련하여 좋은 점도 있었다. 나와 생각이 통하는 사람들과 만날 수 있었다. 이들은 내가 정상적으로 접할 수 있는 범위에서 벗어난 사람들이며, 전에는 있는지도 몰랐을 뿐만 아니라 만날 수 있을 거라고 생각조차 못했던 사람들이었다. 이 사람들은 내가 새로운 아이디어들을 생각하는데 도움을 주었다. 내가 존경하고 그 저작들을 잘 알고 있는 사람들도 만났는데 이들은 협력자이자 비평자가

† 리먼브라더스는 2008년 금융위기 동안 파산한, 멋진 사무실을 가진 금융기관이다.

되었다. 2부 10장에서 M-Competition으로 예측 오류를 탁월하게 폭로한 스피로스 마크리다키스에게서 이메일을 받았을 때 나는 엄청나게 흥분했다. 존 엘스터에게서도 이메일을 받았는데, 엘스터는 보기 드물게 박식한 학자로서 고대인의 지혜를 현대의 사회과학적 사고와 통합했다. 내가 존경하며 저작들을 읽었던 소설가와 철학자도 만났다. 루이 드 베르니이르, 윌 셀프, 존 그레이(철학자), 마틴 리즈가 그런 사람들이다. 이 네 명 모두 내 책에 관해 말해주었는데, 이때 나는 꿈인지 생시인지를 확인하기 위해 세게 꼬집어보았다.

그런 다음 나는 이 친구에서 저 친구로 이어지는 관계를 통해 카푸치노나 디저트 와인을 마시는 자리에서 또는 공항 보안검색대의 대기줄에서 많은 대화를 했다. 단순한 편지보다는 대화가 훨씬 유익했다. 사람들은 직접 만났을 때 편지보다 더 많은 것을 말한다. 누리엘 루비니도 만났다. 내가 알기로 루비니는 2008년 금융위기를 예측했던 유일한 경제학 교수이고, 경제학계에서 유일하게 자기 머리로 생각할 줄 아는 사람이다. 또한 예전에는 있는 줄도 몰랐던 사람들, 그리고 마이클 스펜서와 바클리 로서 같은 훌륭한 경제학자들도 알게 되었다. 또한 피터 베블렌과 예체츠켈 질버는 생물학과 인지과학 분야에서 내가 찾고 있던 논문들을 계속 제공해 주었다. 두 사람은 나를 적절한 방향으로 이끌어주었다.

이런 식으로 나는 많은 사람들과 대화했다. 그런데 문제는 오래 산책을 하면서 대화를 나눌 수 있는 사람이 스피로스 마크리다키스와 예체츠켈 질버 둘밖에 없었다는 것이다. 대다수 사람들은 걷고 있다는 것도 잊어버릴 정도로 빨리 걷는다. 이들은 걷기란 느리게 해야 한다는 것을 이해하지 못한 채 운동이라고 착각한다. 그래서 나는 천천히 어슬렁거리기를 즐기기 위해 스피로스가 살고 있는 아테네로 가야만 했다.

나의 실수들

독자들은 책을 자세히 살펴볼 것이다. 나는 다양한 지적을 받았지만 이것들을 검토해보니 초판본에서 서로 관련된 두 주제를 제외하고는 어떤 것도 철회하거나 어떤 오류(오탈자나 사소한 실수를 제외하면)도 수정할 필요가 없다고 생각한다. 오류가 있었던 두 주제 중 첫번째는 존 엘스터가 지적해 준 것이었다. 나는 예측과 반증에 의한 역사적 진술의 검증이 존재하지 않는다고 생각했다. 따라서 나는 역사적 분석에 이야기 짓기의 오류(narrative fallacy)가 만연해 있다고 썼다. 엘스터는 역사 이론이 이야기 짓기의 오류를 피하면서도 실증적으로 거부될 수 있다고 설명해주었다. 특정한 이야기를 비판할 수 있는 정보가 담긴 문서나 고고학 유적지를 발굴하고 있는 경우가 그러하다는 것이다.

그래서 나는 아랍 사상의 역사가 명확하게 구분되지 않는다는 점, 과거 역사의 연속적인 변화를 무시하는 함정에 빠져 있었다는 점, 과거 역시 크게 보면 예측이라는 것을 깨달았다. 나는 아랍 철학에 관한 교과서적인 지식의 통념에 빠져 있었는데, 이 통념이 기존 문서들과 배치된다는 것을 발견했다. 나는 알 가젤과 아베로에스 사이의 논쟁의 중요성을 과장했다(108쪽 참조—옮긴이). 다른 사람들과 마찬가지로 나는 1) 그 논쟁이 중대한 일이었고, 2) 그 논쟁으로 아랍의 팔라시파가 소멸되었다고 생각했다. 이런 관점은 최근 연구자들에 의해 폭로되고 있는 오해 중의 하나였다. 아랍 철학에 관한 이론을 세운 대다수 사람들은 아랍어를 몰랐기 때문에 많은 것들을 상상에 맡겨버렸다. 아랍어가 나의 모국어 중의 하나임에도 불구하고, 나는 아랍어를 모르는 학자들이 간접 인용에 의해 만들어낸 자료들에 근거해서 이론을 설명했다는 점에서 나도 부끄럽다. 구타스가 다음과 같이 주장한 편향에 나도 빠져 있었다. “사람들은 언제나 아랍 철학에서 이런저런 내용이 당연히 언급될 것이라는 선입견에서 시작하여, 그 선입견을 확인해주는 구절에만 집중하는 것 같다.”

역사에 조심하라.

강인함과 허약함

《블랙 스완》을 완성하고 난 후 나는 덩치가 큰 시스템이 안정하다는 착각과 관련해서 3부 14장에서 제기했던 항목들에 대해 생각했다. 이를 통해 나는 은행 시스템이야말로 모든 사건의 원인이라고 확신하게 되었다. 1부 6장에서 늙은 코끼리 이야기로 지혜를 전하는 최고의 선생은 당연히 최연장자라고 설명했다. 최연장자들이란 우리의 지적 풍경에서 벗어난 요령과 경험을 갖고 있기 때문이다. 또한 그들은 이런 요령 덕분에 우리가 이해하는 세계보다 더 복잡한 세계 속에서 살아남았을 것이다. 그러나 나이가 들었다는 것이 검은 백조를 잘 극복할 수 있다는 의미는 아니다. 우리가 칠면조 이야기에서 보았듯이 늙었다는 것이 보증된 내항력은 아니다. 늙었다는 것은 거의 언제나 더 분별 있음을 뜻하지만 반드시 완벽한 것은 아니다. 하지만 수십 억 년은 1000일보다 더 큰 생존력이 있고, 현존하는 가장 오래된 시스템은 분명 대자연이다.

이러한 생각은 탈고전 시대 레반트의 의료 실증주의자들이 펼쳤던 이필로지즘(epilogism, 330쪽 참조—옮긴이)의 배후에 있는 사고방식이다. 이들은 현실에서 회의주의와 의사결정을 통합한 유일한 의료인들이었다. 또한 이들은 유용한 것을 위해 철학을 활용한 유일한 집단이었다. 그들은 해석과 이론을 최소로 줄이고 사실을 최대한 기록했다. 또한 그들은 보편적인 것에 저항하며 '왜'라는 질문 없이 사실을 기술하는 히스토리아(historia) 개념을 제시했다. 이러한 형태의 지식은 더 명확한 학문을 선호했던 중세 스콜라주의자들에게 모욕을 당했다. 단지 사실에 대한 기록인 히스토리아는 필로소피아(philosophia)

나 스키엔티아(scientia) 보다 열등했다. 당시까지만 해도 철학은 오늘날처럼 종신교수직 임용 심사위원회에 인상을 주기 위한 도구가 아니라 의사결정을 위한 지혜로 사용되었고, 의학은 그런 지혜가 실천되는 장소였다. "철학의 자매로서의 의학"이었다.[†]

보편적인 것보다 특수한 것을 선호하는 분야에 낮은 지위를 부여하는 것은 스콜라주의자들 이래로 지식을 공식화하는 방식이다. 이 때문에 박사학위 소지자들을 우대하면서 경험과 연륜을 가진 사람을 무시한다. 이것은 고전 물리학에서는 통할지 모르겠지만 복합적인 영역에서는 그렇지 않다. 이러한 방식은 의학의 역사, 특히 임상의학이 탄생하기 전에 많은 환자들을 죽였고, 이 글을 쓰고 있는 지금 사회적 영역에서도 많은 피해를 초래하고 있다.

과거의 교사들이 우리에게 전하는 핵심적인 메시지는 종교의 용어를 사용하면 선포(Kerygma, 당신이 이해할 수 있고 당신에게 명확히 전달되는 목표를 가진 규칙)가 아니라 독단(반드시 이해할 필요 없이 당신이 실행에 옮겨야 하는 규칙)이었다.

대자연은 상호의존, 비선형성, 강인한 생태의 망으로 이루어진 복잡계다. 대자연은 뛰어난 기억력을 가지고 있으면서도 늙은, 아주 늙은 사람이다. 대자연은 알츠하이머에 걸리지 않는다. 인간도 운동과 단식이라는 식습관을 따르고, 오래 걸으며, 설탕·빵·흰쌀·주식투자를 피하고, 경제학 수업 듣기와

---

† 경험주의는 이론과 신념, 원인과 결과를 갖지 말아야 한다고 주장하는 건 아니다. 경험주의는 순진한 풋내기가 되지 말아야 한다고, 당신의 오류가 어디에 있는지(초기값이 어디 있는지)에 대해 미리 굳어진 편향을 갖지 말아야 한다고 말한다. 사실이나 자료를 접하는 경험주의자는 신념의 일시 정지(따라서 경험주의와 그 이전의 피론적 회의주의 사이)에서 시작하는 반면, 다른 사람들은 특징짓기나 이론에서 시작하는 것을 선호한다. 모든 사상은 확인 편향을 피해야 한다(경험주의자들은 지나치다 싶을 정도로 비확인/반증 편향을 택하는데, 그들은 칼 포퍼보다 1500년보다 훨씬 이전에 이것을 발견했다.

《뉴욕타임스》 읽기 등을 자제하면 나이가 들어도 뇌기능을 쉽게 잃지 않는다.

결국 대자연은 긍정적 검은 백조를 활용할 방법을 인간보다 더 잘 안다.

보험으로서의 중복

대자연은 세 유형의 중복을 선호한다. 첫째, 가장 이해하기 쉬운 것은 방어적 중복이다. 이것은 여분의 부품을 비축해서 재난에서 생존할 수 있는 보험 유형의 중복이다. 인간의 신체를 보라. 우리는 두 개의 눈, 두 개의 폐, 두 개의 신장, 심지어 뇌도 두 개를 가지고 있고, 각각은 보통 상황에서 필요 이상의 성능을 가지고 있다. 그래서 중복은 보험과 같다. 이 여분의 부품들을 유지하는 데 비용이 들고 활용되지 않음에도 불구하고 폐기하지 않아서 에너지가 소요된다는 점에서 분명 비효율적이다.

중복의 정반대가 단순한 최적화다. 경제학은 우리에게 도움이 되지 않을뿐더러 우리를 파산으로 이끌기 때문에 경제학 수업을 듣지 말라. (그리고 경제학이 우리의 기대를 저버렸다는 증거도 있다. 하지만 《블랙 스완》에서 내가 거듭 말했듯이, 우리에게는 경제학이 필요치 않다. 필요한 것은 경제학에서 과학적 엄밀함의 결여에 주목하는 일뿐이다.) 그 이유는 다음과 같다. 경제학은 폴 새뮤얼슨이 수학적으로 기술한 단순한 최적화에 기반을 두고 있다. 그리고 이 수학은 오류에 취약한 사회 형성에 크게 기여했다. 경제학자라면 두 개의 폐와 두 개의 신장을 유지하는 것이 비효율적이라고 생각할 것이다. 대초원을 가로질러 이 무거운 물건을 수송하는 데 드는 비용을 생각해보라. 그러한 최적화는 결국 첫 극단값 이후에 우리를 죽일 것이다. 또한 우리가 대자연을 경제학자들에게 맡긴다면 그들은 신장을 처분해버릴 것이다. 우리가 신장을 항상 필요로 하는 건 아니기 때문에 신장을 팔아버리고 대신 중앙에 집중된 신장을 시간제로 사용하는 쪽이 더 효율적일 것이다. 꿈을 꾸는 데 눈이 필요하지 않기 때문에 밤에는 당신의 눈도 남에게 빌려줄 수 있을 것이다.

어떤 가정의 부분 수정이나 "섭동(攝動, perturbation)" 하에서, 그러니까 한 가지 변수를 바꾸거나 지금까지 이론상 불변인 것으로 가정된 한 변수를 취해 무작위화시킬 때, 전통 경제학의 거의 모든 주요 개념이 무너진다. 이것을 우리는 전문 용어로 무작위화(randomization)라고 부른다. 이것은 모델 오류 연구와 그 변화에 대한 연구다. 어떤 위험관리 모델에서 문제의 무작위성 유형이 평범의 왕국(Mediocristan)에서 유래한다고 가정하면, 그 모델에서는 큰 편차가 무시되면서 많은 위험이 축적될 것이다. 따라서 위험관리에 결함이 생길 것이다. 그래서 나는 파산해버린 패니매(Fannie Mae, 미국 정부 보증 모기지 금융회사—옮긴이)와 관련하여 '다이너마이트 통 위에 앉아 있기'라는 비유를 사용했다.

어처구니없는 모델 오류의 또 다른 예로 리카도가 발견했다고 주장하는 비교우위와 지구화에 대해 생각해보자. 이 개념은 컨설턴트들이 말하듯이 각국이 가장 잘 하는 것에 집중해야 한다는 것이다. 그래서 어느 한 국가가 와인과 옷 두 가지 모두를 잘 만든다고 하더라도 한 국가는 와인에 전문화하고 다른 한 국가를 옷에 전문화한다. 그러나 섭동을 시켜보고서 다른 시나리오를 생각해보라. 와인 가격이 변동할 경우 와인을 전문화한 나라에 무슨 일이 일어날 지를 생각해보라. 이 가정에 따른 단순한 섭동만을 고려해도(예를 들어, 와인 가격이 무작위적으로 움직이고 극단의 왕국(Extremistan) 스타일의 변동을 겪을 수 있다는 점을 고려하면) 리카도와는 정반대되는 결론에 도달하게 된다. 대자연은 과도한 전문화를 좋아하지 않는다. 이런 식의 전문화는 진화를 제한하고 관련된 동물들을 약화시키기 때문이다.

이런 이유에서 나는 지구화에 관한 사상들이 순진할 뿐만 아니라 부작용을 고려하지 않을 경우 사회에 위험하다고 생각한다. 지구화가 표면상 효율적

일지는 모르겠지만, 영업레버리지나 부분들 간의 긴밀한 상호작용에 의해 한 지점에서 일어난 작은 균열이 시스템 전체로 확산될 수 있다. 그 결과는 간질을 겪는 두뇌와 같을 것이다. 잘 작동하는 복합 시스템인 두뇌는 지구화되어 있지 않으며, 적어도 단순한 수준으로는 지구화되어 있지 않다는 점을 생각하라.

부채(debt)에 대해서도 동일하게 이야기할 수 있다. 부채는 당신을 취약하게 만든다. 이 취약성은 섭동이 발생하면서 평범의 왕국에서 극단의 왕국으로 이동하면 더욱 커진다. 우리는 경영대에서 차입에 관해 배우는데, 이것은 모든 지중해 문화들이 오랜 시대에 걸쳐 부채에 반대하는 가르침을 전해왔다는 점에서 모든 역사적 전통에 반하는 행위다. 로마 속담에 '아무것도 빚지지 않은 자가 행복하다'는 말이 있다. 대공황에서 살아남은 할머니들이라면 부채와 정반대되는 것, 즉 저축을 조언했을 것이다. 그 할머니들은 위험을 감수하기 전에 수년치의 소득을 현금으로 보관해두라고 우리에게 조언했을 것이다. 2부 11장에서 다룬 바벨 전략과 동일한 조언이다. 현금을 많이 보유하되 포트폴리오 중에서 소량에 대해서는 공격적인 위험을 감수하라는 것이다. 은행들이 이와 같이 행동했다면 역사에서 은행 위기는 없었을 것이다.

고대 바빌로니아인들 이래로 부채의 죄악을 보여주는 문서들이 남아있다. 근동 종교들은 부채를 금지했다. 이 문서들은 종교와 전통의 목적인 금지하는 것, 즉 인간을 인식론적 오만으로부터 보호하는 것이었다는 점을 말해준다. 왜냐고? 부채란 미래에 대한 강한 진술과 예견에 대한 높은 의존을 의미하기 때문이다. 당신이 100달러를 빌려서 사업에 투자했다고 하자. 그런데 당신이 사업에 실패했더라도 100달러의 부채는 없어지지 않는다. 그래서 당신이 미래에 대해 과신하고 검은 백조에 대해 맹목적이라면 그 부채는 위험하다. 그리고 예견이 위험한 것은 사람들이 예견에 대한 반응으로 차입을 하기 때문이다. 1부 10장에서 다룬 예견은 부채를 더욱 심각하게 만든다. 차입은 당신을 예견 오류에 더욱 취약하게 만든다.

큰 것은 추하다 그리고 허약하다

둘째, 대자연은 너무 큰 것을 좋아하지 않는다. 가장 큰 육상동물은 코끼리이며 여기에는 이유가 있다. 내가 소동을 피우면서 코끼리를 쏜다면, 어머니에게 잔소리를 듣거나 감옥에 갈 수 있겠지만 대자연의 생태를 교란시키지 않을 것이다. 그러나 내가 3부 14장에서 은행에 관해 지적했던 것은 이후에 일어난 사건들에 의해 실제로 입증되었다. 2008년 9월 리먼브라더스의 파산으로 시스템 전체가 무너졌다. 대자연은 개체들 간의 상호작용을 제한하지 않는다. 단지 개체들의 크기를 제한할 뿐이다. (그러므로 내 생각이 지구화를 멈추어야 한다거나 인터넷을 금지시켜야 한다는 것은 아니다. 기업이 커질 때 정부가 그 기업을 돕지 못하게 하고 대신 소기업의 편의를 봐준다면 훨씬 안정될 것이다.)

인간이 만든 구조물이 너무 커지지 않아야 하는 또 다른 이유가 있다. 기업 확장과 합병의 배후에 규모의 경제라는 개념이 있는 것 같다. 그것을 지지하는 증거는 없지만 이 개념은 집단의식 속에 널리 퍼져 있다. 그러나 증거는 정반대의 사실을 알려준다. 그럼에도 불구하고 다음과 같은 이유 때문에 사람들은 합병을 계속한다. 합병은 기업이 아니라 월스트리트 보너스에 좋다. 기업이 커지면 CEO에게 좋다. 그런데 나는 기업이 커질수록 효율적인 것처럼 보이지만 외적인 우발 사건들에 더 취약하다는 것을 깨달았다. 이 모든 것은 안정이라는 착각 속에서 진행된다. 기업이 커지면 월스트리트 분석가들을 만족시키기 위해 최적화할 필요가 있다는 점을 생각하라. 월스트리트 분석가들은 손익을 개선하고 주당 순이익을 높이기 위해 기업들에게 여분의 신장을 매각하고 보험을 팽개쳐버리도록 압력을 가할 것이다. 결국 회사의 파산을 촉진할 것이다.

찰스 타피에로와 나는 특정 종류의 예측되지 않은 오류와 무작위적인 충격이 작은 유기체보다는 큰 유기체에 심각한 피해를 준다는 점을 수학적으로 보여주었다. 다른 논문에서 우리는 피해 규모가 사회에 끼치는 비용을 계산했다. 기업들이 파산하면 그 비용이 우리에게 전가된다는 점을 잊지 말아야 한다.

정부와 관련된 문제는 정부가 이 허약한 유기체들을 지지하는 경향이 있다는 점이다. 그 유기체들은 큰 고용주들이고 로비스트들을 거느리고 있고, 프레데릭 바스티아가 비난했듯이 실제로는 거짓인 자신들의 업적을 선전하기 때문이다(202쪽 참조—옮긴이). 대기업들은 정부의 지원을 받아내어 더 커지고 허약해지면서도 어떤 면에서는 정부를 운영한다. 이것은 칼 마르크스와 프리드리히 엥겔스가 예언했던 풍경이다. 다른 한편으로 미용사와 소기업가는 망하더라도 아무도 신경쓰지 않는다. 그들은 효율적이어야 하고 자연의 법칙에 따라야 한다.

기후변화와 너무 큰 오염자들

불투명한 상황에서의 의사결정 및 검은 백조와 관련하여 나는 기후변화를 어떻게 다루어야 하는지에 관한 질문을 자주 받았다. 이 질문에 대한 나의 입장은 우리의 무지를 깨달아 대자연의 지혜에 위임해야 한다는 것이다. 대자연은 우리보다 훨씬 더 오래 되었고 우리보다 똑똑할 뿐만 아니라 과학자들보다도 똑똑하기 때문이다. 우리는 대자연에 간섭할 만큼 충분히 대자연을 알지 못한다. 그리고 나는 기후변화 예측에 사용되는 모델들을 믿지 않는다. 우리는 2부 11장에서 보았던 나비효과에 따른 오차 확대와 비선형성에 직면했다. 나비효과는 로렌츠가 날씨 예측 모델을 사용하여 발견한 것이다. 측정오차 때문에 발생하는 입력의 작은 변화는 엄청나게 다른 예측결과를 낳을 수 있다. 이것은 우리가 세운 방정식이 옳은 것이라고 가정하더라도 마찬가지다.

우리는 오랜 세월 동안 환경을 오염시키며 많은 피해를 입혀 왔다. 하지만 그동안 복잡한 예측 모델을 만든 과학자들은 자신들의 목을 내놓지도 않았고, 우리가 이러한 위험을 축적하지 않도록 노력하지도 않았다. 우리는 이러한 과학자들에게 해결책을 제시하라고 요구한다. 하지만 모델에 관한 회의론은 반환경주의자들과 친시장주의자들이 지지하는 결론으로 이어지지 않는다. 오히려 그 반대다. 우리는 생태적으로 초보호론자가 될 필요가 있다. 우리는 지금 무엇으로 해를 끼치고 있는지 모르기 때문이다. 초보호론은 무지와 인식론적 불투명성이라는 조건 하에서 취할 수 있는 분별 있는 정책이다. '우리가 자연에 해를 끼치고 있다는 아무런 증거가 없다'고 말하는 자들에게 적절한 대답은 '우리가 자연에 해를 끼치고 있지 않다는 증거도 없다'는 것이다. 증거를 제시해야 하는 쪽은 생태 보호주의자들이 아니라 시스템을 교란하는 사람들이다. 또한 우리는 현재 우리가 모르는 또 다른 문제를 일으키고 있을 가능성도 있기 때문에 이미 발생한 피해를 고치려고 하지도 말아야 한다.

피해의 비선형성에 근거하고, 지나치게 큰 것에 반대하는 데 사용했던 것과 동일한 수학적 추론을 사용해서 생각해낸 한 가지 해결책은 그 피해를 오염자 전체로 확산시키는 것이다. 물론 우리의 오염 행위가 불가피하다면 말이다. 사고 실험을 해보자.

경우 1 : 당신은 환자에게 일정량의 청산가리와 독미나리 또는 다른 어떤 유독성 물질을 준다. 그리고 이 실험에서 시너지 효과가 존재하지 않는다고 가정한다.

경우 2 : 당신은 환자에게 유독성 물질 10가지를 각각 10분의 1만큼씩 준다. 독성의 총량은 똑같다.

여기서 명확히 알 수 있는 것은 다음과 같다. 각 물질에 포함된 독소를 퍼트리는 방식으로 경우 2는 최악의 상태에서 환자에게 동등하게 유해할 수 있고, 최상의 상태에서는 환자에게 거의 무해할 수 있다.

종(種) 밀도

대자연은 과도한 연결과 지구화를 좋아하지 않는다. 내가 책을 출간한 후 얻은 특권 중 하나는 나단 미르볼드를 만난 일이었다. 미르볼드는 내가 뉴욕은 물론 유럽과 레바논에서도 만날 수 있도록 복제되었으면 좋겠다고 생각한 사람이다. 나는 그와 정기적으로 만났다. 만날 때마다 나는 좋은 아이디어를 얻거나 나보다 더 똑똑한 사람의 두뇌를 통해 내 아이디어를 재발견했다. 그는 나의 다음 책의 공동저자라고 할 정도로 큰 영향을 주었다. 그러나 그가 스피로스를 포함한 몇 사람과는 달리 걸으면서 대화하지 않는다는 것이 문제였다.

미르볼드는 지구화 때문에 우리가 어떻게 극단의 왕국에 들어가는지를 해석하고 입증할 수 있는 새로운 방법을 알려주었다. 종 밀도(species density)라는 개념이 그것이었다. 간단히 말해 더 큰 환경일수록 작은 환경들보다 규모를 측정하기 쉽다. 이것은 3부 14장에서 살펴본 선호적 연결 이론을 통해 거대한 것들이 작은 것들을 희생시키며 커진다. 작은 섬들이 큰 섬들보다 제곱미터당 종 수가 더 많다. 지구에서 이동이 증가함에 따라 전염병이 심해질 것이다. 병원균 집단에서 소수의 종이 압도적으로 우세해질 것이고, 살상력 있는 병원균일수록 효과적으로 확산될 것이다. 문화생활은 소수의 사람들에 의해 지배될 것이다. 이탈리아에서보다 영국에서 독자 당 책 권수가 적다(여기에는 나쁜 책도 포함된다). 회사들은 규모 면에서 불균등해질 것이다. 그리고 일시적 유행의 변덕은 심해질 것이다. 당연히 뱅크런(집단적 예금인출 사태, 즉 금융위기—옮긴이)도 그렇게 될 것이다.

나는 지구화를 중단하고 여행을 가로막아야 한다고 말하는 것이 아니다. 단지 부작용과 상충효과들을 알고 있어야 한다는 것이다. 하지만 이것을 알고 있는 사람들은 극소수다. 지금 전 지구적으로 치명적인 바이러스가 전파될 수 있다.

다른 유형의 중복

다른 유형의 복잡하고 미묘한 중복은 대자연이 어떻게 긍정적 검은 백조를 이용하는지를 설명해준다. 이에 대한 본격적인 논의는 불확실성의 순화나 땜질 방식을 통한 검은 백조의 이용 다음에 올 것이다.

생물학자들이 연구한 기능적 중복은 다음과 같다. 기관 중복과는 달리, 같은 기능이 전혀 다른 두 구조물에 의해 수행되는 경우가 있다. 이 경우에 대해 일부 사람들은 퇴화라는 용어를 사용한다.

다른 형태의 중복도 있다. 한 기관이 부차적인 다른 기능을 수행하는 경우다. 내 친구 피터 베벌린은 이 개념을 스티븐 제이 굴드의 에세이에 나오는 '성 마르코 대성당의 스팬드럴'과 연결시켰다. 스티븐 제이 굴드에 따르면 베네치아에 있는 성 마르코 대성당의 아치들 사이를 메우기 위해 불가피하게 만들어진 공간에서 예술작품이 탄생했고, 이것이 오늘날 그곳을 방문하는 사람들에게 핵심적인 미적 경험을 제공한다. 적응 과정에서 나타난 보조적 파생물이 새로운 기능을 담당하게 되는데 이것을 스팬드럴 효과라고 부른다. 여기서 적응이란 적절한 환경 속에서 생존할 수 있는 잠재적 기능을 갖는 것이다.

과학철학자 파울 파이어아벤트의 화려한 인생을 살펴보면 이런 중복을 명확히 볼 수 있다. 파이어아벤트는 전쟁에서 부상당해 성 불구자가 되었지만 결혼을 네 번이나 했고, 그에게 파트너들을 빼앗겨 충격을 받은 남자들이 줄을 섰을 정도로 여자들과 놀아났으며, 동시에 수많은 여자들에게 실연의 아픔을 주었다. 이 여자들 중에는 그의 제자들도 상당수 있었는데, 당시 교수들 중에서 특히 주목받는 철학교수들에게는 상당한 특권이 있었다. 그가 성적 불구자였다는 점을 고려하면 이것은 대단한 업적이었다. 그래서 그에게 여자들이 꼬이게 만든 것이 무엇이었든 그런 조건을 충족시켰던 신체 부분이 있었다.

대자연은 먹기 위해, 숨쉬기 위해, 혀에 연결된 다른 기능들을 위해 입을 만들었다. 그런 다음 최초의 계획에는 없었을 새로운 기능들이 출현했다. 어떤 사람들은 키스를 하는데 또는 파이어아벤트가 여자를 유혹하는 수법으로 활용했다고 하는 복잡한 무언가를 하는데 입과 혀를 사용한다.

지난 3년 동안 나는 인식적 제약 하에서 이런 유형의 중복 없이는 진보가 이루어질 수도 없고 생존할 수도 없다는 생각에 몰두했다. 내일 무엇이 필요할 지 오늘은 알지 못한다. 이것은 중세의 아랍—서구 사상을 규정했던 아리스토텔레스의 목적론적 설계와 첨예하게 충돌한다. 아리스토텔레스가 보기에 사물에는 설계자가 설정한 명확한 목적이 있었다. 눈은 보기 위해 코는 냄새 맡기 위해 있었다. 이것은 합리주의적 주장으로 내가 플라톤적 태도라고 부른 것의 다른 형태다. 그러나 부차적 용도를 갖지만 특별히 비용이 드는 것도 아닌 것은 과거에 알려지지 않았던 사용처가 등장하거나 새로운 환경을 만나면 추가적인 가능성이 나타날 것이다. 많은 수의 부차적 용도를 갖는 유기체는 환경적 무작위성과 인식적 불투명성으로부터 가장 큰 이익을 얻을 것이다.

아스피린을 예로 들어보자. 40년 전에 아스피린을 먹는 이유는 해열 효능이었다. 나중에 아스피린은 진통 효능 때문에 사용되었다. 그리고 염증 치료제로도 사용되었다. 지금은 대개 심장발작을 피하기 위한 혈액 응고 방지제로 사용된다. 이 방식은 거의 모든 약물에 적용되며, 많은 약물이 2차·3차 성질을 위해 사용된다.

나는 방금 나의 사무적이고 비문학적인 사무실에 있는 책상을 보았다. 노트북 컴퓨터가 책에 받쳐져 있는데, 이는 내가 기울어져 있는 것을 좋아하기 때문이다. 그 책은 격정적인 루 안드레아스 살로메(니체와 프로이트의 친구)의 프랑스어판 자서전이었다. 나는 그 책을 결코 읽지 않을 것이다. 내가 그 책을 고른 것은 받침대로서 두께가 안성맞춤이었기 때문이다. 이 일 덕분에 나는 책이란 읽기 위해 있는 것이고 전자 파일로 대체될 수 있다는 생각의 어리석음에 대해 생각하게 되었다. 책이 제공하는 수많은 기능적 중복에 대해 생각해보라. 당신은 전자 파일로 이웃에게 깊은 인상을 심어줄 수 없다. 전자 파일로 자존심을 세울 수도 없다. 물건들은 보이지 않지만 중요한 보조적 기능들을 담당한다. 우리가 의식하지 않더라도 물건들은 자신들의 기능을 담당하고 확장한다. 때로는 장식용 책들의 경우에서처럼 보조적 기능이 주된 기능이 된다.

그래서 기능적 중복이 많을 때 무작위성은 균형에 도움이 되지만, 그러기 위해서는 한 가지 조건이 충족되어야 한다. 무작위성으로부터 피해를 당하기보다는 이익을 얻을 가능성이 커야 한다는 것이다. 이것은 도구의 공학적 사례에서 확실히 타당하다.

최근 나는 의학의 역사를 열심히 연구하고 있다. 의학의 역사는 아리스토텔레스적인 목적이라는 환상 아래서 게일런의 합리주의 방법(이 방법으로 의사들이 치료하고 있다고 생각하는 동안 많은 환자들을 죽였다)과 투쟁한 것이었다. 우리의 심리도 합리주의적 방법과 공모관계에 있다. 사람들은 약간의 불확실성에 직면하는 것이 이로울지라도 명확한 목적지에 도달하기를 좋아한다. 그리고 연구를 계획하고 자금을 지원하는 방식이 목적론적인 것으로 보인다. 갈림길에 최대한 노출되기를 추구하기보다는 확실한 결과를 얻고자 하는 것이다.

나는 이런 생각에 볼록성 외에도 선택성이라는 이름을 부여했다. 하지만 이에 대한 나의 연구는 아직 끝나지 않았다. 두 번째 유형의 무작위성에서 발생하는 진보는 땜질 또는 브리콜라주(손에 닿는 모든 물건들을 사용해서 특정 물건을 만들어낸다는 뜻의 프랑스어에서 유래한 용어다. 이 단어는 인류학자 클로드 레비스트로스가 《야생의 사고》에서 부족 사회의 신화와 의식을 표상하는 지적 행위를 지칭하는 개념으로 사용해서 널리 알려졌다—옮긴이)라고 부르는 것이다. 이것이 다음 책의 주제다.

차이 없는 구별, 구별 없는 차이

중복의 또 다른 혜택. 《블랙 스완》에서 나는 예측 가능성이라는 간단한 기준을 사용하여 운·불확실성·무작위성·정보의 불완전성·우발적 출현이라는 개념들 사이에 실제적인 구별이 없다는 점을 주장했다. 예측 가능성이라는 기준으로 보면 이 모든 것은 기능적으로 동등하다. 확률이란 신념의 정도, 사람들이 내기를 할 때 사용하는 것, 진정한 무작위성과 관련된 물리적인 것일 수 있다. 게르트 기거렌처에 따르면 '내일 비가 올 확률이 50%'라는 말이 런던에서는 반나절 비가 올 것임을 의미할 수도 있는 반면, 독일에서는 전문가들의 절반이 비가 올 거라고 생각한다는 것을 의미할 것이다. 브루클린에서는 술집에서 사람들이 비가 오면 1달러를 받는 내기에 50센트를 걸 것이다.

과학자들도 동일한 방식을 사용한다. 확률을 신념의 정도라고 하든 세상을 주관하는 제우스에 의해 설계된 것이라고 하든 상관없이, 우리는 확률 분포를 설명하기 위해 동일한 방정식을 사용한다. 우리 같은 개연론자들에게 확률이란 어떤 식으로 정의되든 해당 집합의 측정값이라고 불리는 0과 1 사이의 가중치다. 다른 이름과 부호를 부여하는 것은 혼란을 야기할 것이고, 분석 결과를 한 영역에서 다른 영역으로 변환하는 것을 방해한다.

철학자에게 이는 전혀 다른 문제다. 나는 분석철학자인 폴 보고시앵과 3년의 간격을 두고 두 차례 점심식사를 같이했다. 한 번은 《블랙 스완》을 끝냈을 때였고, 두 번째는 이 에세이를 끝냈을 때였다. 첫 번째 만나서 대화하는 동안 그는 철학적 관점에서 합리적 신뢰도를 재는 척도인 확률과 실재 사건의 확률을 혼용하는 것은 오류라고 말했다. 우리가 동일한 수학적 언어인 동일한 기호 p를 사용하지 말아야 하고, 확률의 다른 유형에 대해 동일한 방정식을 사용하지 말아야 한다는 것이다. 나는 보고시앵의 말이 옳은지 그른지 3년 동안 판단하지 못했다. 그런 다음 나는 그와 점심식사를 다시 했는데 이번에는 더 좋은 레스토랑에서 만났다.

그는 나에게 철학자들이 사용하는 '차이 없는 구별'에 조심하라고 일러주었다. 철학자들이 사용하는 구별 중에 철학적으로는 합리적이지만 실제로는 터무니없어 보이는 것들이 있다. 이것들은 사상을 깊이 연구하는 데 필요할 수 있으며 환경이 변할 경우에는 타당할 수도 있다.

이와는 정반대인 '구별 없는 차이'에 대해 생각해보자. 이것은 심각한 오해를 불러일으킬 수 있다. 사람들은 자를 이용해 책상을 재는 일과 위험을 가늠하는 일 모두에 측정이라는 동일한 용어를 사용한다. 측정이라는 단어는 지식에 대한 환상을 전달하기 때문에 심각한 왜곡을 일으킬 수 있다. 우리는 사용되는 용어에 심리적으로 취약하다. 우리가 책상에 측정이라는 용어를 사용하고 위험에 예측이라는 용어를 사용한다면, 검은 백조로 인해 파국을 맞는 칠면조는 줄어들 것이다.

어휘의 혼합은 역사상 흔한 일이다. 우연이라는 개념을 다시 생각해보자. 역사상 어느 시점에서 동일한 라틴어 단어인 felix(felicitas에서 온)는 운 좋은 사람과 행복한 사람을 동시에 가리키는 말로 사용되었다(행복과 행운의 결합은 고대적 맥락에서 설명될 수 있는데, 펠리키타스 여신은 두 가지 모두를 상징했다). 행운

luck이라는 영어 단어의 어원은 행복을 뜻하는 독일어 Glück이다. 고대 사람들은 두 개념을 구별하지 않았을 것이다. 운 좋은 사람들이란 모두 행복할 것이기 때문이다. 그러나 현대 맥락에서 의사결정에 대한 심리 분석을 위해서는 행복에서 행운을 구별할 필요가 있다. 결국 이런 부정확성 때문에 우리는 고대인의 언어가 혼란스럽게 느껴지지만 고대인에게는 이러한 구별이 불필요한 과잉이었을 것이다.

오류에 강인한 사회

2008년 금융위기에 대해 간략하게 살펴보자. (그 금융위기는 《블랙 스완》이 출간된 다음에 일어났다. 큰 사건이긴 했지만 검은 백조는 아니었다. 단지 검은 백조 개념에 무지한 시스템의 허약성 때문에 나타난 결과였을 뿐이다. 무능력한 비행사가 조종하는 비행기는 결국 추락할 것이라는 점은 거의 자명한 일이다.)

왜 간략하게 살펴보냐고? 첫째, 《블랙 스완》은 경제학 책이 아니라 지식의 불완전성과 큰 충격을 주는 불확실성에 관한 책이다. 경제학자들이야말로 지구상에서 검은 백조에 가장 무지한 족속들이었다. 둘째, 나는 사후보다는 사전에 사건에 대해 말하길 좋아한다. 그러나 일반 대중은 전망을 회고와 혼동한다. 다가오는 위기를 알아차리지 못했던 바로 그 언론인, 경제학자, 정치 전문가들은 위기의 불가피성에 관한 수많은 사후 분석을 내놓았다. 또 다른 이유는 내가 2008년 금융위기에 대해 지적 흥미를 느끼지 못했기 때문이다. 사태의 전개 과정에서 보면 모든 일은 예전에 작은 규모로 일어났다. 그 위기는 나에게 돈벌이 기회에 불과했다. 실제로 나는 책을 다시 읽어보았지만 추가할 것이 전혀 없었다. 그리고 이전의 붕괴 때와 마찬가지로 역사상 경험하지 못했던 것도 전혀 없었으며 내가 배울 것도 전혀 없었다. 슬프게도 아무 것도 없었다.

결과는 명확하다. 2008년 금융위기에서 새로운 것이 전혀 없기 때문에 우리는 그것으로부터 배우지 못할 것이고, 미래에 똑같은 잘못을 저지를 것이다. 이에 대한 증거는 이 에세이를 쓰고 있는 시점에도 드러나고 있다. IMF는 계속 예측을 발표하고, 경제학 교수들은 여전히 가우스 모델을 사용한다. 행정부는 모델 오류를 거대한 규모로 증폭하고 우리를 그 모델에 의존하도록 만드는 자들로 채워져 있다.†

그러나 위기는 강인함이 필요하다는 것을 입증한다. 사상이 기록된 이래 2,500년 동안 바보와 플라톤주의자들만 계획된 유토피아를 믿었다. 사상이란 화폐정책과 보조금을 통해 사회적·경제적 생활에서 무작위성을 제거하고 실수를 교정할 수 있는 것이 아님을 제4사분면을 다룬 이 책의 6장에서 살펴볼 것이다. 사상이란 인간의 실수와 계산착오를 한정된 범위에서 벗어나지 않게 하고, 시스템 전반으로 확산되지 않도록 할 수 있을 뿐이다. 대자연이 하는 일도 마찬가지다. 변동성과 일상적인 무작위성을 줄이는 것은 검은 백조에 노출될 위험을 증가시키고, 인위적 평온을 창출한다.

나의 꿈은 인식통치체제를 만드는 것이다. 이것은 전문가들의 오류·예측 오류·지적 오만에 대해 강인한 사회이고, 정치가·규제자·경제학자·중앙은행·은행원·정책입안자·전염병 학자의 무능에 저항력이 있는 사회다. 우리는

---

† 지구상에서 약 100만 명의 사람들이 경제 분석·기획·위험관리·예측 등의 일을 하고 있지만, 경제계 전체는 바보 같은 위험 측정과 예측에 의존하면서 극단의 왕국의 구조·복잡계·숨겨진 위험을 이해하지 못하는 실수를 저질러 결국 칠면조가 되었다. 분석·기획·위험관리·예측 같은 것들은 예전에도 제대로 작동하지 못했다. 그리고 과거의 경험에도 불구하고 이 모든 일이 다시 일어났다.

경제학자들이 과학적으로 생각하도록 요구할 수 없다. 인간이 합리적이 되도록 할 수 없으며 변덕이 사라지게 할 수도 없다. 제4사분면을 다룬 장에서 살펴보겠지만 우리가 일단 유해한 오류를 구별해내기만 한다면 해결책은 단순하다.

그래서 나는 지금 두 가지 생각 사이에서 망설이고 있다. (a) 나는 유럽의 카페나 조용한 내 연구실에서 생각을 가다듬으며 또는 멋진 도시에서 천천히 걸으며 대화를 나눌 누군가와 시간을 보내고 싶다. (b) 다른 한편으로 거친 언론과 미디어 세계의 불화 속에 빠져들거나 재미없는 사람들을 이해시켜 사회를 강인하게 만들기 위한 행동에 참여할 의무감도 느낀다. 또한 워싱턴으로 가서 거리를 돌아다니는 사기꾼들을 살펴보거나 나의 불경(不敬)을 윤색하거나 숨기려고 애쓰면서 내 생각을 방어해야 할 것 같은 생각도 든다. 이것은 나의 지적 생활에 상당한 갈등을 초래했다. 그러나 요령도 있다. 내가 발견한 한 가지 요령은 인터뷰를 요청하는 자의 질문에는 못들은 체 하면서 최근에 내가 생각한 것을 무엇이든 말하는 것이다. 놀랍게도 인터뷰 하는 사람은 물론 대중도 나의 동문서답을 전혀 눈치채지 못한다.

2008년 금융위기에 대한 해결 방법을 논의하기 위해 나는 워싱턴에서 이틀 동안 100명의 집단에 선정된 적이 있다. 거의 모든 유력자들이 포함되었다. 한 시간의 회의가 끝나고 오스트레일리아 수상이 연설하는 도중 나는 더 이상 고통을 참을 수 없어서 방에서 나와버렸다. 이 사람들의 얼굴을 쳐다보느라 허리가 아프기 시작했다. 문제의 진짜 핵심은 이들 중 어느 누구도 문제의 핵심을 알지 못했다는 것이다.

이 사건을 통해 나는 세계를 위한 유일한 해결책이 있으며 이것은 검은 백조에 대한 강인함이라는 단순한 지침에 따라 설계되어야 한다는 점을 확신하게 되었다.

그래서 지금 나는 한가하다. 나는 서재로 돌아왔다. 나는 어떠한 방해도 받지 않으며, 심지어 예언자들이 사회를 날려버릴 지라도 상관하지 않는다. 나는 무작위성의 장난에 짜증을 내지 않을 것이다. 이는 복잡계와 극단의 왕국에 대한 연구와 긴 산책 덕분이다.

2장_ 내가 이 모든 산책을 하는 이유 또는 시스템이 허약해지는 과정

걷기를 다시 배우기—중용, 그는 알지 못했다—내가 밥 루빈을 잡을까? 극단의 왕국과 에어프랑스 여행

다른 몇 개의 바벨

《블랙 스완》이 주목을 받은 덕분에 나는 생각하지도 못했던 곳에서 복잡계의 강인함에 대한 새로운 측면을 깨달았다. 새로운 깨달음은 운동에 관한 책을 쓴 저자와 전문 강사에게서 나왔다. 두 사람은 무작위성과 극단의 왕국에 관한 생각을 식습관과 운동에 결합시켰다. 첫 번째 사람인 아트 드 베니는 1부 3장 영화에서의 극단의 왕국을 분석한 바로 그 사람이다. 두 번째 사람인 더그 맥거프는 의사다. 두 사람 다 운동에 대해 해박한 지식을 갖고 있지만 특히 아트가 그렇다. 아트는 72세지만 그리스 신조차 닮고 싶을 42세의 남자처럼 생겼다. 두 사람 다 자신들 책에서 《블랙 스완》의 사상을 언급하고 있었고 사고의 접점이 있었지만 나는 이 점을 알지 못했다.

그런데 부끄러운 일이지만 나는 다음과 같은 점을 발견했다. 나는 무작위

성에 관한 생각에 빠져 일생을 보냈고, 무작위성을 다룬 책을 세 권 썼으며, 수학에서부터 심리학에 이르기까지 무작위성과 관련하여 전문가처럼 행세하고 있었지만 정작 핵심을 놓치고 있었다. 그 핵심이란 살아 있는 유기체는 가변성과 무작위성을 필요로 한다는 점이다. 그것도 극단의 왕국 스타일의 가변성, 특정한 극단적인 스트레스 유발인자를 필요로 한다는 점이다. 그렇지 않으면 그 유기체들은 허약해질 것이다. 나는 이 점을 완전히 놓치고 있었다.[†] 마르쿠스 아우렐리우스 식으로 표현하면 유기체들은 장애물을 연료로 전환시켜야 한다. 불이 그렇게 하듯이 말이다.

문화적 환경과 교육에 의해 세뇌를 당한 나는 꾸준한 운동과 영양섭취가 건강에 좋다는 착각에 빠져 있었다. 나는 해로운 합리주의적 논리, 즉 플라톤 방식으로 소망을 세계에 투사하는 습성에 빠져 있었다는 것을 알지 못했다. 머리로는 그 모든 사실을 알고 있었지만 세뇌를 당했다는 것이 더 나빴다.

나는 포식자-피식자 모델(생태계에서 포식자와 피식자가 피드백 속에서 상대의 개체수에 영향을 미치는 생태 인구 동역학을 분석한 수학 모델이다—옮긴이)에 의해 인구가 극단의 왕국 스타일의 변화를 경험하기 때문에, 포식자들은 성찬의 시기와 기근의 시기를 경험하게 된다는 점을 알았다. 그것이 바로 인간이다. 우리는 극단적 기아와 극단적 풍요를 경험하도록 만들어졌기 때문에 우리의 음식 섭취는 분명 프랙털적인 것이다. 하루 세 끼 적당한 식사가 큰 성찬과 단식을 번갈아 하는 것보다 건강에 더 좋은지 경험적으로 입증되지 않았다.[††]

---

† 스트레스 유발인자와 독성물질에 노출되는 것 사이에는 차이가 있다. 후자는 내가 1부 8장에서 쥐 이야기로 논의했던 방사능처럼 유기체들을 약화시킨다.

†† 이 문제에는 과학사회학 차원이 존재한다. 과학 작가인 게리 토브스는 (식단에서 지방의 양을 낮추라는) 대다수의 식이요법 권고사항들이 증거에 위배된다는 점을 알려주었다. 이제 나는

그러나 근동 종교들은 그것을 알았기 때문에 며칠 동안 단식을 했다.

또한 나는 돌과 나무도 어느 지점까지는 프랙털이라는 것도 알았다. 우리 조상들은 가벼운 돌을 들어 올리는 스트레스 요인에 직면했다. 10년에 한두 번 그들은 큰 돌을 들어 올려야 했다. 그렇다면 이 꾸준한 운동이라는 생각은 어디서 등장한 것일까? 홍적세에는 어느 누구도 일주일에 세 번 42분씩 달리기를 하지도 않았고, 화요일과 금요일마다 험악하게 생긴 개인 트레이너와 함께 역기를 들어 올리지도 않았고, 토요일 오전 11시에 테니스를 치지도 않았다. 사냥꾼들도 그렇게 하지 않았다. 우리는 극단값 사이를 오락가락했다. 쫓기거나 쫓을 때에는 질주했고 나머지 시간 동안에는 하릴없이 걸었다.

이것은 바벨 전략이 적용되는 또 하나의 사례다. 많은 시간은 나태하게 있다가 어떤 때에는 강도 높게 일하는 것이다. 고강도 운동과 함께 오랜 걷기는 단순한 달리기보다 효과가 더 높다는 점이 자료를 통해 입증되었다. 나는《뉴욕타임스》건강 면에 나오는 경쾌한 걷기에 대해 말하는 것이 아니다. 내 말은 어떤 노력도 하지 않은 채 걷는 것을 뜻한다. 또한 칼로리 섭취와 지출 사이의 역逆 상관관계에 대해 생각해보라. 우리는 배고파서 사냥했다. 사냥하기 위해 아침을 먹지 않았으며, 사냥 때문에 에너지 부족이 명확하게 드러났다.

유기체에서 스트레스 요인들을 제거하면 후성학적 요인과 유전자 발현이 영향을 받는다. 환경과의 접촉으로 어떤 유전자는 과잉 또는 과소 발현된다. 스트레스 유발인자들에 직면하지 않는 사람은 스트레스를 만나게 되면 생존하지 못할 것이다. 침대에서 몇 년간 생활한 사람과 불모의 환경 속에서 자란 다음 승객들이 정어리처럼 꽉 들어찬 도쿄의 지하철에서 하루를 보낸 사람 사

사람들이 자연의 일들에 관해 경험적 증거 없이 어떻게 믿음을 가질 수 있는지 이해할 수 있다. 그러나 나는 자연과 과학적 증거 모두에 위배되는 믿음들을 여전히 이해할 수 없다.

이에 힘의 차이가 어떨지 생각해보라.

내가 왜 진화론적 논법을 사용하고 있냐고? 진화의 최적성 때문이 아니라 불투명한 인과적 연관과 복잡한 상호작용을 가진 복잡계를 어떻게 다루어야 하는가라는 전적으로 인식론적 이유 때문이다. 대자연이 완벽하지는 않지만 이제까지 인간보다 그리고 생물학자들보다는 확실하게 더 똑똑하다고 입증되었다. 결국 증거를 이용한 연구를 통해 어느 누구보다 더 권위있다는 선험적 진실을 입증하는 것이 내 연구의 목적이다.

나는 '아하!' 하는 섬광의 순간이 찾아온 이후 아트 드 베니의 지침에 따라 극단의 왕국의 바벨형 라이프스타일을 추구했다. 대부분 자극적인 도시 환경 속에서 길고 느리며 사색(또는 대화)을 즐기며 걸었지만 가끔 짧은 질주를 했다. 이 질주 동안에는 긴 막대기를 들고 강도은행가 로버트 루빈을 잡아 법정에 세우기 위해 쫓는 모습을 상상하며 스스로 분노를 자극했다. 나는 완전히 닥치는 대로 운동하기 위해 무작위적으로 헬스클럽에 다녔다. 여행 중일 때에는 주로 호텔에 있는 헬스클럽에 다녔다. 회색 백조 사건들처럼 이런 일은 매우 드물었지만 상당히 효과적이었다. 하루를 거의 굶다시피 보낸 다음에는 완전히 기진맥진해지기도 했다. 그런 다음 몇 주간은 완전히 앉아서 생활하고 카페들을 배회했다. 운동의 지속시간조차 계속 무작위적이었지만, 대개는 15분도 채 안 되는 짧은 시간이었다. 나는 지겨움을 최소화하는 경로를 따랐고, 이런 나의 운동 스타일에 대해 변덕스럽다고 말한 헬스클럽 직원들에게도 공손하게 대했다. 때로는 코트도 입지 않고 극한 추위에 노출되어 심한 체온 변동도 겪었다. 대륙간 여행과 시차증 때문에 과도한 휴식과 잠을 전혀 자지 못하는 시간을 번갈아 겪었다. 이탈리아처럼 좋은 레스토랑들이 있는 곳에 갔을 때에는 근사한 식사를 하고 나서 한동안 식사를 하지 않았는데 그래도 전혀 고통스럽지 않았다. 이렇게 외관상으로는 건강에 좋지 않은 식습관을 2년 반 동안 계속한 다음에는 체질이 상당히 바뀌었다. 불필요한 지방조직이 사라졌을 뿐만 아니라 혈압도 21세 수준으로 돌아왔다. 정신도 한층 더 맑고 예리해졌다.

요점은 지속시간 대신 강도, 즉 즐거움의 증대를 선택하라는 것이다. 내가 1부 7장에서 쾌락 효과에 대해 제시했던 추론을 생각하라. 사람들은 작지만 규칙적인 손실보다 크지만 갑작스러운 손실을 더 선호하고, 특정한 임계점을 넘은 고통에 대해서는 둔감해진다. 마찬가지로 외부 자극이 없는 상태에서 하는 운동이나 뉴저지에서 시간을 보내는 일처럼 불쾌한 경험들은 가능한 한 집중되고 강렬할 필요가 있다.

검은 백조와의 연관을 살펴보는 다른 방법도 있다. 고전 열역학에서 가우스 변분이 나왔지만, 정보 변분은 극단의 왕국에서 유래한다. 이렇게 설명해보자. 식단과 운동을 직접적인 칼로리 섭취와 칼로리 연소 방정식으로 표현된 에너지 결손과 과잉으로 간주하면, 시스템을 단순한 인과적·기계적 연관으로 잘못 설정하는 함정에 빠지게 된다. 음식 섭취는 새로 산 BMW의 연료통을 채우는 것과 같은 일이 된다. 다른 한편 음식과 운동을 네트워크 효과에 따른 비선형성과 잠재적인 대사성 증폭반응(일단 개시되면 각 단계가 전단계로 인해 발동되고 그 결과 종국까지 연속되는 단계의 계열이다. 원래는 분리되어 떨어지는 폭포를 뜻한다—옮긴이), 그리고 순환적 연계성을 지닌 신진대사 신호를 활성화시키는 것으로 보면, 당신은 복잡계인 극단의 왕국에 발을 들여놓는 셈이다. 음식과 운동 모두 몸에 환경 스트레스 요인의 정보를 제공한다. 정보적 무작위성은 극단의 왕국에서 유래한다. 의학은 경제학자들이 경제를 단순한 연계망으로 볼 때† 갖게 되는 도구·정신·물리학 선망(종래의 신고전파 경제학이

† 랜덤 워크(random walk)를 위해 경제학자들이 사용하는 재무 방정식은 열 확산에 근거를 두고 있다.

경제학을 과학적 학문으로 정립하기 위해 모범으로 채택한 물리학을 닮으려고 노력하는 과정에서 등장했다. '과학적=수학적'이라는 단순한 사고를 적용한 수리 모델을 유일한 방법론적 접근 방식으로 간주한 학문적 태도를 가리킨다—옮긴이)을 지니고서, 단순 열역학을 사용하는 함정에 빠졌다. 인간과 사회 모두 복잡한 시스템이다.

하지만 이러한 라이프스타일이 단순한 개인 실험이나 사이비 이론에서 유래한 것은 아니다. 모든 결과물은 증거에 근거를 두고 동료평가를 통과한 연구에서 필연적으로 도출된 것이다. 배고픔은 신체와 면역 시스템을 강화하고, 두뇌 세포 활성화·암세포 약화·당뇨병 방지에 도움이 된다. 단지 현재의 사고방식이 경제학과 비슷하게 경험적 연구와 일치하지 않은 것이다. 나는 도시의 미적 감각을 즐기는 현대적 라이프스타일을 잃지 않으면서도 최소한의 노력으로 수렵-채집 라이프스타일이 주는 혜택의 90%를 재현할 수 있었다(나는 대자연 속에서는 극도로 지루함을 느낀다. 그래서 보라보라에서 시간을 보내기보다는 베네치아의 유대인 구역을 돌아다니는 일을 좋아한다).†

동일한 논리에 의해 우리는 투기적 부채만 제거해도 경제생활에서 검은 백조 위험을 90% 낮출 수 있다.

현재 내 라이프스타일에서 빠져 있는 것은 서재에서 거대한 뱀을 발견했거나 한밤중에 완전히 무장한 채 침실로 들어오는 마이런 숄즈를 보았을 때의 공포다. 내게 필요한 것은 생물학자 로버트 새폴스키가 말하는 단조로운 스트레스의 유해한 측면과 대비되는 격렬한 스트레스의 유익한 측면이다. 또 하나

---

† 원시인들이 평균 30세도 못 살았다는 주장은 그 평균을 중심으로 한 분포를 무시한다. 기대수명은 일정 조건을 감안하여 분석될 필요가 있다. 다수가 부상을 당해 일찍 죽었지만, 오래 건강하게 살았던 사람도 많았다. 이 주장은 무작위성에 속은 초보적인 오류로서 사람들이 주식시장의 위험을 과소평가하도록 오해를 일으키는 평균 개념에 근거를 두고 있다.

의 바벨이다. 스트레스가 항상 조금씩 있는 것보다 스트레스가 전혀 없다가 간혹 격심한 스트레스를 겪는 것이 더 좋기 때문이다.

어떤 사람들은 건강이 좋아진 것이 일주일에 10~15시간 정도의 오랜 걷기 때문이라고 하고(하지만 천천히 걸을 뿐인데 오랜 걷기가 운동으로서 왜 중요한지 설명해주는 사람은 없었다), 다른 사람들은 몇 분간의 전력질주 때문이라고 주장한다. 나 역시 경제적 편차를 설명할 때 어려움을 겪었던 것처럼 두 극단적인 것의 불가분성을 설명할 때 동일한 문제가 있었다. 격심한 스트레스를 겪는다면 쉬는 기간에는 스트레스 유발요인과 회복을 어떻게 구별할 수 있을까? 극단의 왕국은 두 개의 정반대 극단값으로 규정된다. 큰 비중을 차지하는 낮은 충격과 작은 비중을 차지하는 높은 충격이 그 두 극단값이다. 집중 상태와 에너지 소요 때문에 여러 번 집중할 수 없다는 점을 고려하라. 시장 변동이 폭발적 양상으로 나타나는 상태(5년 중 하루가 변동의 절반을 대표하는 경우)라면, 다른 모든 나날은 극단적 평온을 유지해야 한다. 100만 명의 작가 중 1명이 판매의 절반을 차지한다면, 1권도 팔지 못하는 수많은 작가가 있어야 한다.

이것이 칠면조의 함정이다. 필리스티아인들(교양 없는 실리주의자들—옮긴이)은 낮은 변동성의 시기를 극단의 왕국으로 가는 전환기가 아니라 낮은 위험의 시기로 잘못 판단한다.

이제 극단의 왕국에 도달했다. 대자연이 당신에게 준 복잡한 시스템인 당신의 신체를 너무 심하게 변화시키지 말라.

날조된 안정성 깨닫기

우리는 유사한 추론을 통해 변덕성에 대한 공포 때문에 어떻게 자연에 규칙성을 강요하고, 많은 영역에서 우리를 허약하게 만드는지 알 수 있다. 작은 산불을 예방하기 위한 조치는 극단적 사태의 원인이다. 절실하게 필요한 상황이 아님에도 항생제를 투여하는 것은 치명적인 전염병에 더욱 취약하게 만든다. 기존 항생제에 저항력이 있고, 국제선 비행기를 통해 전파될 수 있는 치명적인 전염병이 발생할 수 있다.

이제 우리는 다른 유기체인 경제생활에 도달했다. 우리는 변동을 싫어하고 질서를 열망한다. 하지만 이런 감정에 따라 행동해서 심각한 위기를 초래했다. 무언가를 인위적으로 더 크게 만드는것은 심각한 붕괴에 더욱 취약하도록 만든다. 크기가 증가하면 검은 백조에 취약해진다는 점은 앞에서 설명했다. 2008년 붕괴는 이런 일이 다시 한 번 일어난 것이었다. 미국 정부는 오랫동안 경기순환 주기를 없애기 위해 노력했지만, 그 결과 우리는 심각한 붕괴에 노출되었다. 이런 이유에서 나는 안정화 정책과 비변동적 환경에 반대한다. 이것에 대해서는 나중에 더 논의할 것이다. 다음으로 나는 쉽게 받아들이지 못하는 검은 백조에 대해 몇 가지를 논의할 것이다. 예상했던 대로.

3장_ 돼지 목에 진주목걸이

공항에서 책을 팔지 않을 방법—사막의 광천수—타인의 생각을 헐뜯고 성공하는 방법

다시 이야기를 시작하자. 《블랙 스완》은 중대한 인식론적 한계, 즉 개인적·집단적 차원에서 지식에 대한 심리적·철학적 한계를 다룬다. 나는 이것이 중요하다고 생각한다. 이는 깊은 인상을 남기는 드문 사건에 있고, 우리의 경험 지식과 이론 지식 모두 그런 사건들 앞에서 무너지기 때문이다. 동떨어진 사건들일수록 우리의 예측력은 떨어지지만 깊은 인상을 남긴다. 그래서 《블랙 스완》은 지식을 증가시키지 않고서 확신을 부채질하는 정보의 과잉, 과학주의라는 오랜 전통에 의해 부풀려진 인간의 오류를 다룬다. 그리고 전문가 문제도 다룬다. 수학 공식과는 상관없이 과학자처럼 행동하는 돌팔이들에 의존하거나, 증거가 보여주는 것보다 더 크게 확신하는 과학자 때문에 발생한 해악을 다룬다. 초점은 중요한 순간에 칠면조가 되지 않는 것이다. 물론 문제가 되지 않을 경우에는 바보가 되더라도 상관없다.

메시지를 이해할 때의 주된 오류들

나는 전문가들이 《블랙 스완》의 메시지를 이해할 때 직면하는 어려움을 간략히 언급할 것이다. 놀랍게도 평범한 독자·아마추어·내 친구들은 어려움을 덜 겪었다. 그 어려움들이란 다음과 같다.

1. 검은 백조를 논리적 문제로 오해하기(영국의 지식인들이 저지르는 실수—다른 나라 지식인들은 그런 실수를 할 만큼 분석철학에 대해 잘 모른다).†

2. 우리가 가진 지도가 아무 것도 없는 것보다는 더 나았다고 말하기(지도 제작에 경험이 없는 사람들, 위험 전문가들 또는 더 나쁘게는 미국 연방준비제도이사회 직원들).

이것은 오류들 중에서 가장 이상한 것이다. 어떤 비행기가 뉴욕 라과디아 공항으로 간다고 할 때 그 조종사가 라과디아 공항에 대한 지도가 없어서 애틀랜타 공항 지도를 사용한다면, 이 비행기에 탑승할 사람은 없을 것이다. 머리가 있는 사람이라면 차라리 자기 차로 가거나 기차를 타거나 집에 그냥 있을 것이다. 그러나 일단 경제학에 빠지면 직업정신이 발동하여 평범의 왕국을 위해 만들어진 방법들을 극단의 왕국에서 사용한다. 우리에게 다른 대안이 없기 때문이라는 것이다. 좋은 지도가 있는 목적지를 골라야 하고 여행에 나서기 전에 좋은 지도를 찾아야 한다는 생각은 할머니들에게는 쉽지만 사회과학 박사들에게는 낯선 것이다.

3. 검은 백조가 모든 관찰자들에게 검은 백조여야 한다고 생각하기(브루클

---

† 로마 시인 유베나리우스가 검은 백조라는 표현을 인용한 적이 있음에도 불구하고, 대다수 지식인들은 그 표현이 포퍼·밀·흄에게서 나왔다고 믿는다. niger cygnus라는 라틴어 표현은 훨씬 더 고대에서, 아마도 고대 에트루리아어에서 기원했을지도 모른다.

린에서 많이 살아보지 않아서, 순진한 사람들이 있다는 것을 알아챌 만한 정보와 영악함이 없는 사람들이 저지르는 오류).

4. 부정적 충고(하지 말라)의 가치를 이해하지 못하고, 나에게 건설적인 것이나 다음에 해야 할 일을 요청하는 편지를 쓰는 것(대기업 회장들 또는 언젠가 그런 회장이 되고 싶은 자들이 저지르는 오류).†

5. 해로울 수도 있을 어떤 일을 하느니 차라리 아무것도 하지 않는 쪽이 훨씬 더 나을 수 있다는 점을 이해하지 못하기(할머니가 아닌 대다수 사람들이 저지르는 오류).

6. 슈퍼마켓 선반에서 떼어낸 상표들(회의론·두꺼운 꼬리·지수법칙)을 내 생각에 붙이고, 내 생각들을 엉뚱한 연구 전통들과 동일시하기(더 나쁘게는 양상논리[참과 거짓의 구별에 의존하는 논리와는 달리 양상(명제의 필연성·우연성·가능성·불가능성 등의 속성)을 다루는 논리학의 한 분야다—옮긴이]라든가 퍼지 논리[개념이 적용되거나 적용되지 않는 상황 사이에 분명한 경계가 존재하지 않을 때, 애매모호한 상황을 여러 근삿값으로 구분지어 놓는 논리다—옮긴이] 또는 희미하게나마 들은 적이 있는 것에 의해 이미 다루어졌다고 우기기). (동부에서든 서부에서든 학위를 딴 사람들이 저지르는 오류)

7. 《블랙 스완》이 모든 사람이 다 안다고 간주되는 정규분포곡선을 사용할 때 나타나는 오류들을 다루고 있는데, 그 오류는 만델브로 수학에서 나오는 숫자를 쓰면 해결될 수 있다고 생각하기(케네스 프렌치 같은 사이비 과학자급 종

---

† 한 가지 자주 나타나는 혼동 : 내 말이 실제로는 검은 백조 사건이 일어날 경우 파국을 피해야 한다는 뜻인데도, 사람들은 중개인들이 검은 백조 사건이 일어나는데 판돈을 걸어야 한다고 믿는다. 나는 이 책 4장에서 무언가를 하는 것보다는 하지 않는 것을 얘기했다. 그 차이는 엄청나게 크다. 또한 나는 검은 백조 사건이 일어나는 데 투기를 하다가 피가 말라 죽을 수도 있지 않겠느냐고 걱정하는 사람들(네로와 지오반니 드로고, 또는 부자 매형을 둔 가난한 과학자 같은) 속에 완전히 파묻혔다. 이런 사람들은 실존적 이유에서 선택을 한 것이지 반드시 경제적 이유에서 그런 것은 아니었다. 물론 그런 전략의 경제학은 집단에게 타당성이 있다.

신 재정학 교수들이 저지르는 오류).

8. 우리는 이 모든 것을 다 알고 있었고 2008년 동안 새로울 게 전혀 없다고 주장하면서도 위기 동안 파산하기(앞과 동일한 유형의 종신 재정학 교수였지만 월스트리트에서 일했다가 지금은 파산한 사람들이 저지르는 오류).

9. 내 생각을 포퍼의 반증 개념으로 오해하기. 또는 내 생각 중에서 아무거나 골라서 이것을 기존의 익숙한 범주에 끼워 맞추기(사회학자들과 컬럼비아대학교 정치학 교수들, 위키피디아에서 유행어를 열심히 배우고 잡다한 분야의 지식인이 되려는 사람들이 저지르는 오류).

10. 확률을 온도나 내 여동생의 체중처럼 측정 가능한 것으로 간주하는 것(MIT에서 박사학위나 그 비슷한 것을 한 후 어딘가에서 일했다가 지금은 블로그들을 읽으며 시간을 보내는 사람들).

11. 평범의 왕국과 극단의 왕국 사이의 중대한 차이에 초점을 맞추는 대신 실재적 무작위성과 인식론적 무작위성 사이의 구별에 에너지를 쓰는 것(취미나 개인적 문제가 없고 연애도 하지 않아서 한가한 시간이 너무 많은 사람들).

12. 내 말은 '제4사분면에서 모델을 사용하지 말라'라든가 '엄청난 오류를 낳을 쓸모없는 예측을 사용하지 말라'는 뜻인데, 이런 나의 말을 '모델을 사용하지 말라' 또는 '예측을 하지 말라'는 뜻으로 오해하기(예측을 생업으로 삼는 대다수 사람들이 저지르는 오류).

13. 내 말을 '바로 이런 데서 빌어먹을 일이 발생한다'가 아니라 '빌어먹을 일이 발생한다'는 것으로 오해하기(이전에 보너스를 받았던 많은 사람들).†

---

† 메시지에 대해 혼동하는 대다수 사람들은 경제학과 사회과학에 관련된 사람들이며, 독자들 중에서 그런 배경을 가진 사람들의 비중은 훨씬 더 적을 것이다. 그런 분야의 낡은 지식을 갖지 않은 사회 구성원들은 책의 메시지를 즉각 받아들이기 때문이다.

총명하고 호기심이 많으며 열린 마음을 가진 아마추어가 나의 친구다. 나는 책을 통해 스스로 학습하는 세련된 아마추어와 저널리스트가 전문가들보다 내 생각을 잘 이해한다는 것을 알게 되었는데, 이는 참으로 유쾌한 놀라움이었다. 정직하지 않은 전문가 독자들은 너무 빨리 읽거나 의도를 가지고 읽는다. 너무 많은 사전지식을 가진 이 독자들은 진정한 호기심을 충족시키기 위해서가 아니라, 일을 위해서 읽거나 자신들의 지위를 견고히 하기 위해 읽는다. 이때 그들은 전문 용어들을 살펴보고 선입견들과 재빨리 연결시키면서 빠르고 효율적으로 읽는 경향이 있다. 이런 경향은 《블랙 스완》에서 표현된 생각들을 기존 틀에 구겨 넣는 결과를 초래했다. 나의 입장이 회의론·경험론·본질론·실용주의·포퍼적인 반증주의·나이트적 불확실성·행동경제학·지수법칙·카오스 이론 등으로 환원시킬 수 있다는 듯이 말이다. 그러나 아마추어들이 내 생각을 구했다. 독자 여러분께 감사드린다.

앞에서 말했듯이 기차를 놓치는 것은 그 기차를 따라갈 때에만 고통스러운 일이다. 나는 베스트셀러를 기대하지 않았다. 그래서 나는 머리를 아프게 하는 일들을 처리해야 했다. 《블랙 스완》은 베스트셀러가 된 덕분에 유능한 편집자에 의해 알맹이가 잘려나간 채 깔끔한 아이디어북으로 편집되어 공항에서 교양 있는 비즈니스맨들에게 판매되었다. 일반적으로 아이디어북 독자들로 불리는 이 교양 있는 속물들에게 진짜 책을 주는 것은 다이어트 콜라를 마시는 사람에게 최고급 보르도 포도주를 주고 논평을 듣는 것과 같다. 이 독자들의 전형적인 불만은 행동으로 바로 옮길 수 있는 지침이나 더 좋은 예측 도구들은 없냐는 것이다. 이런 불만은 검은 백조에 희생된 자들과 동일한 특징을 드러낸다. 돌팔이들이 긍정적 조언(무엇을 해야 하는지에 관한)을 한다. 이는 사람들이 부정적 충고(무엇을 하지 말아야 하는지에 관한)를 중요하게 여기지 않기 때문이다. '어떻게 파산하지 않을 것인가'는 좋은 조언으로 보이지 않는다. 그러나 시간이 지나면서 소수의 회사들만 파산을 피하기 때문에 죽음을 피하라는 것은 최고이자 가장 강인한 조언이다(당신의 경쟁자들이 곤경에 빠진 이후라면 특히 좋은 조언이다. 당신은 그 사업체에서 합법적으로 약탈한 자원을 이용해 계속 굴러갈 수 있기 때문이다).[†] 또한 많은 독자들은 그들에게 행동으로 옮길 수 있는 조치란 자신들의 직업을 그만두고 윤리적인 무언가를 하는 것이라는 점을 이해하지 못한다.

이 아이디어북들은 정신적 편견을 심어 주고 사람들에게 듣고 싶은 것을 말해줄 뿐만 아니라 혐오스러울 정도로 권위적이다. 이는 말한 것 이상의 내용을 담고 있다고 과시하는 경영 컨설턴트의 보고서와 같다. 나는 온전한 의미를 잃지 않고서 메시지가 얼마나 축약될 수 있는지를 재는 척도인 콜모고로프 복잡성을 사용하는 압축 실험을 생각했다. 이는 전달하는 메시지나 미적 효과를 잃지 않고서 책 한 권을 가능한 한 짧게 축약하는 실험이다. 내 친구이자 소설가인 롤프 도벨리는 책을 요약하여 이 요약본을 바쁜 비즈니스맨들에게 파는 회사를 운영하고 있다. 그는 확신에 찬 어조로 내게 거의 모든 아이디어북이 메시지와 핵심을 잃지 않은 채 몇 쪽으로 요약될 수 있기 때문에 자기 회사가 중요한 일을 하고 있다고 말했다. 하지만 그도 소설과 철학책은 축약될 수 없다고 말했다.

그래서 이 에세이는 끝이 아니라 시작이다. 내 마음 속에서 동일한 생각이

---

† 예를 들어, 2008년 금융위기를 설명하는 데 도움이 되는 한 가지 일화가 있다. 바클레이즈 은행과 몬트리올 은행(두 은행 모두 평범의 왕국을 위한 위험관리 기법을 사용하다가 극단의 왕국에 노출되어 파산했다)의 전 은행장이었던 매튜 베렛이라는 사람은 2008년과 2009년의 모든 사건을 겪은 다음, 《블랙 스완》이 그에게 '그런 경우에 무엇을 해야 하는지'를 말해주지 않았고, 검은 백조 위험을 걱정하느라 회사를 운영할 수 없었다고 불평했다. 그 사람은 극단적 편차에 대한 허약함과 강인함이라는 개념에 대해 들어본 적이 없었다. 이 개념은 진화란 가르침이 아니라 파괴를 통해 작동한다는 나의 생각을 입증해준다.

이 책에서 저 책으로 꼬리에 꼬리를 물고 일어난다. 나는 지식을 보는 새로운 방식, 긴 연구의 첫 출발, 진정한 것의 시작에 기여하고 싶다. 내가 글을 써서 책이 세상에 나오기까지 몇 년 동안 같은 의견을 가진 학자들이 내 생각을 한층 더 발전시키도록 자극하는 것은 즐거운 일이다. 또한 내 생각이 인식론·공학·교육·방위·OR 통계학·정치이론·사회학·기후 연구·의학·법률·미학·보험에 대한 연구를 자극하면서 사려 깊은 독자들 속으로 퍼져나가는 모습을 지켜보는 것은 즐거운 일이다.

문학계가 《블랙 스완》이 철학적 저작이라는 점을 깨닫는 데 2년밖에 걸리지 않은 것은 행운이었다. 물론 여기에는 심각한 금융위기도 한몫했다.

범죄의 흔적을 지우는 법

책이 출판된 이후 나는 두 단계를 경험했다. 내 책이 출판된 모든 나라에서 베스트셀러 목록에 올랐을 때, 많은 사회과학자들과 금융계 종사자들은 다음과 같은 논리로 나를 비판하는 함정에 빠졌다. 내 책이 많이 팔렸고 독자들에게 쉽게 이해되기 때문에 독창적이지 않고 체계적인 사상을 담고 있을 리가 없으며, 논평은커녕 읽을 가치도 없는 통속적인 책에 지나지 않는다는 논리였다.

첫 번째 상황 변화는 내가 수학적·실증적·학문적인 10여 편의 논문을 여러 학술지에 발표하면서 일어났다. 이는 많은 책을 판 나의 죗값을 치르려는 시도였다.[†] 그러자 모두 침묵했다.

---

† 이제까지 대략 14편의 학술적(그러나 매우 지루한) 논문. (이것들은 읽기는 물론 쓰기도 지겨운 것들이다) 하지만 논문 수는 계속 늘어나고 있고, 1년에 3편 꼴로 발표되고 있다.
Taleb, N. N., 2007, "Black Swan and Domains of Statistics," The American Statistician 61, (3)3 (August, 2007).

이 글을 쓰는 시점에도 여전히 아무런 반론이 없다. 실제로 《인터내셔널 저널 오브 포캐스팅》에 실린 제4사분면에 관한 나의 글은 멋진 통계를 사용하는 경제학의 엄격한 대다수 논문들이 모든 형태의 위기관리에 소용이 없으며, 집단 사기에 가담하는 허풍에 지나지 않는다는 명백한 증거를 제시했다. 지금

Taleb, N. N. and A. Pipel, 2007, "Epistemology and Risk Management," Risk and Regulation 13 (summer 2007).

Goldstein, D. G. and N. N. Taleb, 2007, "We Don't Quite Know What We Are Talking About When We Talk About Volatility," Journal of Portfolio Management, Summer 2007.

Taleb, N. N., 2008, "Infinite Variance and the Problems of Practice," Complexity 14.

Taleb, N. N., 2009, "Errors, Robustness, and the Fourth Quadrant," International Journal of Forecasting 25(4).

Taleb, N. N., D. G. Goldstein, and M. Spitznagel, 2009, "The Six Mistakes Executives Make in Risk Management," Harvard Business Review (October 2009).

Makridakis, S. and N. N. Taleb, 2009, "Decision Making and Planning Under Low Levels of Predictability," International Journal of Forecasting 25(4).

Taleb, N. N. and A. Pilpel, 2010, "Beliefs, Decisions, and Probability," in T. O'Connor and C. Sandis, eds., A Companion to the Philosophy of Action (Wiley－Blackwell).

Mandelbrot, B. and N. N. Taleb, 2010, "Random Jump, Not Random Walk," in Francis Diebold and Richard Herring, eds., The Known, the Unknown, and the Unknowable. Princeton: Princeton University Press.

Taleb, N. N., 2010, "Common Errors in the Interpretation of the Ideas of The Black Swan and Associated Papers," Critical Review 21:4 (withdrawn).

Taleb, N. N., and C. Tapiero, 2010a, "Too Big to Fail and the Fallacy of Large Institutions," (preprint, NYU－Poly).

Taleb, N. N., and C. Tapiero, 2010b, "The Risk Externalities of Too Big to Fail" (preprint, NYU－Poly).

Taleb, N. N., and R. Douady, 2010, "Undecidability of Probabilistic Measures: On the Inconsistency of Estimating Probabilities from a Sample Without Binding A Priori Assumptions on the Class of Acceptable Probabilities," (preprint, NYU－Poly).

Taleb, N. N., and D. Goldstein, 2010, "The Telescope Problem," (preprint, NYU－Poly).

까지 몇 차례의 비방성 공격 또는 그런 공격의 시도에도 불구하고 어느 누구도 내 생각에 대한 공식적인 비판을 발표하지 못했다.

반면 나는 검은 백조 개념을 제시할 때 중요한 것을 깨달았다. 나는 살아남을 70%의 확률이 죽을 30%의 확률과는 엄청나게 다르다고《행운에 속지 마라》에서 주장했다. 마찬가지로 나는 연구자들에게 '이것은 당신네 방법이 잘 통하는 경우다'라고 말해주는 것이 '이것이 당신네들이 모르는 것이다'라고 말하는 것보다 더 낫다는 것을 깨달았다. 그래서 그때까지 세상에서 가장 적대적인 집단이었던 미국통계학회 회원들에게 사분면 그림을 보여주고 이 세 사분면에서는 당신들의 지식이 멋지게 작동하지만 제4사분면에 주의하라, 바로 여기서 검은 백조가 출현한다고 말해주었다. 그러자 나는 찬성·지지·영원한 우정의 제안과 음료수를 제공받고, 자기들 모임에 참석해달라는 초대에다가 포옹까지 받았다. 실제로 여러 연구 논문들은 제4사분면이 어디에 존재하는가에 관한 나의 저작을 인용하기 시작했다. 그들은 이러한 이상 현상이 통계학자들에게는 책임이 없고, 통계학을 이해하지 못하면서 통계를 사용하는 사회과학자들 때문에 생기는 것이라고 나를 설득하려 했다.

2008년 금융위기와 더불어 두 번째 상황 변화가 일어났다. 나는 토론에 계속 초대를 받았지만 더 이상 즐거운 마음으로 참석하지 않았다. 도대체 무엇을 말하려는지 알 수 없는 주장을 참고 듣거나 내 입가로 삐져나오는 실소를 억누르기가 어려웠기 때문이다. 왜 실소를 짓냐고? 이겼다는 표시였을 것이다. 그러나 논쟁에서 이겼다는 지적 승리의 표시는 결코 아니었다. 물리학처럼 실증적인 과학은 예외겠지만 학계는 자발적으로 마음을 바꾸지 않는다. 그것은 다른 느낌이었다. 대화에 집중하기 어려웠다. 특히 자기 눈에 보이는 세계의 모습에 반하는 쪽에 판돈을 걸어 '틀렸다'고 말하는 연구자의 연봉보다 수백 배나 더 많은 돈을 번 상황에서 대화 주제가 수학적인 경우에는 대화에 집중하기가 더욱 어려웠다.

사막 건너기

나 또한 《블랙 스완》 출간 이후 심리적으로 힘든 시기를 겪었다. 프랑스인들이 트라베르세 뒤 데제흐(traversée du désert)라고 부르는 심리적 증상이다. 이것은 알려지지 않은 목적지나 막연하게 약속된 땅을 찾아 사막을 횡단할 때처럼 방향감각을 상실하거나 정신적 고갈을 겪게 되는 증상이다. 내가 힘든 시기를 겪었던 이유는 이렇다. 나는 시스템 속에 숨어 있는 위험에 관해 "불이야! 불!"이라고 외치는데, 내용은 무시하고 표현 방식만을 문제 삼아 비판하는 소리를 들었기 때문이다. "'불이야!' 라고 외치는 당신의 말투가 틀렸다"고 말하는 것 같았다. 예를 들어, TED 회의의 진행자는 내 스타일이 자기 취향에 맞지 않는다고 불만을 제기하면서, 검은 백조 허약성에 관한 내 발표를 웹페이지에서 삭제했다. 물론 그는 2008년 금융위기 이전에 표현된 나의 경고에 자기도 한몫했다고 주장했다.†

그러나 대다수 주장은 '때가 다르다'는 것이다. 이런 주장은 벤 버냉키가 언급한 "대(大)안정기"(미국 경제가 1984년 이후 20여 년간 높은 성장세를 유지하면서도 성장과 인플레이션의 변동성이 유례없이 안정되고 있는 현상을 지칭하는 것으로 1930년대의 대공황[the Great Depression], 1970년대와 1980년대의 대인플레이션[the Great Inflation]에 대비되는 용어다—옮긴이)를 연상시킨다. 버냉키는 일상적인 변동 과정에서 일어나는 하락 때문에 극단의 왕국으로 진입하게 된다는 점을 이

---

† 그런 진행자의 경우는 극단적인 예지만 이런 부정직함이 이례적인 일은 결코 아니다. 사전에 나의 경고를 들었고 내 책을 읽었던 지적으로 정직한 많은 사람도 나중에, 내가 그들에게 위기에 관해 말해주지 않았다고 나를 비난했다. 그들은 단지 기억하지 못할 뿐이다. 새로운 눈을 뜬 돼지가 예전에 진주를 보았지만, 그게 뭔지 몰랐다는 점을 기억해내기란 어려운 일이다.

해하지 못하면서 칠면조 함정에 빠졌다.

내가 모델들을 비판하면 사회과학자들은 그것을 알고 있었고 '모든 모델이 틀렸지만 유용한 것들도 있다'는 말을 반복했다. 이것은 해로운 일부가 존재한다는 게 진짜 문제라는 점을 이해하지 못하는 주장이다. 매우 좋지 않다. 그래서 나는 마크 스피츠나겔과 함께 검은 백조에 대비하여 고객들을 강인하게 하는 사업을 다시 시작했다. 우리는 숨겨진 위험에 의해 은행 시스템이 붕괴할 것이고, 그런 사건은 흰색 백조가 될 거라고 확신했다. 시스템의 위험이 축적됨에 따라 회색에서 흰색으로 바뀌고 있었다. 기다리는 시간이 길어질수록 더욱 심각할 것이다. 《블랙 스완》이 출간된 지 1년 반 만에 시스템이 붕괴되었다. 우리는 오랫동안 붕괴를 예상했고 은행 시스템에 반대하는 쪽에 내기를 걸었다. 하지만 검은 백조 때문에 우리는 그 어느 때보다 보호가 필요하다고 생각했다.

대지에서 분리되자 힘을 잃은 안타이오스처럼 나에게는 논쟁에서 이기는 것이나 사람들에게 나의 관점을 이해시키는데 집중하는 대신, 실제 세계 또는 실제적이고 실용적인 것과의 연결이 필요했다. 거래에 참여하여 내 생각과 일치하는 삶을 살고 실제 세계에서 위험을 감수하는 것은 정당성을 보여주는 것뿐만 아니라 치료 효과도 있었다. 책과 관련된 직업을 갖게 되자 나는 대범해질 수 있는 힘을 얻었다. 2008년 금융위기가 시작되기 몇 달 전에 나는 파티에서 하버드대학교 심리학자에게서 공격을 받았다. 이 심리학자는 확률 이론에 대한 전문 지식이 없음에도 불구하고 나와 내 책에 대해 뿌리 깊은 반감을 가진 듯했다. 나는 출판 관련 직업을 통해 그를 웃어넘길 수 있었고, 그의 분노 덕분에 그와 공모 의식도 느꼈다. 거래와 위험을 감수하는 일에 관여하지 않는다는 점만 제외하고 모든 면에서 나와 동일한 저자가 있었다면, 이 사람의 심리상태에 무슨 일이 일어날까? 나는 이 점이 궁금했다. 우리가 자신의 생각을 행동으로 보여준다면 타인의 의견에 무심하고 강인하며 자유롭고 현실적으로 대처하는 방식으로 행동할 것이다.

결국 나는 논쟁에서 중요한 것을 얻었다. 그것은 검은 백조 사건이란 자기 머리로 이해하지 못하는 척도와 가짜 결과를 이용해 잘못된 신뢰를 주장하는 사람들에 의해 초래된다는 점이었다. 나는 사람들이 평범의 왕국에서 얻은 척도를 극단의 왕국에서 사용하면서 그것을 믿는지 이해할 수 없었다. 여기에 더 큰 문제가 있다고 생각했다. 직업상 확률 척도를 사용하는 모든 사람은 자신이 무엇에 대해 말하고 있는지 모른다는 것이었다. 이 점은 내가 최소 4명의 노벨 경제학상 수상자들을 포함한 많은 거물급 인사들과 토론자로 참여했을 때 확인되었다. 정말이다. 이 문제는 측정 가능하며 쉽게 검증할 수 있다. 금융 분석가·학자·학생들이 표준편차를 사용해 여러 논문을 발표하지만, 표준편차가 무엇을 의미하는지를 직관적으로 이해하지 못한다. 그래서 그들이 제시한 수치들의 비수학적이고 개념적 의미에 대한 간단한 질문으로 그들을 당황하게 할 수 있다. 우리는 실제로 그들을 당혹케 했다. 댄 골드스타인과 나는 확률 도구를 사용해 전문가들을 대상으로 실험을 했는데, 그들 중 97%가 초보적인 질문에 대답을 못했다는 것을 발견하고는 충격을 받았다.† 그 이후 임레 소이어와 로빈 호가스는 동일한 목적으로 경제학이라는 혐오스러운 분야를 대상으로 실험했다. 역시 대다수 연구자들은 자신들이 사용하는 도구를 이해하지 못했다.

이제 책에 대한 평판이라는 부담을 마음에서 덜어낸 만큼 분석적인 영역으로 옮겨가 보자.

---

† 댄 골드스타인과 나는 다양한 종류의 무작위성과 관련하여 인간의 직관에 관한 실험을 수행하며 협력하고 있다. 그는 천천히 걷지 않는다.

4장_아스퍼거 증후군과 존재론적 검은 백조

헛똑똑이들은 백조에 더 맹목적인가? 극단의 왕국에서의 사교술—그린스펀 박사의 불멸에 관하여

《블랙 스완》이 인식론적 한계를 다룬다면 우리는 강우나 자동차 사고처럼 객관적으로 정의된 현상을 다루지 않는다는 것을 알 수 있다. 강우나 자동차 사고는 특정 관찰자만 예상하지 못했던 것이다.

나는 똑똑한 많은 사람들이 제1차 세계대전이나 2001년 9월 11일 세계무역센터 테러 같은 특정 사건들이 과연 검은 백조에 해당되는지 여부를 질문했던 이유가 궁금했다. 그런 사건들을 예견한 사람들이 있다는 게 이 질문의 근거였다. 물론 9월 11일 테러는 세계무역센터 안에서 죽은 희생자들에게는 검은 백조였다. 그렇지 않았다면 그들은 그런 위험에 스스로를 노출시키지 않았을 것이다. 그러나 그 테러는 공격을 계획하고 실행에 옮긴 테러리스트들에게는 검은 백조가 아니었다. 나는 한동안 헬스클럽에도 가지 않고 칠면조에게 검은 백조인 것이 푸주한에게 검은 백조가 아니라는 것을 생각했다.

2008년 금융위기에 대해서도 동일하게 말할 수 있다. 그 위기는 지구상의

거의 모든 경제학자·저널리스트·금융가에게는 검은 백조였지만, 나에게는 확실히 아니었다. (흔히 저지르는 오류로 금융위기를 예견했던 극소수의 사람들 모두가 위기의 심각성을 예측하지 못했다. 극단의 왕국에서 나타나는 사건들의 변칙성 때문에 검은 백조는 특정 사건의 발생을 가리킬 뿐만 아니라 사건의 심각성도 가리킨다.)

아스퍼거 확률

객관적인 검은 백조, 즉 모든 관찰자에게 동일한 검은 백조에 대한 생각은 마음이론 또는 통속 심리학이라고 불리는 발달 지체와 관련된다. 총명한 사람도 자신의 지식과 상이한 지식을 다른 사람의 것으로 인정하지 못한다. 연구에 따르면 이들은 공학이나 물리학 분야에서 일한다. 1부 9장에서 그런 사람들 중 한 명인 존 박사를 살펴보았다.

일종의 '틀린 믿음 검사'를 이용하여 어린 아이의 마음이론 발달 지체를 검사할 수 있다. 어린 아이 두 명을 데려온다. 한 아이가 장난감을 침대 밑에 두고 방을 떠난다. 이 아이가 없는 동안 두 번째 아이(피실험자)가 장난감을 꺼내 상자 안에 숨긴다. 이 피실험자 아이에게 방을 나갔던 첫 번째 아이가 돌아오면 장난감을 어디서 찾겠느냐고 물어본다. 4세(마음이론이 발달하기 시작할 때) 이하 어린 아이라면 상자라고 답할 것이고, 그보다 나이 많은 아이는 첫 번째 아이가 침대 밑을 살펴볼 거라고 정확히 말한다. 4세쯤 되는 어린 아이는 자신이 가진 정보를 다른 사람이 갖고 있지 않을 수 있고, 자신의 것과는 다른 생각을 할 수 있다는 점을 깨닫는다. 이 실험은 가벼운 자폐증을 확인하는 데 사용된다. 지능이 아무리 높아도 많은 사람이 타인의 입장이 되어보거나 타인의 정보에 근거하여 세계를 상상하는 것이 어려울 수 있다. 실제로 정상적으로 생활하는 데에는 문제가 없지만 가벼운 자폐증을 겪는 사람의 상태를 가리키는 명칭이 있다. 아스퍼거 증후군이다.

심리학자 사이먼 바론-코헨은 체계화하는 능력 및 타인을 이해하고 공감하는 능력과 관련된 연구를 수행했으며, 정반대 극단을 구별하는 능력에 대한 연구 결과를 발표했다. 그의 연구 결과에 따르면 체계화하는 쪽으로만 편향된 사람들은 마음이론이 부족하다. 이들은 공학이나 그와 유사한 직업들에 끌린다. 공감하는 성향의 사람들은 더 사회적인 직업들로 끌린다. 남성들은 체계화하는 범주 쪽에 많고, 여성들은 반대쪽에 많다.

아스퍼거 증후군이 있는 사람들은 모호함을 싫어한다.

연구 결과에 따르면 학자들은 체계화하는 쪽, 즉 검은 백조를 보지 못하는 범주 쪽에 몰려 있다는 점을 보여준다. 이들은 3부 17장에서 '로크의 미치광이'라고 지칭했던 사람들이다. 1998년 조지 마틴과 내가 했던 계산을 제외한다면 검은 백조식의 어리석음과 체계화 경향성에 대한 직접적 시험을 본 적이 없다. 그 계산 과정에서 우리는 기록을 추적했고, 헤지펀드 거래에 관여했던 주요 대학교 경제학 교수들이 모두 검은 백조란 없다는 쪽에 내기를 걸어 파산 위험에 노출되었다는 증거를 발견했다. 이 선택이 완전히 무작위적인 것은 아니었다. 교수가 아닌 사람들 중 ⅓~½이 이런 방식으로 투자했기 때문이다. 이러한 학자들 중에서 가장 유명한 사람들은 노벨상 수상자들인 마이런 숄즈와 로버트 머튼이었다. 신이 이들을 창조한 것은 검은 백조 맹목성에 관한 나의 주장을 실증할 소재로 삼기 위한 것처럼 보인다.† 그들 모두 《블랙 스

---

† 3부 17장에서 언급한 악한(惡漢) 로버트 머튼은 기계론적 사고방식을 가진 사람으로 평가된다(심지어 그는 기계에 관심이 많으며 불확실성을 표현하기 위해 기계적 은유를 사용하기도 한다). 그는 검은 백조에 대한 위험스러운 무지를 실증해줄 유일한 목적으로 창조된 인물인 듯하다. 2008년 금융위기 이후 그는 경제학자들의 위험 감수를 변호하면서 '그것은 검은 백조였

완》 17장에서 논의했던 1998년 위기를 겪었고, 이 위기로 인해 그들의 회사였던 롱텀 캐피털 매니지먼트가 파산했다. 그러나 아스퍼거 증후군을 이용해 위험을 설명하면서 사회적 위험을 분석하는 사람들은 시력이 손상된 사람을 스쿨버스 운전사로 채용하는 데 반대할 것이다. 나는 밀튼·호머·타하 후세인·보르헤스(이들은 모두 장님이었다)의 책을 읽지만 니스-마르세이유 고속도로에서 이들에게 운전을 맡기지 않을 것이다. 마찬가지로 내가 엔지니어들이 만든 도구를 선택하더라도 사회적으로 위험한 결정은 위험 맹목성에 영향을 받지 않은 사람에게 맡길 것이다.

미래에 대한 맹목성의 부활

2부 12장에서 설명했던 과거와 미래의 관계를 인식하지 못하는 증상을 생각해보자. 이것은 2차 관계를 보지 못하는 자폐증 비슷한 증상이다. 피실험자는 오늘의 과거와 오늘의 미래 사이의 관계를 이해하기 위해 과거의 과거와 과거의 미래 사이의 관계를 사용하지 못한다. 그런데 미국 연방준비제도이사회 의장이었던 앨런 그린스펀은 의회에 나와 자신은 물론 후임자인 버냉키도 책임을 져야 하는 금융위기에 대해 이렇게 말했다. "금융위기는 이전에 일어난 적이 결코 없었기 때문에 예측할 수도 없었다." 그런데 멍청한 의원들 중 어느 누구도 "앨런 그린스펀, 당신은 이전에 80년 동안 단 한 번도 죽은 적이 없소.

다'고 주장했다. 그는 단지 그 위기가 포착되지 못했기 때문에, 이론 자체는 잘못된 게 없다고 주장했다. 그 사건들이 다가오는 모습이 포착되지 않기 때문에 우리는 그것들에 대한 면역력을 강화해야 하지만, 머튼은 이런 노력을 하지 않았다. 정상적인 경우라면 그런 사람들은 유전자풀에서 제거되지만 종신 재직권 때문에 조금 더 자리를 지키고 있다.

그렇다고 해서 당신이 영원히 죽지 않을 거라고 예측할 수 있겠소?"라고 외치지 않았다. 이 책 2장에서 얘기했던 전 재무장관이자 강도은행가인 로버트 루빈도 같은 주장을 했다. 하지만 루빈은 불확실성에 관한 두꺼운 책을 쓴 적이 있다(아이러니하게도 《블랙 스완》과 동일한 출판사에서 동일한 편집자에 의해 출판되었다).†

나는 경제의 큰 편차를 과거의 큰 편차로부터 예측할 수 있는지를 확인한 검사가 없다는 것을 발견했다. 이것은 경제학에서 빠진 기초 검사들 중 하나다. 이 검사는 환자가 숨을 쉬는지 전구가 제대로 끼워져 있는지를 확인하는 것 같은 기초적인 검사다. 하지만 경제학 특유의 분위기 때문에 어느 누구도 그 검사를 하지 않았다. 간단히 생각해도 큰 사건이 큰 원인을 갖지 않는다는 것을 알 수 있다. 세계대전은 선례가 없었고, 단 하루만에 23% 가까이 떨어진 1987년 대폭락은 선례 중 최악의 것으로 결코 예측할 수 없었다. 물론 이것은 거의 모든 사건에 적용된다. 정규적인 사건은 정규적인 사건으로 예측할 수 있지만, 극단적인 사건은 사람들이 준비되어 있지 않을 때 첨예하기 때문에 좁은 과거에 의존해서 예측할 수 없다.

이런 빤한 이치를 사람들이 이해하지 못한다는 것이 나에게 충격이었다. 특히 사람들은 미래에 발생할 수 있는 최악의 편차를 예상하기 위해 과거 최악의 편차를 기준으로 삼아 스트레스 테스트를 한다. 이들은 과거에 사건이

---

† 이 주장은 사실 도덕적 해이와 부정직한(확률론적으로 위장된) 모리(謀利) 행위를 정당화하는 데 사용될 수 있다. 루빈은 때때로 폭발하는 숨은 위험을 활용하여 시티그룹에서 1억 달러 이상을 착복했다. 그는 시티그룹과 함께 무너졌지만 핑계가 있었다. 그것이 이전에는 결코 일어나지 않은 일이었다는 것이다. 그는 돈을 챙겼고, 교사와 미용사를 포함한 우리 납세자들은 그 회사를 구제하고 손실을 보전해주었다. 검은 백조에 대해 강인하지 않으면서 이런 상태에 있다는 사실을 사전에 알았던 사람들에게 보너스를 지급하는 이런 행동을 우리는 도덕적 해이라고 부른다. 그 '사전에'라는 말이 나를 화나게 한다.

출현하기 전날 같은 방법을 사용했다면 과거의 편차를 설명하지 못했을 거라는 점을 생각하지 않는다.[†]

이런 사람들은 경제학 박사들이다. 그 중 일부는 교수들이다. 그들 중 한 명은 연방준비제도이사회 의장이다. 더 높은 학위를 갖게 되면 이런 기초적인 개념들에 무지하게 되는가? 경영대 문턱도 밟아보지 않은 고대 로마 시인 루크레티우스는 "사람들이란 어떤 종류의 것이든 자기 일생 동안 본 가장 큰 물건을 세상에서 가장 큰 물건으로 여긴다"고 썼다.

확률이란 주관적일 수밖에 없다[††]

여기에 깊이 연구할 만한 문제가 있다. 많은 연구자들은 검은 백조가 불완전한 세계지도에 해당한다는 것을 인식하지 못하며, 일부 연구자들은 이 주관적 성질을 강조한다. 예를 들어, 요헨 룬데는 검은 백조에 관한 멋진 글을 썼지만 주관적 측면을 강조했다. 이 때문에 우리는 확률의 정의와 관련된 역사로 되돌아가야 한다. 역사적으로 확률에 대해 여러 철학적 이해 방식이 있었다. 두 사람이 서로 다른 두 개의 세계관을 가질 수 있고, 이 세계관을 서로 다른 확률로 표현할 수 있다는 생각은 확률 연구에서 낯선 것이었다. 따라서 합리적

---

† 우리가 확률을 다룰 때 핵심적인 것은 더 고차원적인 표상의 부재다. 무엇이 옳고 그른지를 평가하는 나의 방법이 옳은가 아니면 그른가 같은 진술을 받아들일 능력의 부재다. 이로 인해 존스 박사 같은 사람들은 자신들의 믿음을 의심하지 않고 그 값을 믿는다. 이런 사람들은 더 높은 차원의 확률, 즉 메타확률(자신들이 사용하고 있는 확률이 참이 아닐 수도 있을 확률)을 이해하지 못한다.

†† 비전문 독자들은 이 장의 나머지 부분을 건너뛰는 게 좋다.

인 사람들이 미래에 서로 다른 확률을 부여할 수 있다는 생각을 과학 연구자들이 받아들이는 데에는 시간이 걸렸다. 이것을 주관적 확률이라고 부른다.

주관적 확률은 1925년 프랭크 플럼턴 램지와 1937년 브루노 데 피네티에 의해 정식화되었다. 이 두 지적 거장은 확률이 관찰자의 주관에 의해 믿음을 숫자로 표현한 것으로 해석했다. 관찰자는 일정한 제약 하에서 원하는 만큼 합리적으로 확률을 표현한다. 의사결정의 무모순성에 관한 제약은 명확하다. 내일 눈 올 확률이 60%이면서 동시에 눈이 오지 않을 확률이 50%라고 표현할 수 없다. 행위자는 더치북(Dutch book, 확률의 총합이 100%를 넘을 수 없다는 확률계산의 공리다—옮긴이) 제약을 위반하지 않아야 한다. 즉, 별개로 일어날 수 있는 사건의 확률의 합계가 100%를 넘을 수 있는 것처럼 표현해서는 안 된다는 것이다.

여기에 진정한 무작위성과 내가 인식론적 제약이라고 부른 무작위성 사이에 또 하나의 차이가 있다. 인식적인 것에 대비되는 존재론적 불확실성은 과거 속에 미래에 대한 암시가 있지 않은 무작위성이다. 그것은 매 순간 우리 행동의 복잡성에 의해 창출되며, 이로 인한 불확실성은 지식의 불완전성에 의한 인식적인 불확실성보다 근본적이다.

에르고드(ergodic, 임의의 확률 과정에서 충분히 긴 계열의 각 부분이 동일한 확률적 성질을 가질 경우에 시간 평균이 집합 평균과 같게 되는 성질이다—옮긴이) 시스템과 대립되는 비非에르고드 시스템에서 장기적인 것은 존재하지 않는다. 에르고드 시스템에서 장기적으로 일어날 수 있는 사건의 확률은 내년에 일어날 사건에는 영향을 받지 않는다. 카지노에서 룰렛 게임을 하는 사람은 부자가 될 수 있지만, 카지노 측이 우위를 점하고 있다는 점을 고려할 때 그 사람이 계속 게임을 하면 결국 다 잃고 말 것이다. 능숙하지 않은 사람은 결국 진다. 그래서 에르고드 시스템에서 사건이 중기적으로 일어날 경우 경로에 대해

불변적이다. 연구자들은 이것을 경로 의존성의 결여라고 부른다. 비에르고드 시스템에는 장기적 속성이 없으며 경로에 의존한다.

나는 인식론적 불확실성과 실재적 불확실성을 구별하는 것이 철학적으로는 중요하지만 현실에서는 문제가 되지 않는다고 생각한다. 인식론적 불확실성은 더 근본적인 불확실성과 구별하기 어렵다. 인식론적 불확실성은 현실의 문제들을 불투명하게 만든다는 점에서 앞에서 언급한 차이 없는 구별과 비슷하다. 전문가들은 인식론적 제약을 얘기하지 않으면서 인식론적 불확실성을 과장한다. 회의론은 비용이 들지만 필요할 때에는 사용해야 한다.

결국 장기(長期) 같은 것은 존재하지 않는다. 문제는 장기 이전에 무슨 일이 일어나는가이다. 장기 또는 수학자들이 말하는 점근성을 사용할 때 등장하는 문제는 장기라는 개념 때문에 우리가 장기 이전에 일어나는 일을 무시한다는 것이다. 나는 이것을 전(前)점근성 문제로 다룰 것이다. 상이한 함수들은 점근선에 수렴하는 속도에 따라 상이한 전점근성을 갖는다. 그러나 아쉽게도 삶은 플라톤적이고 장기적인 것이 아니라 전점근선에서 진행되고, 전점근선에 유효한 속성은 장기에 일어나는 것들과 크게 달라질 수 있다. 그래서 이론이 적절하더라도 그 이론은 구체적인 단기 현실과 부딪친다. 방정식을 풀기 위한 수학을 제외하면 구체적인 장기가 존재하지 않는다는 것을 이해하는 사람이 거의 없다. 복잡계에서 장기를 가정하려면 새로운 것이 출현하지 않는다는 것을 가정해야 한다. 표상 해석과 관련하여 불확실성이 전혀 없는 완벽한 세계 모델을 세울 수 있겠지만, 입력 변수들 중 하나에 작은 부정확성이 있을 것이다. 2부 11장에서 다룬 로렌츠의 나비효과를 생각하라. 아주 사소한 수준에서 나타나는 미세한 불확실성은 비선형성 때문에 결과 수준에서는 거대한 불확실성으로 커진다. 예를 들어, 기후 모델은 그런 비선형성에 취약하다. 우리가 올바른 모델을 가지고 있다고 가정하더라도 한 가지 변수의 작은 변화,

즉 미세조정 때문에 결론이 완전히 뒤집힐 수 있다.

우리는 여러 확률 분포의 차이를 살펴볼 때 전점근성 문제를 더 논의할 것이다. 여기에서는 많은 수학적·철학적 구별이 과장된 것이고, 소비에트-하버드 스타일이며 하향식이라는 점만 언급해두자. 사람들은 상향식으로 현실에서 시작하여 무엇이 현실과 일치하는지를 살펴보기보다는 모델에서 시작한 다음 이 모델을 현실에 뒤집어씌우고 범주를 만든다.

온도계 위의 확률

실제 세계에서 오용되는 확률에 대한 구별은 1부 9장에서 논의했듯이(225쪽 참조—옮긴이) 경제학자들이 나이트적 위험과 나이트적 불확실성을 구분하는 것과 유사하게 부적당한 것이다. 이렇게 구분하는 사람들은 정말로 거의 모든 것이 계산 불가능하지만, 그래도 계산할 수 있는 것이 존재한다고 생각한다. 온도계로 온도를 측정할 수 있는 것과 동일하게 미래 사건의 확률을 측정할 수 있다고 생각하는 사람은 정신적으로 문제가 있다. 우리는 다음 장에서 작은 확률일수록 계산하기 어렵다는 점, 그리고 이 사실은 손익이 중대할 때 문제가 된다는 점을 살펴볼 것이다.

여기서 지적해야 할 또 다른 결함은 사회과학에서 합리적 기대론이라는 이상할 정도로 비현실적이고 허술한 연구 전통이다. 이 이론에 따르면 관찰자들이 처음에 서로 현저히 다른 가설에서 출발했음에도 불구하고 동일한 자료를 이용하면 동일한 추론 결과로 수렴하는(베이즈 추론[확률이 빈도나 비례 같은 것이 아닌 믿음의 정도로 해석되는 통계적 추론이다—옮긴이]이라는 메커니즘에 의해) 것으로 나타난다. 왜 허술한가? 사람들이 현실 세계에서 동일한 의견으로 수렴하지 않는다는 것을 눈으로 금방 확인할 수 있기 때문이다. 1부 6장에서 살펴본 것처럼 이것은 자료 해석에 대한 편향 같은 심리적 왜곡 때문이다. 그러나 사람들이 동일한 의견으로 수렴하지 않는 수학적 이유가 있다. 한 사람은 극단의 왕국에서 유래한 확률 분포를 사용하고, 다른 한 사람은 평범의 왕국에서 유래한 확률 분포를 사용하고 있다면 두 사람은 결코 수렴하지 않을 것이다. 이는 극단의 왕국을 전제로 삼는 사람이 금방 마음을 바꾸지 않기 때문이다. 예를 들어, 평범의 왕국을 전제로 삼고 검은 백조를 목격하지 않는 사람이라면 이 사람은 검은 백조를 고려 대상에서 배제할 것이다. 그러나 우리가 극단의 왕국 안에 있다고 가정한다면 이렇게 하지 않을 것이다. 결국 무작위성이 주관적·인식론적이지 않다고 생각하는 것 또는 존재론적 무작위성과 인식론적 무작위성의 차이를 과장하는 것은 과학적 자폐성과 체계화의 욕망에 빠져 무작위성을 잘못 이해하는 사고방식이다. 이 사고방식은 관찰자가 일관성을 유지하면서 현실과 완벽하게 부합하도록 확률을 계산해서 전지(全知)에 도달할 수 있다고 간주한다. 남은 것은 무작위성 또는 지식과 분석으로 간단히 정리될 수 없는 불확정적인 힘에 의해 야기되는 것이다.

연구할 만한 주제가 하나 더 있다. 왜 사람들은 이러한 소비에트-하버드 스타일의 하향식 방법을 진지하게 받아들이고, 이 방법에 근거해서 워싱턴에서 정책을 수립할까? 그래서 역사를 읽는 독자가 이 방식을 비웃는 정신질환이 되는가? 왜 사람들이 사건들을 같은 방식으로 경험할 것이라는 가정에서 시작하는가? 왜 우리는 객관적 확률을 진지하게 받아들이는가?

시간과 사건의 동역학에 관한 인지심리학을 살펴본 만큼 이제 우리의 핵심 논점이자 프로그램의 핵심, 과격하게 표현하면 철학에서 가장 유용한(슬프게도 가장 유용한) 문제로 이동하자.

5장_ 현대 철학사에서 (아마도) 가장 유용한 문제

결국 작은 것이 좋은 아이디어가 아닐 수도 있다—화장실을 어디서 찾을 것인가—예측하라 그러면 비명횡사할 것이다—스쿨버스와 똑똑한 교과서

단도직입적으로 말하겠다. 《블랙 스완》 이전에 대다수 인식론과 결정이론(불확실성 속에서 결정을 내려야 할 경우에 어떤 결정을 해야 하며 어떤 정보를 어떻게 이용해야 하는가 하는 문제에 답하려는 이론이다. 결정이론의 기본 개념은 행동의 모든 가능한 결과에 대해 평균을 계산해 가장 높은 기대 효용을 낳는 행동을 선택할 때에만 그 행위자는 합리적이라는 것이다. 이것을 기대효용 최대화의 원리라고 부른다—옮긴이)은 현실 세계의 행위자들에게 생산성 없는 심리게임과 전희(前戲)에 불과했다. 거의 모든 사상사는 우리가 알고 있는 것 또는 알고 있다고 생각하는 것을 다루고 있다. 《블랙 스완》은 사상사에서 우리가 모르는 것에 의해 어느 지점에서 상처를 입는지에 관한 지도를 제공하고, 지식의 허약성에 대한 체계적인 한계를 설정하려는 최초의 시도다. 그리고 이러한 지도들이 더 이상 들어맞지 않는 정확한 지점을 제시하려는 시도다.

이 책의 3장에서 언급한 은행가들과 경제학자들이 제기하는 공통된 비판

에 대답하자면, 나는 '빌어먹을 일이 일어난다'고 말하는 게 아니라 '제4사분면에서 빌어먹을 일이 일어난다'고 말한다. 이것은 신중함과 주의력을 편집증으로 오인하는 것만큼이나 다른 것이다. 더 과격하게 말하면 괴델이 입증한 한계들이 막대한 철학적 의미를 갖지만, 이 한계들과 관련하여 우리가 할 수 있는 일은 별로 없다. 나는 경험적·통계적 지식의 한계들이 중요하고, 이 한계들을 통해 많은 것을 해결할 수 있다고 생각한다. 이때 좋은 방법은 확률에 결과를 곱한 값에 따라 의사결정을 하는 것이다. 우리는 더 안전한 사회를 만들기 위해, 즉 제4사분면에 있는 것에 강인하기 위해 이러한 방식의 의사결정을 활용할 수 있다.

2차원에서 살기

인간의 역사에서 골치 아픈 문제는 회의주의와 남을 잘 믿는 성질 사이에서 자신의 위치를 설정하는 것이다. 믿을 것인가 믿지 않을 것인가, 나아가 믿음에 근거하여 어떻게 결정을 내릴 것인가의 문제다. 의사결정이 없는 믿음은 쓸모없다. 그래서 이것은 인식론적 문제가 아니라 의사결정·행동·실행의 문제다.

모든 것을 의심하면 정상적으로 활동할 수 없고, 모든 것을 믿으면 생존할 수 없다는 것은 분명하다. 그러나 이 문제는 철학적으로 불완전하게 처리되었으며 오랜 세월이 흘렀어도 크게 나아지지도 않았다. 예를 들어, 데카르트 같은 사상가들이나 이들보다 약 18세기 이전의 아카데미아 회의론자들은 나름의 방식으로 모든 것을 솔직하게 부정하는 데서 시작했다. 또한 피론주의자 같은 더 급진적인 학파는 회의론조차 독단적이라고 부정했다. 중세 스콜라주의자나 현대 실용주의자는 특정 신념을 고정시키는 데서 시작한다. 중세 사상가들은 아리스토텔레스 식으로 그 지점에서 멈추지만, 위대한 사상가 찰스 샌더스 피어스 같은 초기 실용주의자는 한 줄기 희망을 주었다. 그들은 연속적인 작업을 통해 신념을 갱신하고 교정할 것을 제안했다. 이러한 실용주의는 지식을 반反회의론과 가류주의(fallibilism) 사이, 즉 무엇을 의심할 것인가와 무엇을 인정할 것인가라는 두 범주 사이의 상호작용으로 보았다. 확률에 대한 응용을 포함해 가장 정교한 프로그램은 아이작 레비가 결정이론을 주장하면서 사용한 믿음 덩어리(corpus of belief), 신앙적 헌신(doxastic commitment), 기댓값과의 거리(distance from expectation), 신념 확률(credal probability) 같은 개념이다.

이것이 한 줄기 희망이었을지도 모르지만 너무나 먼 희망이었고 유용성도 전혀 없었다.

3차원 공간에 있으면서 2차원에 있다는 환상에 빠져 있다고 생각해보라. 당신이 벌레라면 이런 환상이 문제를 일으키지 않겠지만, 새라면 확실히 문제가 발생할 것이다. 물론 당신은 그 단절을 깨닫지 못할 것이다. 당신의 지적 수준이 높아진다고 하더라도 차원을 더하지 않으면 설명할 수 없는 많은 문제에 직면할 것이다. 때때로 당신은 당혹스러울 것이다. 지금까지 오랜 세월 동안 지식의 운명이 그랬다. 지식이 너무 단순해서 교실 밖에서는 아무 쓸모도 없는 2차원에 갇혀 있었기 때문이다. 플라톤 이래 철학자들만이 진리란 무엇인가를 논의했는데 여기에는 이유가 있다. 진리에 대한 논의가 현실에서는 쓸모없는 것이었기 때문이다. 인식론은 참/거짓 구별에 집중함으로써 극소수 예외를 제외하면 하찮고 불완전한 2차원 틀에 빠져 있다. 잃어버린 세 번째 차원은 진리의 결과물·거짓의 심각성·기대다. 의사결정의 손익과 그러한 결정의 영향과 규모다. 사람들은 때때로 오류를 저지를 수 있고, 오류가 사소한 것일 수도 있다. 또는 천사들의 성 구분 같은 주제에 관해 옳은 판단을 할 수도 있지만, 이것은 지적인 우표수집(자연과학은 물리학이거나 우표수집이다. 보편 지식 체계를 구축하는 이론과학이 아니면 단순히 현상을 기술하는 현상론이라는 뜻이다—옮긴이) 이상으로는 아무런 소용이 없다.

증거라는 단순하고 속물적이며 미화된 개념은 쓸모없다. 사람들은 검은 백조와 관련하여 부정적인 것이 일어날 수 있다는 증거가 없어도 그 부정적인 것으로부터 자신을 보호하기 위해 행동한다. 이는 테러리스트라는 아무런 증거가 없어도 비행기에 탑승하기 전에 무기 소지 여부를 확인하는 것과 같다. 증거 같은 상품화된 개념에 집중하는 것은 엄밀함을 사용한다고 하지만 종종 실패하는 사람들의 문제다.

이처럼 확률 세계는 증거와 관련된 문제가 있지만 검은 백조 세계에서는 사태가 훨씬 더 심각하다. 실제로 내가 아는 거의 모든 결정이 참/거짓 개념에 근거를 둔 것은 아니다. 의사결정의 결과인 손익을 검토하면 무해한 결과를 초래할 오류도 있고 심각한 결과를 초래할 오류도 있다는 것을 알 수 있다. 그리고 사람들은 어떤 오류가 어떤 결과를 낳을지, 더 나아가 중대한 오류는 어떤 것이고 중대하지 않은 오류는 어떤 것인지 사전에 알고 있다.

먼저 확률을 연구할 때 나타나는 심각한 문제를 살펴보자.

희박한 사건을 이론에 의지하여 설명하기

사막기를 겪는 동안 나는 힘든 상황에 처했지만 나에 대한 공격을 오히려 즐기고 있었다. 당시 나는 리먼브라더스에서 일했던 어떤 신사와 논쟁을 하고 있었다. 그 신사는 《월스트리트저널》에 2007년에 일어난 사건들은 1만 년에 한 번꼴로 일어날 만한 것이었다고 주장했던 사람이다. 그런데 그런 사건이 3

일 연속 일어났다. 《월스트리트저널》에 그의 사진이 실렸는데, 사진을 보면 그가 1만 살은 되어 보이지 않는다고 확실히 말할 수 있다. 그래서 그는 자신이 주장하는 1만 년에 한 번의 확률을 어디서 얻었을까? 그의 개인적 경험에서 얻은 것이 아닌 게 확실하고 리먼브라더스의 기록에서도 확실히 아니다. 리먼브라더스는 1만 년 전에 존재하지도 않았고 당연히 1만 년 동안 존속하지도 않았다. 논쟁 직후에 리먼브라더스가 파산했기 때문이다. 결국 그는 자신이 얘기한 작은 확률을 이론에서 얻었다. 희박한 사건일수록 경험 자료를 얻기가 어렵고 이론에 의존할 필요성은 증가한다.

희박한 사건은 희박하다는 이유 때문에 경험으로 빈도를 측정할 수 없다. 그래서 희박한 사건을 위한 선험적 모델이 필요하다. 희박한 사건일수록 표준적인 귀납법에 의한 추정 오류가 크기 때문에, 확률이 낮은 사건의 공백을 외삽에 의해 채울 수 있는 선험적 모델에 대한 의존도 크다.†

그러나 작은 확률의 경우 말고도 선험적 문제는 항상 존재한다. 선험적 문제는 희박한 사건과 관련하여 두드러져 보이지만 확률 지식에 만연해 있다. 나는 과학철학자인 아비탈 필펠과 수학자인 라파엘 두아디와 함께 연구한 두 가지 버전을 제시하겠다.

크레타인 에피메니데스

아비탈 필펠과 나는 위험관리에 대한 인식론적 문제인 소급 논증(인식 정당화의 소급 논증은 토대론을 위해 고안된 논증이다. 모든 믿음이 의존적으로 정당화된다고 했을 때, 비의존적으로 정당화되는 종결자가 있어야 다른 믿음의 정당화가 가능하

---

† 내가 여기서 사용하는 선험적이라는 말은 경험에 의해 폐기될 수 없는 믿음이 아니라 이론적 출발점이라는 의미에서 철학에서 말하는 선험과는 다르다.

다는 가설에 근거하고 있다. 그 종결자인 기초적 믿음이 존재하지 않을 경우에 인식 정당화의 소급으로부터 회의론적 귀결을 피할 수 없다—옮긴이)을 다음과 같이 제시했다. 하지만 소급 논증은 확률적 지식으로 일반화될 수 있으며, 확률 척도에 의한 자기 참조의 문제다.

우리는 소급 논증을 다음과 같이 설명할 수 있다. 과거의 결과로부터 미래의 확률 분포에 대한 지식을 측정할 확률 분포를 얻기 위해 자료가 필요하다고 가정하자. 동시에 자료의 충족성과 미래 예측력을 측정하기 위해 확률 분포가 필요하다고 가정하자. 그렇다면 우리는 심각한 소급 순환고리에 빠지게 된다. 이것은 크레타인이 거짓말쟁이인지 아닌지를 진술하는 크레타인 에피메니데스 경우와 비슷한 자기 참조의 문제다. 실제로 에피메니데스 상황과 매우 비슷하다. 확률 분포가 진리의 정도를 평가하기 위해 사용되지만 그 자체의 진리성 정도와 유효성을 반영할 수 없기 때문이다. 그리고 여러 자기 참조의 문제와는 달리 위험 평가와 관련된 것들은 심각한 결과를 초래한다. 이러한 문제는 작은 확률과 관련하여 더욱 첨예하게 나타난다.

결정 불가능성 공리

《블랙 스완》 이후 필펠과 내가 공동으로 발표한 자기 참조의 문제는 주목받지 못했다. 그래서 라파엘 두아디와 나는 철학적 문제를 수학적으로 다시 표현했는데, 실제적 의미에서 괴델의 문제보다 더 중요해 보였다.

라파엘은 내가 아는 사람들 중에 수학 지식이 가장 뛰어난 사람이다. 작고한 그의 아버지를 제외하면, 그는 현 시대의 어느 누구보다 높은 수학적 지식을 가지고 있다. 글을 쓰는 동안 우리가 수학, 더 나아가 확률 수학의 배후에서 엄밀함을 더하기 위해 측정 이론을 사용했다면 형식 증명(증명 과정에서 나타나는 모든 명제는 정당한 도출근거가 명시되어야 한다. 앞에 나온 어떤 명제로부터 어떤 규칙에 의거해 도출된 것인지를 표시해야 한다. 그 표시는 각 명제 오른쪽 끝에 명시한다. 이런 형식의 증명법을 형식 증명이라고 한다—옮긴이)을 만들어냈을지도 모른다. 우리는 논문의 제목을 잠정적으로 〈결정 불가능성:허용 가능한 확률 클래스에 대해 선험적 가정을 세우지 않고 표본으로부터 확률을 추정하는 것의 모순에 관하여〉라고 정했다.

중요한 것은 결과들이다

우리는 실제 생활에서 가공되지 않은 단순 확률에는 신경 쓰지 않는다. 우리가 관심을 갖는 것은 결과다. 빈도가 낮은 사건일수록 결과가 더 심각하다(100년만의 홍수가 10년만의 홍수보다 빈도는 덜하지만 훨씬 더 심각하다는 점과 10년 만의 베스트셀러가 1년만의 베스트셀러보다 훨씬 더 많이 팔린다는 점을 생각하라). 결국 희박한 사건의 영향에 대한 추정은 막대한 결함을 포함하게 될 것이고, 어떤 것도 결함을 해결하지 못한다.[†]

그래서 희박한 사건일수록 그것에 대해 아는 게 더욱 적고, 외삽을 이용한 이론으로 공백을 채워야 한다. 이러한 방식은 사건의 희박성에 대한 주장에 비해 엄밀하지 않다. 그러므로 모델 오류는 꼬리 부분에서 심각하게 나타난다. 좋은 소식이라면 특정 표상은 다른 것들보다 훨씬 더 취약하다는 것이다.

희박한 사건이 중대한 결과를 초래하는 극단의 왕국에서는 모델 오류가 심각하다. 극단의 왕국에서는 척도가 없거나 무작위적 변수에 대한 점근적 상한이 없기 때문이다. 이에 비해 평범의 왕국에서는 정규 사건의 효과가 지배

---

† 흥미롭게도 베이즈 추론을 제안한 베이즈 목사의 유명한 논문은 우리에게 확률이 아니라 기댓값(기대되는 평균치)을 제시했다. 통계학자들은 그 개념과 관련하여 어려움을 겪다가 마침내 손익에서 확률을 추출했다. 이것은 불행한 일이었다. 그것이 자연스러운 것이 아니라는 점을 잊고 확률 개념이 구체화되었기 때문이다.

적이며 기댓값은 중요하지 않다. 우리는 정규 사건의 효과를 알고 있다. 우리는 큰 수의 법칙 덕분에 사람들이 다양하다는 것을 알고 있기 때문이다. 극단의 왕국에 대한 실례를 다시 한 번 제시해보겠다. 전 세계 모든 상장기업의 0.25%도 안 되는 기업들이 시가총액의 절반을 차지하고, 지구상의 작은 비율의 소설들이 소설분야 판매량의 절반을 차지하며, 0.1%도 안 되는 의약품들이 제약 산업 전체 매출의 절반 이상을 차지한다. 그리고 0.1%도 안 되는 위험이 절반 이상의 피해와 손실을 초래한다.

현실에서 표상으로 †

또 다른 관점에서 보자. 이론에서 실제 세계로 이행할 경우 역(逆)문제(물체의 표면에서 나타나는 현상을 가지고 내부의 성질을 알아내는 문제를 통칭하여 역문제라고 부른다. 병원에서 쓰는 단층촬영이 역문제를 응용한 예다—옮긴이)와 전점근성이라는 문제가 명확하게 드러난다.

역문제. 엎질러진 물에서 얼음조각을 다시 만드는 것이 엎질러진 물의 형태를 예측하는 것보다 얼마나 더 어려운 일인지 생각해보라. 답은 유일하지 않다. 얼음조각은 여러 형태가 될 수 있다. 나는 소비에트-하버드 스타일 때문에 두 화살(얼음조각에서 엎질러진 물로, 엎질러진 물에서 얼음조각으로)을 혼동하는 오류를 저지르게 된다는 것을 발견했다. 이것은 당신의 마음속에 있는 플라톤적 형상이 당신이 창밖으로 관찰하고 있는 것이라는 플라톤적 태도의 오류다. 의학의 역사에서 두 화살의 혼동에 대한 많은 증거를 볼 수 있다. 특히 혼동에 대한 증거는 아리스토텔레스적 목적론에 기반을 둔 합리주의 의학

---

† 희박한 사건들은 계산될 수 없다는 점을 아는 똑똑한 독자들은 이 장의 나머지 부분을 건너뛰어도 좋다. 이 부분은 매우 기술적인 것이다. 이 부분은 너무 많은 것을 공부하여 사태를 명확하게 볼 수 없는 사람들을 위해 한 가지 점을 입증하기 위한 것이다.

에 많으며, 다음과 같은 논리적 근거에 기반을 두고 있다. 우리는 어떤 기관의 배후에 있는 논리, 즉 그 기관이 무엇을 하기 위해 만들어졌는지를 알고 있기 때문에 환자를 치료하는 데 그 논리를 사용할 수 있다고 가정한다. 의학에서 인간의 신체에 관한 이론을 버리기가 어려웠다. 게다가 우리 마음속에 이론을 구축하거나 하버드에서 그 이론을 배운 다음 세계에 투사하기는 쉽다. 그러면 일은 간단하다. 두 화살을 혼동하는 이 문제는 작은 확률과 관련하여 심각한 결과를 초래했다.†

결정 불가능성 정리와 자기 참조 논증에서 보았듯이 우리는 실제 생활에서 확률 분포를 관찰하지 않는다. 우리는 단지 사건을 관찰할 뿐이다. 그래서 결과들은 다음과 같이 표현될 수 있다. 우리는 통계적 성질들을 모른다. 사건이 일어난 후에도 마찬가지다. 여러 관찰들을 고려하면 많은 통계 분포들이

---

† 이것은 매우 기술적인 사항이다(건너뛰어도 됨). 미지의 분포 문제는 어떤 면에서 '이 문장은 참이다'라는 이슈(문장은 그 자체의 진리 술어를 포함할 수 없다)와 관련된 버트런드 러셀의 논리적 어려움과 유사하다. 우리는 타르스키 해를 적용해야 한다. 모든 언어에 대해 메타언어는 해당 언어의 참과 거짓 술어 문제를 처리할 것이다. 확률과 관련하여 메타확률은 모든 확률에 신뢰도를 할당한다. 일반적으로 확률 분포는 메타확률 분포에 종속될 필요가 있고, 메타확률 분포는 어떤 확률 분포가 틀릴 확률을 준다. 다행히 나는 그것을 유효한 수학적 도구로 표현할 수 있었다. 나는 예전에 《동적 헤징*Dynamic Hedging*》(1997년)에서 이 메타분포 문제를 다룬 적이 있다. 나는 가우스 분포에 오류율을 부여하는 데서 시작하여(각각 다른 매개변수를 지닌 두 개 이상의 가우스 분포를 도입해서) 거의 필연적으로 극단의 왕국을 야기하는 분포를 얻었다. 그래서 나에게 분포의 분산은 인식론적으로 평균에 관한 지식의 결여를 재는 척도다. 따라서 분산의 분산은 인식론적으로 평균에 관한 지식의 결여에 관한 지식의 결여를 재는 척도다. 그리고 분산의 분산은 분포의 4차 모멘트 (일반적으로 1차 모멘트는 E(X)이기 때문에 평균이라 하고, 2차 모멘트는 E(X2)이기 때문에 분산이라 하며, 3차 모멘트는 왜도(skewness, 분포가 한 쪽으로 치우친 정도)라 하고, 4차 모멘트는 첨도(kurtosis, 분포의 모양이 뾰족한 정도)라고 말한다—옮긴이)와 첨도에 상응하는 유사물이다. 이를 통해 우리는 불확실성을 수학적으로 다음과 같이 표현할 수 있다. 두꺼운 꼬리 = 지식의 결여에 관한 지식의 결여.

정확히 똑같은 실현결과에 일치할 수 있다. 각각은 그것이 도출된 사건의 집합 외부에서 다르게 외삽 될 것이다. 더 많은 이론과 분포를 자료에 일치시킬 수 있을 때 역문제는 더욱 첨예해진다. 특히 비선형성이나 비검약적 분포가 존재할 경우에 더욱 첨예해진다.† 비선형성 하에서 가능한 모델/매개변수화 부류의 수가 폭증한다.††

그러나 이 문제는 일부 영역에서 흥미롭다. 1부 8장의 카사노바 문제를 생각하라. 부정적 검은 백조는 생성되지만 긍정적 검은 백조는 생성되지 않는 경향이 있는 환경에서 작은 확률의 문제는 더욱 악화된다. 왜 그런가? 확실히 파국적 사건은 자료에서 빠질 수밖에 없다. 이는 변수의 존속 조건 자체가 효과에 달려 있기 때문이다. 따라서 그러한 분포 때문에 관찰자들은 잠재적 변덕성과 위험을 과소평가하고 안정성을 과대평가하기 쉽다.

이 점은 의학 분야에서 심각하게 받아들여야 한다. 유행병의 역사를 면밀히 연구하더라도 지구를 휩쓸 전염병이 발생할 위험을 알 수 없다. 또한 우리가 현재 환경에 대해 행하고 있는 일을 계속 한다면, 그동안 자연에 가한 누적적 피해 때문에 겪을 잠재적 불안정성이 과소평가 되었다고 확신한다.

이에 대한 사례가 있다. 100년간의 자료를 분석한 연구에 따르면 이 글을 쓰는 시점에서 주식 시장은 순진한 은퇴자들이 믿는 것보다 훨씬 더 위험한 것으로 드러났다. 2010년에 이르기까지 10년 동안 은퇴자들은 금융 전문가들

---

† 가우스 분포는 검약적(parsimonious)이다(적합한 매개변수가 두 개밖에 없다). 그러나 가능한 도약에 층을 첨가하는 문제는 무한한 매개변수 결합을 허용한다.

†† 내가 들은 가장 흔한(하지만 쓸모없는) 논평들 중 하나는 로버스트 통계(robust statistics, 극값이 평균이나 표준편차의 추정값에 미치는 영향을 최소화하기 위한 기법이다—옮긴이)에서 일정한 해결책이 나올 수 있다는 것이다. 하지만 이 기법을 사용하여 아무 것도 존재하지 않는 곳에서 정보를 도출할 수 있을지 의문이다.

로부터 시장이 약 75% 상승할 것으로 예상된다는 이야기를 들었지만, 실제로는 23% 가까이 떨어졌다. 이로 인해 많은 연기금(그리고 세계 최대 자동차회사)이 파산했는데, 은퇴자들이 금융 전문가의 말을 믿었기 때문이다. 그리고 낙담한 사람들은 은퇴를 연기했다. 우리가 잘 속는 사람들이고, 실제로는 불안정하지만 안정되어 보이는 변수들로 끌릴 것이라는 점을 생각하라.

전점근성. 전점근성에 관해 논의할 때 언급된 플라톤적 태도로 돌아가 단기에 무슨 일이 일어나는지 살펴보자. 물론 이론이란 출발점으로 삼기에 나쁜 것이다. 그러나 그 이론은 이상적 상황, 즉 점근성에서 도출되었지만 점근성 밖에서 사용될 때는 더 나쁠 수 있다. 만델브로와 나는 몇몇 점근적 성질이 평범의 왕국에서 전점근적으로 어떻게 작동하는지를 보여주었다. 따라서 이것이 카지노가 잘 운영될 수 있는 이유라는 점과 극단의 왕국에서는 상황이 다르다는 점도 보여주었다.

대다수 통계학 교육은 점근적인 플라톤적 성질에 기반을 두고 있지만, 우리는 실제 세계에 살고 있고 이 실제 세계는 점근성을 닮지 않았다. 통계 이론가들은 이것을 알고 있거나 안다고 주장하지만, 논문을 쓰면서 증거에 관해 이야기하는 보통의 통계학자는 그렇게 생각하지 않는다. 더욱이 이것은 루딕 오류(ludic fallacy, 224쪽 참조—옮긴이)를 악화시킨다. 수리통계학 연구자들이 하는 일의 대부분은 게임의 닫힌 구조와 유사한 구조를 가정하는 것이다. 그러나 일단 확률을 알고 있다면 계산하는 것이 아니라 관련된 지평에서 실제 분포를 찾아내는 것이 우리의 문제다. 우리의 지식과 관련된 많은 문제는 선험적인 것과 후험적인 것(선험적인 것과 후험적인 것의 구분은 일반적으로 명제의 구분과 관련된다. 선험적 명제가 경험과 무관하게 참으로 판단될 수 있다면, 후험적 명제는 경험에 근거해서만 참으로 판단될 수 있다—옮긴이) 사이의 긴장에서 발생한다.

실체적 증거

작은 확률을 계산할 때 신뢰할 만한 방법은 없다. 나는 희박한 사건들의 확률을 계산하기 어려운 점을 철학적으로 입증했다. 나는 활용할 수 있는 모든 경제 자료들을 사용하여 특정 분포가 가우스 분포에서 떨어진 정도를 사용한 자료로 계산할 수 없다는 점을 보여주었다. 독자들은 신경 쓸 필요가 없는 첨도라는 척도가 있다. 이것은 꼬리가 얼마나 두꺼운지, 즉 희박한 사건들이 얼마나 큰 영향을 미치는지를 표현한다. 그런데 종종 1만 개의 자료와 40년간의 일상적인 관찰값과 관련하여 단 하나의 관찰값이 90%의 첨도를 대표한다. 어떤 것이 어느 정도로 비(非)가우스적인지에 관한 통계적 추론을 위해서는 표본 오차가 너무 크다. 이는 단 하나의 수치를 놓치면 전체를 놓치게 된다는 뜻이다. 첨도의 불안정성은 특정한 통계 척도들이 모두 거부되어야 한다는 것을 의미한다. 이것은 표준 편차, 분산, 최소자승편차 등에 의존하는 모든 것이 거짓이라는 것을 입증한다.

또한 나는 프랙털을 사용하여 만족스러울 만큼 정확한 확률을 얻을 수 없다는 점도 보여주었다. 이는 3부 16장에서 분석한 꼬리 지수 속에서의 작은 변화가 확률을 10배 이상 변하게 할 것이기 때문이다. 의미 : 특정 영역에서 작은 확률에 노출되는 것을 피할 필요성. 우리는 그것들을 결코 계산할 수 없다.

단일 사건 확률의 오류

나는 2부 10장에서 기대수명의 변화 양상을 예로 들면서, 사람들이 나이를 먹음에 따라 추가 수명에 대한 조건부 기댓값이 떨어진다고 말했다. 이것을 표준편차로 표현하면 평범의 왕국에서 가우스 변수의 조건부 기댓값은 하한 임계치 0이라는 조건 하에서 0.8이다. 하한 임계치 1의 조건 하에서는 1.52다. 하한 임계치 2라는 조건 하에서는 2.37이다. 편차가 커짐에 따라 두 숫자는 수렴될 것이다. 그래서 하한 임계치 10이라는 조건 하에서 무작위 변수는 정확하게 10이 될 것이다.

극단의 왕국에서 사태는 다르게 작동한다. 무작위 변수의 조건부 기댓값은 그 변수가 증가해도 임계치에 수렴하지 않는다. 실제 세계에서 주가수익률과 관련하여 손실이 5단위를 넘지 않는다는 조건 하에서 척도의 어느 단위를 사용하더라도 기댓값은 약 8단위가 될 것이다. 손실 변화가 50단위를 넘는다는 조건 하에서 기댓값은 약 80단위가 될 것이다. 표본이 소진될 때까지 계산을 해보면 평균적 손실 변화 100단위 이하의 기댓값은 250단위다! 이것은 내가 충분한 표본을 찾아낸 모든 영역에 해당된다. 이것은 전형적인 실패도 존재하지 않고, 전형적인 성공도 존재하지 않는다는 것을 보여준다. 전쟁을 예측할 수 있겠지만 전쟁의 결과는 예측할 수 없다. 전쟁에서 5백만 명 이상이 죽는다고 전제할 경우 실제로는 1천만 명이 죽을 것이다. 5억 명 이상이 죽는다고 전제하면 실제로는 10억 명이 죽을 것이다. 유능한 사람이 부자가 될 것이라고 예측할 수 있겠지만, 그가 성공한다는 조건 하에서 그의 부는 1백만 달러가 될 수도 있고, 1천만 달러, 10억 달러, 100억 달러에 달할 수 있다. 전형적인 숫자는 존재하지 않는다. 성공한다는 조건 하에서의 약품 판매의 예측을 위한 자료가 있다면, 판매 추정치는 실제 판매와 전혀 관련이 없을 것이다. 한 의약품이 성공할 것이라고 정확히 예측되었지만 실제 매출액은 22배나 높게 나타났다.

극단의 왕국에서는 전형적 사건이 없기 때문에 예측 시장은 우스운 것이 되고 만다. 왜냐하면 예측 시장에서 사건은 2진수적인 것(팔든가 사든가, 이기

든가 지든가, 올라가든가 내려가든가처럼 2가지 결과만 있는 내기를 말한다—옮긴이)으로 간주되기 때문이다. 따라서 전쟁이라는 예측은 의미가 없다. 예측이 필요한 것은 전쟁의 피해다. 그리고 어떤 피해도 전형적이지 않다. 많은 사람이 제1차 세계대전이 일어날 것이라고 예측했지만 어느 누구도 전쟁의 피해를 예측하지 못했다. 경제학이 소용없는 이유는 거의 모든 문헌들이 이 점을 전혀 다루지 않기 때문이다.

따라서 사건의 예측을 전쟁 채권에 표현된 것으로 보는 퍼거슨의 방법론은 단순히 예측치를 계산하는 것보다 적절하다. 이는 참전국 정부가 부담할 비용을 반영하는 채권은 사건의 확률, 그리고 사건의 확률에다가 결과를 곱한 가격이 매겨지기 때문이다. 그래서 우리는 어떤 사건의 결과에 대한 진술이 첨부되어 있지 않다면, 단순히 그 사건을 예측했는지 여부에 초점을 맞추어서는 안 된다.

앞서 말한 오류와 관련하여 검은 백조란 통상적인 생각보다 가능성이 클 수밖에 없다는 의미로 내 생각을 해석하는 것도 잘못이다. 검은 백조는 가능성은 낮지만 효과는 크다. 예술 분야 같은 승자 독식 환경에서 성공 확률은 매우 낮다. 이는 성공하는 사람들의 수는 적지만 결과값은 불균형적으로 높기 때문이다. 그래서 두꺼운 꼬리 환경에서 희박한 사건은 빈도수(확률)가 낮을 수 있지만, 너무나 강력하기 때문에 전체에 끼치는 영향은 훨씬 크다.

그 점은 수학적으로는 간단하지만 쉽게 나타나지 않는다. 나는 수학과 대학원생들에게 다음과 같은 퀴즈를 즐겨 냈다. 가우스적 세계에서 표준편차 1을 초과할 확률은 약 16%다. 더 두꺼운 꼬리 분포 하에서 표준편차 1을 초과할 확률은 얼마인가? 정확한 답은 더 높은 게 아니라 더 낮다는 것이다. 편차값은 떨어지지만 발생하는 소수의 사건이 중요하다. 대다수 대학원생이 틀린 답을 제시해서 당황스러웠다.

스트레스 테스트(경기침체 같은 외부 충격에 대한 금융회사들의 위기 관리 능력을 평가하는 프로그램이다. 예외적이지만 발생할 수 있는 사건이 터졌을 때 금융시스템이 받게 되는 잠재적 손실을 측정하는 방법을 말한다. 스트레스 테스트는 통계량의 변화를 시간의 움직임에 따라 계열화한 시계열(時系列) 자료를 통해 추정되는 지표의 예측력 한계를 보완하기 위해 고안되었다—옮긴이)로 돌아가자. 이 글을 쓸 때 미국 정부는 금융기관들에게 큰 편차를 가정하고 장기자본구성(기업에서 사용하는 장기 금융의 양과 종류를 말한다. 보통주·우선주·유보이익·장기부채 등이 이에 포함된다. 장기 자금의 조달에 부채 비율을 적게 유지하는 기업일수록 보수적 자금조달을 하는 기업으로 분류된다—옮긴이)에 결과들을 비교하는 스트레스 테스트를 받으라고 요구했다. 그러나 그들이 어디서 수치를 얻었는지가 문제다. 과거에서? 우리가 보았듯이 극단의 왕국에서는 과거가 미래의 지표가 될 수 없기 때문에 과거에서 수치를 얻는 것은 심각한 오류를 초래할 수 있다. 극단적 편차의 비전형성 때문이다. 스트레스 테스트와 관련하여 내가 깨달은 점은 스트레스 테스트가 위험에 대해 드러내주는 게 별로 없다는 것이다. 물론 위험은 모델 오류의 정도를 평가하는 데 사용될 수 있다.

편차에 대한 지각 심리학

변화의 전형성에 대한 직관의 허약성. 댄 골드스타인과 나는 조건부 기댓값과 관련하여 행위자들의 직관에 대한 실험을 수행했다. 우리는 다음과 같은 질문을 만들었다. 6피트보다 큰 사람들의 평균 신장은 얼마일까? 250파운드보다 무거운 사람들의 평균 체중은 얼마일까? 우리는 위에서 언급한 키와 체중에 관한 것을 포함하고 여기에 나이를 추가해 평범의 왕국에서 얻은 자료로 실험을 수행했다. 그리고 우리는 참가자들에게 시가총액(50억 달러를 초과하는 시가총액을 가진 기업들의 평균 시가총액은 얼마일까?)과 주가수익률 같은 극단의 왕국에서 나온 변수들을 짐작해보게 했다. 실험 결과에 따르면 평범의 왕국에서는 우리의 직관이 잘 작동하지만 극단의 왕국에서는 직관이 형편없다는 것을 보여준다. 그러나 경제생활은 전적으로 극단의 왕국에 속한다. 우리는 큰 편차의 비전형성에 대해 좋은 직관력을 가지고 있지 않다. 이 때문에 사람들은 어리석게 과도한 위험을 감수하거나 반대로 기회를 과소평가한다.

위험 표현. 생존율에 관한 사례를 수학적으로 보여주었던 설명은 심리학적으로 타당하지 않다. 더 나쁜 것은 교수들조차 실수를 저지르고 자신들의 오류에 근거해서 판단을 내린다는 점이다. 우리의 연구가 보여주듯이 위험이 표현되는 방식이 그 위험에 대한 사람들의 이해에 뚜렷한 영향을 미친다. 분석가들이 30년마다 모든 돈을 잃을 것이라고 말한다면, 투자자들은 매년 특정 금액을 잃을 확률이 3.3%라고 말하는 경우보다 더 높은 투자 의지를 보일 것이다.

비행기 탑승에 대해서도 동일하게 말할 수 있다. 우리는 실험 참가자들에게 이렇게 질문했다. "당신은 외국에서 휴가를 보내고 있고 특별한 섬을 둘러보기 위해 국내선 비행기를 타려고 생각한다. 안전 통계에 따르면 당신이 1년에 1번 비행기를 타면 이 항로에서 평균 1000년에 1번꼴로 비행기 추락사고를 당할 것이다. 당신이 여행을 하지 않으면 이곳을 다시 방문하게 될 것 같지 않다. 당신은 비행기를 타겠는가?" 모든 응답자가 비행기를 타겠다고 말했다. 그러나 두 번째 문장을 바꾸어 "안전 통계에 따르면 평균적으로 이 항로에서 1000번에 1번꼴로 추락 사고가 일어난다"고 했다. 그러니 70%만 비행기를 타겠다고 했다. 두 경우 모두 사고의 확률은 1000분의 1이다. 단지 두 번째 표현이 더 위험하게 들리는 것이다.

복잡한 영역에서 인과와 귀납의 문제

복잡성이란 무엇인가? 복잡성에 대한 더 좋은 정의도 많지만 여기서 나는 복잡성을 함수적 정의로 단순화해서 살펴보겠다. 복잡한 영역에서는 요소들 사이에 상호의존이 크다. 상호의존은 시간적(한 변수가 자신의 과거 변화에 의존한다), 수평적(변수들이 다른 한 변수에 의존한다), 대각선적(변수 A가 변수 B의 과거 역사에 의존한다) 성격을 갖는다. 이러한 상호의존의 결과로 메커니즘은 자기 강화적인 양성 피드백에 빠지고 두꺼운 꼬리를 만든다. 3부 15장에서 보았듯이 이 메커니즘은 요소들의 총합에 의해 평범의 왕국의 얇은 꼬리를 만들고, 가우스 분포로 수렴되는 중심극한 정리(동일한 확률 분포를 가진 독립 확률 변수 n개의 평균값은 n이 적당히 크다면 정규분포에 가까워진다는 정리다. 모집단이 어떤 분포를 이루어도 표본의 크기가 충분히 크다면 표본분포는 정규분포에 접근하게 된다. 그리고 표본의 크기가 커질수록 표본분포는 정규분포에 가깝게 된다—옮긴이)의 작동을 방해한다. 쉬운 용어로 말하면 변화는 시간이 지나면서 평균으로 이끄는 힘에 의해 완화되지 않고 강화된다. 결국 두꺼운 꼬리를 첨예화시키는 비선형성이 나타난다. 그래서 복잡성은 극단의 왕국을 의미한다.

나는 복잡성 이론에 대한 극단의 왕국의 요소에만 집중하고, 그 이론의 다른 요소들은 고려하지 않았다. 예측 불가능성 문제를 다룰 때 배경으로만 이론을 사용했다. 그러나 통상적인 분석과 인과관계에 대해서는 복잡성에 따른 결과가 발생한다.

귀납

다른 시각에서 귀납의 문제를 다시 살펴보자. 귀납은 현대에서 구닥다리로 취급되어 검은 백조 문제를 심각하게 만든다. 복잡한 영역에서 귀납 대 연역은 실제 문제에 비해 주변적이다. 모든 아리스토텔레스적 구분은 중요한 차원을 놓친다. 원인 같은 개념도 다른 의미를 갖는다. 특히 순환적 인과성과 상호의존이 존재할 경우에는 더욱 그렇다.[†] 이를 확률론적으로 해석하면 랜덤워크 모델(고정된 영역에서 움직이고 주변의 다른 변수들과 상호작용하지 않는 무작위 변수를 가진 모델)이 스며들기 모델 (다양한 변수가 상호작용하면서 영역 자체가 확률적인 모델)로 바뀐다.

눈을 가린 상태로 스쿨버스 운전하기

이 글을 쓰는 시기에도 기존 경제학계는 예측 가능성을 떨어트리는 복잡성을 여전히 모르고 있다. 화내는 일에만 열중하지 않겠다. 사막기를 다시 경험하고 싶지 않다. 마크 스피츠나겔과 나는 모델 오류에 대비해 포트폴리오를 강인하게 만들기 위한 위험관리 프로그램을 설계했다. 그 위험 때문에 과도한 차입과 초인플레이션이 발생할 수 있다.

나는 다보스 세계경제포럼에서 복잡계의 상호의존과 예측 가능성 하락을 다음과 같이 설명했다. 월스트리트의 손실로 시작된 뉴욕의 실업은 중국으로 스며들어 실업을 초래하고 다시 뉴욕의 실업으로 스며든다. 이것은 분석적인 방법으로 파악할 수 없다. 피드백 고리들이 거대한 추정 오류를 일으키기 때문이다. 나는 여기서 볼록성이라는 개념을 사용했다. 볼록성은 투입 변화에

† 사건의 전형성 부재가 인과성에 미치는 영향은 다음과 같다. 어떤 사건이 전쟁을 야기할 수 있다고 하자. 우리가 보았듯이 그런 전쟁은 여전히 정의되지 않는다. 이는 전쟁으로 인해 세 명이 죽을 수도 있고 10억 명이 죽을 수도 있기 때문이다. 그래서 우리가 원인과 결과를 확인할 수 있는 상황에서도 여전히 아는 게 별로 없는데, 이는 그 결과가 여전히 비전형적이기 때문이다. 나는 이것을 역사가들(니얼 퍼거슨을 제외하고)과 정치학자들(존 엘스터를 제외하고)에게 설명하는데 심각한 애로를 겪었다. 이 점을 중근동학 교수에게 (매우 정중히) 설명해보라.

따른 불균형적 비선형성을 의미한다. 내 발표 다음에 이스라엘 중앙은행 총재이자 IMF 수완가였으며 고전 거시경제학 교재의 공동저자이기도 한 스탠리 피셔가 나를 찾아와 그런 피드백 고리가 예측 불가능성을 초래한다는 내 주장에 대해 논평했다. 그는 피드백을 계산하는 데 유용한 투입-산출 매트릭스가 있다고 말하고는 노벨 경제학상을 받은 저자의 저작을 인용했다. 문제의 그 경제학자는 바실리 레온티에프였다. 나는 '그가 오만하며 자신이 틀렸다는 것을 이해하지 못할 정도로 무식해'라고 말하는 듯한 표정으로 피셔를 쳐다보았다. 계량경제학 모델들이 정상 시기에 피드백 고리들의 효과를 추적할 수 있지만, 그런 모델들이 큰 교란에 대해서는 아무 것도 말해주지 않는다는 것을 이해시키기 어려웠다. 큰 교란을 빼놓고는 극단의 왕국을 말할 수 없다. 내가 옳다면 피셔의 교재는 물론 그의 동료들의 교재들도 폐기처분되어야 한다. 수학 공식을 사용하는 모든 예측 방법도 폐기되어야 한다.

나는 비선형 상황에서 화폐정책이 저지를 수 있는 오류 문제를 설명했다. 아무런 성과 없이 계속 돈이 투입된다. 초인플레이션이 일어날 때까지. 필연적인 일이다. 정부에게 자신들도 이해하지 못하는 장난감을 주어서는 안 된다.

6장_ 제4사분면, 가장 유용한 문제에 대한 해답[†]

아리스토텔레스는 천천히 걸었는가?—그들은 원칙을 따를 것인가?—폰지 게임으로 업적을 인정받는 법

당신이 감수하고 있는 위험을 측정하는 것보다 당신이 측정할 수 있는 위험을 감수하는 것이 더 건전하다.

지도상에 특이한 지점이 있다. 제4사분면이다. 여기서는 귀납의 문제(경험적 명제[사실의 문제]에 한하여 과거의 경험을 미래의 경험으로 투사하는 것이 근거없다는 논제다—옮긴이)라는 경험론의 함정이 살아난다. 이곳은 증거 없음이 없음의 증거를 의미하지 않는 곳이다. 이 장에서 우리는 더 강인한 인식론적 토대 위에 우리의 생각을 세울 것이다.

† 사회과학이나 사업 또는 공공정책 같은 나쁜 일에 종사하지 않는 사람들은 이 장을 건너뛰는 게 좋을 것이다. 1부 7장이 좀 덜 세속적이다.

데이비드 프리드먼, 편히 잠드소서

먼저 나는 지식의 세계에 큰 공헌을 했던 사람에게 경의를 표해야겠다. 고인이 된 데이비드 프리드먼은 나에게 작별 선물을 보내주었다. 그는 통계적 지식의 결함과 일부 통계 방법이 적용될 수 없다는 점을 명확하게 설명했다. 그는 미국 통계학회에 참석하기로 예정되어 있었지만 병 때문에 참석하지 못했다. 그러나 그는 나에게 메시지를 보내 회의 준비에 도움을 주었다. 검은 백조에 대한 생각을 바꾸게 한 그 메시지는 이런 내용이었다. '대비해두게. 사람들은 자네에게 자기들 위주의 주장을 제시할 것이고, 자네는 이것에 대답해야 할 걸세.' 이 메시지는 프리드먼의 책에 '모델 설계자들의 대답'이라는 장 안에 있다. 그의 주장은 이렇다.

> 모델 설계자들의 대답 : 우리가 다 아는 이야기다. 완벽한 것은 없다. 가정들은 대체로 합리적이다. 가정들은 문제가 되지 않는다. 가정들은 보수적이다. 당신은 가정들이 틀렸다는 것을 증명할 수 없다. 우리는 다른 모든 사람이 하는 일을 하고 있을 뿐이다. 우리가 없는 것보다는 있는 것이 의사 결정자들에게 더 좋다. 모델들이 완전히 쓸모없는 것은 아니다. 자료를 최대한 활용할 수 밖에 없다. 앞으로 나아가기 위해서는 가정을 해야 한다. 모델들을 긍정적인 쪽으로 해석해야 한다. 해로울 일이 뭐가 있겠는가?

그의 메시지를 받은 후 나는 '이것은 틀렸다' 대신에 '이것은 당신의 도구들이 작동하지 않는 영역이다' 접근법을 사용해야겠다고 생각했다. 스타일을 바꾸자 나는 환영과 다이어트 콜라 대접을 받았고 내 생각을 이해시킬 수 있었다. 또한 데이비드의 메시지 덕분에 나는 계량 모델에 의해 초래된 해악이자 의사에게 원인이 있는 의인성(醫因性) 오류에 초점을 맞출 수 있었다.

데이비드 프리드먼은 통계학회가 있은 지 몇 주 후에 영면했다.† 고마워요, 데이비드. 당신은 검은 백조가 당신을 필요로 할 때 바로 거기 있었습니다. 당신과 당신의 기억이 편안히 잠들기를 기원합니다.

이를 통해 우리는 답을 얻었다. 결정 불가능성에도 불구하고 상황은 결코 심각하지 않다. 왜냐고? 우리는 이 오류들이 어디에서 심각한지, 무엇을 주의해야 하는지에 관한 지도를 그릴 수 있기 때문이다.

결정

사건들의 발생 원인을 살펴보면 어느 환경이 큰 사건을 낳고 어느 환경이 그렇지 않은지를 선험적으로 알 수 있다. 이것이 우리가 해야 할 유일한 선험적 가정이다. 이것 단 한 가지다. 그것이 전부다.

I. 첫 번째 유형의 결정은 단순해서 2진수 노출로 나타난다. 어떤 것이 참인지 거짓인지만 생각하면 된다. 참/거짓 여부는 추가 이익이나 피해를 초래하지 않는다. 2진수 노출은 결과값이 제한적이기 때문에 충격이 큰 사건에 의존하지 않는다. 누군가가 임신을 했을 수도 있고 아닐 수도 있다. 그 사람이

† 데이비드는 나에게 두 번째 놀라운 선물을 남겨 주었다. 그것은 사막기 동안 내가 받은 최상의 선물이었다. 유고 논문에서 그는 '탈레브를 비판하려는 통계학자들의 노력이 설득력이 없는 것으로 드러났다'고 썼다. 이 한 문장은 논박이 성공하지 못했다는 점과 비판이 근거가 없다는 것을 독자들에게 알려주었다는 점에서 수백쪽의 인신공격적인 비판을 기각하면서 흐름을 바꾸었다. 메시지를 제자리에 되돌려 놓는데 필요한 것은 그와 같은 단 한 문장이다.

만삭일지라도 결과값은 임신 초기와 같다. 어떤 진술은 특정 신뢰구간에서 참일 수도 있고 거짓일 수도 있다. (나는 이것을 M0이라고 부른다. 전문적으로 말하면 그것들이 0차 모멘트, 즉 사건의 규모가 아니라 사건의 확률에 의존하기 때문이다. 문제는 가공되지 않은 원래의 확률뿐이다.) 실험실에서 수행되는 생물학 실험이나 친구들과 하는 축구 경기 결과 맞추기 같은 것이 이런 범주에 속한다.

확실히 실제 생활에서는 2진수 결과가 지배적이지 않다. 2진수 결과는 실험실과 연구 논문에만 존재한다. 실제 생활에서는 결과값이 개방적이거나 가변적이다.

II. 두 번째 유형의 결정은 더 복잡하고 개방적인 노출로 나타난다. 문제는 빈도나 확률이 아니다. 결과나 결과에 따른 복잡한 함수도 문제다. 따라서 결과의 불확실성이 존재한다. 전염병이나 전쟁이 가벼울 수도 있고 심각할 수도 있다. 투자를 할 경우에는 이익을 얻거나 손실을 입는 횟수가 아니라 누적값인 기댓값, 즉 이익이나 손실을 입는 횟수 곱하기 벌거나 잃는 액수다. 더 복잡한 결정들이 존재하지만 여기서 이 문제는 건너뛸 것이다.

검토해야 할 문제는 다음과 같다.

A. 어떤 사건 유발자가 평범의 왕국에 속하는가(매우 큰 편차가 발생하는 것은 불가능에 가깝다).

B. 어떤 사건 유발자가 극단의 왕국에 속하는가(매우 큰 편차가 가능하고 가능성이 크다).

이것이 지도상의 네 사분면을 규정한다.

제4사분면, 지도

제1사분면. 단순한 2진수 결과값, 평범의 왕국에 속함. 예측은 안전하고, 생활은 단조롭고, 모델이 유효하고, 모든 사람이 행복하다. 불행하게도 이런 상황은 실제에서보다는 실험실과 게임에만 있다. 경제적 의사결정의 결과값에서는 이런 것들을 관찰할 수 없다. 사례들 : 환자 개인에 대한 의료 결정, 카지노 도박, 예측 시장.

M0 "참/거짓"	M1 기댓값
환자 개인에 대한 의료 결정 (유행병이 아닌 건강)	전염병 (많은 사람이 감염됨)
심리 실험 (예/아니오 형태의 대답)	지적 · 예술적 성공 (책 판매와 인용 등으로 정의됨)
삶/죽음 (n명이 아니라 1명)	기후효과 (특정한 양)
룰렛에서의 대칭적 내기	전쟁 피해 (사상자 수)
예측 시장	안보, 테러, 자연재해 (희생자 수)
	일반적인 위험관리
	재정 : 레버리지 없는 투자의 실적 (예를 들어 은퇴계좌)
	보험 (예상된 손실의 척도)
	경제 (정책)
	카지노

표 1. 결과값 별 결정 양상

제2사분면. 평범의 왕국에서 나타나는 복합적인 결과값 : 일정한 위험이 존재하지만 통계적 방법이 만족스럽게 작동할 수도 있다. 실제로 평범의 왕국 모델을 사용하는 것이 만병통치약은 아닐지도 모른다. 전점근성·독립성 결여·모델 오류 때문이다. 확실히 문제가 있지만 데이비드 프리드먼이 여러 문헌에서 이 문제들을 폭넓게 다루었다.

제3사분면. 극단의 왕국에서 나타나는 단순한 결과값 : 틀려도 해악이 적다. 극단적 사건들의 가능성이 결과값에 영향을 미치지 않는다. 검은 백조에 대해 걱정할 필요가 없다.

제4사분면, 검은 백조 영역. 극단의 왕국에서 나타나는 복합적인 결과값 : 문제가 있는 영역이지만 기회도 있다. 우리는 먼 결과값의 예측을 피해야 한다. 물론 평범한 결과값에 대한 예측도 피해야 하는 것은 아니다. 분포의 먼 쪽에서 나오는 결과값은 가까운 쪽에서 나오는 결과값보다 예측하기 어렵다.[†]

제4사분면은 긍정적 검은 백조에 노출되거나 부정적 검은 백조에 노출되는 두 부분으로 이루어져 있다. 나는 여기서 부정적인 것에 초점을 맞출 것이다.

	I 단순한 결과값	II 복잡한 결과값
A 평범의 왕국	제1사분면 매우 안전	제2사분면 (어느 정도) 안전
B 극단의 왕국	제3사분면 안전	제4사분면 검은 백조 영역

표 2. 네 사분면

추천하는 것은 제4사분면에서 제3사분면으로 이동하는 것이다. 분포는 바꿀 수 없어도 노출은 바꿀 수 있다.

---

† 사건들이 극단의 왕국에 속하고(무작위성의 비체계성 때문에) 추가적인 경험적 관찰도 당신의 마음을 바꿀 수 없다고 가정할 경우 이것은 철학적으로 선험적 개념이다. 왜냐하면 극단의 왕국의 속성은 검은 백조 사건의 가능성을 숨기는 것(내가 이전에 가면무도회 효과라고 부른 것)이기 때문이다.

제4사분면에서 중요한 점은 검은 백조와 관련된 모든 회의론에 초점을 맞추어야 한다. 일반 원칙은 이렇다. 앞의 세 사분면에서는 좋은 모델이나 이론을 활용하고 의존할 수 있지만, 제4사분면에서 그렇게 하는 것은 위험하다. 제4사분면에서는 모델이나 이론이 좋은지 나쁜지 따질 수 없다. 다 거기서 거기다. 제4사분면은 증거 없음과 없음의 증거의 차이가 첨예해지는 곳이다.

다음으로 어떻게 하면 제4사분면에서 벗어나거나 그 충격을 줄일 수 있는지 살펴보자.

7장_ 제4사분면과 관련하여 무엇을 할 것인가

틀린 지도를 사용하지 않기 : 의인성 개념

이제 나는 실천 규칙을 만들 수 있다. 내 삶에는 다음과 같은 딜레마가 있는 것 같다. 어떤 사람들은 알프스에서 조난을 당했을 때 아무 것도 사용하지 않기보다는, 심리적 위안을 위해 피레네의 지도를 사용한다. 그런 사람들이 드러내지는 않지만 미래의 문제를 다루거나 위험 측정을 할 때 그보다 더 잘못된 일을 한다. 그들은 아무 것도 하지 않기보다는 결함이 있더라도 예측하기를 좋아한다. 그래서 풋내기들에게 확률 척도를 주면 그들은 분명 많은 위험을 감수하게 된다. 나는 댄 골드스타인과 함께 실험을 계획했다. 대니는 우리가 직접 실험할 필요가 없다고 말했다. 누군가에게 위험에 대한 틀린 예측을 주는 것의 유해성을 입증하는 닻 내리기 효과에 관한 연구가 많다는 것이었다. 무수한 실험을 통해 입증되었듯이 전문가들은 자신들의 결정에 무관한 수치들에 많은 영향을 받는다. 예를 들어, 잠재적인 시장 움직임을 수치적으로 추정할 때에 어떤 사람의 사회보장번호 마지막 네 자리를 입력하는 경우가 그렇다. 존경받는 사람들인 독일의 판사들은 판결 전에 주사위를 굴렸는데, 높은 숫자가 나올 경우 무의식적으로 50% 더 높은 형량을 선고했다.

부정적 충고

검은 백조의 영역인 제4사분면에 빠지지 말라. 하지만 이 권고는 지키기 힘들다.

심리학자들은 우리가 하는 것과 하지 않는 것을 구별한다. 이 두 가지는 경제적인 면에서 동등하지만 우리의 마음속에서는 동등하게 취급되지 않는다. 그러나 하지 말라 식의 권고가 경험적으로 강인하다. 오래 살려면 어떻게 해야 하는가? 죽지 않는 것이다. 그러나 사람들은 성공의 본질이란 이익을 얻는 게 아니라 실패를 피하는 것에 있다는 점을 깨닫지 못한다.

돌팔이들만이 긍정적 권고를 제시한다. 서점에는 성공 방법에 대한 책들이 널려 있지만, 《파산을 통해 배운 것》이라든가 《인생에서 피해야 할 10가지 실수》 같은 제목이 붙은 책은 없다.

우리는 무언가를 하는 것이 해로울 경우에도 아무것도 하지 않기보다는 무언가를 하는 쪽을 선호한다. 나는 최근 TV에 출연한 적이 있는데, 무능한 직장 상사 같이 보이는 사람이 위기에서 빠져나오는 방법에 관한 조언을 해달라고 졸라댔다. '무엇을 하지 않을 것인가'라는 조언을 이해시키는 것, 내 분야가 응급실 수술이 아니라 오류 피하기라는 것, 그리고 이 둘 모두 가치 있는 독립된 분야라는 점을 알려주는 것은 불가능했다. 나는 모델을 가지고 수학적 곡예를 하는 것보다 아무런 모델도 갖지 않는 쪽이 더 좋다는 점을 설명하는 데 12년을 보냈다.

불행하게도 그러리라고 전혀 예상하지 못했던 주류 과학도 엄격하지 않았다. 특히 대학에서 수행되는 과학은 자신의 한계를 진술하고 알리기는커녕 부정적 결과도 좋아하지 않는다. 보상체계는 부정적 결과를 인정하지 않는다. 곡예나 눈길을 끄는 행위를 해야 존경을 받는다. 신화를 벗겨내거나 지식이 멈추는 곳을 열거함으로써 사회에 기여하는 대신, '차세대 다윈'이라든가 '경제학계의 아인슈타인'이 되기 위한 경로를 따라갈 때 존중을 받는다.

괴델의 한계로 돌아가보자. 몇몇 경우에 우리는 괴델이 보여준 수학적 한계를 공공연히 떠들며 지식의 한계를 받아들인다. 그 한계가 정교한 정식화와 수학적 탁월함을 보여주기 때문이다. 이 한계의 중요성은 기후변화·위기·사회적 동요를 예측하거나 미래의 한계들을 연구하기 위한 연구비의 운명을 예측할 때, 우리가 직면하는 실제적 한계에 비하면 초라하다. 그래서 나는 제4사분면 해결책이 한계들에 대해 가장 실용적이라고 생각한다.

의인성과 니힐리즘 딱지

의학에 대해 생각해보자. 의학이 생명을 구하기 시작한 것은 겨우 100년밖에 안 되었고, 대중적인 문헌들이 광고하는 것보다 생명 구제에 큰 역할을 한 것도 아니었다. 사망률 하락은 치료 발전보다는 위생 의식의 등장이나 항생제의 발견으로 인한 측면이 더 크다. 의사들은 통제라는 착각에 빠져 아무 것도 하지 않는 것이 적절한 선택일 수 있다는 점을 생각하지 않으면서 오랜 시간 많은 환자들을 죽였다. 스피로스 마크리다키스가 수행한 연구에 따르면 의사들은 일부 질병을 진단하면서 여전히 그런 방식으로 일한다.

니힐리즘 딱지는 언제나 악의적으로 사용되었다. 보수적이었고 자연치유의 가능성을 고려했던 의사들 또는 의학 지식의 한계를 주장했던 의사들은 1960년대까지 치료적 니힐리즘이라는 비난을 받았다. 인간의 신체에 대한 불완전한 이해에 근거하여 치료를 회피하는 것("이것은 한계다, 여기가 나의 지식 체계가 멈추는 지점이다"라고 말하는 것)은 비과학적인 것으로 여겨졌다. 상품을 팔려는 지적 사기꾼들은 나를 비난하는 도구로 니힐리즘 딱지를 사용했다.

치료자에 의해 야기된 피해를 의미하는 의인성에 대한 연구는 널리 알려지지 않았다. 나는 의인성이 의학계 밖에서 사용된 사례를 보지 못했다. 내가 일생 동안 제1종 오류(제1종 오류는 귀무가설이 참임에도 틀렸다고 하는 오류다. 제2종 오류는 귀무가설이 틀렸음에도 맞다고 하는 오류다—옮긴이)인 거짓 양성(실제로는 음성인데 검사 결과는 양성이라고 나오는 것이다—옮긴이)에 대해 연구했지만 최근에서야 의인성에 대해 작가 브라이언 애플야드에게서 들었다. 그처럼 중요한 개념이 왜 숨겨져 있었을까? 해를 입히지 말라는 고대 격언이 현대 의학에 알려진 것은 최근의 일이었고 그나마 사람들 눈에 띄지도 않았다. 과학철학자 조르주 캉길렘은 이런 생각이 왜 1950년대에야 비로소 우리에게 다가왔는지 의아하게 생각했다. 어떻게 했기에 전문가들은 그렇게 오랫동안 지식의 이름으로 피해를 초래하고 책임을 회피할 수 있었을까?

의인성은 계몽주의에 의해 과학이 오만해진 이후 재발견되었다. 안타깝게도 조상들이 더 잘 알았다. 그리스인·로마인·비잔티움인·아랍인은 천성적으로 한계를 존중했다. 중세 아랍 철학자이자 의사였던 알-루하위의 글은 지중해 문화권에서 의인성이 널리 알려져 있었다는 것을 보여준다. 나는 과거에 종교가 의사에게서 환자를 분리시킴으로써 생명을 구했을 것이라고 추측한 적이 있다. 의사를 만나기보다는 아폴로 신전에 가는 것이 통제에서 벗어날 수 있는 방법이었다. 결국 고대 지중해인들은 종교와 의사 사이의 상충관계를 잘 이해하고 있었고, 통제의 환상을 없애기 위한 방법으로 종교를 받아들였다.

우리가 지식의 한계와 대가를 알지 못한다면 지식으로 할 수 있는 게 하나도 없다. 계몽주의 이후 과학은 운 좋게도 물리학·화학·공학에서 잘 작동했다. 그러나 과학에 의해 어떤 피해가 발생할 수 있고 실제로 어떤 피해가 발생했는지에 대한 과학적 의인성 연구를 수행하면 우아함을 포기해야 한다. 나는 이것이 좋은 연구 주제라고 생각한다.

규제자들의 의인성. 슬프게도 경제활동에 대한 많은 규제는 정상적인 대응처럼 보인다. 내가 겪은 최악의 악몽은 규제자들이 초래한 결과였다. 신용평가 기관들이 수행한 평가에 대한 의존성을 높인 것은 바로 규제자들이었다. 또한 은행이 잘못된 포지션을 늘려서 시스템이 약화된 것도 위험 측정 때문이었다.

그러나 문제가 있을 때마다 우리는 더 많은 규제라는 소비에트—하버드 스타일로 일을 한다. 더 많은 규제는 월스트리트 전문가로 변신한 전직 규제자와 투자은행가 및 변호사를 부유하게 하고 그들의 이해에도 기여한다.

실천 규칙 : 실제 생활에서 바벨 전략을 쓸 수 없는 경우 제4사분면에서 빠져나오기 위해 무엇을 하는 것(또는 하지 않는 것)이 현명한가?

제4사분면에서 빠져나올 수 있는 가장 좋은 방법은 잘라내기, 즉 보험에 가입하여 특정한 노출을 잘라내거나 2부 13장에 기술된 바벨 전략을 사용하는 것이다. 그러나 바벨 전략을 쓸 수 없어서 기후나 전염병 또는 앞의 표에 나온 비슷한 항목을 피할 수 없다면, 강인함을 증대시키기 위해 다음과 같은 지혜를 지침으로 삼을 수 있다.

1. 시간과 비논증적 지식을 존중하라.

단지 오래되었다는 이유로 내가 대자연을 존중한다는 점을 기억하라. 제4사분면에 있는 자료가 그 결과를 드러내는 데 매우 오랜 시간이 걸린다. 예를 들어, 제4사분면의 한가운데 있는 은행 임원들에 대한 보상은 성과가 나쁜 일에 대해 5년, 10년, 15년이라는 긴 시간이 아닌 1년이라는 짧은 시간을 기준으로 이루어진다. 이 때문에 관찰 시간과 그 결과를 드러낼 충분한 시간 사이의 불일치가 발생한다. 나는 이 점을 강하게 비판했다. 은행가들은 장기적인 부정적 성과에도 불구하고 부유해진다.

장기에 걸쳐 발생하는 일들이 차라리 좋다. 그런 일들은 에르고드 상태에 도달했을 가능성이 크다. 최악의 경우에 우리는 그것이 얼마나 오래 지속될지 알지 못한다.†

입증 책임은 현상태를 유지하는 사람이 아니라 복잡계를 흩트린 자들에게 있다는 점을 기억하라.

2. 최적화 피하기, 중복을 좋아하는 법 배우기

나는 이 책 1장에서 중복과 최적화에 대해 논의했다. 여기서 몇 가지만 더 언급하자.

중복(저축 또는 침대 아래에 현금을 보관하는 것)은 부채의 반대다. 심리학자들은 부유해지는 것이 행복을 가져다주지 않는다고 말한다. 저금을 써버리면

---

† 이전에 내가 언급했던 대부분의 중상(中傷) 행위는 검은 백조 아이디어와 관련된 바벨 전략, 포트폴리오 강화와 보험에 대한 왜곡에 집중되어 있다. 이러한 왜곡은 다음과 같은 사실에 의해 그럴듯한 것으로 만들어졌다. 수익을 단기적으로 관찰할 때에는 얕은 수준의 빈번한 변동(주로 손실)만이 관련된 것으로 보인다. 사람들은 적당히 축적되어야 한다는 사실을 잊고 총계보다는 빈도만을 기억한다. 언론에 따르면 진짜 수익은 2000년에 60%였고, 2008년에 100%가 넘었던 반면 다른 해에는 상대적으로 경미한 손실과 수익을 기록했다. 그래서 과거 10년에 걸쳐 수익이 세 자리수였을 거라고 추론하기가 쉬울 것이다(잘 비약하기만 하면 된다). 같은 10년 동안 S&P 500은 23% 하락했다.

그렇다. 그러나 그 돈을 침대 아래에 보관하면 검은 백조에 강인하게 된다. 포트폴리오를 강인하게 만들기 위해 보험을 가입할 수도 있다.

과도한 전문화도 좋은 생각이 아니다. 당신의 일자리가 완전히 없어진다면 당신에게 무슨 일이 일어날 지 생각해보라. 예측 부문에 종사하는 월스트리트 분석가이면서 벨리댄서로 부업을 하는 사람은 그냥 분석가인 사람보다 금융 위기에 잘 대처할 것이다.

3. 작은 확률의 결과값에 대한 예측 피하기—일상적인 것에 대해서는 그럴 필요가 없다.

먼 사건의 결과값을 예측하는 것은 어렵다.

4. 먼 사건들의 비전형성 깨닫기

시나리오 분석과 스트레스 테스트라고 불리는 풋내기들의 방법이 있다. 이런 방법은 과거(또는 어떤 합리적인 이론)에 근거를 두고 있다. 그러나 과거의 결함이 이후의 결함을 예측하지 못한다. 따라서 우리는 정확히 무엇을 위해 스트레스 테스트를 해야 할지 모른다. 마찬가지로 여기서는 예측이 작동하지 않는다. 예측이 무제한 노출을 보호하지 않기 때문이다. 예측은 2진수적 선택에서 작동할 수 있지만 제4사분면에서는 작동하지 않는다.

5. 보너스 지급과 관련한 도덕적 해이 깨닫기

은행가들은 제4사분면의 위험에 돈을 걸어 보너스를 설계하고 파산한 다음 사과문을 보낸다. 은행가들은 언제나 이러한 불일치 때문에 부유해진다. 결국 사회가 그 비용을 지불하게 된다. 회사의 임원들에게도 같은 논리가 적용된다. 이것을 도덕적 해이라고 부른다.

6. 특정한 위험 계량 피하기

평범의 왕국에 기반을 두고 큰 편차를 고려한 계량은 쓸모없다. 이것은 풋내기들이 함정에 빠지는 지점이다. 이 함정은 가우스 종모양 곡선말고 다른 어떤 것을 가정하는 것보다 훨씬 더 포괄적이다. 표준편차 같은 단어들은 안정적이지 않으며 제4사분면의 어떤 것도 측정하지 못한다. 선형회귀분석, 샤프지수, 마코위츠 최적 포트폴리오, 변량분석, 최소자승법처럼 통계학 책에서 기계적으로 뽑아낸 그 어떤 것도 작동하지 않는다. 사람들이 희박한 사건을 받아들이고 나의 의견에 동의함에도 불구하고 여전히 계량을 사용한다는 점이 나에게 의문이다. 그래서 나는 사람들의 이런 태도가 심리적 질환에 기인한 것은 아닐까 하는 생각도 들었다.

7. 긍정적 검은 백조인가, 부정적 검은 백조인가?

제4사분면에서는 분명 검은 백조가 등장한다. 부정적 검은 백조라면 평균은 과거 결과값들에 의해 과소추정될 수 있다. 총잠재력도 제대로 측정되지 않는다.

인간의 기대수명은 우리가 생각하는 만큼 길지 않다. 자료에 핵심적인 것이 빠져 있기 때문이다. 자료에는 대규모 전염병이 빠져있다. 우리가 보았듯이 위험한 투자에 대한 수익도 마찬가지다.

또한 연구 관련 벤처 회사들을 보면 과거의 역사가 장밋빛이 아니라는 것을 알 수 있다. 생명공학 회사들은 긍정적 불확실성에 직면하는 반면, 은행들은 언제나 부정적 충격에 직면한다.

모델 오류는 긍정적 검은 백조에 노출된 자들에게 유익하다. 나는 이것을 모델 오류에 대해 오목 또는 볼록하다고 불렀다.

8. 변덕성의 부재를 위험의 부재로 혼동하지 말라.

우리는 변덕성을 안정성의 지표로 사용하는 계량에 속는다. 극단의 왕국을 향한 점진적 변화는 변덕성의 하락이기 때문이다. 바로 이것 때문에 전체 은행 시스템과 벤 버냉키도 속았다. 이렇게 속는 일은 다시 일어날 것이다.

9. 위험 수치들의 표현에 주의하라.

나는 위험 인식이 제4사분면에서 첨예한 틀짓기에 어떻게 종속되어 있는지를 보여주는 결과들을 제시했다. 그 이슈들은 다른 곳에서 첨예하지 않다.

8장_ 검은 백조에 강인한 사회를 위한 10가지 원칙†

나는 다음 10가지 원칙을 2008년 금융위기 이후 경제생활에서 제4사분면에 대처하기 위한 지침으로 제시했다.

1. 허약한 것은 규모가 작을 때 일찍 붕괴해야 한다.

이제까지 너무 커서 파산을 피했던 것은 없었다. 경제생활은 숨겨진 커다란 위험을 지닌 것이 최대 규모로 커지도록 촉진한다.

---

† 이 장은 2009년에 《파이낸셜타임스》의 사설 지면에 발표되었다. 일부 편집자가 나의 'Black–Swan–robust'(검은 백조에 강인한)를 'Black–Swan–proof'(검은 백조에 견딜 수 있는)로 바꾸었다. 이 편집자들은 《블랙 스완》을 읽지 않은 게 틀림없다. 검은 백조에 견딜 수 있는 것은 없다. '강인한'이라는 표현으로 충분하다.

2. 손실의 사회화와 이익의 사유화는 안 된다.

구제조치를 받을 필요가 있는 것은 국유화되어야 한다. 구제조치를 받을 필요가 없는 것은 자유롭고 소규모이며 위험을 감수해야 한다. 우리는 최악의 자본주의와 최악의 사회주의에 봉착했다. 프랑스에서는 1980년대에 사회주의자들이 은행을 접수했다. 미국에서는 2000년대에 은행이 정부를 접수했다. 이것은 비현실적인 일이었다.

3. 눈을 가린 채 스쿨버스를 운전하다가 사고를 낸 사람들에게 새 버스를 주어서는 안 된다.

기존 경제계는 2008년 시스템 실패로 정당성을 잃었다. 이 혼란에서 그들이 우리를 구해줄 수 있다고 믿은 것은 무책임하고 바보 같은 짓이다. 우리를 파산으로 몰고 간 척도들을 여전히 선전하는 경영대 소속 학자들과 위험 전문가의 조언에 귀를 기울이는 것 역시 무책임한 짓이다. 똑똑하고 결백한 사람들을 찾아보라.

4. 인센티브 보너스를 만든 사람에게 원자력발전소나 금융 위험관리를 맡기지 말라.

이런 사람은 보수적이라고 자칭하면서도 수익을 보여주기 위해 안전을 위한 모든 경비를 줄일 것이다. 보너스는 위험을 위한 여분을 두지 않는다. 우리를 이 지경에 빠트린 것은 보너스의 비대칭성이다. 역(逆)인센티브 없이는 인센티브도 안 된다. 자본주의는 보상만이 아니라 보상과 처벌을 함께 주는 시스템이다.

5. 복잡성을 단순성으로 상쇄하라.

지구화와 고도의 네트워크로 연결된 경제생활의 복잡성은 금융상품의 단순성으로 상쇄될 필요가 있다. 복잡한 경제는 이미 효율성의 레버리지다. 그 시스템에 부채를 더하면 걷잡을 수 없이 위험한 소용돌이가 발생하고, 오류에 대비하기 위한 여분이 주어지지 않는다. 복잡한 시스템은 부채와 최적화가 아니라 느슨함과 중복으로 생존할 수 있다. 자본주의는 변덕과 거품을 피할 수 없다. 주식 거품은 심각하지 않지만, 지금의 부채 거품은 다루기 힘들 정도로 심각하다.

6. 다이너마이트에 경고 표시가 붙어있어도 아이들에게 주지 말라.

복잡한 금융상품은 금지되어야 한다. 어느 누구도 그 상품을 이해하지 못하며, 그것을 알 만큼 충분히 합리적인 사람은 소수이기 때문이다. 시민들은 자신들로부터, 시민들에게 헤징 상품을 파는 은행가들로부터, 경제이론가들의 말에 귀를 기울이는 순진한 규제자들로부터 보호받아야 한다.

7. 신용에 의존해야 하는 것은 폰지 사기밖에 없기 때문에 정부가 신용 회복을 책임져서는 안 된다.

폰지 사기란 새 투자자의 투자금으로 기존 투자자의 투자금을 상환하는 시스템이다.

무성한 소문은 복잡한 시스템의 산물이다. 정부가 소문을 잠재울 수는 없다. 그저 우리가 소문을 무시하고 저항력을 가져야 한다.

8. 마약 중독자에게는 금단증상을 보이더라도 약을 주어서는 안 된다.

과도한 레버리지 문제를 해결하기 위해 레버리지를 사용하는 것은 동종요법이지 그것의 부정이 아니다. 부채 위기는 일시적인 문제가 아니라 구조적인 것이다. 우리는 회생 절차가 필요하다.

9. 시민들은 가치의 저장 수단으로 금융자산에 의존해서는 안 되고, 은퇴에 대비하기 위해 틀릴 수도 있는 전문가의 조언에 의존해서는 안 된다.

경제생활은 탈금융화되어야 한다. 우리는 시장을 가치의 저장소로 사용하지 않는 법을 배워야 한다. 전문적 의견에도 불구하고 시장은 일반 시민들이 필요로 하는 확실성을 확보하고 있지 않다. 투자는 오락 행위가 되어야 한다. 시민들이 불안을 겪어야 한다면 그들의 일 때문이어야 하지, 그들의 투자 때문이어서는 안 된다.

10. 깨진 계란으로 오믈렛을 만들라.

선체가 썩은 배를 판자 조각으로 수리할 수 없듯이 2008년 금융위기는 임시변통 수단으로 고칠 수 있는 문제가 아니었다. 우리는 새롭고 강력한 재료로 새 배를 만들어야 한다. 시스템이 스스로를 재건하기 전에 우리가 시스템을 재건해야 한다. 무너질 필요가 있는 것은 스스로 무너지도록 도와주어 강인한 경제로 자발적으로 이행하자. 부채를 주식으로 전환하는 것, 기존 경제학계와 경영대를 하찮은 존재로 만드는 것, 노벨 경제학상을 폐지하는 것, 차입매수를 금지하는 것, 은행가들을 본래의 자리로 돌려놓는 것, 우리를 이 지경으로 빠트린 자들로부터 보너스를 환수하는 것, 불확실한 세계에서 항해하는 방법을 시민들에게 가르쳐주는 것 등이 그러한 수단들이다.

그러면 우리는 경제생활이 생태계와 비슷하다는 것을 알게 될 것이다. 기업의 규모는 작아지고, 생태는 풍요로워지며, 투기적 차입이 없는 세계, 은행가들이 아니라 기업가들이 위험을 감수하는 세계, 매일 기업들이 만들어지고 사라지더라도 뉴스거리가 되지 않는 세계를 볼 수 있을 것이다.

이상으로 기업 경제의 문제를 다루었으니 다음으로는 좀 덜 비속한 주제로 넘어가자.

9장_아모르 파티: 부서지지 않는 존재가 되는 법

독자들이여, 이제 다시 헤어질 시간입니다.

나는 내 조상들의 마을인 아미운에 왔다. 16명의 고조부모, 8명의 증조부모, 4명의 조부모 모두 이 지역 반경 4마일 안에 매장되어 있다. 종조부들과 사촌들을 비롯한 기타 친척들은 세지 않았다. 그들은 모두 레바논 산기슭 코우라 계곡에 있는 올리브 나무숲 한가운데에 있는 묘지들에 잠들어 있다. 레바논 산은 너무나 극적으로 솟아올라 있어 20마일 떨어진 곳에서도 눈을 볼 수 있다.

해질녘에 나는 성 세르기우스 성당에 갔다. 현지어로 마르 사르키스라고 불리는 그 성당은 내 가족들이 잠들어 있는 묘지다. 거기에 간 것은 아버지와 데데 삼촌에게 인사를 하기 위해서다. 데데 삼촌은 내가 방황하던 시절 단정치 못한 옷차림을 싫어했다. 데데 삼촌은 내가 여전히 비위에 거슬릴 것이다. 파리에서 마지막으로 만났을 때 데데 삼촌은 내가 오스트레일리아 사람처럼 옷을 입고 있다는 말을 넌지시 했다. 그래서 삼촌의 묘지를 방문한 진짜 이유는 나 자신을 위해서였다. 나는 다음에 어디로 갈 것인지 마음의 준비를 하고 싶었다.

이것이 나의 플랜 B다. 나는 내 무덤 자리를 계속 주시하고 있었다. 검은 백조는 자신의 최종 목적지를 생각하고 있는 사람을 쉽게 파괴하지 못한다.

나는 강인하다는 느낌이 들었다.

⊙ ⊙ ⊙

나는 여행 중에 항상 세네카를 원전으로 들고 다닌다. 내가 라틴어를 다시 배웠기 때문이다. 미국 연방준비제도이사회 관료들과 경제학자들에 의해 더럽혀진 언어인 영어로 세네카를 읽는다는 것은 옳지 않다는 생각이 들었다. 이것은 정말로 옳지 않다. 그것은 예이츠를 스와힐리어로 읽는 것과 같다.

세네카는 스토아학파의 위대한 교사이자 실천가였다. 세네카는 그리스-페니키아의 스토아학파를 형이상학적이고 이론적인 담론에서 실천적이고 도덕적인 생활 프로그램으로 바꾸었다. 이것은 로마인들이 인식하기에 도덕적으로 가장 훌륭한 최고의 선(善)에 도달하기 위한 방법이었다. 그러나 이 도달할 수 없는 목표를 별도로 하고라도 그에게는 실제적인 가르침이 있으며, 이것은 실천할 수 있는 유일한 가르침이다. 몽테뉴는 세네카에게서 '철학하기란 어떻게 죽을 것인지를 배우는 것'이라는 가르침을 얻었고, 니체는 '운명에 대한 사랑(amor fati)'을 배웠다. 니체는 운명에 대한 사랑 위에서 비판자들의 부당한 대우와 적대는 물론 자신의 질병까지도 어깨를 으쓱하면서 무시할 수 있었다. 그는 이 모든 것에 아무런 흥미도 느끼지 못하는 경지에 도달했다.

세네카에게 스토아학파는 상실을 다루는 철학이었고, 상실 혐오를 극복할 방법(우리가 가진 것에 덜 의존할 수 있는 방법)을 찾는 철학이었다. 대니얼 카너먼과 그의 동료들이 제시한 전망이론을 생각하라. 내가 당신에게 좋은 집과 람 보르기니를 주고, 통장에 1백만 달러를 넣어주고 좋은 인맥까지 만들어주었 다고 하자. 그런 다음 몇 달 뒤 이 모든 것을 박탈한다면 당신은 처음에 아무 것도 갖지 않았을 때보다 불행해질 것이다.

도덕철학자로서 세네카에게 믿음이 가는 것은 다음의 이유 때문이다. 다른 철학자들과 달리 그는 가난하다는 이유로 부·소유권·재산의 가치를 폄하하지 않았다. 세네카는 당시 가장 부유한 층에 속했다. 단지 그는 매일 모든 것을 잃어도 상관없다는 마음의 준비를 하고 있었다. 매일매일. 물론 그를 싫어하는 사람들은 실제 생활에서 그가 자처하는 대로 스토아적인 현인이 아니었다고 주장했다. 이런 주장의 주된 근거는 그가 결혼한 여성들을 습관적으로 유혹했다는 것이었다. 그럼에도 불구하고 그는 스토아적 현인에 근접한 사람이었다. 그는 힘 있는 자였기에 싫어하는 사람들이 많았을 뿐이고, 스토아적 이상에 못 미치는 삶을 살았다 하더라도 그의 동시대인들보다는 그런 이상에 근접했다. 그리고 부유할수록 좋은 자질을 갖기가 어려운 것처럼, 궁핍하고 비참하며 고독한 경우보다 부유하고 힘 있는 사람일수록 스토아적 이상에 다가가기가 훨씬 더 어렵다.

니힐 페르디티

세네카의 제9서한집에는 스틸보가 도시의 약탈자였던 데메트리우스에게 약탈을 당한 이야기가 나온다. 스틸보의 아이들과 부인이 죽었다. 스틸보는 무엇을 잃었는지 질문을 받았다. 니힐 페르디티(Nihil perditi). 아무것도 잃지 않았다고 그는 대답했다. 옴니아 메아 메쿰 순트(Omnia mea mecum sunt)! 나의 재산은 모두 내 안에 있다. 스틸보는 스토아적인 자족과 불운한 사건들에 대한 강인함, 즉 스토아적인 용어로 아파테이아에 도달했다. 그는 자신에게서 빼앗을 수 있는 어떤 것도 좋은 것이라고 여기지 않았다.

여기에 그의 삶이 담겨 있다. 모든 것을 잃어도 상관없다는 세네카의 태도는 자신의 삶으로 확장되었다. 세네카는 음모에 가담했다는 혐의로 네로 황제로부터 자살하라는 명령을 받았다. 기록에 따르면 세네카는 매일 마음의 준비를 해 온 것처럼 모범적인 방식으로 침착하게 자기 목숨을 끊었다고 한다.

세네카는 작별을 뜻하는 '안녕'으로 오역되는, vale라는 말로 서간문 형식의 에세이를 끝맺었다. Vale는 value 및 valor와 어근이 같고, '강인하기를' 또는 '훌륭해지기를'이라는 의미다. Vale.

〈1부~4부〉의 주

나는 여기서 논제를 주제별로 분리했다. 주제에 대한 일반적인 참고문헌은 그것이 처음 언급되는 장에 나타냈다. 장별 구분보다는 논리적 순서를 더 중요시했기 때문이다.

프롤로그, 제1장

정규분포곡선: 종을 뒤집어 놓은 모양의 가우스 정규분포곡선을 말한다. 나는 가우스 분지라는 용어도 쓰는데, 이는 모든 분포가 동일하고 일어남 직하지 않은 일이 일어나기 힘들며 충격도 적음을 의미한다.(좀 더 전문적으로 말하면, 규모불변적이다. 즉 모든 모멘트가 유한하다.) 그래프로 표시된 정규분포곡선에서는 예외적 사건의 분포가 중심에서 왼쪽 끝 혹은 오른쪽 끝으로 밀려남으로써 가려진다는 점을 유의하자.

다이아몬드: Eco(2002)를 보라.

플라톤적 태도: 나는 어떤 형식이 존재하지 않는다는 의미에서가 아니라 잘못된 형식을 사용함으로써 위험이 생겨난다는 의미로 이 말을 사용한다. 나는 본질주의에 반대하지 않는다. 다만 때때로 역설계와 정형(right form) 정립에 회의적일 뿐이다.

경험주의자: 나는 경험주의자 혹은 경험주의 철학자로 자처한다. 이는 내가 유리한 증거만을 바탕으로 하는 일반화나 성급한 이론화를 의심하기 때문이다. 이것을 영국의 경험주의 전통과 혼동하지 않기 바란다. 앞으로 마크리다키스 경쟁(Makridakis competition)에 대해서 살펴보며 다시 언급하겠지만, 많은 통계학자들 또한 '경험론적' 연구자로 자처한다. 그러나 실제로 이들은 그 반대다. 그들은 이론을 과거에 끼워 맞춘다.

예수에 대한 언급: 플라비우스 요세푸스(Flavius Josephus)의 《유대 전쟁사*The Jewish War*》 참조.

세계대전과 예견: Ferguson(2006b) 참조.

사후 왜곡: Fischhoff(1982b) 참조.

역사의 비약: Braudel(1985: 169)은 고티에(Emile-Félix Gautier)의 잘 알려진 구절을 재인용하고 있다. "이 장구한 역사는 프랑스 전체 역사보다 긴 12세기에 걸쳐 지속되었다. 아랍의 칼, 그리스어, 그리스 사상을 처음으로 만나면서 모든 전통은 언제 그런 일이 있었냐는 듯 연기처럼 사라지고 말았다." 역사의 불연속성에 대해서는 또한 Gurvitch(1957), Braudel(1953), Harris(2004)를 보라.

종교가 베스트셀러처럼 확산되다: Veyne(1971). 또한 Veyne(2005)을 보라.

정치적 견해에 나타나는 끼리끼리 현상: Pinker(2002).

범주: 움베르토 에코의 *Kant and the Platypus* 참조.

존재론적 불확실성: 어떤 문헌들에서는 내가 제기하는 편 가르기 혹은 딱지 붙이기를 존재론적 불확실성이라 부르기도 한다. 이는 어떤 실체 자체에 관한 불확실성이라는 뜻이다.

역사 기술과 역사철학: 인과관계의 탐색은 헤로도토스의 역사 기술에 처음 나타났지만, 다음의 역사가들도 논한 바 있다. Bloch(1953), Carr(1961), Gaddis(2002), Braudel(1969, 1990), Bourdé and Martin(1989), Certeau(1975), *Muqaddamat* Ibn Khaldoun. 역사철학에 대해서는 Aron(1961), Fukuyama(1992)를 참조하라. 포스트모더니즘적 견해로는 Jenkins(1991)를 보라. 제2부에서 나는 역사가들이 전진 과정과 후진 과정(특히 미래를 투사하는 것과 과거로 거슬러 올라가는 작업)의 인식론적 차이를 모른다는 점을 지적한다.

정보와 시장: Shiller(1981, 1989), DeLong et al.(1991), Curtler et al.(1989)를 참조하라. 시장 움직임의 대부분은 '이유'가 있는 것이 아니다. 다만을 설명을 끌어내려는 것일 뿐이다.

시장 붕괴의 기술적 가치: Galbraith(1997), Shiller(2000), Kindleberger(2001)를 보라.

제3장

영화: De Vany(2002) 참조. 음악 부문의 구매 특성에 대해서는 Salganik et al.(2006) 참조.

종교와 감염의 범위: Boyer(2001)를 보라.

대중의 지혜(광기): 집단으로 있을 때 우리는 더 현명해지거나 더 어리석어진다. 우리는 집단으로 있을 때 황소의 체중 문제(Surowiecki, 2004)와 같은 평범의 왕국과 관련된 문제에 직관을 발휘하지만, 이보다 복잡한 일에서는 실수를 범한다는 것이 나의 생각이다(경제 부문에서는 군중들이 병리적 현상을 보이기 때문에 두 사람의 머리가 한 사람의 머리보다 못하다.) 의사 결정 오류와 집단의 관계에 대해서는 Sniezek and Buckley(1993)를 보라. 이 주제의 고전으로는 찰스 매클레이의 Extra-ordinary Popular Delusions and the Madness of Crowds가 있다.

사건의 극심함의 증가: Zajdenweber(2000).

근대적 삶: 19세기 소설가 에밀 졸라는 1800년대 후반에 등장한 예술 시장을 환영하는 입장이었고, 그 스스로 첫 수혜자가 되었다. 그는 앞으로 작가나 예술가들이 이 상업 제도를 최대한 이용함으로써 후원자의 변덕에 종속되지 않고 자유롭게 되리라 예견했다. 아아, 애석하게도 이런 일은 극심한 집중화와 함께 일어났다. 극소수의 사람만이 이 제도의 덕을 본 것이다. Lahire(2006)는 대부분의 작가들이 어떻게 굶주린 생활을 했는지를 역사적으로 고찰하고 있다. 프랑스의 경우 문학적 전통에 대한 자료는 놀랄 만큼 많다.

제4장

타이타닉 호: 본문의 인용구는 2005년 5월 2월 시카고에서 개최된 기업 위험관리 심포지엄에서 데이브 잉그램(Dave Ingram)이 발표한 자료에서 가져왔다. LTCM에 대한 더 많은 논의는 Lowen-stein(2000), Dunbar(1999)를 참조하라.

흄의 기질: Hume(1748, 2000) 참조.

섹스투스 엠피리쿠스: "내가 생각하기로, 귀납의 방법을 거부하기는 쉽다. 귀납법을 활용하면 개별자에 기초하여 보편적인 것을 확신하게 할 수 있기 때문에 사람들은 모든 개별자 혹은 그중 일부를 고찰하려 한다. 그런데 일부를 분석의 대상으로 삼을 경우, 여기에서 빠져 있는 개별자들이 보편적인 것과 반대되면 귀납은 약해진다. 모든 개별자를 분석의 대상으로 삼으려 할 경우에도, 개별자와 무한자는 일정하게 규정되지 않기 때문에 그것은 불가능해진다. 그러므로 내가 생각하기에, 어떤 경우든 귀납법은 견고하지 않다."(《피론주의 개요*Outlines of Pyrrhonism*》, Book II. p.204)

피에르 벨: 그의 저작 *Dictionnaire historique et critique*은 방대하고(총 12권, 6000페이지에 달한다), 무겁지만(40파운드), 이보다 뒤에 *Philosophes*가 나오기 전까지는 당시 지식 상품 중 베스트셀러였다. 벨의 저작은 프랑스 국립도서관에서 내려받을 수 있다.(www.bn.fr.)

벨이 흄에 미친 영향: Popkin(1951, 1955)을 보라. 위에 주교의 저작도 흄과 유사성이 있다.

벨 이전의 사상가들: 1673년경에 나온 시몽 푸셰의 Dissertation sur la recherche de la vérité를 보라. 읽는 즐거움을 선사하는 책이다. 이 책에 따르면 휴리스틱스와 편향이란 계몽 이전, 과학혁명 이전의 분위기가 이어진 것이다.

위에 주교와 귀납법의 문제: 위에 주교는 *Philosophical Treaties on the Weakness of Human Mind*에서 "사물은 그 원인이 무한하기 때문에 완전한 확실성에 따라 파악할 수 없다"고 말했다. 그는 아브랑슈의 주교 직에서 물러난 뒤 테오크리트 드 플뤼비냑, 세네르 드 라 로쉬, 장티옴 드 페리고르 등의 필명으로 이 글을 썼다. 이 구절이 실린 부분은 뒷날 '흄의 문제(Hume's Problem)'라고 알려진 내용을 정확히 담고 있다. 그러나 미래의 데이비드 흄이 될 사람은 이 글이 씌어진 1690년 당시 22세도 채 되지 않았으므로 흄이 위에에게 영향을 끼쳤다는 것은 생각할 수 없다.

브로샤르의 저작: 나는 1988년 니체의 《이 사람을 보라*Ecce Home*》를 읽던 중 브로샤르의 저작에 대해 처음으로 접했다. 니체는 여기서 회의주의자들을 솔직한 담화자들이라고 말하며 다음과 같은 말로 브로샤르의 저작을 언급했다. "빅토르 브로샤르의 빼어난 연구서인 *Les sceptiques grecs*에는 나의 *Analecta Laertiana*도 인용되어 있다. 회의주의자들! 이들이야말로 열 배나 많은 애매모호한 철학자 떼거리 중에서 유일하게 '영예로운' 유형들이다." 그밖에 Kristeva(1998)에 따르면 브로샤르가 프루스트를 가르쳤다고 한다.

브로샤르는 (포퍼가 태어나기 수십 년 전에 이미) 포퍼의 문제를 이해한 것 같다. 그는 메노도투스의 부정적 경험주의를 고찰했는데, 그 방법은 오늘날 우리가 '포퍼주의적' 경험주의라고 부르는 것과 유사하다. 포퍼가 메노도투스를 알았는지 나로서는 알 수가 없다. 포퍼의 저작에는 메노도투스의 말이 인용되어 있지 않다. 브로샤르는 1878년 파리대학에서 *De l'rreur*라는 박사논문을 발표했는데, '오류'를 주제로 하였다는 점에서 매우 현대적이라 하지 않을 수 없다.

이필로지즘(Epilogism): 우리가 메노도투스에 대해 아는 것은 그의 비판가 갈렌의 언급밖에는 거의 없다. 메노도투스의 반대자인 갈렌은 *Outline of Empiricism*에서 다음과 같이 말하고 있다. 이필로지즘이라는 용어를 영어로 옮기기는 어렵다.

> *Memoriam et sensum et vocans epilosismum hoc tertium, multotiens autem et preter memoriam nihil aliud ponens quam* epilogismum. 지각과 회상에 이어 세 번째 방법이 이필로지즘이다. 예컨대 실행가들은 기억과 이필로지즘적 감각만을 갖고 있다. (페릴리가 교정.)

그렇지만 희망은 있다. Perilli(2004)는 번역가 이스-하크 반 후나인의 편지에 의하면 메노도투스의 저작을 아랍어로 '전사'한 것이 있어서 학자의 손에 발견될 가능성이 있다고 기술하고 있다.

파스칼: 파스칼 역시 확인 편향의 오류와 추론의 비대칭성에 대해 사고했다. 그는 *Traite du vide* 서문에서 다음과 같이 말했다. (번역은 필자의 것이다.)

> 그들이 자연이 진공을 용납하지 않는다고 판단할 때에 그들이 말하는 자연은 그들이 알고 있는 바로서의 자연일 뿐이다. 왜냐하면, 일반적인 주장에 따라 보더라도, 수백, 수천, 혹은 그 이상 얼마든지 많은 횟수로 자연을 만나고 증언한다고 해도 충분하지 않으니, 단 하나의 사례만 있어도 일반적 정의를 부정할 수 있기 때문이다. 반대되는 단 하나의 사례만 있어도….

흄의 전기 작가: Mossner(1970). 회의주의의 역사에 대해서는 빅터 카진(Victor Cousin)의 강의 *Leçons d'histoire de la philosophie à la Sorbonne*, 텐의 *Les philosophes classique* 제9판(1868, 1905)을 참조하라. Popkin(2003)은 현대에 다시 저술된 것이다. Heckman(2003), Bevan(1913)도 볼 만하다. 내가 아는 바로는, 현대의 확률 철학 중 회의주의와 연관되어 있는 것은 없다.

섹스투스: Popkin(2003), Sextus, House(1980), Bayle, Huet, Annas, Barnes(1985), Sextus Empiricus(2000)에 실린 Annas와 Barnes의 서문을 보라. Favier(1906)는 구하기가 어렵다. 나는 구르 휴버먼의 도움으로 딱 하나의 판본을 찾을 수 있었지만 부식된 상태였다. 지난 수백 년 동안 한 번도 읽지 않은 상태였던 것이다.

메노도투스, 경험주의와 회의주의의 결혼: Brochard(1887)에 의하면 메노도투스는 경험주의와 피론주의를 결합한 원조다. Favier(1906)도 참조하라. 이런 관점에서 회의주의를 다룬 것은 Dye(2004), Perilli(2004)가 있다.

구조가 아닌 기능, 경험주의의 세 원천: 신뢰할 수 있는 경험의 원천은 딱 세 가지다. 관찰, 역사(즉 기록된 관찰), 그리고 유추에 의한 판단.

알 가젤: 알 가젤의 저작 *Tahafut al falasifah*를 보라. 아베로에스는 이를 비판하는 글을 썼고, 이븐 루시드 역시 *Tahafut Attahafut*에서 알 가젤을 비판했다.

종교적 회의주의: 아랍어를 구사한 시인 유다 하 레비를 통해 중세 유럽 전통에서도 종교적 회의주의를 찾을 수 있다. Flordi(2002)를 보라.

알 가젤과 궁극적/근사적 인과관계: "…… 그들은 마치 동일한 결과를 낳는 원인을 이룬다고 추정되는 원인이 없이는 어떤 결과를 목격할 수 없다는 듯, 하나의 관찰만으로 원인과 결과 사이의 본질적 관계라는 속성을 단정한다."(*Tahafut*)

알 가젤 사상의 핵심에는 우리가 목이 말라서 물을 마실 경우 목마름이 '직접적' 원인은 아니라는 생각이 자리 잡고 있다. 물을 마시게 하는 더 큰 요인이 있다는 것이다. 실제로 이런 요인은 존재하지만, 이는 진화론적 사고에 익숙한 사람만이 이해할 수 있다. 근사성에 대한 현대적 논의는 Tinbergen(1963, 1968)을 보라. 어떤 면에서 알 가젤은 아리스토텔레스에 기반하면서 아리스토텔레스를 비판한다. 일찍이 아리스토텔레스도 *Physics*에서 형식적 · 궁극적 · 물질적 층위 등 원인의 상이한 층위 사이의 차이를 논한 바 있다.

인과관계에 대한 현대적 논의: Reichenbach(1938), Granger(1999), Pearl(2000) 참조.

어린이의 선천적 귀납 능력: Gelman and Coley(1990), Gelman and Hirschfeld(1999), Sloman(1993) 을 보라.

선천적 귀납: Hespos(2006), Clark and Boyer(2006), Inagaki and Hatano(2006), Reboul(2006)을 보라. 초기 논의들이 요약된 것을 보려면 Plotkin(1998)을 참조하라.

제5장, 제6장, 제7장

'경제학자들': 이 책에서 내가 가리키는 '경제학자들'이란 대학의 주류 학자들, 신고전주의학파 경제학자들, 금융경제학의 유력자들을 말한다. 오스트리아 학파나 후기 케인스주의 학파처럼 주변적 학자들을 가리키는 것이 아니다.

작은 숫자: Tversky and Kahneman(1971), Rabin(2000) 참조.

영역 특정성: Williams and Connolly(2006) 참조. 웨이슨의 선택 실험에서는 영역 특정성을 과대 해석하고 있다. 이에 대해서는 Wason(1960)을 참조하라.

업다이크 의 말: Jaynes(1976)의 추천사로 씌어진 것이다.

뇌 반구 조직: Gazzaniga and LeDoux(1978), Gazzaniga et al.(2005) 참조. 한편 Wolford, Miller and Gazzaniga(2000)은 좌뇌와 확률의 일치를 보여 준다. 예컨대 주어진 시간의 60퍼센트 동안 원하는 상품을 제공하는 버튼과 40퍼센트 동안만 원하는 상품을 제공하는 버튼을 우뇌에 각각 제시하면 우뇌는 최선의 선택 결과로서 첫 번째 조종간을 정확히 택한다. 똑같은 조건을 좌뇌에 제시할 경우 좌뇌는 주어진 시간의 60퍼센트 동안은 첫 번째 버튼을 누르고 40퍼센트 동안은 두 번째

버튼을 누른다. 좌뇌는 무작위성을 받아들이지 않는 것이다. 골드버그(Goldberg, 2005)는 좌우뇌의 특정한 기능은 양상을 달리한다고 주장한다. 좌뇌의 손상은 우뇌의 손상과 달리 어린 시절에는 그 결과가 심각하지 않지만, 인생 후반기에는 그 양상이 거꾸로 된다는 것이다. 엘코넌 골드버그가 Snyder(2001)의 연구를 나에게 알려 준 데 대하여 이 자리에서 감사드린다. 이 책에서 언급한 실험은 Snyder et al.(2003)에서 인용한 것이다.

애스테브로: Astebro(2003) 참조. 2006년 3월 9일자 *The Economist*의 기사 "Searching for the Invisible Man"도 참조하라. 기업가들의 자기 과신이 큰 실패율을 낳는 것에 대해서는 Camerer(1995)를 참조하라.

도파민: 여러 논문이 있지만 특히 Brugger and Graves(1997)를 보라. 도파민 비대칭성에 대해서는 Mohr et al.(2003)도 참조하라.

엔트로피와 정보: 무작위성을 말할 때 흔히 엔트로피 개념을 들지만, 나는 이것이 실생활의 경험과 제대로 들어맞지 않는다고 판단하여 이 책에서는 의도적으로 사용을 피하였다.

조르주 페렉에 대한 각주: Eco(1994).

이야기 짓기 성향과 이해의 망상: Wilson, Gilbert, and Centerbar(2003)의 다음 구절을 참조하라. "자신의 환경을 장악하거나 예견할 수 없다고 느낄 경우 사람들은 동기나 인지를 심각하게 결핍하여 우울증 따위에 빠질 위험에 처한다고 설명하는 구제 불능의 이론이 있다." 일기 쓰기 처방에 대해서는 Wilson(2002) 혹은 Wegner(2002)를 참조하라.

E. M. 포스터의 말: Margalit(2002)의 참고문헌에서 가져왔다.

민족성: 개인적 편차의 정도에 대한 논의는 Terracciano et al.(2005)과 Robins(2005)를 참조하라. 나는 민족성이라는 환상을 '민족성 휴리스틱스'라 부르는데, 이는 이른바 후광 효과와 연관이 있다. 이에 대해서는 Rosenzweig(2006), Cialdini(2001)를 참조하라. 민족성의 존재에 관한 논의는 Anderson(1983)을 보라.

일관성 편향: 새로 주어진 정보와 맞아떨어지는 방향으로 기억을 되살리는 것을 심리학자들은 일관성 편향이라 한다. Schacter(2001)를 보라.

기억은 컴퓨터 저장 방식과 다르다: Rose(2003), Nader and LeDoux(1999).

억압된 기억이라는 신화: Loftus and Ketcham(2004) 참조.

체스 게임과 비확인 성향: Cowley and Byrne(2004).

콰인의 문제: Davidson(1983)은 부분적 회의주의를 옹호하되, 전체적 회의주의에는 반대하는 입장이다.

이야기 짓기 성향: 나의 논의는 실존적 차원이 아니라 실제적 차원이다. 내가 생각하는 이야기 짓기 성향이란 정보 압축으로서의 특성을 말하는 것이지 (자아가 순차적인지 아닌지 등과 같은) 철학적 문제와는 전혀 관계가 없다. Bruner(2002)는 '이야기 짓는 자아(narrative self)'를 논하고 있으며, Strawson(1994)은 이것이 필요한 것인지를 다루며 Strawson(2004)은 이 개념을 비판하고 있다. 이에 대한 논쟁은 Schechtman(1997), Taylor(1999), Phelan(2005)을 참조하라. Turner(1996)는 이런 논의들을 통합하고 있다.

'포스트모더니스트'와 이야기 짓기의 바람직함: McCloskey(1990)와 Frankfurter and McGoun(1996)을 보라.

속담과 격언의 이야기 짓기 성향: 사람들이 그럴듯한 격언에 흔들리기 쉬운 성향이 어떠한지는 오랫동안 심리학자들의 관심 대상이었다. 예컨대 서로 상반된 격언을 각각 다른 집단에 제시하고 반응을 살피는 실험이 1960년대부터 시도되어 왔다. 이 실험의 흥미로운 결과가 Myers(2002)에 제시되어 있다.

이야기로서의 과학: 과학논문도 '스토리를 만들어 내는' 이야기 편향에 힘입어 성공을 거둔다는 것이 실제로 입증된다. Bushman and Wells(2001)에 주목하라.

확률의 발견: Barron and Erev(2003)는 명료히 드러나지 않는 확률이 어떻게 과소평가되는지를 보여 준다. 나는 배론과의 개인적인 토론에서도 도움을 받았다.

위험과 확률: Slovic, Fischhoff and Lichtenstein(1976), Slovic et al.(1977), Slovic(1987)을 보라. 분석으로서의 위험, 감정으로서의 위험을 다룬 이론은 Slovic et al.(2002, 2003), Taleb(2004c) 등을 보라. Bar-Hillel and Wagenaar(1991)도 참조하라.

이야기 짓기의 오류와 임상 지식 사이의 연관: Dawes(1999)는 경제학자들에게 주는 교훈을 담고 있다. 인터뷰와 이야기 합성에 관한 연구도 실려 있다. 회고적 효과에 대해서는 Dawes(2001)를 보라.

두 가지 추론 시스템: Sloman(1996, 2002), Kahneman and Frederick(2002)의 요약 부분을 보라. 카너먼의 노벨상 수상 연설은 이 주제를 개괄하고 있다. 그의 연설문은 www.nobel.se.에서 찾을 수 있다. Stanovich and West(2000)도 참조하라.

위험과 감정: 인간의 행동에서 감정이 차지하는 역할에 대한 관심이 높아짐에 따라 위험 수용과 위험 회피에서 감정이 차지하는 역할을 다룬, '느낌으로서의 위험' 이론에 입각한 글이 점점 많이 나오고 있다. Lowenstein et al.(2001), Slovic et al.(2003a)을 보라. 이 주제에 대한 개괄은 Slovic et al.(2003b), Slovic(1987)을 보라. '감정 휴리스틱스'에 대한 논의는 Finucane et al.(2000)을 보라. 여기에 나오는 모듈이라는 개념에 대해서는 Bates(1994)를 보라.

감정과 인지: 인지에서 감정의 영향에 대해서는 LeDoux(2002)를 참조하라. 위험에 대해서는 Bechara et al.(1994)을 참조하라.

휴리스틱스의 유용성: Tversky and Kahneman(1973)을 보라.

파국이 실제로 발생할 때: Albouy(2002), Zajdenweber(2000), Sunstein(2002) 등이 통찰력 있는 논의를 하고 있다.

테러리즘은 직감적인 것을 이용한다: Taleb(2004c)의 에세이를 참고하라.

(휴리스틱스, 편향 등) 의사 결정의 심리학에 대한 개론서들: Baron(2000)은 이 주제를 가장 포괄적으로 다루고 있다. Kunda(1999)는 사회심리학의 견지에서 이를 요약하고 있다(안타깝게도 저자는 요절하였다). 더 단순한 요약으로는 Plous(1993)가 있다. 또한 Dawes(1988), Dawes(2001)도 참고하라. Kahneman et al.(1982), Kahneman and Tversky(2000), Gilovich et al.(2002), Slovic(2001a, 2001b) 등은 고맙게도 초창기의 논의를 상당 부분 담고 있다. Myers(2002)는 직관을 다루고 있

고, Gigereenzer et al.(2000)은 이 주제의 생태적 제안이다. 경제와 금융 부문에서 이 문제를 가장 완전하게 다룬 것은 Montier(2007)로, 나는 지난 4년 동안 이 책의 멋진 요약 글 덕을 보았다. 저자는 강단 학자의 필치와 달리 문제를 정면으로 다루는 태도를 취하고 있다. 이 주제에 관한 전문적 논의에 대해서는 Camerer, Loewenstein and Rabin(2004)을 참고하라. 임상 '전문가'의 지식을 다룬 논문으로는 Dawes(2001)를 추천한다.

의사 결정 심리학을 더 개괄적으로 다룬 것들: Klein(1998)은 직관을 이해하는 대안적 분석틀을 제기하고 있다. '사회적 작용'에 대해서는 Cialdini(2001)를 보라. Camerer(2003)는 더 주제를 좁혀서 게임이론에 초점을 맞추고 있다.

인지과학을 다룬 일반적 에세이나 포괄적 책들: Newell and Simon(1972), Varela(1988), Fodor(1983), Eysenck and Keane(2000), Lakoff and Johnson(1980) 등을 참고하라. *MIT Encyclopedia of Cognitive Science*에는 많은 사상가들의 글이 수록되어 있다.

진화론과 적응 영역: 논의의 발상은 Wilson(2000), Kreps and Davies(1993), Burnham(1997, 2003)을 보라. Burnham and Phelan(2000)은 매우 쉽게 읽힌다. 로버트 트라이버스의 저작은 Trivers(2002)에 담겨 있다. 전쟁에 대한 논의는 Wrangham(1999)을 참조하라.

정치학: Michael Shermer의 "The Political Brain: A Recent Brain-imaging Study Shows That Our Political Predilection Are a Product of Unconscious Confirmation Bias"를 참조하라. *Scientific American*, 2006년 9월 26일자에 실렸다.

의사 결정의 신경생물학: 뇌 구조에 대한 우리의 지식을 개괄적으로 이해하려면 Gazzaniga et al.(2002)을 보라. Gazzaniga(2005)는 이 주제의 연구사를 요약하고 있다. 좀 더 대중적인 저작은 Carter(1999)가 있다. Ratey(2001), Ramachadran(2003), Ramachandran and Blakeslee(1998), Carter(1999, 2002), Conlan(1999), 그리고 매우 쉽게 읽히는 Lewis, Amini and Lannon(2000)과 Goleman(1995)도 추천할 만하다. 확률과 뇌에 대해서는 Glimcher(2002)를 보라. 감정과 뇌에 관해서는 Damasio(1994, 2000, 2003)의 세 권, LeDoux(1998), 그리고 좀 더 상세하게 서술한 LeDoux(2002)를 추천한다. 이 중 Damosio의 세 권은 이 분야의 고전이다. Evans(2002)는 좀 더 간결하다. 시각이 미학과 해석에서 갖는 기능에 대해서는 Zeki(1999)를 보라.

기억에 대한 개괄적 글들: 심리학에서는 Schacter(2001)가 사후 생각이 기억에 미치는 효과와 연관된 기억 편향을 다루고 있다. 신경생물학에서는 Rose(2003)와 Squire and Kandel(2000)을 보라. 기억에 대한 (경험심리학적) 개론서로는 Baddeley(1997)가 있다.

지적 식민지와 사회생활: Collins(1998)에 나온 철학자의 '계보'를 참조하라.(내가 보기에 저자는 카사노바 효과를 알지 못하고 있다. 홀로 활동한 탓에 철학사에 이름을 올리지 못한 철학자들이 있을 수 있다는 것을 저자는 감안하지 못한다.) 집단의 공격 성향에 대해서는 Uglow(2003)를 보라.

하이먼 민스키의 저작: Minsky(1982).

비대칭성: Kahneman and Tversky(1979), Tversky and Kahneman(1992) 등의 예견 이론은 좋은 무작위 사건과 나쁜 무작위 사건의 비대칭성을 논하고 있다. 이들은 또한 부정적 영역은 볼록한 성질을

갖지만 긍정적 영역은 오목한 성질을 갖는다는 것도 지적하고 있다. 한 번에 100개를 잃는 것은 1개를 100번 잃어버리는 것보다 덜 고통스럽지만, 한 번에 100개를 얻는 즐거움은 1개를 100번 얻는 즐거움보다 훨씬 못하다는 것이다.

비대칭성의 신경상관자: Goleman(2003), Lane et al.(1997), Gehring and Willoughby(2002) 등에 서술된 데이비슨의 연구를 참조하라. Csilkszentmihalyi(1993, 1998)는 꾸준한 성과를 올리는 것의 즐거움을 저자 자신의 '흐름(flow)' 개념으로 설명하고 있다.

유예된 보상과 그 신경상관자: McLure et al.(2004)은 어떤 결정을 유예할 때 대뇌피질에서 발생하는 뇌 활동을 제시하고 있는데, 이를 통하여 우리는 어떤 일을 즉각 실행할 때 변연계 배후에서 일어나는 충동과, 어떤 일을 연기할 때 피질에서 발생하는 활동을 통찰해 볼 수 있다. Loewenstein et al.(1992), Elster(1998)도 참조하라. 꼬리감는 원숭이를 대상으로 한 선호의 신경학 연구에 대해서는 Chen et al.(2005)을 보라.

피 흘리기 전략이냐 파산 무릅쓰기 전략이냐: Gladwell(2002)과 Taleb(2004c)를 보라. 피 흘리기는 그 스트레스가 천천히 지속되기 때문에 고통스럽다. 이에 대해서는 Sapolsky et al.(2003)과 Sapolsky(1998)를 보라. 기업들이 지속적인 수익을 선호하는 데 대해서는 Degeorge and Zeckhauser(1999)를 참조하라. 희망의 시학에 대해서는 Mihailescu(2006)를 보라.

불연속성과 비약: 르네 톰(René Thom)은 이를 일곱 가지 조항으로 분류했다. Thom(1980) 참조.

진화와 낮은 확률: 자연선택의 '최적성'을 제기하는 순진한 진화론자들도 있다. 그러나 사회생물학의 창시자인 위대한 윌슨(E. O. Wilson) 선생은 희귀 사건에 관한 한 이러한 최적성 개념에 동의하지 않는다. Wilson(2002)에서 그는 이렇게 말한 바 있다.

> 인간의 뇌는 지리상의 극히 적은 부분, 제한된 친족 집단, 그리고 후손 두세 세대 정도에만 정서적으로 적응할 수 있도록 진화하였음이 명백하다. 시간과 공간상 멀리 내다보는 일은 다윈주의적 의미에서는 본질적인 것이 아니다. 아직 검토의 대상이 되지 못하는 낮은 확률을 무시하는 것이 우리의 선천적 경향이다. 세간에서는 이런 경향을 좋은 상식이라고 말한다. 인간은 어째서 이렇게 편협하게 사고하는 것일까?
>
> 이유는 간단하다. 이런 사고 경향은 구석기 시대로부터 물려받은 뇌 속의 회로 때문이다. 수십만 년 동안 적은 수의 친족과 친구 집단 속에서 단기적 이득을 추구하며 살던 사람들이 더 오래 살아남고 더 많은 자손을 퍼뜨릴 수 있었던 것이다. 집단적 쟁투가 일어나 군장 사회(chiefdom)나 제국들이 무너지는 시대에조차 이런 성향은 마찬가지였다. 먼 후손의 삶도 도모할 줄 아는 장기적인 시야를 갖추려면 넓은 이타주의와 전망이 있어야 하지만, 이런 것들을 구사하는 일은 본능상 어렵다.

Miller(2000)도 참조하라. "진화에는 선명지명이란 없다. 진화에는 제약회사를 경영하는 것과 같은 장기적 시야가 결여되어 있다. 종(species)은 연구개발팀의 … 비용을 지불하는 벤처 자본을 키우는 일을 할 수 없다. 기술혁신을 설명하기 어려운 것도 이 때문이다.

그러나 Wilson(2002)과 Miller(2000) 모두 내가 제기한 문제, 즉 보상에 걸리는 시간을 주제로 다룬 것은 아니다.

제8장

말 없는 증거는 확률 철학이라는 다소 기이한 분야에서는 '오참조 부류(wrong reference class)'라 불리고, 물리학에서는 인간 편향(anthropic bias), 통계학에서는 생존 편향(survivorship bias)이라 불린다(경제학자들은 '말 없는 증거'로 곤욕을 치르면서도 몇 번씩 같은 오류를 범하는 흥미로운 성향을 보인다.)

확인 편향: 베이컨은 *On Truth*에서 다음과 같이 말한 바 있다. "진리라는 이름의 고지에 서는 일보다 즐거운 것은 없다.(이곳은 사방이 내려 보이는 언덕이며, 공기는 맑고 청아하다.) 골짜기 저 아래의 오류들, 구불구불한 길, 안개, 폭풍 따위를 조망할 수 있는 것이다." 의도가 아무리 거창해도 확인 편향의 오류에 빠질 수 있음을 잘 설명해 주고 있다.

베이컨은 경험주의자를 이해하지 못했다: 베이컨이 추구한 것은 중용이었다. 다시 *On Truth*를 읽어 보자.

> 오류의 세 가지 원천, 허위의 철학(false philosophy)의 세 가지 종류는 다음과 같다. 소피스트적 · 경험적 · 미신적인 것이 … 그것들이다. 아리스토텔레스는 이 중 첫 번째의 경우를 잘 보여 주는 경우다. 그는 논리로써 자연철학을 오염시켰다. 즉 그는 범주의 세계를 구성해 냈다. … 그가 충분한 고려 없이 경험을 자신의 결정과 금언들의 기준으로 삼았기 때문에 그의 책에서 동물, 문제, 그 밖의 약조들에 대한 실험을 다룬 내용과 빈번히 마주치는 것이 그리 충격은 아니다.… 경험론 학파는 소피스트 혹은 이론 학파들보다 더 변형되고 기괴한 성질을 갖는 교조를 산출한다. 이들의 신조는 (아무리 빈약하고 피상적이라 해도 보편적 양상과 일반적 경향을 갖는) 상식적 개념에 비추어 성립된 것이 아니라 몇몇 실험의 모호함에 구속되어 있다.

베이컨의 잘못된 개념은 그가 왜 역사를(그리고 실험을) 단순하고 모호한 '길잡이' 정도로 간주했는지를 이해하게 해준다.

출판: Allen(2005), Klebanoff(2002), Epstein(2001), de Bellaigue(2004), Blake(1999). Bernard(2002), White(1982)에는 원고 반려에 얽힌 재미있는 일화가 실려 있다. 마이클 코래드의 회고록인 Korad(2002)는 출판업을 색다르게 조명한다. 이 문헌들은 주로 일화를 싣고 있지만 책이 척도 불변적인 구조를 강하게 갖고 있음을 알게 해준다. 그만큼 무작위성이 큰 역할을 한다는 것이다.

인간 편향: Bostrom(2002)은 이 주제에 관하여 멋지고 폭넓은 논의를 하고 있다. 물리학에서의 인간 편향에 대해서는 Barrow and Tipler(1986), Rees(2004)를 보라. Sornette(2004)는 리처드 고트의 인

류 생존 유도식(Gott? derivation of survival)을 지수 법칙으로 이용하였다. 금융 분야에서는 Sullivan et al.(1999)이 생존 편향을 논하고 있다. 그 밖에 Taleb(2004a)도 참조하라. 이런 편향을 무시하고 부적절한 결론을 제시하는 연구도 있다. Stanley and Danko(1996)가 그것이며, Stanley(2000)는 한층 더 심하다.

페니키아인들이 아무 기록을 남기지 않았다는 것에 대해: 생존 편향과 과학에 대해서는 Cisne(2005)를 보라. 이 논문은 문화적 생존이 아니라 (화석과 같은) 물리적 생존을 다루고 있으므로, 이 역시 선택 편향을 함축하고 있다. 이 점에 대해서는 피터 베블린(Peter Bevelin)이 지적했다.

스티글러의 최초 발견자 명명의 법칙: 일반적으로 알려진 바와 달리 어떤 것의 명칭이 최초 발견자의 이름을 따서 붙여지지 않는다는 법칙. 미국의 통계학자 스티글러의 주장이기도 하다.(가우스 분포로 불리는 정규분포의 개념을 도입한 사람도 일반적으로 알려진 바와 달리 드므아브르다—옮긴이)

프랑스 출판 통계: *Lire*, 2005년 4월호.

왜 분산이 중요한가: 좀 더 전문적으로 말하자면 무작위 변수의 (최대값 혹은 최소값과 같은) 극단값의 분포는 평균이 아니라 그 과정의 분산도에 더 의존한다. 체중 변화가 심한 사람은 체중이 평균 이하이며 항상 일정한 사람에 비해 날씬하게 사진 찍힐 가능성이 더 높다. 평균이란 때로는 아주, 아주 작은 역할만 발휘하는 것이다.

화석 기록: 이 주제에 대해 평을 해주신 원고 검토자 프레데릭 콜본느에게 감사드린다. 관련 문헌들은 이를 일컬어 '최근의 분석 결과'라고 평가하지만 의견이 각기 다르기 때문에 그 결과에 대한 평가에는 어려움을 겪고 있다.

발견되지 않은 공적 지식: 말 없는 증거가 나타나는 또 다른 경우다. 안락의자에 앉아서 실험 연구를 하는 것도 가능하다. 제각기 떨어진 채로 진행되는 연구를 이것저것 꿰맞추면, 이미 발표되었어도 연구자들이 알아차리지 못한 정보를 연결시켜 낼 수 있는 것이다. Fuller(2005)에서 나는 안락의자에서 이런 일을 해낼 수 있음을 '발견'한 바 있다. 그 밖에 흥미로운 발견을 보려면 Spasser(1997)와 Swanson(1986a, 1986b, 1987)을 참조하라.

범죄: 경제 '범죄'의 정의는 처음부터 존재한 것이 아니다. 규제를 입안해도 제 몫을 하기는 어려우며, 이를 넘어서는 행동들을 금지할 수는 없다(예컨대 뇌물이 그렇다).

바스티아: Bastiat(1862-1864)를 보라.

카사노바: 원고 검토자인 밀로 존스의 도움으로 카사노바 저작의 권호를 정확히 알게 되었다. 감사드린다. Masters(1969)를 보라.

성공담의 확률: 배경 정보를 고려하려면, 기이하게도 과학자들이 (뛰어난 과학자들일수록) 계산에 서툴다는 '조건'을 고려하는 사고 형식이 필요하다. 두 가지 가능성의 차이는 조건 확률이라고 간단히 부른다. 우리는 주어진 표본 안에 우리가 처해 있는 것을 조건으로 생존 확률을 계산하고 있다. 간략히 말하면, 우리의 생존이 분석 대상의 현실화를 조건 짓는 한 부분일 경우, 생존 확률은 계산할 수 없다.

역병: McNeil(1976)을 보라.

제9장

지능과 노벨상: Simonton(1999). 지능지수와 성공 사이에는 미약한 정도의 상관관계밖에 없다.

'불확실성': Knight(1992). 이러한 위험에 대해 내린 나의 정의(Taleb(2007c))는 그것이 확률, 예컨대 메타 확률에 대해 확신할 수 없는 표준적인 상황이라는 것이다. 반면에 무작위성과 위험이 인식론적 불투명성에서 기인한다면 원인을 파악하고 구별하는 일이 어렵다는 것은 허튼소리가 된다. 키케로의 저작을 읽은 사람이라면 인식론적 불투명성을 확률이라고 여길 것이다. 키케로의 다음 구절을 참조하라. *De Devinatione*, Liber primus, LVI, 127:

> Qui enim teneat causas rerum futurarum, idem necesse est omnia teneat quae futura sint. Quod cum nemo facere nisi deus possit, relinquendum est homini, ut signis quibusdam consequentia declarantibus futura praesentiat.
>
> "원인을 아는 자는 미래를 알 것이나, 신 밖에 있는 어느 누구도 이런 능력을 가질 수 없으니…"

철학과 확률의 인식론: Laplace의 Treaties, Keynes(1920), de Finetti(1931), Kyburg(1983), Levi(1970), Ayer, Hacking(1990, 2001), Gillies(2000), von Mises(1928), von Plato(1994), Carnap(1950), Cohen(1989), Popper(1971), Eatwell et al.(1987), Gigerenzer et al.(1989).

통계학적 지식과 방법론의 역사: 나는 통계학의 역사를 다룬 빼어난 저작, 즉 루딕 오류나 가우스주의의 제물이 되지 않은 저작은 찾지 못했다. 이 주제에 관한 일반적인 서술은 Bernstein(1996), David(1962)를 보라.

확률과 정보 이론에 관한 개론서: Cover and Thomas(1991). 이보다 덜 전문적이지만 탁월한 책이라면 Bayer(2003)를 들 수 있다. 정보 이론에 대한 확률론적 관점을 파악하려면 제인스의 유고집인 Jaynes(2003)가 있다. 이 책은 현명한 백치(idiot savant)의 형식주의를 배격하고 베이즈적 접근법을 취하고 있는 덕택에 드 피네티(de Finetti)의 저작을 제외하고 내가 일반 독자에게 추천하는 유일한 수학책이다.

포커: 이 게임은 루딕 오류에서 벗어나 있다. Taleb(2006a)를 보라.

왼손, 오른손에 대한 플라톤의 명목주의적 접근: McManus(2002)를 보라.

니체의 교양속물: van Tongeren(2002)과 Hicks and Rosengerg(2003)를 보라. 강단학자들은 지식인들이 '엄격함을 결여'하고 있다고 말한다. 그러나 그들은 엄격함을 결여하지 않은 경우는 제외하고, 오직 그러한 경우만 제시한다는 점에서 확인 편향의 오류에 빠져 있음을 유념하라.

불확실성을 다룬 경제학 서적들: Carter et al.(1962), Shackle(1961, 1973), Hayek(1994), Hirshleifer and Riley(1992) 등은 신고전주의학파 경제학의 견지에서 불확실성을 다루고 있다.

계산 불가능성: 지진에 관해서는 Freedman and Stark(2003)를 보라(인용을 허락해 주신 구르 휴버먼에게 감사드린다).

아카데미즘과 교양속물: 왕복 여행의 오류가 있다. 즉 아카데미즘이 엄격함을 의미한다고 해서(나는 여기에 동의하지 않는다. 이른바 '동료평가'라는 것도 겉치레에 불과한 경우를 나는 매우 자주 목격했다), 비아카데미즘이 엄격하지 않음을 함의하는 것은 아니다. 내가 '엄격함'을 의심하는 이유는 무엇인가? 학자들은 자신들의 업적을 제시하지만, 여기에는 확인 편향이 작용하고 있다. 이들이 제시하는 결과는 현재 진행 중인 수많은 연구 중에서 상대적으로 극히 작은 부분일 뿐인 것이다. 프리랜서 연구자, 그리고 다윈, 프로이트, 마르크스, 만델브로, 초기의 아인슈타인 등 이른바 아마추어라 폄하받던 사람들이 쌓은 업적이 비율 면에서는 훨씬 많다. 강단 학자들이 미친 영향은 대체로 우연적인 것이다. 이것은 중세나 르네상스 시대에도 마찬가지였다. 이에 대해서는 Le Goff(1985)를 보라. 또 계몽주의 시대에도 강단 학자들은 거대한 숫자를 이루었지만, (볼테르, 루소, 돌바흐, 디드로, 몽테스키외 등의) 계몽주의자들은 비아카데미적 존재였다.

제10장

과신: Albert and Raiffa(1982, 이들의 논문은 10년 동안 폄하되다가 겨우 정식 출판된 것이지만, 가치가 있다). Lichtenstein and Fischhoff(1977)는 과신이 항목 난이도에 영향받음을 보인 바 있다. 즉 쉬운 항목에 대해서는 과신이 줄어들어 과소한 믿음이 되어 버리는 것이 전형이라고 한다[Armelius (1979)와 비교하라]. 측정 실패나 성공도를 결정짓는 조건을 확인하기 위한 논문이 지금까지도 숱하게 발표되었다(훈련, 해당 영역의 생태적 특성, 교육 정도, 민족성 등등이 거론되었다). 이에 대해서는 Dawes(1980), Koriat, Lichtenstein, and Fischhoff(1980), Mayseless and Kruglanski(1987), Dunning et al.(1996), Ayton and McClelland(1997), Juslin and Olsson(1997), Kadane and Lichtenstein(1982), May(1986), McClelland and Bolger(1994), Pfeifer(1994), Russo and Schoernaker(1992), Klayman et al.(1999)을 보라. 집단 의사 결정에서는 맹신이 (예상 외로) 감소한다는 점을 유념하라. 이에 대해서는 Sniezek and Henry(1989), 그리고 Plous(1995)에서 언급한 해법을 참조하라. 이 주제와 관련하여 나는 평범의 왕국과 극단의 왕국 사이에 차이가 없으며 변수의 균질성이 존재하지 않는다는 생각을 품고 있다. 그러나 참으로 아쉽게도 나는 이 차이를 다룬 논문을 찾지 못했다. Stoll(1996), Arkes et al.(1987)에서는 해법도 제시하고 있다. 금융 부문에서 나타나는 과신 현상에 대해서는 Thorley(1999)와 Barber and Odean(1999)을 보라. 영역 교차 효과에 대해서는 Yates et al.(1996, 1998), Angeles et al.(1982) 참조. 과신과 과소한 믿음의 동시 발생에 대해서는 Erev, Wallsten and Budescu(1994)를 보라.

빈도 대 확률, 그 생태적 문제: Hoffrage and Gigerenzer(1998)는 문제가 확률이 아니라 빈도로 표현될 때에는 맹신의 유의미성이 적어진다고 생각한다. 실제로 '생태'와 실험실 사이의 차이를 둘러싼 논쟁도 진행되어 왔다. 이에 대해서는 Gigerenzer et al.(2000), Gigerenzer and Richter(1990), Gigerenzer(1991)를 보라. Gigerenzer and Goldstein(1996)에 따르면 우리는 "빠르고 비용이 적게 든다(fast and frugal)." 검은 백조에 관한 한 생태의 문제는 발생하지 않는다. 즉 우리가 사는 환경은 빈도로 이루어지지 않는다. 더 일반적으로 말하면 우리가 사는 환경은 우리가 적응된 상태로 있지 않다. 생태와 관련해서는 Spariosu(2004)를, 루딕 오류의 측면에서는 Cosmides and Tooby(1990)를 보라. 브런즈윅의 학설과 관련해서는 Brunswik(1952) 외에도 Leary(1987)를 참조하라.

무지를 인지하지 못함: "요컨대 정확한 판단을 산출하는 능력의 기저에 있는 동일한 지식은 정확한 판단을 인지하는 능력의 기저에도 있다. 전자가 결여되어 있다면 후자에도 결함이 생긴다[Kruger and Dunning(1999)]."

전문가 문제에 대한 별도 고찰: 나는 전문가 문제를 마태 효과나 극단의 왕국에 나타나는 두터운 꼬리(후술)와 구분하기 어렵다고 생각하지만, 사회학과 심리학 논문들이 이런 연관을 언급하는 경우는 찾지 못했다.

임상 지식과 그 문제: Meehl(1954), Dawes, Faust and Meehl(1989) 등을 보라. 가장 흥미로운 것은 Meehl(1973)에 실린 "Why I Do Not Attend Case Conferences"라는 글이다. Wagenaar and Keren(1985, 1986)을 보라.

금융 분석가, 끼리끼리 모이기, 예측: Guedj and Bouchaud(2006), Abarbanell and Bernard(1992), Chen et al.(2002), De Bondt and Thaler(1990), Easterwood and Nutt(1999), Friesen and Weller(2002), Foster(1977), Hong and Kubik(2003), Jacob et al.(1999), Lim(2001), Liu(1998), Maines and Hand(1996), Mendehhall(1991), Mikhail et al.(1997, 1999), Zitzewitz(2001), and El-Galfy and Forbes(2005). 금융분석가와 일기예보관을 (비판적으로) 비교한 것은 Tyszka and Zielonka(2002)를 보라.

경제학자와 예측: Tetlock(2005), Makridakis and Hibon(2000), Makridakis et al.(1982), Makridakis et al.(1993), Gripaios(1994), Armstrong(1978, 1981)을 참조하라. McNees(1978), Tashman(2000), Blake et al.(1986), Onkal et al.(2003), Gillespie(1979), Baron(2004), Batchelor(1990, 2001), Dominitz and Grether(1999), Lamont(2002) 등은 앞 연구들을 반박하는 것으로서, 평가에 영향을 주는 요인을 제시하고 있다. 예컨대 영향력 있는 예측가들은 이목을 사로잡는 대담한 예측을 내놓음으로 해서 사태를 더욱 악화시킨다. 이는 테틀록이 말하는 고슴도치 유형이 낳는 결과와도 일치한다. Ahiya and Doi(2001)는 일본의 경우를 대상으로 하여 무리 짓기 행동을 연구했다. McNees(1995), Remus et al.(1997), O'Neill and Desai(2005), Bewley and Fiebig(2002), Angner(2006), Béassy-Quéré(2002)도 참조하라. 한편 Brender and Pisani(2001)는 블룸버그 컨센서스에 주목했고, De Bondt and Kappler(2004)는 52년간의 자료를 분석했어도 경향의 일관성이 약했다

고 주장한다. 그러나 나는 이들의 주장을 발표 현장의 프레젠테이션을 통해 접했고, 그 이후 2년이 되도록 논문은 출간되지 않고 있다. Braum and Yaniv(1992)는 과신을 다루고 있다. 또 개론적이고 이론적인 논의를 접하려면 Hahn(1993)을 보라. 이보다 더 일반론적인 것으로는 Clemen (1986, 1989)을 참조하면 되고, 게임 이론에 관해서는 Green(2005)을 보라.

제임스 몬티어를 비롯한 많은 투자전략가나 신문, (《이코노미스트》 등의) 잡지들은 예측치에 대한 검증을 일상적으로 시행하고 있다. 이 자료를 합한 결과는 더 많은 변수를 포함하고 있기 때문에 비중 있게 검토되어야 한다.

대중문화: 1931년 에드워드 앵글리(Edward Angly)는 후버 대통력의 예측 내용을 Oh, Yeah?라는 책에 공표해 놓은 바 있다. Cerf and Navasky(1998)도 역시 흥미로운 책으로, 여기서 나는 우연히 1973년 이전의 유가 전망에 대한 이야기를 찾을 수 있었다.

정보의 효과: 이 주제의 중요 논문은 Bruner and Potter(1964)다. 나와 논의를 하고 이 논문을 소개해 준 대니얼 카너먼에게 감사드린다. Montier(2007), Oskamp(1965), Benartzi(2001) 역시 참조하라. 과신으로 인한 편향은 모호한 정보가 된다[Griffin and Tversky(1992)]. 전문가들의 훈련 과정에서도 이 편향을 없애지 못하는 것에 대해서는 Kahneman and Tversky(1982), Tversky and Kahneman(1982)을 보라. 선호 일치 정보는 액면 그대로 받아들여지는 데 반해 선호 불일치 정보는 비판적으로 처리되는 것에 대해서는 Kunda(1990)를 보라.

계획의 오류: Kahneman and Trversy(1979), Buehler, Griffin, and Ross(2002)를 참조하라. 계획의 오류는 반복되지 않는 사건에 의해 과장되기도 하지만, 반복되는 속성을 갖는 문제에 있어서는 계획 능력에 일관된 편향을 나타내게 한다.

전쟁: Trivers(2002).

프로젝트가 연기를 거듭하는 것은 그 자체의 속성인가?: Flyvbjerg et al.(2002).

오스캄프의 연구: Oskamp(1965) and Montier(2007).

과제의 특성이 의사 결정에 미치는 효과: Shanteau(1992).

에피스테메와 테크네: 두 개념의 구별은 아리스토텔레스까지 소급하지만 그 이후에는 거의 잊혔다가 최근 '노하우'와 같은 암묵적 지식과 관련된 논의에서 다시 거론되고 있다. 이에 대해서는 Ryle(1949), Polanyi(1958/1974), Mokyr(2002)를 보라.

예카테리나 여제: 연인의 숫자에 대한 이야기는 Rounding(2006)을 따랐다.

기대 수명: www.annuityadvantage.com/lifeexpentancy.htm. 기대 수명을 넘어설 확률의 계산은 지수를 3/2으로 하여, $f = Kx^{3/2}$ 조건식으로 구하였다. 따라서 x가 a를 넘어선다고 할 때 x의 조건부 기대는 다음의 수식으로 처리되었다.

$$E[x \mid x>a] = \frac{\int_a^\infty x f(x)dx}{\int_a^\infty f(x)dx}$$

제11장, 제12장, 제13장

우연의 산물: Koestler(1959) and Rees(2004). 리즈는 예견 가능성에 대해서도 탁월한 사상을 보여 주었다. Popper(2002)에 실린 포퍼의 평가도 참조하라. Waller(2002a), Cannon(1940), Mach(1896) 〔Simonton(1999)에서 재인용〕, Merton and Barber(2004)도 보라. 통합적 논의는 Simonton(2004)을 보라. 의학과 마취학에서 이뤄진 뜻밖의 발견에 대해서는 Vale et al.(2005)을 참조하라.

펜지어스를 '르네상스적 인물'이라고 한 평가: www.belll-labs.com/project/feature/archives/cosmology.

레이저의 발견: 레이저를 누가 '발명'한 것인지에 대해서는 여느 기술과 마찬가지로 논란이 있다. 어떤 발견이 성공적으로 이루어지면, 사람들은 사후 왜곡을 작동시켜서 그 발견의 선구라는 것들을 재빨리 찾아낸다. 찰스 타운젠트가 레이저 발견으로 노벨상을 수상하자 그의 학생이던 고든 굴드가 레이저 발견을 위한 실제 작업을 자신이 했다고 주장하며 소송을 제기했다.(2005년 6월 9일자 *Economist* 참조).

다윈과 월리스의 진화론: Quammen(2006).

역사주의에 대한 포퍼의 비판: Popper(2002)를 보라. 유념할 점은 내가 포퍼의 논저를 평하는 것이 아니라 나의 경험과 지식에 의거하여 현대적 방식으로 포퍼의 사상을 재해석하고 있다는 것이다. 나의 논의에는 포퍼의 메시지를 충실히 복원하겠다는 의도는 없다. 즉 이것은 포퍼의 논의 그대로가 아니라 포퍼주의적 사고틀에 따른 나 자신의 논의다. 무조건적 기대의 조건화된 기대는 무조건 기대인 것이다.

100년 전의 미래 예측: 미래를 투사하는 것에 대해서는 Bellamy(1891)를 보라. 그러나 어떤 이야기들은 과장되었을 수 있다. "특허와 관련된 논란, 여전히 수수께끼! 더 이상의 발명이 없을 것이라는 이유로 한 특허국 관리가 사표를 냈다는 이야기는 과연 진실인가? 이런 신화가 일단 발동하기 시작하면 자기 수명을 갖는 법이다."(*Skeptical Inquirer*, May-June, 2003)

피어스의 관찰: Olsson(2006), Peirce(1955).

예견과 설명: Thom(1993)을 보라.

푸앵카레: 푸앵카레의 3체 문제는 Barrow-Green(1996), Rollet(2005), Galison(2003)에서 확인할 수 있다. 아인슈타인에 대해서는 Pais(1982)를 보라. 이들에 대한 최근의 재평가는 Hladik(2004)를 참조하라.

당구공의 비유: Berry(1978), Pisarenko and Sornette(2004).

'복잡성'에 대한 매우 일반적인 논의: Benkirane(2002), Scheps(1996), Ruelle(1991)을 보라. 이 개념의 한계에 대해서는 Barrow(1998)를 참조하라.

하이에크: www.nobel.se와 Hayek(1945, 1994) 참조. 메커니즘이란 영향력 있는 사람들의 비판에 의해 고쳐지는 것이 아니라 작동자들의 도덕성 혹은 더 심하게는 그 분야에서 퇴출됨에 의하여 수정되는 것일까? 안타깝게도 접촉이라는 것 때문에, 문제가 개선되는 과정을 설명하기란 거의 어렵다. 사회과학의 발전에는 운이 어느 정도 작용한다. "지식인들과 사회주의"에서 나타나는 네트

워크 효과에 대하여, 접촉의 규모 무관성으로 인한 영향력의 지수 법칙 분포에 대하여, 그리고 그 결과 일어나는 자의성 등에 대해서는 Ormerod(2006)를 보라. 하이에크는 자연과학과 정신 과학을 구분한 막스 베버식의 고풍스런 사고에 포로가 된 것 같다. 다행스럽게도 포퍼는 그러지 않았다.

현실에서 격리된 경제학자들: Pieters and Baumgartner(2002). 경제학자들이 현실에서 격리되고 있는 것의 긍정적 측면이라면 그들이 온갖 비난 섞인 말로 나를 모욕한다 해도 현실적으로 아무 효과를 미치지 못한다는 점이다. 아마도 경제학자의 글을 읽는 사람은 다른 경제학자밖에 없을 것이다(경제학자가 글을 쓰는 것도 다른 경제학자를 위해서다). 좀 더 일반적인 경우에 대해서는 Wallerstein(1999)을 보라. 브로델이 '경제사'에 맞서 싸웠음을 기억하자. 그것은 역사였다.

종교로서의 경제학: Nelson(2001)과 Keen(2001)을 보라. 방법론에 대해서는 Blaug(1992)를 보라. 고귀한 사제와 비천한 철학자에 대한 비유로 경제학자의 역할을 논한 것은 Boettke, Coyne, and Leeson(2006)을 보라. 게리 베커(Garry Becher)와 시카고학파의 플라톤주의자들의 저작은 모두 확인 편향의 오류에 물들어 있음을 유념해야 한다. 베커는 경제적 동기가 사람들이 움직이는 상황은 잘 제시하고 있지만 물질적 동기를 우선시하지 않는 (엄청나게 많은) 경우는 제시하지 않는다.

내가 읽은 경제학 책 중 가장 빼어난 것은 강단 경제학 담론의 개념을 넘어선 Gave et al.(2005)이다(저자 중 한 사람은 언론인 아나톨 칼레츠키다).

일반이론: 반대되는 사실이 많은데도 '일반이론가'들은 끄떡없다. 제네바에서 뉴욕까지 오는 긴 비행 시간 동안 플라톤적 입장을 다방면에서 발휘하는 유명한 사람과 나란히 앉은 적이 있다. 그는 '시간-비일치 선호'라는 용어를 들먹이며, 카너먼을 비롯한 사람들의 발상은 일반 평형이라는 개념을 펴나갈 수 없기 때문에 배격되어야 한다고 줄곧 설명했다. 잠깐 동안 나는 이분이 농담을 하는 게 아닌가 생각했다. 그는 플라톤적 모델 구축 능력에 간섭이 된다는 이유로 인간의 비일관성에 대한 심리학자들의 사고를 비난했다.

폴 새뮤얼슨: 그의 최적화 이론에 대해서는 Samuelson(1983)을 보라. Stiglitz(1994)도 참조하라.

신체 균형에 대한 플라톤의 도그마: "아테네 출신의 낯선 이가 클레이니아스에게: 발과 무릎 이하는 오른쪽과 왼쪽의 차이가 없는 반면, 오른손과 왼손은 천성적으로 다양한 용도에 맞게 사용될 수 있게 되어 있네. 그렇지만 보모나 어머니의 어리석음 때문에 두 손은 불구처럼 되어 버렸지. 우리의 수족은 천성적으로 균형을 이루지만 우리의 나쁜 습관으로 차이가 생겨나는 것이네."(플라톤의 *Laws*에서.) McManus(2002)를 보라.

제약회사들: 본문에 나오는 회사가 아닌 다른 제약회사들에서는 상업적인 사람들이 경영을 맡으면서 연구자들에게 '시장의 요구'를 읽고 거기에 부응하는 약품과 치료법을—이런 방법은 월스트리트 증권 분석가들을 오류에 몰아넣는 방법과 동일하다—'발명'하라고 말한다. 이런 회사들은 자기들이 찾고자 하는 바를 실제로 찾은 것처럼 예측을 구성해 낸다.

혁신에 대한 보상 모델: Sornette and Zajdenweber(1999), Silverberg and Verspagen(2005).

진화, 환경이라는 끈은 동물에게는 짧은 구속이지만 인간에게는 길다: Dennet(2003), Stanovich and West(2000).

몽테뉴: 우리는 이 에세이스트의 전기에서 충분한 교훈을 얻지 못하고 있다. Frame(1965), Zweig(1960)를 보라.

투사 가능성, 그리고 섬뜩한 역설: Goodman(1955)을 보라. 이를 (아마도 잘못) 응용한 King and Zheng (2005)도 보라.

구성주의: Berger and Luckman(1966), Hacking(1999)을 보라.

증명 대 진정한 기능 혹은 지식: Donhardt(2004)를 보라. 예견에도 프랜차이즈가 있다. 수학이란, 수학을 아는 경제학자들을 프랜차이즈처럼 보호해 주는 용도 이외에는 경제학에 딱히 쓸모가 없을 것이다. 내 아버님의 청년 시절에는 중국어를 배울 학생을 선발할 때 라틴어 능력을 기준으로 하였다. 덕분에 상위권 학생들은 고전을 달달 외우게 되었고 흥미로운 주제에 대해서도 알 수 있었다. 이 학생들은 키케로의 수준 높은 개연론으로 사물을 보는 훈련도 익혔고, 부작용이 있을 정도로 박식하게 되었다. 이런 교육은 비록 모호한 문제라도 잘 다룰 수 있게 한다. 한편 나의 세대는 수학 실력으로 능력을 평가받았다. 수학 실력을 공학적 사고와 결합시킬 수도 있을 것이다. 이렇게 되면 중국어 실력과 고도로 수학적이며 논리적인 사고를 가질 수 있고, 같은 기준으로 동료를 선발하게 된다. 그리하여 경제학과 사회과학의 논문은 고도로 수학적인 쪽으로 씌어지니, 수학이 진입 장벽을 형성함으로써 자신들의 프랜차이즈를 보호하게 되는 것이다. 이런 학자들은 대중의 견제를 받지 않을 것이므로 대중을 속일 수도 있게 된다. 이른바 이런 프랜차이즈 보호의 또 다른 효과는 박식함과 교양을 결여한 채 다른 분야와 단절되어 자기 세계에서 수장 노릇만 하고 있는 '천재백치(idiot-savant)' 같은 연구자들을 '최고' 지위에 올려놓을 수도 있다는 것이다.

자유와 결정론: Penrose(1989)는 이론적 논의를 전개하고 있는데, 의식을 정당화하는 것은 (불확정성이 감지된) 양자 효과에서뿐이다.

투사 가능성: 최소자승법(least squre) 혹은 MAD(mean absolute difference)를 통해서만 고유의 속성을 갖는다.

카오스이론, 후진과 전진의 혼동: Laurent Firode의 Happenstance, 일명 *The Beating of a Butterfly's Wings(2002)/Le Battement d'ailes du papillion*을 보라.

자폐증 혹은 무작위의 감지: Williams et al.(2002)을 보라.

쾌락 상태에서의 예견과 미예견 오류: Wilson, Meyers, and Gilbert(2001), Wilson, Gilbert, and Centerbar(2003), Wilson et al.(2005)을 보라. 저자들은 정서적 소실이라는 용어를 쓰고 있다.

예견과 의식: Dennett(1995, 2003)과 Humphrey(1992)의 '대하여성(aboutness)'이라는 개념 참조. 그러나 Gilbert(2006)에 따르면 인간만이 예견을 하는 동물이라는 사고는 잘못되었음이 판명되었다. Suddendorf(2006), Dally, Emery, and Clayton(2006)은 동물들도 예견을 함을 보이고 있다!

파스칼의 내기에 대한 러셀의 논평: Ayer(1988)에 따르면 러셀의 평은 사적 대화에서 나온 것이다.

역사: Carr(1961), Hexter(1979), Gaddis(2002). 그렇지만 나는 전진과 후진 과정을 구분하지 못하는 오

류를 범하는 역사학자들 때문에 줄곧 골머리를 앓았다. 마크 뷰캐넌의 *Ubiquity*를 참고하라. 그리고 Nature에 실린 나이얼 퍼거슨의 혼동된 논의를 상기하라. 두 사람 모두 지수 법칙에 있는 조정의 문제를 깨닫지 못하고 있다. 전진-후진 문제의 범위를 판단하지 못하고 있는 퍼거슨의 문제에 대해서는 *Who did the Great War*를 보라.

전통적인 법칙주의적 경향, 즉 원인 개념을 넘어 일반이론까지 수립하려는 시도에 대해서는 이븐 할둔의 *Muqaddamah*를 참조하라. 헤겔의 *Philosophy of History*도 참조하라.

감정과 인지: Zajonc(1980, 1984).

파국 보험: Froot(2001)는 희귀 사건에 대비한 보험은 과도한 비용을 요구한다고 주장한다. 그가 어떻게 이런 결론에 도달하였는지는 분명하지 않지만(아마 역적합 기법이나 부트스트랩 기법을 썼을까?), 재보험 회사들은 '과도 청구된' 보험으로는 한 푼도 벌지 못했을 것이다.

포스트모더니스트들: 포스트모더니스트들은 이야기 짓기와 예견의 차이를 알지 못하는 것 같다.

의학 분야에 작용하는 운, 그리고 우연의 산물: Vale et al.(2005)을 보라. 역사에 나타난 사례는 Cooper(2004)를 참조하라. Ruffi?1977)도 보라. 좀 더 일반적인 내용은 Roberts(1989)를 참조하라.

감정적 예견: Gilbert(1991), Gilvert et al.(1993), Montier(2007)를 보라.

제14장, 제15장, 제16장, 제17장

본문의 이 부분은 특별한 목적을 위해 씌어졌다. 내가 검은 백조에 대해 이야기할 때마다 사람들은 구체적인 이야기로 풀어 달라고 말한다. 그러나 이런 이야기들은 선입관을 강화시키는 쪽으로만 작용한다. 필요한 것은, 전체로서 볼 때에는 세계가 검은 백조에 지배되고 있다는 점을 보이는 일이다. 내게 있어서는, 불변적 속성의 무작위성을 거부하는 것이야말로 검은 백조의 역할과 의미를 입증하기에 충분하다.

마태 효과: Merton(1968, 1973a, 1988)을 보라. 마르티알리스의 Epigram 중에 다음과 같은 구절이 있다. "아멜리아누스, 그대가 가난하다면 더욱 가난해질 것이다. 부유함이란 이제 부자 외에는 주어지지 않게 되었다.(Semper pauper eris, si pauper es, Aemiliane./Dantur opes mullis (nunc) nisi divitibus-V 81.)" Zuckerman(1997, 1998)도 참조하라.

누적 이득(cumulative advantage), **그것이 사회적 형평성에 미치는 결과**: DiPrete et al.(2006). Brookes-Gun and Duncan(1994), Broughton and Mills(1980), Dannefer(2003), Donhardt(2004), Hannon(2003), Huber(1998)도 보라. 누적 이득이 조숙성(precocity) 현상과 어떤 관계가 있는지는 Elman and O'Rand(2004)를 보라.

승자 독식: Rosen(1981), Frank(1994), Frank and Cook(1995), Attewell(2001).

예술 분야에 나타나는 누적 이득 효과: Bourdieu(1996), Taleb(2004e).

전쟁에 나타나는 누적 이득 효과: 여기서는 극단의 왕국과 같은 양상을 주목하고 있다. 루이스 프라이리처드슨은 지난 세기 전쟁 사상자 수의 분포에 나타나는 편차에 주목했다[Richardson(1960)].

현대전: Arkush and Allen(2006) 참조. 마오리족에 대한 연구에 따르면 곤봉을 무기로 하는 전쟁 유형이 오랜 세기 동안 지속되었다. 그러나 현대적인 무기가 나오면서 전사자는 연 2만~5만 명에 달한다. 인간은 기술로 무장한 전사가 되는 쪽으로 만들어지지 않았다. 전쟁의 역사를 일화 중심으로 살피면서 인과관계를 밝히는 논의는 Ferguson(2006)을 보라.

스탠더드앤드푸어스의 500대 기업 분석: Rosenzweig(2006)를 보라.

긴 꼬리: Anderson(2006).

정보 폭포: Schelling(1971, 1978), Watts(2002)를 보라. 경제학에서의 정보 폭포에 대해서는 Bikhchandani, Hirshleifer, and Welch(1992), Welch(1992), Schiller(1995)를 보라. Surowiecki (2004)도 보라.

선호적 연결의 수학: 이 논제에서 만델브로와 인지과학자 허버트 사이먼이 서로 대립한다. 허버트 사이먼은 지프의 구상을 1955년 자신의 논문[Simon(1955)]으로 정식화하여 지프-사이먼 모델이라 불리게 하였다.

집중 현상: Price(1970), Simon(1955)에 나오는 사이먼의 "Zipf derivation"을 참조하라. 계량서지학에 대한 일반적 논의는 Price(1976), Gläzel(2003)을 보라.

창조적 파괴에 대한 재론: Schumpeter(1942)를 보라.

네트워크: Barabàsi and Albert(1999), Albert and Barabàsi(2000), Strogatz(2001, 2003), Callaway et al.(2000), Newman et al.(2000), Newman, Watts, and Strogatz(2000), Newman(2001), Watts and Strogatz(1998), Watts(2002, 2003), Amaral et al.(2000)을 참조하라. 네트워크에 대한 논의는 Milgram(1967)에서 시작되었다고 생각된다. Barbour and Reinert(2000), Bathélémy and Amaral(1999)도 보라. 질병의 감염 현상과 관련해서는 Boots and Sasaki(1999)를 참조하라. 네트워크 효과의 범위에 대해서는 Bhalla and Iyengar(1999)를 보라. 네트워크의 복구 능력에 대해서는 Cohen et al.(2000), Barabási and Bonabeau(2003), Barabási(2002), Banavar et al.(2000)을 보라. 지수 법칙과 웹에 대해서는 Adamic and Huberman(1999), Adamic(1999)을 참조하라. 인터넷에 관한 통계는 Huberman(2001), Willinger et al.(2004), Faloutsos, Faloutsos, and Faloutsos(1999)를 참조하고, DNA에 대한 논의는 Vogelstein et al.(2000)을 보라.

자기 조직적인 임계성: Bak(1996).

두터운 꼬리 이론의 개척자들: 부에 대한 논의는 Pareto(1896), Yule(1925, 1944)을 보라. 개척자까지는 아니지만 Zipf(1932, 1949)도 보라. 언어학에 관해서는 Mandelbrot(1952)를 참조하라.

파레토: Bouvier(1999)를 보라.

내인성 대 외인성: Sornette et al.(2004)을 보라.

스퍼버의 연구: Sperber(1996a, 1996b, 1997) 참조.

회귀: 최소 제곱 회귀라는 용어를 들은 분은 그 주장에 대해 회의를 느꼈을 것이다. 이 개념에서는 오류가 급속히 없어진다고 가정하기 때문에 가능한 오류의 총합을 과소평가할 뿐 아니라 자료에서

우리가 얻을 수 있는 지식을 과대평가하게 된다.

황금의 평균 혹은 중용: Naya and Pouey-Mounou(2005)에서는 역사적 관점에서 '하찮음을 찬양함(Éloge de la médiocrité)'이라 칭하고 있다.

사물화: Bewes(2002)에서 루카치에 대한 논의를 보라.

파국: Posner(2004).

집중과 현대 경제 생활: Zajdenweber(2000).

사회 구조의 선택과 압축적 결과: 이 주제에 대한 고전적 글은 Rawls(1971)를 꼽을 수 있다. 한편 Frohlich, Oppenheimer, and Eavy(1987a, 1987b), Lissowski, Tyszka, and Okrasa(1991) 등은 롤스의 무지의 베일 원리에 따른 바람직함 개념과 (실험적으로는) 모순된다. 사람들은 빈자를 위한 평등, 부자를 위한 불평등의 형식이라 할 수 있는 최저선 제약보다는 최대 평균 수입을 선호한다.

가우스 정규분포와 케틀레: Stigler(1986) 중 케틀레에 관한 논의를 보라. 프랜시스 골턴은 다음과 같이 말한 바 있다. "나는 오류의 법칙으로 표현된 우주적 질서라는 멋진 형식만큼 상상력을 자극하는 경우를 알지 못한다."(Ian Hacking의 *The Taming of Chance*에서 재인용.)

'유한 분산'이라는 넌센스: 유한 분산이란 CLT 즉 중심극한정리(Central limit thoerem)와 연관된 것으로, 좀 더 전문적인 개념이다. 이 개념은 블록으로 집을 짓는 것과 같지만, 그 값을 거듭 혹은 그 이상으로 제곱하면 무한한 값을 얻을 수 없기 때문에 특정한 숫자로 처리해야 한다. 여기서는 한 단계 혹은 유한한 표준편차를 이용하여 간명하게 처리하도록 한다. 그러나 문제는 어떤 프랙털적 결과는 유한 분산을 가지면서도 그 과정이 빠르게 이루어지지 못하는 경우가 있다는 것이다. 이에 대해서는 Bouchaud and Potters(2003)를 보라.

로그정규: 로그정규란 중간 단계의 다양성을 가리키는 개념으로 20세기 초 지브라(Gibrat)라는 수학자에 의하여 부의 분포를 설명하려는 시도로서 강조된 것이다.〔Sutton(1997) 참조.〕 이 개념에 따르면, 순수한 선호적 연결 환경에서는 부자가 더 부유해지는 것이 아니라 부가 100일 경우 1만큼 변이하고, 부가 1000일 경우 10만큼 변이한다는 것이다. 이때의 상대적 변화가 곧 가우스적이라고 한다. 그러므로 로그정규란 표면적, 즉 커다란 변이를 허용한다는 점에서는 프랙털적이지만 마지막에는 급속히 소멸한다는 점에서 위험한 개념이다. 로그정규 개념의 도입은 아주 고약한 타협의 소산으로, 가우스 원리의 결점을 감추기 위한 것이었다.

종의 소멸: Sterelny(2001). 급속한 균열로 인한 소멸에 대해서는 Courtillot(1995)와 Courtillot and Gaudemer(1996)를 보라. 종의 비약에 대해서는 Eldredge and Gould(1972)를 참조하라.

그림 15: 지수 법칙 꼬리를 갖는 전형적 분포(스튜덴트 T 분포)

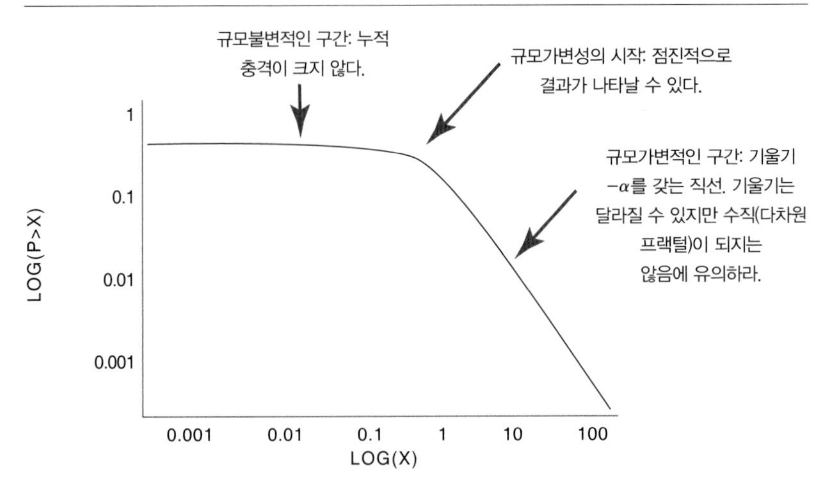

그림 16

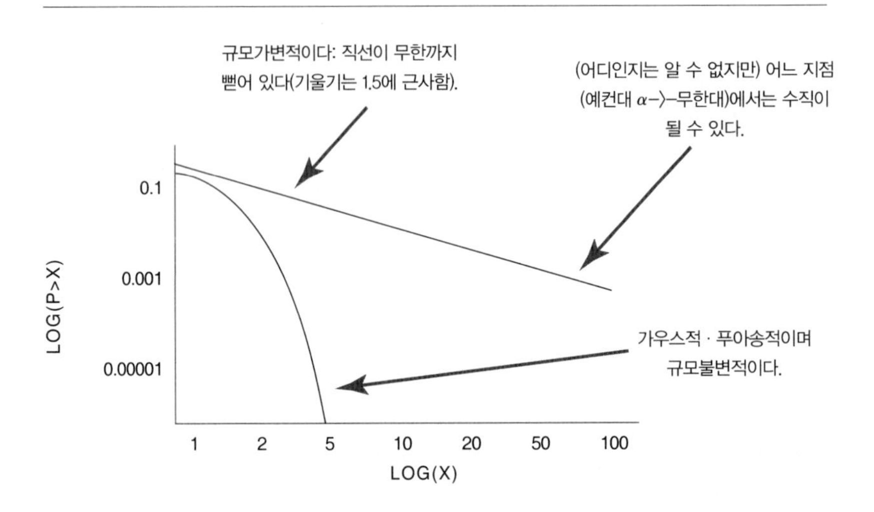

강력한 유인력을 발휘하는 두 영역의 경우: 기울기가 음의 무한대이거나 음의 상수값을 가지면 수직선 혹은 직선으로 나타난다. 확률이 1 이상으로 가산되어야 하기 때문에 (프랑스에서조차) 이 두 영역 이외의 경우는 있을 수 없다. 내가 두 가지 영역으로만 한정하여 나타낸 것도 이러한 이유 때문이다. 내가 말하고 싶은 점은, 우측의 무한한 끝 지점에 관한 자료가 희귀하기 때문에 우리가 어느 영역에 있는가를 알 수 없거니와, 두 영역 사이에 분명한 극성(polarization)이 나타나고 있다는 것이다.

프랙털, 지수 법칙, 척도 없는 분포

정의: 전문적으로 본다면 이렇게 정의된다. $P > x = Kx^{-\alpha}$, α는 지수 법칙의 지수일 것이다. 이것을 척도 없다(scale-free)고 하는데, 특정한 척도를 갖지 않는다는 의미다. $P > x/P > nx$의 상대 편차는 x가 '충분히 큰 값일 때,' x에 종속되지 않고 n에 종속된다. 이제 내가 규모불변적인 것이라는 직관적 용어로 서술했던 또 다른 분포 유형에서는 $p(x) = \text{Exp}[-a, x]$의 전형적 모양을 보이며 이때 척도는 a가 된다.

'얼마나 큰가' 하는 문제: 이제 흔히 잘못 이해되기 십상인 문제를 생각해 보자. 규모가변성은 여기서 멈추는데 정확히 어디에서인가는 나도 알지 못하기 때문에, '유한하다'고만 생각하기로 한다. '매우 크다,' '얼마나 큰지 알 수 없다,' '유한하게 크다'는 말들은 인식론적으로는 서로 대체할 수 있다. 분포가 엇갈리는 지점이 있다고 할 수 있는데, 그래프를 이용하여 나타낼 수 있다.

규모가변적인 분포를 위해서는 $\text{Log } P > x = -\alpha \text{ Log}X + C'$를 설정할 수 있다. 그림 15, 16과 같이 (예컨대 $P > x$와 x를 로그 스케일로 계산하는) 로그-로그 영역을 상정하면 직선이 나타난다.

프랙털과 지수 법칙: Mandelbrot(1975, 1982)를 보라. Schroeder(1991)는 필독서다. 존 치프먼(John Chipman)의 미간행 수고인 The Paretian Heritage는 내가 읽은 것 중 최고라 하겠다〔Chipman(2006)〕. Mitzenmacher (2003)도 보라.

"참된 이론에 접근하는 것과 그 정밀한 응용을 파악하는 것은 과학의 역사가 우리에게 가르쳐 주듯, 별개의 일이다. 중요한 모든 것은 이를 발견하지 못한 누군가에 의해 이미 언급된 바 있는 것이다.〔Whitehead(1925)〕

시에 나타난 프랙털: 디킨슨의 인용은 Fulton(1998)에서 가져왔다.

의학에서의 프랙털: Newswise 2006년 7월 18일자 기사 "New Tool to Diagnose and Treat Breat Cancer"를 참조하라.

통계물리학에 관한 일반 참고서적들: (두터운 꼬리에 대해) 가장 상세하게 설명한 것은 Sornette(2004)이다. Voit(2001)도 보라. 금융 영역의 가격과 환경 이론에 대해서는 Bouchaud and Potters(2002)가 매우 깊이 있게 쓰고 있다. '복잡성' 이론에 대해서는 전문적 서적으로 Bocarra(2004), Strogatz(1994)가 있고, 대중적인 책으로는 Ruelle(1991), Prigogine(1996)이 있다.

적응 과정: 이 문제의 철학적 성격에 관해서는 Taleb and Pilpel(2004)을 보라. Pisarenko and Sornette(2004), Sornette et al.(2004), Sornette and Ide(2001)도 참조하라.

푸아송 도약: '푸아송' 도약이란 작은 확률의 분포로서 가우스 분포를 다루기도 한다. 이러한 접근법도 있을 수 있겠으나, 어떤 도약이 얼마나 크게 이루어질지 어떻게 알겠는가? 과거의 자료는 새로운 도약의 크기를 알려 주지 않기 때문이다.

적은 표본 수 효과: Weron(2001)을 보라. Officer(1972)는 이 문제를 거의 도외시하고 있다.

통계의 회귀성: Taleb and Pipel(2004), Blyth et al.(2005)을 보라.

생물학: 현대 분자생물학의 개척자인 살바도르 루리아와 막스 델브뤼크는 박테리아 군체 중에서 다른

박테리아들보다 엄청나게 큰 돌연변이들이 이따금씩 생겨나 뭉쳐 있는 현상을 발견했다.

열역학: 제2모멘트 제약이 없이 일어나는 엔트로피 최대화 현상은 레비-안정 분포에 도달한다. 이에 대해서는 만델브로의 1952년 논문[Mandelbrot(1997a)에 재수록]을 참조하라. 찰리스(Tsallis)는 엔트로피에 대한 좀 더 정교한 논의를 통하여 스튜덴트 T(Student T) 분포라는 개념에 도달했다.

모방의 연쇄와 병리: 정보 폭포란 순수하게 합리적인 행위 주체가 자신의 정보(혹은 판단)를 도외시하고 타인의 정보(혹은 판단)를 따르는 특정한 행위를 선택하는 과정을 가리킨다. 마치 옆 사람이 뛰자 나도 덩달아 뛰는 것과 같다. 옆 사람이 내가 모르는 어떤 위험을 감지했을지 모르기 때문에 뛴 것이다. 그러나 이처럼 타인의 행동을 모방하는 일은 모방의 연쇄를 낳는다. 이제 곧 모든 사람이 같은 방향으로 달리게 되는데, 이는 거짓된 근거에 따라 이루어진 것일 수 있다. 이런 행동은 주식시장의 거품, 거대한 문화적 유행을 낳을 수 있다. Bikhchandani et al.(1992)을 보라. 심리학에서는 Hansen and Donoghue(1977)를 보라. 생물학에서는 Dugatkin(2001), Kirpatrick and Dugatkin (1994)을 참조하라.

자기 조직된 임계성: Bak and Chen(1991), Bak(1996).

경제 변수: Bundt and Murphy(2006). 대부분의 경제 변수들은 '안정' 분포를 따르는 경향이 있다. 외환, GDP, 통화 공급, (장단기) 이자율, 산업 생산 등이 이러하다.

규모가변성을 인정하지 않는 통계학자들: 경계 지점에 걸쳐 있는 꼬리를 계산할 때 표본 오류를 처리하는 과정에 결함을 빚게 된다. 예컨대 Perline(2005)은 증거의 부재와 부재 증거 사이의 차이를 이해하지 못하고 있다.

시계열과 기억: 우리는 '프랙털 기억(fractal memory)'을 지닐 수 있다. 즉 과거의 사건이 현재에 미치는 결과로 '꼬리'가 생겨날 수 있다. 이 꼬리는 기하급수적으로가 아니라 지수 법칙에 따라 소멸한다.

마멋의 연구: Marmott(2004).

제18장

경제학자들: Weintraub(2002), Szenberg(1992).

포트폴리오 이론과 현대 금융: Markowitz(1952, 1959), Huang and Litzenberger(1988), Sharpe(1994, 1996). 샤프 지수(Sharpe's ratio)는 평범의 왕국 바깥에 존재하는 무의미한 수치다. '신고전주의 금융학'에 관한 스티브 로스의 책[Ross(2004)]은 '세련된' 수학과 아름다운 현실 분석 이론을 구사하고 있지만 극단의 왕국을 고려하면 그 내용이 완전히 폐기될 수밖에 없다. 머턴 거울(Merton mirror)의 '일화'를 참고하라[Merton(1992)].

계량에 대한 집착: Crosby(1997)는 계량이 평범의 왕국에만 해당된다는 것을 망각한 채 마치 위대한 업적인 양 확신을 버리지 못하는 모습이다. Bernstein(1996)도 동일한 오류를 범하고 있다.

주식 수익률 프리미엄: 두터운 꼬리라는 개념을 받아들이면 '주식 수익율 프리미엄'이라는 것은 존재하지 않는다. Benartzi and Thaler(1995)는 이에 대한 심리학적 설명을 시도하였지만, 어느 연구자들이 그러하듯 분산이 척도가 될 수 없다는 것은 깨닫지 못하고 있다.

보증 발행: 〔보증된 콜 발행(covered call writing)이라고도 한다. 현물 포트폴리오를 보유할 때 콜 매도를 하는 투자 기법—옮긴이〕 일정 수준 이상의 수익을 포기할 때 발생하는 소심한 투자가의 전략. 투자 상한선을 위배할 때 주식은 직관적 판단보다 다소 높은 수준에서 가격이 형성된다. 대표적 실수에 대해서는 Board et al.(2000)을 참조하라.

노벨 가문: "노벨의 후손이 경제학상을 비난하다", *The Local*, 2005년 9월 28일, 스톡홀름.

이중의 거품: 파생상품의 문제는 기저의 위험이 적당한 정도의 두터운 꼬리를 갖고 적당한 정도의 지수 법칙을 다를 때(즉 3 이상의 제곱지수를 가질 때) 파생상품은 훨씬 두터운 꼬리를 산출해 낸다는 것이다(그 결과가 제곱에 비례할 때 파생상품 포트폴리오의 꼬리 지수는 최초 값의 절반이 될 것이다). 이와 같은 현상은 블랙-숄스-머턴 방정식을 두 배 이상 부적합하게 만든다.

푸아송 해체하기: 규모가변성의 대체물로서 푸아송의 문제를 파악하는 최선의 길은 푸아송을 계산하여 표본 오류를 측정하는 것이다. 이와 동일한 기법이 GARCH와 같은 기법에 응용될 수도 있다. 이들 기법은 표본에서는 잘 들어맞지만 그 바깥으로 가면 끔찍할 정도로 예외적이 된다(지난 3개월의 가격변동률이나 평균편차만 검토하더라도 수준 높다는 GARCH 기법을 납작하게 할 결과를 얻을 수 있다).

어째서 노벨인가: Derman and Taleb(2005), Haug(2007).

클로드 베르나르와 실험 의학: "미래의 정신과학을 함께 고려하는, 현재를 위한 경험주의." 클로드 베르나르의 *Priinciple de la médecine expérimentale*에 따른 것이다. Fagot-Largerault(2002), Ruffié(1977)도 보라. 현대의 증거 기반 의학에 대해서는 Ierodiakonou and Vandenbroucke(1993), Vandenbroucke(1996)를 보라. 이들은 의학에 관한 추정 지표적 접근법을 논의하고 있다.

제19장

포퍼의 말: Conjectures and Refutations pp.95-97에서 재인용.

복권의 역설: 충격이 크지만 희귀한 사건을 학자들이 이해하지 못한다는 본보기의 하나. '복권 역설'이라는 이름으로 잘 알려진 철학 수수께끼는 본래 논리학자 헨리 키버그가 제기한 것으로〔Rescher(2001), Clark(2002) 참조〕 다음과 같은 내용이다. "나는 어떤 표가 복권에 당첨되리라고는 믿지 않지만, 모든 표가 복권에 당첨되리라고 믿는다." 나에게 (그리고 보통 사람들에게) 이런 진술에 특별히 기이한 점은 없어 보인다. 그러나 고전논리학 훈련을 받은 강단 철학자에게 이것은 역설이다. 그러나 이것은 확률 명제를 쥐어짜서 아리스토텔레스 이래 흔히 사용되어 온 논리로 변모시켜 '전부 아니면 전무'로 변모시킬 때에 그러하다. 전부 아니면 전무를 수용하면서 동시에 거부하는 것 ("나는 믿는다" 혹은 "나는 믿지 않는다")은 고도로 불가능한 것과는 합치되지 않는다.

100퍼센트이거나 0퍼센트이지 않는 명제에서는 신념의 그늘, 믿음의 비율이 필요한 것이다.

철학적 사고와 관련하여 마지막으로 하나만 더. 나의 친구이자 옵션 거래업자이며 탈무드 학자인 랍비 토니 글리크만를 위한 이야기다. 즉 인생은 볼록렌즈와 같아서 일련의 파생물로 비춰진다. 간단히 말하자면, 부정적 노출을 차단하면 비지식에 대한 취약점을 제한할 수 있다〔Taleb(2005)〕.

참고문헌

Abarbanell, Jeffery S., and Victor L. Bernard, 1992, "Test of Analysts' Overreaction/Underreaction of Earnings Information as an Explanation for Anomalous Stock Price Behavior." *Journal of Finance* 47: 1181-1207.

Aczel, Amir D, 2004, *Chance: A Guide to Gambling, Love, the Stock Market, and Just About Everything Else*. New York: Thunder's Mouth Press.

Adamic, Lada, 1999, "The Small World Web." *Lecture Notes in Computational Science* 1696: 443-452.

Adamic, Lada, and Bernardo A. Huberman, 1999, "The Nature of Markets in the World Wide Web." *Quarterly Journal of Electronic Commerce* 1: 5-12.

Albert, R., and A.-L. Barabási, 2000, "Topology of Evolving Networks: Local Events and Universality." *Physical Review Letters* 85: 5234-5237.

Albert, R., H. Jeong, and A.-L. Barabási, 2000, "Error and Attack Tolerance of Complex Networks." *Nature* 406: 378-382.

Albouy, François-Xavier, 2002, *Le temps des catastrophes*. Paris: Descartes & Cie.

Al-Ghazali, 1989, "Mikhtarat Min Ahthar Al-Ghazali." In Saliba, Jamil, *Tarikh Al Falsafa Al Arabiah*. Beirut: Al Sharikah Al Ahlamiah Lilk-itab.

Allen, Mark S., 2006, "Transformations in Maori Warfare: Toa, Pa, and Pu." In Elizabeth N. Arkush and Mark W. Allen, 2006.

Allen, Michael, 2003, *The Truth About Writing*. Wiltshire: Kingsfield Publications.

——, 2005, *On the Survival of Rats in the Slushpile: Essays and Criticism*. Wiltshire: Kingsfield Publications.

Allport, D. A., 1975, "The State of Cognitive Psychology." *Quarterly Journal of Experimental Psychology* 27: 141-152.

Allwood, C. M., and H. Montgomery, 1987, "Response Selection Strategies and Realism of Confidence Judgments." *Organizational Behavior and Human Decision Processes* 39: 365-383.

Alpert, M., and H. Raiffa, 1982, "A Progress Report on the Training of Probability Assessors." In D. Kahneman, P. Slovic, and A. Tversky, eds., 1982.

Amaral, L. A. N., A. Scala, M. Barthélémy, and H. E. Stanley, 2000, "Classes of Behavior of Small-world Networks." *Proceedings of the National Academy of Science* 97: 11149-11152.

Anderson, Benedict, 1983, *Imagined Communities.* New York: Verso.

Anderson, Chris, 2006, *The Long Tail.* New York: Hyperion.

Anderson, N. H., 1986, "A Cognitive Theory of Judgment and Decision." In B. Brehmer, H. Jungermann, P. Lourens, and G. Sevón, eds., *New Directions in Research on Decision Making.* Amsterdam: North-Holland.

Angele, U., B. Beer-Binder, R. Berger, C. Bussmann, H. Kleinbölting, and B. Mansard, 1982, *Über- und Unterschätzung des eigenen Wissens in Abhängigkeit von Geschlecht und Bildungsstand(Overestimation and Underestimation of One's Knowledge as a Function of Sex and Education).* Unpublished manuscript, University of Konstanz, Federal Republic of Germany.

Angner, Erik, 2006, "Economists as Experts: Overconfidence in Theory and Practice." *Journal of Economic Methodology* 13(1): 1-24.

Annas, Julia, and Julian Barnes, 1985, *Modes of Skepticism.* Cambridge: Cambridge University Press.

Arkes, H. R., C. Christensen, C. Lai, and C. Blumer, 1987, "Two Methods of Reducing Overconfidence." *Organizational Behavior and Human Decision Processes* 39: 133-144.

Arkes, H. R., and K. R. Hammond, 1986, *Judgment and Decision Making: An Interdisciplinary Reader.* Cambridge: Cambridge University Press.

Arkush, Elizabeth N., and Mark W. Allen, eds., 2006, *The Archaeology of Warfare: Prehistories of Raiding and Conquest.* Gainesville: University of Florida Press.

Armelius, B., and K. Armelius, 1974, "The Use of Redundancy in Multiple-cue Judgments: Data from a Suppressor-variable task. *American Journal of Psychology* 87: 385-392.

Armelius, K., 1979, "Task Predictability and Performance as Determinants of Confidence in Multiple-cue Judgments." *Scandinavian Journal of Psychology* 20: 19-25.

Armstrong, J. Scott, 1978, "Are Econometricians Useful? Folklore Versus Fact." *Journal of Business* 51(4): 549-564.

——, 1981, "How Expert Are the Experts?" *Inc.*, Dec. 1981: 15-16.

Aron, Raymond, 1961, *Dimensions de la conscience historique.* Paris: Agora.

Arrow, Kenneth, 1987, "Economic Theory and the Postulate of Rationality." In J. Eatwell, M. Milgate, and P. Newman, eds., 1987, 2: 69-74.

Arthur, Brian W., 1994, *Increasing Returns and Path Dependence in the Economy.* Ann Arbor: University of Michigan Press.

Astebro, Thomas, 2003, "The Return to Independent Invention: Evidence of Unrealistic Optimism,

Risk Seeking or Skewness Loving?" *Economic Journal* 113(484): 226-239.

Ashiya, Masahiro, and Takero Doi, 2001, "Herd Behavior of Japanese Economists." *Journal of Economic Behavior and Organization* 46: 343-346.

Attewell, P., 2001, "The Winner-take-all High School: Organizational Adaptations to Educational Stratification." *Sociology of Education* 74: 267-295.

Ayache, E., 2004a, "The Back of Beyond," *Wilmott* (Spring): 26-29.

——. 2004b, "A Beginning, in the End," *Wilmott* (Winter): 6-11.

Ayer, A. J., 1958, *The Problem of Knowledge*. London: Penguin Books.

——, 1972, *Probability and Evidence*. New York: Columbia University Press.

——, 1988, *Voltaire*. London: Faber and Faber.

Ayton, P., and A. G. R. McClelland, 1997, "How Real Is Overconfidence?" *Journal of Behavioral Decision Making* 10: 153-285.

Baddeley, Alan, 1997, *Human Memory: Theory and Practice*. London: Psychology Press.

Bak, Per, 1996, *How Nature Works*. New York: Copernicus.

Bak, P., and K. Chen, 1991, "Self-organized criticality." *Scientific American* 264: 46-53.

Ball, Philip, 2004, *Critical Mass: How One Thing Leads to Another*. London: Arrow Books.

——, 2006, "Econophysics: Culture Crash." *Nature* 441: 686-688.

Banavar, J. R., F. Colaiori, A. Flammini, A. Maritan, and A. Rinaldo, 2000, "A Topology of the Fittest Transportation Network." *Physical Review Letters* 84: 4745-4748.

Barabási, Albert-László, 2002, *Linked: The New Science of Networks*. Boston: Perseus Publishing.

Barabási, Albert-László, and Réka Albert, 1999, "Emergence of Scaling in Random Networks." *Science* 286: 509-512.

Barabási, Albert-László, Réka Albert, and H. Jeong, 1999, "Mean-field Theory for Scale-free Random Networks." *Physica A* 272: 173-197.

Barabási, Albert-László, and Eric Bonabeau, 2003, "Scale-free Networks." *Scientific American* 288(5): 50-59.

Baranski, J. V., and W. M. Petrusic, 1994, "The Calibration and Resolution of Confidence in Perceptual Judgments." *Perception and Psychophysics* 55: 412-428.

Barber, B. M., and T. Odean, 1999, "Trading Is Hazardous to Your Wealth: The Common Stock Investment Performance of Individual Investors." Working Paper.

Barbour, A. D., and G. Reinert, 2000, "Small worlds." Preprint cond-mat/0006001 at http://xxx.lanl.gov.

Bar-Hillel, M., and W. A. Wagenaar, 1991, "The perception of randomness." *Advances in Applied Mathematics* 12(4): 428-454.

Baron, Jonathan, 2000, *Thinking and Deciding*, 3rd ed. New York: Cambridge University Press.

Barron, G., and I. Erev, 2003, "Small Feedback-based Decisions and Their Limited Correspondence to Description-based Decisions." *Journal of Behavioral Decision Making* 16: 215-233.

Barrow, John D., 1998, *Impossibility: The Limits of Science and the Science of Limits.* London: Vintage.

Barrow, John D., and Frank J. Tipler, 1986, *The Anthropic Cosmological Principle.* Oxford: Oxford University Press.

Barrow-Green, June, 1996, *Poincaré and the Three Body Problem.* History of Mathematics, Vol. 11, American Mathematical Society.

Barthélémy, M., and L. A. N. Amaral, 1999, "Small-world Networks: Evidence for a Crossover Picture." *Physical Review Letters* 82: 3180-3183.

Bastiat, Frédéric, 1862-1864, *Oeuvres complètes de Frédéric Bastiat*, 6 vols. Paris: Guillaumin.

Batchelor, R. A., 1990, "All Forecasters Are Equal." *Journal of Business and Economic Statistics* 8(1): 143-144.

——, 2001, "How Useful Are the Forecasts of Intergovernmental Agencies? The IMF and OECD Versus the Consensus." *Applied Economics* 33(2): 225-235.

Bates, Elisabeth, 1994, "Modularity, Domain Specificity, and the Development of Language." In D. C. Gajdusek, G. M. McKhann, and C. L. Bolis, eds., *Evolution and Neurology of Language: Discussions in Neuroscience* 10: 1-2, 136-149.

Bauman, A. O., R. B. Deber, and G. G. Thompson, 1991, "Overconfidence Among Physicians and Nurses: The 'micro certainty, macro certainty' phenomenon." *Social Science and Medicine* 32: 167-174.

Bayer, Hans Christian, 2003, *Information: The New Language of Science.* London: Orion Books, Ltd.

Bechara, A., A. R. Damasio, H. Damasio, and S. W. Anderson, 1994, "Insensitivity to Future Consequences Following Damage to Human Prefrontal Cortex." *Cognition* 50: 1-3, 7-15.

Becker, Lawrence C., 1998, *A New Stoicism.* Princeton, N.J.: Princeton University Press.

Bellamy, Edward, 1891, *Cent ans après, ou l'an 2000,* trad. de l'anglais par Paul Rey; avec une préf. par M. Théodore Reinach. Paris: E. Dentu.

Benartzi, Shlomo, 2001. "Excessive Extrapolation and the Allocation of 401(k) Accounts to Company Stock," *Journal of Finance* 56(5): 1,747-1,764

Benartzi, Shlomo, and Richard Thaler, 1995, "Myopic Loss Aversion and the Equity Premium Puzzle." *Quarterly Journal of Economics* 110(1): 73-92.

Bénassy-Quéré, Agnès, 2002, "Euro/dollar: tout le monde peut se tromper." La Lettre du CEPII

215.

Benkirane, R., 2002, *La complexité, vertiges et promesses: 18 histoires de sciences*. Paris: Le Pommier.

Berger, Peter L., and Thomas Luckmann, 1966, *The Social Construction of Reality: A Treatise in the Sociology of Knowledge*. New York: Anchor Books.

Bernard, André, 2002, *Rotten Rejections: The Letters That Publisher Wish They'd Never Sent*. London: Chrysalis Books.

Bernard, Claude, 1878, *La science expérimentale*. Paris: J.-B. Baillière.

Bernoulli, Daniel, 1954, "Exposition of a New Theory on the Measurement of Risk." *Econometrica* 22(1): 23-36.

Bernstein, Peter L., 1996, *Against the Gods: The Remarkable Story of Risk*. New York: Wiley.

Berridge, Kent C., 2003, "Irrational Pursuits: Hyper-incentives from a Visceral Brain." In I. Brocas and J. Carillo, eds., 2003.

Berry, M., 1978, "Regular and Irregular Motion, in Topics in Nonlinear Mechanics," ed. S. Jorna, *American Institute of Physics Conference Proceedings* No. 46, 16-120.

Bevan, Edwyn, 1913, *Stoics and Sceptics*. Chicago: Ares Publishers, Inc.

Bewes, Timothy, 2002, *Reification: or The Anxiety of Late Capitalism*. London: Verso.

Bewley, Ronald A., and Denzil G. Fiebig, 2002, "On the Herding Instinct of Interest Rate Forecasters." *Empirical Economics* 27(3): 403-425.

Bhalla, U. S., and R. Iyengar, 1999, "Emergent Properties of Networks of Biological Signalling Pathways. *Science* 283: 381-387.

Bharat, Barot, 2004, "How Accurate are the Swedish Forecasters on GDP-Growth, CPI-Inflation and Unemployment?, 1993-2001." *Brussels Economic Review/Cahiers Economiques de Bruxelles* 47, 2 Editions du DULBEA, Université libre de Bruxelles, 249-278.

Bikhchandani, Sushil, David Hirshleifer, and Ivo Welch, 1992, "A Theory of Fads, Fashion, Custom, and Cultural Change as Informational Cascades." *Journal of Political Economy* 100 (5): 992-1026.

Binmore, K., 1999, "Why Experiment in Economics?" *Economic Journal* 109(453): 16-24.

Birnbaum, M. H., 1983, "Base Rates in Bayesian Inference: Signal Detection Analysis of the Cab Problem." *American Journal of Psychology* 96(1): 85-94.

Björkman, M., 1987, "A Note on Cue Probability Learning: What Conditioning Data Reveal About Cue Contrast." *Scandinavian Journal of Psychology* 28: 226-232.

——, 1994, "Internal Cue Theory: Calibration and Resolution of Confidence in General Knowledge." *Organizational Behavior and Human Decision Processes* 58: 386-405.

Bjorkman, M., P. Juslin, and A. Winman, 1993, "Realism of Confidence in Sensory Discrimination:

The Underconfidence Phenomenon." *Perception and Psychophysics* 54: 75-81.

Blake, Carole, 1999, *From Pitch to Publication*. London: Pan.

Blake, David, Michael Beenstock, and Valerie Brasse, 1986, "The Performance of UK Exchange Rate Forecasters." *Economic Journal* 96(384): 986-999.

Blaug, Mark, 1992, *The Methodology of Economics*, 2nd ed. Cambridge: Cambridge University Press.

Bloch, Marc, 1953, *The Historian's Craft*. New York: Vintage Books.

Blyth, M. R. Abdelal, and Cr. Parsons, 2005, *Constructivist Political Economy*. Preprint, forthcoming, 2006: Oxford University Press.

Board, J., C. Sutcliffe, and E. Patrinos, 2000, "Performance of Covered Calls." *European Journal of Finance* 6(1): 1-17.

Bocarra, Nino, 2004, *Modeling Complex Systems*. Heidelberg: Springer.

Boettke, Peter J., Christopher J. Coyne, and Peter T. Leeson, 2006, "High Priests and Lowly Philosophers: The Battle for the Soul of Economics," a forthcoming article in the *Case Western Law Review*.

Boots, M., and A. Sasaki, 1999, "'Small worlds' and the Evolution of Virulence: Infection Occurs Locally and at a Distance," *Proceedings of the Royal Society of London* B266: 1933-1938.

Bostrom, Nick, 2002, *Anthropic Bias: Observation Selection Effects in Science and Philosophy*. London: Routledge.

Bouchaud, J.-P., and M. Potters, 2003, *Theory of Financial Risks and Derivatives Pricing: From Statistical Physics to Risk Management*, 2nd ed. Cambridge: Cambridge University Press.

Bourdé, Guy, and Hervé Martin, 1989, *Les écoles historiques*. Paris: Éditions du Seuil.

Bourdieu, Pierre, 1992, *Les règles de l'art*. Paris: Éditions du Seuil.

——, 1996, *Sur la télévision suivi de l'emprise du journalisme*. Paris: Raison d'Agir.

——, 2000, *Esquisse d'une théorie de la pratique*. Paris: Éditions de Seuil.

Bouvier, Alban, ed., 1999, *Pareto aujourd'hui*. Paris: Presses Universitaires de France.

Boyer, Pascal, 2001, *Religion Explained: The Evolutionary Origins of Religious Thought*. New York: Basic Books.

Braudel, Fernand, 1953, "Georges Gurvitch ou la discontinuité du social." *Annales* E.S.C. 8: 347-361.

——, 1969, *Écrits sur l'histoire*. Paris: Flammarion.

——, 1985, *La Méditerranée: L'espace et l'histoire*. Paris: Flammarion.

——, 1990, *Écrits sur l'histoire II*. Paris: Flammarion.

Braun, P. A., and I. Yaniv, 1992, "A Case Study of Expert Judgment: Economists' Probabilities

Versus Base-rate Model Forecasts." *Journal of Behavioral Decision Making* 5: 217-231.

Brehmer, B., and C. R. B. Joyce, eds., 1988, *Human Judgment: The SJT View.* Amsterdam: North-Holland.

Brender, A., and F. Pisani, 2001, *Les Marchés et la croissance.* Economica.

Brenner, L. A., D. J. Koehler, V. Liberman, and A. Tversky, 1996, "Overconfidence in Probability and Frequency Judgments: A Critical Examination." *Organizational Behavior and Human Decision Processes* 65: 212-219.

Brocas, I., and J. Carillo, eds., 2003, *The Psychology of Economic Decisions*, Vol. 1: *Rationality and Well-being.* Oxford: Oxford University Press.

Brochard, Victor, 1878, *De l'erreur.* Paris: Université de Paris.

——, 1888, *Les sceptiques grecs.* Paris: Imprimerie Nationale.

Brock, W. A., and P. J. F. De Lima, 1995, "Nonlinear Time Series, Complexity Theory, and Finance." University of Wisconsin, Madison—Working Papers 9523.

Brock, W. A., D. A. Hsieh, and B. LeBaron, 1991, *Nonlinear Dynamics, Chaos, and Instability: Statistical Theory and Economic Evidence.* Cambridge, Mass.: The MIT Press.

Brockman, John, 2005, Discussion with Benoît Mandelbrot, www.edge.org.

Brookes-Gunn, J., and G. Duncan, 1994, *Consequences of Growing Up Poor.* New York: Russell Sage.

Broughton, W., and E. W. Mills, 1980, "Resource Inequality and Accumulative Advantage: Stratification in the Ministry." *Social Forces* 58: 1289-1301.

Brugger, P., and R. E. Graves, 1997, "Right Hemispatial Inattention and Magical Ideation." *European Archive of Psychiatry and Clinical Neuroscience* 247(1): 55-57.

Bruner, Jerome, 1994, "The 'Remembered' Self." In Ulric Neisser and Robyn Fivush, eds., *The Remembering Self: Construction and Accuracy in the Self-Narrative.* Cambridge: Cambridge University Press.

——, 2002, *Making Stories: Law, Literature, Life.* New York: Farrar, Straus & Giroux.

Bruner, Jerome S., and Mary C. Potter, 1964, "Interference in Visual Recognition" *Science* 144 (3617): 424-425.

Brunswik, E., 1952, *The Conceptual Framework of Psychology.* Chicago: The University of Chicago Press.

——, 1955, "Representative Design and Probabilistic Theory in a Functional Psychology." *Psychological Review* 62: 193-217.

Buchanan, Mark, 2001, *Ubiquity: Why Catastrophes Happen.* New York: Three Rivers Press.

——, 2002, *Nexus: Small Worlds and the Groundbreaking Theory of Networks.* New York: W. W.

Norton and Company.

Budescu, D. V., I. Erev, and T. S. Wallsten, 1997, "On the Importance of Random Error in the Study of Probability Judgment. Part I: New Theoretical Developments." *Journal of Behavioral Decision Making* 10: 157-171.

Buehler, R., D. Griffin, and M. Ross, 2002, "Inside the Planning Fallacy: The Causes and Consequences of Optimistic Time Predictions." In T. Gilovich, D. Griffin, and D. Kahneman, eds., 2002.

Bundt, Thomas, and Robert P. Murphy, 2006, "Are Changes in Macroeconomic Variables Normally Distributed? Testing an Assumption of Neoclassical Economics." Preprint, NYU Economics Department.

Burnham, Terence C., 1997, *Essays on Genetic Evolution and Economics.* New York: Dissertation. com.

——, 2003, "Caveman Economics." Preprint, Harvard Business School.

Burnham, T., and J. Phelan, 2000, *Mean Genes.* Boston: Perseus Publishing.

Bushman, B. J., and G. L. Wells, 2001, "Narrative Impressions of Literature: The Availability Bias and the Corrective Properties of Meta-analytic Approaches." *Personality and Social Psychology Bulletin* 27: 1123-1130.

Callaway, D. S., M. E. J. Newman, S. H. Strogatz, and D. J. Watts, 2000, "Network Robustness and Fragility: Percolation on Random Graphs." *Physical Review Letters* 85: 5468-5471.

Camerer, C., 1995, "Individual Decision Making." In John H. Kagel and Alvin E. Roth, eds., *The Handbook of Experimental Economics.* Princeton, N.J.: Princeton University Press.

——, 2003, *Behavioral Game Theory: Experiments in Strategic Interaction.* Princeton, N.J.: Princeton University Press.

Camerer, Colin F., George Loewenstein, and D. Prelec, 2003, "Neuroeconomics: How Neuroscience Can Inform Economics." Caltech Working Paper.

Camerer, Colin F., George Loewenstein, and Matthew Rabin, 2004, *Advances in Behavioral Economics.* Princeton, N.J.: Princeton University Press.

Cannon, Walter B., 1940, "The Role of Chance in Discovery." *Scientific Monthly* 50: 204-209.

Carnap, R., 1950, *The Logical Foundations of Probability.* Chicago: The University of Chicago Press.

——, 1966, *Philosophical Foundations of Physics.* New York: Basic Books.

Carr, Edward Hallett, 1961, *What Is History?* New York: Vintage Books.

Carter, C. F., G. P. Meredith, and G. L. S. Shackle, 1962, *Uncertainty and Business Decisions.* Liverpool: Liverpool University Press.

Carter, Rita, 1999, *Mapping the Mind.* Berkeley: University of California Press.

——, 2002, *Exploring Consciousness.* Berkeley: University of California Press.

Casanova, Giovanni Giacomo, 1880, *Mémoires de J. Casanova de Seingalt.* Paris: Garnier Frères.

Casscells, W., A. Schoenberger, and T. Grayboys, 1978, "Interpretation by Physicians of Clinical Laboratory Results." *New England Journal of Medicine* 299: 999-1000.

Cerf, Christopher, and Victor Navasky, 1998, *The Expert Speaks: The Definitive Compendium of Authoritative Misinformation.* New York: Villard Books.

Certeau, Michel de, 1975, *L'Ecriture de l'histoire.* Paris: Gallimard.

Chamley, Christophe P., 2004, *Rational Herds: Economic Models of Social Learning.* Cambridge: Cambridge University Press.

Chancellor, Edward, 1999, *Devil Take the Hindmost: A History of Financial Speculation.* New York: Farrar, Straus & Giroux.

Chartier, Roger, 1996, *Culture et société. L'ordre des livres, XVIe-XVIIIe.* Paris: Albin Michel.

Chen, Keith, Venkat Lakshminarayanan, and Laurie Santos, 2005, "The Evolution of Our Preferences: Evidence from Capuchin Monkey Trading Behavior." Cowles Foundation Discussion Paper No. 1524.

Chen, Qi, Jennifer Francis, and Wei Jiang, 2002, "Investor Learning About Analyst Predictive Ability." Working Paper, Duke University.

Cherniak, C., 1994, "Component Placement Optimization in the Brain." *Journal of Neuroscience* 14: 2418-2427.

Chipman, John, 2006, "The Paretian Heritage." Working Paper, University of Minnesota.

Cialdini, Robert B., 2001, *Influence: Science and Practice.* Boston: Allyn and Bacon.

Cisne, John L., 2005, "Medieval Manuscripts' 'Demography' and Classic Texts' Extinction." *Science* 307(5713): 1305-1307.

Clark, Barrett, and Pascal Boyer, 2006, "*Causal Inferences: Evolutionary Domains and Neural Systems.*" Interdisciplines Conference on Causality, see www.interdiscplines.org.

Clark, Michael, 2002, *Paradoxes from A to Z.* London: Routledge.

Clemen, R. T., 1986, "Calibration and the Aggregation of Probabilities." *Management Science* 32: 312-314.

——, 1989, "Combining Forecasts: A Review and Annotated Bibliography." *International Journal of Forecasting* 5: 559-609.

Cohen, L. J., 1989, *The Philosophy of Induction and Probability.* Oxford: Clarendon Press.

Cohen, R., K. Erez, D. ben-Avraham, and S. Havlin, 2000, "Resilience of the Internet to Random Breakdowns." *Physical Review Letters* 85: 4626-4628.

Cole, J. R., and S. Cole, 1973, *Social Stratification in Science.* Chicago: The University of Chicago

Press.

Cole, J. R., and B. Singer, 1991, "A Theory of Limited Differences: Explaining the Productivity Puzzle in Science." In J. C. H. Zuckerman and J. Bauer, eds., *The Outer Circle: Women in the Scientific Community*. New York: W. W. Norton and Company.

Cole, Peter, 2002, *Access to Philosophy: The Theory of Knowledge*. London: Hodder and Stoughton.

Cole, S., 1970, "Professional Standing and the Reception of Scientific Discoveries." *American Journal of Sociology* 76: 286-306.

Cole, S., J. C. Cole, and G. A. Simon, 1981, "Chance and Consensus in Peer Review." *Science* 214: 881-886.

Collins, Randall, 1998, *The Sociology of Philosophies: A Global Theory of Intellectual Change*. Cambridge, Mass.: The Belknap Press of Harvard University Press.

Conley, D., 1999, *Being Black, Living in the Red: Race, Wealth and Social Policy in America*. Los Angeles: University of California Press.

Cooper, John M., 2004, *Knowledge, Nature, and the Good*, Chapter 1: "Method and Science in on Ancient Medicine." Princeton, N.J.: Princeton University Press.

Cootner, Paul H., 1964, *The Random Character of Stock Market Prices*. London: Risk Books.

Cosmides, L., and J. Tooby, 1990, "Is the Mind a Frequentist?" Paper presented at the 31st annual meeting of the Psychonomics Society, New Orleans, La.

——, 1992, "Cognitive Adaptations for Social Exchange." In Jerome H. Barkow, Leda Cosmides, and John Tooby, eds., *The Adapted Mind*. Oxford: Oxford University Press.

——, 1996, "Are Humans Good Intuitive Statisticians After All? Rethinking Some Conclusions from the Literature on Judgment and Uncertainty." *Cognition* 58(1): 187-276.

Courtillot, V., 1995, *La vie en catastrophes*. Paris: Fayard.

Courtillot, V., and Y. Gaudemer, 1996, "Effects of Mass-Extinctions on Biodiversity." *Nature* 381: 146-147.

Cousin, Victor, 1820, *Cours d'histoire de la philosophie morale au dix-huitième siècle*. Paris: Ladrange.

Cover, T. M., and J. A. Thomas, 1991, *Elements of Information Theory*. New York: Wiley.

Cowley, Michelle, and Ruth M. J. Byrne, 2004, "Chess Master's Hypothesis Testing." In Kenneth Forbus, Dedre Gentner, and Terry Regier, eds., *Proceedings of 26th Annual Conference of the Cognitive Science Society, CogSci 2004*, Mahwah, N.J.: Lawrence Erlbaum.

Crosby, Alfred W., 1997, *The Measure of Reality: Quantification and Western Society, 1250-1600*. Cambridge: Cambridge University Press.

Csikszentmihalyi, Mihaly, 1993, *Flow: The Psychology of Optimal Experience*. New York: Perennial

Press.
——, 1998, *Finding Flow: The Psychology of Engagement with Everyday Life.* New York: Basic Books.
Cutler, David, James Poterba, and Lawrence Summers, 1989, "What Moves Stock Prices?" *Journal of Portfolio Management* 15: 4-12.
Dally J. M., N. J. Emery, and N. S. Clayton, 2006, "Food-Catching Western Scrub-Jays Keep Track of Who Was Watching When." *Science* 312 (5780): 1,662-1,665.
Damasio, Antonio, 1994, *Descartes' Error: Emotion, Reason, and the Human Brain.* New York: Avon Books.
——, 2000, *The Feeling of What Happens: Body and Emotion in the Making of Consciousness.* New York: Harvest Books.
——, 2003, *Looking for Spinoza: Joy, Sorrow and the Feeling Brain.* New York: Harcourt.
Dannefer, D., 1987, "Aging as Intracohort Differentiation: Accentuation, the Matthew Effect and the Life Course." *Sociological Forum* 2: 211-236.
——, 2003, "Cumulative Advantage/Disadvantage and the Life Course: Cross-fertilizing Age and Social Science." *Journal of Gerontology Series B: Psychological Sciences and Social Sciences* 58: 327-337.
Darwin, Charles, 1859, *On Natural Selection.* London: Penguin Books, Great Ideas.
Daston, L. J., 1988, *Classical Probability in the Enlightenment.* Princeton, N.J.: Princeton University Press.
David, Florence Nightingale, 1962, *Games, Gods, and Gambling: A History of Probability and Statistical Ideas.* Oxford: Oxford University Press.
Dawes, Robyn M., 1980, "Confidence in Intellectual Judgments vs. Confidence in Perceptual Judgments." In E. D. Lantermann and H. Feger, eds., *Similarity and Choice: Papers in Honor of Clyde Coombs.* Bern, Switzerland: Huber.
——,1988, *Rational Choice in an Uncertain World.* New York: Harcourt.
——, 1989, "Measurement Models for Rating and Comparing Risks: The Context of AIDS." *Conference Proceedings Health Services Research Methodology: A Focus on AIDS*, September 1989.
——, 1999, "A Message from Psychologists to Economists: Mere Predictability Doesn't Matter Like It Should, Without a Good Story Appended to It." *Journal of Economic Behavior and Organization.* 39: 29-40.
——, 2001a, "Clinical Versus Actuarial Judgment." *International Encyclopedia of the Social and Behavioral Sciences* 2048-2051.
——, 2001b, *Everyday Irrationality: How Pseudo-Scientists, Lunatics, and the Rest of Us Systemati-*

cally Fail to Think Rationally. Oxford: Westview Press.

——, 2002, "The Ethics of Using or Not Using Statistical Prediction Rules in Psychological Practice and Related Consulting Activities." *Philosophy of Science* 69: 178-184.

Dawes, Robyn M., D. Faust, and P. E. Meehl, 1989, "Clinical Versus Actuarial Judgment." *Science* 243: 1668-1674.

Dawes, Robyn M., R. Fildes, M. Lawrence, and K. Ord, 1994, "The Past and the Future of Forecasting Research." *International Journal of Forecasting* 10: 151-159.

Dawes, Robyn M., and T. L. Smith, 1985, "Attitude and Opinion Measurement." In G. Lindzey and E. Aronson, *The Handbook of Social Psychology*, Vol. 1. Hillsdale, N.J.: Lawrence Erlbaum.

de Bellaigue, Eric, de., 2004, *British Book Publishing as a Business Since the 1960s.* London: The British Library.

De Bondt, Werner, and Andreas Kappler, 2004, "Luck, Skill, and Bias in Economists' Forecasts." Working Paper, Driehaus Center for Behavioral Finance, DePaul University.

De Bondt, Werner F. M., and Richard M. Thaler, 1990, "Do Security Analysts Overreact?" *American Economic Review* 80: 52-57.

Debreu, Gerard, 1959, *Theorie de la valeur*, Dunod, tr. *Theory of Value.* New York: Wiley.

de Finetti, Bruno, 1931, 1989, "Probabilism." *Erkenntnis* 31: 169-223.

——, 1975, 1995, *Filosophia della probabilita.* Milan: Il Saggiatore.

Degeorge, François, Jayendu Patel, and Richard Zeckhauser, 1999, "Earnings Management to Exceed Thresholds." *Journal of Business* 72(1): 1-33.

DeLong, Bradford, Andrei Shleifer, Lawrence Summers, and Robert J. Waldmann, 1991. "The Survival of Noise Traders in Financial Markets." *Journal of Business* 64(1): 1-20.

Dennett, Daniel C., 1995, *Darwin's Dangerous Idea: Evolution and the Meanings of Life.* New York: Simon & Schuster.

——, 2003, *Freedom Evolves.* New York: Penguin Books.

Derman, E., and N. N. Taleb, 2005, "The Illusions of Dynamic Replication." *Quantitative Finance* 5: 323-326.

De Vany, Arthur, 2002, *Hollywood Economics: Chaos in the Movie Industry.* London: Routledge.

De Vany, Arthur, Nassim Nicholas Taleb, and Mark Spitznagel, 2004, "Can We Shield Artists from Wild Uncertainty?" presented at the Fort Lauderdale Film Festival Scholar's Workshop, June 2004.

DiPrete, Thomas A., and Greg Eirich, 2006, "Cumulative Advantage as a Mechanism for Inequality: A Review of Theoretical and Empirical Developments." *Annual Review of Sociology* 32: 271-297.

Dominitz, Jeff, and David Grether, 1999, "I Know What You Did Last Quarter: Economic Forecasts of Professional Forecasters." Working Paper, Caltech.

Donhardt, Gary L., 2004, "In Search of the Effects of Academic Achievement in Postgraduation Earnings." *Research in Higher Education* 45(3): 271-284.

Dugatkin, Lee Alan, 2001, *The Imitation Factor: Evolution Beyond the Gene.* New York: Simon & Schuster.

Dunbar, Nicholas, 1999, *Inventing Money: The Story of Long-Term Capital Management and the Legends Behind It.* Chichester, England: John Wiley & Sons, Ltd.

Dunning, D., D. W. Griffin, J. Milojkovic, and L. Ross, 1990, "The Overconfidence Effect in Social Prediction." *Journal of Personality and Social Psychology* 58: 568-581.

Dye, Guillaume, 2004, A review of Lorenzo Perilli's *Menodoto di Nicomedia*, Munich and Leipzig: K. G. Saur, in *Bryn Mawr Classical Review*, December 20.

Easterwood, John C., and Stacey R. Nutt, 1999, "Inefficiency in Analysts' Earnings Forecasts: Systematic Misreaction or Systematic Optimism?" *Journal of Finance* 54: 1777-1797.

Eatwell, J., M. Milgate, and P. Newman, eds., 1987, *The New Palgrave: A Dictionary of Economics.* London: Macmillan.

Eco, Umberto, 1992, *How to Travel with a Salmon and Other Essays.* San Diego: Harcourt.

——, 1994, *Six Walks in the Fictional Woods.* Cambridge, Mass.: Harvard University Press.

——, 2000, *Kant and the Platypus: Essays on Language and Cognition.* New York: Harvest Books.

——, 2002, *On Literature.* Orlando: Harcourt Books.

——, 2003, *Mouse or Rat? Translation as Negotiation.* London: Orion Books.

Einhorn, H. J., and R. M. Hogarth, 1981, "Behavioral Decision Theory: Processes of Judgment and Choice." *Annual Review of Psychology* 32: 53-88.

Ekeland, Ivar, 1990, *Mathematics of the Unexpected.* Chicago: The University of Chicago Press.

Eldredge, Niles, and Stephen Jay Gould, 1972, "Punctuated Equilibria: An Alternative to Phyletic Gradualism." *Models in Paleobiology*, ed., T. J. M. Schopf. New York: Freeman.

El-Galfy, A. M., and W. P. Forbes, 2005, "An Evaluation of U.S. Security Analysts Forecasts, 1983-1999." Working Paper.

Elman, C., and A. M. O'Rand, 2004, "The Race Is to the Swift: Socioeconomic Origins, Adult Education, and Wage Attainment." *American Journal of Sociology* 110: 123-160.

Empiricus, Sextus, 1997, *Esquisses pyrrhoniennes.* Paris: Éditions du Seuil.

——, 2002, *Contre les professeurs.* Paris: Éditions du Seuil.

Epstein, Jason, 2001, Book Business. London: W. W. Norton.

Erev, I., T. S. Wallsten, and D. V. Budescu, 1994, "Simultaneous Over- and Underconfidence: The

Role of Error in Judgment Processes." *Psychological Review* 101: 519-528.

Estoup, J. B., 1916, *Gammes Stenographique.* Paris: Institut Stenographique de France.

Evans, Dylan, 2002, *Emotions: The Science of Sentiment.* Oxford: Oxford University Press.

Eysenck, M. W., and M. T. Keane, 2000, *Cognitive Psychology*, 4th ed. London: Psychology Press.

Fagot-Largeault, Anne, 2002, *Philosophie des sciences biologiques et medicales.* Paris: College de France.

Faia, M., 1975, "Productivity Among Scientists: A Replication and Elaboration." *American Sociological Review* 40: 825-829.

Faloutsos, M., P. Faloutsos, and C. Faloutsos, 1999, "On Power-law Relationships of the Internet Topology." *Computer Communications Review* 29: 251-262.

Favier, A., 1906, *Un médecin grec du deuxième siècle ap. J.-C., prècurseur de la méthode expérimentale moderne: Ménodote de Nicomédie.* Paris: Jules Roisset.

Ferguson, Niall, 2005, *1914: Why the World Went to War.* London: Penguin.

——, 2006a, *The War of the World: History's Age of Hatred.* London: Allen Lane.

——, 2006b, "Political Risk and the International Bond Market Between the 1848 Revolution and the Outbreak of the First World War." *Economic History Review* 59(1): 70-112.

Ferraro, K. F., and J. A. Kelley-Moore, 2003, "Cumulative Disadvantage and Health: Long-term Consequences of Obesity?" *American Sociological Review* 68: 707-729.

Feyerabend, Paul, 1987, *Farewell to Reason.* London: Verso.

Finucane, M. L., A. Alhakami, P. Slovic, and S. M. Johnson, 2000, "The Affect a Heuristic in Judgments of Risks and Benefits." *Journal of Behavioral Decision Making* 13: 1-17.

Fischhoff, Baruch, 1982a, "Debiasing." In D. Kahneman, P. Slovic, and A. Tversky, eds., *Judgment Under Uncertainty: Heuristics and Biases.* Cambridge: Cambridge University Press.

——, 1982b, "For Those Condemned to Study the Past: Heuristics and Biases in Hindsight." In D. Kahneman, P. Slovic, and A. Tversky, *Judgment Under Uncertainty: Heuristics and Biases.* Cambridge: Cambridge University Press.

Fischhoff, B., and D. MacGregor, 1983, "Judged Lethality: How Much People Seem to Know Depends on How They Are Asked." *Risk Analysis* 3: 229-236.

Fischhoff, Baruch, Paul Slovic, and Sarah Lichtenstein, 1977, "Knowing with Certainty: The Appropriateness of Extreme Confidence." *Journal of Experimental Psychology* 3(4): 552-564.

Floridi, Luciano, 2002, *The Transmission and Recovery of Pyrrhonism.* Oxford: Oxford University Press.

Flyvbjerg, Bent, Mette Skamris Holm, and S ø ren Buhl, 2002, "Underestimating Costs in Public Works Projects—Error or Lie." *American Journal of Planning* 68(3), http://home.planet.nl/

~viss1197/japaflyvbjerg.pdf.

Fodor, Jerry A., 1983, *The Modularity of Mind: An Essay on Faculty Psychology*. Cambridge, Mass.: The MIT Press.

Foster, George, 1977, "Quarterly Accounting Data: Time-series Properties and Predictive Ability Results." *Accounting Review* 52: 1-21.

Fox, M. A., and P. Kochanowski, 2004, "Models of Superstardom: An Application of the Lotka and Yule Distributions." *Popular Music and Society* 27: 507-522.

Frame, Donald M., 1965, *Montaigne: A Biography*. New York: Harcourt Brace and World.

Frank, Jerome D., 1935, "Some Psychological Determinants of the Level of Aspiration." *American Journal of Psychology* 47: 285-293.

Frank, Robert, 1994, "Talent and the Winner-Take-All Society." A review of Derek Bok's *The Cost of Talent: How Executives and Professionals Are Paid and How It Affects America*, New York: The Free Press, 1993, in *The American Prospect* 5(17), www.prospect.org/print/V5/17/frank-r.html.

Frank, Robert H., 1985, *Choosing the Right Pond: Human Behavior and the Quest for Status*. Oxford: Oxford University Press.

Frank, Robert H., and P. J. Cook, 1995, *The Winner-Take-All Society: Why the Few at the Top Get So Much More Than the Rest of Us*. New York: The Free Press.

Frankfurter, G. M., and E. G. McGoun, 1996, *Toward Finance with Meaning: The Methodology of Finance: What It Is and What It Can Be*. Greenwich, Conn.: JAI Press.

Freedman, D. A., and P. B. Stark, 2003, "What Is the Chance of an Earthquake?" Technical Report 611 of the Department of Statistics, University of California, Berkeley, September 2001, revised January 2003.

Friesen, Geoffrey, and Paul A. Weller, 2002, "Quantifying Cognitive Biases in Analyst Earnings Forecasts." Working Paper, University of Iowa.

Frohlich, N., J. A. Oppenheimer, and C. L. Eavy, 1987a, "Laboratory Results on Rawls's Distributive Justice." *British Journal of Political Science* 17: 1-21.

——, 1987b, "Choices of Principles of Distributive Justice in Experimental Groups." *American Journal of Political Science* 31(3): 606-636.

Froot, K. A., 2001, "The Market for Catastrophe Risk: A Clinical Examination," *Journal of Financial Economics* 60(2-3): 529-571.

Fukuyama, Francis, 1992, *The End of History and the Last Man*. New York: The Free Press.

Fuller, Steve, 2005, *The Intellectual*. London: Icon Books.

Fulton, Alice, 1998, "Fractal Amplifications: Writing in Three Dimensions." *Thumbscrew* 12(winter).

Gabaix, X., P. Gopikrishnan, V. Plerou, and H. E. Stanley, 2003, "A Theory of Power-law Distributions in Financial Market Fluctuations." *Nature* 423: 267-270.

Gaddis, John Lewis, 2002, *The Landscape of History: How Historians Map the Past.* Oxford: Oxford University Press.

Galbraith, John Kenneth, 1997, *The Great Crash 1929.* New York: Mariner Books.

Galison, Peter, 2003, *Einstein's Clocks, Poincaré's Maps: Empires of Time.* New York: W. W. Norton and Company.

Gave, Charles, Anatole Kaletsky, and Louis-Vincent Gave, 2005, *Our Brave New World.* London: GaveKal Research.

Gazzaniga, M. S., R. Ivry, and G. R. Mangun, 2002, *Cognitive Neuroscience: The Biology of the Mind,* 2nd ed. New York: W. W. Norton and Company.

Gazzaniga, Michael, and Joseph LeDoux, 1978, *The Integrated Mind.* Plenum Press.

Gazzaniga, Michael S., 2005, *The Ethical Brain.* New York: Dana Press.

Gehring, W. J., and A. R.Willoughby, 2002, "The Medial Frontal Cortex and the Rapid Processing of Monetary Gains and Losses." *Science* 295: 2279-2282.

Gelman, S. A., 1988, "The Development of Induction Within Natural Kind and Artifact Categories." *Cognitive Psychology* 20: 65-95.

Gelman, S. A., and J. D. Coley, 1990, "The Importance of Knowing a Dodo Is a Bird: Categories and Inferences in Two-year-old Children." *Developmental Psychology* 26: 796-804.

Gelman, S. A., and L. A. Hirschfeld, 1999, "How Biological Is Essentialism?" In D. L. Medin and S. Atran, eds., *Folkbiology.* Cambridge, Mass.: The MIT Press.

Gelman, S. A., and E. M. Markman, 1986, "Categories and Induction in Young Children." *Cognition* 23: 183-209.

Gervais, Simon, and Terrance Odean, 1999, "Learning to Be Overconfident." Working Paper, University of Pennsylvania.

Gigerenzer, G., P. M. Todd, and the ABC Research Group, 2000, *Simple Heuristics That Make Us Smart.* Oxford: Oxford University Press.

Gigerenzer, Gerd, 1984, "External Validity of Laboratory Experiments: The Frequency-Validity Relationship." *American Journal of Psychology* 97: 185-195.

——, 1987, "Survival of the Fittest Probabilist: Brunswik, Thurstone, and the Two Disciplines of Psychology." In L. Krüger, G. Gigerenzer, and M. S. Morgan, eds., *The Probabilistic Revolution,* Vol. 2: *Ideas in the Sciences.* Cambridge, Mass.: The MIT Press.

——, 1991, "From Tools to Theories: A Heuristic of Discovery in Cognitive Psychology."

Psychological Review 98(2): 254-267.

Gigerenzer, G., J. Czerlinski, and L. Martignon, 2002, "How Good Are Fast and Frugal Heuristics?" In T. Gilovich, D. Griffin, and D. Kahneman, eds., 2002.

Gigerenzer, G., and D. G. Goldstein, 1996, "Reasoning the Fast and Frugal Way: Models of Bounded Rationality." *Psychological Review* 103: 650-669.

Gigerenzer, Gerd, W. Hell, and H. Blank, 1988, "Presentation and Content: The Use of Base Rates as a Continuous Variable." *Journal of Experimental Psychology: Human Perception and Performance* 14: 513-525.

Gigerenzer, G., U. Hoffrage, and H. Kleinbolting, 1991, "Probabilistic Mental Models: A Brunswikian Theory of Confidence." *Psychological Review* 98: 506-528.

Gigerenzer, G., and H. R. Richter, 1990, "Context Effects and Their Interaction with Development: Area Judgments." *Cognitive Development* 5: 235-264.

Gigerenzer, G., Z. Swijtink, T. Porter, L. J. Daston, J. Beatty, and L. Krüger, 1989, *The Empire of Chance: How Probability Changed Science and Everyday Life.* Cambridge: Cambridge University Press.

Gilbert, D., E. Pinel, T. D. Wilson, S. Blumberg, and T. Weatley, 2002, "Durability Bias in Affective Forecasting." In T. Gilovich, D. Griffin, and D. Kahneman, eds., 2002.

Gilbert, Daniel, 2006, *Stumbling on Happiness.* New York: Knopf.

Gilbert, Daniel T., 1991, "How Mental Systems Believe." *American Psychologist* 46: 107-119.

Gilbert, Daniel T., Romin W. Tafarodi, and Patrick S. Malone, 1993, "You Can't Not Believe Everything You Read." *Journal of Personality and Social Psychology* 65: 221-233.

Gillespie, John V., 1979, Review of William Ascher's *Forecasting: An Appraisal for Policy-Makers and Planners* in *The American Political Science Review* 73(2): 554-555.

Gillies, Donald, 2000, *Philosophical Theories of Probability.* London: Routledge.

Gilovich, T., D. Griffin, and D. Kahneman, eds., 2002, *Heuristics and Biases: The Psychology of Intuitive Judgment.* Cambridge: Cambridge University Press.

Gladwell, Malcolm, 1996, "The Tipping Point: Why Is the City Suddenly So Much Safer-Could It Be That Crime Really Is an Epidemic?" *The New Yorker,* June 3.

——, 2000, *The Tipping Point: How Little Things Can Make a Big Difference.* New York: Little, Brown.

——, 2002, "Blowing Up: How Nassim Taleb Turned the Inevitability of Disaster into an Investment Strategy." *The New Yorker,* April 22 and 29.

Glänzel, W., 2003, *Bibliometrics as a Research Field: A Course on the Theory and Application of Bibliometric Indicators.* Preprint.

Gleik, James, 1987, *Chaos: Making a New Science.* London: Abacus.

Glimcher, Paul, 2002, *Decisions, Uncertainty, and the Brain: The Science of Neuroeconomics.* Cambridge, Mass.: The MIT Press.

Goldberg, Elkhonon, 2001, *The Executive Brain: Frontal Lobes and the Civilized Mind.* Oxford: Oxford University Press.

——, 2005, *The Wisdom Paradox: How Your Mind Can Grow Stronger as Your Brain Grows Older.* New York: Gotham.

Goldstein, D. G. and N. N. Taleb, 2007, "We Don't Quite Know What We are Talking About WHen We talk About Volatility," *Journal of Portfolio Management,* summer 2007.

Goleman, Daniel, 1995, *Emotional Intelligence: Why It Could Matter More Than IQ.* New York: Bantam Books.

——, 2003, *Destructive Emotions, How Can We Overcome Them? A Scientific Dialogue with the Dalai Lama.* New York: Bantam.

Goodman, N., 1955, *Fact, Fiction, and Forecast.* Cambridge, Mass.: Harvard University Press.

——, 1972, "Seven Strictures on Similarity." In N. Goodman, ed., *Problems and Projects.* New York: Bobbs-Merrill.

Gopnik, A., 2004, C. Glymour, D. M. Sobel, L. E. Schulz, T. Kushnir, and D. Danks, D., press, "A Theory of Causal Learning in Children: Causal Maps and Bayes Nets." *Psychological Review* 111: 3-32.

Granger, Clive W. J., 1999, *Empirical Modeling in Economics: Specification and Evaluation.* Cambridge: Cambridge University Press.

Gray, John, 2002, *Straw Dogs: Thoughts on Humans and Other Animals.* London: Granta Books.

Green, Jack, 1962, *Fire the Bastards!* New York: Dalkey Archive Press.

Green, K. C. 2005, "Game Theory, Simulated Interaction, and Unaided Judgement for Forecasting Decisions in Conflicts: Further Evidence." *International Journal of Forecasting* 21: 463-472.

Griffin, D. W., and A. Tversky, 1992, "The Weighing of Evidence and the Determinants of Confidence." *Cognitive Psychology* 24: 411-435.

Griffin, D. W., and C. A. Varey, 1996, "Towards a Consensus on Overconfidence." *Organizational Behavior and Human Decision Processes* 65: 227-231.

Gripaios, Peter, 1994, "The Use and Abuse of Economic Forecasts." *Management Decision* 32(6): 61-64.

Guedj, Olivier, and Jean-Philippe Bouchaud, 2006, "Experts' Earning Forecasts: Bias, Herding and Gossamer Information," forthcoming.

Guglielmo, Cavallo, and Roger Chartier, 1997, *Histoire de la lecture dans le monde occidental.*

Paris: Éditions du Seuil.

Gurvitch, Georges, 1957, "Continuité et discontinuité en histoire et sociologie." *Annales* E.S.C.: 73-84.

——, 1966, *The Social Framework of Knowledge.* New York: Harper Torchbooks.

Hacking, Ian, 1965, *Logic of Statistical Inference.* Cambridge: Cambridge University Press.

——, 1983, *Representing and Intervening: Introductory Topics in the Philosophy of Natural Science.* Cambridge: Cambridge University Press.

——, 1990, *The Taming of Chance.* Cambridge: Cambridge University Press.

——, 1999, *The Social Construction of What?* Cambridge, Mass.: Harvard University Press.

——, 2001, *An Introduction to Probability and Inductive Logic.* Cambridge: Cambridge University Press.

Hahn, Frank, 1993, "Predicting the Economy." In Leo Howe and Alan Wain, eds., 1993.

Hannon, L., 2003, "Poverty, Delinquency, and Educational Attainment: Cumulative Disadvantage or Disadvantage Saturation?" *Sociological Inquiry* 73: 575-594.

Hansen, R. D., and J. M. Donoghue, 1977, "The Power of Consensus: Information Derived from One's Own and Others' Behavior." *Journal of Personality and Social Psychology* 35: 294-302.

Hardy, G. H., 1940, *A Mathematician's Apology.* Cambridge: Cambridge University Press.

Harris, Olivia, 2004, "Braudel: Historical Time and the Horror of Discontinuity." *History Workshop Journal* 57: 161-174.

Harvey, N., 1997, "Confidence in Judgment." *Trends in Cognitive Science* 1: 78-82.

Hasher, L., and R. T. Zacks, 1979, "Automatic and Effortful Processes in Memory." *Journal of Experimental Psychology: General* 108: 356-388.

Haug, Espen, 2007, *Derivatives: Models on Models.* New York: Wiley.

Hausman, Daniel M., ed., 1994, *The Philosophy of Economics: An Anthology*, 2nd ed. New York: Cambridge University Press.

Hayek, F. A., 1945, "The Use of Knowledge in Society." *American Economic Review* 35(4): 519-530.

——, 1994, *The Road to Serfdom.* Chicago: The University of Chicago Press.

Hecht, Jennifer Michael, 2003, *Doubt: A History.* New York: Harper Collins.

Hempel, C., 1965, *Aspects of Scientific Explanation.* New York: The Free Press.

Henderson, Bill, and André Bernard, eds., *Rotten Reviews and Rejections.* Wainscott, N.Y.: Pushcart.

Hespos, Susan, 2006, "Physical Causality in Human Infants." Interdisciplines Conference on Causality, www.interdisciplines.org.

Hexter, J. H., 1979, *On Historians, Reappraisals of Some of the Masters of Modern History*. Cambridge, Mass.: Harvard University Press.

Hicks, Steven V., and Alan Rosenberg, 2003, "The 'Philosopher of the Future' as the Figure of Disruptive Wisdom." *Journal of Nietzsche Studies* 25: 1-34.

Hilton, Denis, 2003, "Psychology and the Financial Markets: Applications to Understanding and Remedying Irrational Decision-making." In I. Brocas and J. Carillo, eds., 2003.

Hintzman, D. L., G. Nozawa, and M. Irmscher, 1982, "Frequency as a Nonpropositional Attribute of Memory." *Journal of Verbal Learning and Verbal Behavior* 21: 127-141.

Hirshleifer, J., and J. G. Riley, 1992, *The Analytics of Uncertainty and Information*. Cambridge: Cambridge University Press.

Hladik, Jean, 2004, *Comment le jeune et ambitieux Einstein s'est approprié la relativité restreinte de Poincaré*. Paris: Ellipses.

Hoffrage, U., and G. Gigerenzer, 1998, "Using Natural Frequencies to Improve Diagnostic Inferences." *Academic Medicine* 73(5): 538-540.

Hong, Harrison, and Jeffrey Kubik, 2003, "Analyzing the Analysts: Career Concerns and Biased Earnings Forecasts." *Journal of Finance* 58(1): 313-351.

Hopfield, J. J., 1994, "Neurons, Dynamics, and Computation." *Physics Today* 47: 40-46.

Horkheimer, Max, and Theodor W. Adorno, 2002, *Dialectic of Enlightenment: Philosophical Fragments*. Stanford: Stanford University Press.

House, D. K., 1980, "The Life of Sextus Empiricus." *The Classical Quarterly, New Series* 30(1): 227-238.

Howe, Leo, and Alan Wain, eds., 1993, *Predicting the Future*. Cambridge: Cambridge University Press.

Hsee, C. K., and Y. R. Rottenstreich, 2004, "Music, Pandas and Muggers: On the Affective Psychology of Value." *Journal of Experimental Psychology*, forthcoming.

Hsieh, David A., 1991, "Chaos and Nonlinear Dynamics: Application to Financial Markets." *Journal of Finance* 46(5): 1839-1877.

Huang, C. F., and R. H. Litzenberger, 1988, *Foundations for Financial Economics*. New York/Amsterdam/London: North-Holland.

Huber, J. C., 1998, "Cumulative Advantage and Success-Breeds-Success: The Value of Time Pattern Analysis." *Journal of the American Society for Information Science and Technology* 49: 471-476.

——, 2002, "A New Model That Generates Lotka's Law." *Journal of the American Society for Information Science and Technology* 53: 209-219.

Huberman, Bernardo A., 2001, *The Laws of the Web: Patterns in the Ecology of Information*. Cambridge, Mass.: The MIT Press.

Hume, David, 1748, 2000, *A Treatise of Human Nature: Being an Attempt to Introduce the Experimental Method of Reasoning into Moral Subjects*. Oxford: Oxford University Press.

Humphrey, Nicholas, 1992, *A History of the Mind: Evolution and the Birth of Consciousness*. New York: Copernicus.

Husserl, Edmund, 1954, *The Crisis of European Sciences and Transcendental Phenomenology*. Evanston, Ill.: Northwestern University Press.

Ierodiakonou, K., and J. P. Vandenbroucke, 1993, "Medicine as a Stochastic Art." *Lancet* 341: 542-543.

Inagaki, Kayoko, and Giyoo Hatano, 2006, "Do Young Children Possess Distinct Causalities for the Three Core Domains of Thought?" Interdisciplines Conference on Causality, www.interdisciplines.org.

Jablonski, D., K. Roy, J. W. Valentine, R. M. Price, and P. S. Anderson, 2003, "The Impact of the Pull of the Recent on the History of Marine Diversity." *Science* 300(5622): 1133-1135.

Jacob, John, Thomas Lys, and Margaret Neale, 1999, "Expertise in Forecasting Performance of Security Analysts." *Journal of Accounting and Economics* 28: 51-82.

Jaynes, E. T., 2003, *Probability Theory: The Logic of Science*. Cambridge: Cambridge University Press.

Jaynes, Julian, 1976, *The Origin of Consciousness in the Breakdown of the Bicameral Mind*. New York: Mariner Books.

Jenkins, Keith, 1991, *Re-Thinking History*. London: Routledge.

Jeong, H., B. Tombor, R. Albert, Z. N. Oltavi, and A.-L. Barabási, 2000, "The Large-scale Organization of Metabolic Networks." *Nature* 407: 651-654.

Joung, Wendy, Beryl Hesketh, and Andrew Neal, 2006, "Using 'War Stories' to Train for Adaptive Performance: Is It Better to Learn from Error or Success?" *Applied Psychology: An Interna-tional Review* 55(2): 282-302.

Juslin, P., 1991, *Well-calibrated General Knowledge: An Ecological Inductive Approach to Realism of Confidence*. Manuscript submitted for publication. Uppsala, Sweden.

——, 1993, "An Explanation of the Hard-Easy Effect in Studies of Realism of Confidence in One's General Knowledge." *European Journal of Cognitive Psychology* 5:55-71.

——, 1994, "The Overconfidence Phenomenon as a Consequence of Informal Experimenterguided Selection of Almanac Items." *Organizational Behavior and Human Decision Processes* 57: 226-246.

Juslin, P., and H. Olsson, 1997, "Thurstonian and Brunswikian Origins of Uncertainty in Judgment: A Sampling Model of Confidence in Sensory Discrimination." *Psychological Review* 104: 344-366.

Juslin, P., H. Olsson, and M. Björkman, 1997, "Brunswikian and Thurstonian Origins of Bias in Probability Assessment: On the Interpretation of Stochastic Components of Judgment." *Journal of Behavioral Decision Making* 10: 189-209.

Juslin, P., H. Olsson, and A. Winman, 1998, "The Calibration Issue: Theoretical Comments on Suantak, Bolger, and Ferrell." *Organizational Behavior and Human Decision Processes* 73: 3-26.

Kadane, J. B., and S. Lichtenstein, 1982, "A Subjectivist View of Calibration." Report No. 82-86, Eugene, Ore.: Decision Research.

Kahneman, D., 2003, "Why People Take Risks." In *Gestire la vulnerabilità e l'incertezza; un incontro internazionale fra studiosi e capi di impresa*. Rome: Italian Institute of Risk Studies.

Kahneman, D., E. Diener, and N. Schwarz, eds., 1999, *Well-being: The Foundations of Hedonic Psychology*. New York: Russell Sage Foundation.

Kahneman, D., and S. Frederick, 2002, "Representativeness Revisited: Attribute Substitution in Intuitive Judgment." In T. Gilovich, D. Griffin, and D. Kahneman, eds., 2002.

Kahneman, D., J. L. Knetsch, and R. H. Thaler, 1986, "Rational Choice and the Framing of Decisions." *Journal of Business* 59(4): 251-278.

Kahneman, D., and D. Lovallo, 1993, "Timid Choices and Bold Forecasts: A Cognitive Perspective on Risk-taking." *Management Science* 39: 17-31.

Kahneman, D., and A. Tversky, 1972, "Subjective Probability: A Judgment of Representativeness." *Cognitive Psychology* 3: 430-454.

——, 1973, "On the Psychology of Prediction." *Psychological Review* 80: 237-251.

——, 1979, "Prospect Theory: An Analysis of Decision Under Risk." *Econometrica* 46(2): 171-185.

——, 1982, "On the Study of Statistical Intuitions." In D. Kahneman, P. Slovic, and A. Tversky, eds., *Judgment Under Uncertainty: Heuristics and Biases*. Cambridge: Cambridge University Press.

——, 1996, "On the Reality of Cognitive Illusions." *Psychological Review* 103: 582-591.

——, eds., 2000, *Choices, Values, and Frames*. Cambridge: Cambridge University Press.

——, 1991, "Anomalies: The Endowment Effect, Loss Aversion, and Status Quo Bias." In D. Kahneman and A. Tversky, eds., 2000.

Kaizoji, Taisei, 2003, "Scaling Behavior in Land Markets." *Physica A: Statistical Mechanics and Its Applications* 326(1-2): 256-264.

Kaizoji, Taisei, and Michiyo Kaizoji, 2004, "Power Law for Ensembles of Stock Prices." *Physica A: Statistical Mechanics and Its Applications 344(1-2), Applications of Physics in Financial Analysis* 4 (APFA4) (December 1): 240-243.

Katz, J. Sylvan, 1999, "The Self-similar Science System." *Research Policy* 28(5): 501-517.

Keen, Steve, 2001, *Debunking Economics: The Naked Emperor of the Social Classes.* London: Pluto Press.

Kemp, C., and J. B. Tenenbaum, 2003, "Theory-based Induction." *Proceedings of the Twentyfifth Annual Conference of the Cognitive Science Society*, Boston, Mass.

Keren, G., 1988, "On the Ability of Assessing Non-verdical Perceptions: Some Calibration Studies." *Acta Psychologica* 67: 95-119.

——, 1991, "Calibration and Probability Judgments: Conceptual and Methodological Issues." *Acta Psychologica* 77: 217-273.

Keynes, John Maynard, 1920, *Treatise on Probability.* London: Macmillan.

——, 1937, "The General Theory." *Quarterly Journal of Economics* 51: 209-233.

Kidd, John B., 1970, "The Utilization of Subjective Probabilities in Production Planning." *Acta Psychologica* 34(2/3): 338-347.

Kim, E. Han, Adair Morse, and Luigi Zingales, 2006, "Are Elite Universities Losing Their Competitive Edge?" NBER Working Paper 12245.

Kindleberger, Charles P., 2001, *Manias, Panics, and Crashes.* New York: Wiley.

King, Gary, and Langche Zeng, 2005, "When Can History Be Our Guide? The Pitfalls of Counterfactual Inference." Working Paper, Harvard University.

Kirkpatrick, Mark, and Lee Alan Dugatkin, 1994, "Sexual Selection and the Evolutionary Effects of Copying Mate Choice." *Behavioral Evolutionary Sociobiology* 34: 443-449.

Klayman, J., 1995, "Varieties of Confirmation Bias." In J. Busemeyer, R. Hastie, and D. L. Medin, eds., *Decision Making from a Cognitive Perspective. The Psychology of Learning and Motivation* 32: 83-136. New York: Academic Press.

Klayman, J., and Y.-W. Ha, 1987, "Confirmation, Disconfirmation, and Information in Hypothesis Testing." *Psychological Review* 94: 211-228.

Klayman, Joshua, Jack B. Soll, Claudia Gonzalez-Vallejo, and Sema Barlas, 1999, "Overconfidence: It Depends on How, What, and Whom You Ask." *Organizational Behavior and Human Decision Processes* 79(3): 216-247.

Klebanoff, Arthur, 2002, *The Agent.* London: Texere.

Klein, Gary, 1998, *Sources of Power: How People Make Decisions.* Cambridge: The MIT Press.

Knight, Frank, 1921, 1965, *Risk, Uncertainty and Profit.* New York: Harper and Row.

Koehler, J. J., B. J. Gibbs, and R. M. Hogarth, 1994, "Shattering the Illusion of Control: Multishot Versus Single-shot Gambles." *Journal of Behavioral Decision Making* 7: 183-191.

Koestler, Arthur, 1959, *The Sleepwalkers: A History of Man's Changing Vision of the Universe*. London: Penguin.

Korda, Michael, 2000, *Another Life: A Memoir of Other People*. New York: Random House.

Koriat, A., S. Lichtenstein, and B. Fischhoff, 1980, "Reasons for Confidence." *Journal of Experimental Psychology: Human Learning and Memory* 6: 107-118.

Kreps, J., and N. B. Davies, 1993, *An Introduction to Behavioral Ecology*, 3rd ed. Oxford: Blackwell Scientific Publications.

Kristeva, Julia, 1998, *Time and Sense*. New York: Columbia University Press.

Kruger, J., and D. Dunning, 1999, "Unskilled and Unaware of It: How Difficulties in Recognizing One's Own Incompetence Lead to Inflated Self-Assessments." *Journal of Personality and Social Psychology* 77(6): 1121-1134.

Kunda, Ziva, 1990, "The Case for Motivated Reasoning." *Psychological Bulletin* 108: 480-498.

——, 1999, *Social Cognition: Making Sense of People*. Cambridge: The MIT Press.

Kurz, Mordecai, 1997, "Endogenous Uncertainty: A Unified View of Market Volatility." Working Pa-per: Stanford University Press.

Kyburg, Henry E., Jr., 1983, *Epistemology and Inference*. Minneapolis: University of Minnesota Press.

Lad, F., 1984, "The Calibration Question." *British Journal of the Philosophy of Science* 35: 213-221.

Lahire, Bernard, 2006, *La condition littéraire*. Paris: Editions La Découverte.

Lakoff, George, and Mark Johnson, 1980, *Metaphors We Live By*. Chicago: The University of Chicago Press.

Lamont, Owen A., 2002, "Macroeconomic Forecasts and Microeconomic Forecasters." *Journal of Economic Behavior and Organization* 48(3): 265-280.

Lane, R. D., E. M. Reiman, M. M. Bradley, P. J. Lang, G. L. Ahern, R. J. Davidson, and G. E. Schwartz, 1997, "Neuroanatomical correlates of pleasant and unpleasant emotion." *Neuropsychologia* 35(11): 1437-1444.

Langer, E. J., 1975, "The Illusion of Control." *Journal of Personality and Social Psychology* 32: 311-328.

Larrick, R. P., 1993, "Motivational Factors in Decision Theories: The Role of Self-Protection." *Psychological Bulletin* 113: 440-450.

Leary, D. E., 1987, "From Act Psychology to Probabilistic Functionalism: The Place of Egon Brunswik in the History of Psychology." In M. G. Ash and W. R. Woodward, eds., *Psychology in*

Twentieth-century Thought and Society. Cambridge: Cambridge University Press.

LeDoux, Joseph, 1998, *The Emotional Brain: The Mysterious Underpinnings of Emotional Life*. New York: Simon & Schuster.

——, 2002, *Synaptic Self: How Our Brains Become Who We Are*. New York: Viking.

Le Goff, Jacques, 1985, *Les intellectuels au moyen age*. Paris: Points Histoire.

Levi, Isaac, 1970, *Gambling with Truth*. Cambridge, Mass.: The MIT Press.

Lichtenstein, Sarah, and Baruch Fischhoff, 1977, "Do Those Who Know More Also Know More About How Much They Know? The Calibration of Probability Judgments." *Organizational Behavior and Human Performance* 20: 159-183.

Lichtenstein, Sarah, and Baruch Fischhoff, 1981, "The Effects of Gender and Instructions on Calibration." *Decision Research Report* 81-5. Eugene, Ore.: Decision Research.

Lichtenstein, Sarah, Baruch Fischhoff, and Lawrence Phillips, 1982, "Calibration of Probabilities: The State of the Art to 1980." In D. Kahneman, P. Slovic, and A. Tversky, eds., *Judgment Under Uncertainty: Heuristics and Biases*. Cambridge: Cambridge University Press.

Lim, T., 2001, "Rationality and Analysts' Forecast Bias." *Journal of Finance* 56(1): 369-385.

Lissowski, Grzegorz, Tadeusz Tyszka, and Wlodzimierz Okrasa, 1991, "Principles of Distributive Justice: Experiments in Poland and America." *Journal of Conflict Resolution* 35(1): 98-119.

Liu, Jing, 1998, "Post-Earnings Announcement Drift and Analysts' Forecasts." Working Paper, UCLA.

Loewenstein, G. F., E. U. Weber, C. K. Hsee, and E. S. Welch, 2001, "Risk as Feelings." *Psychological Bulletin* 127: 267-286.

Loewenstein, George, 1992, "The Fall and Rise of Psychological Explanations in the Economics of Intertemporal Choice." In George Loewenstein and Jon Elster, eds., *Choice over Time*. New York: Russell Sage Foundation.

Loftus, Elizabeth F., and Katherine Ketcham, 1994, *The Myth of Repressed Memory: False Memories and Allegations and Sexual Abuse*. New York: St. Martin's Press.

Lotka, Alfred J., 1926, "The Frequency Distribution of Scientific Productivity." *Journal of the Washington Academy of Sciences* 16(12): 317-323.

Lowenstein, R., 2000, *When Genius Failed: The Rise and Fall of Long-Term Capital Management*. New York: Random House.

Lucas, Robert E., 1978, "Asset Prices in an Exchange Economy." *Econometrica* 46: 1429-1445.

Luce, R. D., and H. Raiffa, 1957, *Games and Decisions: Introduction and Critical Survey*. New York: Wiley.

Mach, E., 1896, "On the Part Played by Accident in Invention and Discovery." Monist 6: 161-175.

Machina, M. J., and M. Rothschild, 1987, "Risk." In J. Eatwell, M. Milgate, and P. Newman, eds., 1987.

Magee, Bryan, 1985, *Philosophy and the Real World: An Introduction to Karl Popper.* La Salle, Ill.: Open Court Books.

——, 1997, *Confessions of a Philosopher.* London: Weidenfeld & Nicolson.

Maines, L. A., and J. R. Hand, 1996, "Individuals' Perceptions and Misperceptions of Time-series Properties of Quarterly Earnings." *Accounting Review* 71: 317-336.

Makridakis, S., A. Andersen, R. Carbone, R. Fildes, M. Hibon, R. Lewandowski, J. Newton, R. Parzen, and R. Winkler, 1982, "The Accuracy of Extrapolation (Time Series) Methods: Results of a Forecasting Competition." *Journal of Forecasting* 1: 111-153.

Makridakis, S., C. Chatfield, M. Hibon, M. Lawrence, T. Mills, K. Ord, and L. F. Simmons, 1993, "The M2-Competition: A Real-Time Judgmentally Based Forecasting Study" (with commentary). *International Journal of Forecasting* 5: 29.

Makridakis, S., and M. Hibon, 2000, "The M3-Competition: Results, Conclusions and Implications." *International Journal of Forecasting* 16: 451-476.

Mandelbrot, B., 1963, "The Variation of Certain Speculative Prices." *Journal of Business* 36(4): 394-419.

Mandelbrot, Benoît, 1965, "Information Theory and Psycholinguistics." In B. Wolman and E. Nagel, eds., *Scientific Psychology: Principles and Approaches.* New York: Basic Books.

——, 1975, *Les objets fractals: forme, hasard, et dimension.* Paris: Flammarion.

——, 1982, *The Fractal Geometry of Nature.* New York: W. H. Freeman and Company.

——, 1997a, *Fractales, hasard et finance.* Paris: Flammarion.

——, 1997b, *Fractals and Scaling in Finance: Discontinuity, Concentration, Risk.* New York: Springer-Verlag.

Mandelbrot, Benoît, and Nassim Nicholas Taleb, 2006a, "A Focus on the Exceptions That Prove the Rule." In *Mastering Uncertainty: Financial Times Series.*

——, 2006b, "Matematica della sagessa." *Il Sole 24 Ore*, October 9.

——, 2007a, "Random Jump Not Random Walk." Manuscript.

——, 2007b, "Mild vs. Wild Randomness: Focusing on Risks that Matter." Forthcoming in Frank Diebold, Neil Doherty, and Richard Herring, eds., *The Known, the Unknown and the Unknowable in Financial Institutions.* Princeton, N.J.: Princeton University Press.

Mandler, J. M., and L. McDonough, 1998, "Studies in Inductive Inference in Infancy." *Cognitive Psychology* 37: 60-96.

Margalit, Avishai, 2002, *The Ethics of Memory.* Cambridge, Mass.: Harvard University Press.

Markowitz, Harry, 1952, "Portfolio Selection." *Journal of Finance* (March): 77-91.

——, 1959, *Portfolio Selection: Efficient Diversification of Investments*, 2nd ed. New York: Wiley.

Marmott, Michael, 2004, *The Status Syndrome: How Social Standing Affects Our Health and Longevity.* London: Bloomsbury.

Marr, D., 1982, *Vision.* New York: W. H. Freeman and Company.

Masters, John, 1969, *Casanova.* New York: Bernard Geis Associates.

May, R. M., 1973, *Stability and Complexity in Model Ecosystems.* Princeton, N.J.: Princeton University Press.

May, R. S., 1986, "Overconfidence as a Result of Incomplete and Wrong Knowledge." In R. W. Scholz, ed., *Current Issues in West German Decision Research.* Frankfurt am Main, Germany: Lang.

Mayseless, O., and A. W. Kruglanski, 1987, "What Makes You So Sure? Effects of Epistemic Motivations on Judgmental Confidence. *Organizational Behavior and Human Decision Processes* 39: 162-183.

McClelland, A. G. R., and F. Bolger, 1994, "The Calibration of Subjective Probabilities: Theories and Models, 1980-1994." In G. Wright and P. Ayton, eds., *Subjective Probability.* Chichester, England: Wiley.

McCloskey, Deirdre, 1990, *If You're So Smart: The Narrative of Economic Expertise.* Chicago: The University of Chicago Press.

——, 1992, "The Art of Forecasting: From Ancient to Modern Times." *Cato Journal* 12(1): 23-43.

McClure, Samuel M., David I. Laibson, George F. Loewenstein, and Jonathan D. Cohen, 2004, "Separate Neural Systems Value Immediate and Delayed Monetary Rewards." *Science* 306(5695): 503-507.

McManus, Chris, 2002, *Right Hand, Left Hand.* London: Orion Books.

McNees, Stephen K., 1978, "Rebuttal of Armstrong." *Journal of Business* 51(4): 573-577.

——, 1995, "An Assessment of the 'Official' Economic Forecasts." *New England Economic Review* (July/August): 13-23.

McNeill, William H., 1976, *Plagues and Peoples.* New York: Anchor Books.

Medawar, Peter, 1996, *The Strange Case of the Spotted Mice and Other Classic Essays on Science.* Oxford: Oxford University Press.

Meehl, Paul E., 1954, *Clinical Versus Statistical Predictions: A Theoretical Analysis and Revision of the Literature.* Minneapolis: University of Minnesota Press.

——, 1973, "Why I Do Not Attend in Case Conferences." In *Psychodiagnosis: Selected Papers,* 225-302. Minneapolis: University of Minnesota Press.

Mendenhall, Richard R., 1991, "Evidence of Possible Underweighting of Earnings-related Information." *Journal of Accounting Research* 29: 170-178.

Merton, R. K., 1968. "The Matthew Effect in Science." *Science* 159: 56-63.

——, 1973a, "The Matthew Effect in Science." In N. Storer, ed., *The Sociology of Science*. Chicago: The University of Chicago Press.

——, 1973b, "The Normative Structure of Science." In N. Storer, ed., *The Sociology of Science*. Chicago: The University of Chicago Press.

——, 1988, "The Matthew Effect II: Cumulative Advantage and the Symbolism of Intellectual Property." *Isis* 79: 606-623.

Merton, Robert C., 1972, "An Analytic Derivation of the Efficient Portfolio Frontier." *Journal of Financial and Quantitative Analysis* 7(4): 1851-1872.

——, 1992, *Continuous-Time Finance*, 2nd ed. Cambridge, England: Blackwell.

Merton, Robert K., and Elinor Barber, 2004, *The Travels and Adventures of Serendipity*. Princeton, N.J.: Princeton University Press.

Mihailescu, Calin, 2006, *Lotophysics*. Preprint, University of Western Ontario.

Mikhail, M. B., B. R. Walther, and R. H. Willis, 1999, "Does Forecast Accuracy Matter to Security Analysts?" *The Accounting Review* 74(2): 185-200.

Mikhail, Michael B., Beverly R. Walther, and Richard H. Willis, 1997, "Do Security Analysts Improve Their Performance with Experience?" *Journal of Accounting Research* 35: 131-157.

Milgram, S., 1967, "The Small World Problem." *Psychology Today* 2: 60-67.

Mill, John Stuart, 1860, *A System of Logic Ratiocinative and Inductive, Being a Connected View of the Principle of Evidence and the Methods of Scientific Investigation*, 3rd ed. London: John W. Parker, West Strand.

Miller, Dale T., and Michael Ross, 1975, "Self-Serving Biases in Attribution of Causality: Fact or Fiction?" *Psychological Bulletin* 82(2): 213-225.

Miller, Geoffrey F., 2000, *The Mating Mind: How Sexual Choice Shaped the Evolution of Human Nature*. New York: Doubleday.

Minsky, H., 1982, *Can It Happen Again? Essays on Instability and Finance*. Armonk, N.Y.: M. E. Sharpe.

Mitzenmacher, Michael, 2003, "A Brief History of Generative Models for Power Law and Lognormal Distributions." *Internet Mathematics* 1(2): 226-251.

Mohr, C., T. Landis, H. S. Bracha, and P. Brugger, 2003, "Opposite Turning Behavior in Righthanders and Non-right-handers Suggests a Link Between Handedness and Cerebral Dopamine Asymmetries." *Behavioral Neuroscience* 117(6): 1448-1452.

Mokyr, Joel, 2002, *The Gifts of Athena.* Princeton, N.J.: Princeton University Press.

Montier, James, 2007, *Applied Behavioural Finance.* Chichester, England: Wiley.

Moon, Francis C., 1992, *Chaotic and Fractal Dynamics.* New York: Wiley.

Mossner, E. C., 1970, *The Life of David Hume.* Oxford: Clarendon Press.

Murphy, A. H., and R. Winkler, 1984, "Probability Forecasting in Meteorology." *Journal of the American Statistical Association* 79: 489-500.

Myers, David G., 2002, *Intuition: Its Powers and Perils.* New Haven, Conn.: Yale University Press.

Nader, K., and J. E. LeDoux, 1999, "The Dopaminergic Modulation of Fear: Quinpirole Impairs the Recall of Emotional Memories in Rats." *Behavioral Neuroscience* 113(1): 152-165.

Naya, Emmanuel, and Anne-Pascale Pouey-Mounou, 2005, *Éloge de la médiocrité.* Paris: Éditions Rue d'ulm.

Nelson, Lynn Hankinson, and Jack Nelson, 2000, *On Quine.* Belmont, Calif.: Wadsworth.

Nelson, Robert H., 2001, *Economics as a Religion: From Samuelson to Chicago and Beyond.* University Park, Penn.: The Pennsylvania State University Press.

Newell, A., and H. A. Simon, 1972, *Human Problem Solving.* Englewood Cliffs, N.J.: Prentice-Hall.

Newman, M., 2003, "The Structure and Function of Complex Networks." *SIAM Review* 45: 167-256.

Newman, M. E. J., 2000, "Models of the Small World: A Review. *Journal of Statistical Physics* 101: 819-841.

——, 2001, "The Structure of Scientific Collaboration Networks." *Proceedings of the National Academy of Science* 98: 404-409.

——, 2005, "Power Laws, Pareto Distributions, and Zipf's Law." *Complexity Digest* 2005.02: 1-27.

Newman, M. E. J., C. Moore, and D. J. Watts, 2000, "Mean-field Solution of the Small-World Network Model." *Physical Review Letters* 84: 3201-3204.

Newman, M. E. J., D. J. Watts, and S. H. Strogatz, 2000, "Random Graphs with Arbitrary Degree Distribution and Their Applications." Preprint cond-mat/0007235 at http://xxx.lanl.gov.

Neyman, J., 1977, "Frequentist Probability and Frequentist Statistics." *Synthese* 36: 97-131.

Nietzsche, Friedrich, 1979, *Ecce Homo.* London: Penguin Books.`

Nisbett, R. E., D. H. Krantz, D. H. Jepson, and Z. Kunda, 1983, "The Use of Statistical Heuristics in Everyday Inductive Reasoning." *Psychological Review* 90: 339-363.

Nisbett, Richard E., and Timothy D. Wilson, 1977, "Telling More Than We Can Know: Verbal Reports on Mental Processes." *Psychological Bulletin* 84(3): 231-259.

Nussbaum, Martha C., 1986, *The Fragility of Goodness: Luck and Ethics in Greek Tragedy and Philosophy.* Cambridge: Cambridge University Press.

O'Connor, M., and M. Lawrence, 1989, "An Examination of the Accuracy of Judgment Confidence Intervals in Time Series Forecasting." *International Journal of Forecasting* 8: 141-155.

O'Neill, Brian C., and Mausami Desai, 2005, "Accuracy of Past Projections of U.S. Energy Consumption." *Energy Policy* 33: 979-993.

Oberauer K., O. Wilhelm, and R. R. Diaz, 1999, "Bayesian Rationality for the Wason Selection Task? A Test of Optimal Data Selection Theory." *Thinking and Reasoning* 5(2): 115-144.

Odean, Terrance, 1998a, "Are Investors Reluctant to Realize Their Losses?" *Journal of Finance* 53(5): 1775-1798.

——, 1998b. "Volume, Volatility, Price and Profit When All Traders Are Above Average." *Journal of Finance* 53(6): 1887-1934.

Officer, R. R., 1972, "The Distribution of Stock Returns." *Journal of the American Statistical Association* 340(67): 807-812.

Olsson, Erik J., 2006, *Knowledge and Inquiry: Essays on the Pragmatism of Isaac Levi.* Cambridge Studies in Probability, Induction and Decision Theory Series. Cambridge: Cambridge University Press.

Onkal, D., J. F. Yates, C. Simga-Mugan, and S. Oztin, 2003, "Professional and Amateur Judgment Accuracy: The Case of Foreign Exchange Rates." *Organizational Behavior and Human Decision Processes* 91: 169-185.

Ormerod, Paul, 2005, *Why Most Things Fail.* New York: Pantheon Books.

——, 2006, "Hayek, 'The Intellectuals and Socialism,' and Weighted Scale-free Networks." *Economic Affairs* 26: 1-41.

Oskamp, Stuart, 1965, "Overconfidence in Case-Study Judgments." *Journal of Consulting Psychology* 29(3): 261-265.

Paese, P. W., and J. A. Sniezek, 1991, "Influences on the Appropriateness of Confidence in Judgment: Practice, Effort, Information, and Decision Making." *Organizational Behavior and Human Decision Processes* 48: 100-130.

Page, Scott, 2007, *The Difference: How the Power of Diversity Can Create Better Groups, Firms, Schools, and Societies.* Princeton, N.J.: Princeton University Press.

Pais, Abraham, 1982, *Subtle Is the Lord.* New York: Oxford University Press.

Pareto, Vilfredo, 1896, *Cours d'économie politique.* Geneva: Droz.

Park, David, 2005, *The Grand Contraption: The World as Myth, Number, and Chance.* Princeton, N.J.: Princeton University Press.

Paulos, John Allen, 1988, *Innumeracy.* New York: Hill & Wang.

——, 2003, *A Mathematician Plays the Stock Market.* Boston: Basic Books.

Pearl, J., 2000, *Causality: Models, Reasoning, and Inference.* New York: Cambridge University Press.

Peirce, Charles Sanders, 1923, 1998, *Chance, Love and Logic: Philosophical Essays.* Lincoln: University of Nebraska Press.

——, 1955, *Philosophical Writings of Peirce*, edited by J. Buchler. New York: Dover.

Penrose, Roger, 1989, *The Emperor's New Mind.* New York: Penguin.

Pérez, C. J., A. Corral, A. Diáz-Guilera, K. Christensen, and A. Arenas, 1996, "On Self-organized Criticality and Synchronization in Lattice Models of Coupled Dynamical Systems." *International Journal of Modern Physics* B 10: 1111-1151.

Perilli, Lorenzo, 2004, *Menodoto di Nicomedia: Contributo a una storia galeniana della medicina empirica.* Munich, Leipzig: K. G. Saur.

Perline, R., 2005, "Strong, Weak, and False Inverse Power Laws." *Statistical Science* 20(1): 68-88.

Pfeifer, P. E., 1994, "Are We Overconfident in the Belief That Probability Forecasters Are Overconfident?" *Organizational Behavior and Human Decision Processes* 58(2): 203-213.

Phelan, James, 2005, "Who's Here? Thoughts on Narrative Identity and Narrative Imperialism." *Narrative* 13: 205-211.

Piattelli-Palmarini, Massimo, 1994, *Inevitable Illusions: How Mistakes of Reason Rule Our Minds.* New York: Wiley.

Pieters, Rik, and Hans Baumgartner, 2002. "Who Talks to Whom? Intra- and Interdisciplinary Communication of Economics Journals." *Journal of Economic Literature* 40(2): 483-509.

Pinker, Steven, 1997, *How the Mind Works.* New York: W. W. Norton and Company.

——, 2002, *The Blank Slate: The Modern Denial of Human Nature.* New York: Viking.

Pisarenko, V., and D. Sornette, 2004, "On Statistical Methods of Parameter Estimation for Deterministically Chaotic Time-Series." *Physical Review* E 69: 036122.

Plotkin, Henry, 1998, *Evolution in Mind: An Introduction to Evolutionary Psychology.* London: Penguin.

Plous, S., 1993. *The Psychology of Judgment and Decision Making.* New York: McGraw-Hill.

——, 1995, "A Comparison of Strategies for Reducing Interval Overconfidence in Group Judgments." *Journal of Applied Psychology* 80: 443-454.

Polanyi, Michael, 1958/1974, *Personal Knowledge: Towards a Post-Critical Philosophy.* Chicago: The University of Chicago Press.

Popkin, Richard H., 1951, "David Hume: His Pyrrhonism and His Critique of Pyrrhonism." *The Philosophical Quarterly* 1(5): 385-407.

——, 1955, "The Skeptical Precursors of David Hume." *Philosophy and Phenomenological*

Research 16(1): 61-71.

——, 2003, *The History of Scepticism: From Savonarola to Bayle.* Oxford: Oxford University Press.

Popper, Karl R., 1971, *The Open Society and Its Enemies*, 5th ed. Princeton, N.J.: Princeton University Press.

——, 1992, *Conjectures and Refutations: The Growth of Scientific Knowledge*, 5th ed. London: Routledge.

——, 1994, *The Myth of the Framework.* London: Routledge.

——, 2002a, *The Logic of Scientific Discovery*, 15th ed. London: Routledge.

——, 2002b, *The Poverty of Historicism.* London: Routledge.

Posner, Richard A., 2004, *Catastrophe: Risk and Response.* Oxford: Oxford University Press.

Price, Derek J. de Solla, 1965, "Networks of Scientific Papers." *Science* 149: 510-515.

——, 1970, "Citation Measures of Hard Science, Soft Science, Technology, and Non-science." In C. E. Nelson and D. K. Pollak, eds., *Communication Among Scientists and Engineers.* Lexington, Mass.: Heat.

——, 1976, "A General Theory of Bibliometric and Other Cumulative Advantage Processes." *Journal of the American Society of Information Sciences* 27: 292-306.

Prigogine, Ilya, 1996, *The End of Certainty: Time, Chaos, and the New Laws of Nature.* New York: The Free Press.

Quammen, David, 2006, *The Reluctant Mr. Darwin.* New York: W. W. Norton and Company.

Quine, W. V., 1951, "Two Dogmas of Empiricism." *The Philosophical Review* 60: 20-43.

——, 1970, "Natural Kinds." In N. Rescher, ed., *Essays in Honor of Carl G. Hempel.* Dordrecht: D. Reidel.

Rabin, M., 1998, "Psychology and Economics." *Journal of Economic Literature* 36: 11-46.

Rabin, M., and R. H. Thaler, 2001, "Anomalies: Risk Aversion." *Journal of Economic Perspectives* 15(1): 219-232.

Rabin, Matthew, 2000, "Inference by Believers in the Law of Small Numbers." Working Paper, Economics Department, University of California, Berkeley, http://repositories.cdlib.org/iber/econ/.

Ramachandran, V. S., 2003, *The Emerging Mind.* London: Portfolio.

Ramachandran, V. S., and S. Blakeslee, 1998, *Phantoms in the Brain.* New York: Morrow.

Rancière, Jacques, 1997, *Les mots de l'histoire. Essai de poétique du savoir.* Paris: Éditions du Seuil.

Ratey, John J., 2001, *A User's Guide to the Brain: Perception, Attention and the Four Theaters of the Brain.* New York: Pantheon.

Rawls, John, 1971, *A Theory of Justice.* Cambridge, Mass.: Harvard University Press.

Reboul, Anne, 2006, "Similarities and Differences Between Human and Nonhuman Causal Cognition." Interdisciplines Conference on Causality, www.interdisciplines.org.

Redner, S., 1998, "How Popular Is Your Paper? An Empirical Study of the Citation Distribution." *European Physical Journal* B 4: 131-134.

Rees, Martin, 2004, *Our Final Century: Will Civilization Survive the Twenty-first Century?* London: Arrow Books.

Reichenbach, H., 1938, *Experience and prediction*. Chicago: The University of Chicago Press.

Remus, W., M. Oapos Connor, and K. Griggs, 1997, "Does Feedback Improve the Accuracy of Recurrent Judgmental Forecasts?" Proceedings of the Thirtieth Hawaii International Conference on System Sciences, January 7-10: 5-6.

Rescher, Nicholas, 1995, *Luck: The Brilliant Randomness of Everyday Life*. New York: Farrar, Straus & Giroux.

——, 2001, *Paradoxes: Their Roots, Range, and Resolution*. Chicago: Open Court Books.

Richardson, L. F., 1960, *Statistics of Deadly Quarrels*. Pacific Grove, Calif.: Boxwood Press.

Rips, L., 2001, "Necessity and Natural Categories." *Psychological Bulletin* 127: 827-852.

Roberts, Royston M., 1989, *Serendipity: Accidental Discoveries in Science*. New York: Wiley.

Robins, Richard W., 2005, "Pscyhology: The Nature of Personality: Genes, Culture, and National Character." *Science* 310: 62-63.

Rollet, Laurent, 2005, *Un mathématicien au Panthéon? Autour de la mort de Henri Poincaré*. Laboratoire de Philosophie et d'Histoire des Sciences-Archives Henri-Poincaré, Université Nancy 2.

Ronis, D. L., and J. F. Yates, 1987, "Components of Probability Judgment Accuracy: Individual Consistency and Effects of Subject Matter and Assessment Method." *Organizational Behavior and Human Decision Processes* 40: 193-218.

Rosch, E., 1978, "Principles of Categorization." In E. Rosch and B. B. Lloyd, eds., *Cognition and Categorization*. Hillsdale, N.J.: Lawrence Erlbaum.

Rosch, E. H., 1973, "Natural Categories." *Cognitive Psychology* 4: 328-350.

Rose, Steven, 2003, *The Making of Memory: From Molecules to Mind*, revised ed. New York: Vintage.

Rosen, S., 1981, "The Economics of Superstars." *American Economic Review* 71: 845-858.

Rosenzweig, Phil, 2006, *The Halo Effect and Other Business Delusions: Why Experts Are So Often Wrong and What Wise Managers Must Know*. New York: The Free Press.

Ross, Stephen A., 2004, *Neoclassical Finance*. Princeton, N.J.: Princeton University Press.

Rounding, Virginia, 2006, *Catherine the Great: Love, Sex and Power*. London: Hutchinson.

Ruelle, David, 1991, *Hasard et chaos*. Paris: Odile Jacob.

Ruffié, Jacques, 1977, *De la biologie à la culture*. Paris: Flammarion.

Russell, Bertrand, 1912, *The Problems of Philosophy*. New York: Oxford University Press.

——, 1993, *My Philosophical Development*. London: Routledge.

——, 1996, *Sceptical Essays*. London: Routledge.

Russo, J. Edward, and Paul J. H. Schoernaker, 1992, "Managing Overconfidence." *Sloan Management Review* 33(2): 7-17.

Ryle, Gilbert, 1949, *The Concept of Mind*. Chicago: The University of Chicago Press.

Salganik, Matthew J., Peter S. Dodds, and Duncan J. Watts, 2006, "Experimental Study of Inequality and Unpredictability in an Artificial Cultural Market." *Science* 311: 854-856.

Samuelson, Paul A., 1983, *Foundations of Economic Analysis*. Cambridge, Mass.: Harvard University Press.

Sapolsky, Robert M., 1998, *Why Zebras Don't Get Ulcers: An Updated Guide to Stress, Stressrelated Diseases, and Coping*. New York: W. H. Freeman and Company.

Sapolsky, Robert, M., and the Department of Neurology and Neurological Sciences, Stanford University School of Medicine, 2003, "Glucocorticoids and Hippocampal Atrophy in Neuropsychiatric Disorders."

Savage, Leonard J., 1972, *The Foundations of Statistics*. New York: Dover.

Schacter, Daniel L., 2001, *The Seven Sins of Memory: How the Mind Forgets and Remembers*. Boston: Houghton Mifflin.

Schelling, Thomas, 1971, "Dynamic Models of Segregation." *Journal of Mathematical Sociology* 1: 143-186.

——, 1978, *Micromotives and Macrobehavior*. New York: W. W. Norton and Company.

Scheps, Ruth, ed., 1996, *Les sciences de la prévision*. Paris: Éditions du Seuil.

Schroeder, Manfred, 1991, *Fractals, Chaos, Power Laws: Minutes from an Infinite Paradise*. New York: W. H. Freeman and Company.

Schumpeter, Joseph, 1942, *Capitalism, Socialism and Democracy*. New York: Harper.

Seglen, P. O., 1992, "The Skewness of Science." *Journal of the American Society for Information Science* 43: 628-638.

Sextus Empiricus, 2000, *Outline of Scepticism*, edited by Julia Annas and Jonathan Barnes. New York: Cambridge University Press.

——, 2005, *Against the Logicians*, translated and edited by Richard Bett. New York: Cambridge University Press.

Shackle, G.L.S., 1961, *Decision Order and Time in Human Affairs*. Cambridge: Cambridge University Press

——, 1973, *Epistemics and Economics: A Critique of Economic Doctrines*. Cambridge: Cambridge University Press.

Shanteau, J., 1992, "Competence in Experts: The Role of Task Characteristics." *Organizational Behavior and Human Decision Processes* 53: 252-266.

Sharpe, William F., 1994, "The Sharpe Ratio." *Journal of Portfolio Management* 21(1): 49-58.

——, 1996, "Mutual Fund Performance." *Journal of Business* 39: 119-138.

Shiller, Robert J., 1981, "Do Stock Prices Move Too Much to Be Justified by Subsequent Changes in Dividends?" *American Economic Review* 71(3): 421-436.

——, 1989, *Market Volatility*. Cambridge, Mass.: The MIT Press.

——, 1990, "Market Volatility and Investor Behavior." *American Economic Review* 80(2): 58-62.

——, 1995, "Conversation, Information, and Herd Behavior." *American Economic Review* 85(2): 181-185.

——, 2000, *Irrational Exuberance*. Princeton, N.J.: Princeton University Press.

——, 2003, *The New Financial Order: Risk in the 21st Century*. Princeton, N.J.: Princeton University Press.

Shizgal, Peter, 1999, "On the Neural Computation of Utility: Implications from Studies of Brain Simulation Rewards." In D. Kahneman, E. Diener, and N. Schwarz, eds., 1999.

Sieff, E. M., R. M. Dawes, and G. Loewenstein, 1999, "Anticipated Versus Actual Reaction to HIV Test Results." *American Journal of Psychology* 122: 297-311.

Silverberg, Gerald, and Bart Verspagen, 2004, "The Size Distribution of Innovations Revisited: An Application of Extreme Value Statistics to Citation and Value Measures of Patent Significance," www.merit.unimaas.nl/publications/rmpdf/2004/rm2004-021.pdf.

——, 2005, "Self-organization of R&D Search in Complex Technology Spaces," www.merit.unimaas.nl/publications/rmpdf/2005/rm2005-017.pdf.

Simon, Herbert A., 1955, "On a Class of Skew Distribution Functions." *Biometrika* 42: 425-440.

——, 1987, "Behavioral Economics." In J. Eatwell, M. Milgate, and P. Newman, eds., 1987.

Simonton, Dean Keith, 1999, *Origins of Genius: Darwinian Perspectives on Creativity*. New York: Oxford University Press.

——, 2004, *Creativity*. New York: Cambridge University Press.

Sloman, S. A., 1993, "Feature Based Induction." *Cognitive Psychology* 25: 231-280.

——, 1994, "When Explanations Compete: The Role of Explanatory Coherence on Judgments of Likelihood." *Cognition* 52: 1-21.

——, 1996, "The Empirical Case for Two Systems of Reasoning." *Psychological Bulletin* 119: 3-22.

——, 1998, "Categorical Inference Is Not a Tree: The Myth of Inheritance Hierarchies." *Cognitive Psychology* 35: 1-33.

——, 2002, "Two Systems of Reasoning." In T. Gilovich, D. Griffin, and D. Kahneman, eds.,2002.

Sloman, S. A., B. C. Love, and W. Ahn, 1998, "Feature Centrality and Conceptual Coherence." *Cognitive Science* 22: 189-228.

Sloman, S. A., and B. C. Malt, 2003, "Artifacts Are Not Ascribed Essences, Nor Are They Treated as Belonging to Kinds." *Language and Cognitive Processes* 18: 563-582.

Sloman, S. A., and D. Over, 2003, "Probability Judgment from the Inside and Out." In D. Over, ed., *Evolution and the Psychology of Thinking: The Debate.* New York: Psychology Press.

Sloman, S. A., and L. J. Rips, 1998, "Similarity as an Explanatory Construct." *Cognition* 65: 87-101.

Slovic, Paul, M. Finucane, E. Peters, and D. G. MacGregor, 2003a, "Rational Actors or Rational Fools? Implications of the Affect Heuristic for Behavioral Economics." Working Paper, www.decisionresearch.com.

——, 2003b, "Risk as Analysis, Risk as Feelings: Some Thoughts About Affect, Reason, Risk, and Rationality." Paper presented at the Annual Meeting of the Society for Risk Analysis, New Orleans, La., December 10, 2002.

Slovic, P., M. Finucane, E. Peters, and D. G. MacGregor, 2002, "The Affect Heuristic." In T. Gilovich, D. Griffin, and D. Kahneman, eds., 2002.

Slovic, P., B. Fischhoff, and S. Lichtenstein, 1976, "Cognitive Processes and Societal Risk Taking." In John S. Carroll and John W. Payne, eds., *Cognition and Social Behavior.* Hillsdale, N.J.: Lawrence Erlbaum.

——, 1977, "Behavioral Decision Theory." *Annual Review of Psychology* 28: 1-39.

Slovic, P., B. Fischhoff, S. Lichtenstein, B. Corrigan, and B. Combs, 1977, "Preference for Insuring Against Probable Small Losses: Implications for the Theory and Practice of Insurance." *Journal of Risk and Insurance* 44: 237-258. Reprinted in P. Slovic, ed., *The Perception of Risk.* London: Earthscan.

Slovic, Paul, 1987, "Perception of Risk." *Science* 236: 280-285.

——, 2001, *The Perception of Risk.* London: Earthscan.

Sniezek, J. A., and R. A. Henry, 1989, "Accuracy and Confidence in Group Judgement." *Organizational Behavior and Human Decision Processes* 43(11): 1-28.

Sniezek, J. A., and T. Buckley, 1993, "Decision Errors Made by Individuals and Groups." In N. J. Castellan, ed., *Individual and Group Decision Making.* Hillsdale, N.J.: Lawrence Erlbaum.

Snyder, A. W., 2001, "Paradox of the Savant Mind." *Nature* 413: 251-252.

Snyder A. W., E. Mulcahy, J. L. Taylor, D. J. Mitchell, P. Sachdev, and S. C. Gandevia, 2003,

"Savant-like Skills Exposed in Normal People by Suppression of the Left Fronto-temporal Lobe. *Journal of Integrative Neuroscience* 2: 149-158.

Soll, J. B., 1996, "Determinants of Overconfidence and Miscalibration: The Roles of Random Error and Ecological Structure." *Organizational Behavior and Human Decision Processes* 65: 117-137.

Sornette, D., F. Deschâtres, T. Gilbert, and Y. Ageon, 2004, "Endogenous Versus Exogenous Shocks in Complex Networks: An Empirical Test." *Physical Review Letters* 93: 228701.

Sornette, D., and K. Ide, 2001, "The Kalman-Levy Filter," *Physica* D 151: 142-174.

Sornette, Didier, 2003, *Why Stock Markets Crash: Critical Events in Complex Financial Systems.* Princeton, N.J.: Princeton University Press.

——, 2004, *Critical Phenomena in Natural Sciences: Chaos, Fractals, Self-organization and Disorder: Concepts and Tools*, 2nd ed. Berlin and Heidelberg: Springer.

Sornette, Didier, and Daniel Zajdenweber, 1999, "The Economic Return of Research: The Pareto Law and Its Implications." *European Physical Journal* B 8(4): 653-664.

Soros, George, 1988, *The Alchemy of Finance: Reading the Mind of the Market.* New York: Simon & Schuster.

Spariosu, Mihai I., 2004, *The University of Global Intelligence and Human Development: Towards an Ecology of Global Learning.* Cambridge, Mass.: The MIT Press.

Spasser, Mark A., 1997, "The Enacted Fate of Undiscovered Public Knowledge." *Journal of the American Society for Information Science* 48(8): 707-717.

Spencer, B. A., and G. S. Taylor, 1988, "Effects of Facial Attractiveness and Gender on Causal Attributions of Managerial Performance." *Sex Roles* 19(5/6): 273-285.

Sperber, Dan, 1996a, *La contagion des idées.* Paris: Odile Jacob.

——, 1996b, *Explaining Culture: A Naturalistic Approach.* Oxford: Blackwell.

——, 1997, "Intuitive and Reflective Beliefs." *Mind and Language* 12(1): 67-83.

——, 2001, "An Evolutionary Perspective on Testimony and Argumentation." *Philosophical Topics* 29: 401-413.

Sperber, Dan, and Deirdre Wilson, 1995, *Relevance: Communication and Cognition*, 2nd ed. Oxford: Blackwell.

——, 2004a, "Relevance Theory." In L. R. Horn, and G. Ward, eds., *The Handbook of Pragmatics.* Oxford: Blackwell.

——, 2004b, "The Cognitive Foundations of Cultural Stability and Diversity." *Trends in Cognitive Sciences* 8(1): 40-44.

Squire, Larry, and Eric R. Kandel, 2000, *Memory: From Mind to Molecules.* New York: Owl Books.

Stanley, H. E., L. A. N. Amaral, P. Gopikrishnan, and V. Plerou, 2000, "Scale Invariance and Universality of Economic Fluctuations." *Physica* A 283: 31-41.

Stanley, T. J., 2000, *The Millionaire Mind.* Kansas City: Andrews McMeel Publishing.

Stanley, T. J., and W. D. Danko, 1996, *The Millionaire Next Door: The Surprising Secrets of America's Wealthy.* Atlanta, Ga.: Longstreet Press.

Stanovich, K., and R. West, 2000, "Individual Differences in Reasoning: Implications for the Rationality Debate." *Behavioral and Brain Sciences* 23: 645-665.

Stanovich, K. E., 1986, "Matthew Effects in Reading: Some Consequences of Individual Differences in the acquisition of literacy." *Reading Research Quarterly* 21: 360-407.

Stein, D. L., ed., 1989, *Lectures in the Sciences of Complexity.* Reading, Mass.: Addison-Wesley.

Sterelny, Kim, 2001, *Dawkins vs. Gould: Survival of the Fittest.* Cambridge, England: Totem Books.

Stewart, Ian, 1989, *Does God Play Dice? The New Mathematics of Chaos.* London: Penguin Books.

——, 1993, "Chaos." In Leo Howe and Alan Wain, eds., 1993.

Stigler, Stephen M., 1986, *The History of Statistics: The Measurement of Uncertainty Before 1900.* Cambridge, Mass.: The Belknap Press of Harvard University.

——, 2002, *Statistics on the Table: The History of Statistical Concepts and Methods.* Cambridge, Mass.: Harvard University Press.

Stiglitz, Joseph, 1994, *Whither Socialism.* Cambridge, Mass.: The MIT Press.

Strawson, Galen, 1994, *Mental Reality.* Cambridge, Mass.: The MIT Press.

——, 2004, "Against Narrativity." *Ratio* 17: 428-452.

Strogatz, S. H., 1994, *Nonlinear Dynamics and Chaos, with Applications to Physics, Biology, Chemistry, and Engineering.* Reading, Mass.: Addison-Wesley.

Strogatz, Steven H., 2001, "Exploring Complex Networks." *Nature* 410: 268-276.

——, 2003, *Sync: How Order Emerges from Chaos in the Universe, Nature, and Daily Life.* New York: Hyperion.

Suantak, L., F. Bolger, and W. R. Ferrell, 1996, "The Hard-easy Effect in Subjective Probability Calibration." *Organizational Behavior and Human Decision Processes* 67: 201-221.

Suddendorf, Thomas, 2006, "Enhanced: Foresight and Evolution of the Human Mind." *Science* 312(5776): 1006-1007.

Sullivan, R., A. Timmermann, and H. White, 1999, "Data-snooping, Technical Trading Rule Performance and the Bootstrap." *Journal of Finance* 54: 1647-1692.

Sunstein, Cass R., 2002, *Risk and Reason: Safety, Law, and the Environment.* Cambridge: Cambridge University Press.

Surowiecki, James, 2004, *The Wisdom of Crowds.* New York: Doubleday.

Sushil, Bikhchandani, David Hirshleifer, and Ivo Welch, 1992, "A Theory of Fads, Fashion, Custom, and Cultural Change as Informational Cascades." *Journal of Political Economy* 100(5): 992-1026.

Sutton, J., 1997, "Gibrat's Legacy." *Journal of Economic Literature* 35: 40-59.

Swanson, D. R., 1986a, "Fish Oil, Raynaud's Syndrome and Undiscovered Public Knowledge." *Perspectives in Biology and Medicine* 30(1): 7-18.

——, 1986b, "Undiscovered Public Knowledge." *Library Quarterly* 56: 103-118.

——, 1987, "Two Medical Literatures That Are Logically but Not Bibliographically Connected." *Journal of the American Society for Information Science* 38: 228-233.

Swets, J. A., R. M. Dawes, and J. Monahan, 2000a, "Better Decisions Through Science." *Scientific American* (October): 82-87.

——, 2000b, "Psychological Science Can Improve Diagnostic Decisions." *Psychogical Science in the Public Interest* 1: 1-26.

Szenberg, Michael, ed., 1992, *Eminent Economists: Their Life Philosophies.* Cambridge: Cambridge University Press.

Tabor, M., 1989, *Chaos and Integrability in Nonlinear Dynamics: An Introduction.* New York: Wiley.

Taine, Hippolyte Adolphe, 1868, 1905. *Les philosophes classiques du XIXe siècle en France*, 9ème éd. Paris: Hachette.

Taleb, N. N., 1997, *Dynamic Hedging: Managing Vanilla and Exotic Options.* New York: Wiley.

——, 2004a, *Fooled by Randomness: The Hidden Role of Chance in Life and in the Markets.* New York: Random House.

——, 2004b, "These Extreme Exceptions of Commodity Derivatives." In Helyette Geman, *Commodities and Commodity Derivatives.* New York: Wiley.

——, 2004c, "Bleed or Blowup: What Does Empirical Psychology Tell Us About the Preference for Negative Skewness?" *Journal of Behavioral Finance* 5(1): 2-7.

——, 2004d, "The Black Swan: Why Don't We Learn That We Don't Learn?" Paper presented at the United States Department of Defense Highland Forum, Summer 2004.

——, 2004e, "Roots of Unfairness." *Literary Research/Recherche Littéraire* 21(41-42): 241-254.

——, 2004f, "On Skewness in Investment Choices." *Greenwich Roundtable Quarterly* 2.

——, 2005, "Fat Tails, Asymmetric Knowledge, and Decision Making: Essay in Honor of Benoît Mandelbrot's 80th Birthday." Technical paper series, *Wilmott* (March): 56-59.

——, 2006a, "Homo Ludens and Homo Economicus." Foreword to Aaron Brown's *The Poker Face of Wall Street.* New York: Wiley.

——, 2006b, "On Forecasting." In John Brockman, ed., In *What We Believe But Cannot Prove: Today's Leading Thinkers on Science in the Age of Certainty*. New York: Harper Perennial.

——, 2007, "Black Swan and Domains of Statistics," *The American Statistician* 61, (3)3 (Aug. 2007).

——, 2008, "Infinite Variance and the Problems of Practice," *Complexity* 14.

——, 2009, "Errors, Robustness, and the Fourth Quadrant," *International Journal of Forecasting* 25(4)

——, 2010, "Common Errors in the Interpretation of the Ideas of *The Black swan* and Associated Papers," *Critical Review* 24:4 (withdrawn).

Taleb, N. N., and R. Douady, 2010, "*Undecidability of Probabilistic Measures: On the Inconsistency of Estimating Probabilities from a Sample Without Binding A Priori Asumptions on the Class of Acceptable Probabilities*:" (preprint, NYU-Poly).

Taleb, N. N., and D. Goldstein, and M.Spitznagel, 2009, "The Six Mistakes Executives Make in Risk Management," *Havard Business Review* (October 2009).

Taleb, N. N., and D. Goldtein, 2010, "The Telescope Problem" (preprint, NYU-Poly).

Taleb, Nassim Nicholas, and Avital Pilpel, 2004, "I problemi epistemologici del risk management." In Daniele Pace, a cura di, *Econoimia del rischio: Antologia di scritti su rischio e decisione economica*. Milano: Giuffrè.

——, 2007, "Epistemology and Risk Management," *Risk and Regulation* 13 (summer 2007).

——, 2010, "Beliefs, Decisions, and Probability," in T. O'Connor and C. Sandis, eds., *A Companion to the Philosophy of Action* (Wiley-Blackwell).

Taleb, N. N., and C. Tapiero, 2010a, "Too Big to Fail and the Fallacy of Large Institutions" (preprint, NYU-Poly).

——, 2010b, "The Risk Externalities of Too Big to Fail" (preprint, NYU-Poly).

Tashman, Leonard J., 2000, "Out of Sample Tests of Forecasting Accuracy: An Analysis and Review." *International Journal of Forecasting* 16(4): 437-450.

Teigen, K. H., 1974, "Overestimation of Subjective Probabilities." *Scandinavian Journal of Psychology* 15: 56-62.

Terracciano, A., et al., 2005, "National Character Does Not Reflect Mean Personality Traits." *Science* 310: 96.

Tetlock, Philip E., 1999, "Theory-Driven Reasoning About Plausible Pasts and Probable Futures in World Politics: Are We Prisoners of Our Preconceptions?" *American Journal of Political Science* 43(2): 335-366.

——, 2005, "Expert Political Judgment: How Good Is It? How Can We Know?" Princeton, N.J.: Princeton University Press.

Thaler, Richard, 1985, "Mental Accounting and Consumer Choice." *Marketing Science* 4(3): 199-214.

Thom, René, 1980, *Paraboles et catastrophes*. Paris: Champs Flammarion.

——, 1993, *Prédire n'est pas expliquer*. Paris: Champs Flammarion.

Thorley, 1999, "Investor Overconfidence and Trading Volume." Working Paper, Santa Clara University.

Tilly, Charles, 2006, Why? What Happens When People Give Reasons and Why. Princeton, N.J.: Princeton University Press.

Tinbergen, N., 1963, "On Aims and Methods in Ethology." *Zeitschrift fur Tierpsychologie* 20: 410-433.

——, 1968, "On War and Peace in Animals and Man: An Ethologist's Approach to the Biology of Aggression." *Science* 160: 1411-1418.

Tobin, James, 1958, "Liquidity Preference as Behavior Towards Risk." *Review of Economic Studies* 67: 65-86.

Triantis, Alexander J., and James E. Hodder, 1990, "Valuing Flexibility as a Complex Option." *Journal of Finance* 45(2): 549-564.

Trivers, Robert, 2002, *Natural Selection and Social Theory: Selected Papers of Robert Trivers*. Oxford: Oxford University Press.

Turner, Mark, 1996, *The Literary Mind*. New York: Oxford University Press.

Tversky, A., and D. Kahneman, 1971, "Belief in the Law of Small Numbers." *Psychology Bulletin* 76(2): 105-110.

——, 1973, "Availability: A Heuristic for Judging Frequency and Probability." *Cognitive Psychology* 5: 207-232.

——, 1974, "Judgement Under Uncertainty: Heuristics and Biases." *Science* 185: 1124-1131.

——, 1982, "Evidential Impact of Base-Rates." In D. Kahneman, P. Slovic, and A. Tversky, eds., *Judgment Under Uncertainty: Heuristics and Biases*. Cambridge: Cambridge University Press.

——, 1983, "Extensional Versus Intuitive Reasoning: The Conjunction Fallacy in Probability Judgment." *Psychological Review* 90: 293-315.

——, 1992, "Advances in Prospect Theory: Cumulative Representation of Uncertainty." *Journal of Risk and Uncertainty* 5: 297-323.

Tversky, A., and D. J. Koehler, 1994, "Support Theory: A Nonextensional Representation of Subjective Probability." *Psychological Review* 101: 547-567.

Tyszka, T., and P. Zielonka, 2002, "Expert Judgments: Financial Analysts Versus Weather Forecasters." *Journal of Psychology and Financial Markets* 3(3): 152-160.

Uglow, Jenny, 2003, *The Lunar Men: Five Friends Whose Curiosity Changed the World.* New York: Farrar, Straus & Giroux.

Vale, Nilton Bezerra do, José Delfino, and Lúcio Flávio Bezerra do Vale, 2005, "Serendipity in Medicine and Anesthesiology." *Revista Brasileira de Anestesiologia* 55(2): 224-249.

van Tongeren, Paul, 2002, "Nietzsche's Greek Measure." *Journal of Nietzsche Studies* 24: 5.

Vandenbroucke, J. P., 1996, "Evidence-Based Medicine and 'Medicine d'Observation,'" *Journal of Clinical Epidemiology,* 49(12): 1335-1338.

Varela, Francisco J., 1988, *Invitation aux sciences cognitives.* Paris: Champs Flammarion.

Varian, Hal R., 1989, "Differences of Opinion in Financial Markets." In Courtenay C. Stone, ed., *Finan-cial Risk: Theory, Evidence and Implications: Proceedings of the Eleventh Annual Economic Policy Conference of the Federal Reserve Bank of St. Louis.* Boston: Kitiwer Academic Publishers.

Véhel, Jacques Lévy, and Christian Walter, 2002, *Les marchés fractals: Efficience, ruptures, et tendances sur les marchés financiers.* Paris: PUF.

Veyne, Paul, 1971, *Comment on écrit l'histoire.* Paris: Éditions du Seuil.

——, 2005, *L'Empire gréco-romain.* Paris: Éditions du Seuil.

Vogelstein, Bert, David Lane, and Arnold J. Levine, 2000, "Surfing the P53 Network." *Nature* 408: 307-310.

Voit, Johannes, 2001, *The Statistical Mechanics of Financial Markets.* Heidelberg: Springer.

von Mises, R., 1928, *Wahrscheinlichkeit, Statistik und Wahrheit.* Berlin: Springer. Translated and reprinted as Probability, Statistics, and Truth. New York: Dover, 1957.

von Plato, Jan, 1994, *Creating Modern Probability.* Cambridge: Cambridge University Press.

von Winterfeldt, D., and W. Edwards, 1986, *Decision Analysis and Behavioral Research.* Cambridge: Cambridge University Press.

Wagenaar, Willern, and Gideon B. Keren, 1985, "Calibration of Probability Assessments by Professional Blackjack Dealers, Statistical Experts, and Lay People." *Organizational Behavior and Human Decision Processes* 36: 406-416.

——, 1986, "Does the Expert Know? The Reliability of Predictions and Confidence Ratings of Experts." In Erik Hollnagel, Giuseppe Mancini, and David D. Woods, *Intelligent Design Support in Process Environments.* Berlin: Springer.

Waller, John, 2002, *Fabulous Science: Fact and Fiction in the History of Scientific Discovery.* Oxford: Oxford University Press.

Wallerstein, Immanuel, 1999, "Braudel and Interscience: A Preacher to Empty Pews?" Paper presented at the 5th Journées Braudeliennes, Binghamton University, Binghamton, N.Y.

Wallsten, T. S., D. V. Budescu, I. Erev, and A. Diederich, 1997, "Evaluating and Combining Subjective Probability Estimates." *Journal of Behavioral Decision Making* 10: 243-268.

Wason, P. C., 1960, "On the Failure to Eliminate Hypotheses in a Conceptual Task." *Quarterly Journal of Experimental Psychology* 12: 129-140.

Watts, D. J., 2003, *Six Degrees: The Science of a Connected Age.* New York: W. W. Norton and Company.

Watts, D. J., and S. H. Strogatz, 1998, "Collective Dynamics of 'Small-world' Networks." *Nature* 393: 440-442

Watts, Duncan, 2002, "A Simple Model of Global Cascades on Random Networks." *Proceedings of the National Academy of Sciences* 99(9): 5766-5771.

Wegner, Daniel M., 2002, *The Illusion of Conscious Will.* Cambridge, Mass.: The MIT Press.

Weinberg, Steven, 2001, "Facing Up: Science and Its Cultural Adversaries." Working Paper, Harvard University.

Weintraub, Roy E., 2002, *How Economics Became a Mathematical Science*, Durham, N.C.: Duke University Press.

Wells, G. L., and Harvey, J. H., 1977, "Do People Use Consensus Information in Making Causal Attributions?" *Journal of Personality and Social Psychology* 35: 279-293.

Weron, R., 2001, "Levy-Stable Distributions Revisited: Tail Index > 2 Does Not Exclude the Levy-Stable Regime." *International Journal of Modern Physics* 12(2): 209-223.

Wheatcroft, Andrew, 2003, *Infidels: A History of Conflict Between Christendom and Islam.* New York: Random House.

White, John, 1982, *Rejection.* Reading, Mass.: Addison-Wesley.

Whitehead, Alfred North, 1925, *Science and the Modern World.* New York: The Free Press.

Williams, Mark A., Simon A. Moss, John L. Bradshaw, and Nicole J. Rinehart, 2002, "Brief Report: Random Number Generation in Autism." *Journal of Autism and Developmental Disorders* 32(1): 43-47.

Williams, Robert J., and Dennis Connolly, 2006, "Does Learning About the Mathematics of Gambling Change Gambling Behavior?" *Psychology of Addictive Behaviors* 20(1): 62-68.

Willinger, W., D. Alderson, J. C. Doyle, and L. Li, 2004, "A Pragmatic Approach to Dealing with High Variability Measurements." *Proceedings of the ACM SIGCOMM Internet Measurement Conference*, Taormina, Sicily, October 25-27, 2004.

Wilson, Edward O., 2000, *Sociobiology: The New Synthesis.* Cambridge, Mass.: Harvard University Press.

——, 2002, *The Future of Life.* New York: Knopf.

Wilson, T. D., J. Meyers, and D. Gilbert, 2001, "Lessons from the Past: Do People Learn from Experience That Emotional Reactions Are Short Lived?" *Personality and Social Psychology Bulletin* 29: 1421-1432.

Wilson, T. D., D. T. Gilbert, and D. B. Centerbar, 2003, "Making Sense: The Causes of Emotional Evanescence." In I. Brocas and J. Carillo, eds., 2003.

Wilson, T. D., D. B. Centerbar, D. A. Kermer, and D. T. Gilbert, 2005, "The Pleasures of Uncertainty: Prolonging Positive Moods in Ways People Do Not Anticipate." *Journal of Personality and Social Psychology* 88(1): 5-21.

Wilson, Timothy D., 2002, *Strangers to Ourselves: Discovering the Adaptive Unconscious.* Cambridge, Mass.: The Belknap Press of Harvard University.

Winston, Robert, 2002, *Human Instinct: How Our Primeval Impulses Shape Our Lives.* London: Bantam Press.

Wolford, George, Michael B. Miller, and Michael Gazzaniga, 2000, "The Left Hemisphere's Role in Hypothesis Formation." *Journal of Neuroscience* 20: 1-4.

Wood, Michael, 2003, *The Road to Delphi.* New York: Farrar, Straus & Giroux.

Wrangham, R., 1999, "Is Military Incompetence Adaptive?" *Evolution and Human Behavior* 20: 3-12.

Yates, J. F., 1990, *Judgment and Decision Making.* Englewood Cliffs, N.J.: Prentice-Hall.

Yates, J. F., J. Lee, and H. Shinotsuka, 1996, "Beliefs About Overconfidence, Including Its Cross-National Variation." *Organizational Behavior and Human Decision Processes* 65: 138-147.

Yates, J. F., J.-W. Lee, H. Shinotsuka, and W. R. Sieck, 1998, "Oppositional Deliberation: Toward Explaining Overconfidence and Its Cross-cultural Variations." Paper presented at the meeting of the Psychonomics Society, Dallas, Tex.

Yule, G., 1925, "A Mathematical Theory of Evolution, Based on the Conclusions of Dr. J. C. Willis, F. R. S." *Philosophical Transactions of the Royal Society of London, Series B* 213: 21-87.

Yule, G. U., 1944, *Statistical Study of Literary Vocabulary.* Cambridge: Cambridge University Press.

Zacks, R. T., L. Hasher, and H. Sanft, 1982, "Automatic Encoding of Event Frequency: Further Findings." *Journal of Experimental Psychology: Learning, Memory, and Cognition* 8: 106-116.

Zajdenweber, Daniel, 2000, *L'économie des extrêmes.* Paris: Flammarion.

Zajonc, R. B., 1980, "Feeling and Thinking: Preferences Need No Inferences." *American Psychologist* 35: 151-175.

——, 1984, "On the Primacy of Affect." *American Psychologist* 39: 117-123.

Zeki, Semir, 1999, *Inner Vision.* London: Oxford University Press.

Zimmer, A. C., 1983, "Verbal vs. Numerical Processing by Subjective Probabilities." In R. W.

Scholz, ed., *Decision Making Under Uncertainty.* Amsterdam: North-Holland.

Zipf, George Kingsley, 1932, *Selective Studies and the Principle of Relative Frequency in Language.* Cambridge, Mass.: Harvard University Press.

——, 1949, *Human Behavior and the Principle of Least Effort.* Cambridge, Mass.: Addison-Wesley.

Zitzewitz, Eric, 2001, "Measuring Herding and Exaggeration by Equity Analysts and Other Opinion Sellers." Working Paper, Stanford University.

Zuckerman, H., 1977, *Scientific Elite.* New York: The Free Press.

——, 1998, "Accumulation of Advantage and Disadvantage: The Theory and Its Intellectual Biography." In C. Mongardini and S. Tabboni, eds., *Robert K. Merton and Contemporary Sociology.* New York: Transaction Publishers.

Zweig, Stefan, 1960, *Montaigne.* Paris: Press Universitaires de France.